भारतीय इतिहास का अध्ययन
एक परिचय

भारतीय इतिहास का अध्ययन
एक परिचय

दामोदर धर्मानंद कोसंबी

Popular Prakashan | SAGE | bhasha

Los Angeles | London | New Delhi
Singapore | Washington DC | Melbourne

First published in 1956 in English
by Popular Prakashan Pvt Ltd as *An Introduction to the Study of Indian History*

This edition published in 2019 by

SAGE Publications India Pvt Ltd
B1/I-1 Mohan Cooperative Industrial Area
Mathura Road, New Delhi 110 044, India
www.sagepub.in

Popular Prakashan Pvt Ltd
301, Mahalaxmi Chambers
22, Bhulabhai Desai Road
Mumbai 400026
www.popularprakashan.com

Published by Vivek Mehra for SAGE Publications India Pvt Ltd, typeset in 12.5/14.5 pt Kokila by AG Infographics, Delhi.

ISBN: 978-93-528-0588-4 (PB)

Translator: Isht Deo Sankrityaayan (Language Connect)
SAGE Team: Syed Husain Naqvi and Vinayak Dubey

भारत-सोवियत मित्रता
को समर्पित

विषय सूची

संशोधित संस्करण की भूमिका

संशोधन के दौरान मेरी अपेक्षा यह थी कि पेशेवर इतिहासकारों द्वारा की गई समालोचनाओं से वास्तव में जितना सीख सका था, उससे कुछ अधिक सीख सकूँ। ऐसा लगता है कि भारतीय इतिहास के अध्ययन में क्षेत्र कार्य का प्रमुख महत्त्व उनका ध्यान आकर्षित नहीं कर सका। जमीनी स्तर पर ऐसा कार्य तीन अंतर्संबंधित वर्गों में रखा जाता है: पुरातत्त्व, नृविज्ञान और भाषा विज्ञान। इन तीनों ही के लिए स्थानीय परिस्थितियों का कुछ प्रारंभिक ज्ञान, स्थानीय बोलियों में विशेषज्ञता हासिल कर पाने की क्षमता, तथा जनजातीय लोगों के साथ ही किसानों का विश्वास हासिल कर पाने की क्षमता। सभी प्रकार के जमीनी कार्यों के लिए निरीक्षण के दौरान ही एक तकनीक और आलोचनात्मक विधि विकसित कर लेना जरूरी होता है। प्रेक्षणों को रूढ़ पूर्वग्रहों के खाँचों में बैठाना अनर्थकारी हो सकता है। सही तरीके से सही प्रश्न उठाने की तकनीक न तो सिखाई जा सकती है और न ही क्षेत्र के अलावा कहीं और इसमें विशेषज्ञता प्राप्त की जा सकती है। किसी नियत स्थान पर आने-जाने के लिए साधन चाहे कोई भी उपलब्ध हो, लेकिन वास्तविक जमीनी काम तो केवल पैदल चलकर ही हो सकता है।

प्रायोगिक पुरातत्त्व वस्तुतः स्थलीय पुरातत्त्व से भिन्न होता है क्योंकि इसमें खुदाई का कार्य न के बराबर होता है, लेकिन ज़मीन पर बहुत व्यापक पैमाने पर कार्य करना होता है। दबी हुई कलात्मक वस्तुओं को जमीन से बाहर निकालने के लिए एक अपरिहार्य औजार लोहे की मुँदरी वाली छेनी के साथ एक मजबूत खंती है। नापने और देखने के लिए इसका इस्तेमाल एक छड़ी की तरह भी किया जाता है; साथ ही यह गाँव के बिगड़ैल कुत्तों और जहाँ-तहाँ मिल जाने वाले लुटेरों को डराने के काम भी आता है। जमीन से मिली हुई चीजों का संग्रह, प्राचीन मार्गों की पहचान, और स्थानीय उपासना पद्धतियों, मिथकों, दंतकथाओं आदि का मिलान ही इसमें मुख्य कार्य है। ध्यानपूर्वक चुने गए स्थलों में उत्खनन का एक निष्कर्ष हो सकता है, और तभी न्यूनतम व्यय में अधिकतम सूचनाएँ प्राप्त की जा सकती हैं। ओ.जी.एस. क्राफर्ड द्वारा अपनी पुस्तक आर्केलॉजी इन द फील्ड में इंग्लैंड के लिए दी गई वास्तविक तकनीक भारतीय क्षेत्र में बिलकुल वैसे ही अपनाई नहीं जा सकती।

इसी तरह, समाजशास्त्रीय अन्वेषण और भाषा वैज्ञानिक सर्वेक्षण (Enquête Linguistique) की मानक पद्धतियों का भी यथेष्ट एवं निरंतर परिवर्तनीय संशोधनों के बग़ैर उपयोग नहीं किया जा सकता। हममें से कई एक सचल आधार पूर्णतः सज्जित कैमरा एवं डार्करूम, टेप रिकॉर्डर, मानवमितीय और रक्त समूह प्रयोगशाला और ऐसी ही अन्य चीजें लेकर चलने की सोचते हैं। अगर कायदे से चलाए जाएँ तो ऐसा कोई कारण नहीं है कि इनसे अच्छे परिणाम प्राप्त किए जा सकें। हालाँकि आम तौर पर किसी अन्य प्रत्यक्ष और आकर्षक प्रयोजन के बिना एक अनूठा साज-सामान (कह सकते हैं कि एक चलती-फिरती चिकित्सा यूनिट) लोगों की अर्थलिप्सा या संदेह को बढ़ाकर बढ़ाकर और अधिक ग़लत सूचनाएँ निकलवा कर केवल जमीन पर काम करने वाले के उद्देश्य को विफल करने का काम करता है।

दूसरी तरफ, पूर्व साक्षर इतिहास के पुनरुद्धार के लिए जमीनी काम का कोई विकल्प नहीं है। इसके दायरे में भारत जैसे किसी देश के लिए, जहाँ लिखित स्रोत अत्यंत ही अल्प एवं त्रुटिपूर्ण हैं और स्थानीय भिन्नताएँ अवर्णनीय रूप से अत्यधिक हैं, सभी ऐतिहासिक काल आ जाते हैं।

पूना

दामोदर धर्मानंद कोसंबी

प्रथम संस्करण की भूमिका

प्रस्तुत कृति भारत का इतिहास होने जैसा कोई दावा नहीं करती। यह भारतीय इतिहास के अध्ययन के प्रति केवल एक आधुनिक नजरिया भर है, इस उम्मीद के साथ लिखी गई कि पाठक स्वयं अपने स्तर से उस इतिहास के अध्ययन के लिए प्रेरित होंगे या कम से कम अपने देश की ओर अधिक सहानुभूति और समझ के साथ देखने में सक्षम होंगे। इस संदर्भ में दिए गए उदाहरण, मेरे अपने अनुभव (अवश्यतः प्रतिबंधित) और अध्ययन पर आधारित तथा व्यापक होने के बजाय सघन हैं। ये सहजतम उदाहरण हैं, जो कि कोई भी जमीनी कार्य के आधार पर आसानी से निकाल सकता है। यद्यपि इनमें से प्रत्येक कुछ सामान्य बिंदुओं का चित्रण करता है। निस्संदेह, पाठक अपने पड़ोसियों के जीवन और तौर-तरीकों से तथा स्वयं अपने क्षेत्रविशेष के पुरावशेषों से बेहतर दृष्टांत प्राप्त कर सकते हैं। आम आदमी के बीच जाना कोई आसान काम नहीं है। विकट गरीबी और शोषण के चलते कई पीढ़ियों द्वारा पाली गई मनोवैज्ञानिक ग्रंथियाँ ताप, धूल, कीचड़, और अस्वास्थ्यकर परिस्थितियों द्वारा और मजबूत ही की गई हैं। फिर भी, सलीके से किया गया कार्य उनके लिए भी प्राणपोषक सिद्ध होगा जिनका धैर्य चूक गया है और जिनका साहस उम्र के साथ जवाब देने लगा है। इस प्रकार का जमीनी कार्य सूक्ष्म अंतर्दृष्टि के साथ कुछ भी आस्था के कारण या ऐसे ही मान लिए बग़ैर किया जाना चाहिए। लेकिन ध्यान रहे कि इस क्रम में किसी भी प्रकार के श्रेष्ठताबोध, भावनात्मक सुधारवाद, कृत्रिम नेतृत्व; जो हममें से अधिकतर लोगों को केवल खराब पाठ्यपुस्तकों को छोड़कर और कहीं से भी कुछ भी सीखने से रोकता है, का शिकार भी न हुआ जाए।

गूढ़ रहस्यवादी दर्शन, जटिल धर्म, आलंकारिक साहित्य, पेचीदा मूर्तिशिल्प से सजे स्मारक, और भारत का मृदु संगीत — यह सब उसी ऐतिहासिक प्रक्रिया की देन है, जिसने ग्रामीणों में भुखमरी और उदासीनता पैदा की है, 'सुसंस्कृत' वर्ग में निरर्थक अवसरवादिता और भीषण लोलुपता भरी, श्रमिकों में खिन्न मन असमन्वित असंतोष, चौतरफा नैतिक ह्रास, विपत्ति, मलिनता, प्रतिगामी अंधविश्वास भरे हैं। इनमें एक दूसरे की परिणति है, अभिव्यक्ति है। अधिकतर प्राचीन औजार बहुत मामूली अधिशेष ही पैदा कर पाते थे और वह पुरातन काल से चली आ रही सामाजिक व्यवस्था के तहत छीन लिया जाता था। यह कुछ लोगों को तो वह सुसंस्कृत विलासिता प्रदान करती थी जिसे वे अपनी जन्मजात श्रेष्ठता का अधिकार मानते थे और एक बड़ी आबादी अपमानजनक जीवन जीने के लिए विवश थी। इस तथ्य को सराहने से पहले कि इतिहास केवल कुछ असंबद्ध घटनाओं का अनुक्रम भर नहीं, बल्कि अपनी दैनिक आवश्यकताओं की संतुष्टि के लिए मनुष्य द्वारा निर्मित है, यह सब समझ लेना आवश्यक है। इतिहास के अधिक आकर्षक होने के लिए आवश्यक है कि वह साथी मनुष्यों के सहयोग से उसकी अपनी आवश्यकताओं की पूर्ति में मनुष्य की प्रगति का निरूपण करे, न कि अपने अधिकतम साथी मनुष्यों की सुविधा की शर्त पर केवल कुछ लोगों की संतुष्टि का। उनके देश की कथित उपलब्धियाँ उसी निचले तबके के खून-पसीने की देन हैं, जिनके पाजामे हमेशा घिसे हुए और मैले-कुचैले होते हैं। भारत में तो उनके सहधर्मियों को उतना भी नहीं मिल सका, वे अपने लिए कपड़े और जूते तक नहीं जुटा सके।

इतिहास हमेशा ऐसे ही पिछड़े, उपेक्षित और आम लोगों द्वारा बनाया गया है, और यह उनके ही वश की बात है कि वे भविष्य में इसे कोई सुघड़ आकार दे सकें; न कि उच्च पुरोहितों, चमक-दमक वाले स्वेच्छाचारी शासकों, योद्धाओं, वित्तपोषकों या जननायकों के। हालाँकि यह आग्रह एक हठी मताग्रह जैसा लगता है, लेकिन है सच। एक वर्ग समाज में इतिहास के समुचित अध्ययन का आशय है, शिखरस्थ वर्ग और शेष जन के बीच हितों के भेद का विश्लेषण। इसका अर्थ है उस हद पर विचार करना जहाँ किसी अस्तित्वमान वर्ग के पास अपने सत्तारूढ़ होने के दौरान देने के लिए कुछ नया होता है और उस स्तर का भी जहाँ यह अपने निहित स्वार्थों की रक्षा हेतु प्रतिक्रिया के लिए तत्पर हो गई (या हो जाएगी)।

कुछ पाठक इस बात पर जोर देंगे कि मनुष्य केवल रोटी पर जीवन नहीं जी सकता, और इस बात पर कि इतिहास एवं समाज दोनों व्यक्ति की अनंत आत्मा पर उसके अधिकार पर निर्भर होते हैं, इस बात पर भी कि भौतिकवाद सभी मानवीय मूल्यों को नष्ट कर देता है। दुर्भाग्य से रोटी या उसके किसी विकल्प के बग़ैर मनुष्य का अस्तित्व ही संभव नहीं है, जो कि शरीर में आत्मा को बनाए रखने (अगर वह आत्मा को धारण करने में समर्थ हो) के लिए आवश्यक है। मनुष्यों का एक समूह तब और केवल तभी मिलकर समाज बनाता है जब लोग किसी तरह अंतर्संबंधित होते हैं। आवश्यक संबंध रक्त का नहीं होता, बल्कि अधिक व्यापक वह होता है जो नामतः उत्पादन

और उपभोक्ता सामग्रियों के आपसी विनिमय से विकसित होता है। किसी समाजविशेष की पहचान इस बात से होती है कि वह किस वस्तु को आवश्यक मानती है; चीज़ों के संग्रह या उत्पादन का कार्य कौन और किन औजारों से करता है; कौन दूसरों द्वारा किए गए उत्पादन पर जीता है, और किस अधिकार से, दैवी या वैधानिक — उपासना पद्धतियाँ और विधि समाज के सह-उत्पाद हैं; औजारों, भूमि और कभी-कभी उत्पादक के शरीर और आत्मा का भी स्वामित्व किसके पास है; अधिशेष के निपटान, उसकी मात्रा के नियमन और आपूर्ति के रूप पर नियंत्रण किसका है। समाज उत्पादन के बंधन से ही एकसाथ बँधा है। मानवीय मूल्यों को नष्ट करने से बिलकुल अलग, भौतिकवाद यह दर्शाता है कि वे समकालीन सामाजिक परिस्थितियों तथा मूल्य की प्रचलित धारणा से किस प्रकार जुड़े हुए हैं। मूल्य की ही तरह भाषा (जिसके बिना आदर्शवादी लोग अपनी आत्मा की धारणा भी नहीं बना सकते) भी भौतिक विनिमय संबंधों से उपजी है, जो विचारों के विनिमय की ओर ले गई। एक दार्शनिक व्यक्ति यंत्रीकृत विश्व को बैलगाड़ी पर चलने वाले देश में दो हज़ार वर्ष पहले विकसित हुई 'शाश्वत' विचारधाराओं के सहारे नया आकार नहीं दे सकता।

आज भारत पर शासन करने वाला वर्ग, सर्वोच्च शक्ति, भारतीय पूंजीपति है। इस वर्ग के विशेष अभिलक्षण हैं, प्रथमतः तो ऐतिहासिक कारणों से। भारतीय पूंजीपति तकनीकी रूप से पिछड़ा है। इसका उत्पादन (और मानसिकता) आज भी जबर्दस्त ढंग से एक संकीर्ण पूंजीपति का है। सड़कविहीन गाँवों के अनंत विस्तार पर निराशाजनक रूप से अपर्याप्त संचार व्यवस्था पर एक विहंगम दृष्टि डालना ही इसे सिद्ध करने के लिए पर्याप्त है। पूँजीगत आस्तियों का कहीं अधिक और सबसे बड़ा स्वामी होने के कारण इसकी सरकार की एक अनूठी स्थिति है और जहाँ यह चाहती है एकाधिकारी हो जाती है। प्रकट रूप से यह परम शक्ति देश की वास्तविक आवश्यकताओं की संतुष्टि की अनिवार्यता के अधीन है तथा इसका घोषित समाजवादी लक्ष्य संकीर्ण पूंजीपति और बड़े शक्तिशाली शासक वर्ग के लोभ के अधीन। पूर्ण रूप से सत्ता में यह वर्ग बहुत देर से आया है, एक ऐसी दुनिया में जहाँ कि अंतरराष्ट्रीय पूंजीपतियों की विफलता और उसका संकट पहले ही व्यक्त हो चुका था। इन बिंदुओं और भविष्य की ऐतिहासिक परिघटनाओं पर उनके प्रभाव पर टिप्पणी करने वाला ग्यारहवाँ अध्याय न चाहते हुए भी हटा दिया जाना है।

सरकारी आँकड़ों के अनुसार भारत में प्रति वयस्क व्यक्ति भोजन की आवश्यकता इस प्रकार है, औंस में (कोष्ठक में दिए गए आँकड़े वास्तविक उपलब्धता बताते हैं): अनाज 14(13.71), दालें 3(2.1), दूध 10(5.5), फल 3(1.5); सब्ज़ियाँ 10(1.3), शक्कर 2(1.6), मछली और मांस 3(0.3); अंडा (नग) 1(-), वनस्पति तेल और घी 2(1)। (भारत 1954, पृष्ठ 295; 1955, पृष्ठ 413; 1956 का नहीं मिला।) हाल की सरकारी घोषणाओं में बताया गया है कि भारत में खाद्य उपभोग का घटना जारी है। आहार की ऐसी विकट स्थिति, जो प्रत्येक विशिष्ट मद में दयनीय ढंग से न्यूनता से ग्रस्त हो, इस तथ्य से और भी त्रासद हो जाती है कि इस सांख्यिकीय औसत के अनुसार जो भोजन एक आम भारतीय को मिलना चाहिए वह भी ख़रीद पाने की क्षमता किसी विरले व्यक्ति में ही होती है। प्रश्न यह है कि क्या भूख और बीमारी के लिए अभिशप्त होने की आबादी की यह स्थिति स्थायी है, या कि भारतीय समाज इस तरह की मूलभूत बुराइयों से स्वयं को मुक्त करने की ओर बढ़ रहा है। आम आदमी के लिए इतने मामूली पोषण के साथ कोई समाज कितने दिनों तक लोकतंत्र बना रह सकता है। इसका उत्तर सही तरीके से सोच-समझ कर निकाला जाना चाहिए और इसके लिए इतिहास का अध्ययन तो अपरिहार्य है। इसके बाद सही क्रियान्वयन से इसके समाधान को मूर्त रूप दिया जाना चाहिए, जिसका अभिप्राय अतीत के अध्ययन से इतर भी कुछ है। उस प्रतिरोधरहित यंत्रणा से इतिहास पर नियंत्रण नहीं किया जा सकता जो भारतीय जनजीवन को पीढ़ी दर पीढ़ी अविरत बनाए रखा। अब समय आ गया है कि एशिया और विश्व की शांति बनाए रखने के लिए एक सुविचारित और सचेत प्रारूप के आधार पर इतिहास बनाने का प्रयास हो।

तकनीकी मुद्दों पर आएँ: उत्तम पुरुष एक वचन के प्रयोग का आशय यह है कि इस वक्तव्य के लिए स्वयं लेखक व्यक्तिगत रूप से जिम्मेदार है; 'हम' से पाठकीय सहभागिता की अपेक्षा की जाती है, आम तौर पर तर्क-वितर्क में। ऐसे पाठक जिन्हें परंपरागत इतिहास का पहले से पर्याप्त ज्ञान न हो, उन्हें पहले अध्याय की पहली टिप्पणी में बताई गई किताबों में से कुछ से इसे प्राप्त करने से बचना नहीं चाहिए। भारतीय भाषाओं के नामों एवं शब्दों में रोमनाइज़ेशन की प्रचलित पद्धति (जिसमें C का उच्चारण हमेशा तालव्य च के रूप में होता है) का अनुसरण किया गया है, लेकिन ऐसा लगातार नहीं किया गया है, क्योंकि इनमें से कई नाम अब सामान्य वर्तनी के साथ साधारण प्रयोग में हैं और अब उनको बदलना प्रचलन से अलग करना होगा। पाठक को वर्तनी के इस रूपांतरण के प्रति स्वयं को अभ्यस्त बनाना होगा। संस्कृत का 'राजगृह' हिंदी में 'राजगीर' है। यद्यपि मुझे मूल भाषा की जानकारी है, फिर भी प्रकाशित अनुवादों का उपयोग किया

गया है, लेकिन केवल ऐसे पाठ शोधन के साथ जो आवश्यक लगा। अनुवाद पढ़ने के साथ एक जोखिम यह होता है कि उसमें अनुवाद के अपने पूर्वग्रह भी की प्रवृत्ति भी मूलपाठ में आ जाती है। इसलिए कुछ लोग तो ऋग्वेद और अथर्ववेद में सामंतवादी जागीरदार खोज लाते हैं, जो कि किसी ऐतिहासिक पद्धति पर घातक दुष्परिणामों वाला समाज का एक बिलकुल भिन्न चित्र प्रस्तुत करेगा। एक अपरिहार्य चेतावनी मिथकों की सीधे तर्कसम्मत व्याख्या के विरुद्ध है, जिसे यूनानी मिथक विद्वान के यूहिमरस के नाम के आधार पर यूहिमरिज़्म कहा गया। यूहिमरस ने अपने लोगों के बीच मिथकों की ऐतिहासिकता सिद्ध करने की कोशिश की थी। एक मिथक की सत्य अंतर्वस्तु को प्राप्त कर पाना कठिन है, और ऐतिहासिक सूचना अत्यंत दुर्लभ है। दुर्भाग्य से भारतीय ऐतिहासिक चरित्र और घटनाओं का धुंध भरी किंवदंतियों में लोप हो चुका है, जो कि समय के साथ अधिकाधिक शुद्ध मिथक होते गए।

मैं यहाँ उन सभी के प्रति अपनी कृतज्ञता ज्ञापित करता हूँ जिन्होंने इस पुस्तक की रचना के क्रम में मुझे प्रोत्साहित किया और मेरी मदद की।

डेक्कन क्वीन
दिसंबर 7, 1956

दामोदर धर्मानंद कोसंबी

प्रकाशकीय टिप्पणी

भारतीय इतिहास पर महानतम कृतियों में से एक का यह दूसरा संस्करण है। यह कहना अतिशयोक्ति नहीं होगा कि भारतीय इतिहास पर इस अनूठी कृति को ज्ञान की दुनिया में निरंतर बढ़ते प्रभाव के साथ-साथ वैश्विक पहचान, सम्मान और ऊँचाई प्राप्त हुई है।

लेखक ने दूसरे संस्करण के लिए अपनी इस कृति के परिष्कार के क्रम में भारी संख्या में संशोधन सुझाए थे। उन्होंने यह भी बताया था कि उनके द्वारा लिखी गई नई सामग्री को कहाँ लगाया जाए। उनके अपने ही किए ये सभी संशोधन और जोड़ इस दूसरे संस्करण में शामिल किए गए हैं। लेकिन यह निश्चित है और पूरी तरह स्पष्ट भी कि वे कुछ और पाद टिप्पणियाँ इसमें जोड़ना चाह रहे थे और शायद कुछ नई सामग्री भी। लेकिन दुर्भाग्य से इस श्रमसाध्य कार्य के बीच में ही प्रो. कोसंबी एकदम से अचानक ही दिवंगत हो गए। उनके इस अप्रत्याशित और दुखद निधन के कारण उनकी इस ऐतिहासिक कृति के दूसरे संस्करण की पांडुलिपि अपनी पूर्णता को प्राप्त नहीं कर सकी। यद्यपि दूसरे संस्करण के लिए किए गए संशोधन व्यावहारिक रूप से पूरे थे; लेकिन बीच-बीच में कुछ किंतु-परंतुक भी रह गए हैं—और विश्वासपूर्वक यह नहीं कहा जा सकता कि ये संशोधित कृति की संरचना को प्रभावित नहीं करेंगे।

वह सभी टिप्पणियाँ जो प्रो. कोसंबी ने संशोधित संस्करण के लिए विशेष रूप से लिखी थीं इस संस्करण में शामिल कर ली गई हैं। लेकिन किसी और हाथ से उन जगहों पर भी कोई और टिप्पणी नहीं जोड़ी गई जहाँ कि उनके द्वारा छोड़े गए रूप में अपेक्षित संशोधन अत्यंत अनेकार्थी था या फिर जहाँ उन्होंने किसी आधिकारिक विद्वान का संदर्भ अपूर्ण ढंग से दिया था—दृष्टांत के लिए, किसी शीर्षक, या आधिकारिक विद्वान के नाम या शोधपत्र का उल्लेख मात्र।

प्रकाशक के रूप में हमारा उद्यम दूसरा वैसा ही संस्करण ले आने का था जो उस संस्करण के बिलकुल निकट होता जो कि हम प्रोफेसर कोसंबी के जीवनकाल में ही पुस्तक रूप में ला सके थे और जिसे वे प्रकाशित रूप में देख सके थे। वह लक्ष्य हासिल करने में कोई कसर नहीं छोड़ी गई है। संबंधित विषयों पर प्रो. कोसंबी के सभी शोधपत्रों को देखा गया और भारतीय इतिहास पर उनकी अंतिम प्रकाशित कृति—द कल्चर ऐंड सिविलाइज़ेशन ऑफ एंशिएंट इंडिया।

संक्षेपाक्षर और ग्रंथसूची

AB *Aitareya Brāmaṇa;* translation by A. B. Keith, in *HOS* 25.

ABIA Annual Bibliography of Indian Archaeology (Leiden).

ABORI Annals of the Bhāṇḍārkar Oriental Research Institute (Poona).

AI Ancient India (Archaeological Dept. Publication, nos. 1–11).

AIA *Art in the Ice Age. Spanish Levant Art, Arctic Art* by J. Mariger and H. G. Bandi, in execution of a plan by Hugo Obermaier (tr. R. Allen, London 1953).

Alb *Albirūnī's India* trans. Ed. Sachau, 2 vol. London 1910; 2 vol. in one. London 1914. Albirūni was a Khwarizmian (a.d. 973–1048); this work was written about a.d. 1030.

ANT *Antiquity*, a Quarterly Review or Archaeology, founded by the late O. G. S. Crawford.

Arth. The *Arthaśāstra* of Kauṭalya (otherwise known as Cāṇakya, Viṣṇudupta, and Kauṭilya). Ed. T. Gaṇapati Sāstri, *TSS*. 79, 80, 82. Also, 2nd ed. (text) R. Shāma Sāstry, Mysore 1924; the same scholar's word index to *Arth.* (3 vol., Mysore 1925) is indispensable, but his English translation (3rd ed., Mysore 1929) leaves much to be desired. The best available translation, though not to be used uncritically, is still that of J. J. Meyer: "Das altindische Buch vom Welt- und Staatsleben, Das Arthaśāstra des Kauṭilya" (Leipzig 1926). cf. also Meyer's "Ueber das Westen der altindischen Rechtsschriften und ihr Verhältnis zu einander und Kauṭilya's (Leipzig 1927: valuable analysis, without an index. The Marāṭhi translation of *Arth.* by J. S. Karandikar and B. R. Hivargāokar (2 vol. Karjat 1927–9) cannot be recommended.

ASWI Archaeological Survey of Western India; particularly, vol. IV (1876–9) where the caves used in the present work are described, though not too well, even with the supplementary aid of Burgess's *Buddhist Cave Temples*.

AV The *Atharva-veda*, mostly from W. D. Whitney's translation, *HOS*. 7–8; also the selections translated by M. Bloomfield, *SBE* 42.

Ball *Jungle Life in India*, or the journeys and journals of an Indian geologist, by V. Ball (London 1880).

BASOR Bulletin of the American Schools of Oriental Research.

Bat. "Selections from the travels of Ibn Battūta (1325–1354)", trans. H. A. R. Gibb (London 1929, reprinted 1939; "The Broadway Travellers").

Beal *Ta-Tang-Si-Yu-Ki*: *Buddhist records of the western world*, translated from the Chinese of Hiuen Tsang (a.d. 620) by Samuel Beal; 2nd vol., London 1884; the introductory portion contains a translation of Fa Hian's travels, and other documents.

BEFEO Bulletin de l'École Française de l'extrème Orient.

BI J. Burgess and Bhagwanlal Indraji: *Inscriptions from the Cave Temples of Western India* (Bombay 1881).

BJ Francis Buchanan: "A Journey from Madras through the countries of Mysore, Canara and Malabar performed under the orders of the Most Noble the Marquis of Wellesley, Governor General of India for the express purpose of investigating the state of Agriculture, Arts, and Commerce, the Religion, Manners and Customs, the History Natural and Civil, and antiquities, in the dominion of the Rajah of Mysore and the countries acquired by the Honourable East India Company in the late and former wars, from Tippoo Sultaun" (3 vol. London 1807; 2nd ed. in 2 vol., Madras 1870).

B-P. B. H. Baden-Powell: *The land-systems of British India* (3 vol. Oxford 1892). The work is a handy digest of the Settlement Reports, most of which are not available to the ordinary reader, though the unsubstantiated theorizing about history and races should be ignored. The same author's *Manual* (of the Land Revenue System and Land Tenure of British India, Calcutta 1882) abbreviates the facts without cutting down the theories.

BPL George A. Grierson: *Bihār Peasant Life* 2nd ed. Patna 1926.

Brough J. Brown: "The early brahmanical system of gotra and pravara" (a translation of the *gotra-pravara-mañjarī* of a medieval author, Puruṣottama). Cambridge, 1952.

BrUp. *Bṛhadāraṇyaka Upaniṣad.*

BSOAS Bulletin of the School of Oriental and African Studies (of the University of London).

CAI *The Cambridge History of India*, vol. I, "Ancient India", ed. E. J. Rapson, Cambridge 1922, 1935.

ChUp. *Chāndogya Upaniṣad.*

CII *Corpus Inscriptionum Indicarum.*

Crooke W. Crooke: "Rural and argicultural glossary for the N. W. Provinces and Oude (=U.P.)" (Calcutta 1888).

Cullavagga *SBE*. 20.

DB "The book of Duarte Barbosa" (1500–1517; from the Portuguese text, Lisboa 1812), trans. M. L. Dames (London 1918, Hakluyt Society no. 44).

DHI Louis de la Vallée Poussin: "Dynasties et histoire de l'Inde depuis Kaṇiṣka jusqu'aux invasions musulmanes" (Paris 1935).

DKA F. E. Pargiter: "The Purāṇa text of the Dynasties of the Kali Age" (Oxford 1913); synoptic text and translation of the historical portion of the purāṇas, still standard. For a general critical analysis of the purāṇas, see R. C. Hazra: "Studies in the Purāṇic records on Hindu rites and customs", Dacca, 1940.

DN *Dīgha-Nikāya* (Pali Text Society's edition).

DR A. Shakespeare: "Selections from the Duncan Records" (Benares 1873, 2 vol.), With this should be read the "Selections from the revenue records North West Provinces" (Allahabad 1873).

EC *Epigraphia Carnatica.* edited and translated by Lewis Rice.

ED H. M. Elliot (ed. J. Dowson): "The history of India by its own historians; the Muhammadan period" (8 vol. London 1867+).

EI *Epigraphia Indica* (publication of the Archaeological Dept., for Indian inscriptions).

Ent R. Enthoven: *Tribes & Castes of Bombay*, 3 vol. (Bombay 1920–22).

Fer. J. Briggs's translation of Md. Kasim Ferishta's "History of the rise of the Mohammadan power in India till the year a.d. 1612"; original edition, London 1829; edition used, 4 vol. Calcutta 1908–10.

Fick R. Fick: "Die sociale Gliederung im nordöstlichen Indien zu Buddhas Zeit mit besonderer Rücksichtigung der Kastenfrage vornehmlich auf Grund der Jātaka dargestellt". (Kiel, 1897).

Fleet J. F. Fleet: "Inscriptions of the early Gupta kings and their successors" (*Corpus Inscriptionum Indicarum* III, Calcutta 1888). A revision has been announced, but not yet published, nor the supplementary volume of Sātavāhana and other epigraphs.

FOM — *Oriental Memoirs;* a narrative of seventeen years residence in India by James Forbes Esq. F.R.S.; 2nd edition revised by his daughter the countess of Montalembert. 2 vol. London 1874. Forbes arrived in Bombay as Writer to the government in 1766 and sailed for home in 1784.

GAEB — J. Gernet: *Less aspects économiques du Bouddhisme dans la sociétéchinoise du Ve au Xe siècle;* (Saigon 1956 = vol. 39 of the *Publications* de l'école française d'extrême-orient).

Har. — The *Harṣacaritam* of Bāṇa; Sanskrit text, with commentary of *Saṃkarakavi*. Bombay, 7th ed. (*Nirṇaysāgar*) 1946; I have had the still unpublished commentary of Raṅganātha (Madras Govt. *MSS.* collection R. 2703) copied out for my use. The English translation by E. B. Cowell and F. W. Thomas (London 1897, reprinted 1929; Royal Asiatic Society, Oriental Trans. Fund), is useful, as is the (sometimes rather uncritical) analysis and comment in Hindi by V. S. Agrawāla (*Harṣacarita, eka sāṃskṛtika adhyayana*, Patna 1953).

HOS — Harvard Oriental Series (Harvard University Press, Cambridge Mass. USA).

Hun — W. W. Hunter: *Annals of Rural Bengal* (London 1868). Specially useful for information about the Santal uprising.

IA — Indian Antiquity.

IAR — *Indian Archaeology, a Review;* begun 1954–4, with a second number for 1954–5, apparently not for sale to the general public, but a valuable survey of recent archaeological work.

IG — Imperial Gazetteer of India (new edition) 26 vol., Oxford 1907–9. With this should be taken the various provincial gazetteers of which little use has been made in this work as they are all sadly out of date, but many of which (*e.g.* Gazetteer of the Central Provinces of India; ed. Charles Grant, Nagpur 1870) contain valuable information about tribal life of the period.

IHQ — Indian Historical Quarterly.

INDIA — Annual published since 1953 by the Publications Division of the Ministry of Information & Broadcasting, New Delhi; compiled by its Research and Reference section. This gives the statistics and general information of interest for the whole country.

ITM — L. de la Vallée Poussin: "L'Inde aux temps des Mauryas et des barbares, Grecs, Scythes, Parthes et Yue-Tchi" (Paris 1930).

I-tsing — trans. J. Takakusu (Oxford, 1896) of I-tsing's *Record of the Buddhist Religion* as practised by India and the Malay Archipelago. I-tsing spent 16 years in India, mainly to study monastic life and administration; of these, ten years *circa* a.d. 675–685 at Nalanda.

JA — Journal Asiatique.

JAOS — Journal of the American Oriental Society.

JASB — Journal of the Asiatic Society of Bengal (three series, the society having once been changed into the 'Royal Asiatic Society', and afterwards merely the 'Asiatic Society'). The numismatic supplements to the middle series are paged separately.

Jāt. — Pāli text in Roman ed. V. Fausböll "The Jātaka together with its commentary, being tales of the anterior births of Gotama Buddha": 7 vol. London 1877–97. The English translation by various scholars is far less competent than the German by Julius Dutoit: "Jātakam—Das Buch der Erzählungen aus früheren Existenzen Buddhas" (7 vol. München 1906–1921).

JBBRAS Journal of the Bombay Branch of the Royal Asiatic Society.

JBORS Journal of the Bihār and Orissa Research Society (now only the Bihār Research Society).

JESHO Journal of the social and economic history of the Orient; published at Leiden under the editorship of an international board.

JNSI Journal of the Numismatic Society of India.

JOR Journal of Oriental Research, Madras (from the Kuppuswami Sastri Research Institute, Mylapore, Madras).

JRAS Journal of the Royal Asiatic Society of London.

Kern *Der Buddhismus und seine Geschichte in Indien;* translated into German from the Dutch of Henrik Kern by H. Jacobi; 2 vol. Leipzig 1882, 1884. Treats of the Buddha as a myth, but with good presentation of the canonical source material.

KSS The *Kathā-sarit-sāgara* of Somadeva-bhaṭṭa; Sanskrit text, 4th ed. (Nirṇaysāgar) Bombay 1930; the excellent translation by C. H. Tawney, edited with explanatory notes, appendices, and index, by N. M. Penzer as "The Ocean of Story", 10 vol. London 1924 ff. is indispensable for finding anything.

Lüders H. Lüders: "List of Brāhmī inscriptions from the earliest times to about a.d. 400 with the exception of those of Asoka", Appendix to *El* vol. 10, D. R. Bhāṇdārkar's list in *El* 19–20 revised that of Kielhorn in *El* 5 and 8; both are much less useful than those of Lüders

Mahāvagga *SBE*. 13, 17.

MAN A journal for the study of anthropology.

Manucci *Storia di Mogor* (or *Mogul India*, 1653–1708) by Niccolao Manucci, Venetian; trans, with introduction and notes by W. Irvine; 4 vol. (London 1907–8).

Mbh. The *Mahābhārata*, for the first time critically edited by Viṣṇu S. Sukhṭhaṇkar (with the cooperation of many others). Poona 1933; the work is still being carried on, though less competently after Sukhṭhaṇkar's death in 1943. For finding the relevant material quickly, those who (like me) read Sanskrit far more slowly than English would be helped by P. C. Roy's English translation (continuously reprinted since the first edition in the 1880's) of the inflated vulgate text.

Meg. J. W. McCrindle: "Ancient India as described by Megasthenes and Arrian" (Calcutta 1926, badly reprinted from *IA* 1876–77). The text was published as selections of the quotations or reports of Megasthenes which survive in Strabo, Diodorus Siculus, and others by E. A. Schwanbeck, Bonn 1846. For Diodoros, I have used the edition by Dindorf and Latin translation of Carl Müller, Paris 1878.

MEI Montgomery Martin: "The history, antiquities, topography and statistics of EASTERN INDIA, comprising the districts of Behar, Shahabad, Bhagalpoor, Goruckpoor, Dinajpoor, Puraniya, Rungpoor, and Assam, in relation to their geology, mineralogy, botany, agriculture, commerce, manufactures, fine arts, population, religion, education, statistics &c., surveyed under the orders of the supreme government and collated from the original documents at the E.I. House, with the permission of the honourable court of directors" (3 vol. London 1838). This is a trimmed copy of Francis Buchanans reports. The reader would not be able to guess that the original work was by Buchanan. The original reports pertaining to Bihar districts have later been published by the Bihar and Orissa Research Society, under Buchanan's name.

MN *Majjhima Nikāya*

Mor. W. H. Moreland: (A) "The agrarian system of Moslem India" (Cambridge 1929). (B) "India at the death of Akbar" (London 1920). (C) "From Akbar to Aurangzeb" (London 1923).

MP *Milindapañho;* Pāli text ed. R. D. Vāḍekar (Bombay 1940) English translation *SBE* 35, 36.

Ms. *Manusmṛti*. Sanskrit text with commentary of Kullūka, Bombay (Nirṇaysāgar, 9th ed.) 1933; with the commentary of Medhātithi, ed. Gaṅgānāth Jhā, 3 vol. Calcutta 1932–39 (Bibliotheca Indica 1516, 1522, 1533). English translation by G. Bühler, *SBE* 25.

NDG George A. Grierson: "Notes on the district of Gaya" (Calcutta 1893).

PE Asoka's Pillar edicts by number, as edited in the Corpus Inscriptionum Indicarum (with English translation) vol. I, new edition by E. Hultzsch (Oxford, 1925).

Rāj. "Kalhaṇa's *Rājataraṅginī*, a chronicle of the kings of Kaśmīr" trans. M. A. Stein, 2 vol. London 1900; most useful for its notes, without which the Sanskrit texts edited by Stein, Durgā Prasād, and others would be incomprehensible.

Rau *Staat und Gesellschaft im alten Indien nach den Brahmanen-Texten dargestellt* von Wilhelm Rau (Wiesbaden, 1957).

RE. Asoka's Rock Edicts by number, text and translation as for *PE.*

Roy S. C. Roy: *The Mundas and their Country* (Calcutta, 1912).

RV The *Ṛgveda*; text with commentary of Sāyaṇa, 4 vol., Poona 1933–46. Used therewith, Grassmann's *Wörterbuck zum RV*, and the German translation by A. Ludwig, 6 vol. Prag. 1876–88. K. G. Geldner's German translation (*HOS* 33–35) is as good as any.

SB. *Satapatha Brāhmana*; mostly, from the translation of Julius Eggeling, *SBE*. 12, 26, 41, 43, 44.

SBE "Sacred Books of the East". A series of English translations by various scholars, under the general editorship of F. Max Müller, published at Oxford, mostly in the last twenty years of the 19th century.

Schoff W. H. Schoff trans: "Periplus of the Erythraean sea, travel and trade in Indian Ocean by a merchant of the first century" (New York 1912). The text is from the edition of C. Müller *Geographici Graeci Minores*, Paris 1855 and B. Fabricius, Leipzig 1883. Schoff's dating of the original to a.d. 60 may not be acceptable if the king Mambanus, presumably a corrupt reading for Nambanus, is taken as Nahapāna, but it would be difficult to date the work beyond a.d. 90. See also W. McCrindle, *IA*. 8, 108–151.

SN *The Suttanipāta*: most archaic Pāli Buddhist canonical works, ed. Faushöll; his translation in *SBE* X has been used with emendation.

Strabo The text and translation of his Geography, particularly the XVth book, by H. L. Jones in the Classics have been consulted. Translations quoted here are mostly those by J. W. McCrindle in *Meg.* and in "Ancient India as described in classical literature" (London 1901), the last of McCrindle's six volumes of sourcès in translation. That volume also contains excerpts from Pliny, Kosmas Indikopleustes and others.

Tar. Anton Schiefner: "Tāranathas Geschichte des Buddhismus in Indien aus dem Tibetischen übersetzt" St. Peterburg 1869.

TS. A. B. Keith (Trans.) "Veda of the Black Yajus School", *HOS* 18–19.

TSS Trivāndrum Sanskrit Series.

Var.	"The itinerary of Ludovico Varthema of Bologna" from 1502 to 1508; trans. J. W. Jones, 1863; special edition, Londoi, 1928.
WIS	*Indische Studien*, ed. A. Weber.
WZKM	*Wiener Zeitschrift für die Kunde des Morgenlandes.*
Yule	"Cathay and the way thither" by H. Yule, 2nd ed. H. Cordier, 3 vol. London 1913–5 (Hakluyt Society nos. 38, 33, 37).
ZDMG	Zeitschrift der Deutschen Morgenländischen Gesellschaft.

कालक्रमिक रूपरेखा

पहले दो अध्यायों का कोई कालक्रम नहीं है।

अध्याय 3: सिंधु के शहरों की स्थापना, लगभग 3000 ई.पू., कहा जा सकता है कि मेसोपोटामिया के जेमडेट नस्र काल के दौरान (तुलना करें चित्र 6)। हम्मुराबी का समय 1728–1686 ई.पू. माना गया है।

अध्याय 4: आर्यों का पहला आक्रमण, लगभग 1750 ई.पू.। मुख्य ऋग्वेदिक काल लगभग 1500 ई.पू., दूसरी आर्य लहर लगभग 1100 ई.पू.।

अध्याय 5: यजुर्वेद 800 ई.पू. तक पूरा हो गया, शतपथ ब्राह्मण 600 ई.पू. तक पूरा हो गया, दोनों ही में बाद में समय-समय पर किए गए प्रक्षेपों को जोड़ा नहीं गया है।

अध्याय 6: कोशल और मगध में सातवीं शताब्दी ई.पू. तक नियमित रूप से चाँदी के सिक्कों का नियमित रूप से उपयोग किया जाता था। बुद्ध और प्रसेनजित का निधन (दोनों 80 वर्ष की आयु में) और 483 ई.पू. के लगभग। महावीर का निधन बुद्ध के कुछ वर्ष बाद हुआ, संभवतः 468 ई.पू. के आसपास। मगध के बिंबिसार का शासन 540 ई.पू. के आसपास, अजातशत्रु का 492 में और महापद्मनंद का 350 ई.पू. के पहले शुरू हुआ।

अध्याय 7: भारत पर सिकंदर का आक्रमण 327 ई.पू. के अंत में शुरू हुआ, ब्यास से पलायन का क्रम जुलाई 326 ई.पू.; बेबीलोन में मृत्यु 323 ई.पू.। मौर्य सम्राट चंद्रगुप्त लगभग 321–184 ई.पू., अशोक लगभग 275–232 ई.पू.। अशोक की राजाज्ञाओं में वर्णित समकालीन यवन राजा हैं: Antioche II Theos (सीरिया, 261–246); टोलेमी फिलाडेल्फिया (मिस्र, 258–247); Antigonos Gonatas (मैसीडोन, 278–242 या 239); मैगस (सिरीन, 258); पिरस का सिकंदर, लगभग 272–258 ई.पू.।

अध्याय 8: प्रथम सतवाहन लगभग 200 ई.पू.। रुद्रदामन का गिरनार शिलालेख, 150 ई.। सीरिया के एंटिओकस तृतीय का भारत पर आक्रमण, 206 ई.। भारतीय-यूनान राजकुमार, 200–58 ई.पू.। इनमें से यूथीडेमस के परिवार ने बैक्ट्रिया और भारत के कुछ हिस्सों पर अस्थायी शासन सहित काबुल की घाटी पर शासन किया। यूकेटिडस और उसके उत्तराधिकारियों ने 165–25 ई.पू., शक-पह्लव ने 75 ई.पू.-50 ई. तक पंजाब पर शासन किया। कनिष्क ने कुषाण साम्राज्य की स्थापना की और 78 ई. से नए युग की शुरुआत की। अंतिम कुषाण सम्राट वासुदेव लगभग 200 ई. तक शासन किया लेकिन इस राजवंश को देवपुत्र की उपाधि (चीनी उपाधि 'स्वर्ग के पुत्र' या संभवतः ईरानी से) पर गुप्त वंश के कुछ शत्रुओं द्वारा बहुत देर से, चौथी शताब्दी में दावा किया गया, और यह संभव है कि इनके उत्तराधिकारी काबुल पर 8वीं शताब्दी के अंत तक शासन करते रहे।

अध्याय 9: गुप्त काल का आरंभ 319–20 ई. में प्रथम सम्राट चंद्रगुप्त प्रथम से होता है; उनके पिता घटोत्कच और पितामह श्रीगुप्त फैज़ाबाद-प्रयाग क्षेत्र में स्थानीय सरदार थे। बाद में सिंहासनारूढ़ होने वाले उनके प्रमुख उत्तराधिकारी हैं: समुद्रगुप्त, 330 ई., चंद्रगुप्त द्वितीय, 380; कुमारगुप्त प्रथम, 415; स्कंदगुप्त, 455; बुद्धगुप्त ने उत्तर में करीब 515 तक शासन किया। वल्लभी राजवंश की स्थापना भट्टारक द्वारा 480 में की गई थी और यह 700 ई. तक चला। तोरमाण और मिहिरगुल नामक हूणों ने 500 से 528 ई. तक मालवा पर आधिपत्य जमाए रखा। हर्ष का समय 605–6 से लेकर 647 तक रहा। हर्ष के शत्रु नरेंद्रगुप्त-शशांक उत्तर के गुप्तों में अंतिम थे। फाह्यान का भारत आगमन 405; ह्वेन सांग का लगभग 629–645 ई. के करीब हुआ। कदंब वंश के राजा मयूरशर्मा को अब चौथी शताब्दी का माना जाता है।

अध्याय 10: मार्को पोलो दो बार दक्षिण भारत आया, पहले 1288 ई. और फिर 1292–3 में। महानतम चीनी बेड़े भारतीय समुद्र में मिंग एडमिरल चेंग हो के नेतृत्व में वर्ष 1405–1433 ई. के बीच बढ़े। अंतिम चार समुद्री बेड़े तो ओर्मुज और अफ्रीकी तट तक गए। (*cf. China Reconstructs* 5, 7, July 1956, pp. 11–14)। ऐसा लगता है कि पहला मुस्लिम (अरब) आक्रमण 637 के आसपास शुरू हुआ। 712 ई. में दाहिर पर मुहम्मद बिन अल कासिम की विजय के साथ ही स्थायी आधिपत्य के लिए भूभाग का तेजी से घटना शुरू हो गया, जहाँ से मुल्तान और पूरी निचली सिंधु घाटी मुसलमानों के अधीन हो गई। ग़ज़नी के महमूद (मृत्यु 1030 ई.) ने अपने लगातार आक्रमणों से उदभांड (उंड) के साहीय राजवंश और कन्नौज के प्रतिहारों को खत्म कर दिया। गुर्जर-प्रतिहार (प्रतिहार) राजवंश की स्थापना नागभट द्वारा 725 ई. में की गई। इसी नाम के दूसरे राजा ने कन्नौज (जो राजधानी बनी रही) पर 810 के आसपास गद्दी पर बैठा। इस राजवंश का अंत राज्यपाल के साथ हुआ, जिसकी 1020 में महमूद से हारने के बाद हत्या हो गई। बिहार और पश्चिम बंगाल के पालों ने एक स्थानीय सरदार गोपाल के साथ 750 में शुरुआत की और 1175 में सत्ता से बाहर हो गए, लेकिन इनका परिवार कम से कम 1500 तक बचा रहा। उनकी जगह सेन वंश उनके अधिकतम भूभाग पर 1108 से लेकर शताब्दी के अंत में मुहम्मद बिन बख्तियार खिलजी के आक्रमण तक अतिष्ठित हुआ। चंदेल राजाओं, जिन्होंने अपनी शुरुआत आदिवासी (गोंड) सरदारों के रूप में की थी, 9वीं शताब्दी में प्रतिहारों की एक पराजय के बाद अपने साम्राज्य की स्थापना की और बुंदेलखंड (जेजाकभुक्ति) 12वीं शताब्दी के अंत तक शासन किया। चंद्रदेव के साथ गहड़वाल (राठौर) राजाओं ने कन्नौज के सिंहासन पर 1090 में अधिकार जमाया और 1194 में मुहम्मद गोरी द्वारा हटा दिए गए, जिसने एक वर्ष पूर्व या थोड़ा और पहले चौहान (चाह्माण) राजा पृथ्वीराज को भी हराया था। प्रायद्वीप में चालुक्य वंश के साम्राज्य की स्थापना बदामी में पुलिकेशिन प्रथम ने 550 ई. में की और 757 में ये राष्ट्रकूटों द्वारा, जिन्होंने कीर्तिवर्मन को हराया था, परास्त कर दिए गए। पूरब में चालुक्य 1070 तक शासन में बने रहे, जब राजेंद्र तृतीय चोल (कुलोत्तुंग) ने दो राजवंशों को दोनों कुलों के उत्तराधिकारियों के रूप में एकीकृत किया। पहले प्रमुख राष्ट्रकूट कृष्ण प्रथम ने 768–772 तक शासन किया। वह अपने कुल का चौथा ज्ञात प्रमुख था। इस वंश का अंत 982 में हुआ। कल्याणी के चालुक्य 692 से 1200 तक शासन में बने रहे। पल्लव चौथी से नवीं शताब्दी तक रहे। चोल 846 से 1279 तक बने रहे।

दिल्ली के मुस्लिम राजवंश 'गुलाम' की शुरुआत मुहम्मद गोरी के ग़ुलाम कुतुबुद्दीन ऐबक से 1206 में हुई और इसका अंत 1290 में हो गया। इसके बाद खिलजी सल्तनत 1290–1320 (अलाउद्दीन, 1296–1316) कायम रहा; इनके बाद तुगलक 1320–1413 (फिरोज़ 1351–1388), सय्यद 1414–1451; लोदी 1451–1526; मुगल 1526–1858, लेकिन औरंगजेब (1658–1707) के बाद छाया सम्राट। दक्षिण का बहमनी राजवंश (अधिकतर गुलबर्गा में) 1347–1426; लेकिन 1518 में पाँच अलग सूबेदारों ने अपने अलग-अलग राज्य स्थापित कर लिए। इनमें सबसे महत्त्वपूर्ण बीजापुर का आदिल-शाही घराना था, जिसका अंत औरंगजेब के हाथों 1686 में पराजय के साथ हुआ। विजयपुर का हिंदू राज्य जिसकी स्थापना 1336 में हुई थी, का विनाश 26 जनवरी 1565 को हुए तालिकोटा के युद्ध के बाद दक्षिण के चार या पाँच मुस्लिम राज्यों ने मिलकर कर दिया। यद्यपि इनके वंशज स्थानीय सरदारों के रूप में बचे रहे।

अध्याय 1

प्रयोजन एवं विधियाँ

1.1. भारतीय इतिहास के लिए अपेक्षित विशेष विधियाँ।

1.2. उपलब्ध सामग्री।

1.3. अंतर्निहित दर्शन।

"भारत के पास कुछ कड़ियाँ तो हैं, लेकिन इतिहास नहीं," भारत के अतीत के संबंध में अपने अध्ययन, समझ और सम्यक सूचना की कमी को सही ठहराने के लिए विदेशी लेखकों की ओर से प्रायः इस मज़ाक का प्रयोग किया जाता है। आगे किया जा रहा विवेचन यह सिद्ध कर देगा कि वास्तव में वे कड़ियाँ ही हैं—ऐसे राजवंशों और राजाओं की सूचियाँ, उपाख्यानों से भरी युद्धों और संग्रामों की कहानियाँ, जो भारतीय अभिलेखों से ग़ायब हैं और स्कूली पाठ्यक्रम इन्हीं से भरा हुआ है। यहाँ पहली बार हमें बिना कड़ियों के एक इतिहास की पुनर्रचना करनी है। तात्पर्य यह कि यह उस प्रकार का इतिहास नहीं हो सकता है जैसा यूरोपीय परंपरा[1] में चला आ रहा है।

1.1 इस कार्य के प्रयोजन के लिए इतिहास की परिभाषा कालक्रमिक व्यवस्था के अधीन उत्पादन के साधनों एवं संबंधों के क्रमिक विकास के प्रस्तुतीकरण के रूप में की गई है। इसके अनुमानों और प्रभावी उपयोग के लिए अपनाई गई तकनीक पर आने से पहले आइए हम यह जान लें यह परिभाषा क्यों ज़रूरी है।

भारत अपनी पूरी महान साहित्य परंपरा में, हेरोडाटस (Herodotus), थ्यूसीडाइड्स (Thucydides), पॉली-बिअस (Polybius), लिवाई (Livy), टैसेटस (Tacitus) जैसा एक भी इतिहासकार नहीं दे सका। मध्यकाल के कई भारतीय राजा (यथा- हर्ष 600–640 के लगभग) शिक्षा और साहित्यिक क्षमता के मामले में अपने समकालीन यूरोपीय शासकों से अतुलनीय रूप से श्रेष्ठ थे। उन्होंने बड़े युद्धों में व्यक्तिगत रूप से विशाल सेनाओं का नेतृत्व किया। इसके बावजूद, ऐसा नहीं लगता कि किसी ने सीज़र की Commentaries या Xenophon की Anabasis. जैसा कोई आख्यान लिखने के बारे में कभी सोचा भी हो। यहाँ रोचक दरबारी नाटकों, देवताओं की स्तुति में एक सामयिक छंद या परिहासपूर्ण प्रहसन की परंपरा थी। भारतीय वृत्तांतों में ऐसा एक ही है, जिसका ज़िक्र किया जा सकता है। कश्मीरी रचनाकार कल्हण की राजतरंगिणी[2]। संस्कृत के छंदों वाली यह कृति 1149–50 ईसवी में रची गई और बाद में दो उत्तराधिकरियों द्वारा भी इसका निर्वाह किया गया। यह संस्कृत काव्य की सभी शिष्ट परंपराओं से भरा हुआ है, ख़ासकर दोहरे अर्थों वाले श्लेष अलंकारों से, जो प्रायः उस सत्य को ज़ाहिर होने से बचा ले जाते हैं जो रचनाकार कहना चाहता है। यह समय कश्मीर में सामंत ज़मींदारों और केंद्रीय सत्ता के बीच निरर्थक संघर्ष का था, लेकिन स्थिति यह थी कि समय और स्थान का वर्णन करने वाले इसके अंश की भी तुलना गुणवत्ता, गंभीरता और कथ्य के मामले में पेलोपोनेशियन युद्ध के थ्यूसिडेडीज़ (Thucydides) द्वारा किए गए वर्णन से बड़ी मुश्किल से ही की जा सकती है। बाक़ी पूरे देश में, मुस्लिम काल तक, हमारे पास कल्हण (जो राजदरबार के माहौल में ही पले-बढ़े थे और सभी अभिलेखों तक उनकी सीधी पहुँच थी) के बराबर की कोई दूसरी रचना नहीं है। हालाँकि कल्हण जब अपनी मातृभूमि का सातवीं शताब्दी से पहले का वृत्तांत प्रस्तुत करने की कोशिश करते हैं तो वह स्वयं दंतकथाओं, मिथकों और शुद्ध रोमांस में फँस कर रह जाते हैं। अधिक प्राचीन काल के लिए हमारे पास पुराणों (प्राचीन कथाओं) के रूप में स्रोत उपलब्ध हैं। पुराण अपने वर्तमान स्वरूप में केवल धार्मिक कथाएँ और प्राख्यापन रह गए हैं, किसी समय उनमें जो ऐतिहासिक कथ्य रहा भी होगा, वह भी भारी मात्रा में मिथकों से दब गया है, अर्ध धार्मिक कथाओं से मद्धिम पड़ गया है, असंख्य लापरवाह प्रतिलिपिकारों

द्वारा नकल किए जाने के कारण बार-बार संपादित किए जाने से मिट गया है, तो अब अगर किसी को नए सिरे से राजाओं की सूची[3] भी तैयार करनी हो तो उसे भी बड़ी मुश्किलों का सामना करना पड़ेगा। कीलाक्षर (क्यूनिफॉर्म) अभिलेखों, यहाँ तक कि सुमेरी में भी इनसे अधिक सूचनाएँ मिल जाती हैं, ख़ासकर उनके अपने देशों की सामाजिक परिस्थितियों के संबंध में।

अब होना यह चाहिए कि 'हम यूरोपीय ढंग के इतिहास लेखन से सामंजस्य बनाने की कोशिश करें। इसे संक्षेप में एक उदाहरण[4] से स्पष्ट किया जा सकता है। *JASB*. 72 (1903) पृष्ठ 1–13 में सिसिल बेंडल ने नेपाल से मिली एक पांडुलिपि को संस्कृत महाकाव्य 'रामायण' का अंश बताया। इसका कोलोफ़ोन (पुष्पिका) यह दर्शा रहा था कि इसका प्रतिलिपिकरण तिरहुत (बिहार) में, गांगेयदेव के शासनकाल में, एक अनिर्दिष्ट युग के वर्ष 1076 में किया गया है। इस राजा का वर्णन "बंगाल ध्वज" के गौड़-ध्वज के रूप में किया गया है। बेंडल और अन्य इतिहासवेत्ताओं ने इसकी पहचान कालचूड़ि शासक गांगेयदेव के रूप में की है, जिसका ज़िक्र अल-बरूनी की किताब-उल-हिंद[5] (1030 ई. के आसपास लिखी गई) में आया है। उन्होंने गांगेय देव की उपाधि का अर्थ 'बंगाल के विजेता' के रूप में लिया। स्वाभाविक रूप से इतिहासकारों द्वारा की गई इस पहचान पर तुरंत संदेह उत्पन्न हुआ। कालचूरि राजवंश के संबंध में उपलब्ध कुछ संस्कृत अभिलेख में न तो इस उपाधि का ज़िक्र करते हैं और न ही ऐसी किसी विजय का प्रमाण देते हैं। इस प्राचीन पांडुलिपि की एक अच्छी छायाप्रति 1940 में लाहौर में प्रदर्शित की गई। इसे देखकर वहाँ उपस्थित एक विद्वान ने दावा किया कि कोलोफोन (पुष्पिका) ग़लत पढ़ा गया, सही शीर्षक है गरुड़ ध्वज। इसका मतलब एक अक्षर के मामूली हेरफेर ने पूरा अर्थ बदल दिया। बंगाल का विजेता होना तो बहुत दूर की बात है, ज़्यादा से ज़्यादा यह राजकुमार भगवान विष्णु का एक भक्त रहा हो सकता है। मिथकीय गरुड़ पक्षी भगवान विष्णु का वाहन है और वह संभवतः इनके ध्वज पर अंकित है। यहाँ हमें जिस एक सबसे ताज़ा स्वीकार्य व्याख्या का ज़िक्र करना चाहिए, वह है दक्षिण के राष्ट्रकूट राजवंश के एक मामूली सहायक सामंत का, जिसने 1019–20 ई. में बिहार के कुछ हिस्सों पर शासन किया। यह वह समय था जब मुसलमान उत्तर-पश्चिम क्षेत्र पर अपनी पकड़ मज़बूत बनाने में लगे हुए थे। अभिलेखों में अच्छी तरह दर्ज अपेक्षाकृत हाल के समय के लिए हमें ऐसे मामूली स्रोतों पर लंबी बहस करनी पड़ रही है, बिना किसी और तर्क के केवल यही उन संकीर्णताओं को ज़ाहिर कर देता है, जिनके कारण भारत में एक औपचारिक इतिहासकार को कमतर आँका गया।

वैसे प्राचीन यूरोपीय ऐतिहासिक दस्तावेज़ भी अपने-आपसे कोई पूरा अर्थ अपने पाठक को उपलब्ध नहीं कराते और न ही वे किसी संतुलित इतिहास की रचना करते हैं। Polybius, Livy या Tacitus के अच्छे अनुवाद का आनंद कोई भी उठा सकता है, शैली की स्पष्टता, गुणगान में संयम, अलंकाररहित वर्णन के लिए। रोम का वास्तविक इतिहास जानने के लिए Theodor Mommsen का Römische Geschichte पढ़ना चाहिए, या फिर कैंब्रिज हिस्ट्री के संबंधित खंड। प्राचीन पाठ और इसकी आधुनिक व्याख्या के बीच जो थोड़ा सा फर्क है, वह केवल कुछ लेखकों की तुलना के कारण है। ग्रोटे के हिस्ट्री ऑफ ग्रीस में आंतरिक और बाह्य पाठ की आलोचना के परिणाम शायद सर्वोत्तम रूप में देखे जा सकते हैं। एथेनियन लोकतंत्र का धीर, सुंदर ढंग से लिखा गया और चिरकाल तक उपयोगी विश्लेषण इसमें उपलब्ध है। एक ऐसे महान और भव्य व्यक्तिगत प्रयास की महानता और सत्यता की व्याख्या के लिए केवल शाब्दिक चित्रण पर्याप्त नहीं है जैसा Eduard Meyer की Geschichte des Altertums, करता है। प्राचीन काल के इतिहास के क्षेत्र में सहकारी विद्वता की कृतियों का कोई जोड़ नहीं है। अंतर यह है कि लिखित इतिहास के साथ प्रमाणस्वरूप पुरातत्व का भरपूर उपयोग किया गया है, जो न केवल पुष्टि करता है बल्कि प्राचीनकाल के वस्तुगत अवशेषों से सटीक अर्थ भी निकालती है। लिखित इतिहास को आम तौर पर अभिलेख, सिक्के और शिलालेख पूरा करते हैं, द्विभाषिक पाठों वाली स्फानलिपि पट्टियाँ तथा मिस्री चित्रलिपियों को समझा जाना है, इनका अभिलेख में महत्त्वपूर्ण योगदान है। यहाँ तक कि प्राचीन रोम के लिए Trajan और Marcus Aurelius के सैन्य स्तंभ, विजय वृत्त, पत्थर के ताबूत के ज़रिये ही हमारे लिए यह संभव हो सका कि हम testudo और agger, जैसे शब्दों के अर्थ समझ सके। जिनके तकनीकी अर्थ प्राचीन और पुनर्जागरण काल के बीच खो गए थे। विभिन्न सम्राटों के अस्तित्व की पुष्टि उनके सिक्कों से हुई। दस्तावेज़ों के सत्यापन के लिए व्यवस्थित पुरातात्विक उत्खनन कराना संभव हो सका। यथा, सीज़र द्वारा की गई एलेसिया की विलक्षण दोहरी घेराबंदी का सत्यापन Alise-Ste-Reine के उत्खनन से हुई। विशेषतया अधिक प्राचीन काल के लिए, जैसे कि एट्रुस्कन (Etruscan), जहाँ अभिलेख पर्याप्त नहीं थे, भाषा स्पष्ट रूप से पढ़ी नहीं जा सकी। पुरावशेष थे तो प्रभावशाली, लेकिन प्रमुख समस्याओं का समाधान करने में ये अपने-आप से सक्षम नहीं थे। इसलिए हमें अभी भी बहुत संदेह हैं। यद्यपि अभी भी भारत के संबंध में कुछ प्राप्त कर पाने की दिशा में प्रगति बहुत दूर की बात है। ग्रीस के बारे में पॉसेनियस का विवरण अब एक मूल्यवान गाइड है, जिसकी पुष्टि खुदाई ने भी की है। यहाँ

तक कि होमरिक की ट्रॉय की दंतकथा भी, जिसे पूरी तरह मिथक बता कर ख़ारिज कर दिया गया था, जैसे ही श्लीमैन (Schliemann) ने हिसारलिक (Hissarlik) का उत्खनन किया, उसकी सत्यता सामने आ गई। बाइबिल एक धार्मिक कृति होते हुए भी, अपनी समतुल्य किसी भारतीय पुस्तक की तुलना में ऐतिहासिक और पुरातात्विक दृष्टि से अधिक महत्त्वपूर्ण है। क्योंकि जिन लोगों ने इसे प्रसारित किया, वे संबंधित स्थलों से हमेशा संपर्क में रहे और वे स्थानों और घटनाओं को किसी व्यापारी की तरह सटीक ढंग से चिह्नित कर सकते थे। हमारी सामग्री से अभी भी यह कहना असंभव है कि रामायण और महाभारत जैसे दो महायुद्ध कहाँ लड़े गए थे। अगर इस बात को छोड़ भी दें कि क्या वास्तव में वे किसी ऐतिहासिक घटना का वृत्तांत प्रस्तुत करते हैं। गुग्लिमो फरेरो[6] (Guglielmo Ferrero) का काल्पनिक लेकिन तार्किक वृत्तांत रोमन गणराज्य के अंत की दिन-प्रतिदिन की घटनाओं की पुनर्रचना करता है। Suetonius और Procopius के सबसे नीरस पन्ने भी रॉबर्ट ग्रेव्ज़ के वैविध्यपूर्ण विलासी जीवन पर प्रकाश डालते हैं। हम भारतीयों को अभी भी यह सिद्ध करना है कि राजा विक्रम वास्तव में हुए हैं जिनकी 57 ई.पू. में हुई विजय या राज्याभिषेक के आधार पर भारत में अभी भी चल रहे विक्रम संवत की शुरुआत मानी जाती है। आज के नज़रिये से देखें तो बहुत हद तक यह संभव लगता है कि यह गुप्त साम्राज्य के वैभव की प्रतिच्छाया है, जो उससे पहले का थोड़ा छोटे स्तर पर लेकिन जनजातीय युग है।

इससे पता चलता है कि प्राचीन भारत के लिए प्रत्यक्ष प्रक्रिया कितनी निरर्थक होगी। जहाँ कि मूलभूत स्रोत सामग्री (जैसे कि दो महान महाकाव्यों में है) ही कमज़ोर है, और अब तक उपलब्ध पुरातत्व का तो उस विशेष संदर्भ में कोई ऐतिहासिक महत्व है ही नहीं। अचिले और ओडिसस जैसे होमर के महान चरित्र वे नहीं हैं, जिनके अस्तित्व की पुष्टि के लिए प्रमाण तलाशे जा चुके हैं। एटिओक्लिस (Eteokles) जैसे मामूली चरित्र ज़रूर हित्ती शिलालेखों[7] के तवागलावस (Tawagalawaś) जैसे लगते हैं। चैंसन द रोलां (Chanson de Roland) की बात छोड़ दी जाए, Charlemagne के कप्तानों में रोलां सबसे महत्त्वपूर्ण नहीं था और न Roncesvalles की हार इस दौर की महत्त्वपूर्ण सैन्य घटनाओं में ही शामिल है। थियोडोसियस (Theodosius) के प्रतिस्पर्धी मैक्सिमस (383–8 ई.), जिसने रोमन साम्राज्य को थोड़े दिनों के लिए तोड़ दिया था, के बारे में हमारे पास अभिलिखित इतिहास और पुरातत्व दोनों ही माध्यमों से पर्याप्त जानकारी उपलब्ध है। यद्यपि अपने वेलैंड स्मिथ सागा में मैक्सेन वेडिग (Maxen Wledig), या Mabinogion में वेल्श ऐतिहासिक यथार्थ का बहुत मामूली विवरण ही दे पाते हैं। Niebelungenlied के Etzel और Dietrich से भी एटिला और थियोडेरिक जैसे राजाओं के बारे में कोई जानकारी नहीं पाई जा सकी। राजा आर्थर, जो कि ब्रिटेन से रोमन सैन्य दलों की पराजय और सैक्सन की विजय के बीच की अवधि से संबंधित हैं, आज भी पूरी तरह मिथकीय चरित्र ही माने जाते हैं। रॉबिन हुड का चरित्र भले ही किसी ऐतिहासिक चरित्र से प्रेरित हो, लेकिन अभी भी उसे लोकगथाओं का चरित्र ही माना जाता है। अगर हमने भारत के प्रमुख दस्तावेज़ों पर भरोसा कर लिया तो हमें उन पर काम के लिए शायद ही यहाँ उद्धृत किए गए काल्पनिक दंतकथाओं जैसी कुछ चीज़ें मिल सकें।

पुरालेखों से मिले अधिकतर निष्कर्ष ऐसे ही असंगत पुरावशेषों के सह-उत्पाद हैं, जो न तो तार्किक रूप से उन भारतीय राजाओं, जिनके नाम अब तक शेष हैं, के राजवंश की एक समग्र सूची तैयार करने के लिए पर्याप्त हैं और न ही उनके शासन के वर्ष एवं संपूर्ण क्षेत्राधिकार निश्चित करने के लिए। इसलिए कुछ इतिहासकार पुराणों के आधार पर इतिहास रचने के सिद्धांत के अनुसार सीधे मिथकों से ही इतिहास की पुनर्रचना का अत्यंत दुरूह कार्य करते हैं, जैसे कि एफ.ई. पार्जिटर अपने एंशिएंट इंडियन हिस्टोरिकल ट्रैडिशन (ऑक्सफोर्ड, 1922) में करते हैं। अनभिलिखित काल के लिए जो विकल्प था, वह था भाषा वैज्ञानिक। भारतीय-यूरोपीय भाषाओं में समानता दर्शाने वाले समान शब्द आर्यों की मूलभूमि में उनके सामाजिक संगठन की कुछ सूचनाएँ देते हैं। ये सूचनाएँ उस समय से पहले की हैं जबकि उनके कई जनजातीय समूह विभिन्न दिशाओं में विस्थापन के लिए वहाँ से अलग हुए। क्योंकि आर्य लोगों के स्वयं लंबी यात्रा पर गए बिना उनके शब्दों के विस्थापित होने के बारे में, और वह भी उनकी सामाजिक संस्थाओं और रिश्तों की पूरी अवधारणा के साथ, कोई गंभीर संभावना नहीं सोची गई। अंग्रेज़ी शब्द डॉटर (daughter), जर्मन शब्द टॉख्टर (Tochter), यूनान में टायटर (thygatêr), आइरिश में डियर (dear), लिथुआनियन में दुक्ते (dukte), रूसी में डॉक (doch) सभी का मूल संस्कृत का दौहित्र शब्द है। संस्कृत में दुह धातु का अर्थ 'दुहने' से लिया जाता है, इस सिद्धांत के अनुसार, यह शब्द मूल रूप से दोग्ध्री = 'वह जो दूध दुहती है' था। इससे यह संकेत मिलता है कि प्राचीन आर्य परिवारों में दूध दुहने का कार्य पुत्री किया करती थी। यह आकर्षक चित्र सबसे पहले लसेन (Lassen) ने तैयार किया, जिनको अपनी संस्तुति के साथ मैक्स मूलर[8] ने उद्धृत किया है, जिनकी नक़ल बाद के कई भारतीय लेखकों ने यथायोग्य रूप से अपने गूढ़ लेखन में की है। उन कृतियों में जिन्हें मराठी से पुनः रूपांतरित किया गया है। इस अंतिम दुहराव[9] का रूसी में अनुवाद हो जाने

से इसे एक अपूर्व पवित्रता प्राप्त हो गई। यह एक ख़ास क़िस्म के वामपंथी बुद्धिजीवियों को कुछ और पढ़ने या अपने-आपसे सोचने की समस्या से बचा लेता है। दुर्भाग्य से यह आकर्षक अनुमान अभी भी यह स्पष्ट कर पाने में विफल है कि आर्य भाषाओं ने 'वह जो दुहती है' के लिए समान शब्द कैसे बचा लिया, जबकि 'दूध' के लिए उनके पास समान शब्द नहीं है। इसी क्रम में इस बात पर भी ग़ौर किया जाना चाहिए कि चरवाहों का जीवन आम तौर पर पितृसत्तात्मक माना जाता है, पशुपालन जो कि पुरुषों का काम था, उसमें गाय को दुहना अपेक्षाकृत बाद में शुरू हुई क्रिया है। क्योंकि न तो यह आदिम क्रिया है और न ही प्राथमिक रूप से स्त्रियों का कार्य। व्युत्पत्ति पर काम करने वाले भाषा वैज्ञानिकों ने यह भी ग़ौर किया है कि भारतीय-यूरोपीय भाषाओं में 'पैर' के लिए तो समान मूल से कई शब्दों की व्युत्पत्ति है, लेकिन 'हाथ' के लिए ऐसा कुछ नहीं है। यदि यही तर्क हर जगह लागू किया जाए तो इस निष्कर्ष की अपेक्षा की जाएगी कि अविस्थापित आर्यों के पास पैर थे, लेकिन हाथ नहीं, जो विस्थापन के बाद उत्पन्न हुए!

1.2. इस तरह उत्पादन के साधनों और संबंधों के मामले में हमें अपनी सोच कालानुक्रमिक व्यवस्था के अंतर्गत क्रमबद्ध विकास पर केंद्रित करने के लिए अपरिहार्य रूप से बाध्य किया गया। इसी से यह पता चलता है कि किसी भी काल में लोग किस तरह जीवन जीते थे। किसी भी अन्य विज्ञान की तरह यहाँ भी दृष्टिकोण पूरी तरह भौतिकवादी ही रखना होगा। मनुष्य अपने जीवन को उत्तरोत्तर बेहतर बनाने के लिए औजारों[10] का उपयोग करता है, ख़ुद अपने पर्यावरण की शर्त पर। अतीत में उसकी सफलता का पूरा व्यावहारिक परीक्षण केवल उत्पादन के साधनों में प्रत्येक महत्त्वपूर्ण बुनियादी खोज के साथ मानव जनसंख्या में आकस्मिक वृद्धि से किया जाता रहा है। सामाजिक संगठन उतना ही उन्नत हो सकता है जितनी कि उत्पादन के उपकरण उसे अनुमति दें। ख़ासकर जब मनुष्य खाद्य संग्रह के अर्ध-पाशविक दौर से थोड़ा आगे बढ़ कर खाद्य-उत्पादन की ओर बढ़ा तो निश्चित रूप से वह पशु से ऊपर उठा। हमारी परिभाषा हमें भारतीय समाज और इतिहास से जुड़ी कुछ निश्चित विशेषताओं पर ग़ौर करने और समझने के लिए बाध्य करती है, जैसे कि जाति और हाल के कुछ बुद्धिजीवियों को छोड़कर आम तौर पर सभी में इतिहासबोध का अभाव। निश्चित रूप से, यही एकमात्र ज्ञात परिभाषा है, जो लिपि के आविष्कार से पहले के इतिहास, जिसे 'प्रागैतिहास या प्राक्-इतिहास' कहा जाता है, का यथोचित संधान कर सकती है। व्यवहार में परिभाषा के प्रयोग की तकनीक का अर्थ केवल लिखित अभिलेखों का पुरातत्व के साथ परितुलन भर नहीं है, बल्कि नृवैज्ञानिक तथ्यों के साथ जोड़कर इन सबकी व्याख्या भी होती है। किसी प्राचीन साहित्य के अस्तित्व में समाज का वर्ग-विभाजन अंतर्निहित होता है, इसी तरह पहले से मंदिर, पौरोहित्य और शहरी जीवन तथा उत्पादक समूहों में समाज के विभाजन, जिसने अपेक्षाकृत निम्न अधिशेष उत्पाद पर क़ब्ज़ा कर लिया, के पूर्व-अस्तित्व का यह अर्थ है कि प्राचीनतम काल में भी साक्षरता थी। अभिलेख केवल दूसरे वर्ग के हैं, जिस पर इतिहासकार कार्य कर सके। उत्पादक वर्ग के पास साक्षरता की सुविधा नहीं थी। अतीत का अनुसंधान हमें उत्पादन के उपकरणों की पर्याप्त जानकारी देता है। पूर्व उत्पादक साधनों से पुराविदों को मिले घरों, क़ब्र की सामग्रियों, औजारों, बरतनों आदि पर काम किया जाए तो वर्गों और समूहों के बीच के संबंधों पर, नृशास्त्र की दृष्टि से नए अध्ययन की ज़रूरत होगी। इस सिद्धांत का उपयोग आधुनिक पुराविदों द्वारा भी किया गया है। उन्होंने आधुनिक लेकिन फिर भी अफ्रीकी और आस्ट्रेलियाई आदिम जनजातियों के बारे में यूरोप में किए गए अध्ययन का उपयोग किया। इनके अनुसार कुछ निश्चित प्रकार की साझा कब्रें यह संकेत देती हैं कि यह समाज पहले से ही मातृसत्तात्मक था या कि पितृ सत्तात्मक, अथवा मातृ एवं पितृसत्ता के बीच संक्रमण वाले काल में था, या कि पूर्व कबीलाई दौर में, या इन दोनों ही स्थितियों से पहले।

हमें भारतीय परंपरा को समझने के लिए इससे और गहराई में जाना होगा। यहाँ प्राथमिक रुचि की वस्तु अन्य देशों की आदिम जनजातियाँ नहीं हैं, और न सीमांत क्षेत्रों में बची हुई खासी, नाग, उराँव, भील, टोडा या कडार जैसी भारतीय जनजातियाँ ही हैं। पूरी तरह विकसित क्षेत्रों के केंद्र में, कह सकते हैं कि शहरों और उनके आसपास, बचे सामाजिक समूह, उन समूहों के साथ जो जनजातीय समूहों[11] को समाहित करते हुए किसी पुराने समय में विकसित हुए जाति समाज के रूप में सभी स्तरों को चिह्नित करते हैं, कुछ प्राचीन अभिलेखों या पुरातात्विक निष्कर्षों के लिए अमूल्य प्रमाण तैयार करते हैं। पिछड़े समूहों के रूप में उनका अस्तित्व ऐतिहासिक विकास के प्रकाश में व्याख्या के लिए वास्तविक समस्या भी स्पष्ट करता है। भारत एक लंबे, या कहें कि प्राचीनतम अस्तित्व वाला देश है। परमाणु युग के लोग उनके साथ दौड़ में शामिल हैं जो अभी भी ताम्रयुग युग में जी रहे हैं। अभी भी भारी संख्या में लाल रोगन से लिपे-पुते ग्राम्य देवताओं का अस्तित्व, रक्त बलिदानों की लुप्त हो गई परंपरा का प्रतिनिधित्व करता है। हालाँकि श्रद्धालुओं के लिए रक्त बलिदानों की मूलभूत बात अवाक कर देने वाली होगी। इन रीति-रिवाजों और परंपरा पर अमल पाषाण काल से ही देखा जा सकता है, हालाँकि श्रद्धालु, यहाँ तक कि आधुनिक शिक्षा प्राप्त लोग भी, आश्चर्यजनक रूप से प्राचीन काल से चली आ रही इस परंपरा के प्रति सचेत नहीं

हैं। इन रीति-रिवाजों का ब्राह्मण ग्रंथों में कोई उल्लेख नहीं है, लेकिन रीति-रिवाजों से संबंधित संस्कृत ग्रंथों के अन्य भाग यह स्पष्ट करते हैं कि पिछली शताब्दी तक लगभग सभी कालों में समान रूप से प्राचीन समारोह अपनाए गए हैं। सनातनी हिंदुओं की उच्च जातियों के विवाह समारोहों और अंतिम संस्कार में अभी भी तीन हज़ार साल पहले की ऋग्वेद की ऋचाओं का पाठ होता है, लेकिन ऐसे ही रिवाजों में ऐसी रीतियों का प्रयोग भी देखा जाता है जिनका कोई वैदिक आधार नहीं है। इनका प्रयोग उसी गंभीरता के साथ किया जाता है जितना कि वेदों में अभिलिखित भागों का, और उनमें शामिल लोग किसी तरह की असंगति या अंतर्विरोध भी महसूस नहीं करते।

धर्म, अंधविश्वासों और रीति-रिवाजों के अध्ययन पर ध्यान केंद्रित किया जाए तो यह हमें इतिहास से बहुत दूर ले जा सकता है; इनके अध्ययन की उपेक्षा की गई तो यह इस संरचना के उन मूल्यवान लक्षणों को ही किनारे कर देगा, जो आधार में परिवर्तनों की सूचना देती हैं। अवशेष अस्तित्व का अर्थ यह है कि इस विशिष्ट मामले में कोई विरोध महसूस नहीं किया गया, या उत्पादन के वे आदिम उपकरण इस संरचना की थोपी गई, जटिल और प्रायः पीड़ादायक विकास प्रक्रियाओं के बावजूद बचे रहे। भारतीय समाज के आदिम और अत्यंत विकसित तत्वों के बीच वैसे कड़वे और हिंसक संघर्ष बहुत कम ही देखे जाते हैं, जैसे कि दक्षिण अमेरिका में जनजातीय संस्कृतियों और स्पैनिश विजेताओं के बीच (उनके आग्नेयास्त्रों और चेचक द्वारा) विध्वंसक संघर्ष या उन व्यापारियों के साथ देखा जाता है जो दक्षिण सागर के कई द्वीपों की पहले से स्वस्थ आबादी में सिफिलिस, तपेदिक, चेचक, शराब आदि लेकर गए। भारत के किसी भी विजय अभियान में वह घातक प्रभाव भी नहीं है जो आल्प्स पर्वत के पार रहने वाले गौलों पर रोमन सैन्य दलों या साहूकारों की विजय, अथवा जर्मनी के जनजातीय पुरोहितों पर मध्यकालीन ईसाई मिशनरियों की विजय में देखी जाती है।

1.3. वर्तमान दृष्टिकोण इतिहास के एक निश्चित सिद्धांत को अपनाता है, जिसे द्वंद्वात्मक भौतिकवाद या इसके संस्थापक के नाम के आधार पर मार्क्सवाद के नाम से जाना जाता है। एक उत्कृष्ट उद्धरण, जो यहाँ दिया जाना चाहिए, कार्ल मार्क्स की कृति क्रिटीक ऑफ पॉलिटिकल इकोनॉमी (1859)[12] की भूमिका में उपलब्ध है।

"अपने अस्तित्व के साधनों के सामाजिक उत्पादन में, पुरुष निश्चित प्रकार के ऐसे आवश्यक संबंध बनाते हैं जो उनकी इच्छा से स्वतंत्र हैं, ऐसे उत्पादक संबंध जो उनकी भौतिक उत्पादक शक्तियों के विकास के एक नियत/निश्चित चरण के अनुरूप होते हैं। इन उत्पादक संबंधों का कुल योग ही समाज की आर्थिक संरचना तैयार करता है। वह वास्तविक मूल आधार जिस पर एक न्यायिक और राजनीतिक महासंरचना का विकास होता है, और सामाजिक चेतना के विभिन्न रूप जिसके अनुरूप होते हैं। अस्तित्व के भौतिक साधनों के उत्पादन के स्रोत ही सामाजिक, राजनीतिक और बौद्धिक जीवन की पूरी प्रक्रिया को प्रभावित करते हैं। मनुष्य की चेतना उसके अस्तित्व का निर्धारण नहीं करती। सच इसके विपरीत है। वस्तुतः वह सामाजिक अस्तित्व है जो उसकी चेतना को निर्धारित करता है। अपने विकास के एक निश्चित चरण पर समाज की भौतिक उत्पादक शक्तियों का पहले से चले आ रहे उत्पादक संबंधों से विरोध होने लगता है, या विधिक शब्दावली में कहें तो कहना होगा कि पहले से चले आ रहे संपत्ति से जुड़े संबंधों के साथ विरोध होने लगता है। उत्पादक शक्तियों के विकास के रूपों से ये संबंध बंधनों में बदल जाते हैं। इसके बाद शुरू होता है सामाजिक क्रांति का दौर। आर्थिक बुनियाद में आए बदलाव से कमोबेश पूरी संरचना ही बड़ी तेज़ी से बदल जाती है। ऐसी क्रांतियों पर विचार करने के क्रम में यह ज़रूरी है कि उत्पादन की आर्थिक परिस्थितियों में क्रांति, जिसका निर्धारण वैज्ञानिक शुद्धता से किया जा सकता है, तथा न्यायिक, राजनीतिक, धार्मिक, कलात्मक, या दार्शनिक—एक शब्द में कहें तो वैचारिक रूपों में, जहाँ कि मनुष्य इस संघर्ष के बारे में सचेत रहता है और उससे लड़ता है, में हमेशा फ़र्क़ किया जाए। एक सामाजिक व्यवस्था तब तक कभी नष्ट नहीं होती जब तक कि वे सभी उत्पादक शक्तियाँ पूरी तरह विकसित न हो जाएँ जिनके लिए यह पर्याप्त विस्तृत है; तथा नए, उच्च उत्पादक संबंध तब तक कभी भी अस्तित्व में नहीं आते जब तक स्वयं पुराने समाज के गर्भ में ही उनके अस्तित्व के लिए ज़रूरी भौतिक परिस्थितियां परिपक्व न हो जाएँ। इसलिए मनुष्य अपनी ओर से हमेशा केवल ऐसी ही समस्याएँ निर्मित करता है जिनका कि वह समाधान कर सकता है। जब हम निकट से देखते हैं तो पाते हैं कि कोई समस्या पैदा ही तभी होती है जबकि इसके समाधान के लिए भौतिक परिस्थितियाँ या तो पहले से मौजूद होती हैं या फिर कम से कम आने की प्रक्रिया में होती हैं। मोटे तौर पर देखें तो एशियाई, प्राचीन, सामंती और आधुनिक पूंजीपति प्रणालियों को समाज की अर्थव्यवस्था[13] के मामले में क्रमिक दौर के रूप में चिह्नित किया जा सकता है। इसलिए, इस पूंजीपति सामाजिक व्यवस्था के साथ मानव-समाज के पुरा-इतिहास का अंत होता है।"

भारत की समस्या पर इन प्रेरक शब्दों का प्रयोग करते हुए इस बात का ध्यान रखना होगा कि मार्क्स यह बात मनुष्यमात्र के लिए कहते हैं, जबकि हम उसके केवल एक घटक पर विचार कर रहे हैं। कुछ निषिद्ध क्षेत्रों में थोड़े समय के लिए कोई गतिरोध, प्रतिगमन, या अपक्षय से विकास जैसी बातें संभव हैं, जो संपूर्ण मनुष्यता की प्रगति नहीं रोक सकतीं, यहाँ तक कि परमाणु युद्ध द्वारा सर्वनाश से आशंकित मनुष्यता/मानव-मात्रा की भी नहीं। वैचारिक अधिरचना पर जो चिन्हों के रूप में बचा है उससे कभी-कभी हमें भौतिक परिवर्तनों

की पुनर्रचना करनी होगी। यह ध्यान भी रखना होगा कि मार्क्सवाद का उस आर्थिक नियतिवाद से कोई संबंध नहीं है, जिसकी ओर इसके विरोधी इसे प्रायः खींचने की कोशिश करते हैं। महत्त्वपूर्ण बात यह है कि एक चतुर नियतिवाद हमेशा 'कारण' के बजाय 'परिस्थिति' की बात करता है, और ऐतिहासिक विकास की प्रक्रिया का पूरा संज्ञान लेता है। वी. जी. चाइल्ड (V. G. Childe) की दो पुस्तकों पीसिंग टुगेदर द पास्ट (लंदन 1956) और द प्रीहिस्ट्री ऑफ यूरोपियन सोसायटी (लंदन 1958) में इसका अच्छा विश्लेषण किया गया है। एक बार किसी जनसमुदाय पर अपना प्रभाव बना लेने के बाद विचार (जिनमें अंधविश्वास भी शामिल हैं) शक्ति बन जाते हैं। यही वह तरीक़ा उपलब्ध कराते हैं जिससे मनुष्य अपने संघर्षों के प्रति सचेत होता है और उनसे जूझता है। कोई भी इतिहासकार न तो इन विचारों की उपेक्षा कर सकता और न ही उनको ख़ारिज कर सकता है। तब तक उसका काम पूरा भी नहीं माना जा सकता जब तक कि वह यह स्पष्ट न कर दे क्यों, कैसे और कब इन विचारों ने समाज पर अपनी पकड़ बनाई। मार्क्स के सिद्धांतों को अपनाने का यह मतलब भी नहीं है कि हर समय उनके सभी निष्कर्षों (या जो पार्टी लाइन वाले मार्क्सवादियों के निष्कर्ष हैं) का अंधानुकरण किया जाए। यह बात दिखानी होगी कि भारत की अर्थव्यवस्था कभी भी वैसी प्राचीन दास अर्थव्यवस्था नहीं रही है जैसी कि ग्रीस या रोम की रही है। यह दुरूह तर्क कि कुछ व्यक्ति स्वतंत्र नहीं थे और इसलिए यहाँ एक तरह की दासता रही है, यहाँ किसी काम का नहीं है। मुद्दा मात्रा का है, जो बड़े परिवर्तन के ज़रिये गुणवत्ता को भी प्रभावित करता है। यक्षप्रश्न तो यह है कि मार्क्स द्वारा कभी स्पष्ट रूप से परिभाषित ना की गयी उत्पादन की एशियाई प्रणाली[14] का अर्थ क्या है। एशिया की संस्कृति पर भारत और चीन का बड़ा गहरा प्रभाव रहा है। इनमें चीन अपने महान वृत्तांतों, दरबार और परिवार संबंधी अभिलेखों, शिलालेखों और अब उत्खनन से प्राप्त सिक्कों के भी माध्यम से 1000 ई.पू. से पहले का एक बेहतर चित्र प्रस्तुत करता है। चीन का 841 ई.पू. से बाद का ऐतिहासिक कालक्रम लगभग निर्विवाद है। अगर प्राख्यापन अस्थियों का सूक्ष्म अध्ययन किया जाए तो 1400 ई.पू. तक के अभिलेख प्राप्त किए जा सकते हैं। भारत के संबंध में यह सोचना ही बेकार है कि कालखंड के लंबे अंतराल को भरने के लिए बाद में दस्तावेज़ खोजे जा सकते हैं, क्योंकि यह बात तो ज़ाहिर है कि अधिकतर संस्कृत कृतियों में वस्तुतः ऐतिहासिक महत्त्व की कोई ठोस वस्तु नहीं है। मार्क्स ने स्वयं भारत के बारे में जो कहा है,[15] उसे भी बिलकुल उसी अर्थ में नहीं लिया जा सकता।

"ये छोटे और अत्यंत प्राचीन भारतीय (ग्राम) समुदाय, जिनमें से कुछ अभी तक चले आ रहे हैं, भूमि पर समान अधिकार, कृषि एवं हस्तकलाओं के सम्मिश्रण तथा श्रम के ऐसे अपरिवर्तनीय विभाजन पर आधारित हैं, जो जब भी किसी नए समुदाय की शुरुआत की जाती है, तो ये पहले से तैयार योजना के रूप में काम करता है। सौ से कुछ हज़ार एकड़ तक की भूमि पर स्वामित्व वाला यह प्रत्येक समुदाय वे सभी चीज़ें पैदा करता है जिसकी इसे ज़रूरत है। इसके उत्पादों का मुख्य भाग वह होता है जिसका उपयोग यह समुदाय सीधे तौर पर स्वयं करता है, और यह बाज़ार के एक माल का रूप नहीं लेता। इसलिए उत्पादन यहाँ श्रम के उस विभाजन से स्वतंत्र है, जो समग्रता में भारतीय समाज में वस्तुओं के विनिमय के द्वारा उत्पन्न हुआ है। वह केवल अधिशेष है, जो बाज़ार का माल बनता है। यहाँ तक कि इसका भी एक हिस्सा तब तक नहीं जब तक वह राज्य के हाथ में नहीं पहुँचता, जिसके हाथ में इन उत्पादों की निश्चित मात्रा न जाने कब से एक तरह के किराये के रूप में जाती है.... इन स्वतः संपन्न समुदायों की उत्पादन व्यवस्था की सहजता, जो लंबे समय से लगातार अपने को बार-बार स्वयं ही उसी रूप में दुहराते आ रहे हैं, और अगर कभी किसी दुर्घटनावश विनाश का शिकार भी हो जाए तो तुरंत उसी नाम से दुबारा शुरू हो जाता है – एशियाई समाजों की अपरिवर्तनीयता के रहस्य का मूल बिंदु इसी सहजता में निहित है। एक ऐसी अपरिवर्तनीयता जो एशियाई राज्यों के लगातार क्षय और पुनर्स्थापना और राजवंशों के कभी न खत्म होने वाले बदलावों से एकदम विपरीत है। राजनीतिक आकाश पर मँडराते संकट के बादलों और तूफानों से समाज के आर्थिक तत्त्वों की संरचना अछूती रह जाती है" (Capital, I. 391 ff)।

ये टिप्पणियाँ संक्षिप्त और सटीक होते हुए भी, ग़लत दिशा में ले जाने वाली हैं। अधिकतम गाँव न तो कोई धातु उत्पन्न करते हैं और न ही नमक। ये दो ज़रूरी चीज़ें हैं जिन्हें विनिमय के ज़रिये प्राप्त किया जाता था और इसलिए इन पर कुछ उपभोक्ता वस्तुओं के उत्पादन का नियम लागू होता था। इन उपभोक्ता वस्तुओं का विनिमय कौन करता था, यह एक अलग बात है। मार्क्स का यह कहना सही है कि अधिशेष तब तक उपभोक्ता वस्तु नहीं बनता जब तक कि यह राज्य के हाथ में नहीं पहुँचता—यदि कोई इस कथन को एक नियत अवधि तक ही सीमित रखता है तो। गाँवों का अस्तित्व 'किसी अविस्मरणीय काल' से नहीं है। जनजातीय भारत का हल के प्रयोग वाला कृषि ग्राम बनना अपने आप में एक महान ऐतिहासिक उपलब्धि है। दूसरी बात यह है कि उस अवस्था में भी जबकि ग्राम इकाई का आकार अपरिवर्तित रहा, इन इकाइयों की सघनता बड़ी महत्त्वपूर्ण भूमिका निभाती है। दो ग्रामों, या दो सौ या दो हज़ार ग्रामों वाले समान क्षेत्र संरचना का एक ही स्वरूप बनाए नहीं रख सकते। एक ही तरह के राज्य तंत्र द्वारा इनका शोषण भी संभव नहीं है। इसके विपरीत, इस

संरचना का बढ़ता हुआ भार गाँव में भू-स्वामित्व को बदल देता है। मात्रा में परिवर्तन का आशय अंततः गुणवत्ता में भी परिवर्तन होता है। इसी तरह मार्क्स के कथन, "भारतीय समाज के पास कोई इतिहास ही नहीं है, कम-से-कम ज्ञात इतिहास तो बिलकुल नहीं। जिसे हम इसका इतिहास कहते हैं, वह उन घुसपैठियों का इतिहास है जिन्होंने इसके (ग्रामीण) समाज के अप्रतिरोधी और अपरिवर्तनीय नकारात्मक स्वभाव का लाभ उठाकर अपने साम्राज्य स्थापित किए" को भी प्रश्न उठाए बिना नहीं छोड़ सकते। वास्तव में भारतीय समाज के महानतम कालों—यथा मौर्य, सातवाहन और गुप्त काल में घुसपैठियों/आक्रमणकारियों का कोई योगदान नहीं रहा है। इनमें भी वस्तुतः ग्रामीण समाज का ही निर्माण और विस्तार, या फिर नए व्यावसायिक केंद्रों का विकास ही दिखाई देता है।

इस सबके लिए सैद्धांतिक आधार मार्क्सवादी ही बचता है—जैसा मैं इसकी विधि को समझता हूँ। मुझे लगता है कि हर इतिहासकार के पास एक ही सिद्धांत होता है, चाहे वह अंतर्निहित हो या फिर मुखर, जिसपर उसका कार्य आधारित होता है। गीज़ो (Guizot) और थिअर्स (Thiers) के ऐतिहासिक लेखनों और राजनीतिक गतिविधियों के बीच संबंध तलाशा जा सकता है। श्रमिक वर्गों के लिए टेने (Taine) की घृणा उसके फ्रेंच क्रांति के इतिहास और Tarde और Le Bon की 'भीड़ के मनोविज्ञान' पर किए गए आभासी-वैज्ञानिक अध्ययनों से निकले निष्कर्षों पर पर असर डालती है। रैंके (Rainke), जिन्होंने शुद्ध रंगहीन वर्णन के आदर्श की नींव रखी: "Ich werde es bloss sagen, wie es eigentlich gewesen ist" (साधारण शब्दों में इसका अर्थ है कि मैं बस वैसा ही कहूंगा जैसा वास्तव में है), भी उनके Weltgeschichte में जर्मन राष्ट्रीयता की भावना से बच नहीं सका। Mcmmsen ने पूँजीपति और श्रमिक वर्ग के बीच के संघर्ष को पूर्व-पूँजीवादी रोमन समाज तक ले जाते हैं, जो उनके निर्माण के वर्षों[16] में बहुत साफ़ तौर पर देखा जा सकता है। Werner Sombart ने 1934 में ही पूर्वानुमान किया था और जान-बूझकर "संभावना के इस विचार को छोड़ दिया कि जर्मनी अगले दस वर्षों में शत्रु सेनाओं का पड़ाव बन जाएगा।"[17] Spengler की Untergang des Abendlandes ने अपने समय में शब्दों की चिनगारी से सनसनी जैसी फैला दी थी, जिसे किसी ने भी इतिहास की एक गंभीर कृति[18] नहीं माना। आर्नोल्ड टॉयनबी को पढ़े होने के बावजूद मेरे लिए यह मुश्किल है कि ऐसे अति सूक्ष्म तत्त्वों पर विचार कर सकूँ, जैसा कि हमारे के कुछ लोग इतिहासकारों के लिए आवश्यक समझते हैं: भारतीय आत्मा, नस्लों की स्मृतियाँ, आदर्शों की विजय, चार वर्णों की व्यवस्था में अंतर्निहित गरिमा आदि। मार्क्स का सिद्धांत वैज्ञानिक है, जिसे उनके समकालीन गॉस, मैक्सवेल, डार्विन, मेंडेलीव (Mendeleev) के सिद्धांतों की ही तरह अन्य क्षेत्रों पर लागू किया जा सकता है, लेकिन व्यवहार में सत्यापन योग्य भविष्य कथन के लिए इस पर अभी भी काम किए जाने की ज़रूरत है। वह अकेले व्यक्ति हैं जिन्होंने भारत पर ब्रिटिश शासन के भविष्य में पड़ने वाले बुनियादी प्रभावों को ठीक-ठीक कहा था: रेल और मशीनी उत्पादन के दुष्परिणाम, जिन्होंने पुरानी ग्रामीण अर्थव्यवस्था को ध्वस्त कर दिया, तथा एक नई भारतीय नौकरशाही, पूंजीपति, सर्वहारा और सेना को जन्म दिया, जिसने अंततः भारत को ब्रिटिश शासन से मुक्ति दिलाई।

"पूरे अंग्रेज़ी पूंजीपति वर्ग को जो करने के लिए मजबूर किया जा सकता है, वह न तो मुक्ति दिला सकेगा और न ही लोगों की सामाजिक परिस्थितियों में कोई वास्तविक सुधार कर सकेगा। यह केवल उत्पादन की शक्ति के विकास पर निर्भर नहीं करता है, बल्कि लोगों द्वारा उसके उपयोग का भी अर्थ है। लेकिन जो करने में वह विफल नहीं होंगे, वह है दोनों के लिए भौतिक आधार तैयार करना। क्या पूंजीपतियों ने कभी इससे अधिक कुछ किया है? क्या इसने कभी व्यक्तियों और लोगों को रक्त और कलुष, विपत्ति और अपमान में घसीटे बग़ैर कभी किसी प्रगति को प्रभावित किया है? भारत के लोग अपने बीच ब्रिटिश पूंजीपतियों द्वारा फैलाए गए समाज के नए तत्त्वों के फल तब तक नहीं चख सकेंगे जब तक कि स्वयं ग्रेट ब्रिटेन में औद्योगिक सर्वहारा द्वारा वर्तमान शासक वर्ग को उखाड़ कर फेंक नहीं दिया जाता। या जब तक कि हिंदू स्वयं इतने मज़बूत नहीं हो जाते कि पूरे ब्रिटिश साम्राज्य को एक साथ ही उखाड़ फेंकें। इन सभी घटनाओं में हम यह देखने की उम्मीद कर सकते हैं कि कम या अधिक लंबे समय में उस महान और आकर्षक देश का पुनरोद्भव हो...." (New York Daily Tribune, August 8, 1853, "The future results of British rule in India")।

अब करना यह है कि जनजातीय संगठन की प्रकृति और उसके क्षय पर मार्क्स की ही प्रत्यक्ष प्रेरणा से उनके साथी एंगेल्स[19] द्वारा किए गए अध्ययन को परखा जाए। फिर इसे इस क्षेत्र में हुई नई खोजों पर लागू करने से हमें इनके नए परिणाम मिल सकते हैं।

इसलिए महत्त्वपूर्ण प्रश्न यह नहीं है कि राजा कौन था, और न यह कि इस क्षेत्र विशेष का कोई राजा था भी या नहीं, बल्कि यह है कि क्या यहाँ के लोग उस समय हल्के या भारी हल का प्रयोग करते थे। संपत्ति संबंधों के एक कार्य और उत्पादन अधिशेष की तरह, राजत्व का प्रकार भी कृषि की विधि पर निर्भर करता है, न कि उसके विपरीत। जनजातीय समूहों के टूटने और समाज से उनके जुड़ने में जाति की क्या भूमिका थी? धातुएँ कहाँ से आईं? नारियल जैसी वस्तु विनिमय वाली फ़सलें महत्त्वपूर्ण कबसे हो गईं; सामुदायिक और निजी

भू-स्वामित्व से उनका क्या संबंध था? प्राचीन काल में बड़े पैमाने पर जंगम संपत्ति जैसी दासप्रथा हमारे यहाँ क्यों नहीं दिखाई देती और न सामंतवाद में कृषि दासता जैसा कुछ दिखता है? मध्यपाषाण कालीन रीति-रिवाजों के बचे रह जाने के कारण क्या हैं, यहाँ तक कि आज भी सभी वर्गों में पाषाणकालीन देवताओं की पूजा होती है? अगर कोई नया दृष्टिकोण अपनाए तो ये सवाल कम से कम उठाए तो जाने ही चाहिए, जहाँ तक हो सके इनके जवाब तलाशे जाने चाहिए। राजवंशों के महत्त्वपूर्ण परिवर्तन और व्यापक धार्मिक परिवर्तन भी आम तौर पर उत्पादन संबंधी आधार में बड़े परिवर्तन का संकेत देते हैं। इसलिए इनका इसी रूप में अध्ययन किया जाना चाहिए। इन्हें अपरिवर्तनीय आधार की सतह पर उभरे हुए मामूली परिवर्तन समझकर खारिज नहीं करना चाहिए। जिन विधियों की रूपरेखा ऊपर दी गई है, अध्ययन के लिए इनका सक्रिय उपयोग किया जाना चाहिए। क्योंकि इनकी सत्यता अनुभव से सिद्ध है।

यह कृति अपने मूल स्वभाव में समग्र नहीं हो सकती। क्योंकि यह क्षेत्र अब इतना बड़ा हो चुका है कि कोई एक व्यक्ति अब इस पर अकेले पूरा काम नहीं कर सकता। लेकिन मैं कम से कम एक ऐसा बड़ा खाका खींचने की उम्मीद तो कर ही सकता हूँ जिसके भीतर स्पष्ट परिणामों की अपेक्षा की जा सके। साथ ही, ऐसे निरीक्षणों के निष्कर्ष तक पहुँचने की विधियाँ भी बताई जाएँ। इसके लिए पाठक को कुछ पहले से कुछ ज्ञान होना चाहिए और साथ ही उसे इससे आगे के अध्ययन की भी ज़रूरत होगी। खास तौर से पाठक को यहाँ विभिन्न प्रकारों की एक पुनर्रचना मिलेगी, जहाँ से भारत के तीन बड़े भौगोलिक विभाजन (पाकिस्तान के विभाजन को नज़रअंदाज़ करते हुए) सिंधु घाटी, गंगा घाटी, प्रायद्वीपीय सभ्यताओं की ओर बढ़े। उसे यह याद रखना होगा कि पूरे देश पर कभी कोई एक तरीक़ा समान रूप से लागू नहीं रहा है; इसलिए इस पर सही अध्ययन के लिए वह विशिष्ट पद्धति चुननी होगी, जो किसी भी समय में सबसे जीवंत रहा है। ख़ासकर वह जो कि उत्पादन की प्रक्रिया को प्रभावित करता रहा, और देश के बड़े भूभाग पर अपरिहार्य रूप से फैली, इसका कोई अर्थ नहीं है कि ऊपरी तौर पर देखने में पुराने रूपों में से कितने बचे।

टिप्पणियाँ और संदर्भ

1. कुछ आग्रहों के साथ सामान्य अध्ययन के लिए सुझाव: भारतीय इतिहास पर Vincent Smith की पुरानी किताबें; दुर्भाग्य से अधूरी रह गई कैंब्रिज की एंशिएंट हिस्ट्री ऑफ इंडिया, Louis de la Vallée Poussin की L'Inde aux temps des Mauryas (Paris 1930) और Dynasties et Histoire de l'Inde (Paris 1935), औपचारिक इतिहास, के प्रमुख वस्तु तत्त्वों के साथ-साथ अभी तक हल न की जा सकी समस्याओं का विवरण भी वांछनीय स्पष्टता के साथ संक्षेप में उपलब्ध कराती हैं। बाद की कई कृतियों की तुलना में ये अधिक उपयोगी हैं। मुंबई के भारत भवन ने दस खंडों में भारत का इतिहास उपलब्ध कराया है, जिसमें से पहले चार खंड अब उपलब्ध हैं और इनमें से पहले तीन की समालोचना भी मेरे What constitutes Indian history (ABORI, 35, 1955, 195–201) में की जा चुकी है। सांस्कृतिक सर्वेक्षणों के लिए L'Inde classique by L. Renou, J. Filliozat, and others (Paris, vol. I, 1947; II 1953) की अनुशंसा की जाती है। A. L. Basham की The wonder that was India सचेत ढंग से स्वीकृत परिणामों का सार-संग्रह प्रस्तुत करती है। ये किताबें स्रोत सामग्री और संदर्भ ग्रंथों की एक अच्छी सूची प्रस्तुत करती हैं। W. Ruben's *Einführung in a. Indienkunde* shows how a good Sanskritist can go to pieces because of Marxism ill digested; of the next edition, we are promised only that "Inihr wird der Radikalismus ausgemerzt."
2. M. Aurel Stein: Kalhaṇa's Rājataraṅgiṇī, a chronicle of the kings of Kaśmir (2 vol., London 1900) में उपयोगी टिप्पणियों के साथ उत्कृष्ट अनुवाद है।
3. F. E. Pargiter: The purāṇa text of the dynasties of the Kali age (Oxford, 1913), अत्यंत मूल्यवान पौराणिक अध्ययनों में से एक है। इसमें उपलब्ध सूचनाओं की तुलना के साथ-साथ उनका विश्लेषण भी है। वैसे भी पुराणों के आलोचनात्मक संस्करण की आवश्यकता है, विशेषत: स्थूल भविष्य पुराण की।
4. See V. V. Mirāshī's report in the ABORI 23, 1942, 291–301.
5. Translated as well as edited by Edward Sachau: Albirūnī's India (2 vol., London 1910).
6. Guglielmo Ferrero: Grandezza e decadenza di Roma; 5 vols. (1902–5; reprinted, Milano 1927–9).
7. O. R. Gurney: The Hittites (Pelican Books A 259, London 1952) gives a balanced discussion. An Alexander (Paris) of Ilios may be represented in the records.
8. F. Max Müller: Chips from a German workshop (2 vol., London 1868), vol. II, pp. 22–26.
9. S. A. Ḍāṅge: India from primitive communism to slavery (Bombay 1949); see ABORI 29 (1949) 271–277 for a critical review.

10. V. Gordon Childe: Man makes himself (London 1936; slightly revised reprint in the Thinkers Library, 1941); What happened in history (Pelican books A 108, revised ed. London 1954). इसमें एक पुराविद अपने पास उपलब्ध साक्ष्यों के आधार पर पूरी तरह भौतिकवादी सिद्दांतों को आधार बनाकर मनुष्य की प्रगति का मूल्यांकन करता है।
11. वर्ष 1951 से पहले के भारत की दसवर्षीय जनगणना रिपोर्टें उपयोगी हैं, जबकि जाति के आधार पर वर्गीकरण के संपूर्ण विचार का ही आधिकारिक रूप से परित्याग कर दिया गया था। ऐसा कॉनुटियन विधि के अंतर्गत जाति भेद को मिटाने के लिए किया गया था। साथ ही देश के अधिकतम क्षेत्रों की सूचनाओं से समृद्ध नृशास्त्रीय रिपोर्टें भी हैं। एकांतवासी जनजातियों पर एकल विनिबंध के अलावा; तुलना के लिए, Thurston & Rangachari: Tribes and castes of south India; H. H. Risley: Tribes and castes of Bengal (Ethnographic Glossary. 2 vol. Calcutta 1891); R. V. Russell and Hira Lal: Tribes and castes of the Central Provinces; R. E. Enthoven: Tribes and castes of Bombay, (3 vol. Bombay 1922)। Verrier Elwin की The Baigas, और The Maria and their Ghotul; और S. C. Roy की The Oraons अपेक्षाकृत नई कृतियों के नमूने हैं। पाठक को कमज़ोर तथ्यों के आधार पर किए गए सतही विश्लेषण से भ्रमित नहीं होना चाहिए, जैसा कि O. R. Ehrenfels की कुछ कृतियों में है। B. Malinowski की Crime and Customs in Savage Society (London 1940), इस प्रकार की साधारण कृतियों से बहुत बेहतर है।
12. मार्क्सवादी लेखन के अधिकतर संदर्भ Handbook of Marxism (London 1935) edited by Emile Burns में देखे जा सकते हैं।
13. कार्ल मार्क्स की शिक्षाओं पर अपने विचारोत्तेजक निबंध में लेनिन उद्धरणों और निष्कर्षों को दुहराते हैं। अपनी कृति Dialectical and historical materialism (chap. IV, section 2, in the History of the CPSU, short course. Moscow 1950, pp. 128–161, particularly p. 151) में स्टालिन ने चरणों की सूची बदल दी है। इसमें उन्होंने आदिम जनजातीय स्वरूप और एकदम नए दौर में अस्तित्व में आए समाजवादी रूप को जोड़ा है, जिसे मार्क्स और एंगेल्स (Engels) के बाद के कार्यों से समझा गया है। हालाँकि उन्होंने एशियाई प्रणाली को हटा दिया है।
14. अब अप्रचलित Pod Znamenem Marksizma में जिसे उत्पादन की एशियाई प्रणाली समझा जाता है, के बारे में एक अनिर्णीत विमर्श है। भारत में समानांतर रूपों की एक शृंखला सी रही है, जिन्हें निश्चित श्रेणियों में नहीं रखा जा सकता। जैसे कि दासता पर आधारित प्रणाली नहीं है, सामंतवाद यूरोपीय प्रणाली, जिसमें कि दासप्रथा और जागीरदारी अर्थव्यवस्था थी, से बिलकुल भिन्न है।
15. भारत पर मार्क्स और एंगेल्स का सर्वोत्तम अध्ययन ब्रिटेन पर हुई उनकी बातचीत के एक अच्छे संस्करण में किया जा सकता है (मास्को 1953)। इलाहाबाद में 1934 से 1938 के बीच तिथिरहित, कमज़ोर टिप्पणियों वाला एक संस्करण मुल्कराज आनंद के हस्ताक्षर से सोशलिस्ट बुक क्लब के प्रकाशनों में क्रम संख्या 4 के अधीन जारी किया गया था। आज यह जानना रोचक होगा कि आर. पाल्मे दत्त, एड्जेल रिकवर्ड, पंडित जवाहरलाल नेहरू, सज्जाद ज़हीर, पी. सी. जोशी और ज़ेड. ए. अहमद संपादक के सहयोगियों में शामिल थे। इनमें से किसी ने पाठक को इस बारे में सचेत करना ज़रूरी नहीं समझा कि आदिम समाज पर मार्क्स और एंगेल्स के बाद के अध्ययनों को जोड़े बिना यह कार्य अपूर्ण है। गहराई का यह अभाव इस अनूठी कंपनी की बाद की राजनीतिक संधियों की व्याख्या करता है। जिनमें से लगभग प्रत्येक के बारे में कहा जा सकता है कि कभी वह जो था, उससे अब कितना बदल गया है (quantum matatus ab illo)।
16. See Benjamin Farrington, Modern Quarterly 7, 1951–2, pp. 83–6.
17. Werner Sombart: A new social philosophy (trans. Princeton, 1937). The quotation is from p. xi of the preface, dated Berlin 1934.
18. अपनी तरह की उम्दा खिचड़ी Spengler की प्रज़ेंटम अंड सोज़ियलिस्मस (मुंचेन 1920) में पकाई गई है, लेकिन Preussentum und Sozialismus (München 1920), तो दर्शन की तरह भावात्मक दिखाई देती है, और इतिहास के दर्शन पर आर्नोल्ड टॉयनबी (Arnold Toynbee) के दस खंड तो इतिहास को अमूर्त ही बना देते हैं।
19. ख़ासकरThe origin of the family, private property, and the state. किसान समुदायों पर मार्क्स का अपना अध्ययन द मार्क भी मूल्यवान है।

अध्याय 2

प्राक-वर्णवर्गीय समाज की विरासत

2.1. प्रागैतिहासिक पुरातत्व।
2.2. जनजातीय समाज।
2.3. जनजातीय अवशेष।
2.4. वेताल संप्रदाय।
2.5. उच्च स्थानीय संप्रदाय।
2.6. पर्व एवं रीति-रिवाज।

जिस तरह का इतिहास हम पढ़ने के आदी हैं वह उस प्रकार के समाजों की बात करता है जो काफ़ी बाद में अस्तित्व में आए, औजारों का उपयोग करने वाले प्राणी मनुष्य के सामूहिक विकास के क्रम में। इन नए समाजों की समान विशेषता वर्गों में विभाजन है। इसका अर्थ केवल श्रम का विभाजन नहीं है, बल्कि दो प्रमुख वर्गों के अस्तित्व से उत्पन्न होने वाले मूलभूत तनाव, जिसमें एक अधिशेष उत्पादन करता है जिस पर किसी प्रकार से दूसरे का नियंत्रण है, आम तौर पर मनुष्यों के एक ख़ास समूह द्वारा किसी समय लागू किए गए संपत्ति के संबंधों के अधीन स्वामित्व के अधिकार द्वारा। हालांकि, हम जानते हैं कि (न केवल सामान्यतः परन्तु, विशेषतया भारत के संबंध में) उस काल से भी पहले जबकि कोई वास्तविक अधिशेष उत्पादन किया जा सका हो, यहाँ तक कि जब मनुष्य ऐसी अत्यावश्यक वस्तुओं, जिनको वायु या जल की तरह आसानी से प्राप्त नहीं किया जा सकता था, नामतः भोजन, का उत्पादक बना, उससे भी पहले, स्त्रियों और पुरुषों के विभिन्न समूह अस्तित्व में थे। कारण यह है कि भोजन जुटाने के लिए भी एक प्रकार के सामूहिक प्रयत्न की आवश्यकता होती है और इसकी अनियमित आपूर्ति का सामना केवल भंडारण से किया जा सकता था, जिसके लिए तकनीक की आवश्यकता थी, चाहे वह अनगढ़ ही क्यों न हो। तात्पर्य यह है कि भोजन पैदा करने वाले मनुष्यों से ठीक पहले अस्तित्व में रहे भोजन जुटाने वाले मनुष्य भी एक साथ समूहों में रहते थे, जिसे अब हम कुछ परिवारों की कुटुंब इकाई कहते हैं। हालाँकि परिवार या वैयक्तिक पालकों की धारणा तब बिलकुल विकसित नहीं हुई थी।

यह बात दो भिन्न स्रोतों से जानी जाती है। पहले तो अब तक अस्तित्व में रह गए कबीले या जनजातीय समुदाय, जो आज भी पूरे भारत में देखे जाते हैं, जो अभी तक पूरी कट्टरता से (अपनी जड़ता, कबीलाई एकजुटता, समान रस्मों-रिवाजों के ज़रिये) भोजन जुटाने वाले[1] ही बने रह गए हैं। स्वामित्व विहीन भूमि, शिकार, प्राकृतिक उत्पादों की कमी इन्हें विकसित क्षेत्रों में जाने के लिए मजबूर करती है तो वे भोजन जुटाने का काम आम तौर पर भीख माँगकर या फिर थोड़ी-बहुत झपटमारी के ज़रिये ही करते हैं। ऐसे क़बीलों में प्रचलित रीति-रिवाजों से ये पता चलता है कि इनके पास भोजन जुटाने के पहले दूसरे तरीके थे। वे आम तौर पर शिकार करते थे, या जानवरों को किसी तरह पकड़ लेते थे, या फिर जंगल से खोद-खाद कर कंद-मूल निकाल लेते थे। जब तक भूख के कारण वे कृषि कार्य या किसी अन्य प्रकार का श्रम[2] करने के लिए विवश नहीं हुए, तब तक ये लोग जिन औजारों का उपयोग करते थे, वे भी बिलकुल सादे क़िस्म के होते थे। यद्यपि अब ये चीज़ें लोहे या स्टील की बनने लगी हैं, लेकिन यह बात साफ़ है कि इनका इस्तेमाल करने वाले अपने लिए औजार स्वयं नहीं बना सकते और अतीत में भी वे अपने जीवन के तौर-तरीक़ों में कुछ मूलभूत परिवर्तन आए बिना नहीं ही बना सके होंगे। आज का आधुनिक, हर तरफ़ छाया हुआ, अत्यधिक उन्नत समाज धातु और औजार दोनों तैयार करता है। इस स्तर पर सूचना का

दूसरा स्रोत—पुरातत्व—हमें यह बताता है कि अतीत का अनुसंधान करते हुए हम एक निश्चित (अस्थिर) स्तर तक पहुँचते हैं, उस स्तर तक जहाँ धातु का कोई औजार नहीं मिलता। फिर भी धातु- युग की परतों के नीचे स्पष्टः चिह्नित प्राचीन भंडार/संचय हैं जो बताते हैं यहाँ उन मनुष्यों का वास था जो पत्थर के औज़ारों का उपयोग करते थे यथा: खुरचनी, विदारणी, हस्त-कुठार, छुरी जैसे शल्क, बाणाग्र, लघु-पाषाण उपकरण जिनका उपयोग स्पष्ट रूप से सिद्ध नहीं है- सभी निस्संदेह रूप से मनुष्य के हाथों के ही काम हैं। इनमें से कई औजारों में अतिरिक्त रूप से लकड़ी के इस्तेमाल के संकेत मिलते हैं; जैसे कि उदाहरण के लिए बाणाग्र, या लघु-पाषाण जो निश्चित ही लकड़ी के हत्थे में लगे हँसिये-के दांत होंगे, कुछ औजार मूठ लगे हुए होते थे, जिनके साथ एक लट्ठ पर ख़ास क़िस्म के गोंद की मदद से बल्लम या बरछी के सिरे जैसा हथियार लगा होता था। पुरातत्व के इन स्तरों की ठीक-ठीक तिथि निर्धारित करना[3] आसान नहीं है। लेकिन ये स्तर एक सुपरिभाषित कालानुक्रम प्रस्तुत करते हैं। कई भिन्न स्थानों पर इनका मिलान ही प्राक्-इतिहास के अध्ययन का बुनियादी तरीक़ा[4] है। पुरातत्व में ये दोनों ही तकनीकें भूगर्भ विज्ञान से लाई गई हैं।

औजारों के सामान्य अनुक्रम में, अगर हम अपने समय से वापस पीछे जाएँ तो हमें इस्पात, लौह, कांस्य, तांबा और पत्थर (ताम्र-पाषाण), घर्षित पत्थर (नव-पाषाण), मध्य पाषाण, पुरापाषाण युग दिखाई देते हैं। प्रारंभिक चरणों का वर्गीकरण समान नहीं है, भारत में यूरोपीय वर्गीकरण को लागू करना हमेशा सही नहीं होता। प्राचीनतम कालों के लिए समयमान बहुत लंबा है। भारत में अछूती धरती के स्तर तक व्यापक व्यवस्थित अन्वेषण के अभाव का अर्थ है यहाँ स्थिति/परिदृश्य का अन्य जगहों से अधिक अपूर्ण और भ्रामक है। यहाँ ऐसे सामाजिक ठहराव हैं जिनके लिए कोई व्याख्या उपलब्ध नहीं है; अपेक्षाकृत विकसित संस्कृतियों की जगह कभी-कभी आदिम संस्कृतियों ने ले ली, अज्ञात मूल की मिश्रित शाखाओं ने किसी क्षेत्र पर फिर से कब्जा कर लिया। कुल मिलाकर संपूर्ण सामग्री भी अपर्याप्त है, विशेषतः जब देश के बड़े भूभाग पर फैली अनंत स्थानीय विविधताओं पर विचार किया जाता है।[5] तकनीकों में भी अतिव्यापन है। ऐसा लगता है कि इस प्रायद्वीप में ताम्र युग बहुत संक्षिप्त रहा है। कई हिस्सों में तो ऐसा लगता है जैसे लोग पाषाण युग से सीधे लौह युग में आ गए हों। समुद्र के बीच उभरे हुए भारतीय त्रिभुज के ग्रेनाइट और आग्नेय शैल प्राचीन औजारों के लिए प्रचुर सामग्री उपलब्ध कराते हैं, जिनको प्रचुर मात्रा में जुटाया जा सकता है। इनके अलावा, धारवाड़ जैसी चट्टानों पर लोहे के भी अच्छे स्रोत हैं। वहाँ आज भी मामूली खुदाई से और कई बार तो बिना किसी खुदाई के ही मोटी पपड़ियाँ मिल जाती हैं। इन्हें आसानी से खुरच कर निकालने के बाद लकड़ी के कोयले में तपा कर इनके औजार या बरतन बनाए जा सकते हैं। इस आदिम तरीक़े से स्थानीय तौर पर बनाए गए ऐसे बरतन मैसूर में भद्रावती और चिपलून के निकट हेलवाक से खरीदे जा सकते हैं। हैदराबाद में जनमपेट[6] के पास बड़े कब्रिस्तान की कब्रें खोले जाने पर उनमें पत्थर के ताबूत पाए गए, लेकिन लोहे के उपकरणों के साथ। कोलार में सोने की प्राचीनतम खुदाई और हैदराबाद में उत्स्रावित सोने की गैलरियाँ पत्थर के औजारों के दिनों में ही थीं।

ऊपरी सिंध की रोहड़ी[7] जैसी जगहों पर पपड़ियों से ढके पड़े विस्तृत भूभाग पत्थर के औजारों का प्रारंभिक निर्माण दर्शाते हैं, श्रम के विभाजन के भी कुछ संकेत देते हैं, औजार बनाने वाले लोगों ने अपने उत्पादों का पूरी तरह स्वयं ही उपयोग करने के बजाय अपनी अन्य आवश्यकताओं के लिए शायद उनका विनिमय भी करते थे। मैसूर राज्य के अब खाली/परित्यक्त अन्न भंडार[8], ग्रेनाइट की बड़ी और पतली लेकिन खुरदुरी पट्टियों से अच्छी तरह सजे गड्ढे देखकर ऐसा लगता है कि ऐतिहासिक समय तक इनका उपयोग किया जाता रहा है। इनका निर्माण तब हुआ हो सकता है जब धातुएँ इस्तेमाल में लाई जाने लगी हों, हालाँकि आम तौर पर वहाँ केवल पत्थर के हथौड़े और तीरों के फल ही पाए गए। वैसे, बंगालुरु के आगे मैसूर की ओर जाने सड़क के किनारे 26 मील की दूरी पर स्थित एक शिलाखंड के भीतर छिपी गुफा[9] में लोहे की बड़ी छड़ें मौजूद हैं और ये निश्चित रूप से आनुष्ठानिक महत्व की हैं। मुझे ऐसा लगता है कि प्रागैतिहासिक गुफाओं का महत्व यूरोप ही नहीं, ईरान और अफगानिस्तान से भी भारत में कम महत्त्वपूर्ण हैं। हालाँकि भारत में किसी झोकोडिआन (Chou-kou-tien) की खोज कभी भी संभव है। सुदूर उत्तर की तुलना में यहाँ हिमयुग का प्रभाव भी कम ही रहा है। सरीसृप, कीड़े-मकोडे, विषैले और हिंसक जंगली जंतुओं के कारण यहाँ बरसात के दिनों को छोड़कर बाकी समय गुफाओं की उपयोगिता भी कम है। पचमढ़ी की निकटवर्ती गुफाओं को आज आधुनिक तकनीक का इंतज़ार है। जबकि उत्तरी मिर्जापुर में अन्वेषित/जाँची गयी केवल एक पतली परत दिखाती हैं जो मौसमी तौर पर इस्तेमाल के अनुकूल हैं। यह मान लिए जाने के पर्याप्त कारण हैं कि ऐतिहासिक काल में कई प्राकृतिक गुफाओं का मठ या गुफा मंदिर बनाने के लिए विस्तार भी किया गया।

2.2. अधिक सघन रूप से बसे हुए पंजाब, गंगा मैदान और इस प्रायद्वीप के समुद्रतटीय क्षेत्रों में अभी भी पाषाण काल से लेकर अब तक के विकास का एक सामान्य अनुक्रम स्थापित कर पाना अभी भी संभव नहीं है। यह बाद में बताया जाएगा कि इनमें से प्रत्येक क्षेत्र में बड़े आक्रमण हुए हैं। फिर भी भारत में संस्कृति की एक अद्भुत निरंतरता दिखाई देती है। राजनीतिक और आध्यात्मिक ढाँचे पर हुए हिंसक आक्रमणों ने उन रीति-रिवाजों को भी लंबे समय के लिए नहीं छोड़ा जिन्हें जिन्हें औपचारिक ब्राह्मण ग्रंथों में कोई मान्यता नहीं दी गई है। अतः वे केवल अत्यंत आदिम मानव-समाज में शुरू हुई हो सकती हैं। यहाँ तक कि हिंदू धर्मग्रंथ, और कई ब्राह्मणवाद द्वारा कर्मकांडों में अपनाकर पवित्र घोषित किए गए रीति-रिवाजों में भी कई ग़ैर-ब्राह्मण रीति-रिवाज अपना लिए गए दिखते हैं। इसका अर्थ यह हुआ कि मेलजोल दोनों तरफ़ से हुआ है, जो कि भारत का विशिष्ट स्वभाव है। आम तौर पर इस तथ्य की वे लोग पूरी तरह उपेक्षा कर देते हैं जो अपने अध्ययन के लिए केवल संस्कृत के कर्मकांड संबंधी ग्रंथों को ही अपने अध्ययन का आधार बनाते हैं। केवल इस तरह के लिखित ग्रंथों को आधार बनाकर वे प्राचीन काल से आधुनिक काल तक का एक छद्म इतिहास वृत्त की काल्पनिक रेखा तैयार कर देते हैं। इस 'तर्क-वितर्क' में यह तथ्य अकसर दरकिनार कर दिया जाता है कि जनसंख्या का अधिकांश भाग उन रीति-रिवाजों और अनुष्ठानों पर बहुत कम ध्यान देता है, जिन्हें उच्च वर्ग और उनके ब्राह्मण ग्रंथ विशुद्ध आचरण या संस्कार कहते हैं।

पत्थर के औजारों का थोड़ा-बहुत इस्तेमाल होने का यह अर्थ नहीं है यहाँ वर्गविहीन समाज था, खास कर भारत जैसे एक देश में जहाँ लंबे समय से अस्तित्व चला आ रहा हो। पत्थर की कुल्हाड़ियों का उपयोग कुछ सैक्सन लोगों द्वारा हैस्टिंग्ज़ के युद्ध में भी किया गया था। मिस्र के महानतम पिरामिडों जैसे बने मेक्सिको, ग्वाटेमाला और पेरू के विजय पूर्व महान स्मारक पत्थर के औजारों से ही बनाए गए थे। लेकिन ताँबे के बारे में जानकारी थी। बड़ी मात्रा में सोने का शोधन होता था और उसे जुटाया जाता था। ज़मीन को जोते बिना खेती भी की जाती थी। दक्षिण अमेरिकी समाजों ने एक जटिल धार्मिक कैलेंडर भी तैयार कर लिया था। वहाँ प्रायः मानवबलि दी जाती थी, समाज कुलीन और श्रमिक वर्ग में विभाजित था था और नए भूक्षेत्रों पर कब्जे के लिए युद्ध भी होते थे। इसलिए किसी ऐसे हथियार, जो हो सकता है कि पाठ्यपुस्तक के हिसाब से देश के आसपास के हिस्सों के इतिहास से अलग-थलग रह रहे गडरियों या कबीलाई व्यक्तियों का हैमलेट रहा होगा, पर ध्यान केंद्रित करने के बजाय पूरी तस्वीर को देखना आवश्यक है। वास्तव में पंजाब शहरी सभ्यता और उसके क्षरण के एक दौर से गुज़र चुका था, गंगा का मैदान धर्मशास्त्रीय विवादों और महान साम्राज्यों का उत्थान देखा था, जब भारतीय प्रायद्वीप में अत्यंत आदिम समाज ही नियम था। अतः, हमें यह विचार करना होगा कि इन आरंभिक समाजों—उत्पादन के साधनों के अर्थ में आरंभिक—में वर्ग से पहले का सामाजिक संगठन किस तरह व्यक्त हुआ है, जो अभी भी कम विकसित इकाइयों के रूप में मौजूद है, और औपचारिक 'हिंदुत्व' पर अपना प्रभाव छोड़ा है।

जब हम समाज के बारे में बात करना शुरू करते हैं तो वर्ग से पहले का समाज कबीलों के रूप में संगठित था। किसी कबीले में जन्म होने भर से उसमें किसी व्यक्ति की पूरी सदस्यता सुनिश्चित नहीं हो सकती थी; एक निश्चित उम्र में कुछ संस्कार समारोह उसके लिए ज़रूरी होते थे। किसी क़बीले के आदमी के लिए समाज का अर्थ उसके क़बीले से ही शुरू होता और वहीं ख़त्म हो जाता था। दूसरे कबीले के लोगों को मनुष्य कदाचित ही माना जाता था। कम से कम किसी अजनबी को मार देना या लूट लेना तो अकसर एक कर्तव्य जैसा माना जाता था; इसे अपराध नहीं समझा जाता था, जैसा कि अपने क़बीले के लोगों के मामले होता। वहीं दूसरी तरफ विदेशी को भी क़बीले में अपनाया जा सकता था, और वह भी सदस्यता के पूरे अधिकारों के साथ। कबीले का उप-विभाजन बहिर्विवाही इकाइयों के रूप में हुआ था, कुल/कुटुंब जिन्होंने, आज जिसे हम परिवार कहते हैं उसका स्थान लिया; बाद में जब भोजन की कमी हुई तो भोजन जुटाने के लिए कुल/कुटुंब का एक और विभाजन हुआ, आधा दर्जन या उससे कम घरों के समूहों के रूप में। हर कुल/कुटुंब मूल रूप से किसी खास तरह के भोजन का विशेषज्ञ था, जो उनका मूलभूत तत्व समझा जाता था और जिसे लेकर उनके बीच एक खास तरह की एकता थी। यह एक खाद्य फल, कीट या जानवर हो सकता था। जनजातीय टोटेम (कुलचिह्न/गणचिह्न) के रूप में हम आम तौर पर कोई पेड़ या सजीव जंतु पाते हैं। यही भी संभव है कि जनजातियों का उद्भव कुछ कुटुंबों के सम्मिलन से हुआ हो (यद्यपि जनजातियों कभी-कभी कुछ इकाइयों में भी बँट सकती थीं, वैसे आम चलन बड़े समूहों का था)। संभवतः ऐसा आम तौर पर खाद्य उत्पादों के विनिमय के आधार पर होता था। ऐसे समय पर कबीले के लोगों के लिए उस टोटेम यानी खास पूज्य जंतु या फल को खाना वर्जित (टैबू) कर दिया जाता था, केवल कुछ समारोह के अवसरों को छोड़कर। कुछ टोडा मंत्र तो हाल में बदले गए, उदाहरण के लिए, जैसे कि मूल रूप से उनका आशय भैंसों का बलिदान या उन्हें खाना होता था। इस प्रकार की सबसे बड़ी आधुनिक आम वर्जना (टैबू) (जिसकी शुरुआत पशुपालकों के समय में हुई

लेकिन बाद में यह हिंदू धर्म के एक मूलभूत तत्व के रूप में घनीभूत हो गई) गोमांस भक्षण पर पूर्ण प्रतिबंध है। उसी समय के आसपास भोजन के साथ-साथ मनुष्यों का विनिमय भी कुटुंबों के बीच शुरू हुआ: आदिम विवाह, जिसका अर्थ कबीले के ही किसी अन्य सदस्य या सदस्यों के साथ समागम (अंतर्विवाही), लेकिन कुल/कुटुंब से बाहर के किसी व्यक्ति के साथ समागम (बहिर्विवाही) माना जाता था, कुटुंब की इकाइयों को आकार देता था। पहले विवाह समूहों के बीच हुए, पहले कुटुंब मातृसत्तात्मक थे, वंश-परंपरा और उत्तराधिकार माँ के आधार पर चलते थे। पिता का कोई महत्व नहीं था। कई बार तो प्रजनन में भी उसकी भूमिका को मान्यता/महत्व नहीं था।[10] मातृसत्तात्मक व्यवस्था अभी भी देश के उन हिस्सों में मौजूद है जो कृषि अर्थव्यवस्था में सबसे अंत में आए, जैसे कि त्रावणकोर-कोचीन और कुछ कबीलों में। इसकी वजह यह है कि मूल रूप से यहाँ संपत्ति की कोई धारणा अस्तित्व में नहीं थी, केवल कुछ उन औजारों को छोड़कर जिनका निर्माण कोई व्यक्ति करता था और जिसे उसके व्यक्तित्व (मन) के विस्तार का एक हिस्सा माना जाता था। भूमि क्षेत्र थी, संपत्ति नहीं: कोई शिकार मिलने या भोजन जुटाए जाने पर सबको बाँट दिया जाता था। श्रम का पहला बँटवारा पुरुषों और स्त्रियों के बीच था। बर्तन बनाने, टोकरियाँ बनाने और कुदाल या लकड़ी ज़मीन खोदकर खेती[11] का काम सबसे पहले स्त्रियों ने ही किया। अनाज के भोजन का सम्मानित स्रोत बन जाने पर जिस तरह भंडारण के लिए बर्तन या टोकरे ज़रूरी थे, वैसे ही पिसाई के लिए चक्की भी जरूरी हो गई। लेकिन अनाज उपजाया जाना होता था, इसे जुटाया नहीं जा सकता था। पुरुषों की प्रधानता का बदलाव केवल तब आया जब पुरुषों की अपनी कुछ विशिष्ट संपत्ति विकसित हो गई। आम तौर पर यह संपत्ति मवेशी होते थे, जिन्हें सबसे पहले मांस के लिए जुटाना शुरू किया गया, बाद में इनसे दूध लिया जाने लगा और इनके चमड़े का भी उपयोग होने लगा (जल्दी ही इनका उपयोग विनिमय में होने लगा); और अंत में कृषि और यातायात के लिए एक श्रमशक्ति के रूप में भी इनका उपयोग किया जाने लगा। इसी प्रक्रिया में लोग अपने पर्यावरण की परवाह छोड़कर अधिक से अधिक अच्छे ढंग से जीने लगे। सबसे पहले तो मनुष्य ने अपने श्रम से अपनी आवश्यकता से अधिक यानि भारी मात्रा में अधिशेष का उत्पादन किया। इसी से पितृ सत्ता, व्यक्तिगत संपत्ति और वर्ग विभाजन संभव हो सका। हालाँकि यह कोई अनिवार्य नियम नहीं था। एक दास भी मवेशी चरा सकता है और वह एक हलवाह के रूप में भी उपयोगी है। लेकिन गुलामी युद्ध होने के संकेत देती है। शिकार और मछली पकड़ने के लिए इस्तेमाल किए जाने वाले तीरों और बर्छियों का इस्तेमाल दूसरे मनुष्यों के विरुद्ध किया जाने लगा। धातुओं, ख़ासकर ताँबे और काँसे ने, जो कि किसी भी योद्धा वर्ग, उच्च या आभिजात्य वर्ग के एकाधिकार को बनाए रखने के लिए पर्याप्त दुर्लभ थे, इस प्रक्रिया को और तीव्र कर दिया। लोहे के साथ हमारे पास एक सस्ती धातु आ गई, जिससे कृषि और व्यापक हो गई। आबादी के एक बड़े भाग के हिस्से में कठिन श्रम आया और कुछ लोगों के लिए श्रम की कोई आवश्यकता नहीं रह गई। इसलिए 'लौह युग' का यह एक कड़वा संकेत है। जब खेती नियमित रूप से होने लगी तो मवेशियों के गोबर की खाद भूमि को शीघ्र ही उपजाऊ बना देती थी जिसकी उर्वरता पुराने आदिम तरीके से जंगल काट और जला कर की जाने वाली कृषि से क्षीण हो जाती थी। इस तरह खेतों पर कब्जा स्थायी होने लगा और भूमि को निजी संपत्ति के रूप में रखने का चलन शुरू हो गया। वैसे अगर खाद्य-उत्पादन की कोई नई विधि बहुत प्रबल ढंग से प्रभावी न हो जाए तो कोई समाज मिश्रित परिपाटी भी बचाए रख सकता है। उदाहरण के लिए, कुछ बंतू समूहों में, मवेशियों पर उत्तराधिकार पुरुष वंशजों को मिलता है, क्योंकि उन्हें पुरुष ही पालते हैं, लेकिन भूमि (हाल तक इनमें खेती का काम जुताई के लिए एक भारी-भरकम लकड़ी के प्रयोग से स्त्रियों द्वारा किया जाता रहा है) पर उत्तराधिकार की प्रक्रिया महिला वंशजों के क्रम में चलती है।

अनुष्ठानों और बलि के विचार भी वर्गों से पहले ही विकसित हुए। इनकी शुरुआत मनुष्य द्वारा अपने वातावरण की उन रहस्यमय स्थितियों को नियंत्रित करने के लिए प्रथम प्रयास के रूप में हुई जो उसकी तार्किक और क्षमता से बाहर थीं। आखेट किए जाने वाले पशुओं की नकल ने इसे लक्ष्य साधने और पकड़ पाने की बेहतर तकनीक की ओर बढ़ाया। लेकिन इसे एक सहानुभूतिपूर्ण जादू के रूप में देखा जाता था, ऐसा जादू जो मनुष्य को पशुओं पर नियंत्रण की क्षमता देता था। हमारी गुफाओं (मध्य भारत, मिर्ज़ापुर) में चित्रित शिकार के दृश्य कोई अभिलेख तो नहीं हैं, लेकिन इनमें वास्तविक शिकारों की संख्या बढ़ाने के लिए जादू दिखाई देता है। इस तरह धर्म, नृत्य, रेखाचित्रों की कला और संगीत की शुरुआत हुई। आग, जिसका उपयोग संभवतः पुरापाषाणकालीन असभ्य मनुष्य द्वारा भी किया जाता रहा है, इसे पैदा करना, नियंत्रित करना और इसे बनाए रखना इतना कठिन था कि इसके लिए बलि दी जाती थी और इसके उपयोग के लिए कुमारियाँ समर्पित रहती थीं। बलि का मूल विचार स्पष्ट नहीं है, लेकिन आदिम मनुष्य ने अपने ही ढंग से यह बात ग़ौर की होगी कि यह पिछले मौसम में हमारे खाने से बच गए जानवर ही हैं, जिन्होंने इस साल खाए जाने लायक और जानवर पैदा किए। वे बीज, जो

खाने से बच गए थे, उन्होंने ही अनाज की नई फ़सल के लिए अंकुर दिए। इस तरह देखें तो बलिप्रथा के मूल की व्याख्या व्यवस्थित कृषि और पशुपालन के पूर्ववर्ती आदिम या प्राचीन जादू के रूप में की जा सकती है। यह एक उंगली को विकृत करने, खोपड़ी से खुरच कर हड्डियों के टुकड़े निकालना, या अनुष्ठानों में मनुष्यों की बलि देने की ओर इसे क्यों बढ़ना चाहिए, यह अभी तक नहीं जाना जा सका है। लेकिन रक्त की जादुई शक्तियां आम तौर पर स्वीकार कर ली गई थीं। ऐसे प्रजनन संस्कारों का तीव्र गति से निष्पादन होने लगा, जिसे अब अश्लील कामुकता (कुछ विशेष अवसरों पर) के रूप में देखा जाता है, जो कि अत्यल्प आहार, वस्त्रविहीन और अनिश्चित आजीविका वाले समाज में अत्यंत कठिन था और जिसका उद्देश्य प्रकृति को सहानुभूतिपूर्वक प्रजनन के लिए उद्दीप्त करना होता था। अब हमारे लिए चकमक पत्थर की संख्या बढ़ाने के लिए यूरोप के पाषाण-कालीन लोगों द्वारा निष्पादित किए गए प्रजनन संस्कारों के सूत्र खोजना हास्यास्पद लगता है। वहाँ मासिक धर्म को लेकर एक रहस्यमय भय पैदा हो गया—पुरुष के स्पर्श तक की वर्जना, यहाँ तक कि ग़लती से भी, रजस्वला स्त्री या बिना धुले हुए कपड़े, कुछ भी छूना वर्जित माना जाने लगा और यह रूढ़ि आज भी भारत के सभी गाँवों में चली आ रही है—इसके साथ ही मातृदेवियों और चंद्रमा, जिसका संबंध स्त्री के मासिक चक्र से माना जाता है, की पूजा शुरू हुई। एक रहस्यमय अनुशासन में परिष्कृत, लेकिन अशिष्ट, अश्लील, यहाँ तक कि बीभत्स अनुष्ठानों के विवरण, जैसे कि वे थे, दर्ज हैं। ऐसे प्रागैतिहासिक प्रजनन संस्कारों को अब तांत्रिक अनुष्ठानों के नए रूप में प्रकट होते देखा जा सकता है। संस्कारों का एक दूसरा, कम महत्त्वपूर्ण समूह मृत्यु से जुड़ा है, जिसे चिरकालिक निद्रा या फिर प्रकृति माता अर्थात पृथ्वी के गर्भ में वापसी के रूप में देखा जाता है। इसे शवाधान के रीति-रिवाजों में प्रकट होते देखा जा सकता है। खासकर भूमि में दबाकर दफन करने का रिवाज अपने आप में कई अर्थ समेटे हुए है। क्योंकि आदिम मनुष्य गर्मी प्राप्त करने के लिए कहीं दुबक कर सोता था—लंबे समय तक उसके वंशज ऐसा ही करते रहे—और किसी प्रकार बर्तन में बंद करके दफन करने का आशय बिना निस्संदेह प्रकृति को लौटा देने जैसा था। कच्ची धातुओं के शोधन के साथ, पवित्र अग्नि से शवदाह की परंपरा आई। अग्नि का उपयोग मानव शरीर के मांस वाले उन अस्वच्छ भागों को जला देने के लिए किया जाता था, जिनके सड़ने की आशंका होती थी। अवशिष्ट अस्थियों को मिट्टी के किसी बर्तन में रखकर भूमि में दबा दिया जाता था, या किसी पवित्र नदी में प्रवाहित कर दिया जाता था, जैसा कि आज भी होता है। यह हमारे प्रयोजन के लिए केवल उसी स्थिति में महत्त्वपूर्ण है, जबकि कुछ प्राचीन संस्कृतियों में उत्पादन के ढंग और संबंधों के बारे में नई सूचनाएं निकालने के लिए पुरातत्व को नृवंश विज्ञान से जोड़ा जाता है। बाद के वर्णवर्गीय समाज में भी ये रीतियां बची तो अपने उसी रूप में हैं लेकिन विषय वस्तु बिलकुल भिन्न है। आम तौर पर निरंतर उत्पादन करने वाले समाज में इसका प्रयोजन पुरोहित वर्ग के लिए लाभ था, जो इस बात पर ज़ोर देता है कि कुछ निश्चित रीति-रिवाजों का अनुपालन ज़रूरी है। गहरे तौर पर देखें तो रीति-रिवाजों के भारी बोझ ने समाज को जड़ बनाने का काम किया, यह नवोन्मेष को हतोत्साहित करता है और वर्ग-संरचना तथा यथास्थिति को बनाए रखने में मदद करता है। कुछ समुदायों के आज भी भोजन जुटाने वाले कृश समुदायों के रूप में बने रह जाने की यही वजह है। प्रारंभिक अवस्था में पितृसत्तात्मक समाज का पुरोहित या तो कबीले या कुटुंब का मुखिया हुआ करता था, या फिर कोई कुशल औषधि विशेषज्ञ (चिकित्सक) तथा मातृसत्तात्मक समाज में देवी की पुजारिन या फिर उनके महिला/भगिनी संघ/समाज की कोई सदस्य।

प्रागैतिहासिक जीवन की मूलभूत विशेषता थी भोजन की अल्प और अनियमित आपूर्ति, जिसे लंबे समय तक सुरक्षित भी नहीं रखा जा सकता था। इसका अर्थ यह है कि इसकी कुछ शर्तों पर साझेदारी की जाती थी। इन शर्तों में केवल भविष्य में किसी समय आपस में भोज्य पदार्थों की अदला-बदली के अलावा किसी अन्य बाध्यता की बात नहीं होती थी। इसलिए जो लोग ऐसी साझेदारी करते थे, उन्होंने एक समूह बना लिया और भोजन के प्रबंध में हासिल विशेषज्ञता ने उन्हें एक कुटुंब बना दिया और वे एक खाद्य-टोटेम (गुणचिह्न/कुलचिह्न) के जरिये आपस में एक सूत्र में बँधे होते थे। पहली बार जब अधिशेष बढ़ा तो स्वाभाविक रूप उस 'स्वामित्व का अधिकार' समग्रता में उस पूरे समूह का होता था और इसका विनिमय व्यवहार किसी ऐसे दूसरे समूह से होता था जिसे शायद कोई अन्य विशेष भोजन जुटाने में विशेषज्ञता हासिल होती थी। इससे ऐसा समझा जाता है कि जिनके बीच यह विनिमय व्यवहार होता था (चाहे यह भोजन का रहा हो या फिर तकनीक का), उनके बीच संबंध बने। निश्चित रूप से यह एक सामूहिक संबंध था और प्रायः समूह विवाहों के रूप में। यह ध्यान रखा जाना चाहिए कि साझेदारी के इस व्यवहार में कोई हिसाब-किताब रखने की व्यवस्था नहीं थी, प्रदर्शनप्रियता, कुछ व्यवहारों को मान्यता दिलाने के लिए दावतों का आयोजन, अनुष्ठानों या संस्कारों के समय असंख्य लोगों को दी जाने वाली दावतें और प्रागैतिहासिक उदारता, सब अपनी-अपनी भूमिकाएँ निभाती थीं। जैसा कि 'आदिम साम्यवाद' के कुछ व्याख्याता सोचते हैं, हर उत्पाद

पर प्रत्येक व्यक्ति का समान अधिकार होने जैसी कोई बात नहीं थी (न्यू एज (मासिक), दिल्ली, फरवरी 1959, 26–39)। इसी तरह समूहों के बीच जो विनिमय व्यवहार होता था, वह भी कोई आज के वाणिज्यिक वस्तु-विनिमय जैसा नहीं था। यह विनिमय स्वैच्छिक उपहारों के रूप में किसी निश्चित रिश्ते में बँधे साथियों के बीच होता था। उपहार अस्वीकार नहीं किए जा सकते थे, लेकिन ऐसा समझा जाता था कि ऐसी ही कोई वस्तु भविष्य में किसी अवसर पर उन्हें वापस करनी है। इसका कोई हिसाब तो नहीं रखा जाता, लेकिन स्वार्थ के सूक्ष्म बोध के साथ अच्छी तरह आँका हुआ आदान-प्रदान होता था जो अंततोगत्वा/आगे जाकर/लम्बे समय में आदान-प्रदान में संतुलन ला देता था। इसी तरह, जनजातीय/कबीलाई नियम/विधान में, जहाँ किसी व्यक्ति के स्वैच्छिक समर्पण का अर्थ दमन नहीं होता, और जहाँ रीति-रिवाज एवं परिपाटी का अनुपालन सुनिश्चित करने में सामाजिक अवमानना, बहिष्कार, आत्महत्या, हत्या, जादू और रीति-रिवाज सब अपनी-अपनी भूमिका निभाते हैं। लेकिन बल-प्रयोग और शारीरिक दंड का उपयोग नहीं होता है। यहाँ तक कि आज भी, उन परिस्थितियों में जबकि किसी कबीले से निकाल दिए गए व्यक्ति के लिए जीवन काफी हद तक सहज हो जाता है, नियम तोड़ने वाले किसी व्यक्ति को झुकाने निष्कासन का भय पर्याप्त होता है। सामूहिक जीवन की शक्ति हमेशा व्यक्तिगत स्वार्थों से बहुत अधिक समझी जाती है, खास कर अगर 10,000 वर्ष पहले की परिस्थितियों की कल्पना करें तब तो यह और भी अधिक ताक़तवर हो जाती है। टोकरियाँ, चमड़े के बरतन, मिट्टी के बर्तन—ये सभी भोज्य पदार्थों के संरक्षण के अलग-अलग चरणों की ओर इंगित करते हैं। यही वे चरण हैं जो मनुष्य को आगे चलकर वस्तु विनिमय, अधिशेष का उत्पादन और विक्रय योग्य वस्तुओं के उत्पादन—संक्षेप में कहें तो एक नए सामाजिक संगठन की ओर ले आए।

प्रागैतिहासिक जीवन की सबसे अनूठी विशिष्टता विस्तृत रूप से इसक सघन वैविध्य है। हर समूह की अपनी अलग भाषा है जो अकसर केवल कुछ दर्जन परिवारों में बोली जाती थी। व्यापक विचारों के लिए इसमें कोई शब्द नहीं हैं। हो सकता है कि 'पशु' के लिए भी कोई शब्द न हो, हालाँकि प्रत्येक प्रकार जिसकी पहचान (आम तौर पर रंग से) अलग से समूह के विशिष्ट पशु के रूप में करनी हो, उसका अपना खास नाम होता है। इस तरह, विनिमय का यह रिश्ता केवल भोज्य पदार्थों की आपूर्ति ही नहीं बढ़ाता है, बल्कि भाषा भी सुधारता है और एकीकृत समूहों के मानसिक स्तर को अधिक व्यापकता भी देता है। अंततः दो अत्यधिक सहज कुटुंबों के बीच बहिर्विवाही संबंध का आनुवंशिक लाभ भी मिलता है। इनसे उत्पन्न होने वाली संतान अपने माता और पिता दोनों ही समूहों की तुलना में मानसिक और शारीरिक रूप से अधिक सशक्त होती है। आनुवंशिकता वैज्ञानिकों के शब्दों में इसे 'संकर शक्ति' कहते हैं।

2.3. भारत में अभी भी, आदिम समाज के दृष्ट अवशेष हैं जो अनौपचारिक प्रेक्षकों को बहुत प्रभावशाली लगते हैं। हालाँकि ये अब केवल हाशिये के कुछ अविकसित क्षेत्रों में ही सीमित हैं। असम जैसे छोटे से प्रदेश में 175 से अधिक भाषाएँ और बोलियाँ हैं। इनमें से प्रत्येक एक छोटे से जनजातीय समूह में बोली जाती है, जो अपने रीति-रिवाजों और अपनी संरचना को भी बचाए हुए हैं। इनमें से कुछ, जैसे कि नाग, अबोर और गारो आदि का अध्ययन भी नृवंश वैज्ञानिकों द्वारा किया जा चुका है। इनमें से कुछ आत्मनिर्णय के अधिकार की माँग भी उठाने लगी हैं। इनमें कुछ का जीवन शिकार पर आधारित है, कुछ थोड़ी बहुत खेती करते हुए चरवाहों जैसा जीवन जीते हैं और बहुत लोग तो अस्थायी श्रमिक बाज़ार के हिस्से बन चुके हैं। मध्य और तटवर्ती भारत के जंगली इलाकों में, नीलगिरि और मालाबार की तलहटी में, अवशेष रूप में कुछ अन्य जनजातियाँ—मुंडा, उराँव, भील, टोडा, कडार आदि। ये सभी अब शांतिपूर्ण हैं। कभी-कभी आक्रामक हो जाने वाली संथाल और भील जैसी जनजातियों को बहुत पहले ही उम्दा हथियारों से, परास्त कर दिया गया था; ये सभी प्रागैतिहासिक हैं। जिस चीज़ ने उन्हें रूढ़िवादी बनाया, वह है उनके प्रत्येक छोटी खंड या गुट द्वारा खाने के नियमित उत्पादन से तथा अपने परिवेश की उत्पादन प्रणाली को स्वीकार करने और उसका उपयोग कर पाने से इनकार करना। वे निराशा में अपनी संरचना के आदिम बाहरी रूपों और भोजन जुटाने वाले सिद्धांतों से ही चिपके रहे। क्योंकि उनके अंधविश्वासों ने उन्हें पुरानी जीवनशैली से एक साथ जोड़ रखा था। फिर भी ऐसा नहीं है कि भारत में जनजातीय समाज केवल सघन जंगली इलाकों में ही पाया जाता है। लगभग हर क्षेत्र में, यहाँ तक कि अच्छी तरह विकसित आधुनिक शहरों के पड़ोस में भी लोग जनजातीय लोगों के छोटे-छोटे झुंड देख सकते हैं। वे अभी भी अपने प्राचीन रीति-रिवाजों से वैसे ही गहराई से जुड़े हुए हैं। पुलिस इन्हें लगातार शक की निगाह से देखती है और समाज के उस उच्च वर्ग का दबाव भी इन पर हमेशा बना रहता है जो धन की अर्थव्यवस्था में जीता है। इन समूहों की एक अनूठी विशेषता इनके सामाजिक और आर्थिक स्तर के बीच के संबंध की है। ये दोनों उस समय एक साथ बढ़ जाते हैं, जब ये सामाजिक उत्पादन में इस हद तक अपनी

हिस्सेदारी सुनिश्चित करने लग जाते हैं कि संपत्ति का स्वामित्व प्राप्त कर लें। अपने कबीले के बाहर समाज की मुख्यधारा के लिए कुछ भी उपयोगी उत्पादन करने से उनका इनकार ही उन्हें समाज की मुख्यधारा से धुर आपराधिक तत्त्वों जैसा रूखा व्यवहार पाने के लिए मजबूर करता है। *भारतीय इतिहास का पूरा कालक्रम यह दर्शाता है कि जनजातीय तत्त्व समाज की मुख्यधारा में घुल-मिल गए।* यह संवृत्ति जो, भारत की सबसे अनूठी सामाजिक संरचना, नामतः जाति, के मूल में ही रची-बसी है, प्राचीन भारतीय इतिहास का एक महान मूलभूत तथ्य भी है। वे विभिन्न विधियाँ, जिनके अंतर्गत कोई जनजातीय या कबीलाई तत्त्वों ने एक समाज बनाया या किसी पहले से अस्तित्वमान समाज में घुल-मिल गए, ही किसी सच्चे इतिहासकार के लिए मुख्य नृजातीय मूलभूत तत्त्व हैं।

इस प्रकार का बहुत विस्तृत प्रेक्षण हमें अपने इस कार्य के दायरे से दूर ले जा सकता है, और इतनी जगह भी इस पुस्तक में संभव नहीं होगी। वैसे इस पुस्तक का एक उद्देश्य पाठक को स्वयं अपने समानांतर अध्ययन और सूचनाओं को एकत्रित करने के लिए प्रेरित करना भी है, जिन्हें औद्योगीकरण की प्रक्रिया लिखित अभिलेखों के अभाव में जल्दी ही इस कदर मिटा देगी कि उन्हें फिर प्राप्त करना संभव नहीं होगा। इसलिए मैं चाहूंगा कि पाठक मेरे साथ पूना शहर की सीमा पर स्थित मेरे घर से थोड़ी दूर चलें। यह क्षेत्र एक छोटी सी घाटी है। यह चारों तरफ़ आधुनिक संस्थानों और बस्ती से घिरा हुआ है। इनमें लॉ कॉलेज (जहाँ अंग्रेजी में ब्रिटिश शासन के बाद की विधि पढ़ाई जाती है), भंडारकर ओरिएंटल रिसर्च इंस्टीट्यूट (जिनकी संस्कृत पाण्डुलिपियां का संकलन और महाभारत के संस्करण दुनिया भर में सुविख्यात हैं), फर्गुसन कॉलेज, मुंबई के कुछ करोड़पतियों के देसी ढंग के बंगले, वैज्ञानिक आधारों पर चलाई जा रही एक भेड़ फार्म जिसमें विदेशी और देसी (स्थानीय किसानों, पशुपालकों और बूचड़ों से खरीदे गए मवेशियों को कोई न्यूनतम नुकसान भी पहुँचाए बिना संकर नस्ल तैयार की गई हैं) दोनों नस्लें होती हैं; शामिल हैं। इस सीमित लेकिन सघन अध्ययन से जो उदाहरण सामने आएंगे, वे पहले अध्याय में बताई गई विधियों की सटीक व्याख्या हो सकेगी। इनसे ऐसे मूल्यवान सूत्र मिल सकेंगे जिनका अगले अध्यायों में अंतर्निहित उपयोग किया जा सकेगा। इस चुने गए क्षेत्र और भारत के अन्य क्षेत्रों के बीच प्राथमिक अंतर विवरण का ही है, सार-तत्त्व का नहीं। प्रत्येक मामले में, समाज के अविकसित स्वरूप का आधुनिक स्वरूपों से संवाद, चित्रित की गई ऐतिहासिक प्रक्रियाओं और उन विशिष्ट सांस्कृतिक समूहों जो इस प्रक्रिया में अपने को बचाए रख सके, को देखना संभव हो सकेगा।

मेरे सबसे निकट रासा फासे पारधियों को एक तंबुओं में रहने वाला एक समूह है, जिसका मूलभूत परिधान (पुरुषों के लिए) एक साधारण कटि वस्त्र है, जो कभी नहाते नहीं, लेकिन स्वच्छता, गतिशीलता और जंगली पशुओं के प्रति ज़बर्दस्त बोध के प्राकृतिक गुण सहेजे हुए हैं। उनके छह बहिर्विवाही कुटुंब या कुल हैं, जिनके कुलनाम सामंती मराठा कुलों के नाम बन चुके हैं—भोंसले, पवार, चव्हाण, जाधव, शिंदे, काले आदि। इनमें 'काले' चितपावन ब्राह्मणों का कुलनाम है; जबकि 'शिंदे' का आशय एक ज़माने में 'दासी-पुत्र' (जिसका घोषित/अभिस्वीकृत पिता न हो) हुआ करता था, तब तक जब तक कि ये ग्वालियर राजघराने बनकर आभिजात्य वर्ग में शामिल नहीं हो गए। ये नाम/कुलनाम/उपनाम मराठा प्रभुत्व के काल में धारण किये गए थे इसका पता इस कबीले की भाषा से चलता है जो कि एक गुजराती बोली है। भीख माँगने और छोटी-मोटी चोरियाँ करने के अलावा ये पारधी अत्यंत कुशल बहेलिये होते हैं। ये अभी भी एक देवी की पूजा करते हैं। हालाँकि देवी की मुख्य छवि ब्राह्मण छवियों जैसी चाँदी की गुलकारी से सजी हुई है; कुछ लोग इन्हें तुलजापुर की भवानी कहते हैं। 16वीं शताब्दी के उत्तरार्ध में ये पूरे महाराष्ट्र में लोकप्रिय हो गईं। हालाँकि पारधियों ने, ऐसा लगता है कि इन्हें हाल ही में अपनाया है, क्योंकि उनकी रस्मों में मेल नहीं है। यूरोप के क्रो मैग्नन मैन जैसी एक उत्कृष्ट नस्ल का अकस्मात प्रकट होना ऐसे ही किसी उर्वर संकरण का परिणाम है। कुटुंब के मुखिया या झुंड के प्रमुख का यह कर्तव्य है कि वह त्योहारों के अवसर पर देवी के समक्ष नृत्य करे, लेकिन ऐसा करने के लिए उसे स्त्रियों का लहंगा और चोली पहननी पड़ती है। इसकी बनावट ऐसी होती है जो देश के इस हिस्से में पहले नहीं जानी जाती थी और कम से कम इस कबीले की औरतें तो नहीं ही पहनतीं। फिर वह कहता है "और मैं ही हूँ भवानी"; नृत्य के दौरान (शेष पूरे झुंड के सामने जो गाने के दौरान उसके सुर से सुर मिलाता है) उसकी इस स्पष्ट और प्रभावी घोषणा की एक अग्नि परीक्षा से पुष्टि करता है। परीक्षा में दाहिने हाथ को खौलते हुए तेल में डाला जाता है। भावातिरेक का स्तर यह होता है कि पुरोहित-मुखिया को कुछ महसूस ही नहीं होता। यहाँ तक कि उसकी त्वचा पर कोई निशान भी नहीं पड़ता। अगर हाथ पर फफोले पड़े तो इसका मतलब है कि देवी ने या तो पुजारी या फिर उसकी पूजा को स्वीकार नहीं किया। मंत्रोच्चार तीन दिनों तक जारी रहता है। साथ ही बलि भी दी जाती है, जो कि देवी को अत्यंत प्रिय है, जो कि बछड़े-बैल या भैंस के पड़े की होती है। निश्चित रूप से, यह उत्सव जिसका स्वीकृत प्रयोजन शिकार और भोजन में वृद्धि है, पुरुषों ने स्त्रियों से ले लिया है। हालाँकि अब ये कुटुंब अपने आसपास के समाज की तरह ही पितृसत्तात्मक

हो गए हैं। मूल मातृसत्ता की आगे चलकर और पुष्टि हुई भारी वधू मूल्य[12] से जो आज भी चुकानी होती है, 800 से लेकर 1000 रुपये तक। यह राशि वधू के पिता को चुकाई जाती है। पिता जितना ग़रीब होता है, लड़की का वधू मूल्य उतना ही अधिक होता है। धन या तो दिहाड़ी मज़दूरी, या फिर शिकार या जंगली फलों को बेचकर बेचकर कमाया जाता है। क्योंकि उन्हें अपना पेट भरने के लिए भी लोगों से उनके घर का बचा-खुचा खाना माँगना पड़ता है। ये न तो कोई किराया देते हैं और न ही कोई कर। ये अनपढ़ जनजातीय लोग ब्याज के रूप में बड़ी रकम वसूलते हैं, 25 प्रतिशत प्रति वर्ष (जिसे वे 'सोलह पर बीस' कहते हैं)। अगर कोई देने से इनकार करे तो झगड़ा हो सकता है। 1954 में ऐसे ही एक झगड़े का अंत दो हत्याओं के साथ हुआ था। इसके बाद भी उन्होंने पुलिस को कोई साक्ष्य देने से मना कर दिया। पूरे मामले की अपने ही ढंग से सुनवाई करने के लिए पूरा कुटुंब या कुटुंबों का समूह अपने मुखिया यानी पटेल के सामने एक सभा में जुटा। साक्ष्य दिए गए और अभियुक्त ने अपराध मानने से इनकार दिया। इस पर उसे गरम किया हुआ लाल लोहा या खौलते तेल के ज़रिये अग्निपरीक्षा देने के लिए कहा गया। उसने इससे भी मना कर दिया और इसे उसके अपराध की पुष्टि माना गया और उसे यथोचित दंड सुनाया गया। मुंडा लोगों के रीति-रिवाज भी ऐसे ही हैं (*Roy* 425)। शव यहाँ निषिद्ध (टैबू) माना जाता है। अगर किसी बस्ती में कोई मर जाए तो शव को उसी जगह छोड़ कर पूरे समूह के सभी परिवार फटाफट अपने तंबू उखाड़ कर कहीं दूर चले जाते हैं। इसलिए किसी बड़े अपराधी को भी कोई सीधे प्राणदंड नहीं दे सकता। ज़्यादा से ज़्यादा उसके हाथ-पैर काट दिए जाते हैं और मरने के लिए उसे जंगल में छोड़ दिया जाता है। चूँकि पुलिस इस प्रक्रिया को अब बहुत कठिन बना चुकी है, इसलिए अपराधी जनजातीय कानून को तोड़ने लगे हैं। जनजातीय कबीले बिखर रहे हैं और इस बिखराव का कारण उनकी यह धारणा है कि उनके देवताओं का असर अब जाता रहा क्योंकि उनके बनाए हुए पुराने नियमों (अर्थात रीति-रिवाजों) का पालन नहीं किया जा रहा है। इनके बीच नस्ली शुद्धता (रक्त शुद्धता) का प्रश्न कभी नहीं रहा। क्योंकि ये अजनबियों को भी एक निश्चित शुल्क लेकर अपने कुटुंब में अपना लेते हैं। अब उनमें जनजातीय जीवन छोड़ने की जो नई चाहत देखी जा रही है, उसके मूल में वास्तविक और मूलभूत कारण यह है कि यह अब असंभव सा हो गया है। शिकार किए जाने वाले जानवर अब लगभग ख़त्म हो गए हैं और शिकार का लाइसेंस लेने की स्थिति में भी ये नहीं हैं। न चाहते हुए भी उन्हें काम करना पड़ रहा है, अन्यथा भुखमरी ही एकमात्र विकल्प बचता है, क्योंकि भिक्षावृत्ति की स्थिति दिन-ब-दिन अनिश्चित होती जा रही है। बचे हुए लोगों को जल्द ही काम ढूँढने होंगे—बहुत अच्छी नेत्रदृष्टि और श्रवणशक्ति, जिसके चलते वे बटेर पकड़ने और रात के समय अपने पड़ोसियों की मुर्गियां चुराने का काम कर लेते हैं, के कारण वे पहरेदारी का काम भी बहुत अच्छी तरह कर सकते हैं। वैसे पारधी लोग खरहे से बड़े किसी जानवर का शिकार नहीं कर सकते, क्योंकि उनके पास कोई हथियार नहीं होते। वे केवल केवल एक साधारण चाकू का प्रयोग करते हैं, जो आम तौर पर जूते बनाने में काम आने वाली राँपी जैसा होता है। इसका प्रयोग वे हल्की लकड़ी के फ्रेम वाले सुंदर पाश बनाने के लिए करते हैं। इसके अलावा और किसी भी औजार या हथियार का प्रयोग वे नहीं करते, न तो वे तीरंदाजी करते हैं, न टोकरियाँ बनाते हैं, न मिट्टी के बर्तन, न चमड़े का कोई काम करते हैं और न खेती ही। उनके तंबू टाट के होते हैं, जिसे वे खरीदते हैं। हालाँकि मूल रूप से वे अपने घर घास-फूस से बनाते थे। मवेशियों का इस्तेमाल वे अपने सामान ढोने और चिड़ियों को फाँसे जाने के लिए बहका कर जाल तक ले जाने के लिए करते हैं। यह विचित्र ढंग का कमज़ोर जंतु होता हैहै, जो इधर-उधर किसी तरह कहीं भी कुछ चर लेता है, यह कृषि के लिए किसी काम का नहीं होता और इनकी मादा दूध भी बमुश्किल इतना ही देती है कि जैसे-तैसे अपने बछड़े को पाल ले। तात्पर्य यह कि अपने पर्यावरण से उन्होंने काफ़ी कुछ आत्मसात किया है, केवल भूमि या उत्पादन के आवश्यक साधनों पर स्वामित्व को छोड़कर। इस तरह ये हमारे इस सिद्धांत के उत्कृष्ट प्रमाण हैं कि मनुष्य अपना निर्माण स्वयं करता है। अगर हाल में उनके स्थायीकरण के लिए किए जा रहे प्रयास सफल हों तो उन्हें सर्वहारा वर्ग में शामिल किया जाएगा। अभी ये उस छोटे समूह की स्थिति में हैं, जो समाज की सुरक्षा की शर्त पर जी रहा है, लेकिन जल्दी ही ये इससे बाहर उस अवस्था में आने वाले हैं जब समाज इनकी सुरक्षा की शर्त पर जीने लगेगा।

एक ही जगह पर रहने वाले तीन निकटवर्ती जनजातीय समूहों में आपस में बड़े विरोध हो सकते हैं। इनमें रामोशी, करीब बीस घरों का समूह, 1830 के आसपास इनाम में मिली ज़मीन पर बसे। उस समय वे जंगली जनजातीय लुटेरे थे। आज वे एक अलग जाति के लोग माने जाते हैं, लेकिन रंग-रूप, भाषा और धार्मिक रीत-रिवाजों के मामले में वे कहीं से भी साधारण मराठा किसान से अलग नहीं लगते। वे हल-हेंगे और दुधारू मवेशियों के ही बूते अपना जीवन चलाते हैं। इसी के पास बैदू (Vaidūs) लोगों का एक अलग गाँव है। ये मूल से जनजातीय शिकारी हैं, जो अभी भी बहुत तेज़ शराब और शिकार के आदी हैं। उन्होंने संपन्न औषधि विक्रेताओं की एक मंडली सी बना

ली है, जो भोले-भाले लोगों को अपनी गुप्त दवाइयां बेचते हैं और अच्छा-खासा पैसा कमाते हैं। त्योहारों पर पहले से पकड़ा हुआ ज़िंदा कोबरा (नाग) दिखा कर तथा बात-बात पर लड़ने को तैयार रहते हैं, लेकिन उन्हें गर्व होता है कि उन्होंने कभी कोई चोरी नहीं की। उन्हें अपने खराब ढंग से बने और अस्वच्छ लेकिन ठोस दिखने वाले और व्यक्तिगत स्वामित्व वाले घरों का भी गर्व होता है। उनकी मूल भाषा तेलुगु की एक बोली है, जो आज भी केवल उनके बीच ही बोली जाती है। उनकी अपनी देवी है और शव-संस्कार की भी उनकी अपनी विधि (मिट्टी खोद कर दफनाने की) विधि है। वे शवों को भारतीय शैली के सुखासन (पालथी मार कर) में बैठा कर दफनाते हैं। कब्र के गड्ढे में शव के सिर के सामने थोड़ा खाली स्थान भी छोड़ा जाता है स्वाभाविक रूप से इसलिए कि वह साँस ले सके। साल में एक बार गड्ढे के ऊपर बन गए टीले पर भोजन भी रख दिया जाता है। दफनाने की यह विधि दक्षिण के महापाषाणीय मकबरों और समाधियों जैसे दिखते* हैं। चूँकि ये निजी लाभ कमाने के लिए व्यवसाय करने मुंबई जैसे दूर-दराज के शहरों तक जाते हैं, इसलिए इनका न तो कोई समूह होता है और न मुखिया। फिर भी आपस में बहुत सघनता से जुड़ा हुआ एक जाति समूह ज़रूर होता है। पड़ोस का ही एक अन्य तेलुगुभाषी जनजातीय समूह जो उसी तरह अर्ध-झुंड में रहता है, वड्डर लोगों का है। अब ये थवई का काम करते हैं जो निर्माण कार्य में काम आने वाले पाषाणखंडों को तराशते हैं। उनकी स्त्रियाँ (पारधी और वैदुओं की, रामाशिसों की नहीं) अभी भी वही एक कपड़े वाला साधारण जनजातियों जैसे कपड़े पहनती हैं, जलावन के लिए वे रोज झाड़ियाँ, काँटे-कूसे और सूखे पत्ते बटोरती हैं, जैसे वे कभी जंगल में किया करती थीं। पुरुषों ने व्यक्तिगत तौर पर पत्थर तराशी के काम की ठेकेदारी शुरू कर दी है और इसीलिए सामान्य मध्यवर्गीय कपड़े (टोपी, कमीज़ और धोती) अपना लिए हैं। हालाँकि वे अपने कमाए हुए धन का सही ढंग से इस्तेमाल करके अपना स्वास्थ्य और जीवन-स्तर सुधारने के बारे में कुछ नहीं सीख सके हैं। एक पीढ़ी पहले, उनका मुखिया ही सरदार/अग्रणी/प्रतिनिधि हुआ करता था, जिसके मार्फ़त ही (मुंबई शहर में ग़रीब वड्डर श्रमिकों के झुंड के साथ) सारे ठेके और भुगतान किए जाते थे। वह जैसे चाहता था, वैसे ही पैसा बाँटता था। आम तौर पर प्रत्येक परिवार की आवश्यकता के अनुसार। इस धन से मुखिया ने अपने नाम से जो ज़मीन ख़रीद रखी थी, वह झगड़े का कारण बनी। अंत में ऐसे ही झपटमारी वाले संसाधनों से एक हाउसिंग कोआपरेटिव बनाई गई, जिससे सरदार/अग्रणी/प्रतिनिधि-मुखिया ने अपने ढंग से इस्तेमाल कर अपनी निजी और पूंजीपति संपत्ति खड़ी करनी चाही थी। व्यक्तिगत स्तर पर पत्थरतराशी का काम करके वड्डर लोगों ने अच्छा पैसा कमाया और फिर अपने झुंड को पूरी तरह खत्म कर दिया, केवल एक सगोत्र विवाह की बात छोड़कर (पारधियों के उलट, जिनका धन भोजन ख़रीदने के लिए इस्तेमाल नहीं किया जाता), इस तरह हमारे पास अब एक जाति-समूह है। वड्डर लोगों की निकटवर्ती शाखा, खुदाई करने वालों (जिनके पूर्वज देश भर में घूमते रहते थे और उत्तर प्रदेश के तो गाँव-गाँव में उन्होंने पोखरे खोदे

---

* यह समरूपता और बढ़ गई है चूने की पुताई और माथे पर लगे सिंदूर के टीके से, कभी-कभी अधिक रूढ़िवादी वैदू लोग दिवंगत व्यक्ति के कंधे पर भी लगा देते हैं। महापाषाणीय समाधियाँ और समाधि देने के लिए बनाए गए गड्ढों के घेरे (एआई 4. 192, 196) पर बाहरी प्रवेश रोकने के लिए चूने का प्रयोग देखा जाता है। इसका निकटतम आधुनिक रिवाज महार लोगों में देखा जाता है जो समाधिस्थल के ऊपर प्रायः चूने का छिड़काव करते हैं। माँग गारुड़ी और महार लोगों द्वारा समाधियों के टीले के ऊपर लगाए जाने वाले केंद्रीय पत्थर के ऊपर प्रायः लाल सिंदूर या चूने का लेप लगाया जाता है, जिसका समय-समय पर नवीकरण किया जाता रहता है। कुछ ऊँची जातियों में शवाधान के लिए ले जाए जाते समय मार्ग में शव के ऊपर भी किसी न किसी प्रकार का लाल रंग (गुलाल या कुमकुम) छिड़का जाता है, लेकिन चूने के प्रत्यक्ष प्रयोग का पता इनमें नहीं चलता। यद्यपि कुछ निम्नतम जातियों में केवल असमय काल-कवलित बच्चों के शवाधान के समय शव को किसी प्रकार के मिट्टी के ताबूत में डाला जाता है, वह भी हमेशा नहीं। पूरे भारत में अधिकतम रीति-रिवाजों के ब्राह्मणीकरण के बावजूद अंतिम संस्कार (कई बार विवाह भी) के कर्मकांड संपन्न कराने या इसमें सहयोग के लिए कुम्हारों की उपस्थिति अत्यंत आम बात है और इसका संबंध प्राचीनकाल के मृद्भांडीय शवाधान से ही जुड़ा होना चाहिए। दूसरी तरफ, समाधि देने (दफनाने) की क्रिया दाह संस्कार की तुलना में सस्ती है। इसलिए ऐसे लोगों, जिनकी मृत्यु छोटी चेचक, कुष्ठरोग या किसी महामारी के चलते हुई हो, के शव को भू या जल समाधि देने का रिवाज ग़रीबी के कारण कुछ ऐसी जातियों में भी मजबूरी में आ गया जिनमें मूल रूप से दाह संस्कार का रिवाज रहा है। बिलकुल वैसे ही जैसे मूल रूप से अपने मृत परिजनों के शव को भूसमाधि देने वाली कुछ जातियों में आर्थिक रूप से संपन्न लोग दाह संस्कार करने लगे। महारों की कुछ उपजातियों में बैठी हुई अवस्था में समाधि देने का चलन भी है, जो अन्यत्र लेटी हुई अवस्था में समाधि देते हैं। संभवतः चूने का महत्त्व शुद्धीकरण की दृष्टि से है। भोर क्षेत्र में वेताल का प्रतीक माने जाने वाले कुछ पत्थरों और एक हनुमान मूर्ति पर भी लाल सिंदूर के साथ चूने का भी लेप लगा देखा जाता है। वेताल आम तौर पर सफेद रंग से रँगे जाते हैं, कभी-कभी थोड़ा सा लाल रंग भी टीके या किसी अन्य रूप में लगा दिया जाता है। कुछ घरों के बाहर परिवार के सदस्यों को भूतों द्वारा मारे जाने से बचाने के लिए भी सफ़ेद चूने की अभिरक्षक रेखा भी बना दी जाती है।

थे) को झुंड विघटन और रोज़गारों की कमी के कारण बिखर गए। अब उनके कुछ खास समूह अवैध शराब बनाने-बेचने और वेश्यावृत्ति जैसे बेढंगे कामों से अपनी जीविका चलाते हैं। वे निहायत दयनीय झोपड़ियों में रहते हैं, बिलकुल न्यूनतम स्तर पर, पारधियों की तरह। उनकी जनजातीय उत्पत्ति का एकमात्र चिह्न अब केवल उस एकजुटता में दिखाई देता है जो वे किसी अजनबी भेदिए के खिलाफ़ दिखाते हैं, खासकर पुलिस या उस ज़मीन के मालिक के खिलाफ़ जिस पर ये बिना किसी अनुमति के काबिज हो जाते हैं। नगरीय मतदाताओं के रूप में नाम दर्ज हो जाने से उन्हें ऐसे मामलों में सुरक्षा प्राप्त हो जाती है, क्योंकि एक बड़े वोटबैंक के तौर पर वे चुनावी राजनीति के लिहाज से महत्त्वपूर्ण होते हैं। पूना के आसपास का दूसरा अर्ध घुमंतू वड्डर समूह बेहतर श्रमिक वर्ग है, जो कि जनजाति से औद्योगिक सर्वहारा बनने के सीधे संक्रमण के दौर से गुज़र रहा है। ये बस्तियाँ अब क्षरित होकर मलिन बस्तियों में बदल रही हैं। रोज़गार की कमी, यहाँ तक वैदू और पत्थर तराशने वाले वड्डर लोगों की ओर से भी जलनिकासी और पानी जैसी जरूरी सुविधाओं के लिए भी कर चुकाने के प्रति अनिच्छा, पूर्वमुखी एक पंक्ति में छोड़कर अन्य किसी भी तरह अपने तंबू लगाने में पारधियों की असमर्थता जैसे जटिल कारणों से ये पुणे नगर निगम के लिए समस्या बनते जा रहे हैं। मलिन बस्तियों की सफाई योजना के दौरान रामोशियों की इनाम में मिली भूमि उन्हें आजीविका का कोई और साधन दिए बिना ही उनसे छीन ली गई। तबसे उनकी स्थिति में कोई सुधार नहीं हुआ। पुणे एक महत्त्वपूर्ण सैन्य मुख्यालय है। इसलिए कोई प्रेक्षक इस बात से परेशान हो जाता है कि जनजातीय लोग यह क्यों नहीं समझ पाते कि एक कब्जारहित जमीन जो किसी के भी नाम से दर्ज नहीं है, उसका कोई मालिक कैसे हो सकता है। जबकि वहाँ अपने नियमित अभ्यास के लिए आधुनिक बमवर्षक विमान प्रायः सिर पर मँडराते रहते हैं: या जब बड़ी तेज़ी से दौड़ते एक भारी टैंक से उड़ने वाली धूल से सना अपना और अपनी सात माताओं की कच्ची मंदिर नुमा झोपड़ी का फोटो देखता है।

जिस तरह ये मामले समाजशास्त्रियों के लिए महत्त्वपूर्ण हैं, वैसे ही हमारे लिए इनका महत्त्व यह चित्र स्पष्ट करने में है कि किस तरह जनजाति पहले झुंड और फिर जाति में बदल गई। जो कि पूरे भारत में ऐतिहासिक प्रगति की एक प्रमुख विशेषता है। कातकरी जनजाति के लोगों में विशेष दिनों पर पहेलियों की सामूहिक प्रतिस्पर्द्धाएँ होती हैं। निश्चित ही एक समय में हार का अर्थ गंभीर जुर्माना अथवा बलि रहा होगा। इसे महाभारत और जात कथाओं की यक्ष कथाओं से जोड़ा जाता है, जहाँ पहेली हल न कर पाने का सीधा अर्थ मृत्यु (जैसा कि स्पिंक्स के साथ होता है) होता है। महाराष्ट्र में किसानों के कुलनाम से यह जाहिर होता है कि जनजातियों के विघटन और उनके जाति या उपजाति में मिल जाने के बाद भी उनके कबीलों के टोटेम वाले देवता बने रहे। टोटमों से जुड़े त्योहार व्रत बन गए, वैसे ही जैसे कबीलों के नाम कुलनाम बन गए। उदाहरण के लिए, पडवाल कुलनाम वाले कई किसान चिचिंडा नहीं खाते, क्योंकि इससे उन्हें अपने कुलनाम की ध्वनि आती है। मोरे लोगों के लिए मोर का मांस ख़ास तौर से वर्जित है। शेलारों के लिए बकरी और कचूरों के लिए कलूरा पक्षी वर्जित है, तो गोडांबे जलावन के लिए आम की लकड़ी का इस्तेमाल नहीं कर सकते तथा प्रत्येक बलि प्रतिपदा के दिन वे आम की एक डाली की पूजा करते हैं; आदि-इत्यादि। आज समकालीन समाज के जिस हिस्से में ये जनजातीय इकाइयाँ शामिल हैं, उसकी उत्पादन संरचना के अनुसार इनके सम्मिलन के विस्तृत विवरण में भेद हो सकते हैं। यथा—चाय के बागान, फैक्ट्रियाँ, या नियमित रूप से वेतन देने वाली सेवाएँ जनजातीय लोगों को सम्मिलन के लिए माध्यम के रूप में सन 400 ई. में उपलब्ध नहीं थीं। नए-नए सम्मिलित किए गए लोगों ने कुछ एकता बचा ली है, उत्पादन की एक इकाई बनाकर जिसने स्वयं को एक जाति-समूह के रूप में प्रकट किया। बुनियादी स्तर पर कारण वही बने रहे: भोजन का उत्पादन करना भोजन जुटाने से कहीं प्रभावकारी है, व्यवस्थित कृषि आधारित जीवन-प्रणाली पहले की शिकार या प्रकृति के उत्पादों को ढूँढते फिरने वाली भोजन जुटाने जैसी व्यवस्था की तुलना में कहीं कम अनिश्चितता वाली है। क्योंकि उसने मनुष्य को पर्यावरण के साथ संघर्ष के स्थितियों में कहीं अधिक मजबूर बनाकर छोड़ा दिया था। पारधियों को राज्य की ओर सए जब (जून 1955 में) अस्थायी रूप से 2500 वर्ग फीट जमीन प्रत्येक परिवार को प्रदान की गई, तो उन्होंने तुरंत उस पर पहली बार अपनी ओर से सब्ज़ी उगानी शुरू कर दी। जब कुछ हिंसक पड़ोसियों ने उस पर अपने स्वामित्व का दावा किया तो तो उन्होंने उन्हें किराये का भुगतान करने के लिए धन का इंतजाम भी कर लिया—जब तक कि एक उच्च अधिकारी ने हस्तक्षेप नहीं किया। नियमित रोज़गार ने अब उन्हें नए ढंग का आदमी बनाना शुरू कर दिया, समाज का नियमित सदस्य। यह अपेक्षा की जाती है परिवर्तन उन्हें साबुन के उपयोग भी सिखा सकता है/उपयोग की ओर ले जा सकता है।

उनकी बस्ती चार वर्षों में ही कई रोगों का अड्डा बन गई और शरीर की एक खास तरह की एक गंध उनकी पहचान बन गई। सभी को नियमित रोजगार उपलब्ध नहीं था। कबीले की एकता खत्म हो गई। जिस समाज के वे हिस्से बन गए थे, न तो उससे उन्हें कोई सम्मान मिला और उस समाज के प्रति उनके मन में ही कोई सम्मान पैदा हुआ। शिकार के उनके तरीक़े भी उनके पास नहीं रह गए, जाल और

टप्पे चूहों ने काट डाले। केवल भिक्षावृत्ति और छोटी-मोटी चोरियों से ही अब उनकी जीविका चलती है। इनकी एक आबादी का एक बड़ा हिस्सा डेहू के आयुध डिपो में काम करता है। जहाँ छूने में उनकी दक्षता बड़े काम की साबित होती है। वे बहुत ही विस्फोटक युद्ध सामग्रियों को फ्यूज करने और उन्हें हटाने या रखने का काम इतनी सफ़ाई से करते हैं कि कभी कोई दुर्घटना नहीं हुई। लेकिन बिल्कुल आदिम काल की ही तरह, जब भी इन्हें मज़दूरी का भुगतान मिलता है तो इनके यहाँ दावतों की बहार देखी जा सकती है। इतना ही नहीं, पैसे मिलने पर ये प्रायः ऊल-जलूल फालतू चीज़ें ख़रीद लाते हैं। फलतः ये कभी कुछ बचा नहीं पाते।

2.4. लोगों द्वारा पूजे जाने वाले देवताओं की अपनी-अपनी कहानियाँ हैं। इसका अध्ययन हम फिर उसी भूभाग पर करेंगे, उदाहरण के लिए। पुणे में मौजूद सबसे पुराना मंदिर अवशेष 13वीं शताब्दी का यादव संरचना (पुराने दगडी पुल सेतु के अंत में स्थित) वाला है। शेख सल्ला की दरगाह इसी के पत्थरों से इसी के अवशेषों के ऊपर बनी हुई है। इसके कुछ पाषाण स्तंभ मकबरे में देखे जा सकते हैं। काठ के खंबों की पीठिका इसके प्रांगण में देखी जा सकती है। असली मंदिर का ध्वंस 14वीं शताब्दी के आरंभ में ही अलाउद्दीन खिलजी के सैनिकों ने कर दिया था। केंद्रीय मौसम विज्ञान वेधशाला के पीछे स्थित पातालेश्वर (पाताल के भगवान) मंदिर, 9वीं शताब्दी का भगवान शिव का एक अपूर्ण गुफा मंदिर है, जहाँ शिवलिंग की प्रतिष्ठा तो केवल एक पीढ़ी पहले ही की गई है। फर्श का कुछ हिस्सा बहुत देर से यानी 1946 में युद्ध के समय के उदार कालाबाजारी और ठेकेदार से मिले दान के ज़रिये खुदवाया (हालाँकि गुफा एक 'संरक्षित पुरावशेष' है) गया। जनश्रुति के अनुसार पेशवा काल के अंत में नाना फडनवीस ने आक्रमणकारियों से बचने के लिए इन्हीं गुफाओं में एक बार शरण ली थी। यह गुफा बनाने के लिए भारी मात्रा में पत्थर यहाँ से खोद कर निकाले गए थे। इन्हीं निकाले गए पत्थरों से एक छोटी सी पहाड़ी बगल में बन गई है। तेज़ हवाओं के साथ आई धूल-मिट्टी उस पर जम जाने से वहाँ कुछ पेड़-पौधे भी उग आए हैं। अब इसी कृत्रिम पहाड़ी पर 19वीं शताब्दी के एक संन्यासी, जो यहीं रहे और ब्रह्मलीन हुए तथा जिन्हें जंगली महराज के नाम से जाना जाता है, की स्मृति में एक संपन्न, सुप्रतिष्ठित और लोकप्रिय मंदिर बना हुआ है। फर्गुसन कॉलेज के पीछे, लेकिन उसी की भूमि पर पाँच अन्य गुफाएँ हैं। ये मूल रूप से बौद्ध (40 मील दूर स्थित कारले और भाजा तथा बीच के शेलारवडी के तुकाराम गुफाओं की तरह) मठ संरचनाएँ हैं, जो शताब्दी के अंत में मंदिरों में बदल गईं और इनमें कई संस्कृतियों की प्रतिमाएँ स्थापित कर दी गईं। 1930 तक ये घुमंतुओं, चोरों, ठगों आदि को शरण देती थी। घाटी के मुख की दूसरी ओर चतुर्श्रिंगी मंदिर है, जिसके पास कुछ खंडर गुफाओं के निशान मौजूद हैं। इनमें से किसी में भी हमारे लिए कोई वास्तविक सूचना नहीं है। हालाँकि इन्हें पहली बार पुरातत्त्व में रुचि रखने वाले एक पर्यटक ने देखा था। हमें साधारण संस्कृतियों की ओर जाना होगा।

मेरे घर से बमुश्किल सौ गज की दूरी पर, एक नए घर के भूखंड के कोने पर, लाल रंग से पुते पत्थर और ईंट-गारे का ढेर पड़ा हुआ है। न जाने कौन लोग इसके पुजारी हैं, जो लगभग भुलाए जा चुके इस 'वेताल' की पूजा के लिए कभी-कभी इसकी नए सिरे से रँगाई-पुताई कर देते हैं। वर्ष 1939 तक यह एक टेढे-मेढ़े बेर (मराठी नाम बोर, वैज्ञानिक नाम—Zizyphus jujuba) के नीचे था, जहाँ कभी-कभी बकरे या मुर्गे की बलि भी चढ़ाई जाती थी। पेड़ अब नहीं रह गया है। नए बने घर के स्वामी ने पूजा-पाठ से संबंधित सामग्री वहाँ से पूरे सम्मान के साथ हटाते हुए इस बात का पूरा ख़याल रखा कि वह अपने मूल स्थान से थोड़ा ही इधर-उधर हो। इसके आगे घाटी में स्थित वैदू बस्ती में जाने पर लाल रंग से पुता हुआ ऐसा ही एक और पुंज मिलता है। बेढंगे पत्थरों से बना हुआ यह दिया घर जैसा स्थान है। इसका केंद्रीय पत्थर वैसे ही टेढ़े-मेढ़े आकार का है, जैसे वहाँ मौजूद दूसरे पत्थर हैं। इसे लाडूबाई (प्यारी या लाड़ली देवी) के रूप में पूजा जाता है, जिन्हें एक बुजुर्ग किसान के प्रपितामह दक्षिण के पूर्वी भाग से अपने साथ ले आए थे, जहाँ इनकी पूजा का चलन लोकप्रिय है। इसके और मेरे घर के बीच ऐसी ही पूजा-पाठ की कई और जगहें हैं, जिनमें रामोसी बस्ती के निकट एक बिना छत वाले चबूतरे पर मौजूद वेताल यानी एक प्रकार का प्रेत प्रमुख है। यह baetylic अर्थात एक अनगढ़ पूज्य पत्थर (जिसका वेताल से भाषा वैज्ञानिक संबंध आवश्यक नहीं है) देखने में शिवलिंग जैसा लगता है। सामने ही नंदी की एक छोटी सी पाषाण आकृति होने के कारण यह सादृश्य और भी निकट का लगने लगता है। सामान्य शिवालयों के विपरीत यहाँ नंदी और वेताल दोनों ही लाल रंग से रँगे हुए हैं। इसी स्थान पर सामंती काल का छोटा सा एक और मंदिर है, संभवतः पेशवाओं के किसी शहीद योद्धा का एक स्मारक है यह। यह मंदिर मूल वेताल परंपरा का ही अनुवर्ती रहा होगा जो क्षरण का शिकार होकर धीरे-धीरे खंडहर में बदल गया। मंदिर के छोटे चबूतरे के बगल में कई हाथों वाले देवी और देवता की दो छोटी उभरी हुई आकृतियाँ बनी हुई हैं। ये आकृतियाँ इस तरह धुँधली हो चुकी हैं कि इन्हें पहचानना भी मुश्किल है।

ये भी हल्के लाल रंग से ही पुती हुई हैं। इनमें एक जो थोड़ी बड़ी है, हनुमान की है। इसके हाथ में तलवार और ढाल है—जिससे यह पता चलता है कि यह किसी मृत योद्धा का स्मारक है—इसके सामने और भी आकृतियाँ हैं। इन सब पर लाल रंग की और भी गहरी परत चढ़ी हुई है, जो प्रायः सभी हनुमान मंदिरों में होता है और जिनकी पूजा योद्धाओं द्वारा की जाती है। इसी क्रम में फर्गुसन कॉलेज की बदली हुई मठ गुफाओं में एक और नया हनुमान मंदिर है। यहाँ आकृति वर्ष 1943 में नीचे के उभार पर हनुमान की एक पुरानी आकृति पर (मुख्य प्रवेशद्वार के बाईं तरफ़) गहरी नक्काशी करके उभारी गई।

विशेषकर इस वेताल के लिए, किसी भी अमावस्या के दिन पशुबलि (बकरे या मुर्गे की) दी जाती है और कभी-कभी पूर्णिमा के दिन भी। पशु को यहाँ बलिदान चढ़ाने वालों द्वारा (इनमें ज्यादातर पूना के पहलवान होते हैं जो भविष्य के किसी दंगल में जीत की कामना या पहले जीती गई किसी दंगल के लिए धन्यवादस्वरूप बलि चढ़ाते हैं) इस मूर्ति के समक्ष काटा और पकाया जाता है। ताज़ा रक्त का थोड़ा सा हिस्सा वेताल के पत्थर पर भी चढ़ाया जाता है। ऐसा माना जाता है कि चढ़ाई गई बलि इसके 'बड़े भाई'—एक अन्य वेताल जिसका स्थान पीछे की एक पहाड़ी पर है—की ओर से 'छोटे भाई' द्वारा स्वीकार की जाती है। यह पुराना वेताल पाँच गाँवों के सीवान की संधि पर स्थित एक पठारी पहाड़ के ऊपर उभरे हुए टीले की (राष्ट्रीय रासायनिक प्रयोगशाला के पीछे, समुद्रतल से ऊँचाई 2365 फुट) $38' \times 32'$ वाली खुली पुण्यभूमि पर स्थित है। जो तीन तरफ़ से बनी तीन फुट ऊँची सूखे पत्थर की दीवारों पर नालीदार और कलईदार लोहे की छत से ढका है। इस स्मारक पर छत पहले विश्वयुद्ध के बाद एक कृतज्ञ लेकिन अविचारी योद्धा ने बनवाई थी। जिसका परिवार—जैसा कि ग्रामीण विषाद भरे गर्व के साथ बताते हैं—इसके बाद ही वेताल के कोप के कारण नष्ट हो गया, क्योंकि सही तरीक़े से स्थापित वेताल खुले आसमान के नीचे होना चाहिए। मुख्य वेताल के आसपास लगभग 50 पत्थरों का एक समूह है। ये सभी कमोबेश लाल रंग से रँगे हुए हैं, इनमें से कुछ के ऊपर चूना भी पुता हुआ है। कभी छत की बीमों से जोड़ कर कई घंटियाँ टँगी हुई थीं। श्रद्धालु इनके ज़रिये अपने आगमन की सूचना देते थे। लेकिन दूसरे विश्वयुद्ध के दौर में धातुओं की भारी कमी के दौरान इनमें से एक घंटी को छोड़ कर बाकि सारी चुरा के बेच दी गयीं। ऐसे ही घाटी में स्थित 'छोटे भाई' की भी एक घंटी चोरी हो गई थी। एक बार थोड़े दिनों के लिए यहाँ किसी ने एक भयावह मानव जैसी प्रतिमा लगा दी थी, जिसने मुख्य पूजा स्थल के पत्थर को ढक लिया था (जैसा कि शहर के मंदिर में होता है), लेकिन नाराज़ श्रद्धालुओं ने उसे नष्ट कर दिया। आदिम पाषाण लगभग 50 सेमी ऊँचा, समतल और शीर्ष पर थोड़ा सा नुकीला है। आकार में लिंग जैसी यह आकृति अपनी पूरी सहजता के साथ एक प्राकृतिक पत्थर के ऊपर बने साढ़े पाँच फुट के वर्गाकार चबूतरे के ऊपर थोड़ा उसके अंदर धँसी हुई और थोड़ी बाहर निकली हुई सी खड़ी है। इसकी एक और प्रतिकृति में एक जोड़ी आँखें भी लगी हैं, जो कि पत्थर में नहीं हैं, लेकिन वह इसके ऊपर चढ़ी लाल परत में हैं, जो कि लगभग 30 मिमी मोटी हो चुकी है। बलि यहाँ भी चढ़ाई जाती है। प्रायः उन लोगों द्वारा जो झाड़ियों और जंगल से होते हुए खड़ी चढ़ाई वाले पहाड़ पर जाने में कोई समस्या नहीं होती। इस स्थान को अत्यंत पवित्र माना जाता है। चैत्र (अप्रैल) पूर्णिमा के दिन, जिसे वेताल का जन्मदिन (केवल इसका ही नहीं, किसी भी वेताल का) माना जाता है, बहुत लोग काफ़ी दूर-दूर से इसकी पूजा के लिए आते हैं। इनमें केवल ग्रामीण ही नहीं होते, इनमें अंग्रेजी बोलने वाले मोटे-मोटे पूंजीपति भी ताँबे के बर्तन में चार गैलन पानी और फूल लिए हुए हाँफते हुए चढ़ाई चढ़ते देखे जा सकते हैं। ये इससे देवता को नहलाते हैं, फिर तेल में मिला हुआ लाल सिंदूर का लेप लगाते हैं और पूजा की दूसरी रस्में निभाते हैं।

निश्चित रूप से वेताल का यह मंदिर लॉ कॉलेज के पास 1934 में स्थापित मध्यवर्गीय हनुमान मंदिर से पुराना है। एक कमज़ोर स्त्री के पूजा स्थल के ऊपर विशेष रूप से रोपे गए वड (बरगद) के पेड़ और मांग सीडा के नीचे क़रीब दो दर्जन चूना पुते हुए पत्थर रखे हुए हैं, जो कि शत्रु के नाश का आश्वासन देते हैं, अगर निकट की पहाड़ी पर शत्रु का नाम लेते और उसे शाप देते हुए पत्थर को पूरी तरह पलटा जाए तो। जब मुझे यह पता चला कि 1925 से लेकर अब तक कुल बैर में खून का बदला लेने के लिए कम से कम दो हत्याएँ वहाँ हो चुकी हैं, पीड़ितों को कुछ दूरी पर पकड़ा गया, और शायद देवता के सामने ही उनकी हत्या की गई, शव भी वहीं आसपास छोड़ दिए गए, ऐसा लगता है इस जगह का संबंध सिर्फ देवता की मूर्ति से भी कहीं अधिक था। पहाड़ी के ऊपर देखने पर वहाँ एक महत्त्वपूर्ण तथ्य मिला: वेताल मंदिर के पास उसके टीले पर उत्तर पाषाण युग के पत्थरों के छोटे औजार (चित्र 1—3) प्रचुर मात्रा में पाए गए। ये गुच्छे पत्थरों के कोनों को धीरे-धीरे छीलकर बनाए गए हैं, इस तरह कि निचले हिस्से में एक ही धार बने और ऊपरी हिस्से पर दो या उससे ज़्यादा। यह सामग्री इतनी बड़ी नहीं है कि इससे बड़ा औजार बन सके लेकिन इसकी धार काँच की धार की तरह तेज़ है। प्रथम-दृष्ट्या जितना दिखता है उससे अधिक इसके निर्माण के लिए जो तकनीक अपनाई जाती है उसमें आँखों और हाथों के बीच बहुत गहरे समन्वय की आवश्यकता

होती है और साथ ही स्पर्श की दक्षता की भी। वेताल मंदिर से 50 मीटर त्रिज्या के दायरे में कैल्सेडोनी (Chalcedony) और गोमेद (agate) के बनी कलात्मक वस्तुओं की सघनता (जो पहाड़ की डेक्कन ट्रैप असिताश्म (बेसाल्ट) के सँकरे कोटरों में प्राकृतिक रूप से पाया जाता है) अचानक करीब 10 गुना बढ़ गई। स्पष्ट है कि इस जगह का संबंध पाषाण काल से जुड़ा हुआ है। मेरा अनुमान है कि यह एक पुण्यस्थल रहा है, यहाँ तक कि पाषाण काल में भी, जब पहाड़ों पर मवेशी चराए जाते थे (*IAR* 1955, पृष्ठ 59, मंदिर और पत्थर के औजारों के बीच संबंधों की उपेक्षा, से भी मिलाएँ) जैसा कि अभी है; और जब मिट्टी खोदने के डंडे या हल्के हल से खेती शुरू हुई तब भी। घाटी में उपलब्ध एकमात्र उर्वर मिट्टी बहुत भारी है। यह यूक्रेन के चेर्नोज़ेम (Chernozem) जैसी है। छह या आठ बैल लगाए बिना इसे जोतना ही संभव नहीं है। यहाँ तक कि लोहे का आधुनिक हल उपयोग करने पर भी। इसलिए कृषि की शुरुआत उस लंबे सँकरे पठार पर ही हुई होगी, जो पहाड़ के ऊपर है।

यहाँ से एक मील दूर लाल रंग से पुता हुआ एक बड़ा शिलाखंड है। इसे म्हासोबा का प्रतीक माना जाता है, जो यहाँ से दो मील दूर घाटी में स्थित कोथरूड गाँव के रक्षक देवता माने जाते हैं। दंतकथा यह है कि देवता यहाँ चरवाहे लड़कों के साथ वाकड गाँव से आए (जहाँ आज भी इनका एक मंदिर है और मेरी जानकारी में इस देवता का यही एकमात्र अन्य मंदिर है)। वहाँ से आकर यहीं पहाड़ी पर वे ठहर गए। इसके साथ खानाबदोश जीवन के दौर में जुड़ी विस्थापन की कुछ यादें जुड़ी हुई हैं। कोथरूड के ग्रामीण आज भी लंबी दुर्गम चढ़ाई पर हर साल उनकी पालकी निकालते हैं। इस देवता के प्रतीक स्वरूप गाँव के भीतर भी एक पत्थर स्थापित है। यहाँ देवता के साथ उनकी पत्नी भी हैं, जो पहाड़ी पर मौजूद नहीं हैं। हालाँकि चरवाहों के देवता बहुत कम हैं, लेकिन ये हमेशा पुरुष ही होते हैं। इनमें प्रमुख बापू जी बाबा हैं, जिनके तीन-चार नमूने पूना से 40 मील के दायरे में ही मिल सकते हैं। ये मुख्य रूप से मवेशियों के देवता हैं, लेकिन स्त्रियां इनका स्पर्श नहीं कर सकतीं। यह उनके लिए ख़तरनाक हो सकता है। यहाँ तक कि स्त्री की परछाईं भी वेताल पर नहीं पड़नी चाहिए। इनके समर्पित पुजारी को पूजा के दिन सुबह से ही स्त्री की चूड़ियों की आवाज़ तक सुनाई नहीं देनी चाहिए। साफ़ तौर पर पहाड़ के ऊपर रहने वाले लोगों की पूजा पद्धति वैसी ही नहीं होती, जैसी घाटी में रहने वालों की होती है। कई मामलों में बाद में विकसित हुई पूजा पद्धति ने पुरानी पद्धति के नाम, रीति-रिवाज़ और यहाँ तक लिंग भी बदल डाला।

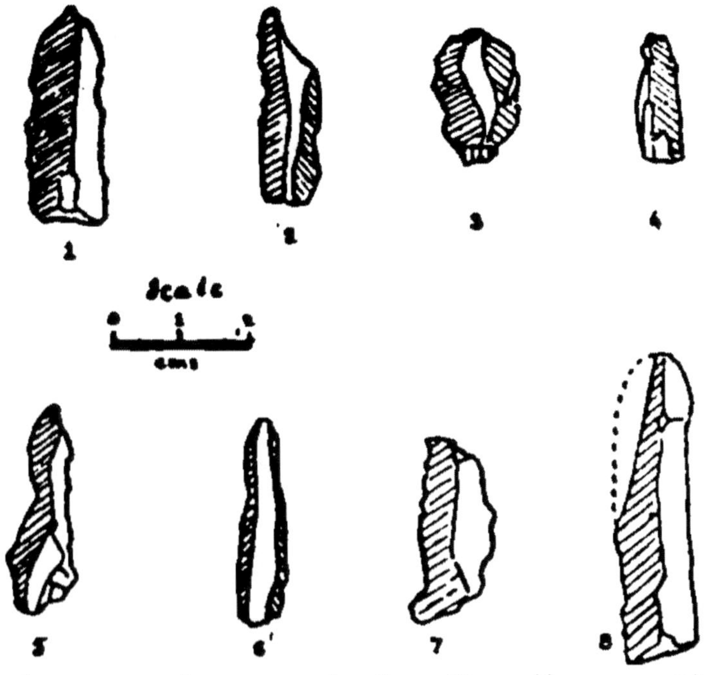

चित्र 1 क्वार्ट्ज़ाइट सूक्ष्माश्म, पूना के पास धरातल खुदाई: 3 और 5 कार्नीलियन, 4 गोमेद (agate), बाकी कैल्सेडोनी

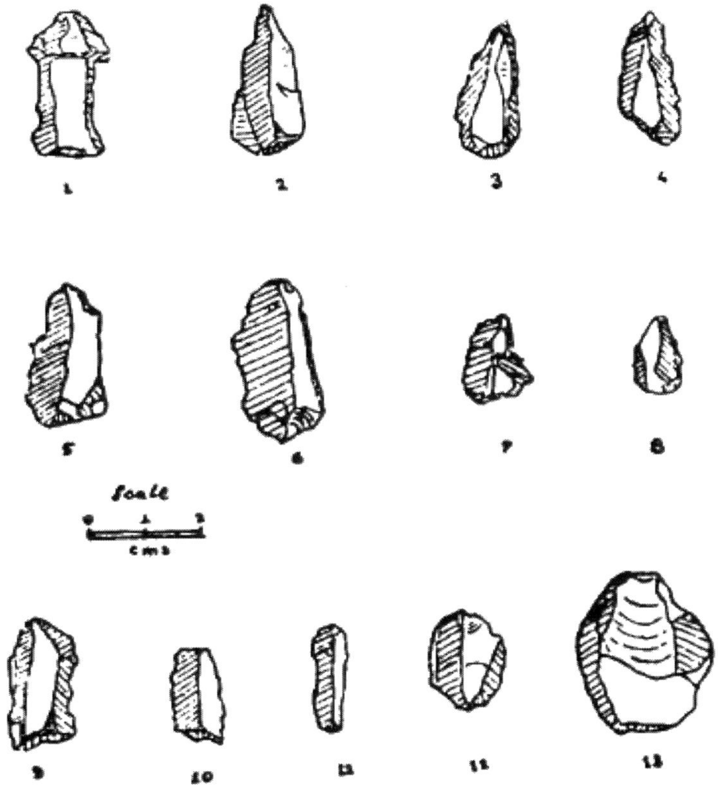

चित्र 2 पूना नदी की रेत से प्राप्त सूक्ष्माश्म; 5 और 7 कार्नीलियन, बाकी कैल्सेडोनी; 1 अनोखा तेज़ तीर का फल है या छेनी; दोनों छोरों पर कब्जेदार दरार दुर्लभ है

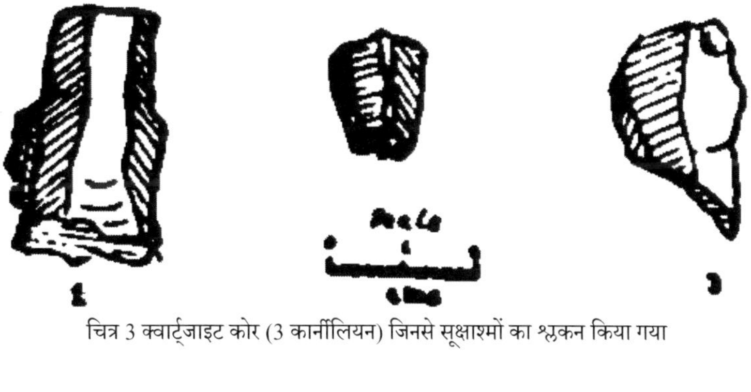

चित्र 3 क्वार्ट्जाइट कोर (3 कार्नीलियन) जिनसे सूक्षाश्मों का श्लकन किया गया

घुमावदार पहाड़ पर मौजूद इसी पठार की पाँच मील दूर स्थित एक और चोटी (समुद्रतल से ऊँचाई 2404 फुट) पर सामंती शासन काल में बना भैरव का एक पूजास्थल है। इससे भी इस धारणा को बल मिलता है। मुख्य भैरव मंदिर अब नीचे स्थित बावाधान गाँव में चला गया है, हालाँकि यह बात मानी जाती है कि मूल मंदिर पहाड़ी के ऊपर वाला ही है। यह पहली घाटी के वेताल 'भाइयों' जैसा मामला है। यही नहीं, पहाड़ी के ऊपर भैरव मंदिर के आसपास धरातल की सघनता में क्वार्टजाइट (स्फटिक) कलाकृतियों की प्रचुरता वैसे ही देखी जा सकती है जैसे कि पहाड़ी पर कही और से अधिक है। बहुत हद तक संभावना यह है कि ये औजार या तो वहाँ बनाए

गए या फिर विनिमय के लिए यहाँ लाए गए, संभवतः बलि देने की क्रिया में इस्तेमाल के लिए। एक संभावना इस बात की भी है कि ये स्थान ऐसी आदिम बस्तियों के हैं जो बाद में कृषि का विकास होने पर घाटियों में खिसक गईं। जैसा भी हो, महाराष्ट्र में हमारे पास ऐसी पूजा पद्धतियों की एक पूरी शृंखला है, जिन्हें इन्हीं पहाड़ी पठारों पर बड़े मंदिरों के साथ (जो पुरातत्व की अनुमति नहीं देते!) बेहतर जाना जा सकता है। पूना शहर से निकटतम है पार्वती मंदिर, जो अब नए चलन के ब्राह्मण देवताओं को समर्पित हैं। लेकिन कई और भी जाने जाते हैं, जिनमें ब्राह्मण देवताओं से मिलते-जुलते थोड़े अधिक प्राचीन देवता हैं। इन्हें सीधे या किसी अन्य अधीनस्थ देवता के प्रतीक के माध्यम से वार्षिक बलि प्रदान की जाती है। इन समस्याओं का समाधान किया जा सके इसके और अधिक स्थलीय निरीक्षण की आवश्यकता है। संकेत की गई इन दो जगहों पर चट्टानों के ऊपर थोड़ी सी ही मिट्टी है अतः हालाँकि इसे खोदने से भी कोई खास तथ्य मिलने की उम्मीद नहीं है। रिहाइश होने का कोई अवशेष यहाँ दिखाई नहीं देता, क्योंकि पहाड़ी पर न तो कोई झरना है और न ही जल का कोई अन्य सुविधाजनक स्रोत। हाल के बने हुए शराब चुआने वाले कुछ बरतनों को छोड़ कर कोई अन्य बर्तन भी यहाँ नहीं पाया गया। जिसके लिए टीले एक अच्छे आड़ का काम करते हैं। कई बार इन पर गंदे भगवा कपड़ों में लिपटे कुछ दढ़ियल फकीर इन पर अपना क़ब्ज़ा जमा लेते हैं, जो वनदेवता की सेवा के नाम पर अवैध साझेदारी के जरिये कुछ न बोलने के लिए पैसा कमाते हैं। ऐसा लगता है कि देश का यह हिस्सा पाषाण काल से बहुत बाद के दौर सीधे लौहकाल में कूदकर चला आया हो, बीच में पड़ने वाले ताम्रयुग को छोड़कर। क्योंकि ताँबे के किसी औजार का यहाँ कोई अवशेष दिखाई नहीं देता। जैसा कि पहले ही बताया जा चुका है, यहाँ से थोड़ी ही दूरी पर ऐसी जगह है जहाँ से तपाकर आसानी से लोहा निकाला जा सकता है। ताँबे का यहाँ कोई बड़ा भंडार नहीं है। पूना से होकर गुज़रने वाले व्यापार मार्ग अपेक्षाकृत नए हैं, संभवतः तटवर्ती इलाके के विकास के बाद के।

2.5. देवताओं और पूजा स्थलों का यह निरीक्षण, जो हमें पुरातात्विक खोज की ओर ले जाता है, एक अन्य दिशा में लिखित दस्तावेज़ दिखाता है, जिनमें से कई भारत में आध्यात्मिक ग्रंथों के रूप में शेष हैं। पूजा करने वालों से मिलने वाली सूचनाओं के अलावा छोटे देवताओं की एक दूसरे से भिन्न पहचान कर पाना संभव नहीं है। वेताल (संस्कृत वेताल, हिंदी बेताल), म्हासोबा (एक प्रेत), कालूबाई (एक काली स्त्री, जगजननी देवी, जिन्हें बाद में काली के नाम से जाना गया और जो शिव की अर्धांगिनी बनीं)*, मरिअम्मा (हैजे से मृत्यु के कारण की देवी) — सभी लाल रंग से पुती होती हैं और सबकी आँखें एक जैसी दिखती हैं। इन्हें देखकर यह पता लगाना भी मुश्किल है कि यह पत्थर देव प्रतिमा है, या देवी। यथा—इनमें से अंतिम की पूजा मूल रूप से निम्न समझी जाने वाली मांग जाति के लोगों द्वारा की जाती है (जो इतिहास की मातंग जाति से निकली हुई मानी जाती है) अभी भी बहुत तरह से जनजातीय स्थितियों से जुड़ी हुई है। एक विशेष पूजा स्थल को ऊँची जातियों से बहुत सारे उपहार और गुप्तपूजा प्राप्त होते हैं। हालाँकि इसी से जुड़ा हुआ बबूल (Acacia Arabica या A. Ferruginea) का एक पेड़ ज़मीन के मालिक ने काट डाला, क्योंकि उसे एक दीवार के निर्माण के लिए ज़मीन की आवश्यकता थी। उसने देवी को इसकी क्षतिपूर्ति ईंटों के एक छोटे पूजास्थल का निर्माण करवा कर किया और उसे कोई क्षति नहीं पहुँची। ऐसे ही, वृक्षों से संबंधित अन्य देवता बहुत आम हैं। पीपल (Ficus Religiosa) की पूजा प्रागैतिहासिक काल से ही निरंतर पूरे भारत में होती आ रही है, युगों पूर्व से, उससे भी पहले से जब बुद्ध ने इसकी शाखाओं के नीचे बुद्धत्व की प्राप्ति की थी। पीपल के पेड़ के देवता का स्थानीय नाम मुंजाबा है, अधिष्ठापन से पहले शिशुओं का देवता। वट (मराठी नाम वड़, Ficus Bengalensis) वृक्ष का संबंध उस समर्पिता स्त्री सावित्री से संबद्ध है, जिसने अपने पति मृत्यु से वापस ले लिया था, इसलिए इसे सभी पतिव्रता स्त्रियों के संरक्षक देवता के रूप में पूजा जाता है। ये दो जंगली अंजीर के पेड़ खाद्य टोटेम हैं, जितने स्वादिष्ट उतने ही सुपाच्य, इसी वर्ग के उदुम्बर की तरह (Ficus Glomenata)। हम इसे भी 'पैप्पलाद = पीपल खाने वाला' जैसे नाम से जानते हैं। जिनकी रुचि हो वे आगे इसे जात. 334 में भी देख सकते हैं, यथेष्ट संदर्भ के साथ, असभ्य मनुष्यों द्वारा जुटाए जाने वाले खाद्य पादप-उत्पादों (बॉल 695–699) की बड़ी सूची सहित।

* कालीकट में इस देवी प्रति वास्को डि गामा और उसके साथियों द्वारा अनभिप्रेत रूप से हास्यप्रद लेकिन ऐतिहासिक श्रद्धासुमन अर्पित किए जाने के घटना वर्णित है। वे स्थानीय मरिअम्मा मंदिर में आए तो यहाँ पुजारियों ने उनके ऊपर पवित्र जल छिड़का, उन्होंने यह मानकर देवी के समक्ष घुटने टेक कर अपनी श्रद्धा प्रकट की कि वे वर्जिन मैरी के प्रति श्रद्धा व्यक्त कर रहे हैं। उसके सभी साथियों में से केवल जोआओ डी साला को इस कर्मकांड को लेकर कुछ आशंका हुई। (Var., -intr. lvi)।

'औदुम्बर = उदुम्बर से निकली एक प्रजाति' एक सुविख्यात ऐतिहासिक जनजाति का प्रतीक है, जिसके सिक्कों पर इस पवित्र वृक्ष के चिह्न होते हैं। रोगनिरोधी देवताओं में एक हैं गौराबा, चेचक की देवी, एक मानक सीधा समतल प्रस्तरखंड, जिस पर पहले हल्दी और फिर लाल सिंदूर पुता हुआ होता है। शीतलादेवी (शीतल देवी) छोटी चेचक की देवी हैं (आम तौर पर नदी से निकले एक चमकीले पत्थर पर, जिसका उपयोग बर्फ़ की थैली लगाए जाने से पहले रोगी को ठंडक पहुँचाने के लिए किया जाता है) के मंदिर हर गाँव में पाए जाते हैं। पूना, जो कई गाँवों को मिलाकर बना हुआ शहर है, में इनके कई मंदिर हैं। अब उन्हें श्रद्धालु माताएँ, टीकाकरण के दसवें या बारहवें दिन चढ़ावा चढ़ाती हैं। इन्हें इस रोग से बचाने वाली एक प्रभावी संरक्षक देवी के रूप में जाना जाता है। खास तौर से वे लोग, जिन्होंने कभी जेनर का नाम नहीं सुना और जिनके लिए टीकाकरण भी एक नए चलन का रक्तबलि जैसा रिवाज है। पूना की हर गली में ऐसे दर्जनों पूजास्थल हैं; इनमें कई मंदिर तो उन ब्राह्मणों द्वारा अपने कुटुंब देवताओं के रूप में स्थापित किए गए हैं, जिन्हें पेशवाओं के फलते-फूलते समय में इस शहर ने आकर्षित किया। जबकि ग्राम्य जगह-जगह मौजूद हैं। कभी-कभी कोई स्थानीय पूजा पद्धति भी इसी में जुड़ गई या देव-समूहों में वर्णित देवों में से ही विकसित हो गई। उदाहरण के लिए, महाराष्ट्र के प्रमुख देवता विठोबा को विष्णु का एक स्वरूप माना जाता है और उनकी अर्धांगिनी रखुमाई को लक्ष्मी के समकक्ष माना जाता है।

आइए, फिर से वेताल की ओर चलते हैं। पूरे संस्कृत साहित्य में हम यह पाते हैं कि उसे पूरे प्राचीन संस्कृत साहित्य में एक पिशाच के रूप में चित्रित किया गया है। एक तरह की आसुरी शक्ति। विक्रम की कथाओं में वह एक प्रमुख पात्र है। शिव ही, जिनके साथ उसकी बहुत तरह की समानताएँ हैं, सभी पिशाचों के ईश्वर (भूतेश) हैं, जैसे कि पुराने समय का कोई वरिष्ठ वेताल। लेकिन शिव के किसी चित्र या शिवलिंग को आमतौर पर कहीं लाल* सिंदूर से पुता हुआ नहीं पाया जाता। भैरव, जिन्हें हमने वेताल के निकट ही देखा, भी उन्हीं शिव के समान ही तत्व के हैं, और मृत्यु के देवता (जैसे कि स्वयं शिव और वेताल भी), बलि प्राप्त करने के अधिकारी हैं। वैसे शिव माता देवी काली या दुर्गा (पर्वत की पुत्री) से विवाहित हैं। वह भी अपनी स्वतंत्रता के साथ लाल चोला छोड़ देती हैं, हालाँकि कई जगहों पर वे बलि स्वीकार करती हैं। भगवान हनुमान को यहाँ मारुति (वायु के पुत्र) कहा जाता है, यहाँ किसानों द्वारा स्वतंत्र रूप से पूजे जाते हैं। निम्नवर्ग के अन्य देवताओं की तरह उन्हें भी लाल सिंदूर का चोला चढ़ाया जाता है। वह मृत्यु के एक ब्रह्मचारी देवता हैं। उनके मंदिर प्रायः श्मशान घाटों के पास (शिव और भैरव की तरह) पाए जाते हैं और जब शव को दाह संस्कार के लिए ले जाया जाता है तो उनके मंदिर के समक्ष एक विशेष पूजा भी की जाती है। यह ध्यान देने की बात है कि वह एक टोटेम देवता हैं। उनका मुँह बंदर जैसा है और पूँछ भी है। यही नहीं, वेताल की तरह वह भी पहलवानों (जो कि कभी पेशेवर योद्धा हुआ करते थे) के विशेष पूज्य देवता हैं और उनका जन्मदिन भी उसी दिन होता है, जिस दिन वेताल का। श्रद्धालुओं के इस अंतिम तथ्य की व्याख्या मुश्किल हो जाती है। सिवाय इसके वे उन्हें वेताल का भाई अथवा एक ही अंश से उत्पन्न वैकल्पिक रूप बता देते हैं, न कि शिव या भैरव का। बड़े मंदिरों में हनुमान प्रायः राम के एक विनीत भक्त के रूप में स्थापित हैं, जो उनके समक्ष प्रणाम की मुद्रा में हाथ जोड़े बैठे रहते हैं। यह छवि महाकाव्य रामायण में चित्रित की गई है, जहाँ हनुमान विष्णु के अवतार की सहायता के लिए आते हैं और अपहृत नायिका सीता की खोज तथा उन्हें पुनः प्राप्त करने में सहयोग करते हैं। इस तरह किसानों का देवता ज़मींदारों के देवता के सेवक के रूप में बदल गया, जिनकी पूजा (राम के रूप में) उत्तर में स्वयं किसान ही करते हैं। ध्यान देने की बात है कि यहाँ हनुमान का भी लाल सिंदूर का चोला छूट जाता है।

जैसे-जैसे किसी का जीवनस्तर बढ़ता है, वैसे ही वैसे उसके प्रतीक अच्छी प्रतिमाओं में बदलते जाते हैं। इसी क्रम में धर्मशास्त्र से संबद्ध होने पर लाल सिंदूर का चोला भी छूट गया। यह प्रतिक्रिया इतनी दूर तक गई कि अधिकतर सनातनी ब्राह्मण समूह तो यत्नपूर्वक

---

* पिंपोली और बेड़सा गाँवों के बीच की सीमा पर एक बाघ केंद्रित स्थानीय धर्मस्थल है वाघोबा। शिवलिंग जैसा गोल आकार का एक अमूर्त प्रतीक है, जिस पर सिंदूर का गाढ़ा लेप लगा हुआ है और सिर्फ़ आँखों के लिए दो कोटर बने हुए हैं। देवता के समक्ष पत्थर की बनी नंदी की एक प्रतिमा स्थापित है, वैसे ही जैसे शिवलिंग के समक्ष बना होता है। लेकिन उसकी कुल परंपरा की व्याख्या आसपास सघनक्रम में स्थापित पत्थर की बनी बैल की दर्जनों प्रतिमाओं से की जाती है। ये सभी देवता के ही सम्मुख हैं। यह बात बिलकुल साफ़ तौर पर स्पष्ट है कि मूल रूप से यह रिवाज बाघ देवता को नियमित रूप से एक बैल की बलि देने का रहा है, जिसकी जगह बाद में मन्नत पूरी होने पर चढ़ाई जाने वाली पत्थर की बनी बैल की छोटी-छोटी प्रतिमाओं ने ले ली। बाद में, जंगलों में चरहा घटने और शाकाहारी पशुओं की कमी के कारण जब बाघ भी बहुत कम रह गए तो ब्राह्मणों के प्रभाव में इसे शिव से जोड़ दिया गया। दूसरी तरफ़, भोरघाट में इसी से जुड़ा हुआ धर्मस्थल बाघिन देवी वाघ जई (दूसरी जगहों पर इन्हें 'सात बहनों' में से एक के रूप में मान्य) का है। निकट ही उनका हाल का बना एक मंदिर है, जहाँ घंटियाँ हैं, नए दौर में प्रचलित पूजा होती है, बंबई-पूना मार्ग पर जाने वाले यात्री जो आसपास से गुज़रते हैं, वे यहाँ चढ़ावे भी चढ़ाते हैं।

अपने देवताओं को लाल फूल चढ़ाने से बचने लगे। लेकिन संस्कृत नाटकों के माध्यम से हम जानते हैं कि वध के लिए ले जाए जा रहे अपराधियों को लाल फूलों की माला पहनाई जाती थी और इसे बलि की माला 'वध्यमाला' कहते थे। हिंदू देव समूह में लाल सिंदूर के चोले में लिपटे सर्वोच्च देवता गणेश हैं। उनसे संबंधित पुराण का गहन अध्ययन करें तो पता चलता है कि हाथी के मुँह वाले ये भगवान दुर्गा के पुत्र तो हैं, लेकिन शिव के नहीं। वे लेखनकार्य करने वालों के मुख्य देवता हैं। सभी अशुभ विघ्नों के कर्ता और हर्ता भी वही हैं, चाहे वह छोटे हों या बड़े। शिव परिवार में उनका समावेश पूरी तरह समन्वयवादी है, जिसके अंतर्गत एक पूरी स्वतंत्र पूजा पद्धति आत्मसात कर ली गई। बिलकुल यही बात शिव के वाहन नंदी के मामले में भी हुई, जो शिव के बारे में सुने जाने से पहले कई हज़ार साल तक अपने आप में ही पूजे जाते थे। यह पशु, जो सामान्यतः शिव के वाहन हैं, को लिंग पुराण में स्पष्ट रूप से शिव का सक्रिय सिद्धांत बताया गया है और इस प्रकार यह एक टोटेम (कुलचिह्न) हैं। नाग, जो शिव की गर्दन में लिपटे हुए हैं, शिवलिंग के ऊपर अपना फन फैलाए रहते हैं और जिनके ऊपर विष्णु अपनी योगनिद्रा के काल में विश्राम करते हैं, आदिम पूजा के अन्य पात्र हैं। जो बहुत ही सहज ढंग से भिन्न और जटिल पूजा पद्धतियों में समाविष्ट हो गए। हम जानते हैं कि गणेश के मामले में लाल सिंदूर (सीसे का ऑक्साइड) का अर्थ क्या है। कथा के अनुसार गणेश ने सिंदूर नामक एक राक्षस (असुर) का वध करने के पश्चात आनंदित होकर उसके रक्त से स्नान किया था, इस तरह उन्हें रक्त के प्रतीक के रूप में सिंदूर चढ़ाया जाता है। वस्तुतः लाल रंग जीवन के लिए श्वास की तरह अनिवार्य तत्त्व रक्त का प्रतीक माना जाता है। यह रक्त से जुड़े अन्य बलिदानों (जो गणेश को कभी नहीं चढ़ाया जाता) में भी देखा जा सकता है, यहाँ भी स्पष्ट रूप से अंकित है। पूना में कस्बा पेठ (शहर का सबसे पुराना हिस्सा) के गणेश यहाँ के वरिष्ठ देवता हैं, जिनकी वास्तविक प्रतिमा सिंदूर के चोले की मोटी परत (संभवतः 150 मिलीमीटर मोटी परत) के नीचे छिप गई है और इसमें वेताल या अन्य किसी भी आदिम नवपाषाणकालीन प्रतिमा की तरह चाँदी की दो आँखें भी लगी हुई हैं। पूना में जब भी कोई वैवाहिक आयोजन होता है तो सबसे पहला निमंत्रण उन्हें ही भेजा जाता है। इस मंदिर का पौरोहित्य एक ही परिवार के विभिन्न सदस्यों के बीच विभाजित है। इनकी आमदनी, जिसमें भारी संख्या में उपहारों, थोड़े-बहुत विज्ञापनों (जो इस पूंजीपति दौर में पूना के लगभग सभी मंदिरों की बाहरी दीवारों पर) तथा मंदिर को दी गई संपत्तियों और इसके परिसर में लगने वाली दुकानों से मिलने वाला किराया शामिल है, में सभी पुजारियों का बड़ा हिस्सा होता है। पूना की वरिष्ठ देवी हैं जोगेश्वरी, जिनकी पूजा उतनी ही प्रचलित (और पुजारियों के लिए लाभदायक) है। जिनके समक्ष प्रातः 5 बजे, जब वे जागती हैं, से ही अपने-अपने चढ़ावे (नकदी, फूल, नारियल) के साथ दर्शनार्थियों का ताँता लग जाता है। उनकी सेवा और भोग अर्धरात्रि के करीब लगाया जाता है, जब उनके सोने का समय होता है। पूजा करने वाले केवल वस्त्रों के बीच से झाँकता चाँदी का एक मुखौटा ही देख पाते हैं। लेकिन अमावस्या के दिन इस अटूट परंपरा की अपेक्षा यह होती है कि देवी को वस्त्रसज्जित न किया जाए ताकि पालथी मार कर बैठी लंबी बाँहों वाली देवी की छवि अपने अशोधित उत्कीर्ण मूल स्वरूप में दर्शनीय हो। यद्यपि यह नग्न नहीं होती। एक और महत्त्वपूर्ण बात यह है कि इसी अमावस्या के ही दिन प्रतिमा पर चढ़े लाल सिंदूर के चोले के नवीकरण की भी परंपरा है। इस प्रकार अत्यंत प्राचीन उपासना पद्धति वाली यह देवी केवल अपनी एक मूल रस्म रक्त-बलि की स्मृति को बचाए रखते हुए सभ्य समाज में आदरणीय हो गईं। उनका अभी भी कोई पति नहीं है, हालाँकि थोड़े समय के लिए महादेव (शिव) की एक प्रतिमा उनके पति के रूप में प्रतिष्ठित कर दी गई थी, उसे अभी भी मंदिर के एक कोने में अपूजित और उपेक्षित पड़ी देखा जा सकता है। मातृ देवियों के अन्य विकसित स्वरूप भी कस्बा मौजूद हैं, इन्हें केवल देवी कहा जाता है, या पीतल और ताँबे का काम करने वालों (कासार) की श्रद्धा की केंद्र दो छवियाँ हैं, कालिका। लाल सिंदूर का चिह्न कालिका के केवल माथे पर दिखाई देता है, एक विवाहित स्त्री के प्रतीक के रूप में। कालिका पुराण (जो 500 से 1000 ई. के बीच रचित है, इसके 71वें अध्याय के श्लोक 18–19 और 114–116 देखें) हमें बताता है कि देवी रक्तबलि से किस प्रकार प्रसन्न होती हैं, विशेषतः मनुष्य की बलि से। जटिल ब्राह्मण देव-समूह इसे अंतहीन अंधविश्वास के अपने तमाम आवरणों में छिपाकर रखता है। यह एक प्रयास है अत्यंत आदिम और भयानक धार्मिक पंथों को बिना कोई नुकसान पहुँचाए अपने साथ समन्वित करने और सभ्य बनाने का।[13] बिलकुल वैसे ही जैसे लोगों को बिना किसी हिंसक संघर्ष के समाविष्ट कर लिया गया। आज तक, इस भव्य पार्वती मंदिर, जो पेशवाओं के वैभव के शीर्ष के दिनों में बनाया गया, के निचले हिस्से में आप एक आदिम म्हासोबा की पूजा होते हुए देख सकते हैं। यह संगम एक अद्भुत सहिष्णुता और उदारता, जो भारत की स्वभावगत विशेषता है, दर्शाता है। क्योंकि म्हासोबा वह महिष पर सवार होने वाला वह राक्षस है जिसका वध दुर्गा-पार्वती ने किया था—महिषासुर। दो विरोधी देवताओं के बीच सामंजस्य का बाद में एक उपाय यह निकाला गया कि उनका विवाह करा दिया जाए। म्हासोबा अभी भी स्पष्ट रूप से ब्रह्मचारी माना जाता है, वैसे ही जैसे

हनुमान और स्त्रियों से घृणा करने वाले देव वेताल और बापूजी बाबा। यह वैसे ही है जैसे कि किसी मूल नवपाषाणकालीन स्थानीय पंथ की परंपराओं का निर्वाह अभी भी मध्य यूरोप के किसी चर्च के सामने किया जा रहा हो। भारतीय विकासक्रम में निहित सहिष्णुता या उदारता की इस विशिष्टता की जड़ें बहुत गहरी हैं। ये उन ऐतिहासिक परिवर्तनों से जुड़ी हैं जो उत्पादन के साधनों और संबंधों में आईं। जब स्थानीय देवताओं को ब्राह्मण देवताओं के संबंधियों, सेवकों, अवतारों और भिन्न स्वरूपों के रूप में अपना लिया गया, और उस स्थानविशेष को उत्पादन या व्यापार के केंद्र के रूप में बना लिया गया या विकसित कर लिया गया, उन्हीं जगहों पर बनारस, मथुरा और नासिक जैसे महान तीर्थस्थल बन गए।

इस विषय को छोड़ने से पहले, हमें इसके समानांतर यूरोप के हिमयुगीन मामले देख लेने चाहिए। लॉसेल डार्डोन (Laussel-Dardogne) की स्त्री की उत्कीर्ण प्रतिमा की तरह जिसने एक अक्षय पात्र (*AIA*. चित्र 109) ले रखा है, उत्तर ऑरिग्नेशियन 'वीनस ऑफ विलेनडॉर्फ' (late Aurignacian "Venus of Willendorf") (*AIA*. चित्र 19) में खोदे जाने पर 'अभी भी लाल गेरू के चिह्न मिलते हैं' (*AIA*. pp. 84)। बिलकुल वैसे ही जैसे किसी भारतीय ग्रामीण देवी के। इन स्त्री मूर्तिकाओं में कोई मानवीय रूप नहीं है, जबकि उसी काल में बनाए गए पशुओं के चित्र और रेखाचित्र चित्रांकन में पूरी विशेषज्ञता दर्शाते हैं। संभवतः किसी मानवीय आकृति का ठीक-ठीक अंकन उन दिनों उस व्यक्तिविशेष के विरुद्ध काला जादू जैसा समझा जाता था। हमारे गणेश निश्चितरूप से उस विचार असंबद्ध नहीं है, जो गुफा की दीवारों पर बने शैतान (या पशु) के बीच नाचते, पशुओं के सिर जैसी वेशभूषा में मानव डायब्लोटिन्स (diablotin) से जुड़ा हुआ है (*AIA*. चित्र 30, 31, 70)। इनमें सबसे प्रसिद्ध Les Trois Frères का 'सोर्सरर' (sorcerer) (*AIA*. चित्र 142) और यूनानी पैन का पूर्वगामी पाइपर (बांसुरीनुमा वाद्ययंत्र) (*AIA*. चित्र 143) है। भारत में इन अन्धविश्वासों के लंबे समय तक प्रचलित रह जाने का कारण यह है कि यहाँ हिमाच्छादन खाद्य आपूर्ति को उतनी गंभीरता से प्रभावित नहीं करता, जैसे कि यूरोप में करता है। जहाँ कि अत्यंत सघन हिमयुगीन पंथ या धार्मिक प्रत्यय ख़राब मौसम के कारण असमय काल कवलित हो गए।

2.6. बंबई सरकार द्वारा प्रकाशित 1941 की जनगणना पर आधारित ग्राम सूचना पुस्तिका (विलेज हैंडबुक) से निम्न उद्धरण लिए जा सकते हैं। गाँव का नाम कोष्ठकों में उसके तालुका और ज़िले के साथ दिया गया है, फिर उसकी जनसंख्या, वार्षिक त्योहारों (जो हमेशा चंद्र कैलेंडर के अनुसार ही मनाए जाते हैं) का निकटतम माह और उनमें भागीदारी करने वालों की अनुमानित संख्या भी दी गई है।

विवल्वेढे		देवी मेला		
(डहाणू, थाना)	286	महालक्ष्मी		45,000
म्हसे (मुरबाड, थाना)	539	(जनजाति 159)	जनवरी	50,000
सप्तशृंगी गड़				
(कोलवन, नासिक)	155	(जनजाति 53)	अप्रैल	50,000
नैतले (निफाड़, नासिक)	778	मलोलिआस	जनवरी	50,000
वारखेड़		देवी लक्ष्मी के लिए		
(नेवासा अहमदनगर)	641		अप्रैल	50,000
येरड़ (पाटन, सातारा)	898	भगवान येरड़ोबा	अप्रैल	100,000

इनमें से कुछ के साथ पशुओं या कृषि उत्पादों के मेले का एक उत्सवी आकर्षण भी है; जैसे कि महाल बागायत (बीजापुर), अन्य कई को अब किसी न किसी संत की स्मृति से जोड़ दिया गया है, जैसे कि यमनूर (नवलगुंड, धारवाड़) का मार्च में होने वाला उरुस, पीर राजे बक्शर के सम्मान में यहाँ क़रीब 100,000 लोग जुटते हैं। नवंबर में पूना के निकट होने वाले आलंदी मेले में 100,000 से भी अधिक की भीड़ जुटती है। यह आयोजन संभवतः देवत्व प्राप्त संत ज्ञानेश्वर की स्मृति में होता है। उसी छोटी नदी के किनारे पर कुछ मील आगे चलकर देहू में अत्यंत लोकप्रिय संत तुकाराम के सम्मान में नवंबर और फरवरी में मेले लगते हैं और इन दोनों मेलों में हर बार करीब 20,000 लोग शामिल होते हैं। इस तरह यह बहुत हद तक संभव लगता है कि आलंदी की पवित्रता की धारणा किसी प्राचीन धार्मिक

माता से निकली हो, न कि ज्ञानेश्वर से। इस तरह के त्योहारों से हम कृषि की मुख्य धारा को समझ सकते हैं, जब अनाज ही जीवन के प्रमुख साधन थे, और कृषिकार्य पहाड़ों की चोटियों से उतरकर नदियों के किनारे घाटियों में आ गया। इन त्योहारों का उद्गम जनजातीय इतिहास में निहित है, इसका पता बस्तियों में लगने वाले मेलों से चलता है, जो कि अभी भी अपने मूल स्वरूप में आदिम ही हैं (ऊपर बताए गए अर्ध जनजातीय म्हासे से भिन्न):

अकलकुवा बुद्रुक (मेवासी, प. खानदेश)	197	फरवरी	15,000
मणिबेलि (वही वर्ग)	198	अप्रैल	16,000
मुल्गी	681	मार्च	10,000
सारंघेड़े (शहादा, पूर्वी खानदेश)	2091	(जनजाति, 287) दिसंबर	50,000

बात यह है कि कृषि के जनजातीय जीवन छोड़ने का सीधा अर्थ जनसंख्या में भारी वृद्धि हो गया। यदि ये परिवर्तन शांतिपूर्ण रहे तो सहमति वाले धर्मक्षेत्रों में महान वार्षिक उत्सवों में पुराने देवता भी स्मरण किए जाते रहे और पूजे जाते रहे, यद्यपि सामान्य पूजा के लिए हर गाँव के अपने लाल रंग से पुते पत्थर हैं। मेले वाली सभी जगहें छोटे गाँव नहीं रहे, जहाँ श्रद्धालु अत्यंत असुविधाजनक स्थितियों में जुटते हैं। महाराष्ट्र में पंढरपुर वैष्णव समुदाय के एक प्रमुख पवित्र केंद्र के रूप में उभरा है, यद्यपि भगवान विठोबा, जैसा कि पहले कहा जा चुका है, भगवान विष्णु से संबंधित एक स्थानीय देवता हैं। यह स्थान पुराने व्यापार मार्गों के चौराहे पर स्थित है। पुराने तीर्थस्थलों का अपना माहात्म्य है, महाभारत और पुराणों के अंतर्वेशन द्वारा पुनीत किया गया। भारत के तीर्थयात्री सांस्कृतिक स्थलों और व्यापार की तलाश में भारत से बहुत दूर बाकू तक गए।

मूर्तिपूजा, अंधविश्वासों, रीति-रिवाजों का विशिष्ट अध्ययन हमें हमारे लक्ष्य से भटका सकता है, लेकिन इसी से हम आदिकालीन तत्त्वों के अस्तित्व की निरंतरता को भी दर्शा सकते हैं। प्रागैतिहासिक काल के स्थलों के उत्खनन में सिलबट्टा (चित्र 4) पूरी दुनिया में पाया जाता है, भारत के रसोईघरों में इसका उपयोग आज भी किया जाता है। यहाँ तक कि इस दौर में भी जबकि भोजन पकाने का कार्य बिजली या किरोसीन के चूल्हे पर किया जाता है। अब भोजन के लिए मक्का या गेहूँ पीसने की आवश्यकता नहीं रही, क्योंकि यह काम अब रोटरी चक्कियों या यंत्रीकृत आटा मिलों में किया जाता है। इसका रूप भी बदल गया है। पुराना कोनेदार पतला सिलबट्टा (चित्र 5) जो उपयोग करने वाले की दिशा से ऊँचाई की ओर बढ़ा हुआ होता था, उसे अपनी पकड़ में बनाए रखने के लिए उपयोग करने वाली स्त्री को उसे अपने घुटनों के बीच दबा कर रखना होता था और झुके रहना पड़ता था। इस झुकाव पर धक्का देने पर भारी और एक सा अधिक पड़ता था। अब इस्तेमाल किया जाने वाला समतल सिलबट्टा समुद्री नमक, जो कि रोड़ों की शक्ल में होता है और जिसे भोजन में इस्तेमाल के लिए पीसना होता है, से अधिक कठोर चीज़ को नहीं पीस सकता। समतल वाला सिलबट्टा आम तौर पर कोमल पत्तियों वाली सब्ज़ियाँ, नारियल, चटनी और भारतीय रसेदार सब्ज़ियों में मिलाया जाने वाला मसाला पीसने के काम आता है। यहाँ तक कि इधर आंध्र क्षेत्र में भी खरल-मूसल से मिलता-जुलता एक अधिक सक्षम उपकरण उपयोग किया जाता है। 'मूसल', जो खरल के भीतर की पूरी जगह घेर लेता है, उससे कुटाई नहीं की जाती, बल्कि खरल के भीतर गोल-गोल घुमाकर पीसा जाता है। उसे पिसाई पूरी करने के बाद अंत में केवल पिसी हुई सामग्री बाहर निकालने के लिए ही बाहर निकाला जाता है। पश्चिम भारत में उच्च वर्गीय स्त्रियाँ सिलबट्टे को ऊपर से पकड़ती हैं, जबकि निम्नवर्गीय स्त्रियाँ उसके छोरों को पकड़ती हैं। इस तरह की पकड़ ज़्यादा मज़बूत होती है, क्योंकि पीसने के लिए आगे-पीछे करने के क्रम में इस पत्थर

चित्र 4: आधुनिक भारतीय समतल सिलबट्टा

चित्र 5: सिंधु घाटी सभ्यता के समय का सिलबट्टा

को थोड़ा घुमाना पड़ता है। पकड़ने के तरीक़े में यह जो वर्गगत भेद है, यह वास्तव में भौगोलिक मूल से जुड़ा हुआ है। ऊपर से पकड़ने का तरीक़ा उत्तर भारतीय है और छोर वाला तरीक़ा दक्षिण भारतीय। इससे इस साहित्यिक परंपरा को बल मिलता है कि स्थानीय ब्राह्मण उत्तर से आए हैं, लेकिन साथ ही इससे यह संकेत भी मिलता है कि दक्षिण के लोग कठोर पिसाई के लिए सिलबट्टे का उपयोग उत्तर के लोगों की तुलना में बहुत बाद तक करते रहे, क्योंकि इस पत्थर को छोर से पकड़ कर चलाना ज्यादा आसान है। इस उपकरण के साथ (जो पाषाण युग की समाप्ति से पूर्व प्रथम कृषि के साथ विकसित हुआ) यहां तक की ब्राह्मणों में भी एक रस्म निभाई जाती है। हालांकि किसी भी ब्राह्मणग्रंथ में, जो जन्म से लेकर मृत्यु तक हर सोपान के लिए कोई न कोई संस्कार बताते हैं, इस रस्म का कोई उल्लेख नहीं है। बच्चे के नामकरण (जन्म से बारहवें दिन) से पहले या उसी दिन मूसल को सजाया जाता है, बच्चे के पालने के चारों ओर घुमाया जाता है और फिर अंततः पालने के बच्चे के पैरों के पास रख दिया जाता है। सैद्धांतिक रूप से यह एक प्रकार का सहानुभूतिपरक जादू या शुभ टोटका है। आशय यह है कि शिशु पत्थर की तरह सुदृढ़ और निर्दोष हो, वह चिरंजीव हो और किसी भी तरह की दुर्बलता या रुग्णता से मुक्त रहे। बट्टे को जो कपड़े पहनाए जाते हैं वह एक शिशु का लबादा (कुंची) ही होता है, लेकिन उसकी अतिरिक्त सजावट भी की जाती है, लाल और पीले सिंदूर से। इसके अलावा उसे एक हार भी पहनाया जाता है। इनमें से एक भी शिशु को नहीं पहनाया जाता। अन्य सभी आदिम रस्मों की तरह इसकी प्रतीकात्मकता भी बहुआयामी है। साथ ही यह पत्थर देवी माता का प्रतिनिधित्व करता है, एक अच्छी पराशक्ति के रूप में यह शिशु को आशीर्वाद देता है। संस्कार की इस रस्म में केवल स्त्रियाँ ही शामिल होती हैं और इनकी अध्यक्षता कोई ऐसी सबसे बुजुर्ग स्त्री करती है जो विधवा न हो और जिसने स्वयं बच्चों को जन्म दिया हो। तात्पर्य यह कि पाषाणकाल की एक रस्म औजार के साथ आज के समाज तक आ गई और अपने आसपास की आबादी से लेकर ब्राह्मण परिवारों ने भी अपना लिया। इस तरह के सिलबट्टों का उपयोग वेदों में वर्णित सोमा पेय, जिसे दो समतल पत्थरों के बीच पीसा जाता था, के निष्कर्षण के लिए किया जाता था या नहीं, इस पर कुछ कहना अटकलबाजी लगाने जैसा ही होगा।

कुम्हारों की तकनीक भी ऐसी ही प्राचीन प्रक्रियाओं की निरंतरता बने रहने का दृष्टांत है। पूना में सभी प्रकार के बर्तनों को बड़े पैमाने पर बनाने के लिए चाक का प्रयोग किया जाता है। वैसे बड़ी मात्रा में बर्तनों की कच्ची रूपरेखा स्त्रियों द्वारा धीमी गति से घूमने वाले चाक पर तैयार की जाती है। पुरुष कुम्हार इस मद्धिम चाक का इस्तेमाल कभी नहीं करते। इन अधूरे बने बर्तनों को सुघड़ और पूरा आकार पुरुष कुम्हार देते हैं। इसके लिए वे बर्तन के अंदर से पकाई हुई मिट्टी की साँथ और बाहर से लकड़ी की थापी का उपयोग करते हैं। वे बर्तन को बहुत सावधानी से ऐसे घुमाते हैं जैसे उसे पकड़ रखा हो या फिर अगर बर्तन बहुत बड़ा होता है तो उसके चारों तरफ़ ख़ुद घूमते हुए उसे आकार देते हैं। बड़े बर्तनों की गर्दन के चारों तरफ़ टेढ़ी-मेढ़ी आकृति बनाने की परंपरा भी प्रागैतिहासिक काल से ही चली आ रही है। कुछ देशों में इसे मातृदेवी के गले में पहनाए गए हार के रूप में देखा जाता है। आश्चर्यजनक रूप से पर्याप्त, पूना में बड़े चाक पर बनाए गए बर्तनों को भी अंतिम रूप ऐसे ही दिया जाता है। ये आकार में छोटे लेकिन मोटी परत वाले, थापे गए लेकिन हाथ से बढ़ाकर (जैसे कि छोटे चाक वाले बर्तन नहीं होते) पतली परत वाले और अपनी मूल क्षमता से चार गुना वाले बनाए गए होते हैं, केवल इनका मुँह अनछुआ रह जाता है। इसकी तकनीकी वजह है। पूना के आसपास कुम्हारों को बर्तन बनाने के लिए जो मिट्टी मिलती है, वह गुणवत्ता में काफ़ी कमज़ोर होती है। चाहे वह कुछ मील की दूरी से खास तौर से लाई गई चिकनी मिट्टी हो या नदी के तल से निकाली गई। छोटी का प्रयोग विशेषतः स्त्रियों ० द्वारा किए जाने का अर्थ कोई तकनीक का प्रतिगमन नहीं, बल्कि एक खरी निरंतरता है। उत्तर प्रदेश में चाक पर ऐसी मिट्टी से, जिसमें रेत के कणों की मात्रा थोड़ी ज़्यादा होती है, बहुत ही सुंदर, मज़बूत और पतली परत वाले बर्तन बनाए जाते हैं। पूना में ये बर्तन खुले गड्ढों वाले अस्थायी आँवे में पकाए जाते हैं, जबकि उत्तर में इन्हें स्थायी पक्के आँवे में पकाते हैं। जहाँ आग की मात्रा पर शुरू में भूसी और पुआल से दहका कर पूरा नियंत्रण रखा जाता है। यह छोटा चाक प्रागैतिहासिक स्थलों की खुदाई से भी मिल चुका है। इससे यह निष्कर्ष निकाला जा सकता है कि पूना के कुम्हारों ने अभी तक आदिमकाल की अपनी तकनीक की निशानियाँ और चीज़ें बचाए रखी हैं, उस समय की जब बर्तनों को पहली बार बनाने वाली स्त्रियाँ होती थीं, जो प्रायः हाथ से ही बर्तन बनाया करती थीं। आदिम काल के कोई और विशेष प्रचलन अब नहीं रह गए हैं। ये कुम्हार मारुती, विठोबा, रखुमाई और अन्य स्थानीय देवताओं की पूजा करते हैं। वे इनकी पूजा स्वयं भी करते हैं और कई बार ऊँची जातियों (मराठा गुरव अथवा ब्राह्मणों) से भी कराते हैं। इसलिए यह उल्लेखनीय है कि पूरे देश के कई ग्रामीण क्षेत्रों में विवाह एवं अंतिम संस्कार, मुख्यतः शवाधान जैसी रस्मों में सहयोगी या मुख्य संचालक की भूमिका निभाते हैं। किसान जातियाँ इसे आवश्यक मानती हैं, उस स्थिति में भी जबकि ब्राह्मण नहीं आमंत्रित किए जाते। कुम्हारों के परिवार पूना

में वस्तुतः ग्रामीण क्षेत्रों की अर्थव्यवस्था में क्षरण के कारण आए। गाँवों में मिट्टी के बर्तनों की जगह अब टिन या दूसरी सस्ती धातुओं के बर्तनों ने ले ली है, जो ज़्यादा दिनों तक चलते हैं। कुम्हारों की बस्ती (कुम्हार वेस) शेख सल्ला की दरगाह से आगे सड़के के दूसरी तरफ़ है एक पुराने उजाड़ टीले के ऊपर, कुम्हार के चाक के नीचे अभी भी प्राचीन खिड़कियाँ या दरवाज़े के मेहराब देखे जा सकते हैं। आर्थिक दबाव ने कुम्हारों की कला की सबसे लाभदायक शाखाओं को नष्ट कर दिया। टाइलों के निर्माण का कार्य मशीन से दबा कर बनाई जाने वाली मंग्लोर टाइलों ने ले लिया, जिन्हें रेल से जगह-जगह पहुँचा दिया जाता है। ईंट का उत्पादन अब एक व्यापार बन चुका है, जिसके पास भी पूँजी हो वह कुछ श्रमिकों को रखकर यह काम कर सकता है। हालाँकि दो पीढ़ी पहले इस काम पर कुम्हारों की एक उपजाति का एकाधिकार था।

इन उदाहरणों से यह पता चलता है कि भारत में सांस्कृतिक संक्रमण सहस्राब्दियों तक चलने वाली एक सतत प्रक्रिया है, खास किसी एक कारण के लिए यहाँ कोई एक तिथि निकाल पाना बहुत ही मुश्किल है। आधारभूत स्तर पर यह कोई हिंसक कृत्य नहीं था, क्योंकि एक नए समाज के आकार ग्रहण करने के क्रम में अधिक विकसित और कम विकसित दोनों ही तरह के तत्त्व एक-दूसरे से बहुत कुछ लिया। पूरे विवरण को बिलकुल सटीक ऐतिहासिक क्रम नहीं दिया जा सकता। हालाँकि वरिष्ठ इतिहासकार अगर इन सबकी एक साथ उपेक्षा कर दें या स्तरहीन कहकर इसे खारिज कर दें तो यह इतिहास के लिए उस प्रकार स्रोत और वस्तु नहीं रह जाता।

टिप्पणियाँ और संदर्भ

1. Data on tribes will be found in the works of Enthoven and others: cf. chap. I, note 11.
2. डांग लोग लकड़ी काटने का काम करते हैं, काठकारी लोग चारकोल जलाते हैं और मेहनताने के तौर पर पुआल पाने के लिए धान की मड़ाई करते हैं। असम के चायबागान, न केवल आसपास के पहाड़ों बल्कि छोटा नागपुर जैसी दूर-दराज की जगहों से भी जनजातीय लोगों को अपने लिए श्रमिक के तौर पर ले आते हैं। इनमें से कोई भी स्थायी श्रमिक रखना पसंद नहीं करता। जो लोग यह पसंद करते थे वे कई पीढ़ी पहले ही खेतिहर या शिल्पकार जातियों में बदल गए। लेकिन ऐसी संभावनाएँ साल-दर-साल दुर्लभ होती गईं। जनजातियों के लोग अब व्यक्तिगत तौर पर खेती के काम से जुड़े सर्वहारा वर्ग के हिस्से बन रहे हैं।
3. विभिन्न स्मारकों में लगी लकड़ियों से पेड़ों में मौजूद वलयों के अनुक्रम मे मापन का विज्ञान है वृक्षवलय कालक्रम गणना विधि। भारत में इसे दीमक और मौसम मुश्किल बना देता है। यहाँ कार्बन 14 तकनीक उपयोगी होती है, यद्यपि इसमें शुद्धता की संभावना कम ही होती है। इसे थोड़ा और कठिन बना दिया है 'प्रायोगिक' प्रयोजन से किए गए परमाणु विस्फोटों के चलते हुए वायु प्रदूषण ने।
4. Henri Frankfort: Studies in the early pottery of the near East [R. Anthr. Inst., London, occasional papers 6 (1925), 8 (1927)] मेसोपोटामिया के लिए बर्तनों की अभी भी मान्य सूची स्थपित की। आर.ई.एम. व्हीलर ने 1945 में अरिकामेडू में किए गए उत्खनन के ज़रिये अरेटाइन (इटैलिक) मिट्टी के बर्तनों पर भारतीय स्तर के अनुरूप टिप्पणियाँ करके इस विधि को भारत तक विस्तार देने की कोशिश की। मेसोपोटामियाई पुरातत्त्व के लिए, cf. Seton Lloyd: Foundations in the dust (Pelican Books A 336) जर्मो और मेलेफट में हुए उत्खनन की सर्वाधिक प्राचीनतम हसुना मिट्टी के बर्तन से की गई तुलना ने मेसोपोटामिया में कुम्हारगीरी का काम शुरू होने से पहले के समय से लेकर साक्षर शहरी संस्कृति के बीच के चरणों के बीच अनुक्रम स्थापित करती है।
5. एक अच्छा सर्वेक्षण भारत सरकार के प्रकाशन आर्केलॉजी इन इंडिया (1950) और एआई 9 में मिलता है। एंशिएंट इंडिया में विशेष लेख (जिसके 11 अंक लेखन के समय उपलब्ध थे) भी मूल्यवान हैं। ये सभी आधुनिक दृष्टिकोण से लिखे गए हैं। एफ. आर. आलचिन (F. R. Allchin) की टिप्पणी (Trans. All-India Oriental Conference, 1955) Neolithic culture in India: a resurvey of evidence अधिकतम उपलब्ध सूचनाओं का सारांश प्रस्तुत करती है। मैं यहाँ डॉ. एवं श्रीमती ऑलचिन से विचारोत्तेजक विमर्श के लिए उनका कृतज्ञ हूँ, जिन्होंने पाषाणकालीन उपकरणों संबंधी मेरे निष्कर्षों को सत्यापित और मेरी पुरानी शब्दावली को संशोधित किया।
6. Cf. Khwājā Muhammad Ahmad, Preliminary excavations at pre-historic sites near Janampet; एक तिथिरहित सतही रिपोर्ट। विभिन्न महाविद्यालयों और विश्वविद्यालयों के तत्त्वावधान में बहुत भारी मात्रा में किया गया अव्यवस्थित कार्य, और उतना ही खेदजनक। ऐसा कोई भी पाठक जो स्वयं अपना अनुसंधान करना चाहता है उसे पहले L. Woolley's Digging up the past (Pelican A 4) और Wheeler's Archaeology from the earth (Pelican A 356) पढ़ना चाहिए। भारतीय उत्खनन कार्यों के लिए इसका विशेष मूल्य है। जो एकमात्र सावधानी इसमें बरतनी है वह यह है कि मौजूदा भारतीय तकनीक (यथा कुम्हारगीरी) का भी अध्ययन करना होगा।
7. सर्वोत्तम वर्णन H. de Terra & T. T. Paterson: Studies in the ice age in India and associated human cultures, जो सबसे पुराने पुरातात्विक स्थलों का सर्वेक्षण करता है, में है।

8. एक जिसे मैं अच्छी तरह जानता हूँ, एक फार्म है। इसके स्वामी मैक आइज़ैक हैं। फार्म बेंगलुरु से मागड़ी के मार्ग पर स्थित है।
9. मेरे संसूचक डॉ. सी.वी. नटराजन ने वास्तविक शिला का संकेत दिया, लेकिन मैंने गुफा की खोज नहीं की और न मुझे कहीं इसका वर्णन ही मिला।
10. फ्रायड के टोटेम एंड टैबू सिद्धांत, जो नृवंशविज्ञानी की दृष्टि से बहुत ही मनमाना और एकपक्षीय लगता है, पर निर्णय के लिए यह एक ही काफ़ी है। B. Malinowski ने अपनी कृति Dynamics of cultural change में दर्शाया है कि ईडिपस कॉम्प्लेक्स और उससे जुड़े 'अगम्यागमन की नीयत' की जगह मातृवंशीय या मातृस्थानिक समाजों में अब दूसरी धारणाओं ने ले ली है। उदाहरण के लिए जब किसी परिवार में या बच्चों पर उनके मामा को अधिकार की वह हैसियत मिल जाती है जो हमारा समाज पिता को देता है।
11. सघन आबादी वाले बार्डेज़ (गोवा) में स्त्रियाँ स्वयं अपने छोटे भूखंडों की गुड़ाई करती हैं, जिसे अगर वे किराये पर हल से जुतवाएँ तो फ़सल का जो मूल्य मिलेगा, वह लागत की तुलना में लाभकारी नहीं हो सकेगा। पुरुष ज़्यादातर पैसे कमाने के लिए बाहर जा चुके हैं, जहाँ से वे धन घर भेजते हैं। इस तरह कुदाल संस्कृति वहाँ निरंतर चला आ रहा प्रचलन नहीं, बल्कि एक प्रकार का प्रतिगमन है। दूसरी तरफ, गोवा से जुड़े हिस्से के पहाड़ों पर अभी भी जंगल काटकर और जलाकर वहाँ खेती करने की तकनीक देखी जा सकती है। जंगल की घास-फूस, पत्तियों आदि को सफाई के लिए जलाने और फिर उस पर कुदाली चलाकर उसे पलट देने से मिट्टी अधिक उर्वर हो जाती है, जो फसल बोई जाती है उसे नाचनी (Eleusine coracana) कहते हैं। इस प्रकार की सफ़ाई और वहाँ पौधारोपण, कि मिट्टी की उर्वरता घटने से पहले ही उसे छोड़ दिया जाए, कुंभर कहा जाता है और इसे मुख्य रूप से मूल निवासी गावड़ा लोग प्रयोग में लाते हैं, जो कृषि श्रमिकों की भी आपूर्ति करते हैं और यह भी जानते हैं कि बाद की विधियों में जोत कर फ़सल उगाने का काम कैसे किया जाए।
12. वधू मूल्य की परंपरा महाराष्ट्र की 85% जनसंख्या में दिखाई देती है, यह बिल्कुल वैसे ही प्रभावी है जैसे कि भरण-पोषण न मिल पाने पर तलाक और विधवा विवाह। उच्च वर्ग, जिनका नेतृत्व ब्राह्मण करता है, अंतिम दो रिवाजों को लेकर व्यग्र या असहज दिखते हैं और वे उलटा दूल्हे को ही दहेज देते हैं। आधुनिक विधान ने दहेज और वधू मूल्य दोनों ही को समान रूप से निंदनीय बना दिया है।
13. मानवबलि के रिवाज के चिह्न बस्तर जैसे अलग-थलग पड़े क्षेत्रों में सदियों पहले से लेकर पिछली शताब्दी तक देखे जा सकते हैं। विशेष अवसरों पर रस्मी हत्या की छिटपुट घटनाएँ लगभग हर साल होती हैं। ठग ऐसे ही मनुष्य की रस्मी हत्याएँ करके लाभ कमाने के लिए डकैती करते थे। जो ठगी की घटनाओं में ख़तरनाक वृद्धि और फिर तेज़ी से उनके दमन की ओर ले गया। सर जे. वुडराफ़ अपनी कृति शक्ति और शाक्त (मद्रास एंड लंदन, 1920, पृष्ठ 61) में बताते हैं: "दृष्टांत के लिए मानवबलि की रस्म को लें, जिसे (तांत्रिक) कालिकल्पलता में कहा गया है केवल राजा ही यह कर सकता है (राजा नर-बलिम दद्यान्नान्यो अपि परमेश्वरीम), लेकिन जिसमें तंत्रसार कहता है, कि इसमें ब्राह्मण भाग नहीं ले सकता (ब्राह्मणानाम नरबलिदाने नाधिकाराः)।" इस सब के लिए स्कंद पुराण के सह्याद्रि खंड (ed. J. Gerson da Cunha, Bombay 1877, p. 306) में कहा गया है कि कोयना संगम के दक्षिण कर्हाड ब्राह्मण देवी माता को बलि चढ़ाने वाले ब्राह्मण माने जाते थे। पिछली शताब्दी तक उनके बारे में एक संदेह व्याप्त रहा है (Wilson: Indian Castes, II. 22; W. Crooke: The popular religion and folk-lore of Northern India, London 1896, II. 169–179)। ये परंपराएँ केवल यह सिद्ध करती हैं कि अधिक दयालु और मानवीय रस्मों पर ब्राह्मण पौरोहित्य का भारी प्रभाव रहा है, यहाँ तक कि अनूठे सहजीवन पर भी जो कभी-कभी उनके अपनी सर्वोच्च स्थिति से पदावनति का कारण भी बना है। आवश्यक बात यह है कि जितने लंबे समय तक उत्पादन के साधन आदिम ही बने रहे, वैचारिक संरचना में कोई बड़ा मौलिक परिवर्तन बहुत कठिन था। इसलिए सामाजिक समावेशन के तंत्र के अंश रूप में वैचारिक आदान-प्रदान की भूमिका अमूल्य है।

अध्याय 3

सिंधु घाटी में सभ्यता और बर्बरता

3.1. सिंधु घाटी के शहर।

3.2. सिंधु घाटी में व्यापार एवं धर्म।

3.3. वर्ग संरचना का संरक्षण।

3.4. खाद्य उत्पादन।

एच.आर. हॉल (H. R. Hall) के इस दृष्टिकोण कि सुमेरी लोगों ने अपनी सभ्यता का विकास सिंधु के आधार पर किया होगा, की आलोचना करते हुए ए. बेरिडेल कीथ (A. Berriedale Keith) ने टिप्पणी की है: "यदि सुमेरी लोग मूल रूप से द्रविड थे और उन्होंने सिंधु घाटी में उच्च कोटि की सभ्यता का विकास कर लिया था तो ध्यान देने की बात है उस उच्च कोटि की सभ्यता के कोई चिह्न भारत में क्यों नहीं मिलते, जिसने, जहाँ तक कि हम जानते हैं, लिखने की कला सर्वप्रथन सेमाइट (शामी) लोगों से प्राप्त की, यद्यपि 800 ई.पू. से पहले नहीं, और जिसने पत्थरों से भवन बनाने और कस्बों में निवास की प्रक्रिया ऋग्वेद के समय से बहुत बाद में की।"[1] शुद्ध विडंबना के साथ, बहुत ही प्रभावशाली शहर के अवशेषों के साथ सिंधु घाटी में हुई इस पुरातात्विक खोज—ईंटों में, न कि पत्थरों वाले—जो सुमेरी से बहुत मिलती-जुलती थी, की घोषणा ठीक उसी समय हुई जब यह असावधान आलोचक ये पंक्तियाँ लिख रहा था।

3.1. मुख्य अन्वेषण दो शहरों का था, जिनकी आधारभूत योजना, विन्यास, विस्तार और स्थापत्य में उल्लेखनीय (ईंटें लूटने वालों द्वारा पहुँचाई गई क्षति और पुरातत्व उत्खनन की ख़राब योजना के बावजूद जो कुछ देखा जा सकता है) समानता[2] है। यद्यपि इसकी सीधी निकटतम दूरी चार सौ मील है। पंजाब के मांटगोमरी जिले में स्थित उत्तरी शहर हड़प्पा रावी की बाढ़ से एक बार बह ध्वस्त ही हो गया था, सिंध के लरकाना जिले में डोकरी से सात मील दूर दक्षिणी स्थल मोहनजोदड़ो, पहले सिंधु के किनारे पर था। बाद में सिंधु ने भी अपने बहाव का रास्ता बदल लिया, शायद हिमालय पर्वतशृंखला के निरंतर बढ़ने और इसके चलते मैदानों में भी होने वाले मामूली बदलाव[3] के कारण। प्रभावशाली खंडहरों से पता चलता है कि इनमें से प्रत्येक मामले में शहरों ने कम से कम एक वर्ग मील का क्षेत्रफल घेर रखा था, यद्यपि हवा, पानी और मानवीय हमलों को झेलते हुए अभी भी जो टीले बचे हुए हैं, वह सारे खोदे नहीं जा सके हैं। करीब सौ साल पहले तक दिखने वाले हड़प्पा का एक हिस्सा आधा वर्ग मील का हिस्सा दीवारों से घिरा हुआ दिखता रहा है, यद्यपि ये दीवारें मध्यकालीन निर्माण लगती हैं। मोहनजोदड़ो की दीवारों के अवशेष, साथ ही नदी को रोकने के लिए तटबंध भी खोजे जा चुके हैं, यह संभवतः मौलिक हैं। हर शहर की बसावट घनी थी, आधुनिक दौर के 'फेफड़े' या पार्कों जैसी किसी चीज का हस्तक्षेप दिखाई नहीं देता। फिर भी ये बहुत सुनियोजित योजना के अनुसार बसाए गए दिखते हैं। प्रमुख गलियाँ बहुत सफाई से समकोण पर बनाई गई हैं और कई सीधी गलियाँ उनके आसपास से निकलती हैं। खुदाई में जो घर मिले (मोहनजोदड़ो में, हड़प्पा तो बहुत ही उजड़ा हुआ है) वे आकार में प्रायः बड़े हैं, और खंडों में एक-दूसरे से जुड़े हुए या समूहबद्ध हैं। मोहनजोदड़ो में मैके ने जिसे महल बताया है (डीके क्षेत्र के खंड 1 में) वह एक व्यापारी का मामूली घर है, बमुश्किल 180′ × 70′ का। यह व्यापारियों के उन अन्य घरों से बस थोड़ा ही बड़ा है जो इसके इर्द-गिर्द हैं। इस घर की उत्तरी दीवार पक्की ईंटों की बनी हुई है, जो कहीं-कहीं सात फुट तक मोटी है। आम तौर पर ऐसी मोटी दीवारें क़िलों की पाई जाती हैं। अगर जीनों पर भी विचार किया जाए तो ये इस बात का संकेत देते हैं कि इसके ऊपर कम से कम एक या कुछ और मंजिलें रही होंगी। फ़र्श या सपाट छतें काफ़ी दूर हिमालय से लाई गई मजबूत लकड़ियों की बीम के सहारे टिकी होती थीं। हर बड़े

घर में एक अच्छा और पक्का आँगन होता था, इसका अपना स्नानघर और शौचालय होता था। इनके अलावा एक और विशेषता है जो इसे मैसोपोटामियाई सभ्यता से अलग करती है; और वह है बरसात से जुटने वाले पानी, स्नानघर और अन्य जगहों से निकलकर मलकुंड में जमा होने वाले पानी की निकासी के लिए बनाई गई व्यवस्था। मलकुंड की भी नियमित रूप से सफाई की जाती थी। जिस समय लोग यहाँ रहते थे, यानी 500 और शायद 1500 वर्ष पूर्व तक ज़मीन का आधार स्तर 30 से बढ़कर 50 फीट तक हो गया, क्योंकि कच्ची ईंटों (जिसने बहुत ज़्यादा मिट्टी ज़मीन के भीतर बैठा दी होगी) का उपयोग आम तौर पर नहीं होता था। घरों की योजना बदलती भी थी, लेकिन कुएँ वही इस्तेमाल किए जाते रहते थे; खुदाई वाले स्थानों पर अब उनके बनाए उपांत (curb) अब बहुत ऊंची इमारत जैसे दिखाई देते हैं। गलियों के घेरे का इन सभी शताब्दियों में अतिक्रमण नहीं हुआ था, यह भी मेसोपोटामिया, ग्रीस या रोम की तुलना में एक उल्लेखनीय अंतर्विरोध है। जैसा कि एक बड़े घर के बारे में वर्णन किया गया है, सभी घर वैसे ही वैभवशाली नहीं थे, इसके दूसरे छोर पर एक जैसे दो कमरे वाले आवासों का एक पूरा खंड है। इनकी दीवारें बहुत पतली यानी एक से अधिक मंजिल का भार उठाने लायक नहीं हैं, प्रत्येक आवास का पूरा आकार 12 × 20 फीट है। इन्हें उत्खननकर्ताओं ने 'कुली लाइन' कहा है, जिन्होंने अपनी चतुराई से गलियों के लिए आधुनिक नाम ढूँढ लिए, लेकिन इनके लिए कोई व्याख्या साम्राज्यवादी अंग्रेज के दिमाग के पहुँच से बहुत दूर है। वे हमें बताते हैं कि ये जुड़वाँ शहर मिल कर एक राज्य अथवा साम्राज्य का एक हिस्सा बनाते हैं; जिसमें नौकरशाही, पुरोहित, पूंजीपति, बाजार और इनसे जुड़ी कई और चीजें थीं। एकमात्र साक्ष्य यह है कि पूरे शहर पर एक पृथक गढ़ समूह का वर्चस्व था, ये संभवतः रस्मी प्रयोजनों के लिए बनाए गए भवन थे जिन्हें बाद में क़िलाबंद किया गया। जो बाकी नगर से संभवतः 50 फीट (मिट्टी के बने पक्की ईंटों वाले चबूतरे पर से) की ऊँचाई पर था, जिसका विस्तार पूरब की ओर था। बिना जुती हुई/अछूती धरती तक हड़प्पा के केवल एक हिस्से में पहुंचा जा सका। इससे यह तथ्य उभरता है कि शहरों का निर्माण उनके पूर्ण विकसित स्वरूप में हो चुका था। उनके अस्तित्व के पूरे काल में शहरी संस्कृति की प्रायः सभी आवश्यक विशेषताएँ अपरिवर्तित बनी रहीं, केवल उस आंतरिक विनाश के समय को छोड़कर जो एक आकस्मिक, हिंसक आक्रमण के कारण हुआ था। यह निष्कर्ष कुछ घरों और गलियों में मिले ऐसे नरकंकालों से निकाला जाता है जो नरसंहार के शिकार हुए लोगों के लगते हैं।

ये शहर उन विधियों के अच्छे परीक्षण में समर्थ हैं, जो इस पुस्तक में प्रस्तावित हैं। जो कुछ अवशेष हैं, उसके बारे में केवल पुरातात्विक अभिलेख ही हैं और वह न तो किसी प्रकार से पूरे हैं और न संतोषजनक ही। इन शहरों में पाए गए कुछ तत्त्व हमारा ध्यान उस परंपरा की ओर ले जाती हैं जो बाद में हिंदू प्रतीक चिह्नों और रीति-रिवाज़ों के रूप में विकसित हुईं, लेकिन यह बात साफ़ है कि इसकी निरंतरता को हिंसक ढंग से तोड़ा गया। कीथ की यह टिप्पणी कि भारत में शहरों में निवास की प्रक्रिया ऋग्वेद काल के बाद शुरू हुई, बिलकुल सही लगती है। इसलिए हमें मेसोपोटामिया की सभ्यता समकालीन समान तत्त्वों, वहाँ से पाए गए उत्पादन के औजारों, और खंडहरों में संरक्षित उनके परिणामों के आधार पर निकाले गए ठीक-ठीक निष्कर्षों का पता लगाना होगा। लेखन उस समय अस्तित्व में था। ये शहर प्रामाणिक रूप से मेसोपोटामिया के सारगोनिद युग से पुराने हैं। इनकी सतहों के नीचे सोना, चाँदी, जेवरात दबे हुए मिले (कम से कम एक मामले में, 'कुली लाइन' के निवासी द्वारा चुराए गए)। लोग ताँबे और काँसे के बने औजारों का उपयोग करना जानते थे, यद्यपि स्वच्छ पत्थर के बने सामानों का प्रयोग भी किया जाता था। बड़े चाक (न कि छोटे चाक) पर मृद्भांड सुंदर ढंग से बने हुए हैं, लेकिन ये बर्तन उपयोगी एवं आकार के मामले में मानकीकृत होते थे तथा इनका उत्पादन औसत दर्जे की सजावट या सजावट के बिना ही बड़े पैमाने पर किया जाता था। यहाँ के निवासी जौ, गेहूँ, चावल, तिल (अभी भी उत्तर भारत में खाद्य तेल का एक महत्त्वपूर्ण स्रोत है)। टिल्हे (कूबड़) वाले मवेशियों, भेड़ों, बकरियों आदि को स्पष्ट रूप से पाला जाता था। जैसा कि मिट्टी और काँसे के बने नमूनों से सिद्ध है, टिल्हे वाले मवेशियों का उपयोग ठोस पहियों वाली गाड़ियाँ खींचने के लिए किया जाता था। मुहरों पर भैंसें और हाथी भी अंकित हैं, यद्यपि उन्हें पाला जाता था या नहीं, यह एक अलग बात है; क्योंकि यही साक्ष्य माना जाए तो बाघ और गैंडे को भी पालतू मानना होगा। मुहरों पर कुछ काल्पनिक जंतु भी हैं, जो हाथी, बैल, भेड़, बाघ, मछली और ऐसे ही कई और जीवों को भी मिलाकर बनाए गए हैं। इसलिए समकालीन वास्तविकताओं के लिए इन्हें आधार बनाना हमेशा सुरक्षित नहीं होगा। शहर में व्यापार पर संदेह की गुंजाइश नहीं है, करीने से नियमित की गई मानक तौल इस स्थान के पूरे पुरातात्विक इतिहास में अपरिवर्तित बनी रही। कुछ तौल तो इतनी छोटी हैं कि उनका इस्तेमाल केवल अत्यंत मूल्यवान वस्तुओं को बड़ी सावधानी से तौलने के लिए ही किया जाता रहा होगा। तौल के मानकों से यह भी पता चलता है कि गिनती की मूलभूत व्यवस्था चार और दस के गुणकों में थी, बिलकुल वैसे ही जैसे कि बेबीलोनी लोग गिनती के

लिए छह और दस के गुणकों का प्रयोग करते थे। स्थिर सिंधु सभ्यता का एक महत्त्वपूर्ण तथ्य यह है कि इसमें विस्तार का सामर्थ्य नहीं था। गंगा घाटी या प्रायद्वीप में कहीं भी सिंधु सभ्यता की बस्तियां नहीं पाई जातीं। क्योंकि इसके लिए जंगलों को काटकर साफ करना पड़ता। विशेषतः सिंधु घाटी में ही अधिकतर बस्तियाँ छोटे-छोटे टोलों में थीं, इसलिए सिंधु के आसपास भी इसका विस्तार सीमित था।

3.2. हर मौसम में जलापूर्ति की व्यवस्था सुनिश्चित बनाए रखने की आवश्यकता ने ही आबादी के नदी घाटियों के आसपास के क्षेत्र तक ही सीमित रहने को आवश्यक कर दिया था, विशेषतः भारत जैसे मानसून पर निर्भर रहने वाले देश के लिए जहाँ बरसात का लगभग पूरा दौर अक्टूबर मध्य तक समाप्त होने वाले 18 सप्ताह के समय में ही सीमित होता है। प्रमुख नदी प्रणालियों में ब्रह्मपुत्र का बड़ा हिस्सा देश से बाहर के ऊँचे पहाड़ों में मौजूद है। सिंधु और गंगा का पूरा प्रभाव उत्तर भारत तक सीमित है, नर्मदा और महानदी इस प्रायद्वीप के मध्य क्षेत्र को जल देती हैं तथा कृष्णा एवं गोदावरी इस त्रिभुज को बीचोबीच से काटती हैं। आगे दक्षिण में कावेरी सर्वाधिक श्रद्धा की पात्र नदी है। अब केवल सिंधु बचती है जिसके आसपास एक महान शहरी सभ्यता विकसित हो सकती थी, उस स्थिति में जबकि बाक़ी पूरे देश में केवल एक दुर्बल बर्बर/असभ्य आबादी थी और वह भी अनिश्चित तौर पर इधर-उधर से भोजन जुटाकर अपना निर्वाह करने वाली। यह अपरिहार्य था। नील और मेसोपोटामिया ने महत्त्वपूर्ण विकास दर्शाया, जबकि मिसीसिपी पिछली शताब्दी तक बसावट से रहित रही। अमेज़न तो आज तक अविकसित ही है। स्पष्ट है कि केवल नदी होना ही पर्याप्त नहीं है। आरंभिक दौर की नदी किनारे बसी शहरी संस्कृतियों में समानता यह है कि सभी संबंधित नदियाँ किसी रेगिस्तान से होकर गुज़रती हैं। अमेजन के जंगल आधुनिक भारी मशीनरी का प्रयोग किए बिना साफ़ नहीं किए जा सकते, जबकि मिसीसिपी के पठारों की कड़ी चट्टानें भारी हल के जरिये तोड़ी गई थीं, जो उस क्षेत्र में पिछली शताब्दी के अंत तक नहीं भेजे गए थे। इस बात की कोई संभावना ही नहीं थी कि दोनों नदियों में से किसी के भी किसी किनारे का प्रागैतिहासिक काल का मनुष्य अनियमित रूप से भोजन जुटाने की अपनी प्रवृत्ति से ऊपर उठकर सुरक्षित और बड़े पैमाने पर खाद्य उत्पादन की ओर बढ़ता। रेगिस्तान जरूरी था, क्योंकि वहाँ साफ किए जाने के लिए सघन वन नहीं थे। इसका एक विकल्प Loess corridor (नदी किनारे चिकनी भूरी-पीली मिट्टि का गलियारा/प्रकंपा) होता, जैसा कि डेन्यूब पर है, जिसने प्रागैतिहासिक काल में पूरी शहरी संस्कृति के बिना ही बड़ी प्रगति दर्शाई। नव पाषाणकाल का मनुष्य अपने पत्थर के औजारों से बड़े तटीय वन साफ नहीं कर पाता, खासकर गंगा की किनारे/वाह-क्षेत्र/द्रोणी/घाटी वाली चिकनी मिट्टी में। रेगिस्तान ने भारी अधिशेष उपजाने वाली वास्तविक कृषि को संभव बना दिया, साथ ही जरूरी भी। इसने खुद नदी द्वारा प्राकृतिक रूप से उपलब्ध कराए गए लंबे व्यावसायिक मार्ग के जरिये उपभोक्ता वस्तुओं के विनिमय के साथ इमारती लकड़ी और धातु जैसी चीज़ों के लिए खोज को भी प्रोत्साहित किया। इसने खतरनाक पशुओं के साथ-साथ खतरनाक मनुष्यों से भी उत्कृष्ट सुरक्षा उपलब्ध कराई। क्योंकि उनकी सैन्य तकनीक सूखे मार्ग पर बहुत आगे बढ़ पाने में सक्षम नहीं थी। सिंधु की घाटी में आरंभिक विकास की प्रक्रिया इसी से स्पष्ट होती है।

ऐसी महान नदी तट पर स्थित सभ्यताओं की नींव चारदीवारी से घिरे छोटे गाँवों में पड़ी होगी, जिनका 7000 ई.पू. के इतिहास से एक उत्कृष्ट प्रारूप जेरिको उपलब्ध कराता है (Kathleen Kenyon: Digging Up Jericho; London 1957)। लेकिन तकनीक और सामाजिक संगठन के मामले में मृद्धांडों से पूर्व की इस संस्कृति और अत्यंत साधारण आरंभिक शहरों के बीच आश्चर्यजनक अंतर दिखाई देता है (सामान्य विमर्श के लिए, ANT. 1956, 119, 129, 132–6; 120, 188–97, 224–5)।

सिंधु और मेसोपोटामिया की नदी घाटी संस्कृतियों का एक समान आधार (संस्कृति और तकनीक का) है।[4] मापिकी और नक्काशी के कुछ नमूनों से यह जाहिर होता है। उदाहरण के लिए, नग्न, दाढ़ी रखने और शेर मारने वाले नायक गिल्गमेश, जो यूनान के हेराक्लीज का आद्य रूप है, का निरूपण सिंधु घाटी में भी हुआ है। यह विशुद्ध देसी ढंग का है। नायक का मित्र, बैल मानव एनकिडु (या इआ-बानी) सिंधु की एक मुद्रा पर स्थानीय रूप में पाया जाता है। जेमडेट-नास्र काल में बैल और हाथी का एक मिला-जुला प्रतिरूप (चित्र 6 अ)

---

* यह चतुरस्त्र व्यवस्था रुपये, मन और सेर के उपविभाजनों के मामले में आज भी प्रचलित है। लेखांकन की एक विशिष्ट व्यवस्था के अंतर्गत यह हर दूसरे क्षैतिज और ऊर्ध्वाधर क्रम पर चार आधार बनाकर उपयोग करती है। इसमें चार उंगलियों और उनके प्रत्येक जोड़ और उनके अग्रभाग को गणनायंत्र (एबेकस) की तरह इस्तेमाल किया जाता है और अंगूठे का प्रयोग केवल गिनने के काम के लिए किया जाता है। इसका उपयोग हाट व्यवस्था के तहत भारत के कई बाज़ारों में आज भी गोपनीय ढंग से मोलभाव के लिए किया जाता है।

चित्र 6 अ

चित्र 6 बी

चित्र 6 सी

चित्र 6: एक जेमडेट नस्र मुहर में बैल-हाथी (ए), और सिंधु की कलाओं में (बी, सी) ताँबे की एक थाली और मुहर।

मिलता है, जो केवल एक मसोपोटामियाई कलाकार द्वारा भारतीय नमूने (चित्र 6 बी, सी) से स्थानीय तौर पर नकल करके उतारा गया हो सकता है। ऐसा प्रतीत होता है कि जो मुख्य सुमेरी गृहक्षेत्र है, उसे अरट्टा कहा जाता था (साइंटिफिक अमेरिकन में एस.एन. क्रेमर, अक्टूबर 1957)। 'अरट्टा' शब्द की व्युत्पत्ति का संबंध हेराट और संस्कृत के आरट्ट से है, जो पंजाब में रावलपिंडी के पास है। भारत में यह संयोग लंबे अरसे से चला आ रहा है। ऐतिहासिक काल में इसे तांत्रिक गजवृषभ के रूप में जाना जाता था, जिसकी रहस्यमूलक विशिष्टताएँ हैं। यह विश्वास करने के सभी कारण हैं कि सिंधु घाटी की कला और चित्रलिपि के अधिकांश का हिंदू धर्म के तांत्रिक रूपांकन[5] से गहरा संबंध है, जिसे खुले तौर पर पहली बार छठी शताब्दी ई. में दर्ज किया गया। इसके पहले तक ये रहस्य पूरी तरह गोपनीय रखे जाते थे। अभी भी गोपनीयता की अपनी प्रवृत्ति इन्होंने पूरी तरह खोई नहीं है। सिंधु की मुहरों पर अंकित चार बाहुओं वाला मानव-चिह्न अभी भी हिंदू प्रतीकों में देखा जा सकता है। यद्यपि सुमेरी या हित्ती (Hittite) अक्षरमाला की मदद से सिंधु की मुहरों से जुड़ी पौराणिक कथाओं को पढ़ने की एक कोशिश विफल हो चुकी है।[6] ईस्टर द्वीप के चिह्नों या माओरी चिह्नों से इनकी समानता भी किसी स्पष्ट निष्कर्ष तक नहीं ले जा सकी। पाए गए अभिलेख मुहरों पर अंकित संक्षिप्त किंवदंतियां हैं, जिनको अगर पढ़ लिया जाए तो भी वे बहुत मामूली सूचनाएँ ही दे सकेंगी। अभिलेखों की अल्पता के लिए एक कारण यह है कि सिंधु घाटी सभ्यता के लोग अपने दस्तावेज़ों के लिए ताड़ पत्रों का उपयोग करते थे। न तो किसी प्रकार का बड़ा अभिलेख मिल पाता है और न ही द्विभाषी मुहरें ही मिलती हैं।[7] केवल एक अभिलेख उपलब्ध है जो कि सिंधु घाटी सभ्यता और अशोक के समय की ब्राह्मी[8] के बीच की हो सकती है। इस तरह पुरातत्व को पुरालेखों से जोड़ने की सबसे मूल्यवान संभावना तो समाप्त हो गई।

बीसवीं शताब्दी में हुई समाजवादी क्रांति के पूर्व ऐसी किसी शहरी संस्कृति के बारे में जानकारी नहीं है, जहाँ वर्ग विभाजन न रहा हो। इसका अर्थ यह हुआ कि हमें सिंधु के शहरों में वर्ग विभाजन का (साथ ही उत्पादन-संबंधी संरचना का भी) पता सीधे साक्ष्यों से ही लगाना होगा, ऐतिहासिक लिखित दस्तावेजों के बगैर। हड़प्पा और मोहनजोदड़ो में वर्गों का स्पष्ट विभाजन था, यह खुदाई में मिले विभिन्न प्रकार के आवासों से स्पष्ट है। विशेषतः यहाँ नगरपालिका और मंदिरों के बड़े अन्न भंडार थे, जिनके साथ कुटाई-पिसाई के पर्याप्त इंतजाम भी जुड़े हुए थे। वहाँ पाई गई लकड़ी की ओखलियों के अवशेषों से पता चलता है कि वहाँ अनाज की कुटाई-पिसाई होती है। आटा स्पष्टतः आटा-चक्की में ही पीसा जाता था, जो प्राप्त हुए हैं, परन्तु विशाल अन्न-भंडारों/धान्यगारों में नहीं। बड़े भंडार गृहों के साथ बैरक जैसे आवास भी जुड़े हुए हैं, जो केवल गुलामों के आवास हो सकते हैं, ऐसा समानांतर मेसोपोटामिया की सभ्यता के नजरिये से देखने पर लगता है। सिंधु की सभ्यता में भी मंदिरों के दास होने के संकेत मिलते हैं, जैसे कि मेसोपोटामिया के फलक पर देखे जाते हैं। जिस तरह चाक पर एक मानक आकार-प्रकार में मिट्टी के बरतनों का बड़े पैमाने पर उत्पादन होता था, निश्चित ही वह कुम्हारों का एक बड़ा वर्ग हुए बिना संभव नहीं है, जिनके आँवे पूर्वकाल में शहर के बाहरी इलाकों में पाए जाते हैं और ह्रास के लंबे दौर में शहर के भीतर भी। औजार और सामग्रियाँ, जिनमें कुछ तो पत्थरों की हैं लेकिन अधिकतर ताँबे और काँसे के उत्कृष्ट उदाहरण हैं। इनसे सिंधु के निवासियों की उच्च तकनीकी विशेषज्ञता का पता चलता है। ईंटें पाथने और निर्माण के कार्यों में बहुत लोगों को रोजगार मिला हुआ था,

साथ ही बहुत सारे लोग शहर के विभिन्न सेवा कार्यों में भी लगे हुए थे। हमारे पास वहाँ लंबी दूरी वाले व्यापार के निर्णायक साक्ष्य हैं। भारतीय ताँबा समुद्री मार्ग से व्यापारियों के एक खास समूह द्वारा लाई गई उपभोक्ता सामग्रियों से विनिमय के लिए बहरीन (टिलमून) ले जाता था। इससे पूर्व के समय में इन्हें उर के नम्मू जैसे महान मंदिरों से संरक्षण प्राप्त होता था जिसके सामान से दुकानें चलाई जाती थीं और साथ ही वित्त की व्यवस्था भी होती थी। हमें बेबीलोन की तरफ से बीमा, जोखिम, ऋण, मुनाफे के बँटवारे, और यहाँ तक कि बहरीन के एकाधिकारवादी दिलमन (alik Ṭilmūn) व्यापारियों के बारे में भी अच्छी जानकारी[9] है। बाद के समय में असीरियाई राजा विशेष संरक्षक बन गया, वास्तव में वह इस व्यापार के लिए व्यापारियों के संगठन का बड़ा साझेदार था। वे ताँबे, हाथी दाँत, बंदरों, मोतियों ('फिश-आईज़') और ऐसी ही अन्य सस्ती चीज़ों का आयात करते थे, यह बात कीलाक्षरों के अभिलेखों से सिद्ध हो चुकी है। इन सभी चीज़ों की कुछ मात्रा भारत से आती थी। बेबीलोन के दस्तावेजों में हाथी दाँत के कंघों का उल्लेख है, जो कि मोहनजोदड़ो में पाए जा चुके हैं (चित्र 7), जिसे शायद बेबीलोन में मेलूहा कहा जाता था। सिंधु के व्यापारियों या उनके भरोसेमंद प्रतिनिधियों के मोहनजोदड़ो में छोटे अवस्थापन थे, ऐसे संकेत विशिष्ट संप्रदाय की सामग्रियों और मुहरों से मिलते हैं (चित्र 8)। अधिकतम संभावना इस बात की है कि वे कपास का निर्यात करते थे, और शायद बकरी के ऊन से बने कपड़ों का भी; कपड़े टिलमून के सबसे आसानी से ले जाए जा सकने वाले और व्यापारिक विनिमय के सबसे मूल्यवान पदार्थ थे। भारतीय उधर वापस क्या ले आते थे, यह निश्चित नहीं है, लेकिन निश्चित ही चाँदी उन सामग्रियों में से एक है। यह धातु भारत में पर्याप्त मात्रा में उपलब्ध नहीं थी, जबकि मोहनजोदड़ो में पाए गए इसके टुकड़ों[10] का जो वजन है, भारतीय मानक के नज़रिये से देखने पर वे स्थानीय नहीं लगते। इनमें से एक जो चाँदी की एक सिल से सफाई से तोड़ा गया (अनुमानतः नियमित सिक्के चलने से पहले के समय में विनिमय के लिए) है, उसके दोनों तरफ कीलाक्षर के चिह्न बने हुए हैं। जहाँ तक नौकायन की विधि का प्रश्न है, इस संबंध में एक अभिलेख पाया गया है कि पहले क्या परंपरा रही होगी, उन दिनों से भी बहुत पहले की जब मौसम की खोज हुई और हिप्पेलस द्वारा उसकी नए सिरे से खोज की गई, जिसके चलते साल में एक बार लाल सागर से आने-जाने के लिए दोनों तरफ़ सीधे और तेज गति से नौकायन संभव हो सका। बवेरू जातक[11] से पता चलता है कि भारतीय व्यापारियों के जहाज तटों के किनारे-किनारे खेये जाते थे। वे दिशासूचक यंत्र (कंपास) का काम लेने के लिए एक खास किस्म के कौवे का इस्तेमाल करते थे, जिसे नजदीकी जमीन को तलाशने के लिए तब छोड़ा जाता था जब जहाज भटक जाता था। इसी से यह बात स्पष्ट हो जाती है कि एक फारा मुहर (चित्र 9) पर जहाज के आसपास मँडराता हुआ एक पक्षी क्यों चित्रित[12] किया गया है, जिसके वहाँ न तो होने का कोई प्रयोजन है और न बैठने के लिए कोई अन्य जगह। सिंधु के मुहाने पर एक पत्तन रहे होने की बात हमारे पुराविदों को मुश्किल में डाल देती है, लेकिन बहुत हद तक संभव है कि वह पोत मोहनजोदड़ो ही रहा हो, जैसे कि दूसरे छोर पर उर था, उस समय

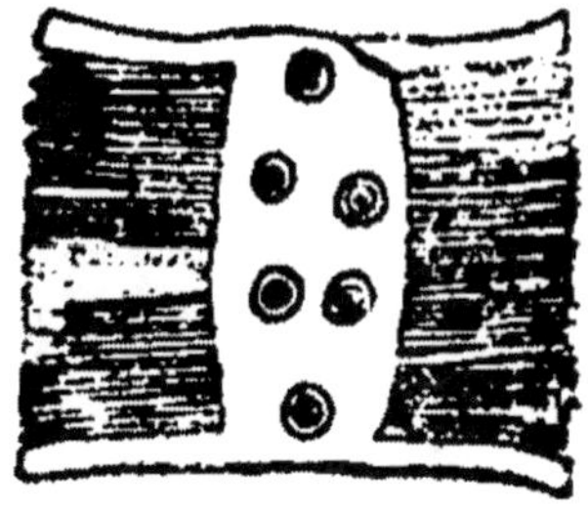

चित्र 7: मोहनजोदड़ो में मिला एक कंघा; इससे मिलते-जुलते प्रकार का हाथी दाँत का कंघा भारत में अभी भी बनता है।

चित्र 8: अगरब के टीले से मिले रस्मी मुलायम पत्थर के बने एक गमले का टुकड़ा 2800–2600 ई.पू. के लगभग, जिसमें सिंधु जैसा एक टिल्हे वाला बैल बना है, मंगेर और किसी तरह का एक मुर्गा है।

चित्र 9: मसोपोटामियाई सिलिंडर सील का एक ब्योरा; जिसमें दिशा संकेत करने वाले पक्षी के साथ एक नाव बनी है।

चित्र 10: वत्स के बाद का सिंधु का एक जहाज।
PL. XC. 223

के अधिक छोटे जलपोतों के लिए। सिंधु में एक मनुष्य द्वारा खेई या चलाई जा रही नाव का चित्र, जिसके बीच में किसी तरह का एक ढाँचा भी दिखता है, सुविख्यात है। एक दूसरी मुद्रा पर एक बड़ा जहाज या जलपोत शायद ठीक-ठीक पहचान किए जाने से वंचित रह गया, शायद इसलिए क्योंकि उस पर चित्रांकन उलटा हो गया है। सही स्थिति का संकेत इस तथ्य से मिलता है कि किसी मुद्रा पर मुख्य चिह्न हमेशा ऊपर आना चाहिए और अल्फा आकार वाला चिह्न हमेशा दक्षिणाभिमुख हो, जैसा कि इसमें दिखाया गया है।

इस विदेशी व्यापार का निश्चित रूप से एक आंतरिक प्रतिरूप भी था। सिंधु घाटी के शहरों ने कुछ ही दूरी पर पाए जाने वाले अयस्कों से धातु के औजार और बर्तन बनाए थे। यहाँ से कुछ ही दूरी पर हाथी दाँत और बंदर भी पाए जाते थे। सिंधु के विस्तृत मुख्य मार्ग पर केवल व्यवसाय ही सब कुछ नहीं हो सकता था। सिंधु सभ्यता के कुछ चिह्न राजस्थान, काठियावाड़ और आसपास के कुछ और निकटवर्ती क्षेत्रों में भी पाए जाते हैं। अहमदाबाद जिले के लोथल तक (*IAR* 1955, पृष्ठ संख्या 9–12) में व्यवसाय की समस्या को किसी विचारणीय स्तर तक समझे बिना। माना जा सकता है व्यवसाय ने (यद्यपि स्वयं सिंधु के व्यापारियों ने नहीं) अपना दख़ल नवपाषाणकालीन दक्षिण तक बना लिया था। हम यह जानते हैं कि इस गहरे प्रायद्वीप में सोने का उत्पादन उस समय भी होता था जब इसके सीधे-सादे उत्पादकों को सोने के उपयोग की बहुत मामूली जानकारी थी। घिसे हुए पत्थर के औजार और पत्थर के बड़े एवं पतले (ब्लेड जैसे) धारदार औजारों को देखकर ऐसा लगता है कि ये दक्षिण के लघुपाषाणी उद्योग में बाहर से आये हुए हैं। इनमें से चिकने औजारों की नकल सिंधु से ताँबे और काँसे औजारों से की गई होगी, बहुत हद तक वैसे ही जैसे मध्य यूरोप की चिकनी पाषाणी कुल्हाड़ियाँ, जो स्कैंडिनेविया तक पहुँच गई थीं, द्वितीयक नवपाषाणकालीन औजार मानी जाती हैं, जो निकट ही पूरब में ताँबे और काँसे के उत्पादन से प्रेरित हैं। दक्षिण के धारदार पत्थर के बड़े औजार भी इसी तरह निश्चित रूप से सिंधु सभ्यता की नकल करके बनाए गए हैं। इन प्राचीन मार्गों को उन कच्चे रास्तों से पहचाना जा सकता है जिनके जरिये सिर पर बोझ ढोने वाले कुलियों के कारवाँ जाते थे; और बहुत हद तक इनकी पहचान इस मार्ग पर चार-चार मील की दूरी पर बने सिर का बोझ नीचे रखकर सुस्ताने के लिए बने टीलों, खंबों और कगारों से की जा सकती है।

3.3. मुख्य प्रश्न यह है कि इस वर्ग संरचना को बनाए कैसे रखा गया? इन सभी लोगों के पेट कौन भरता था, वह कौन सा तरीका था जिसने समृद्ध वर्ग को उन लोगों के रोष से बचाए रखा, जो इस पूरी समृद्धि का उत्पादन करते थे? वर्ग विभाजन की किसी भी व्यवस्था का विश्लेषण किया जाए तो अंततः यही सामने आता है कि उसकी नींव हमेशा बलप्रयोग पर टिकी होती है, जिसमें लोगों के एक वर्ग द्वारा उत्पादित अधिशेष को छोटा सा शासक वर्ग हथिया लेता है। इसमें हिंसा की आवश्यकता उस अवस्था में बहुत कम ही रह जाती है जब उत्पादक वर्ग अपने जीवन निर्वाह के लिए उच्च वर्ग के निर्देशानुसार चलने के अलावा कोई और उपाय नहीं देख पाता। अकसर श्रमिक वर्ग को समझाने के लिए धर्म का प्रयोग किया जाता है कि वह अपने द्वारा उपजाया गया अधिशेष शासक वर्ग को दे दे, अन्यथा अलौकिक शक्तियाँ उसे अपनी रहस्यमय ताकत से नष्ट कर देंगी। शोषण की प्रक्रिया जितनी निष्ठुर होगी, दमन के लिए बलप्रयोग की आवश्यकता उतनी ही अधिक होगी। क्योंकि लोग किसी प्रकार का विरोध जताए बिना चुपचाप भूखे मरना बर्दाश्त नहीं कर सकते। यहाँ फिर लोगों के भीतर बहुत गहरे बैठे हुए भय और वर्जनाओं का अंधविश्वास काम आता है। बलप्रयोग के उपकरणों, स्पष्ट शब्दों में कहें तो हथियारों को पुरातात्विक अभिलेखों में छिपाया नहीं जा सकता, जबकि अंधविश्वास का प्रकटीकरण चित्रों या धार्मिक प्रयोजन के लिए विशिष्ट भवनों के जरिये हो जाता है।

समृद्धि के अस्तित्व पर संदेह नहीं किया जा सकता। यहाँ तक कि जो शहर प्राचीनकाल में ही लुट चुके थे, उन्हें भी खजाने तलाशने वालों ने फिर से लूटा। ईंटें खोदने वालों, दुर्नियोजित/भ्रमित पुराविदों ने भी भ्रमित किया। फिर भी सोने, चाँदी और जेवरों से भरे खजाने

सामने आए। बड़े घरों में पक्की ईंटों की मोटी दीवारें होती थीं, जिन्हें चोर तोड़ नहीं सकते थे। घर में प्रवेश हमेशा बगल से गुजरने वाली एक गली से होता था, जिसमें द्वारपाल के लिए एक प्रकार का कक्ष भी होता था। आँगन में कुएँ होते थे, घर अपने मालिक के लिए एक छोटे क़िले जैसे होते थे। लेकिन सजावट, यादगारों, नक्काशी, बड़ी प्रतिमाओं, यहाँ तक कि सजावटी ईंटों, खपरैल, रंगीन लेप और दिखावे की ऐसी किसी भी प्रवृत्ति का सर्वथा अभाव दिखाई देता है जो कि विजय के उन्माद में कोई विजेता या नए-नए अर्जित वैभव को दिखाने की उतावली में कोई नवधनाढ्य करता है। खजाने नितांत निजी मामले थे। गलियों में बिछी ईंटों की या धूल की सफाई आदि नगर नियोजन के मामले नहीं थे, जो भी मामूली बरसात वहाँ होती थी, उसके बाद भी उधर गुज़रना मुश्किल हो जाता था। वस्तुतः हिंसा का उपकरण बहुत ही कमजोर थे, यद्यपि शक्ति संचालन के लिए उनकी सामाजिक व्यवस्था, जिसे हम राज्य कहते हैं, के बारे में कोई प्रत्यक्ष ज्ञान नहीं है। सिंधु के शहरों में पाए गए हथियार कमजोर हैं, खासकर ताँबे की बनी बिलकुल पतली बरछियाँ तो एक ही अच्छे वार से मुड़ जाने वाली हैं। प्रमुख सिंधु स्तर में तलवार जैसा कुछ नहीं है। चित्रलिपि में धनुर्धारी देखे जा सकते हैं और पत्थर तथा तांबे के तीरों के सिरे पाए गए हैं। धनुष आखेट युग का अवशेष है। लोहे के बारे में तब कोई जानकारी नहीं हो सकी थी, इसलिए एक छोटे से समुदाय के हाथों में थोड़े से हथियार ही काफ़ी थे। इन उत्कृष्ट उपकरणों, जो कि मजबूत तो थे लेकिन पुरातन भी थे, में विषमता यह साबित करती है कि हथियारों का उपयोग महत्त्वपूर्ण नहीं था। इसलिए राज्य की व्यवस्था, चाहे वह जो कुछ भी थी, के पास कुछ ऐसा शक्तिशाली उपाय जरूर था जिसने हिंसा की आवश्यकता को घटाकर न्यूनतम कर दिया था। शहर व्यापार पर आश्रित थे, युद्ध पर नहीं। किंतु यदि सेना या पुलिस की व्यवस्था बहुत मजबूत नहीं थी तो ऐसा क्या था जो लाभ में व्यापारियों की असमान हिस्सेदारी बनाए रखने में मदद करता था?

इसका उत्तर धर्म में छिपा लगता है। हालाँकि वहाँ देवताओं की बड़ी प्रतिमाएँ नहीं हैं। जिसे गढ़ी कहा जाता था, वह पहाड़ी असंदिग्ध रूप से मंदिर- मेसोपोटामिया की ज़िकुरत संरचनाओं से मिलती-जुलती है। पूरा निर्माण कम से कम 30 फीट ऊँचे ईंटों के एक चबूतरे पर था, जो कि बाढ़ से सुरक्षित था। भवनों का समूह चारदीवारी से घिरा था, बाद में तो यह एक किलाबंद क्षेत्र जैसा हो गया। हालाँकि चौड़ी सीढ़ियों वाला प्रवेशद्वार जटिल होते हुए भी रक्षा की दृष्टि से बेकार था, यह केवल उत्सवी प्रयोजनों के लिए ही सार्थक था। हड़प्पा के स्थल को तो ईंटें लूटने वालों ने बर्बाद कर दिया, जबकि मोहनजोदड़ो में पवित्र क्षेत्र में जो भी एक प्रमुख भवन के अवशेष हैं, वे कुषाण स्तूप से घिरे हुए हैं। लेकिन मोहनजोदड़ो में इससे जुड़ा हुआ 'महान स्नानागर' (जिसमें एक विशेष निकटवर्ती कुएँ से हाथ से खींचकर बड़ी मेहनत से लाकर जल भरा जाता था, ईंट की परतों के बीच राल के द्वारा जलरोधन कर इसका सुंदर तरीके से निर्माण किया गया है, इसे खाली करने के लिए निकास नाली बनाई गई है, और यह तीन तरफ़ से छोटी-छोटी कोठरियों से घिरा हुआ है) निश्चित रूप से एक आनुष्ठानिक स्नानागर रहा होगा। क्योंकि प्रत्येक निजी घर में एक सुंदर और अच्छी तरह उपयोग होने वाला स्नानघर है, जो इस शहर को आद्य-इतिहास, या मेसोपोटामिया, या मिस्र की किसी भी चीज़ से अलग करता है।

यहाँ तक कि गढ़ी से भी कोई स्नानार्थी दीवारों में लगी सीढ़ियों से आसानी से उतर कर नीचे जा सकता था। मैंने इसे पवित्र पद्मकुंड (पुष्कर; *JBBRAS*. 27. (1951). 23–30) के आद्य रूप का वर्णन किया है जो बाद के दिनों में बचा रह गया था। जिन भारतीय राजाओं के बारे में हम जानते हैं, उनका उस तरह से राज्याभिषेक नहीं होता था, जैसे यूरोप में होता था; बल्कि, उनके ऊपर ऐसे ही किसी पवित्र स्थल पर जल छिड़क दिया जाता था। मैंने आगे स्पष्ट किया है कि यह स्थल मातृदेवी की पूजा के लिए समर्पित था। उत्पादकता की रस्मों में एक प्रक्रिया वहाँ पुष्कर झील पर देवी की सजीव दासियों के साथ सहवास की भी थी, यह रस्म मेसोपोटामिया स्थित इश्तार के मंदिरों में प्रचलित पवित्र वेश्यावृत्ति जैसी थी। पक्षियों जैसे सिर वाली स्त्रियों के गुड़ियों जैसे चित्र (पवित्र संस्थान की नृत्यांगनाएँ या उनके जैसी अन्य स्त्रियाँ अपने सिर पर खास मुखौटा लगाती थीं) इन खंडहरों के साथ-साथ इसके समानांतर थोड़ी कम विकसित कुल्ली जैसी संस्कृतियों में पर्याप्त मात्रा में पाए जाते हैं। दीर्घकाल से संरक्षित किसी पंथ के जीवित प्रतिनिधि अपने पंथ में प्रतिमाओं की अनुपस्थिति की व्याख्या में मदद कर सकते हैं। इस मामले में साक्ष्य थोड़े गड्डमड्ड हैं, क्योंकि इनकी मुद्राओं में नर-पशुओं के पंथिक चित्रों के अलावा कुछ और है नहीं; इन मुद्राओं पर अंकित कुछेक मानव चित्रों की भी जब पहचान की जाती है तो वे भी नर ही लगते हैं। मानव चित्रों में एक तीन सिरों वाले दाढ़ी वाले देवता दिखाई देते हैं, जिनमें बाद के हिंदू देवता शिव की कुछ विशिष्टताएँ दिखाई देती हैं। इस मामले में, सिंधु से मिली कुछ मूर्तिचित्र युक्त मुद्राएँ बाद के हिंदू धर्म के कुछ आख्यानों की व्याख्या में सहायक हो सकती हैं; जैसे कि त्रिशंकु[13]। पीपल (फाइकस रेलिजिओसा) वृक्ष जिसकी आज भारत में पूजा होती है, इसकी सुस्पष्ट पत्तियाँ इन मुद्राओं पर दिखाई देती हैं। निश्चित ही, पाँच हज़ार साल पहले भी इसकी गणना धार्मिक महत्त्व की वस्तुओं में होती थी। वैसे अगर हम मातृदेवियों के चित्रों और कुलचिह्न

वाले नर पंथ पशुओं की द्विविधता की बात करें तो ये दोनों एक-दूसरे से किसी तरह जुड़े नहीं दिखाई देते। इन मुद्राओं का पंथिक पूजा के अलावा भी एक विशेष प्रयोजन है, और वह है वाणिज्यिक वस्तुओं पर एक प्रभावशाली रक्षात्मक पवित्र चित्र (टैबू) लगाना[14]। यदि व्यापारी मंदिर की देवी और मंदिर की संपत्ति से इतर स्वतंत्र रूप से अपनी निजी संपत्ति बनाता था तो इससे यह स्पष्ट हो सकता है कि उसने क्यों अपनी सुरक्षा के लिए एक भिन्न प्रकार का चित्र चुना।

चित्र 11: 'बलि', सिंधु की एक स्टांप सील।

इन मुद्राओं के कुछ संबंध हिमयुगीन कलाओं से जुड़े हैं। आदिम युग के कलाकार इसके लिए 'रेखाचित्र पत्रों' (जो सिंधु घाटी की मुद्राओं से कदाचित ही बड़ी होती रही हों) का प्रयोग करते थे, जिनसे पशुओं के चित्रों की नकल करीब 200 मील की दूरी पर स्थित यूरोपियन गुफाओं की दीवारों पर उतारी गई है (*AIA.* चित्र 138–9)। रेखाचित्रों की नकल उतारने से लेकर सीधे मिट्टी पर इसे छाप देने तक की प्रक्रिया धार्मिक गतिविधियों में एक सहज प्रगति है। *AIA.* चित्र 140 में पत्थर की पटिया वाले 'रेखाचित्र पत्रों' पर कुछ पशुओं को देखते हैं, जो कि कई युगों में भारत में कायमेरा (मिथिकीय संकर पशु) और संकर (हाइब्रिड) भीमकाय जंतुओं के जो वर्णन मिलते हैं, उनके उत्कृष्ट प्रथम चरण का निर्माण करता है।

चित्र 12: मोहनजोदड़ो के निचले तल से मिला काँसे का एक औजार, चित्र 13 वाली ही नाप का।

कम से कम पाँच सौ से लेकर उसके तीनगुना से भी अधिक वर्षों तक संस्कृति में कोई परिवर्तन न होने को धर्म के प्रभुत्व से समझा जा सकता है। सिंधु से पूर्व के छोटे से गाँव की जगह पर हड़प्पा की बिलकुल प्रारंभिक बस्ती से लेकर हिंसक विध्वंस के समय तक हम क्षरण तो देख सकते हैं, लेकिन कोई जरूरी बदलाव नहीं। यह विशेषता भी खास तौर से सिंधु के शहरों से जुड़ी है, जो मसोपोटामियाई या मिस्री शहरों के विपरीत है। मिट्टी के बर्तनों का रूप और उनकी तकनीक विदेशी आक्रांताओं की विजय के अंतिम काल तक एक जैसी ही बनी रही; काँसे के औजारों के भी पुराने ही रूप अपरिवर्तित बने रहे, उदाहरण के लिए कुल्हाड़ियों और बसूलों के लिए बार-सेल्ट्स (चित्र 12), उनमें हत्था लगाने के लिए बने सूराख के बिना। इनमें काँसे के औजार कहीं अधिक उपयोगी थे और समकालीन सुमेरी लोगों को इनकी जानकारी थी, लेकिन विदेशी आधिपत्य के बाद यह केवल ऊँचे परतों में ही पाया जाता है (चित्र 13)। बाद के भारत में, न केवल देश के प्रत्येक भाग, बल्कि प्रत्येक शताब्दी ने अपनी विशिष्ट लिपि तैयार की। जबकि सिंधु की लिपि में प्रारंभिक काल से लेकर नवीनतम अन्वेषित स्तर तक कोई अंतर दिखाई नहीं देता।

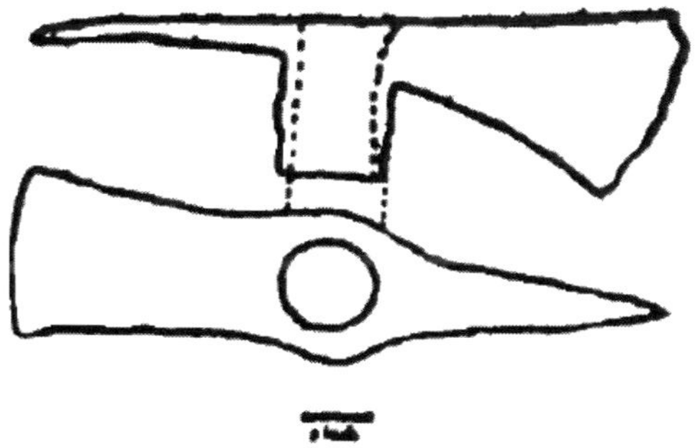

चित्र 13: काँसे की बेंट के छेद वाली कुल्हाड़ी-बसूला, विदेशी कब्जे का साक्ष्य, मोहनजोदड़ो के ऊपरी तल से मिला।

मिस्री चित्रलिपिकारों ने अपनी कला का मूल रूप कई शताब्दियों तक बनाए रखा, लेकिन इसी बीच में पौरोहित्यिक और लोक प्रवाही लेखन के दो अलग रूप भी विकसित हो गए। मेसोपोटामिया में, कीलाक्षर अक्षरमाला ने कम समय में ही चित्रलिपि की जगह ले ली, जो हमें व्यापारियों की तमाम पट्टिकाएँ, हम्मूराबी की विधि संहिता, प्रतिमाओं के लिए शिलालेख, भूमि हस्तांतरण और दासों के विक्रय संबंधी अभिलेख, मंदिरों के गीत और महाकाव्य जैसी असंख्य चीज़ें उपलब्ध कराते हैं। यहाँ हमारे पास मुद्राओं पर कुछ छोटी रेखाएँ या

बर्तनों पर कुछ खरोंचें छोड़ कर और कुछ भी नहीं है। संभव है कि व्यापारियों ने क्षरणशील पदार्थों पर लिखा हो, जैसे कि माड़ लगे हुए कपड़े, चमड़े, ताड़पत्र या भोजपत्र पर, लेकिन इनमें से ऐसा कुछ भी नहीं बचा (केवल स्याही के काले धब्बे छोड़कर) जिससे यह साबित किया जा सके। यद्यपि इसका भी कोई कारण समझ नहीं आता कि उन्होंने अपने सुमेरी समकालीनों से यह क्यों नहीं सीखा कि मिट्टी पर इस तरह कैसे लिखा जाए जो अमिट रह जाए। निष्कर्ष यही निकलता है कि उन्होंने अपने अभिलेखों को लंबे समय तक सुरक्षित रखना आवश्यक नहीं समझा। एकाधिकार सुरक्षित था और इसकी निरंतरता भी अपरिवर्ती परंपरा द्वारा सुनिश्चित कर दी गई थी।

लाभ और धर्म पर वर्गविशेष के एकाधिकार पर आधारित इस तरह के अपरिवर्तनवाद से ही लिपि की अपरिवर्तनीयता को समझा जा सकता है, साथ ही यह भी कि शहर का पूरा नियोजन इस प्रकार का क्यों था कि उस पर मंदिर का प्रभुत्व था। यहाँ व्यापारियों के एक ऐसे निश्चित वर्ग की तस्वीर उभरती है जो यहाँ मातृदेवी मंदिर के संरक्षण में था। मंदिर के प्रति वे भेंट/चढ़ावा/शुल्क देते थे जो उनके विशाल धन-संग्रह में बाधक नहीं था। मुद्दा यहाँ यह है कि श्रमिक वर्ग की आबादी का बड़ा भाग अपने को अपनी नियत अवस्था में बनाए रखने के पर्याप्त धार्मिक कारण पाता था। इस बात का कोई अर्थ नहीं है कि मंदिरों के नियंत्रण में क्या समानताएँ थीं, केल्डी (Chaldees) के उर जैसे शहर निश्चित रूप से बड़े सैन्य उपकरण और साथ ही उनका उपयोग करने वाले राजाओं के स्मृतिशेष भी दर्शाते हैं जिन्होंने पूरी तरह देवताओं पर निर्भर हुए बिना इनका उपयोग किया। सिंधु घाटी में ऐसा कुछ नहीं दिखता।

3.4. अब हम मूलभूत प्रश्न पर आते हैं। किसान किस तरह से अनाज का वह अधिशेष उपजाते थे, जो शहर के लोगों का पेट भरने के जरूरी होता था, चाहे वे मंदिर के दास हों, या श्रमिक, शिल्पी, व्यापारी, या फिर पुरोहित? यह मानते हुए कि वे लोगों को व्यापार और धर्म के माध्यम से अनाज का अधिशेष बाँटने के लिए राजी करने में समर्थ हैं, अनाज कैसे उपजाए जाते थे? हमें यह ध्यान रखना चाहिए कि सिंधु घाटी की मिट्टी मटियार थी, विश्व में और कहीं की भी मिट्टी जितनी ही उपजाऊ। एक अपेक्षाकृत अविश्वसनीय अनुमान यह है कि सिंधु घाटी में उन दिनों भारी बारिश होती थी, जिससे अधिक फसल लेना संभव हो पाता था। आज की कम बरसात के बावजूद विध्वंसक बाढ़ और बड़े पैमाने पर ऊसर की असल वजह पहाड़ों पर जंगलों की अंधाधुंध कटाई लगती है। वैसे भीषण वर्षा के संबंध में हमें जो कुछ भी साक्ष्य मिले वे अत्यंत ही दुर्बल है। पहला, माना जाता है कि निर्माण कार्यों के लिए मेसोपोटामिया की धूप में सुखाई ईंटों की जगह आग में पकाई ईंटों के प्रयोग का आशय यह है कि जलौनी लकड़ी की आपूर्ति अब ज़्यादा करनी होगी, उससे ज़्यादा जो कि आसपास की झाड़ियों में उपलब्ध था। हालाँकि वही लेखक यह भी कहते हैं कि छतों में बतौर बीम लगाए जाने के लिए लकड़ियाँ नदी के रास्ते हिमालय की तराई से लाई जाती थीं। जबकि सिंधु के शहरों में न तो ऐसा कोई ईंट भट्ठा दिखता है और न विशाल अवशेष धातुमल का ढेर, जो इतने बड़े पैमाने पर भट्ठियाँ जलाने से[15] अनिवार्य रूप से बना हुआ हो। इस बात का कोई कारण नहीं दिखता कि ईंटों को पकाने का काम थोड़ी दूरी पर, ले जाकर क्यों नहीं किया जा सकता था, यानी जहाँ से जलौनी लकड़ियाँ निकट होतीं, और नदी के सहारे नीचे नहीं लाया जा सकता था, जैसे कि लकड़ियाँ लाई जा सकती थीं। अलेक्ज़ेंडर का जहाजी बेड़ा हिमालय की लकड़ियों से ही बनाया गया था, जिसे ब्यास नदी से तैरा कर लाया गया था (*Strabo*, 15.1.29)। तर्क की दूसरी श्रेणी इस प्रकार है: मुहरों पर गैंडा, बाघ, भैंस, हिरन, जैसे जानवरों के चित्र हैं, जो भारी बरसात वाले जंगलों में पाए जाते हैं। इसलिए ये मुहरें ऐसे क्षेत्र से संबंधित हैं जहाँ भारी बरसात वाले जंगल रहे हैं। इस पर विश्वास करना थोड़ा मुश्किल हो जाता है, जब कोई इस बात पर विचार करता है कि कई मुहरों पर संकर जंतु (कायमेरा) दिखाई देते हैं, जो कि आधे बैल और आधे हाथी हैं, आधी बकरी और आधी मछली हैं, कई बार तो तीन-चार जानवरों के मिश्रण हैं, एक तो आधा शेर आधा आदमी है, बाद में विष्णु के नरसिंह अवतार की अवधारणा शायद यहीं से ली गई है। उसी क्रम में सोचें तो इस आधार पर मानना होगा कि यह क्षेत्र ऐसे ही विलक्षण और विरूप प्राणियों से भरा पड़ा था। हमारी दृष्टि में इन मुद्राओं पर बने ये जंतु वस्तुतः कृषि से पहले के युग के मूल टोटेम हैं—जो शिकार वाले क्षेत्र में रहे होंगे, जबकि मिश्रित जंतु संकर टोटेम के साथ संयुक्त कुटुंबों या संयुक्त जनजातीय समुदाय के प्रतीक हैं।

सबसे पहले हमें यह ध्यान रखना होगा कि उपजाऊ मिट्टी के बावजूद यहाँ मेसोपोटामिया और यहाँ तक कि नील की सँकरी घाटी से भी कम होता था। साक्ष्य यह है कि हमारे पास केवल दो बड़े शहर हैं, करीब नौ सौ मील की दूरी तक फैले क्षेत्र में, उससे करीब आधी इधर-उधर फैली अस्थायी बस्तियों के साथ। खैरपुर के 'बड़े गाँव' में (Kot Diji: Ill: London News May 24, 1958, 866–7) सिंधु बस्ती का एक ऊपरी स्तर है, जो कभी एक वास्तविक शहर में नहीं बदल पाया। अहमदाबाद से करीब 70 मील दूर स्थित लोथल

चित्र 14: बीज बोने के लिए ड्रिल और छोटे से जोड़ने वाले लट्ठ वाला सुमेरी हल। (मुद्रा पर मिला)

कुछ भ्रांत रिपोर्टों के बावजूद एक छोटी सी व्यापारिक चौकी है और वह भी बाद की। अगर बदिन में अन्वेषण किया जाए, खासकर उस प्राचीन नदी के किनारे जिसे कच्छ के रन में अब केवल झीलों की एक शृंखला (नर) के रूप में पहचाना जाता है, तो ऐसी कई चौकियाँ पाई जा सकती हैं और यह सिंधु संस्कृति के काल निर्धारण में सहायक होगा। लेकिन यह सब इस जुड़वाँ शहर के मामूली परिपूरक भर हैं। अगली सबसे बड़ी बस्ती, चान्हू दारो, ने 25 एकड़ से कम क्षेत्रफल घेर रखा था। कुछ संभावनाशील टीले भी किसी बड़े शहर का स्थल होने के संकेत नहीं देते। क्योंकि ऐसे किसी 'टीले' के आधार की चौड़ाई भारी बारिश के प्रभाव से हज़ारों साल तक कचरा और मलबा फैले रहने की सूचना देती है। असंदिग्ध रूप से एक छोटे मैसोपोटामियाई क्षेत्र में हम पाते हैं कि कई नगर-राज्य हैं, जो आपस में व्यापार और युद्ध करते रहे हैं। यहाँ तक कि प्राचीनकाल के बिलकुल आरंभिक दौर में भी मेसोपोटामिया में सात बड़े शहर थे, जिनके मार्गदर्शक व्यक्तित्वों ने सप्त ऋषियों के आख्यान को जन्म दिया (H. Zimmern: Zeit. Assyriologie 1923–4, pp. 151–154)। ये सातों सिंधु की दो मुद्राओं पर दर्शाए गए हैं, वैसे ही जैसे कि ब्राह्मणों के सात गोत्रों के सिद्धांत में, जो कि कभी भी दर्ज किए गए गोत्रों की संख्या से मेल नहीं खा सका। सिंधु घाटी में बड़ी शहरी आबादी का घनत्व क्यों नहीं था? इसका एकमात्र उत्तर यह हो सकता है कि कृषि की यहाँ जो विधि थी, उससे उतना अधिशेष नहीं उपजाया जा सकता था, जितना कि मेसोपोटामिया में उपजाया जाता था।

एक और परेशानी यह है कि उस समय खेती की कौन सी विधि प्रयोग की जाती थी, इस बारे में कोई सूचना नहीं है। फिर भी मैं यह कहने का जोखिम उठा रहा हूँ कि सिंधु के लोगों के पास हल नहीं था (जो कि मैसोपोटामियाई मुद्राओं पर दर्शाया गया है; देखें, चित्र 14), केवल एक दाँतेदार पाटा है जिसे सिंधु की चित्रलिपि के एक चिह्न के तौर पर पहचाना जा सकता है। उनकी कृषि बड़े पैमाने पर भारी बारिश पर निर्भर नहीं थी (जिसका आशय सघन वन रहा होगा), बल्कि बहुत हद तक सिंचाई पर थी। यद्यपि यह सिंचाई मेसोपोटामिया, या बाद के भारत और आधुनिक पंजाब की नियमित नहरी सिंचाई नहीं बन सकी थी। इस प्रकार की सिंचाई के बिना, पंजाब, जहाँ सिंध से अधिक बरसात होती है, आज अपनी आबादी के केवल एक हिस्से का पेट भर सकता है। प्राकृतिक बाढ़ द्वारा नदी के किनारे की ज़मीन छोड़ी गई उपजाऊ मिट्टी की गाद के उपयोग के बावजूद ऐसा लगता है कि सिंधु घाटी में सिंचाई का तरीका नदियों की छोटी शाखाओं पर बाँध बना कर खेतों तक पानी लाने का था। आज भी, प्राकृतिक बाढ़ के साथ बहाव से आई मिट्टी की गाद बाढ़-सिंचित* (सैलाब, एक विशिष्ट नामकरण) भूमि को सिंधु और पंजाब में सर्वाधिक उपजाऊ बनाती है। कभी भी बाढ़ आ जाने और नदियों के रास्ता बदलते रहने के कारण ऐसी जमीन पर सिंधु की बस्तियाँ अपेक्षाकृत अस्थायी थीं। पानी के बहाव को रोकने वाले बाँध नदी किनारे की जमीन पर बाढ़ लाने में मदद करते थे। दोनों ही स्थितियों में, इस तरह से जमा हुई बाढ़ वाली मिट्टी को उपजाऊपन बनाए रखने के लिए उस पर पाटा चला दिया जाता था। यह एक नियमित फसल पैदा कर सकता था, लेकिन उस ज़मीन की तुलना में इसकी मात्रा सीमित होती थी

* "नहरी पानी वाले क्षेत्र के अलावा, देश का एक बड़ा हिस्सा, खासकर शिकारपुर जिले (सिंध के) में प्राकृतिक बाढ़ के भरोसे खेती में सक्षम माना जाता है। यह बाढ़ प्रायः नियंत्रण से बाहर होती है और फायदे से कहीं अधिक नुकसान पहुँचाती है। इसके विपरीत, जब वह एक हद में होती हैं, जैसा कि कराची जिले की मंछर झील के मामले में है, तब यह रबी या बसंत की, खासकर गेहूँ जैसी फसलों के विकास लिए बहुत ही फायदेमंद साबित होती है। उस भूमि पर जो अस्थायी तौर पर जलमग्न होती है। इस प्रकार, नए राजस्व निर्धारण में जलापूर्ति का वर्गीकरण तीन मदों में से एक में किया जाता है; नामतः प्रवाह (मोकी), खींचकर निकासी (चरखी) या बाढ़ (सैलाबी) और फिर आगे इसका वर्गीकरण प्रवाह की पर्याप्तता और निरंतरता के आधार पर किया जाता है, पानी को खींचकर खेतों तक पहुँचाने में जो खर्च आता है, तथा बाढ़ की निश्चितता और इसकी अवधि।" (बी.पी. 3.338, 1875 की एक रिपोर्ट का उद्धरण देते हुए)। मॉन्टगोमरी समेत पंजाब के दक्षिणी जिलों, जिनमें हड़प्पा भी शामिल है, वही लेखक कहता है कि बरसात "बहुत ही कम होती है, इसीलिए कृषिकार्य वस्तुतः नदियों पर निर्भर है ... उनकी बाढ़, सैलाबी नहरों और आर्द्र भूमि या नहरों के किनारे बनाए जा सकने वाले कुओं के उपयोग पर निर्भर है। बारिश के भरोसे बढ़ने वाली फसलें बहुत कम ही जानी जाती हैं, केवल कभी-कभी लंबे अंतराल पर होने वाली कुछ छोड़ दी जाएं तो....। (बी.पी. 2.537)

चित्र 15: आधुनिक भारतीय हल; लोहे के फाल के साथ जोड़ने के लिए लकड़ी के साथ; बाँधने के लिए रस्सी नहीं दिखाई गई है।

जहाँ नहर से पानी की आपूर्ति के साथ-साथ गहरी जुताई वाले हल का भी प्रयोग होता था। मेसोपोटामिया में नहरों की शुरुआत से पहले, जिसका इस्तेमाल सारगोनिद युग से ठीक पहले दिखाई देता है; सुमेरी लोग अपनी फसलों के लिए बाढ़ द्वारा लाई गई उपजाऊ मिट्टी की गाद पर भरोसा करते थे। मिस्र के लोग अपने यहाँ नाममात्र की बरसात के बावजूद गहरी नहरों के जरिये पानी लाने का प्राकृतिक तरीका बचाए हुए थे। सिंधु पर बने बाँधों के कारण बाढ़ से आने वाली मिट्टी के गाद की तुलना में नील नदी की बाढ़ से नियमित रूप से बहुत अधिक उपजाऊ होती थी। दोनों शहरों में ऊपरी तौर पर कोई बदलाव न होने और उनमें ह्रास की धीमी गति का मूलभूत कारण यही था। तीसरी सहस्राब्दी ई.पू. के आरंभ तक कृषि का प्राचीन तरीका ही व्यवहार योग्य था। ऐसा कोई भी वास्तविक अभिनव प्रयोग जो निश्चित रूप से बड़े अधिशेष की ओर ले जाता उसका अर्थ स्वयं उन शहरों की ही जनसंख्या और स्थापत्य में क्रांति होता। वास्तविक हल, (चित्र 15) जो कि किसी भी प्रकार की मिट्टी को जोत सकता था, का प्रयोग लौह युग में ही शुरू हुआ। भारतीय किसानों द्वारा अपेक्षाकृत नरम धरती को जोतने के लिए अभी भी खोंपे (हैरो) (चित्र 16) का प्रयोग किया जाता है, भले ही उस पर पहले हल न चलाया गया हो। इस तरह की कार्यशैली का प्रयोग हल्की, भुरभुरी मिट्टी के लिए किया जाता है। पश्चिमी तट पर खाज़न की गहरी और नरम गाद पर बरसात के दिनों में वैसे ही खोंपा चला दिया जाता था, जबकि उसी मिट्टी जब पूरी तरह सूख जाती तब उसे दूसरी फसल के लिए अच्छी तरह जोतना होता था।

सिंधु की जलवायु और बाढ़-सिंचित भूमि पर कृषि के बारे में प्राचीनतम उपलब्ध जानकारी सिकंदर के कप्तानों की ओर से है। यह अधिक मूल्यवान है, क्योंकि *Strabo* (15.1.17–18) तो ऊपरी पंजाब और सिंधु की निचले क्षेत्र की परिस्थितियों के बीच स्पष्ट विसंगति से ही उलझ गए थे:

"(Aristoboulos ने कहा) उन्होंने समुद्री यात्रा पर 10 महीने गुज़ारे (सिंधु की ओर) और कोई बारिश दिखाई नहीं दी, यहाँ तक कि जब एटिसियन हवाएँ अपने चरम पर थीं, तब भी नहीं। हालाँकि नदियाँ भरी हुई थीं और मैदानों को जलप्लावित किए हुए थीं। विपरीत हवाओं के कारण सागर पर जहाज खेना कठिन हो रहा था, लेकिन ये हवाएँ ज़मीन की ओर रुख नहीं कर पा रही थीं। इसी संदर्भ में नियारकोस भी लिखता है, लेकिन वह ग्रीष्म ऋतु की बरसात के संबंध में एरिस्टोबुलस से सहमत नहीं है। वह कहता है कि ग्रीष्म के दिनों में भी मैदानों में बारिश का पानी है, लेकिन जाड़े के दिनों बारिश नहीं होती। दोनों लेखक नदियों में उफान की बात करते हैं। नियारकोस कहता है कि जब उन्होंने अचेसिंस (चिनाब) के तट पर अपना शिविर लगाया तो नदी का जलस्तर पूर्व के तुलना में बढ़ जाने पर उन्हें अपना शिविर और ऊपर की भूमि पर ले जाने के लिए बाध्य होना पड़ा और यह चालीस क्यूबिट था, जिसमें से बीस ही चैनल को किनारे तक भर देने के लिए काफी था, बाकी बीस मैदानों को जलप्लावित कर देता था। वे इस मुद्दे पर भी एकमत हैं कि टीलों पर बसे शहर मिस्र और इथियोपिया के द्वीपों जैसे हो गए थे और यह भी कि स्वाति नक्षत्र के अस्त होने के बाद जब पानी उतर जाता था तो जलप्लावन भी खत्म हो जाता था। वे यह भी कहते हैं कि भूमि अभी आधी ही सूखी है, उसी पर बीज बो दिए गए हैं और उसे किसी सामान्य श्रमिक द्वारा जैसे-तैसे खोंप दिया गया है, लेकिन उसमें जो कुछ भी बो दिया गया है उससे अच्छी फसल आती है और उसमें अच्छी गुणवत्ता वाले फल उगते हैं।"

चित्र 16: आधुनिक भारतीय खोंपा (हैरो) अलग करने लायक बीज ड्रिल के साथ, छोर पर लगी लोहे की धार प्रायः दुर्लभ है।

'किसी आम श्रमिक द्वारा खोंपा चला दिए जाने' का स्पष्ट अर्थ है कि भूमि की हल से विधिवत जुताई नहीं की जाती थी और न गुड़ाई ही होती थी, उस पर केवल जैसे-तैसे थोड़ा-बहुत खोद-खाद दिया जाता था। मौसम विज्ञान संबंधी घटनाओं के वर्णन के लिए यूनानी लोग सौर पंचांग (कैलेंडर) का प्रयोग किया करते थे, जबकि भारतीय आज भी इसके लिए चांद्र पंचांग (लूनर कैलेंडर) का प्रयोग करते हैं।

'शहरों' से यहाँ आशय टीलों पर बसे पितृ ग्रामों से है, जो आम तौर पर अस्थायी प्रकृति की झोपड़ियों के समूह से घिरे होते थे, जिन्हें यूनानी लोग गाँव कहते थे। सिंधु के बाँधों का यहाँ ज़िक्र नहीं है, अनुमान है कि उन्हें आर्यों द्वारा नष्ट कर दिया गया – जो कि उन दिनों इस नाम से (Arioi, Arianoi; Strabo 15.2.1, 15.2.9) वहाँ सिंधु के पश्चिमी तट पर एक बड़े भूभाग पर बसे हुए थे, अफ़गानिस्तान और पूर्वी फ़ारस से लेकर जिस देश को उन्होंने इसका नाम इरान (अरियाना) दिया, तक।

इसलिए खोंपा (हैरो) और बाढ़ से सिंचाई को लेकर हमारा विमर्श पर्याप्त सहज है। खोंपे या पाटे का चिह्न सिंधु की चित्रलिपि का एक हिस्सा बन गया, वहीं इसमें ऐसा कुछ भी नहीं है जिसकी व्याख्या* हल के रूप में की जा सके। बैलगाड़ियों के नमूने खिलौनों में पाए जाते हैं, जबकि इसमें न तो हल जैसा कोई उपकरण है और न ही हल। सिंचाई की विधियों के बारे में नहीं जानते हैं और अगर जान पाते हैं तो केवल उन शत्रुओं से ही जिन्होंने सिंधु की संस्कृति को नष्ट किया। ये आर्य थे, जिनके अभिलेख प्राचीनतम संस्कृत ग्रंथों, विशेषतः ऋग्वेद, के रूप में बचे हुए हैं। इसमें आर्यों के मुख्य देवता इंद्र का वर्णन है, लूटमार करने वाले कांस्ययुगीन सरदार का एक नमूना, जो निरंतर देवरहित लोगों के भरे हुए खजाने लूटने में ही लगा रहता था: निधीन्रदेवानम्रणदयास्यः (RV. 10.138.4)। अनुमानतः यहाँ आशय सिंधु घाटी के निवासियों से ही था, जिनके दो शब्द प्रमुखतः प्रयोग किए गए हैं: दस्यु और दास, इनमें 'दास' शब्द का अर्थ 'विजित जन या जीते गए लोग' होता है। 'पणि' जिसका अर्थ 'व्यापारी' है, इसी तरह इससे उत्पन्न 'वणिक' और आधुनिक काल में बनिया; प्राचीन संस्कृत में पण का अर्थ सिक्का होता है, और पण्य का 'उपभोक्ता सामग्री'। संभवतः सिंधु घाटी में लोगों के ये दो बड़े वर्ग हैं। हमारी चिंता का विषय यहाँ कृषि का विध्वंस है। मेसोपोटामिया में एक के बाद एक आए कई आक्रांता या तो भगा दिए गए या फिर सत्ता के शीर्ष पर अपना स्थान बनाया, जबकि जमीनी स्तर पर उत्पादन की व्यवस्था सदियों तक यथावत चलती रही। आर्यों के बाद सिंधु के शहर, और इनका शहरी जीवन भी, पूरी तरह नष्ट हो गए। हड़प्पा में अधिवास का शीर्ष स्तर स्पष्टतः विदेशी है, क्योंकि उससे जुड़े हुए कब्रिस्तान एच, की पहली बार अंतरिम पहचान चाइल्ड द्वारा आर्य कब्रिस्तान के रूप में की गई। इस शहर का वर्णन हरियूपीया (Hariyūpīyā) (ऋग्वेद 6.27.5) के नाम से है, जिसका अर्थ है 'स्वर्ण यज्ञीय स्तंभों का शहर'। स्पष्ट है कि यह आर्यों से पहले के एक नाम का संस्कृतकरण है जो कि अपेक्षाकृत कम अन्वेषित भारतीय नामिकों में लंबे समय तक बना रहा। आगे यह भी कहा गया है कि इंद्र ने वरशिखों के अवशेषों को मिट्टी के बर्तनों की तरह तहस-नहस कर दिया। वृचीवतों के अगली पंक्ति के एक सौ तीस कवचधारी योद्धाओं को तो उसने कुचल डाला और शेष मैदान छोड़कर भाग गए और इस तरह राजा अभ्यावर्तिन चायमान की विजय हुई। यह बात स्पष्ट नहीं है कि यव्यावती (=रावी) नदी के तट पर यह युद्ध आर्यों और पूर्व आर्यों के बीच हुआ था या फिर दो आर्य जनजातियों के बीच। अधिक संभावना इसके आर्यों और पूर्व-आर्यों के बीच ही होने की है, क्योंकि इसके बाद वृचीवतों के बारे में कुछ नहीं सुना गया, जबकि अभ्यावर्तिन चायमान के लोग उस क्षेत्र में बचे रहे। निश्चित रूप से लिखित परंपरा और पुरातात्विक अभिलेख दोनों यहाँ अच्छा मेल दिखाई देता है। चूँकि वहाँ इस अन्वेषण के प्रयास के लिए सभी तरह के तर्क हैं कि कैसे इस क्षेत्र में आर्यों से पहले की कृषि एवं व्यापार को इस तरह नष्ट कर दिया गया कि शहरों की कोई स्मृति भी मुश्किल से ही बची। यह स्पष्ट नहीं है कि आर्य जिस तरह हड़प्पा पहुँचे थे वैसे ही वे मोहनजोदड़ो भी पहुँचे, लेकिन यह संभावना है कि शहर नार्मिणी (ऋग्वेद 1.149.3) के बारे में यह उल्लेख है कि उसे अग्नि देव ने जला दिया (जैसा कि लुडविग ने ऋग्वेद के अपने अनुवाद और विश्लेषण में किया है), संभव है कि ऐसा ही मोहन जोदड़ो में भी हुआ हो, या क्वेटा के निकट दक्षिण में स्थित सिंधु के तीसरे शहर सिबि के साथ भी। शहर तो ऋग्वेदीय अवधारणा है ही नहीं और केवल इन दो का ही नाम लिया गया है। कई शताब्दियों के बाद जब नए शहर विकसित हुए तो वे वस्तुतः गाँवों के अनियोजित विकास थे, जिनमें न तो जलनिकासी की कोई व्यवस्था थी और न ही शहर की कोई योजना, और वह भी पूरी तरह नए क्षेत्रों में।

---

* ध्यान रहे कि S. Langdon (in Marshall 2.437, sign 68) को सिंधु का एक चिह्न प्राप्त हुआ जो वस्तुतः 'हल' के लिए सुमेरी चिह्न है। यद्यपि इस चित्रलिपि में ऐसा कुछ भी नहीं है जिसकी हममें से कोई भी भारतीय अनुभव के आधार पर किसी प्रकार ऐसी व्याख्या कर सके। मोहनजोदड़ो के निचले तल से निकाली गई और अब मुंबई के प्रिंस ऑफ वेल्स म्यूज़ियम में मौजूद मत्तिकीय सामग्री (प्रकटतः Mackay plate CVIII.3) की व्याख्या कई प्रकार से — एक कुर्सी या हल के औजार के रूप में की जा चुकी है। हल वाली बात अधिक अस्वाभाविक लगती है, क्योंकि जुए के तौर पर एक गैर लचीला लट्ठ किसी भी तरह से जोड़ा नहीं जा सकता था और न हल का हत्था ही। इस वस्तु के आधार पर बनाया गया जोड़ने वाला कोई भी औजार, अगर लकड़ी का होता तो टूट ही जाता। लोहा तब उपलब्ध ही नहीं था, जबकि काँसे की लागत ही बहुत अधिक पड़ती।

हड़प्पा में कब्रिस्तान एच की मुख्य विशेषता (मोहनजोदड़ो में कोई कब्रिस्तान नहीं पाया गया) यह है कि वहाँ वयस्क मृतकों को उनकी हड्डियों पर से मांस पक्षियों या शिकार वाले जानवरों के माध्यम से और कभी-कभी आग (हालाँकि ऐसा कम ही होता था) के माध्यम से, पूरी तरह हटाकर (कई हड्डियों समेत) फिर उन्हें मिट्टी के एक पात्र में रखकर, समाधि दी जाती थी। छोटे बच्चों को ऐसा लगता है कि समूचा ही दफनाया जाता था, उन्हें पात्र में वैसे ही रख दिया जाता था जैसे कि माँ के गर्भ में भ्रूण होते हैं; इसीलिए वयस्कों की कुछ हड्डियों के विपरीत बच्चों के कंकाल उन पात्रों में से समूचे निकाल लिए गए।

मिट्टी के घड़े में दफनाना वस्तुतः व्यक्ति के गर्भ में वापस जाने का प्रतीक है, वैसे ही जैसे ताबूत, या मस्तबा, या टीलों में दुबका कर दफनाना। कब्र के लिए भी पात्र उसी तकनीक से बनाए जाते हैं, बिलकुल उसी रूप में जैसा कि कब्र में निचले स्तर पर होता है। इस संदर्भ में हड़प्पा के आर-37 कब्रिस्तान की बात की जा सकती है, लेकिन एक ही स्थान के इन दो कब्रिस्तानों में दो महत्त्वपूर्ण भेद हैं। आर-37 में मृतक को शयन की मुद्रा में लिटाया जाता था, उसके शरीर से मांस हटाए बिना। मृतक के पार्थिव शरीर को कम से कम एक कफन में लपेट कर या ताबूत में रखकर दफनाया जाता था। दूसरी तरफ़, एच कब्रिस्तान के दफनाने वाले पात्रों को देखकर लगता है कि उन्हें पात्र को बिलकुल नए ढंग से सजाने की पर्याप्त छूट थी, बनाने वाले उस पर अपनी कल्पना के अनुसार अन्य आकृतियों के अलावा पक्षी और पशु भी बना सकते थे, जो कि आर-37 वाले दफनाने के पात्रों पर दिखाई नहीं देते। इस तरह दफनाने की प्रक्रिया में एक क्रांतिकारी परिवर्तन दिखाई देता है, जिसके लिए किसी आंतरिक क्रांति को श्रेय नहीं दिया जा सकता। किसी बाहरी आक्रमण और बर्बर लोगों से युद्ध साक्ष्य अधिक हैं। बेंट के लिए छेद वाली कुल्हाड़ियाँ और बसूले ऊपरी सतह पर पहली बार पाए गए; घोड़े (या गधे) के नमूने भी मोहनजोदड़ो के केवल ऊपरी सतह पर पाए जाते हैं। धारणा यह है कि इन जुड़वाँ शहरों का क्षरणशील (ईंट भट्ठे मोहनजोदड़ो के पुराने आवासीय क्षेत्रों में स्थानांतरित होने शुरू हो गए थे) संरक्षण को लड़ाकू आक्रमणकारियों द्वारा तोड़ा गया, जिनके विरुद्ध, या जिनके द्वारा बाद के दिनों में हड़प्पा के गढ़ को स्पष्ट तौर पर क़िलाबंद किया गया। यह सिद्ध करने के लिए कुछ भी नहीं है कि बिलकुल उन्हीं आक्रमणकारियों ने मोहनजोदड़ो या चान्हूदड़ो में घुसपैठ की या उस पर कब्जा किया; यद्यपि मोहनजोदड़ो की गलियों या कमरों में, या सीढ़ियों पर पड़े हुए वहाँ के निवासियों के शव, और अंतिम दौर में दूसरे शहर के एक हिस्से पर बर्बर आक्रांताओं के कब्जे के साक्ष्य प्रत्येक मामले में वैसी ही घुसपैठ या आक्रमण को सिद्ध करते हैं। उत्खनन से यह स्पष्ट होता है कि ये नवागंतुक अपने साथ अपनी कोई लिखावट नहीं ले आए थे, शहर में कोई ठोस निर्माण नहीं कराया (अगर यह ईंट लुटेरों द्वारा पूरी तरह ग़ायब न कर दिया गया हो), और यह कि उनके यहाँ पहुँचने के बाद जल्दी ही शहर नष्ट हो गए, सहस्राब्दियों का इतिहास समेटे होने के बावजूद। अगर खाद्य उत्पादन की व्यवस्था भी उसी समय बर्बाद न कर दी गई होती तो यह असंभव था। कृषि की यहाँ प्रचलित पुरानी प्रणाली, चाहे वह जो भी रही हो, को आक्रमणकारियों ने या तो जारी नहीं रखा या फिर वे उसे जारी रख नहीं सके, और न उनके पास इससे बेहतर कोई अपना तरीका ही था। यहाँ सिंधु घाटी की स्थिति मेसोपोटामिया से भिन्न हो जाती है, जहाँ पुराने शहर को नष्ट किए बिना नए शहर बसा लिए गए, एक के बाद एक आक्रमणकारियों की समर्थन किया, जिनमें से कुछ (जैसे कि हम्मुराबी राजवंश) तो मेसोपोटामिया के पुराने शहरों के साथ-साथ विश्व सभ्यता के इतिहास पर भी अपने गहरे चिह्न छोड़ गए। इन शहरों के अंत का (उर की तरह) संबंध पर्याप्त सुनिश्चितता के साथ सिंचाई के लिए बने नहरों की व्यवस्था की उपेक्षा के साथ जोड़ा जा सकता है, संभवतः बाद के असीरियन और फ़ारसी काल में।

वेदों में इंद्र का वर्णन बार-बार इस रूप में आया है कि वह धाराओं को मुक्त करता है। मैक्समूलर के दौर में इसे प्रकृति से जुड़े एक मिथ के रूप में लिया गया था; वर्षा के देवता, जो बादलों में बँधे हुए पानी को बरसने के लिए मुक्त कर देते हैं, के एक काव्यमय प्रस्तुतीकरण के रूप में। साहसिक वीरता के अभिलिखित लेकिन उपेक्षित कर दिए वर्णन ऐसी किसी व्याख्या को असंभव बना देते हैं। इंद्र ने नदियों को एक राक्षस वृत्र के नियंत्रण से मुक्त कराया था। इस शब्द का विश्लेषण दो अत्यंत सक्षम भाषा वैज्ञानिकों द्वारा किया गया है[16] [ईरानी (आर्यन) और साथ ही संस्कृत के भी अभिलेखों की पूरी जानकारी के साथ] जिन्हें उत्पादन के साधनों के बारे में किसी प्रकार का अनुमान लगाने में कोई मुश्किल नहीं थी। शुद्ध भाषा वैज्ञानिक दृष्टि से उनका निष्कर्ष यह था कि वृत्र का अर्थ 'बाधा,' 'बाँध,' या 'अवरोध' है, न कि असुर। मूल ऋग्वेदिक निरूपण पूरी तरह से इसकी पुष्टि करता है। राक्षस एक काले साँप की तरह ढलानों पर पड़ा था। नदियाँ लगभग स्थिर (तस्तभानाः) कर दी गई थीं; जब इंद्र ने राक्षस पर अपने विध्वंसक अस्त्र (वज्र) से प्रहार किया, तो भूमि हिल गई, पत्थर ऐसे ढुलक कर गिरने लगे जैसे रथ के पहिये हों, और बँधा हुआ पानी राक्षस के निढाल पड़े शरीर पर से बहने लगा (ऋग्वेद 4.19.4–8; 2.15.3)। यह बाँधों (न कि तटबंधों, जैसा कि पिगॉट ने इसका अर्थ लिया) के तोड़े जाने का एक अच्छा विवरण है। ऐसे प्रागैतिहासिक बाँधों को

अब गेब्र-बन्द कहा जाता है, जो अभी भी इस क्षेत्र के पश्चिमी भाग की कई जलधाराओं पर पाए जाते हैं। इंद्र द्वारा बाँध तोड़े जाने के साक्ष्य वृत्र के मिथक की केवल तर्कसंगत व्याख्या भर नहीं है। ऋग्वेद 2.15.8: रिणाग रोधांसि कृत्रिमाणि = "उन्होंने कृत्रिम बाधाओं को हटा दिया" इसे स्पष्ट कर देता है; रोधों (rodhas) का प्रयोग ऋग्वेद में दूसरी जगहों पर भी बाँध के अर्थ में हुआ है और बाद की संस्कृत में भी। विबाली नदी, जो अपने तटवर्ती क्षेत्रों में बाढ़ ले आती थी, के बहाव को उसके प्राकृतिक स्वरूप में ले आने के लिए ही इंद्र की स्तुति की गई है। आर्यों से पूर्व प्राकृतिक बाढ़ पर निर्भर कृषि के लिए छोटी नदियों के तटों पर स्थित जमीन को उचित मौसम में अस्थायी (ऋग्वेद 5.32.2) बाँध (सामान्य राजगीरी के बगैर) बनाकर पानी से भरने के लिए यह तरीका अपनाया जाता था। यह बाढ़ के साथ आने वाली उपजाऊ मिट्टी की गाद पाने के लिए किया जाता था, जिसे स्थिर करने के लिए उस पर केवल खोंपा चला देना होता था। आर्यों ने बाँधों की व्यवस्था ध्वस्त कर दी। इस प्रकार क्षेत्र की कृषि व्यवस्था का विध्वंस करके उन्होंने शहरों में लंबे समय तक जनजीवन चलाने की संभावना या शहरी आबादी को बनाए रखना भी दूभर कर दिया। विध्वंस के इस तथ्य से इनकार नहीं किया जा सकता। हमारे पास जो भी तथ्य उपलब्ध हैं, जिनमें बाढ़ के साथ आई मिट्टी की गाद भी शामिल है जो कि मोहनजोदड़ो के उत्खनन में देखी जा सकती है, उनसे इसकी वजहों का अनुमान लगाया जा सकता है। जो बाढ़ शहर और छोटे-छोटे गाँवों के लिए खतरा बनी हुई थी, उसी ने वहाँ कृषि को भी संभव बनाया हुआ था जो वहाँ के निवासियों को जीने का सहारा देती थी। हेनरी फ्रैंकफर्ट ने स्पष्ट किया है (Birth of Civilization in the Near East New York, 1956) कि समान तकनीकी उद्गम मसोपोटामियाई और मिस्री सभ्यताओं के बीच गंभीर मतभेदों को पनपने से रोक नहीं पाए। ख़ास तौर से फराओ की विशिष्ट स्थिति इस तथ्य पर आधारित थी कि "मिस्री शाही अभियानों के माध्यम से स्वयं को ही उन विदेशी पदार्थों की आपूर्ति किया करते थे जिनकी उन्हें आवश्यकता होती थी।" मिस्र में सभी उपभोक्ता सामग्रियों का वितरण ऊपर से किया जाता था। मेसोपोटामिया में व्यापारिक और मंदिर समूह किसी बिलकुल भिन्न प्रकार के राज्य, सामाजिक और धार्मिक संगठन के लिए बनाए गए थे। फ्रैंकफर्ट के कदाचित उलटे प्रस्तुतीकरण की चाइल्ड और अन्य विद्वानों द्वारा पर्याप्त आलोचना की जा चुकी है (देखें, *ANT* में समीक्षा)। यह सिंधु घाटी के लिए एक समानांतर विश्लेषण में सक्षम होने के लिए चाहत नहीं जगाता, क्योंकि कोई दस्तावेज़ ही शेष नहीं है।

विमर्श का यह क्रम हमें एक निष्कर्ष की ओर ले जाता है, जिसका सारांश इस प्रकार किया जा सकता है। यदि सिंधु के लोग बेंट के लिए छेद वाली कुल्हाड़ियाँ, धारदार बरछियाँ, तलवारें, नहरें, हल, अभिलेखों के लिए मिट्टी की पट्टियाँ (जो वस्तुतः कभी नष्ट होने वाली न हों) अपनाने में विफल हो गए तो इसका केवल एक ही अर्थ हो सकता है: लोगों का वह वर्ग जिसने विदेशों में उत्पादन के बेहतर तरीके देखे, उनकी अपने देश में उत्पादकों से कोई साझेदारी नहीं थी, और न बदलाव के लिए प्रोत्साहन देने वाला कोई उपाय ही उनके पास था। इसका आशय यह है कि सिंधु के उत्पादन से जिन लोगों ने लाभ कमाया उनकी उस अधिशेष पर मजबूत पकड़ थी, भीतर या बाहर से प्रतिस्पर्धा नगण्य थी, और ख़ुद अपनी आबादी या विदेशी आक्रांताओं की ओर से भी किसी हिंसक विरोध का — एक लंबे समय तक — कोई भय नहीं था। सिंधु ने अपनी संस्कृति के आरंभ के लिए बीज तत्त्व दुनिया के किसी और कोने में मौजूद किसी अन्य संस्कृति से ग्रहण किया था, जिसका एक तत्त्व उससे मिलता है जो सुमेरिया में पाया जाता है (और जो इस सबके बावजूद स्वयं भारतीय मूल का हो सकता था), या हिल्मंड के ऊपरी कछारों से। निश्चित रूप से, 3101 ई.पू. का परंपरागत भारतीय युग, कलियुग का आरंभ समझा जाता है, केवल जुड़वाँ शहरों की स्थापना को छोड़कर किसी महत्त्वपूर्ण घटना से नहीं जोड़ा जा सकता। ये अधिवासी विभिन्न प्रकार के लोगों से संबद्ध थे, एक मंदिर स्थापित किया, नहर से पहले की अपनी बाढ़ और खोंपे वाली कृषि शुरू की, उर के तीसरे राजवंश से पहले ही बेलनाकार मुद्रा/मोहर से पूर्व के व्यापार की ओर ले गए। ऐसा लगता है कि उनके तरीक़ों का शुरू से ही विनियमितीकरण किया गया हुआ था, संभवतः मंदिर के द्वारा, गहरी प्रतिस्पर्धा के उद्दीपन या यहाँ तक कि लंबे समय तक वार्षिक वृत्तांत, अभिलेख या अनुबंध भी सहेजे रखने की आवश्यकता स्वीकार किए बिना। बाँध किस हद तक इनकी निष्क्रियता के कारण बने या लक्षण हुए, यह अभी भी अनुमान का विषय है। जब असभ्य बर्बर लोगों ने अभियान चलाने के ऐसे तरीके पा लिए जिससे उनके लिए मरुभूमि पार करना संभव हो गया, शहर सिकुड़ कर रह गए। जिस व्यवस्था ने समृद्धि के स्वामियों के विरुद्ध हिंसा होने से रोक रखी थी, जरूरत पड़ने पर उसी ने इनके लिए रक्षक मिलने मुश्किल कर दिए। ये बिलकुल वही असभ्य और बर्बर लोग थे जिन्होंने शहर को बर्बाद किया, उन्होंने ही इनकी गतिहीनता भी तोड़ी, नए क्षेत्रों को हल के नीचे लाया और पूरब के वनाच्छादित भूभाग में नए क्षेत्र के द्वार खोले, जैसा कि हम देखेंगे।

टिप्पणियाँ एवं संदर्भ

1. A. B. Keith: Religion and philosophy of the Veda (Harvard Oriental Series 31–32), Cambridge, Mass., 1925; p. 10.
2. सिंधु घाटी को इसके बिलकुल सही पुरातात्विक संदर्भ में देखने वाला सर्वोत्तम उपलब्ध सर्वेक्षण - V. Gordon Childe: New light on the most ancient East (London, 1935, 2nd ed., 1952).। Cambridge history: The Indus civilization; in Ancient India 3, (1947) p. 81 ff के आमुख में आर.ई.एम. व्हीलर एक उत्कृष्ट विमर्श प्रस्तुत करते हैं। उन्हें हड़प्पा पर आर्यों की विजय और आधिपत्य से संबंधित पुरातात्विक साक्ष्यों पर विचार किया है और साथ ही पूर्ववर्तियों के दुखद ढंग से अपर्याप्त रहे कार्यों की आलोचना भी की है। J. Marshall: Mohenjo-dāro and the Indus culture, 2 vol. (London 1931); E. J. H. Mackay: Further excavations at Mohenjo-dāro, 2 vol. (Delhi 1938)। हड़प्पा के लिए देखें M. S. Vatṣ: Excavations at Harappā (Delhi 1940). S. Piggott: Prehistoric India (Pelican Books, A 205, London, 1950) एक पठनीय सारांश होते हुए भी वैदिक काल के संदर्भ में पल्लवग्राही है। इन सभी कृतियों में उस तकनीक को लेकर सचेत अध्ययन का अभाव है जिसके माध्यम से उपकरणों और बर्तनों का उत्पादन एवं उपयोग किया जाता था। आर. डी. बनर्जी, जिन्होंने पहली बार स्तूप के टीले की खुदाई की और यह अनुमान लगाया कि यह स्थल उन गूढ़ मुद्राओं का मूल स्रोत है जिनके बारे में पहले जाना गया था; साथ ही के.एन. दीक्षित, जिन्होंने मुख्य स्थल के आरपार पहली खंदक बनवाई, कहा करते थे कि एक पूर्ववर्ती के आलस्य के चलते सिंधु घाटी की सभ्यता संबंधी खोज शुरू करने में देर हो गई। सिंधु में ईंट के टुकड़ों की मजबूती पर (जो लगभग ब्रिटिश आकार के थे) उन्होंने स्पष्ट किया है कि उनके पास वहाँ के श्रमिक एक टुकड़ा ले कर आए और उन्होंने केवल इसलिए उनका निरीक्षण किया ताकि यह निष्कर्ष निकाल सकें क्या वे वाकई आधुनिक हैं। गंगा मैदान में ईंटों का एक उपयोगी और मानक आकार है जहाँ इनका आकार बड़ी तेज़ी से छोटा होता गया है। अशोक के काल से लेकर बाद के के मुगल काल तक आते-आते ये बहुत छोटे हो गए थे।
3. जहाँ तक मैं जानता हूँ, यह सुझाव पहली बार दिवंगत बीरबल साहनी ने दिया, जिन्होंने जोगी-ला दर्रे में पाषाण काल के औजारों के होने की बात पर गौर किया। उनका विचार था कि यह बर्फ से मुक्त रहा होगा, अतः, थोड़ी कम ऊँचाई पर जबकि औजार पहली बार बनाए गए होंगे। इसका आशय है, आद्य ऐतिहासिक काल में हिमालय क्षेत्र का बढ़ना।
4. C. J. Gadd: Proc. Brit. Acad. 18, 1932, pp. 191–210; Henri Frankfort: Cylinder Seals (London, 1939), pp. 304–307; Henri Frankfort, अपनी रिपोर्ट Ann. Bibliography Ind. Archaeology (Leiden, 1934), p. 11, में अपेक्षाकृत अनमने ढंग से और इसे किसी तार्किक निष्कर्ष तक पहुँचाए बिना। अब यदि काल-निर्धारण को लेकर कोई प्रयास किया जाता है तो उसे डब्ल्यू. एफ. अलब्राइट के कालक्रम के अनुसारे शुद्ध कर लिया जाना चाहिए जो हम्मूराबी को 1728–1686 ई.पू. के बीच का बताते हैं, इसके 200–300 साल पहले के बजाय। cf. BASOR, 126, pp. 20–26; 88.28–36.।
5. Prāṇ Nāth: Ind. Hist. Quarterly VII. 1931, 1–52; में पहली बार एक शोधपत्र में यह स्पष्ट किया गया, अन्यथा यह पाठक को भ्रमित करती है।
6. L. A. Waddell: Indo-Sumerian seals deciphered (London, 1925); B. Hrozny: Die älteste Geschichte Vorderasiens und Indiens (Prag. Mclantrich, 1941–3). H. Heras ने Studies in Proto-Indo-Mediterranean culture vol. I. Bombay 1953, में स्वयं अपने ही कार्य का सारांशीकरण किया है [यह भी देखें, Ampurias (Barselona, 1940) No. 1, pp. 5–81], चिह्न को आद्य द्रविडियन के रूप में देखें। अन्य संदर्भों के लिए देखें, A. L. Basham, BSOAS, 13, (1951), 140–5, a critical review, to which add G. Piccioli IA. 62, 1933, 213–5 for Etruscan parallels. Dr. Basham himself adds J. Q. Vives: Aportaciones a la interpretación de la escritura proto-Indica. Madrid-Barcelona, 1946.
7. स्व. आर. डी. बनर्जी अपने मित्रों को बताया करते थे कि उन्होंने मोहनजोदड़ो में एक द्विभाषी शिलालेख खोजा था, लेकिन अन्य लोगों की अक्षमताओं को जाहिर करने के लिए उसे ढक दिया; उन्होंने इसे सही समय आने पर दुबारा खोज निकालने का सोचा था, लेकिन जिन लोगों ने यह बात सुनी उनमें से किसी ने भी इसे गंभीरतापूर्वक नहीं लिया।
8. यह सर्वाधिक संदेहास्पद विक्रम-खोल शिलालेख है, जिसकी खोज स्वामी ज्ञानानंद ने की थी; cf. K. P. Jayaswāl, Indian Antiquary 62, 1933. 58–60 । 58–60, जिसमें पट्टिकाएँ असहायिक टिप्पणी के साथ दी गई हैं।
9. A. L. Oppenheim: The seafaring Merchants of Ur. (JAOS. 74, 1954, pp. 6–17); यह H. H. Figulla and W. J. Martin's Letters and documents of the Old-Babylonian period (London, 1953, as vol. V of texts from Woolley's Ur excavations) के विश्लेषण पर आधारित है। मुझे इन दोनों संदर्भों और इसके अलावा ब्रिटिश म्यूज़ियम के श्री आर.डी. बेनेट से हुई महत्त्वपूर्ण चर्चा के कारण आभारी हूं। यद्यपि एस.एन. क्रैमर जैसे प्रमुख विद्वान का सुझाव है कि तिलुमिन हड़प्पा हो सकता है, सिंधु की डिजाइन वाली बटन मुद्राओं का मिलना और पी. ग्लोलियो के उत्खनन की अन्य विशेषताएँ इस विषय में कुछ संदेह छोड़ जाती हैं कि बाल्मीन ही वह जगह है।

10. कृपया मेरा लेख Origin and development of silver coinage in India. (Current Science, Sept. 1941, p. 396) देखें। ओ. न्यूजेबोआ कीलाक्षर चिह्नों को समझने में सक्षम हुए बिना ही उन्हें भिन्न तरीके से पढ़ते हैं: श्री बार्नेट को तो उनके कीलाक्षर होने पर ही संदेह है, लेकिन दोनों में से कोई भी चाँदी के टुकड़े देखने में सक्षम नहीं हो सका, प्रकाशित छायाचित्र, यहाँ तक कि मेरे भी, बहुत अच्छे नहीं हैं।
11. Fausböll नंबर 339; जर्मन में सर्वोत्तम अनुवाद J. Dutoit (Leipzig, 1925). का है। स्थान का नाम बावेरू (=बैबिरस = बेबीलोन) है। भारतीय व्यापारी पहले तो बहुत दुर्लभ बता कर यहाँ अपना कौवा बेचते थे और फिर अगली यात्रा में अधिक मुनाफा कमाने के लिए इधर से मोर खरीद लेते थे। दिशा सूचक कौवे का ज़िक्र तो समुद्र में नौकायन के लिए एक सामान्य सहायक के तौर पर जातक 384 में भी है और पुनः *DN*. 11 (केवत्थ सुत्त, अंत) में एक पुरानी प्रक्रिया या घटना के रूप में। प्लिनी (हिस्ट. नैट. 6) श्रीलंका (सिलोन) में नौकायन के लिए दिशासूचक पक्षियों के उपयोग का उल्लेख करते हैं। जातक कथाएँ भारत और बेबीलोन के बीच व्यापार का कमज़ोर साक्ष्य हैं।
12. H. Frankfort: Cylinder Seals (London, 1939), plate XI. m.; इस मुद्रा पर शेर का गला दबाते गिल्गमश भी अंकित हैं। एच. हेरास ने नोआ की नाव का संदर्भ लेते हुए इसकी व्याख्या की है (The crow of Noe. Catholic Biblical Quarterly 10, 1948, pp. 131–139); नोआ का कौवे को निकटतम भूमि की दिशा तलाशने के लिए भेजना और एक पालतू कबूतर द्वारा उसका पीछा किया जाना, यह सुनिश्चित करने के लिए कि उस भूमि पर पेड़-पौधे भी हैं, यह प्राचीन नौकायन का एक उत्कृष्टतम अंश है।
13. सात ऋषियों के साथ 'यज्ञ' मुद्रा, कोई कर्मकांड करते हुए एक बड़ा चित्र, तथा एक और व्यक्ति का स्वर्ग और पृथ्वी के बीच झूलते होने के चित्र को आसानी से विश्वामित्र के आख्यान का मूल कहा जा सकता है। जिसमें ऋषि कृतज्ञतास्वरूप राजा त्रिशंकु को स्वर्ग की ओर उठाते हैं और देवता उन्हें नीचे की धकेलते हैं। अंत में एक समझौते के तहत वह अभागा राजा आकाश में एक नक्षत्र बनकर रह जाता है। वह पेड़ जिसमें तीन शिखरों वाला मुकुट दिखाई देता है, पत्तों से पीपल (फाइकस रेलिजिओसा) लगता है।
14. यद्यपि इसे अस्वीकार कर दिया गया, क्योंकि किसी गाँठ या पार्सल का कोई चिह्न सिंधु घाटी में पाई गई मुद्राओं के पृष्ठभाग पर नहीं देखा गया। वैसे यह एक ज्ञात तथ्य है कि मेसोपोटामिया की धार्मिक मुद्राएँ वस्तुतः व्यापारिक व्यवहार में उपयोग की जाने वाली मुद्राओं से केवल आकार में ही भिन्न हैं, बनावट में नहीं। मुद्राओं का मूलभूत कार्य, यहाँ तक कि व्यापारिक माल के लिए भी, प्राचीनकाल में एक धार्मिक कृत्य था। मोहनजोदड़ो के उत्खनन निर्देशकों में से एक ने मुझे एक ऐसा चित्र दिखाया था जिसे वे बेत के गट्ठर जैसा कुछ मानते थे, जो कि बँधा हुआ था। चौथी शताब्दी ई.पू. के बाद से लगातार व्यापारिक सामग्रियों एवं राज्य द्वारा प्रदत्त लाइसेंसों पर मुद्राओं का नियमित रूप से निरीक्षण किया जाता था, यदयपि यह विश्वास करने का कोई कारण नहीं है कि यह रिवाज उस समय अचानक शुरू हो गया था।
15. धातुओं की रद्दी का वह पहाड़ जो बाद में बनारस के हिंदू विश्वविद्यालय के मैदान पर पसर गया, मेरा आशय स्पष्ट कर देता है। यह कसेरा परिवारों के काम से उपजा है, जो कई पीढ़ियों से इसी जगह काँसे के बर्तन, प्यालियाँ और थालियाँ बनाते हैं। संयोग से हिंदू विश्वविद्यालय के पड़ोसी आधुनिक गाँवों के नाम नगवा और लंका हैं, इनकी पहचान गोविंद चंद्र गाहडवाल (सन 1141–2 ई.) के कमौली चार्टर में भी की जा सकती है (*EI*. 4.113) ई.)। हालाँकि संपादक पहचान करने में विफल हो गए हैं और यह सिद्ध करने के लिए कुछ है भी नहीं कि तब यहाँ मुख्य बस्ती धातुकर्मियों की थी।
16. C. Benveniste and L. Renou: Vṛtra Vṛthragna (Paris, 1934), particularly p. 196.

अध्याय 4

सप्त सिंधु की भूमि पर आर्य

4.1. भारत के बाहर आर्य।
4.2. ऋगवेद की जानकारी।
4.3. पणि और नई जनजातियां।
4.4. जाति की उत्पत्ति।
4.5. ब्राह्मण कुटुंब।

जिन लोगों ने पहली बार वेदों का अपने पवित्र ग्रंथों के बारे में उपयोग किया, जिन्होंने पहली बार संस्कृत भाषा बोली और जिन्होंने इंद्र के नेतृत्व वाले देवताओं के एक विशेष समूह की पूजा की, उन्होंनें स्वयं को आर्य कहा। यह पारिभाषिक शब्द लगातार बाद की संस्कृत और उससे उद्भूत अन्य भाषाओं में विद्यमान रहा और अंततोगत्वा एक सम्मानजनक अभिवादन शब्द बन गया। इस बीच आर्य शब्द का तात्पर्य अभिजात, कुलीन और स्वतंत्र भी रहा। उन्नीसवीं शताब्दी के बाद से पश्चिमी विद्वानों ने आर्यन शब्द का उपयोग आपस में निकटता से जुड़ी भाषाओं संस्कृत, यूनानी, लेटिन, ट्यूटनिक, स्लाव और रोमांस जैसी भाषाओं के एक विशेष समूह के लिए किया। आर्य जाति कुछ समय तक हास्यास्पद अवधारणा के लिए भी जानी गई जैसे कि "लघुशिरस्क व्याकरण (Brachycephalic)"। इस निष्कर्ष को अभी भी यथावत रखा जा सकता है, इसलिए नहीं कि प्राचीन काल में आर्य लोग नहीं थे, बल्कि इसलिए कि जाति की पूरी अवधारणा शारीरिक ढांचे की नाप, बालों, त्वचा और आंखों के रंग पर आधारित थी जिसे अब संदिग्ध आनुवंशिक वैधता के साथ में देखा जाता है। इसके बावजूद प्राचीन काल में यह पाया गया कि भारत के बाहर भी कुछ जनजातियों ने स्वयं के आर्य होने का दावा किया। ज्ञात आर्य भाषाओं में हित्ती के शामिल हो जाने से इतिहास में आर्यों के बारे में नई जानकारियां हासिल हुईं। विभिन्न भाषाओं के बीच तुलना से चारित्रिक विशेषताओं वाले देवताओं और लोगों के नाम प्राप्त हुए जिससे आर्यों के धर्म अथवा उपासना और उनके शासकों की पहचान हो सकी। सभी आर्य भाषा-भाषियों में समान विशेषतायें नहीं थीं लेकिन वैदिक और ईरानी आर्यों के बीच काफी हद तक समानताएं मौजूद थीं जिससे उनको साथ-साथ वर्गीकृत किया जा सके। साथ ही रोमन, यूनानी, स्लाव और ट्यूटन्स के बीच कुछ हद तक उनकी नातेदारी संबंधी शब्दावली उनके बीच गहरी सामुदायिकता या उनके उद्भव में समानता प्रदर्शित करती है। इतिहास में पहली बार उनके प्रकट होने के साथ ही मेसोपोटामिया, मिस्र, भारत और बहुत कम विकसित डेन्यूब घाटी और स्कैंडीनेविया (युद्ध कुठार वाले लोग) सभ्यता में भारी राजनीतिक उथल-पुथल दिखाई पड़ती है। उदाहरण के तौर पर ओल्ड टेस्टामेंट गोशेन यहूदी नहीं था बल्कि यह आर्यों की शब्द गो=पशु से बना था; यह नए प्रकार के अंजान छापामार गड़रियों द्वारा कैनन (Cannaan) पर आक्रमण को दर्शाता है।

4.1. आर्य[1] जिन्होंने सिंधु शहरों को नष्ट किया, वे इतिहास में पहली बार ईसा पूर्व दूसरी सहस्राब्दि के आरंभ में दिखाई देते हैं। कई स्वतंत्र आर्य समूह दूसरी सहस्राब्दि के मध्य में भूमध्यसागर के पूर्वी किनारे के उर्वर अर्द्धचंद्राकार क्षेत्र में पूरी तरह से स्थापित हो चुके थे। ये लोग ही सुमेरी और सामी सभ्यताओं के उत्तराधिकारी थे। हिकसोस (Hyksos) जो 13वें राजवंश के दौरान मिस्र में एशिया माइनर से जबरन दाखिल हुए और वहां लगभग 1580 तक शासन में रहे, उनको ऐसे नाम से पुकारा जाता रहा जिसका अनुवाद मेषपाल नृप है। यह नाम भारत में आर्य विजेताओं को भी भली भांति प्रकट करता है। मिस्र के 22वें और 23वें राजवंश (ईसा पूर्व 945 और उसके बाद) के फेरो (Pharaohs) के लिए शशांक नाम बहुत आम था जो कि निश्चितरूप से आर्य ध्वनि (संस्कृत शशांक) है। इस राजवंश के पूर्वज आप्रवासी

थे। इसमें ज्ञात आर्य चरित्र वाले जनजातीय लोग शामिल थे। इनमें टेरीनीअन (Tyrrhenians) और सारदिनिया के लोग (Sardinians) आदि थे। जहां तक पुरातत्ववेत्ताओं की दृष्टि में संस्कृति का तात्पर्य है, आर्यों ने कोई एक संस्कृति नहीं बनाई। इसलिए उनकी बातों को समझने के लिए पूर्व अध्याय से भिन्न बिलकुल अलग नई प्रक्रिया की जरूरत है। खास चारित्रिक विशेषता वाले आर्यों के बर्तन, औजार और शस्त्र नहीं हैं। वजह यह है कि आर्य जिनके भी संपर्क में आए उन्होंने नियमित रूप से उनसे ग्रहण कर वह सब अपने जीवन में शामिल कर लिया जो उन्हें उपयोगी जान पड़ा। वे आनुवंशिक रूप से या भौतिक रूप से सजातीय नहीं थे। दूसरी चीजों को अंगीकार करने की प्रक्रिया तेज थी, कुछ हद तक उन लोगों के साथ विवाह संबंध स्थापित किए जिन्हें आर्य बनाया गया, चाहे संबंधित क्षेत्रों पर विजय प्राप्त कर अथवा किसी अन्य प्रकार से वे संपर्क में आए रहे हों। अनेक विद्वतापूर्ण आलेखों के बावजूद कोई प्रमाणित आर्य शिर/खोपड़ी का रूपाकार नहीं है। कब्र अवशेषों के लिए नासिका-सूचकांक मापन तरीके नहीं लागू किए जाते। अगर जीवन परिस्थितियों में परिवर्तन आ गया तो कुछ पीढ़ियों के लोगों की शारीरिक बनावट में अंतर आएगा और इसके साथ ही एक वर्ग समाज में दो वर्गो के लोगों के बीच भी शारीरिक बनावट में अंतर दिखाई पड़ता है। पूरे भारत-यूरोपीय समूह में कुछ जातियां अपनी जातीय भावना के संदर्भ में आर्य कहे जाने को लेकर सचेत हैं। उदाहरण के लिए ईरान का डैरियस प्रथम (दारा प्रथम) अपनी कब्र की लिखावट में घोषित करता है (486 ईसा पूर्व) कि वह पारसु/पारस, पारसह्य पुत्र, आर्य आर्य चित्र (Pārsu, Pārsahya puthra, Ārya, Ārya cithra) था। इसका तात्पर्य हुआ कि एक ईरानी (फ़ारसी), एक ईरानी का पुत्र, आर्य वंश का एक आर्य। एरिओई लोग ईरान के विभिन्न भागों में आधिपत्य था। सिकंदर के आक्रमण (Strabo 15.2.9) के समय एरिओई ईरान (एरियाना) और अफगानिस्तान से लेकर सिंधु नदी तक फैले हुए थे और आधिपत्य था। सिंधु नदी के आसपास एरियानोई रहते थे। टैसिटस ने जर्मन लोगों में ऐरी को सर्वाधिक डरावनी जनजाति माना है। ये लोग युद्ध कौशल में अद्वितीय थे लेकिन अपना वर्चस्व स्थापित करने में बहुत ही आलसी प्रवृत्ति के थे। ये सारी बातें एक ही निष्कर्ष तक ले जाती हैं कि आर्य का मतलब अनिवार्य रूप से जीवन और बोली की नई पद्धति है।

अनेक ऐतिहासिक आर्य समूह सीमित क्षेत्रों में मिश्रित प्रकार के शासकों के रूप में जाने जाते हैं। जैसे कि कैसाइट (Kassites) और हित्ती (Hittites) अथवा अप्रवासी आक्रमण कर्ता और यूनानी लोगों जैसे उपनिवेशी। पूर्व ऐतिहासिक समय में उनकी समान विशेषताएं कुछ निश्चयात्मकता के साथ रेखांकित की जा सकती हैं जैसे कि वे बहुत ही बहुमुखी प्रतिभा के धनी थे, योद्धा और उपद्रवी किस्म के थे। कांस्य युग के पितृसत्तात्मक जनजातीय लोग थे जिनका जीवनाधार मुख्य रूप से पशु थे। उन्होंने लोहे का प्रयोग पहले सीखा और उस ज्ञान को प्रसारित किया। घोड़ों ने उनके साथ पहली बार सैन्य महत्व अर्जित किया (विशेष रूप से कैसाइट के बीच में) लेकिन वे उनमें चढ़ते नहीं थे बल्कि उनको उन रथों में जोत दिया जाता था जिन्हें तेजी से चलाया जाता था। सुमेरी लोगों में सिर्फ शाही रथों के लिए गधों का प्रयोग किया जाता था लेकिन बहुत ज्यादा नहीं। इनसे कोई खास फायदा नहीं हुआ। घोड़े का साज़ बहुत अनुपयुक्त था, जिससे घोड़े का दम घुटता था। सामान्यतया ये बैलों और सांड़ों से लिए गए थे जिन्हें गाड़ियों और हलों में जोता जाता था। यह सब तब तक चलता रहा जब तक कि कुछ शताब्दियों बाद घोड़ों का प्रयोग सैनिकों के चढ़ने के लिए न किया जाने लगा। ऐसीरियन सेना अपने समय की सर्वोत्तम सेना साबित हुई। जहां तक घोड़े के हल में जोतने का सवाल है, वह विशेष रूप से उत्तरी यूरोपीय खोज है। चौपायों के विशेष रूप से सैन्य उपयोग ने समाज में एक छाप छोड़ी और नया उच्च समाज वर्ग पैदा हुआ। यह अश्वारोही व्यवस्था थी जिसमें उन्हें घोड़ों को रखने और उनके उपयोग का अधिकार प्राप्त था। Cavalier केवेलिएर (घुड़सवार; भद्र-सज्जन पुरुष) और chivalry- शिवलरी (घुड़सवार; अभिजात्य वीर पुरुष) शब्द हमें घोड़ों के युग से प्राप्त हुए जैसे कि सभ्यता (Civilization) शब्द शहरी (city) जिंदगी से उत्पन्न हुआ। उपासना पद्धतियों और नामों की हिस्सेदारी विशेष रूप से ईरानियों और भारतीय आर्यों के बीच काफी मजबूत थी। वे लोग जो समान उत्पाद साधन से जीवन निर्वाह करते थे, उन्होंने प्राचीन युग में समान प्रकार के रीतिरिवाज विकसित किए लेकिन समान नामों का मतलब यह होता है कि कुछ न कुछ संपर्क उनके बीच घटित हुआ। दाह संस्कार पहली बार बड़े पैमाने पर आर्यों के बीच में पाया गया। अगर धातु युग से पहले इसकी जानकारी होती तो इसे उसी समय स्वीकृति नहीं मिल पाती। दाह संस्कार से शरीर अपने विकार युक्त कचरे से मुक्त होकर शुद्ध हो जाता है जैसे कि लौह अयस्क आग के जरिए अपनी सारभूत शुद्ध धातु में बदल जाता है। चूंकि आग पवित्र थी, एक प्रमुख वैदिक देवता के रूप में, इसलिए ईरानियों के बीच में आराधना की एक प्रमुख वस्तु भी थी। गंदे शव को इसे छूने देना आदिम सोच में एक क्रांतिकारी परिवर्तन था। ईरानियों ने अंततोगत्वा शव को नष्ट करने का तरीका सड़े हुए मांस को खाने वाली चिड़ियों एवं जानवरों के जरिए अपनाया। हालांकि ईरानियों की शव मीनार दखमा का मूल अर्थ जलाने के स्थान से है। भारत में भी आर्य माने जाने वालों के

बीच शव नष्ट करने के ऐसे ही रिवाज मिलते हैं। दसवीं शताब्दी ई. तक दाह संस्कार मूल रूप से अग्निपुरोहितों और समाज के कुछ प्रमुखों के लिए आरक्षित था। धीरे-धीरे यह पृथा निम्न वर्ग में भी प्रचलित हो गई। इसमें सिर्फ हड्डियां और राख ही बच जाती थी। शव से एक बार मांस हट जाने के पश्चात भारत में दूसरा अनुष्ठानिक अंतिम संस्कार किया जाता था। इसके अंतर्गत हड्डियों को घड़ों अथवा ताबूत में रखकर दफना दिया जाता था। बाद में शवों को पवित्र नदी में प्रवाहित करने का रिवाज पड़ गया।

इस सबसे ऐसा प्रतीत होता है कि आर्यों के बीच आपस में ही काफी मतभेद थे। इसके बावजूद भारत को प्रभावित करने वाली आर्यों के उपसमूहों की ऐतिहासिक हलचल को निश्चित रूप से खोजा जा सकता है। खोरेज्म क्षेत्र से उत्पन्न ग्राम्य जनजाति के लोगों के बीच दो बड़ी घटनाएं हुईं। पहली घटना ईसा पूर्व दूसरी सहस्राब्दि के आरंभ में हुई और दूसरी इसके अंत में। ईरानी राजा का वार यिमा (भारतीय यम, मृत्यु का देवता) प्रसन्नता का एक काल्पनिक क्षेत्र है, जहां गर्मी, सर्दी, भूख और मृत्यु कभी प्रवेश नहीं कर पाते (Yasna 9.4–5)। इन बातों की पहचान उत्खन से प्राप्त साक्ष्यों के आधार पर हुई है। जो बिलकुल उसी परिमाण/लम्बाई-चौड़ाई में है, जैसा पवित्र ग्रंथों में वर्णित है। यहां मवेशियों को मुक्त छोड़ दिया जाता था जबकि लोग कमरों में रहते थे। यह गंदे अस्तबल के समान ही रहा होगा जिसकी सफाई हेराक्लीज करता था। वहां से अप्रवास क्यों आरंभ हुआ, यह स्पष्ट नहीं है क्योंकि किसी बड़ी आंतरिक विभीषिका का कोई प्रमाण नहीं मिलता। शायद जनसंख्या में लगातार बढ़ोत्तरी इसका कारण रहा हो। इनमें से कुछ ग्रामीण बंजारे खोरेज्म से विजेताओं के रूप में रूसी घास के मैदानों में गए होंगे। कुछ अन्य एशिया माइनर में कैस्पियन सागर के चारो ओर एकत्र हो गए। दूसरा समूह ऊपरी यूरोप और डेन्यूब घाटी में कुल्हाड़ी से युद्ध लड़ने वालों के रूप में दिखाई पड़ता है। यूनानी लोगों की ही तरह ही अन्य चीजों के प्रति उनकी भी अनुकूलन क्षमता सामुद्रिक यात्राओं से प्रमाणित होती है। यहाँ तक कि ऋग्वेद भी जो मुख्यतः पंजाब के ऊपरी हिस्सों की बात करता है, कभी-कभी ऐसे जलपोतों का ज़िक्र करता है (जिनमें सौ से अधिक नाविक होते थे) जो निकटतम भूमि से तीन दिन की यात्रा पर निकलते थे। (ऋग्वेद 1.116.4–5)।

आर्यों को एक इकाई के रूप में देखने का महत्त्वपूर्ण कारण उनकी ऐतिहासिक उपलब्धियाँ हैं, नामतः ऐसे कई आदिम एवं रूढ़िवादी कृषक समुदायों के बीच के अवरोधों को मिटाने के लिए जिनमें से प्रत्येक ने अलग-अलग अपने प्रागैतिहासिक औजार और विश्वास सहेज रखे थे। अरबों ने 2000 वर्ष बाद अपनी समानांतर क्रियाशीलता दिखाई—भाषाई परिवर्तन को शामिल करते हुए—एक भिन्न सामाजिक स्तर के ऊपर। यह ज्ञात है कि ऐसे लोग अपनी रूढ़िवादिता को उस हद तक सहेजे रख सकते हैं जब तक कि इनके अस्तित्व ही न ख़त्म हो जाए, उदाहरण के लिए घसुलियन (मृत सागर के निकट) और उनके ही समान छोटे पृथक्कृत समूह केवल अपनी अत्यंत जटिल सजावट से जाने जाते हैं। थोड़े बड़े पैमाने पर ब्रिटेन, आइबीरिया या दक्षिण भारत के महाप्रस्तरीय भवन निर्माताओं के कार्यकलाप थे। उन्होंने अपने अपेक्षाकृत थोड़े से अधिशेषों का उपयोग मृतकों के संस्कारों में किया, जिसका समाज के विकास में कोई योगदान नहीं है। पाषाण युग के अंत तक माल्टा एक पवित्र द्वीप था जो व्यापार और धर्म के मिश्रण से केवल अपने मेहराबदार मकबरों के अवशेषों की भीड़ छोड़ गया। इसमें धर्म ने उन तमाम लाभों पर अपना अधिकार जमा लिया जो मनुष्यता को व्यापार से मिल सकते थे। मेसोपोटामिया और सिंधु नदी की घाटियाँ इस प्रक्रिया को और उच्च स्तर तक ले गईं, लेकिन यह फिर से ठहराव की ओर बढ़ गई। हमने ख़ास तौर से सिंधु के शहर-निर्माताओं की तकनीकी पहुँच के दायरे में उपलब्ध खाद्य उत्पादन की उम्दा विधियों और औजारों को अपना पाने में उनकी अक्षमता पर ग़ौर किया। मिस्र ने अपने अधिशेष का एक बड़ा हिस्सा अतिशय शुद्धता के साथ बड़े-बड़े पाषाण पिरामिड बनाने पर ख़र्च कर दिया; धीरे-धीरे मृतकों के संस्कारों के बहाने पुरोहितों द्वारा पूरा देश ही खा लिया गया। आर्यों ने अलग-थलग पड़े ऐसे तमाम आदिम समूहों और उनकी आस्थाओं को रौंद डाला, ताकि इन अवशेषों से नए ढंग का समाज बनाने की बुनियादी शर्तें पूरी की जा सकें। वे स्वयं सचेत या उदार ढंग से समाज के निर्माण की दिशा में नहीं जुटे, बल्कि त्वरित लाभ के लिए अपने विध्वंसक और लोलुप ढंग का परिचय दिया। इसलिए आर्यों का मुख्य योगदान उत्पादन के नए संबंधों से परिचय कराना, इतने बड़े पैमाने पर कि जो गुणवत्ता में भारी अंतर लाने में सक्षम हो, रहा है। बहुत लोग जो पहले अलग हो चुके थे वे नए प्रकार की सामाजिक संरचना में मजबूरन शामिल हुए। इसका आधार कौशल, औजारों, उत्पादन तकनीकों की नई उपलब्धता थी, जो तब तक स्थानीय रहस्य ही बना हुआ था। इसका अर्थ है अंगीकार करने में लचीलापन और तात्कालिक प्रदर्शन में विविधता। इसका आशय नए ढंग का विनिमय और इस तरह नई उपभोक्ता वस्तुओं का उत्पादन। इसका परिणाम है ऐसी विधियों से खेती के लिए नए क्षेत्रों का खुलना जिनके उपयोग के बारे में कमोबेश सहज स्थानीय आबादियों ने सोचा ही नहीं था। यह सब दूर-दूर तक फैले पुरातात्विक अभिलेखों में पढ़ा जा सकता है। उन हिंसक तरीक़ों ने, जिनसे ये नवाचार शुरू

हुए, पहले व्यापार, युद्ध और धार्मिक बलि की क्रियाओं की तुलना में ज़्यादा और बड़े सुधारों को प्रभावित किया। सारगॉन के युग से लेकर अंतिम असीरियन राजाओं के समय तक हम देखते हैं कि निकट पूर्व युद्ध और इनमें क्रूरता बढ़ती ही गई और इसकी क्षतिपूर्ति के लिए कोई सुधार भी नहीं हुआ। ऐसी विजयों की तुलना उस सूखे से की जानी चाहिए जिसके चलते सिंचाई व्यवस्था नष्ट हो जाने से मेसोपोटामिया मुरझा ही गया। आर्य उस विध्वंसक बाढ़ जैसे साबित हुए जो मिट्टी को नई फ़सल लहलहाने के लिए उर्वरता दे देती है। मृतकों के लिए किए जाने वाले अति विकसित अनुष्ठानों और रस्मों का एकमात्र कृत्य केवल इतना ही हो सकता था कि यथास्थिति बनाए रखें। इसने नवाचार को हतोत्साहित और दिमाग़ को कमज़ोर किया। आर्यों के आक्रमणों ने पुराने वर्गों और उनके अनुष्ठानों को मिटा दिया।

इस तरह तोड़ दिए गए बंधन फिर कभी नए सिरे से स्थापित नहीं किए जा सके। क्योंकि आर्यों ने पारस्परिक व्यवहार के अमूल्य साधन छोड़ दिए थे, एक व्यापक क्षेत्र में अधिक सहज भाषा फैला दी थी। उनकी अपनी वर्णमाला नहीं थी, लेकिन उन्हें कीलाक्षर और फीनिशियन लिपियों से जो कुछ मिला उसे उन्होंने स्वेच्छा से अपनाया, उसका सरलीकरण किया और उसे फैला दिया। इससे अंतर यह आया कि अब साक्षरता पर केवल पुरोहितों, लिपिकारों के एक छोटे से वर्ग और व्यापारियों के समूहों का एकाधिकार नहीं रह गया। दूसरी तरफ़, पुराने अभिलेख—यदि कोई रहे हों—मिट गए और स्थायी स्तर-विन्यासों में मौजूद पुरातात्विक सूचनाओं का ह्रास हो गया। आर्य बस्तियाँ लगातार विस्थापित होती रहती थीं और स्थिर सिंधु संस्कृति की तुलना में दीर्घकालिक अवशेष बहुत ही कम छोड़ती थीं। वैदिक अभिलेखों में से एक भी कोई कालानुक्रम स्थापित नहीं करता, यहाँ तक उससे संबंधित स्तरीकृत मृद्भांड अनुक्रम का कोई कालानुक्रम भी नहीं। यह जानने के लिए भी कि भारतीय समाज का कोई तत्त्वविशेष आर्यों से जुड़ा है या नहीं, कठिनाई इस तथ्य से और अधिक इसलिए बढ़ जाती है कि शताब्दियों की लंबी अवधि में शब्दों के अर्थ बदल गए हैं, रीति-रिवाज भी उत्पादन के साधनों के साथ बदलते रहे हैं। कई बार यह भी संदेह उठता है कि आर्यों और इरानियों दोनों में उभयनिष्ठ कुछ विशिष्टताएँ उनके पूर्ववर्ती समाजों से अपनाई हुई नहीं हो सकतीं क्योंकि इन पूर्ववर्ती समाजों में समानताओं के महत्त्वपूर्ण बिंदु हैं: कह सकते हैं कि सिंधु और सुमेरी शहरी संस्कृति में। अंततः मातृसत्ता से पितृसत्ता की ओर विकास का सामान्य अनुक्रम भी बाद में अनार्य भारतीयों को आर्य जीवनशैली एवं भाषा में ढालने की अपेक्षाकृत शांत प्रक्रिया में भंग हुआ, स्त्री धन (मातृ परंपरा में क्रमशः सौंपी जाने वाली व्यक्तिगत संपत्ति का एक छोटा हिस्सा, जिस पर केवल स्त्री का ही अधिकार होता है) जैसी मातृ सत्तात्मक विशिष्टता भारतीय परंपरा में देर से पुनः प्रचलित हुई। इसकी और किसी भी रूप में व्याख्या नहीं की जा सकती सिवा इसके कि पुराने लोगों ने शांतिपूर्वक नई जीवनशैली अपना ली। यद्यपि केवल इतिहास की हमारी परिभाषा को अगर ध्यान में रखा जाए तो थोड़ी सावधानी बरत कर ऐसी मुश्किलों से पार पाया जा सकता है।

4.2. आर्यों के आक्रमण, विध्वंस और विजय की अवधि का मुख्य स्रोत चारों वेदों में सबसे पुराना (इस पर पाँचवें अध्याय में चर्चा की गई है) ऋग्वेद[2] है, थोड़ी मदद पुरातत्व से भी ली गई है। इस आलंबन की आवश्यकता उस संपूर्ण पुनर्स्थापन से देखी जा सकती है, जिसकी माँग वैदिक अध्ययन में सिंधु घाटी सभ्यता के उत्खनन से की जाती है। ऋग्वेद 6.27.5 की हरियूपिया की पहचान हड़प्पा से नहीं, बल्कि हलिआब से या अरिओब नदी से की गई थी। अरिओब वस्तुतः कुरम की एक सहायक नदी है। पूरा युद्ध अफगानिस्तान में हुआ। अल्ब्राइट के कालानुक्रम में सिंधु सभ्यता के ह्रास की घटना 1750 ई.पू. के आसपास आती है। ऋग्वेद की घटनाएँ 1500 ई.पू.[3] के आसपास की मानी जाती हैं (आंतरिक साक्ष्यों के अनुसार, जो मुझे स्पष्ट नहीं हैं)। यजुर्वेद में जिन नियमित बस्तियों की बात की गई है उनकी शुरुआत निश्चित ही 800 ई.पू. के आसपास हुई। इसलिए स्तरों में ऋग्वेद का विभाजन केवल भाषा के आधार पर किया जाना है, जिसमें से अधिकांश अब दुरूह हो चुका है, इसमें से कुछ हिस्से की बाद के ऐसे टीकाकारों द्वारा ग़लत व्याख्या प्रस्तुत कर दी गई, जिनके लिए वेद रहस्यमय दर्शन के शिखर हैं। केवल एक मामले में आलोचक सही मायने में ख़ुश हो सकते हैं: प्राचीन संस्कृत के किसी भी पाठ की तुलना में ऋग्वेद का पाठ अत्यधिक सुनिश्चित है। ऋग्वेद की ऋचाओं (सूक्त) को अपरिवर्तनीय माना जाता है। ये अनादिकाल से अस्तित्व में हैं; इन्हें किसी ने रचा नहीं, बस समय-समय पर विभिन्न ऋषियों ने इनका दर्शन किया। वेदों (विशेषतः ऋग्वेद) को, एक अत्यंत रूढ़ अनुशासन के अधीन, बिना किसी बदलाव के अक्षुण्ण रूप से सुरक्षित रखा गया। इसे हम बाद के पुरोहित वर्ग यानी ब्राह्मणों की परिपाटी से जानते हैं। नवदीक्षित शिष्य इसे सीखने के लिए जंगलों में स्थित आश्रमों में किसी गुरुविशेष के पास आश्रय लेते थे। उसे बारह वर्ष या इससे भी अधिक समय तक गुरु की गायें चरानी पड़ती थीं, उसके लिए भोजन जुटाना (लेकिन उत्पादन करना नहीं) पड़ता था और गुरु उन्हें पोथियों में सुरक्षित ज्ञान देता था। इसका पहला चरण बिना किसी ग़लती के एक-एक पद का उच्चारण सीखना होता था। अर्थ लंबे

समय तक चलने वाली व्याख्यान और विमर्श की प्रक्रिया के बाद बताया जाता था, लेकिन शिष्य का पहला कार्य यह होता था कि वह पूरा पाठ याद कर ले। इस प्रक्रिया ने ही पुरोहितों को यह एकाधिकार दिया कि वे जान-बूझकर पूरे ग्रंथ को अलिखित रूप में सुरक्षित रखें (जैसे कि सीज़र के गॉल में ड्रूइडों को था)। इसने पुरोहितों को समाज में एक अतुलनीय प्रतिष्ठा और कर्म के प्रति एकनिष्ठता प्रदान की। संक्षेप में, इसने उन्हें एक वर्ग का आकार दिया और ऐसी प्रभावशाली स्थिति दी जिससे वे बाद के भारतीय इतिहास को प्रभावित कर सके।

आर्यों का समाज पितृसत्तात्मक दिखाई देता है: इनके देवता प्रमुखतः पुरुष हैं, जैसे कि अग्नि, यानी पवित्र आग (ईरानी लोगों की तरह), आर्यों के प्रमुख इंद्र के नेतृत्व में वैयक्तीकृत देवताओं के साथ। युद्ध में अजेय, अपने दमनकारी अस्त्र वज्र (एक गदा, बाद में तड़ित), वे एक तीव्रगति वाले रथ पर बैठ कर युद्ध करते हैं; वे मादक सोम (ईरानी हुमा (haoma)) पिए रहते हैं, जिसकी अभी तक पहचान नहीं हो सकी है; शहरों और बाँधों को नष्ट कर देते हैं, नदियों को मुक्त कर अपने लोगों को जल सुलभ कराते हैं, अदैव शत्रुओं के भंडार (निधियाँ) निरंतर लूटते रहते हैं, अपने शत्रुओं के विरुद्ध वे छल-बल का प्रयोग करते हैं। एक देवता वरुण, यानी यूनानी ऊरेनॉस, जो दयालु प्रकृति के आकाशवासी देवता हैं और मरणशील जीवों को दंडस्वरूप रोगों से अक्षम कर देने में सक्षम हैं, का अधिक्रमण कर इंद्र ने उनका स्थान ले लिया। देवियाँ बहुत कम हैं। उनमें सबसे प्रमुख इला हैं, जो केवल मदिरा का मानवीकृत रूप लगती हैं। सूर्योदय की देवी उषा की पूजा (जिनकी तुलना भाषा वैज्ञानिक रूप से होमर के ईऑस से की जाती है लेकिन यहाँ वह अधिक महत्त्वपूर्ण हैं, मेसोपोटामियाई इश्तार के निकट) इंद्र से एक बार उनके हार जाने के बाद भी होती रही। देवता विवाहित नहीं हैं, उनकी जीवनसंगिनी मुश्किल से ही कहीं-कहीं सामने आती है; देवताओं की पत्नियाँ सामूहिक रूप से ग्नास कही जाती हैं, जिनके हाथ में करने के लिए बहुत कम ही कुछ है। अनुमानतः, इससे यह ज़ाहिर होता है कि उस स्थान और काल विशेष में आर्यों के समाज में किसी व्यक्ति की नियमित जीवनसंगिनी या विवाह होने का प्रचलन नहीं था। एक पुराने शिल्पी देवता त्वष्ट्र हैं, ये भारत के बाहर नहीं जाने जाते, जो समय-समय पर सृजनकर्ता के रूप में प्रकट होते हैं। यह एक ऐसी अवधारणा है जिसकी आवश्यकता प्रागैतिहासिक काल में नहीं थी, क्योंकि तब जो कुछ बनाया जाता था उसका महत्त्व मनुष्य के लिए उन चीज़ों से बहुत कम था जो उसे उर्वर धरती माता से उनकी उपज के रूप में मिल जाता था। मैंने कहीं और यह स्पष्ट किया है कि यह शिल्पी देवता आर्यों की पूर्ववर्ती संस्कृति से आया है, संभवतः उनके शिल्पियों के साथ। युद्ध के रथ के लिए, उसके पूरे विवरण और आयाम वेदों से बिलकुल ठीक-ठीक रूप में लिया जा सकता है, इसके लिए उत्कृष्ट शिल्प दक्षता चाहिए। बैलों से चलने वाली अनस गाड़ियों का भी प्रयोग यातायात के लिए किया जाता था।

हल को सीर नाम से जाना जाता था। मुख्य अनाज था जौ (यव), इसलिए आम तौर पर सभी अनाजों को यव ही कहा जाता था। गेहूँ (गोधूम, यूनानी लोगों की भाषा में बोस्मोरॉन) और चावल (व्रीहि) का उल्लेख प्राचीनतम वेद में स्पष्ट रूप से नहीं हुआ है। दराँती (दात्र) और खोदने के लिए एक औजार खनित्र भी ज्ञात हैं। अधिवासियों (विश्) को किसान (कृष्टि) और बिना जुते हुए खेतों को अकृषीवल कहा गया है। भूमि के बँटवारे या भूमि-स्वामित्व के बारे में कोई उल्लेख नहीं है, भूमि या किसी उपभोक्ता सामग्री के भी ख़रीदने-बेचने की तो बात ही छोड़िए। समृद्धि का मुख्य स्रोत या इसका मानक, मवेशी थे और इसके दूसरे मानक घोड़े थे। वैसे किसी सरदार द्वारा ऊँट भी दिए जा सकते थे। भैंस, जिसे महिष कहते थे, एक 'शक्तिशाली पशु' है, परन्तु कृषि के लिए उपयोगी ये पशु उस काल तक पालतू पशुओं की श्रेणी में नहीं आता था। सभी प्रकार के मवेशी और घोड़े, यहाँ तक कि अलग-अलग प्रत्येक रंग के भी, अपना अलग स्थान रखते थे। स्वाभाविक रूप से, जल के लिए संघर्ष का विशेष महत्त्व था। इंद्र को अप्सु-जित, 'जल पर विजय करने वाला' कहा गया है (ऋग्वेद 8.13.2, 1.100.11, 6.44.18 इत्यादि)। यह केवल पानी के लिए ही था कि उसने ऋग्वेद 2.20.8 एवं अन्य जगहों पर दस्युओं के शहरों को एकदम उजाड़ कर डाला। जल के लिए केवल इंद्र ही नहीं, सभी लोग लड़ते थे (ऋग्वेद 4.24.4)। इसलिए भारत और पाकिस्तान के बीच सिंधु घाटी के जल का मार्ग बदलने के लिए चल रहे विवाद का उद्गम 3500 वर्ष पूर्व के इतिहास में दबा है। वे बच्चों (तनय), मवेशी (गोसु), जल (अप्सु) (ऋग्वेद 6.25.4) के लिए लड़ते थे, स्वभावतः दोनों ही पक्ष अपनी विजय के लिए इंद्र की प्रार्थना करते थे, जिससे आर्यों की ही भिन्न जनजातियों के बीच युद्ध की प्रवृत्ति स्पष्ट होती है। एक पशुपालक घुमंतू जीवन के विविध अंतर्विरोधों और अपने लाभ के लिए सभ्यताओं पर आक्रमणों का दौर अब ख़त्म हो गया था और स्थित कृषि की आवश्यकता का विकास शुरू हो गया था।

सिंधु घाटी में राजनीतिक विकास के मुद्दे पर आने से पहले, यह बात स्पष्ट कर दी जानी चाहिए कि भारत के बाहर के आर्यजन एवं परंपरा से उनके संपर्क टूटे नहीं थे। भारत का टील्हे (कूबड़) वाला विशिष्ट बैल, जो आम तौर पर और कहीं नहीं जाना जाता था, कुछ सीरो-हित्ती मुहरों पर 1000 ई.पू. के आसपास दिखाई देता है (W. H. Ward: Seal Cylinders of Western Asia, Washington,

D.C., 1910; nos. 922, 930 etc.; उसका हित्ती नाम शायद लेलवन्निश (Lelwanniś) था)। ऋग्वेद की उषाएँ, जो प्रायः अपने स्तन और शरीर खुले रखती हैं, उसी क्षेत्र और काल की मुहरों पर ठीक-ठीक अंकित हैं (Ward LOC. CIT. Chapter 50); दोनों में कभी-कभी पंख लगे हुए दिखते हैं। अब यह किस बात प्रतीक है, ये स्पष्ट नहीं है, शायद कुछ आर्यों की भारत से वापसी का। दूसरी धारा का प्रतिनिधित्व भी ऋग्वेद में दिखाई देता है, एक सामयिक फ़ारसी नाम, शायद फारसी ऐतिहासिक चरित्र के नाम से। ऋग्वेद 1.53.9–10 के सजातिविहीन प्रमुख सुश्रवस जो बीस विरोधी राजाओं से लड़े और जीते, वह निश्चित ही इरान के कवि हुश्रवस, जिन्हें अवेस्ता में अपने पिता की मृत्यु का बदला लेते दिखाया गया है, के बहुत निकट हैं। तरण्यु और तूर्वयाण (तेज़ी से बढ़ता हुआ) तूरानियों की ओर संकेत करते हैं, वे जो भी रहे हों। ऋग्वेद 8.6.46 में तिरिंदिर की प्रार्थना की गई है, जो एक पर्शु से जुड़े हैं, अतः वे फ़ारसी (पर्शियन) ही रहे होंगे। अवेस्ता में सप्तसिंधु (सात नदियों की भूमि) एक आर्यक्षेत्र के रूप में ज्ञात है। सात मूल महान नदियों में दो सूख गईं: ऋग्वेद की दृषद्वती घग्गर का ही सूखा तल है, जबकि सरस्वती (जिसका तब सागर की दिशा में बहाव इससे और सिंधु से मिलते हुए जाता था) ब्राह्मण कहे जाने वाले टीकाग्रंथों के काल तक, सूखते हुए मरुस्थल में बदलने लगी थी। आज यह पूर्वी पंजाब की एक छोटी सी नदी है, इसका नाम शायद इरान की हरह्वैती से आया है, तिग्लथ-पिलैसर तृतीय द्वारा स्थापित एक शिलालेख की अर-क़त्तु। उस मामले में मूल सरस्वती वस्तुतः हिल्मंड है। यह एक ऐसा तथ्य है जिसे पुराविदों को भविष्य में उपयोग के लिए अच्छी तरह अपने दिमाग़ में रख लेना चाहिए, बजाय मुंडिगग के उन अन्वेषणों के जिनका कोई निष्कर्ष ही नहीं है। इरावती नाम रावी से बर्मा की मुख्य नदी के लिए आ गया, छोटी सी चंद्रभागा नदी जो पंढरपुर से होकर बहती थी, इसका नामकरण चिनाब के आधार पर हुआ था। नामों का इस तरह का स्थान परिवर्तन आम बात है।

भारत के भीतर और बाहर भी इससे भी प्राचीन संस्कृतियों से संपर्क के कम ही ग़ौर किए गए लेकिन बिलकुल सही चिह्न मौजूद हैं। यथा ऋग्वेद 5.45.1–3 में सूर्यदेव का वर्णन इस प्रकार किया गया है कि वह पहाड़ों के ऊपर प्रस्फुटित होते हैं और सभी द्वार खोल देते हैं, यह दृश्य मेसोपोटामिया की मुहरों में मिलता है (चित्र 17), जहाँ बिना किसी भवन के दो द्वार दिखाई देते हैं, जिसके बीच में सूर्य देवता का उदय पहाड़ों के ऊपर से हो रहा है।

चित्र 17: पहाड़ पर प्रस्फुटित होते सूर्य देवता और खुले हुए द्वार

इन मिथकों में इन मुहरों से जोड़े जाने लायक सबसे महत्त्वपूर्ण शायद वह है जिसमें त्वाष्ट्र के तीन सिरों वाले पुत्र का वध करते हैं। इस कृत्य का वर्णन ऋग्वेद 10.8 में वह 'पुत्र' स्वयं करता है, यद्यपि माना यह जाता है कि उसका वध हो चुका है। तथापि, यह पुत्र त्वाष्ट्र आरंभिक उपनिषदों में से एक में गुरु के रूप में प्रकट होता है। उसके वध ने ब्राह्मण मिथकों पर एक अमिट छाप छोड़ दी, एक राजा द्वारा अपने ही ब्राह्मण अग्निहोत्र पुरोहित का वध, एक ख़तरनाक दृष्टांत है। ये तीन सिर चकोर पक्षी के तीन भेद बन गए, जिनमें से दो के पीछे ब्राह्मण कुलों के नाम बन गए। इस आख्यान[4] को सिंधु की मुद्राओं पर (चित्र 18) तीन सिरों वाले देवता के अन्वेषण के रूप में महत्त्व प्राप्त हुआ है। तीन सिर यह सुनिश्चित करते हैं कि वह परवर्ती शिव की तरह चंद्रमा से संबंधित देवता हैं, जो अपने सिर पर शिखा के रूप में अर्धचंद्र धारण करते हैं। यह एक ध्यान देने योग्य तथ्य है कि यह मिथक अवेस्ता में भी है, यद्यपि इंद्र इससे निकाल दिए गए हैं, क्योंकि उन्हें ज़ोरोस्ट्रियन सुधारों के अंतर्गत यहाँ राक्षस बना दिया गया है (दैव,

चित्र 18: सिंधु की मुहरों पर तीन चेहरों वाले देवता

जबकि पहले देवता हैं) और अवेस्ता द्वारा ही अन्यत्र राक्षस के रूप में वर्णित हैं। वहाँ जिस तीन सिर वाले शत्रु का वध किया जाता है, वह अज़ी दहाक है। शाह नामः का ज़ोहाक वह है, जो पैगम्बर जरथुस्त्र को भरमाने के लिए वध के बाद भी बच जाता है। अज़ी दहाक का हत्यारा थ्रेटन आथ्व्य है, जो 'चार कोनों वाले वरेण' में पैदा हुआ है (जिसे पर्सिओ कैस्पियन के दक्षिण में स्थित आधुनिक गीलान मानते हैं, लेकिन जो यथेच्छ अर्थ होना चाहिए) 'आयताकार वारों वाली भूमि', अतः खोरेज़्म, जहाँ से आर्यों की धाराएँ शुरू हुईं। ज़ोहाक का वर्णन उसके कंधों के ऊपर से उगते साँपों के दो सिरों के रूप में हुआ है, मनुष्य को इनमें से प्रत्येक को प्रतिदिन आहार देना होता है। असि बिलकुल वही है, जो संस्कृत में अहि है, अर्थात साँप। मानव सिर के साथ-साथ प्रत्येक कंधे से उगते साँप के पूरक सिर वाले एक देवता मेसोपोटामियाई मुहरों पर पाए जाते हैं, जैसे कि पहले निनगिश-ज़ि-दा और बाद के काल में तिष्पक। इस तरह यहाँ संस्कृतियों का एक द्वंद्व दिखाया गया है। भारत में हत्या करने वाला थ्रेटन आथ्व्य नहीं, इंद्र के साथ त्रित आप्त्य है। नाम के दूसरे हिस्से तो समान हैं, लेकिन त्रित केवल इरान के साम परिवार का थ्रित हो सकता है (cf. Yasna. 9.7–11), जिसने राक्षसों की हत्या नहीं की। ऋग्वेद में हम थ्रेटन के सबसे निकट त्रैतन को पाते हैं, जो स्वयं एक दास (शत्रु) था और जिसने ब्राह्मण दीर्घतमस ('दीर्घकालिक अंधकार') के वध का प्रयास किया; किंतु अस्त्र उपयोग करने वाले पर ही उसके वक्ष और कंधे काट देने के लिए वापस लौट आया। ऐसा लगता है कि यहाँ यह मिथक कुछ हद तक विरोधी पक्ष की ओर से गढ़ा गया लगता है, यद्यपि पूरी तरह उलटा नहीं गया। यह ऋग्वेद की उन कई विशिष्टताओं में से एक है जो हमें इस विश्वास की ओर ले जाती हैं कि इसमें भारत के बाहर और भारत के भीतर के आर्यों से पहले की दोनों सामग्रियों का समावेश किया गया है, और इस तरह लोगों का भी। इस एक मिथक पर पूरे विमर्श के लिए, जिसका यहाँ अत्यंत संक्षेप में वर्णन किया गया है, वस्तुतः एक पूरे खंड की आवश्यकता है।

इन्द्र, वरुण, नासत्य (भारतीय डायस्क्यूरी) और अन्य भारतीय आर्य देवताओं का अस्तित्व बोगाज़ कोइ-[5] पाठ में है। फरात (यूफ्रेट्स) के ऊपरी भूभाग में रहने वाले मिटानियन लोग 1400 ई.पू. तक इनकी पूजा करते थे। मध्य की आर्य जनजातियों (या उनके समरूपियों) के उर्मिएह झील के आसपास बसने का समय भी इससे बाद का नहीं है। यद्यपि वे बिना किसी श्रेष्ठता भावना के शांत ढंग से रहे, पर बाद उन्होंने लड़कर क़ब्ज़ा कर लिया। विशेषतः सौम्य माने जाने वाले नासत्यों का रथ गधे खींचते थे, इसमें आर्यों से पहले का कुछ विदेशी असर दिखता है। हित्ती राजा अज़ावंडस (Azzawandas) कोई वैदिक नाम धारण किए नहीं दिखता, लेकिन वहाँ के लोग यानी दनिउना, संस्कृत के दानव हो सकते हैं।

4.3. यद्यपि यह एक आकर्षक अध्ययन है और मिथक को खोलने वाला हो सकता है, लेकिन यह हमें हमारे ऐतिहासिक उद्देश्य से बहुत दूर ले जा सकता है। हमारे इस विषय पर विचार का मुख्य कारण यह है कि ऋग्वेद—किसी भी संस्कृत कृति में—वर्णित कई असंबद्ध घटनाएँ मिथकों और किंवतियों से भरी पड़ी हैं। क्या इन्द्र, जब युद्धभूमि में उनके साहसिक कारनामों का वर्णन किया गया है, तब कोई वास्तविक मानवीय प्रमुख थे, या उन्होंने सभी जगहों पर केवल आकाश से ही अपनी भूमिका निभाई? निश्चित रूप से प्राचीन काल में सभी शत्रुओं का वर्णन राक्षसों के रूप में ही किया गया है। सप्तमातृकाएं सत्य (ऋत) की, जो कि ऋग्वेदिक हैं, का वर्णन बार-बार एक विलक्षण विशेषण यह्वी (? कभी विश्राम न करने वाली) के साथ किया गया है, बहुत हद तक सात नदियों का प्रतीक लगती हैं। जल इतना महत्त्वपूर्ण था कि ऋग्वेद की ऋत (सत्य, न्याय, जो कुछ भी सही हो) की उत्कृष्ट अवधारणा भी इससे जुड़ी हुई दिखती है। ऋग्वेद 5.12.2 में इन्द्र से 'ऋत की धाराओं' को मुक्त करने के लिए निवेदन किया गया है। वणिक शब्द का प्रयोग केवल एक बार 'व्यापारी' के अर्थ में हुआ है। इसकी व्युत्पत्ति पणि शब्द से हुई है, यह एक जन का नाम है जो इन्द्र और उनके लोगों के प्रति शत्रुता का भाव रखते थे। ऋग्वेद 10.108 में एक प्रसिद्ध लेकिन बाद का संवाद देखा जाता है, जिसमें पणि लोगों के समक्ष इन्द्र की संदेश वाहक के रूप में देवी सरमा प्रकट होती हैं। वह एक श्वान-देवी हैं, उनके नाम का अंतिम अक्षर मा से यही प्रकट होता है कि उमा, रमा और अन्य नामों की तरह यह भी एक मातृदेवी हैं। वह, या कहें इंद्र, पणि लोगों से मवेशियों की माँग करते हैं। बाद की व्याख्याएँ इसमें बताती हैं कि ये मवेशी वस्तुतः इन्द्र या देवताओं से चुरा लिए गए थे, लेकिन सूक्त में ऐसी कोई बात नहीं कही गई है। जो हम पाते हैं वह केवल भेंट या फिरौती के लिए सीधी चेतावनी है, जिससे पणि अस्वीकार कर देते हैं। अंततोगत्वा से इंद्र के शत्रु होने के कारण पणि लोगों को राक्षस बता दिया गया है। निस्संदेह ही अनुष्ठानों में इस सूक्त का अभिनय किया जाता था, बीते हुए दिनों में बड़े आक्रमणों और लूट की स्मृति/उत्सव में। ऐसे अनुष्ठानों ने इतिहास का अनुकरण किया और इससे इन्हें दुहराने की प्रवृत्ति को प्रोत्साहन मिला। अभी भी प्रचलित मराठा रस्म सीमोल्लंघन और

स्वर्ण (एक विशेष पेड़ की पत्तियों को इसका प्रतीक माना जाता है) की सांकेतिक लूट इसका आधुनिक उदाहरण है। यह 18वीं शताब्दी के वार्षिक आक्रमणों को याद करते हुए उनका गुणगान है। बदली अंतर्वस्तु के साथ यह रस्म अपने विशिष्ट रूप में जीवित है। ऋग्वेद 6.45.31–33 में पणि लोगों में सर्वोच्च बृबु की उदारता के लिए ऋषि भारद्वाज उनकी प्रशंसा करते हैं। यद्यपि उन्हें ब्राह्मण और आर्य होने के नाते दूसरी तरफ़ होना चाहिए। इससे बाद के ब्राह्मणों में कुछ शर्मिंदगी पैदा हुई। वे स्वीकार करते हैं कि बृबु एक तक्षण ('बढ़ई') थे। वह निश्चित ही आर्य नहीं थे, लेकिन ऋषि पर उपहार प्राप्त करने के लिए कोई आरोप नहीं है। ऋग्वेद में उपहार प्राप्ति के बदले की गई इस प्रकार की प्रशंसाएँ (दान स्तुति) संभवतः ऐतिहासिक सूचनाओं के मामले में सर्वाधिक विश्वसनीय हैं। जो कि आनुष्ठानिक प्रयोजन हेतु पूजा के लिए की गई प्राप्ति है (गद्यात्मक टिप्पणियों से रहित)। इन दानस्तुतियों में चेदि जैसी जनजातियों का उल्लेख है, जो महाभारत में अधिक प्रमुखता से आई हैं। स्पष्ट है, बाद के चारण महाकाव्य से किसी अंश के पाठ के पूर्व उसकी शुरुआत मंगलाचरण की वैदिक ऋचाओं से करने लगे। दानस्तुतियाँ वस्तुतः पुरानी और नई परंपरा के बीच की संयोजक सूत्र थीं, साथ ही समकालीन दानशीलता को प्रोत्साहित भी करती थीं। इस परंपरा के बने रहने के मुख्य कारणों में यह एक होना चाहिए। बाद के ऐतिहासिक संदर्भों में ऐसी ही स्तुतियों से उपजी यह धारणा कि ब्राह्मणों को दान देने का विशेष महत्व है, अत्यंत महत्त्वपूर्ण है।

पणियों की ओर वापस लौटने पर हम पाते हैं कि वे स्वार्थलोलुप, संपन्न, लालची और आर्यों के धोखेबाज़ शत्रुओं के रूप में दिखाई देते हैं। उनके जमा किए गए ख़ज़ाने की लूट का वर्णन ऋग्वेद 2.24.6–7 में है। जैसा कि पहले कहा जा चुका है, विवाद के निपटारे तक के लिए किसी प्रकार से एक व्यवस्था बनाई गई, कदाचित इसलिए क्योंकि कुछ आर्य व्यापारी यानी वणिक बन गए थे। बड़े शत्रु पणि नहीं, बल्कि दस्यु या दास हैं। बाद में इस शब्द का आशय ग़ुलाम हो गया, बिलकुल वैसे ही जैसे 'स्लेव' या 'हेलट' दोनों शब्द नस्ल या स्थान के नाम से व्युत्पन्न हैं। दस्युओं के अपने राजा थे, एक पुरोहित वश अश्व्य (ऋग्वेद 8.46.32) ने दो दास शासकों बलबूथ और तरुक्ष (या शायद एक ही का नाम बलबूथ तरुक्ष रहा हो) से एक सौ ऊँटों के बराबर उपहार प्राप्त किए थे। इसके पहले उसी सूक्त में, कम से कम नाम से आर्य लगने वाले उदारता के लिए कानीत पृथुश्रवस की प्रशंसा करता है। पुनः हम एक ब्राह्मण को दोनों पक्षों की प्रशंसा करते हुए पाते हैं। आम तौर पर दास इतने भाग्यशाली नहीं थे, क्योंकि उनके पूर्वकालिक शासक ऐसे राक्षसों के रूप में सामने आते हैं जिन्हें इंद्र ने कुचल दिया। इनमें से वृत्र को पहले ही एक जातीय बाधा या शत्रु बताया जा चुका है। अर्बुद को इंद्र द्वारा ऋग्वेद 1.51.6 तथा अन्यत्र पैरों तले कुचल दिया गया बताया गया है, उसके बारे में इससे अधिक और कुछ नहीं मालूम है कि वह एक दास था। ऋग्वेद 1.103.8, 1.104.3 के कुयव का नाम ही ऐसा है, जिसका शाब्दिक आशय 'ख़राब जौ' अर्थात् 'जंगली जौ' या 'ख़राब फ़सल' है। वह एक तरह से दस्यु नमुचि से मिलता-जुलता, जिससे इंद्र का भीषण युद्ध हुआ था और जिसे एक प्रकृति या फ़सली मिथक नहीं बताया जा सकता। ऋग्वेद 5.30 में इंद्र और नमुचि के बीच हुए युद्ध का पूरा विवरण है, जिसके साथ इंद्र ने बाद में संधि कर ली थी। इंद्र ने उससे कोई दाँव चला और उसका सिर काट लिया। नमुचि दो नदियों का स्वामी था, जो शायद पत्नियाँ थीं। उसकी सेना (या शस्त्रों) में स्त्रियाँ शामिल हैं, जिस पर इंद्र हँसता है। दानस्तुति में रुषम का वर्णन है। यह एक जनजातीय नाम है, जो बाद में पंजाब की नमक की खदानों वाले क्षेत्र से जुड़ गया। ऋग्वेद 2.20.6 में इंद्र के बारे में कहा गया है 'दास आर्षसान का प्रिय सिर काट लिया'। इसके प्रिय होने के कारण तब तक नहीं दिखता, जब तक कि ऋषि गृत्समद उस राक्षस के लिए सहानुभूति अनुभव करते दिखाई नहीं देते।[6]

ऋग्वेद 1.51.11 में इंद्र सुष्ण के मज़बूत गढ़ को ध्वस्त कर दिया। ऋग्वेद 8.1.28 में सुष्ण का वर्णन एक ऐसे दानव के रूप में है जो सूखे का कारण है। लेकिन फिर, पुर शब्द, जिसका आशय क़िलाबंद स्थान या नगर-दुर्ग है, अपना अर्थ खो देता है—जब तक कि बाँध बना कर रोका गया पानी छोड़ने के लिए समझौता नहीं हो जाता। राक्षस पिप्रु के भी ऐसे पुर रूपी गढ़ हैं, जिन्हें आर्य ऋजिश्वान, जिसने वहाँ समृद्धि प्राप्त की, के लिए इंद्र (*RV*. 1.51.5; 6.20.7) ने नष्ट कर दिया। इन शत्रुओं में सबसे प्रमुख शम्बर है, जिससे वर्चिन मिल गया। शम्बर कई पुर क़िलों का स्वामी था, दिवोदास—जिसके चलते हमें ऋग्वेद को परत-दर-परत देखना पड़ा—का शत्रु होने के कारण। अर्थात अब हम मानव नायकों के बीच युद्धों के बारे में पढ़ते हैं, न कि देवताओं और राक्षसों के। दिवोदास के पास कोई शहर नहीं था, और न उनके उत्तराधिकारियों के ही पास, जहाँ तक कि वैदिक साहित्य से मालूम होता है।

इंद्र 'शहरों को ध्वस्त करने वाला' (पुरंदर) है, लेकिन शहरों के निर्माता या स्वामी के रूप में न तो इंद्र और न उसके किसी अनुयायी का ही वर्णन आया है। उनमें से किसी ने भी कहीं भी किसी क़िले में भी कुछ नहीं बनाया है। ईंट के लिए प्रयुक्त इष्टा शब्द भी इस वेद में कहीं नहीं आया है। बाद वालों में/बाद के वेदों में ही यज्ञ की वेदी बनाने के हेतु वेदी बनाने हेतु पहली बार ईंट का प्रयोग हुआ है। आर्यों

की मानक बस्ती ग्राम है, जिसका अर्थ आज भी गाँव है। वैसे इसका अभिप्राय एक रात के लिए किया गया शिविर भी हो सकता है। ऋग्वेदिक लोगों ने अपने पवित्र ग्रंथ में कोई प्रभाव छोड़ने लायक पुनः कोई क़ब्ज़ा किए बिना शहरों को ध्वस्त कर दिया। वे अपना कोई नया शहर शुरू करने में विफल रहे, वस्तुतः शहर उन चरवाहे आक्रमणकरियों के लिए किसी काम के नहीं थे। आशय यह कि आर्यों के योगदान की यह एक नकारात्मक विशिष्टता है। शहर के स्तर तक पहुँचने के लिए उन्हें उत्पादन के नए प्रकार शुरू करने में कम से कम आधी शताब्दी का समय लगा। पुराने समाज ने जो कुछ विकास किया था, उसमें से अधिकतर नष्ट हो गया।

ऋग्वेद के बाद के चरण आर्यों का उनके पूर्ववर्तियों या अनार्यों के साथ फिर से मेल-मिलाप दिखाते हैं। नई जनजातियाँ आपस में ही पूरी ताक़त लगाकर लड़ती रहती हैं। दिवोदास का अर्थ 'स्वर्ग या देवों का सेवक' है, लेकिन दास तब एक ग़ैर-आर्य जनजातीय नाम भी था। लेकिन शब्दांत/नाम के अंतिम भाग से ऐसा लगता है कि उसमें स्वर्ग के प्रति समर्पण का मात्र अमूर्त भाव नहीं था, बल्कि एक दास को आर्यों ने अपनी व्यवस्था में अपना लिया था; ऋग्वेद में एक से अधिक दिवोदास हो सकते हैं, इनमें सर्वाधिक प्रसिद्ध है अतिथिग्व, अर्थत वह जिसके मवेशी जहाँ चाहें वहाँ चर सकते हैं। उसके उत्तराधिकारी राजा सुदास् (बाद में इसे सुदास लिखा गया, इसके पूर्ववर्ती रूप का अर्थ 'अच्छा दाता' होता है)। ऋग्वेद के बाद के स्तरों में, 'दस राजाओं के विरुद्ध युद्ध' में पैजवन हमें महानतम राजनीतिक उत्थान की ओर ले जाते हैं। ये दसों राजा केवल अपने जनजातीय नामों के साथ प्रकट होते हैं, इनमें से कई आर्य दिखाई देते हैं। सुदास की जनजाति तृत्सु थी। यह भरत जनजाति, जिसके नाम से संपूर्ण भारत के लिए 'भारत' शब्द की व्युत्पत्ति हुई है, का एक उपसमूह था। प्रसंगवश युद्ध का वर्णन बार-बार आया है (जैसे ऋ.वे. 7.83.6) परन्तु ऋ.वे 7.18 में इसका विस्तार से वर्णन है। युद्ध में जिन शत्रुओं का दमन किया गया, वे हैं—सिम्यु, तुर्वस, यक्सु, मत्स्य, भृगु, द्रुह्यु, पक्थ, भलान, अलिन, विषाणिन। इनमें मत्स्य=मछली, अलिन=मधुमक्खी, कुलचिह्न हैं; विषाणिन=सींगयुक्त हमें सिंधु की मुहरों पर मिलने वाले सींगयुक्त देवताओं की याद दिलाते हैं, मेसोपोटामियाई देवताओं के सींगयुक्त मुकुटों की तरह; मिस्र में मेडिनेट हबु के शर्दिन के शिरस्त्राण यद्यपि अनार्य लगते हैं, पर पवित्र (शिवासस) कहे गए हैं। ऋषि कहते हैं कि '(इंद्र) आर्यों के आमंत्रित अतिथि' तृत्सु की सहायता के लिए आए; ऋग्वेद 7.83.1 में इंद्र का आह्वान दास्त और आर्य शत्रुओं के विरुद्ध राजा सुदास की सहायता के लिए किया गया है। ऊपर वर्णित पक्थ जनजाति के बारे में लासेन और अन्य लोगों का अनुमान है कि ये पक्थ्ये हैं, सिकंदर के समय में यूनानी लोगों में उसी क्षेत्र में सुपरिचित, और आज के पख़्तून (पठान) हो सकते हैं। ऋग्वेद 7.18.13 में अपभाषी पुरुओं (मृद्ध्रवाक) के विरुद्ध विजय के लिए तृत्सु प्रार्थना करते हैं। अन्य किसी की भी तरह पुरु जनजाति भी आर्य लगती है। महाभारत की कथा और बाद में सिकन्दर के समय में भी इसका अस्तित्व है (आधुनिक पंजाबी में शायद पुरी कुलनाम)। मैसिडोनियन द्वारा हराया गया राजा पौरस और उसका समान नाम वाला भतीजे दोनों के नाम से यह पता चलता है कि जनजातीय प्रमुख अपने समूह के बाहर तब भी अपने जनजातीय नाम से ही जाने जाते थे। एक राजा पौरस ने (*Strabo* 15.1.73; पैंडियन, 15.1.4) आगस्टस सीज़र को अपना एक दूत भेजा था। दस नामों में सबसे विलक्षण है भृगु, भाषा वैज्ञानिक दृष्टि से देखें तो यह फ्रीजियन जैसा लगता है, लेकिन अब भारत में इसका अस्तित्व केवल एक ब्राह्मण कुल* के रूप में शेष है, जो ऋग्वेदिक काल के बहुत बाद में महत्त्वपूर्ण हुआ। ऋग्वेद में उनके रथ की विशेष रूप से प्रशंसा की गई है; जिसक अर्थ है 'कुम्हार', जैसा कभी पालि में हुआ करता था। यह कुम्हार का अभिप्राय महाभारत 1.182.1 तथा जात 408 में भी स्पष्ट है। एक ऐसे ब्राह्मण के लिए रथ बनाना (ऐसे पहिये के साथ जिसके हाल के तौर पर कच्चा चमड़ा लगा हो, जो सूखने पर संकुचित होकर लकड़ियों के टुकड़ों को बहुत मज़बूती से आपस में जोड़ देगा) जात. 475—किंतु यहाँ गोत्र भारद्वाज है और जातक ब्राह्मण सभी प्रकार के कार्य करते थे (जात. 495)। आर्यों की मूल जनजातियों की संख्या पाँच लगती है।

---

* ऋग्वेद 7.18.19 के शिग्रस, जो कि भरत के शत्रु भी हैं, का भी एक गोत्र ब्राह्मणों में पाया जाता है। यद्यपि यह किसी मानक सूची में नहीं पाया जाता; नामतः मथुरा का शैग्रव गोत्र (*Lüders* नंबर 82)। शिग्रु की पहचान मोरिंगा टेरिगोसपैरमा 'एक प्रकार का हॉसरैडिश—शोभांजन; इसकी जड़ें, पत्तियाँ और फूल खाए जाते हैं'। लेकिन इस पहचान में त्रुटि नहीं हुई है तो इसके लैटिन नाम से सहजन के पेड़ का संकेत मिलता है, जिसकी फलियों की सुस्वादु सब्ज़ी बनती है। मनुस्मृति 6.14 में वानप्रस्थियों के लिए इसके साथ-साथ भुँइफोर (कुकुरमुत्ते की प्रजाति की एक सब्ज़ी) का प्रयोग भी वर्जित कहा गया है, लेकिन इस वर्जना का कोई कारण नहीं बताया गया है। यद्यपि ये सब्ज़ियाँ ज़हरीली नहीं होती हैं, जो कि कुकुरमुत्ते हो सकते हैं। टीकाकार कहता है कि शिग्रुकम बाल्ख (हिमालय क्षेत्र) की एक लोकप्रिय सब्ज़ी है। इसमें संदेह नहीं कि यह नाम भोजन वाले टोटेम से लिया गया है। इस संबंध में वर्जना की व्याख्या इसी नज़रिये से हो सकती है।

आर्यों के समाज के समग्र बोध के लिए 'पाँच जन' (पंचजनाः या पंच कृष्टयः...) का वर्णन एक-दूसरे के पर्याय के रूप में (यद्यपि इनके नाम का स्पष्ट उल्लेख कहीं नहीं मिलता) बार-बार हुआ है।

यह भीषण युद्ध पुनः जल के लिए हुआ। ऋग्वेद 7.18.8 (तथा ऋग्वेद 7.18.5 पर सायण) हमें बताता है कि उन मूर्खों ने, जिन्हें सुदास ने पराजित किया था, फिर से परुष्णि (रावी की एक उपशाखा) को मोड़ने का प्रयास किया। आर्यों ने युद्धकौशल को ही मनुष्य का अंतिम लक्ष्य और अपना आदर्श बना लिया। इससे धीरे-धीरे स्वयं उनके अपने अस्तित्व का ही संकट उत्पन्न होने लगा। इस समस्या का समाधान उन्होंने निकाला पूरब की ओर बढ़ने में। दस राजाओं वाले युद्ध के विजेता भरत जन ने स्वयं यही प्रवृत्ति अपनाई। ऐसा चाहे उन्होंने बाद के आक्रमणकारियों के दबाव के कारण किया हो या फिर अधिक हरियाली वाली चरागाहों की खोज में। जो भी हो, 200 ई.पू. की स्थितियों का वर्णन करते हुए वैयाकरण पतंजलि 'पूर्वी भरतों' का उदाहरण अधिशेष के रूप में देते हैं, 'क्योंकि पूरब के अलावा और कहीं भी भरत नहीं हैं'। तब पूरब का आशय गंगा की घाटी का कुछ हिस्सा था, भरत/भरत जन अपने महान विजय के दृश्य से बहुत दूर चले गए थे।

4.4. वे आर्य जो पंजाब से पूरब की तरफ़ आगे बढ़े (1000 ई.पू. के बाद नहीं) वे उनसे बहुत भिन्न थे जो 1750 ई.पू. के आसपास सिंधु घाटी के शहरों में आ गए थे। दुर्भाग्य से अभी भी उनकी गति के संबंध में कोई कालक्रम प्रस्तुत कर पाना असंभव है। उन्होंने हाथी और भैंस पाले या जल्दी ही ऐसा करने वाले थे। उनके रथ, घोड़े, मवेशी लगभग वैसे ही थे, जैसे पहले थे। सिवा इसके कि सिंधु घाटी का एक कूबड़ वाला पशु अब उनके मवेशियों के झुंड का एक बड़ा हिस्सा बन गया था। विस्थापन के दौर में यह सचल खाद्य आपूर्ति व्यवस्था अपरिहार्य थी, सस्ती धातु लोहे की तरह, जिसके बारे में वे निश्चित रूप से 1000 ई.पू. तक अच्छी तरह जान चुके थे। खाद्य उत्पादन की प्रक्रिया में हल जुड़ गया, जबकि कुम्हार, बुनकर, बढ़ई और अन्य शिल्पियों की तकनीकों पर आर्यों का स्वामित्व बना रहा। विभिन्न उपभोक्ता वस्तुओं और एक नए सामाजिक संगठन के लिए खाद्य अधिशेष का विनिमय किए बिना ये सभी चीज़ें बेकार थीं। समाज के इस नए संगठन ने पहली बार श्रम की आपूर्ति उपलब्ध कराई, जिसके अधिशेष का आसानी से स्वामित्व हासिल किया जा सकता था, और जिसकी सहायता से ऐसे नए क्षेत्र बसाए जा सकते थे जो अभी तक सिंधु घाटी सभ्यता के लिए बंद थे। पुनर्संगठन एक अनुमानमात्र नहीं है, बल्कि पंजाब की कुछ उन आर्य जनजातियों, जो अपनी आदि वैदिक जनजातीय स्तर वाली प्राचीन जीवनशैली से जुड़े रह जाने के कारण व्यापारिक संबंध न बना पाने और अधिशेष का विनिमय न कर पाने के कारण कमज़ोर पड़ गई थीं, से संबंधित यूनानी वृत्तांतों (330 ई.पू.) के अनुसार भली भाँति सत्यापित है।

"कहा जाता है कि सोफाइट्स (Sopeithes) के देश में नमक का एक पहाड़ है, जहाँ से पूरे भारत को आपूर्ति की जा सकती है। (*cf.*, आईने अकबरी 2.315) दूसरे पहाड़ों में, जो कि बहुत दूर नहीं हैं, सोने और चाँदी दोनों की अच्छी खदानें हैं। खनिक गॉर्गोस ने सत्यापित किया है कि भारतीय (पंजाब के) लोग खनिज कर्म से अपरिचित हैं और वे कच्ची धातुओं का आकलन न कर पाने के कारण स्वयं ही अपनी संपन्नता के बारे में नहीं जानते। इसलिए बड़ी सहजता से सौदागरी की जा सकती है" (*Strabo* 15.1.30)। "कुछ जनजातियों में मुक्केबाज़ी की स्पर्द्धा में जीत पर विजेता को पुरस्कारस्वरूप कुमारियाँ भेंट करने का रिवाज़ है, ताकि उनका विवाह किया जा सके, भले ही वह दहेजरहित हो। दूसरी जनजातियों में पुनः भूमि पर खेती साझे में होती है और जब फसल काट कर इकट्ठा कर ली जाती है तो प्रत्येक व्यक्ति अपनी ज़रूरत के मुताबिक उसमें से पूरे साल अनाज लेता रहता है। उपज का बचा हुआ हिस्सा जला दिया जाता है" (*Strabo* 15.1.66)।

उसी समय आर्यों के समाज की इस नई संरचना ने यह प्रवृत्ति विकसित कर ली कि रास्ते में जो भी मूल निवासी मिलें उन्हें अपने साथ शामिल कर लें। बहुविवाह प्रथा ने भी समावेशीकरण में उनकी सहायता की। इस बात की प्रबल संभावना है कि सिंधु घाटी सभ्यता के कुछ लोग निर्जन क्षेत्रों में पलायित हो गए। ऐसा उन्होंने अपनी विकसित तकनीक और संस्कृति के थोड़े हिस्से के प्रसार के लिए किया था, लेकिन स्थितियों को समेकित करने वाले आर्य ही थे। उन्होंने बस्तियों के प्रसार को आम बनाया। नए जनजातीय और व्यक्तिवाचक नामों से ऐसा देखा जाता रहा है कि आर्यों की तकनीक और उनकी जीवनशैली—जिसमें भाषा भी शामिल थी, जो नए आर्य संस्कारों के लिए ज़रूरी थी और जिसे आदिम मनुष्य अनिवार्य समझ रहा था, और उत्पादन के वे नए साधन, जिनसे ये संस्कार जुड़े हुए थे, से भी अभिन्न समझ रहे थे; की तुलना में उनका अपना प्रसार कम हुआ था। इसमें आर्यों की भाषा भी शामिल थी। क्योंकि नए आर्य संस्कारों के लिए यह ज़रूरी थी और इसे आदिम मनुष्य अनिवार्य समझ रहा था। ये संस्कार उत्पादन के नए साधनों से भी जुड़े हुए थे और इसीलिए आदिम मनुष्य इसे अपने से अभिन्न समझ रहे थे। गंगा और यमुना (=दो नदियाँ) के नाम ऋग्वेद में बड़ी मुश्किल से ही कहीं आते हैं,

जबकि बाद की आर्य संस्कृति की केंद्रबिंदु यही हैं। यद्यपि उत्तरोत्तर सूखती चली गई सरस्वती के तट पर बलि देने का विशेष महत्त्व लंबे समय तक बना रहा।

उत्पादन संबंधों में प्रमुख बदलाव यह हुआ कि विजित दास आबादी में से एक नए दास वर्ग का उदय हुआ; बाद में इस शब्द का अर्थ एक प्रकार से दास के रूप में ही लिया जाने लगा। एक जाति के रूप में दासों को न तो धार्मिक संस्कारों में भाग लेने का अधिकार था और न हथियार रखने का ही; उनके पास कोई संपत्ति नहीं थी, इसके उलट वे स्वयं समग्रता में आर्यों की संपत्ति थे, बहुत हद तक वैसे ही जैसे कि मवेशी। ऋग्वेद के चारणों ने समय-समय पर राजा की ओर से उपहारस्वरूप दिए गए मवेशियों और घोड़ों के साथ-साथ दासों के बारे में गीत गाए हैं। पशु शब्द, जिसका प्रयोग आम तौर पर चौपाये और विशेषतः मवेशियों (जिन्हें बाँध कर रखा जाता है) के लिए किया जाता है, इसका प्रयोग एक बार मनुष्य के लिए भी किया गया है (ऋग्वेद, 3.62.14)। इसमें दोपाये और चारपाये पशुओं की बात की गई है, बहुत हद तक वैसे ही जैसे यूनानी लोगों ने दासों के लिए आंड्रोपोडोन (andrapodon) और पशुओं के लिए टेट्रापोडोन (tetrapodon) शब्द का प्रयोग किया है। फिर भी दास एक चल-संपत्ति जैसा ग़ुलाम नहीं था, क्योंकि आर्यों के बीच व्यक्तिगत संपत्ति की धारणा का पर्याप्त विकास नहीं हुआ था, और व्यापार के लिए व्यापक असबाब और अधिशेष उत्पादन भी नहीं था। चूँकि पशुओं के पालन और खेती का काम साझे में होता था, इसलिए दास शब्द का प्रयोग भी साझा कौटुंबिक संपत्ति के रूप में करना तर्कसम्मत लगता है। जनजातीय अधिकार से किसी उप-समूह को उसकी आवश्यकतानुसार उसके लिए श्रम हेतु एक या दो दास दे दिए जाते थे। यहीं से निजी संपत्ति और उस संपत्ति पर स्वामित्व जताने वाले परिवार समूहों का उदय हुआ, लेकिन यह बहुत दिनों तक साझे में नहीं रहा। माना जा सकता है कि ये दास सिंधु घाटी सभ्यता के निवासियों के ही वंशज रहे होंगे, जो सिंधु घाटी के शहरों को अपना अधिशेष उपलब्ध कराते थे। उन्हें ऐसा करने के लिए बलप्रयोग नहीं, बल्कि दूसरे तरीक़े, कहा जा सकता है कि धर्म के माध्यम से तैयार किया जाता था। भारत में यहीं से जाति व्यवस्था की शुरुआत होती है। इसके लिए प्रयुक्त शब्द वर्ण का अर्थ रंग है। यह इसलिए तर्कसंगत है कि जिन्हें दास या दस्यु कहा जाता था वे आम तौर पर गहरे रंग के होते थे, जबकि आर्यों का अपना अलग रंग था, श्वेत या थोड़ा हल्का।

अगर सिंधु घाटी में दासता की तस्वीर वैसी ही थी जैसी कि मेसोपोटामिया में तो आर्यों की विजय के बाद भारत में यह सब होना बहुत स्वाभाविक था। वहाँ, हम दासों के दो वर्ग पाते हैं। पहला, "चाहे वे (मूल रूप से) युद्धबंदी हों, या फिर कर्ज़दार या जन्म से ही दास क्यों न हों, तीन प्रकार से चल संपत्ति के ज़रिये वह अपने को मुक्त करके अपनी हैसियत बदल सकता था। वे अपनी निजी संपत्ति से अपनी स्वतंत्रता ख़रीद सकते हैं; जिन्हें उनके सम्बन्धी/परिवारजन मुक्तिधन/फिरौती देकर मुक्त करा सकते थे; या अपने स्वामी द्वारा गोद लिए जाकर मुक्त हो सकते हैं।" कोई दास या दासी किसी स्वतंत्र व्यक्ति से विवाह कर ले तो उनसे होने वाली संतान स्वतंत्र ही मानी जाएगी।* यह बात हम अर्थशास्त्र (3.13) में वर्णित पाते हैं। दूसरी तरफ़, शिराऊतु मंदिर दास एक जाति थी, यहाँ तक कि व्यापार और संपत्ति के स्वामी होते हुए भी, वे अगर दूसरी जाति में किसी ग़ैर शिराऊतु से विवाह करते तो भी उनसे होने वाली संतान पुनः मंदिर की ही संपत्ति मानी जाती थी। उसकी स्थिति वहाँ वैसी ही थी जैसे भारत में शूद्र की। उस वक्त तक जबकि मंदिर पर आर्य जनजातियों और बाद में आर्यों की तीन उच्च जातियों का स्वामित्व हो गया।

सभी दासों को हैसियत घटा कर सेवक वर्ग में ही शामिल नहीं कर दिया गया, उनमें से कुछ आर्यों की उच्च जातियों में सम्मिलित हुए, जैसा कि दिखाया गया है। एक नाम कृष्ण (=काला) वैदिक ऋषियों की सूची में सम्मिलित है। इसके आशय पर ग़ौर करें तो ऐसा लगता है कि यह 'आनुवंशिक रूप से गोरे आर्यों' से भिन्न था, संस्कृत के अपने ज्ञान के बावजूद। इंद्र द्वारा जिन गढ़ों का समय-समय पर विध्वंस किया गया, उन्हें कृष्णगर्भः कहा गया है। कृष्णगर्भः का अभिप्राय है—अपने गर्भ में काले लोगों को धारण करने वाली। यह अभी भी संदेह के दायरे में है कि ऋग्वेद 8.96.13–15 का सोम एक मिथक है या फिर स्पष्ट शब्दों वाला एक अभिलेख, जिसमें इंद्र को एक कृष्ण से युद्ध करते दिखाया गया है। बाद के दिनों में कृष्ण काले रंग के एक हिंदू भगवान के रूप में वर्णित किए गए, जिन्हें विष्णु के एक अवतार के रूप में मान्यता दी गई (जो ऋग्वेद में एक-दो छिटपुट संघर्षों को छोड़कर समग्रता में इंद्र के प्रति मैत्रीपूर्ण दिखाई देते हैं, यद्यपि भारत के बाहर वे आर्य देवता के रूप में नहीं जाने जाते) लेकिन उनके और इंद्र के बीच संघर्ष की कथा बनी रही।

ऐसे कमज़ोर साक्ष्य के प्रश्न पर इतने गहरे जाने का कारण यह है कि सामान्य तौर पर जाति-व्यवस्था, और मुख्यतः ब्राह्मण जाति, के सृजन का प्रश्न इसमें ही निहित है। ब्राह्मण एक पेशेवर पुरोहित है, जिसके समानांतर आर्य परंपरा में अन्यत्र कोई नहीं है। बाद के भारत में सभी धार्मिक कृत्यों पर जिसने वास्तविक एकाधिकार प्राप्त कर लिया। प्रत्येक परिवार के मुखिया के लिए यह अनिवार्य कृत्य था कि वह

बलि की आवश्यक रस्म निभाता, कुटुंब के मुखिया का तो यह और भी गंभीर कर्तव्य था कि वह अपने मवेशियों और खेतों की उत्पादकता में वृद्धि तथा अपने लोगों के कल्याण के लिए सभी धार्मिक कृत्य निभाए। प्रत्येक वयस्क पुरुष अग्नि की पूजा करता था और वह ब्राह्मणों की मध्यस्थता के बग़ैर इंद्र, वरुण या अन्य किसी भी देवता से प्रार्थना कर सकता था। ग्रीस और रोम में भी हम ऐसा ही पाते हैं। लैटिन में अग्नि की पूजा कराने वाले पुरोहित फ्लैमेन की स्थिति उसके बराबर नहीं थी जैसी कि 'ब्राह्मण' के लिए प्रस्तावित की गई है (cf. Keith in HOS 31, p. 39, p. 276)। मूल शब्द 'ब्राह्मण' चाहे वह पुल्लिंग हो या नपुंसक, है मुख्यतः भारतीय। मूल वैदिक अग्नि पुरोहित था अथर्वण, ईरानी आथ्रवण। यज्ञ कराने वाले वाले अन्य पुरोहित, जैसे कि होत्र, के ईरानी समकक्षी भी थे—एक ब्राह्मण को छोड़कर, जो इस परिदृश्य पर बाद में उभरा। उसने प्रत्येक आर्य जनजाति में एक नए वर्ग विभाजन की शुरुआत की ओर संकेत किया। जनजातीय राजा को हमेशा बलि के लिए उपहार के साथ प्रस्तुत किया गया है; ऋग्वेद काल की समाप्ति के निकट उपहारों का वर्णन बलि कर के रूप में किया गया है, जो कि मुखिया का विशेषाधिकार है (ऋग्वेद 10.173.6, बलि हृताः)। यह, जो कि सभी नियमित आंतरिक करों में प्रथम है, जो बाद में निरंतर विस्तार पाती गई वेदोत्तर काल की सूची में भी बना रहा। कर के लिए पालि के जात शब्द के साथ-साथ बलि के लिए बलि शब्द भी बना रहा, केवल प्रसंग छोड़कर अन्य किसी भी भेद के बिना। यजुर्वेद में (अगले अध्याय में विश्लेषित), जो भूमि पर विजय के बजाय नियमित बस्तियों के बारे में बात करता है,[7] हम जनजाति के भीतर अपनी पूरी तरह विकसित चार जातियाँ[8]—ब्राह्मण, क्षत्रिय, वैश्य, शूद्र पाते हैं। यज्ञ की पेशेवर पुरोहितों को छोड़कर अन्य किसी के लिए भी जटिल/लम्बे/बोझिल हो गयीं। प्रत्यक्षतः बलि का प्रमुख प्रयोजन युद्ध में सफल होना ही बना रहा, इनमें दोनों क्रमशः भारी होते गए। बाद में एक इससे भी अधिक महत्त्वपूर्ण लेकिन द्वितीयक प्रयोजन उभरा, नए वर्गों के बीच आंतरिक संघर्ष को दबाना। पुरोहित ब्राह्मण की सहायता से शासक एवं योद्धा जाति क्षत्रिय के लाभ के लिए वैश्य (गृहस्थ, किसान) और शूद्र (सेवक) का शोषण किया जाता था। इससे पूर्व वैश्य से संघर्ष, ऋग्वेद में मरुत समुदाय और उनके मुखिया इंद्र के बीच संघर्ष के रूप में दिखाया जा चुका है। हमें बाद में पता चलता है कि ये मरुत तो किसान हैं (तुलना में), इंद्र उन्हें वैसे ही खा जाते हैं जैसे राजा किसानों को।[9] यज्ञ का एक प्रमुख प्रयोजन अन्य तीन जातियों को शासक क्षत्रियों के प्रति आज्ञाकारी बनाना भी था (TS. 2.5.10)। ऐतरेय ब्राह्मण[10] कहता है (AB 7.29) "एक वैश्य की तरह .... दूसरे के प्रति श्रद्धालु, दूसरे द्वारा खाद्य, स्वेच्छा से दमित होने के लिए तैयार.... एक शूद्र की तरह .... दूसरे के सेवक, स्वेच्छा से हटाए जाने और स्वेच्छा से बलिदान के लिए तैयार"। यज्ञ के बाहरी और वापसी वाले धार्मिक संस्कार के दोनों चक्रों से दो निम्न जातियों को, योद्धा और पुरोहित जातियों के बीच, उन्हें आज्ञाकारी बनाने के लिए जोड़ा गया (SB.[11] 6.4.4.13)। उत्तरोत्तर अधिक जटिल होती गई अग्नि-बलि की क्रिया यज्ञ, जो कई दिनों तक चलने वाले अनुष्ठानों में विकसित हो गई, जिसमें कि लंबे समय तक बलि के लिए प्रयोग किए जाने वाले प्रमुख प्राणी क्रमशः मनुष्य, घोड़ा, बैल, भेड़, बकरा बने रहे। इसका प्रभाव और किसी हद तक सचेत प्रयोजन (जैसा कि निम्न जातियों के संदर्भ सिद्ध करते हैं) उस नई वर्ग संरचना को नियंत्रित करना था जो जनजाति के भीतर विकसित हुई थी। कई बार इससे जुड़े हुए आंतरिक संघर्ष युद्ध के ज़रिये बाहर कर दिए जाते थे।

ऐसा दावा किया जाता रहा है कि ईरान में भी एक अपरिपक्व जाति व्यवस्था थी। यह यस्न 19.17 के अधिकार से चार वर्गों का ज़िक्र करती है: पुरोहित, रथी, किसान और शिल्पी। इसका जाति से कोई मतलब नहीं था, क्योंकि अंतर्विवाह का इसमें कहीं कोई वर्णन नहीं मिलता। कमोबेश चारों वर्ग समान रूप से सम्मानित दिखाई देते हैं क्योंकि वे सत्य के पथ चलने वाले व्यक्ति अपने पूरे अनुभव के दौरान नैतिक समर्थन के रूप में साथ रखने की बात करते हैं। यूनानी लेखकों ने भारत की जाति व्यवस्था को अनूठी बताया है, उन्होंने ईरान के वर्गों से कभी इसकी तुलना नहीं की—जो प्राचीन काल की अवेस्ता में तीन थीं और शिल्पी इनमें नए थे। इरान का शिल्पी भारत के शूद्र जैसा नहीं है। इस काल के फारसी लोगों ने दासता की प्रथा को साम्राज्य में अपने पूर्ववर्तियों से जाना था। भारतीय शूद्र अशुद्ध था, यह दूसरे देशों के पराधीन यानी दास वर्ग का एक विकल्प था। ईरान में जाति के रूप में ब्राह्मणों के निकटतम समकक्षी मैजियन थे। हेरोडोटस के वृत्तांत से मालूम होता है कि वे छह फारसी-मीडियन जनजातियों में से एक थे; गौमात मैजियन ने कैम्बिस (कम्बुजिया) का रूप धारण कर गद्दी पर कब्जा कर लिया था। डैरियस ने जब उसकी हत्या की तो सभी मैजियनों का कत्ले आम शुरू हो गया, अब इसे हर साल मैगोफोनिया के रूप में मनाया जाता है। इसके बाद भी मैजियन फारसी लोगों के पुरोहित बने रहे, खासकर साम्राज्य के पश्चिमी हिस्से में। हालाँकि वहाँ ज़रथुस्त्री सुधारों के प्रभावस्वरूप धर्म का रूप काफ़ी हद तक बदल चुका था। पूरब के ग़ैर मैजियन पुरोहितों को आथ्रवन कहा जाता था। ज़रथुस्त्र लोग भी मैगस और मैगोपैट शब्दों का प्रयोग सम्मानजनक अर्थों में करते रहे, लगभग वैसे ही जैसे ऋग्वेद में

ब्राह्मण का ज़िक्र आता है, यद्यपि उतने उच्च बोध के साथ नहीं। प्रागैतिहासिक संथालों (Hun 200–202) के बीच भी वैसी विशिष्टताएँ वर्णित हैं। जनजातीय पुरोहित अपने दो मुख्य कुटुंबों द्वारा सुसज्जित किए गए। जाति-वर्ग विशेषज्ञता की ओर एक क़दम 19वीं शताब्दी तक उठाया गया, इस हद तक कि उसे एक ख़ास पेशे (=राजा, पुरोहित, सैनिक, किसान) से जोड़ दिया गया—जो कि अनिवार्य नहीं था—इसमें शामिल सात कुटुंबों में से प्रत्येक को। भारतीय ब्राह्मणों की उत्पत्ति के संबंध में यह उत्कृष्ट समानांतर धारणा प्रस्तुत करता है।

4.5. संस्कृत का जो भी साहित्य है, वह या तो ब्राह्मणों द्वारा रचित है या उनके आधिपत्य में है, या फिर किसी न किसी तरह उस पर ब्राह्मणवाद की छाप है। अन्य साहित्य, जैसे कि बौद्धों और जैनों का, बहुत गहरे स्तर तक रंगा हुआ है: पहले तो उत्तर वैदिक ब्राह्मणवाद से संघर्ष से और बाद में ब्राह्मणों के प्रभाव से। वर्ग ने स्वयं ही अपने को उत्पादन के साधनों और विशेषकर संबंधों में हुए कई परिवर्तनों के अनुकूल बनाया है, जिनमें से कई को केवल उनकी वैचारिक संरचना से ही भाँपा जा सकता है। इन्हीं परिस्थितियों में जाति संस्था के आकार ग्रहण करने पर थोड़ा ध्यान अपेक्षित है; जिन क्रमिक परिवर्तनों से यह गुज़रा उन पर उनकी विशिष्ट परिस्थितियों में ही विचार किया जाना चाहिए।

यह विश्वास करने के पर्याप्त कारण हैं कि शुरुआती दौर के ब्राह्मण आर्यों की पुरोहिताई और कर्मकांडों के मामले में सिंधु घाटी संस्कृति की उनसे बेहतर पुरोहिताई के बीच संवाद के परिणाम हैं। ब्राह्मणों की सात प्रमुख शाखाओं में असंख्य गोत्र हैं, जिनमें से प्रत्येक अपने गोत्र से बाहर विवाह कर सकता है। इस प्रकार इसका संबंध लैटिन जेंस से जुड़ता है। गोत्र शब्द संस्कृत का है, जिसका मूलभूत अर्थ विशिष्ट ऋग्वेदिक आशय में गो-शाला है। यह ज्ञात है कि प्रत्येक विशिष्ट गोत्र का मवेशियों को चिह्नित करने का अपना निजी चिह्न होता था, इसलिए उन पर साझा स्वामित्व होता था। बाद में जब साझा स्वामित्व की इकाई संयुक्त परिवार हो गया, जो अभी भी भारत के कई हिस्सों में बचा हुआ है, गोत्र की महत्ता बदल कर 'घराना' और 'कुटुंब' के रूप में हो गई। यह संपत्ति का रूप ही था जिसने उस पर साझा स्वामित्व रखने वाले मानव समूह उसकी एकता और नाम प्रदान किया।[12] यहाँ तक कि जब भूमि संपत्ति बन गई तो भी कुटुंब के स्वामित्व वाली भूमि की मात्रा की तुलना में मवेशी ही उसकी समृद्धि के पैमाने बने रहे। सिद्धांततः सात बड़े समूहों में से प्रत्येक या उनका कोई उप-समूह इसी प्रकार एक ही ऋषि के वंशज होने का संकेत देते हैं, जिसका नाम गोत्र अभी भी धारण करता है। प्रभाव में, इन पूर्वज ऋषियों की वास्तविक संख्या गिनती की किसी भी विधि से सात नहीं बनाई जा सकती। इन 'सात' की कम से कम दो भिन्न सूचियाँ तो हैं ही। इनमें से पुरानी सूची का ब्राह्मण कुटुंबों की मौजूदा विकसित व्यवस्था से बहुत मामूली संबंध है। यह माना जा सकता है कि इस 'सात' का संबंध पीछे सात नदियों से जुड़ा है और संभवतः प्राचीन मेसोपोटामिया के सात ऋषियों से भी।

ग़ैर आर्य ब्राह्मणों के लिए साक्ष्य यह है कि उनमें से कुछ अपनी माताओं के नाम से जाने जाते हैं, नामतः: दीर्घतमस, जिसे त्रैतन के कारण दुखी होना पड़ा, ममता के पुत्र थे, जो एक दासी थीं; उनके पिता के रूप में भिन्न नाम आते हैं—उषिज या उचत्य (Ucathya)। ऋग्वेद में आर्य जन्मना अपने पिता के नाम से जाने जाते हैं, उनकी माताओं के नाम का ज़िक्र ही नहीं मिलता। अतः यह कथा समझने योग्य है कि दृष्टिबाधित दीर्घतमस को नदी में प्रवाहित कर दिया गया, ताकि वह अनजाने लोगों के बीच सम्मान प्राप्त कर सकें, जैसा कि सिंधु के पुरोहितों ने भी किया होता। 'एक दास स्त्री का पुत्र' होने का कलंक कुछ अन्य वैदिक ऋषियों पर भी लगा था। अगस्त्य और वसिष्ठ का जन्म कुंभ (घड़ा) से हुआ था। यहाँ कुंभ वस्तुतः गर्भ का प्रतीक है। कम से कम वसिष्ठ के मामले में यह गर्भ आर्यों से पहले की किसी मातृ देवी का था। यह वसिष्ठ अपने जन्म की पूरी कथा ऋग्वेद 7.33 में प्रस्तुत करते हैं; वसिष्ठ कुल संबंधी मंडल में अन्यत्र हम यह देखते हैं कि वह राजा सुदास के पुरोहित हो गए[13] हैं। इस प्रकार वह भरत लोगों के मुख्य पुरोहित हो गए। उनसे पूर्व भरत लोगों के मुख्य पुरोहित एक विश्वामित्र हुआ करते थे, जैसा कि अभी भी ऋग्वेद के तीसरे मंडल से सिद्ध है। इन दोनों के बीच संघर्ष की कहानी बाद की सभी परंपराओं में पाई जाती है, जबकि ऋग्वेद की 3.53.21–24 ऋचाओं को वसिष्ठ को दिया गया विश्वामित्र का शाप माना जाता है, जिसे कोई भी वसिष्ठ नहीं पढ़ सकता और पढ़ने पर उसे भयावह परिणाम भुगतने पड़ सकते हैं। उसी सूक्त में हम यह सुनते हैं कि मूर्च्छित होते विश्वामित्र को जमदग्नि से रहस्यमय ससर-परी का उपहार प्राप्त हुआ, जिसने उन्हें वसिष्ठ के समक्ष खड़े होने में (वृत्तांतकारों के अनुसार) सक्षम बनाया। कुटुंब संस्थापक पुरोहितों के बीच विश्वामित्र एक वास्तविक असंदिग्ध आर्य दिखाई देते हैं, क्योंकि उनके मामले में यह बात स्पष्ट है कि वह जह्नु वंश के क्षत्रिय हैं। इनका टोटेम उल्लू (कुशिक) है, जो कि शासक योद्धा वर्ग का टोटेम है। जमदग्नि लोग (यद्यपि उनका नाम आर्यों के बीच अच्छा समझा जाता है, वसिष्ठों की तरह) वैदिक परंपरा में दृष्ट रूप में बाद में आते हैं: उनके पास

उनकी अपनी कुल-मंडल नहीं है, और उन्हें अभी भी बाद के भृगुओं की एक शाखा के रूप में देखा जाता है, जिन्हें हम सुदास के विरुद्ध दस राजाओं द्वारा छेड़े गए युद्ध में एक जनजाति के रूप में देख चुके हैं।

ब्राह्मणवाद के अन्य लक्षण भी इस बात का समर्थन करते हैं कि इसने आर्यों के पहले से मौजूद जनजातियों से बहुत कुछ अपनाया है। देवी उषा और उनके 21 गुप्त नाम केवल उनके विशेष पुरोहिताई संस्कारों में ही ज्ञात हैं। हमने गौर किया है कि तंत्रवाद में सिंधु घाटी के विशिष्ट गुणों का संरक्षण और पुनरुद्धार होता है, जिसकी उत्पत्ति प्रजनन संस्कारों से हुई होगी, लेकिन वह बिलकुल शुरुआती दौर से ही ब्राह्मणवाद से जुड़ी है। यद्यपि पहली जो सुपाठ्य भारतीय वर्णमाला शिलालेखों में पाई जाती है, वह साधारण और शायद सामी मूल की लगती है, खरोष्ठी की तरह। यह ग़ौर करने लायक है कि ब्राह्मणों के प्रभाव में भारतीय लेखन वाक्खंडीय बना, एक अक्षर और एक वाक्खंड वैसे ही है जैसे मेसोपोटामिया (और चीन) में। कुछ मिथिकीय राजाओं के दो नाम हैं, जो संस्कृत में एक-दूसरे से व्युत्पन्न नहीं हो सकते। जिनकी व्याख्या कीलाक्षरों जैसी किसी लिपि में मूल अभिलेखों की परिकल्पना से की जा सकती है, जिनमें नाम लिखे किसी एक तरह से जाते हैं लेकिन उनका उच्चारण दूसरे तरह से किया जाता है। उदाहरण के लिए यह वाक्खंड शिर-पुर-ला (śir-puṛ-la) एक शहर का नाम देता है, जिसका उच्चारण है लगश पते-सि (Lagaś pate-si) जिसका उच्चारण होता है इशक्कु (ishakku), राजा का राज्यपाल और ऐसे ही कई और। इसका कारण शायद यह है कि मेसोपोटामिया में कोई और भाषा बोलने वाले लोगों ने मूल निवासियों को तो उजाड़ दिया, लेकिन उनकी लिपि सहेज ली।

निर्जन जंगल में चुने हुए गुरु के अधीन अध्ययन की दीर्घकालिक और कठोर प्रक्रिया के कारण ही, जैसा कि पहले स्पष्ट किया जा चुका है, पवित्र पुस्तकों को अपरिवर्तनीय बनाए रखा जा सका। अगर यह परंपरा बिलकुल शुरुआत से ही चली आ रही होती तो इस तरह एकाकी जीवन जीने से उनके पास शहरी जीवन, तकनीकों और इतिहास की सूचनाएँ/ज्ञान नहीं होता। यह कल्पना करना कठिन है कि यह व्यापक पांडित्य, मिथक और अत्यंत जटिल प्रकृति की परंपरा इसी प्रक्रिया से उपजी है, जब तक कि ब्राह्मणों के पास कुछ प्रारंभिक तौर पर कुछ साक्षरता और शहरी पृष्ठभूमि न रही हो, जो कि वैदिक आर्यों के मामले में पूरी तरह अनुपस्थित है। वेदों के काल में शहरों के प्रमुख निवासी केवल अनार्य ही थे। ब्राह्मणों के कौटुंबिक नामों पर बिलकुल आदिकाल से लेकर ऐतिहासिक काल तक जनजातीय नामों का प्रभाव दिखाई देता है। पुरुकुत्स दो आर्य कबीलों का संयुक्त नाम है। इस नाम के एक राजा की प्रशंसा भारद्वाज ऋषि ने ऋग्वेद 6.20.10 में की है; बिना महत्त्व के यह संभव ही नहीं है कि हम अभी ब्राह्मणों के भारद्वाज कुल में पुरुकुत्स नाम का एक उपगोत्र पाते हैं। अन्य जनजातीय नाम जैसे कि विकर्ण (सुदास से पराजित) की संततियाँ एक से अधिक वंशों में हैं। उदुंबर वेदोत्तर काल की एक जनजाति है, जिनकी मुद्राएँ भी पाई जाती हैं (ये तीन चिह्न पहनते हैं, जो संभवतः उनके टोटेम दर्शाते हैं), लेकिन उदुंबर ब्राह्मण विश्वामित्र और कश्यप दोनों परंपराओं में जाने जाते हैं। बाद के ब्राह्मणवाद में कश्यपों को अधिक प्रमुखता मिलने लगी, ख़ासकर गंगा के मैदान में। हालाँकि ऋग्वेद में इनका महत्त्व मामूली है। इन्हें और कण्व ब्राह्मणों को लंबे समय तक बलि-दक्षिणा के लिए अयोग्य माना जाता रहा। यह एक अत्यंत शर्मनाक निषेधाज्ञा जैसा था, जिसका स्पष्टीकरण आवश्यक है। इस तथ्य के बावजूद कि कण्व एक राक्षस हैं, जिसके विरुद्ध बाद में अथर्ववेद (अथर्ववेद 2.25) में कुछ यंत्र-मंत्र का भी ज़िक्र है, कण्व ब्राह्मणों की एक कुल-मंडल ऋग्वेद के आठवें मंडल में है।* *DN.* 3 में बुद्ध काण्ह ऋषि से काण्हायन (Kaṇhāyana) गोत्र की व्युत्पत्ति की बात करते हैं, यह नाम इसलिए पड़ा क्योंकि भूत-पिशाचों को उन दिनों काण्ह (काला) कहते थे। कार्ष्णायन (Karṣṇāyana) गोत्र ज्ञात नहीं है, क्योंकि शुद्ध संस्कृत में यह काण्वायन है। यह शुंग काल से ही अभिलिखित है और अभी भी अस्तित्व में है। संभवतः आर्यों से पहले

---

* हिरण्यकसिन- सत्यसाधा की धार्मिक पुस्तक (10.4) में हिदायत है कि कण्वों और काश्यपों को बलि-दक्षिणा नहीं दी जानी चाहिए, एक आधुनिक निषेधाज्ञा जैसी है जिसकी ऐतिहासिक उत्पत्ति में कोई शक नहीं है। बिहार के शकद्वीपिय ब्राह्मणों को पितरों को दिए जाने वाले श्राद्ध में नहीं खिलाया जाता यद्यपि कि उनके स्तर के नीचे वालों को खिलाया जाता है (G. A. Grierson, in IA. 17.273)। इन अपवर्जित ब्राह्मणों की जड़ें सूर्य की पूजा करने वाले मैजियन्स (*Sāmba-purāna 26*) में देखी जा सकती हैं जो सीथियन काल के दौरान मुल्तान (p.315) में आए और इसके बाद फैल गए या अन्य लोगों को अपने संप्रदाय में शामिल करते रहे। इस बात की सर्वाधिक संभावना है कि महान वराहमिहिर इन मैजियन ब्राह्मणों का वंशज हो। अन्यथा, मिहिर विभक्ति की कोई अन्य व्याख्या मुश्किल से ही संभव है। भारतीय-सीथियन सिक्कों में मिहिर के लिए भगवान मीरो या मीयोरो का उद्धरण अक्सर ही आता है जबकि वराहमिहिर अपने कार्यों को भगवान सूर्य को अर्पित करता है और सूर्य के पुजारियों को मेजस (Magas) पुकारता है (*Bṛhatsaṃhitā* 60.19).।

के कुछ कण्व शामिल होने से रह गए थे। व्युत्पत्तिमूलक अर्थों में देखें तो वशिष्ठों में वालशिखा गोत्र की व्युत्पत्ति वरशिखा से हुई है, जिसका विध्वंस इन्द्र ने हरियूपिया में कर दिया था।

एक जनजाति के दायरे के भीतर इस कड़े बंधन से मुक्ति, किसी भी जनजाति में शामिल हो जाने की सक्षमता ने बाद के दौर में भी ब्राह्मणवाद की सहायता की। हमने देखा कि ऋग्वेद के ऋषि दोनों तरफ़ से दक्षिणा लेते थे। वसिष्ठ जिन्होंने भरतों की ओर से पुरुओं को शाप दिया, ऋग्वेद 7.96.2 में उनका यशगान भी करते हैं। इसके विपरीत, एक क्षत्रिय हमेशा इस या इस जनजाति के क्षत्रिय के रूप में ही मान्य होगा। अंगीकार करने का आशय यह होगा (पितृसत्ता की ज्ञात परंपरा के अनुसार) कि वंशानुक्रम और संस्कारों के संदर्भ में उसका जुड़ाव पूर्व वंश और परिवार से ही माना जाएगा। प्राचीनतम ब्राह्मणों के बीच हम तमाम उदाहरण इसके उलट पाते हैं: शुनःशेप ('कुत्ते की पूँछ'; उनके दो भाइयों के नाम भी ऐसे हैं जिनका अर्थ यही है, शायद यह एक खंडित टोटेम है) को उनके भूखे पिता अजीगर्त ने मानवबलि के लिए बेच दिया, विश्वामित्र ने उन्हें छुड़ाया और अपना लिया तथा उनका नाम बदल कर देवरात कर दिया। आज तक देवरात गोत्र के लोग विश्वामित्र या जमदग्नि गोत्र के लोगों के साथ आपस में विवाह नहीं कर सकते। मुंडा लोगों के पास भी अपने एक नायक के वंशजों पर ऐसे ही एक दुहरे बंधन का आख्यान है, जिन्हें उनके मूल वंश बानो (बिल्ली) से हेंरेंज किलि में अपना लिया गया था। इसी प्रकार के कुछ और कुल-कुटुंब भी हैं, जिनके दो गोत्र हैं, कुछ तो दिन में वसिष्ठ होते हैं और रात में कश्यप! इन सबकी सार्थकता इस परिकल्पना में निहित है कि कुछ लोगों ने, जिन्होंने रक्त संबंध के मामले में अपनी निकटता मातृ कुटुंब से समझी उन्होंने विजेता पितृसत्तात्मक समाज से अपना सामंजस्य बिठा लिया।

ऋग्वेदिक ऋषि कवष ऐलूष को दास्यः पुत्र बताया गया है। उन्हें दासी स्त्री का पुत्र कहते हुए अन्य धर्माचार्यों द्वारा जातिच्युत घोषित किया गया है। उनकी सूक्त (ऋग्वेद 10.30) की शक्ति ने सरस्वती नदी को उनके पीछे-पीछे मरुस्थल में आने के लिए विवश किया। उनके पूर्वज कवष को इंद्र ने (सुदास के लिए) ऋग्वेद 7.18.12 द्रुह्यु के साथ-साथ परास्त कर दिया। ऋग्वेद के दो अन्य ऋषियों, वत्स और मेधातिथि, जो कण्व के पुत्र और आपस में सौतेले भाई थे, के बीच भी यही विवाद था, वत्स को मेधातिथि 'दासीपुत्र' कहते थे और इसीलिए वत्स को अपनी वंश परंपरा की शुद्धता सिद्ध करने के लिए अग्निपरीक्षा से गुजरना पड़ा। ये आख्यान प्राचीन ब्राह्मण परंपरा में हैं, यद्यपि ऋग्वेद से बाद के ग्रंथों में। केवल किसी पूर्वग्रहयुक्त धारणा को स्थापित करने और उसे समझाने के लिए इस तरह की कहानियों के आविष्कार का कोई कारण नहीं हो सकता, कम से कम कुछ ब्राह्मणों की उत्पत्ति ऐसे दास मूल से होने में कुछ सत्य तो है। ये तथ्य उन्हें आर्य पिताओं और जनजातियों से स्वतंत्र रूप में एक प्रकार की एकता प्रदान करते हैं। ये विशिष्टताएँ ऋग्वेद काल में मातृ अधिकार के कुछ अवशेषों से आई हैं, जैसे कि एक देवता जिनकी कई माताएँ हैं, लेकिन उनके पिता के रूप में किसी का उल्लेख नहीं है।

किसी आर्य जनजाति के एक ब्राह्मण सदस्य को संपत्ति पर वही अधिकार होगा जो अन्य लोगों को होगा, केवल मुखिया को छोड़कर। यद्यपि बिलकुल शुरुआती दौर से ही हम यह पाते हैं कि इन धर्माचार्यों में कुछ ग़रीबी के कारण रोते दिखाई देते हैं। वामदेव विलाप (ऋग्वेद 4.19.13) करते हैं: "अत्यंत विवशता की स्थिति में मैंने कुत्ते की अंतड़ियाँ पकाईं; मैंने देवताओं में किसी को अपना संरक्षक नहीं पाया; मैंने अपनी पत्नी की ओर बहुत अपमानजनक अनुभव के साथ देखा; और तभी श्येन (इंद्र) ने मुझे मधुर सुरा (का अधिकार) दे दी (जनजातीय दावत में)।" इंद्र की यह दानस्तुति बाद के किसी भी मानव मुखिया से तुलनीय है। ऋग्वेद 1–105 जो कहते हैं कि जिस कुएँ में वे रात में गिर गए थे, उसके तल से महारीछ और आकाश का एक विशिष्ट नक्षत्रमंडल कहते हैं, "मेरी (दुर्बल) पसलियाँ आपस में सौतों की तरह टकराती हैं; जैसे भूखे चूहे अपनी ही पूँछ कुतरते हैं, वैसे ही बहुत तरह की चिंताएँ मुझे कुतर रही हैं।" ऋग्वेद 10.109 एक राजा द्वारा अपहृत ब्राह्मण की पत्नी की वापसी पर केंद्रित है। इससे भी अधिक कारुणिक है ऋग्वेद 8.102.19–21 में अग्नि से की गई साधारण प्रार्थना, जिसमें एक अत्यंत विनम्रतापूर्वक अग्नि देवता से विनती करता है कि वह कीड़ों द्वारा खाई उसकी समिधा (लकड़ी) की बलि स्वीकार कर लें, क्योंकि उसके पास न तो कोई गाय है और न कुल्हाड़ी ही।

ये सूक्त सिद्ध करती हैं कि ब्राह्मण धर्माचार्य कई बार ऐसे निराश्रित व्यक्ति होते थे जैसे किसी भी जनजाति का कोई नियमित सदस्य नहीं हो सकता था। वह प्रायः जनजातीय हाशिये/बाह्य सीमा पर था। एकल बंध वाले पुरोहित एक से अधिक जनजातियों और उनके मुखिया (*Rau* 123) से जुड़े होते थे, लेकिन काशी-कोशल-विदेह समूह समाचयी थे और जल्दी ही गंगा मैदान के सबसे बड़े राज्य बन गए तथा इनके जनजातीय तत्त्व मिट गए। जैसे ही योद्धा वर्ग से उसके संबंध जुड़े, उसने जातियों के रूप में सामाजिक संरचना का पुनर्गठन शुरू कर दिया। इसका अभिप्राय था अधिक उत्पादन, नियमित बस्तियाँ, एक नई तरह की संपत्ति के उदय के साथ जनजातीय संरचना का अपरिहार्य क्षरण।

टिप्पणियाँ और संदर्भ

1. अन्य कृतियों में जो उद्धरण दिए गए हैं उनके साथ-साथ V. Gordon Childe की The Aryans (London 1926) में पर्याप्त उपयोगी तथ्य हैं, यद्यपि इसके कुछ विवरणों के पुनर्विचार की ज़रूरत है। खोरेज़्म में दो धाराओं की शुरुआत के विषय पर मैं एथ्नोग्राफिकल इंस्टीट्यूट ऑफ यूएसएसआर एकेडमी ऑफ साइंसेज़ के प्रो. Sergei Pavlovich Tolstov के साथ हुए लंबे विमर्श के लिए उनका कृतज्ञ हूँ। वास्तविक 'वर ऑफ यीमा' में उनके द्वारा उत्खनन किया गया। इसकी तिथि ईसा पूर्व पहली शताब्दी के पूर्वार्द्ध को निश्चित किया जा सकता है। लेकिन इसमें इससे भी अधिक पुराने नमूने मिले हैं, जिन पर प्रश्न नहीं उठाया जा सकता। इस पर और इरानी स्रोतों पर सहज विमर्श के लिए देखें ई. हर्ज़फील्ड की कृति ज़ोरोस्टर एंड हिज़ वर्ल्ड (प्रिंस्टन, 1947)।
2. ऋग्वेद के लिए पूना स्थित वैदिक संशोधन मंडल द्वारा (सायण की टिप्पणियों के साथ) चार खंडों में (1933–46) प्रकाशित पाठ का उपयोग किया गया है। इसके सार्थक उपयोग के लिए एक अच्छे अनुवाद की ज़रूरत है। इस मामले में के. एफ. गेल्ड्नर की हार्वर्ड सिरीज़ में खंड 33–34 (कैंब्रिज, मास 1951) उपयोगी है। H. Grassmann की Woerterbuck का तीसरा पुनर्मुद्रण अब उपलब्ध है और एक सूचक की तरह अत्यावश्यक है, यद्यपि उनके द्वारा दिए गए अर्थ को लेकर प्रायः विवाद हो सकते हैं। A. A. Macdonell and A. B. Keith's Vedic Index (2 vol., London 1912) का पुरातत्व की दृष्टि से पुनरीक्षण आवश्यक है, लेकिन संदर्भ समझने के लिए इसका उपयोग किया जा सकता है। अवेस्ता के लिए मैंने J. Darmsteter's translation (SBE, vols. 4, 23; L. H. Mills, SBE, 31 (for the Yasna). का प्रयोग किया है। ज़ोरोस्ट्रियन सुधारों ने आर्यों के देवताओं में केवल अग्नि और सोम पेय को छोड़कर बाक़ी अधिकतर को राक्षसों में बदल दिया (अवेस्तन देवा)।
3. A. B. Keith: Religion & philosophy of the vedas (HOS 31–2 1925) वेदों के बारे में प्रारंभिक निष्कर्ष प्रस्तुत करता है, उनका खंडन करने वाले तर्कों के साथ। खगोलीय कालनिर्धारण पाठ की विलक्षण व्याख्या पर निर्भर है। इसके नवीनतम संकेतसूत्र (D. E. McCown, JAOS. 74.176 ff.) मेलूहा की पहचान यदि सिंधु घाटी से कर ली जाए, तो उसके क्षरण का काल 1750 ई.पू. (W. F. Albright in BASOR. 139.16) के आसपास ठहरता है। ऋग्वेदिक आक्रमण के संदर्भ में डब्ल्यू. व्यूस्ट द्वारा पहले किया गया काल-निर्धारण (एक समग्र भाषा-वैज्ञानिक विश्लेषण के बाद) भी इससे ठीक-ठीक मेल खाता है; डब्ल्यूजेकेएम 34.1927.165–215।
4. The origin of brahmin gotras (JBBRAS. 26, 1950, pp. 21–80). आयरिश तथा कई अन्य मिथकों में एक तीन सिरों वाला राक्षस आता है; अंत में, जब छोटे दैत्यों में से एक की हत्या असुर संहारक जैक ने कर दी।
5. ZDMG, 76, 1922, pp. 174–269 में E. Forrer की क्लासिकल रिपोर्ट मानक संदर्भ है। P. E. Dumont, JAOS. 67, 1947, pp. 251–253. भी देखें।
6. इंद्र द्वारा अपने प्रति मित्रवत लोगों के सिर काटने से ये मिथक और भी महत्त्वपूर्ण हो जाते हैं, एक बार तो अनार्य विष्णु और फिर अपने अग्नि पुरोहित दध्यंक आथर्वण का। दध्यंक के शरीर पर तो जुड़वाँ भाइयों नासत्यों ने घोड़े का सिर लगा दिया दिया जिन्होंने कुछ विपत्तियाँ झेलने के बाद अपना मूल सिर वापस पा लिया। इस तरह काटा गया घोड़े का सिर शर्यणावत नामक सरोवर में फेंक दिया गया, जहाँ से यह समय-समय पर भविष्यवाणी करने के लिए उठता है। यह उस घोड़े के सिर की याद दिलाता है जो डैनिश उत्खनन के दौरान एक छोटे से तालाब से मिला था। जिस प्रकार डेनमार्क के बलूत वृक्षों से घिरे गड्ढों में पाए गए घोड़ों के साबुत कंकाल ऊबध्य गोहक गड्ढे के साथ भारतीय अश्व-बलि से संबंधित है जिसमें घास की रेखा द्वारा पृथ्वी से अलग करके अंतड़ियाँ और बहुत सावधानी से असंबद्ध की गई अस्थियाँ जमा की जाती हैं। घोड़े के आर्यों का पशु होने के कारण बाद की कथाओं को सिरविहीन किए गए अनार्य राक्षसों से आसानी से नहीं जोड़ा जा सकता।
7. बाद की चार जातियों: ब्राह्मण, क्षत्रिय, वैश्य, शूद्र के संबंध में एकमात्र ऋग्वेदिक संदर्भ 10.90 में है, जो कि बाद में जोड़ा गया है। जाति-व्यवस्था की उत्पत्ति प्राचीन साध्य देवताओं द्वारा दी गई एक आदिपुरुष की बलि से हुई थी, जो आर्यों से पहले का लगता है, और जिसका ज़िक्र बमुश्किल ही कहीं हुआ है। सूक्त सामाजिक अवस्था के लिए स्पष्ट रूप से एक धार्मिक प्राधिकार का सृजन करती है, जो बल और प्रचलन के अलावा और कुछ नहीं है।
8. यजुर्वेदिक अश्व-बलि के पूरे वृत्तांत की पुष्टि उन अभिलिखित ईंटों की खोज से हो चुकी है जिनसे बलि के लिए वेदियाँ बनाई जाती थीं। वास्तविक स्थल हरिद्वार के पास पाए गए, जिनका काल निर्धारण ईसवी सन के आरंभ के आसपास किया जाता है, यद्यपि इनकी पुष्टि बहुत मूल्यवान है।
9. ऋग्वेद 1.65.7 में अग्नि का वर्णन इभ्यस के राजा के रूप में जंगलों को खाने वाले के रूप में किया गया है। इभ्य शब्द का अर्थ गेल्डनर ने एक ऐसे जागीरदार के रूप में लिया है जो इतना धनी है कि हाथी रख सकता है। ऐसी किसी सामंती व्यवस्था के पुष्टि ऋग्वेद निश्चित रूप से नहीं करता है। अशोक की शिला पर खुदी पाँचवीं राजाज्ञा में इभ्य ब्राह्मणों के एक प्रतिपक्षी के रूप में सामने आता है, इसलिए वह बहुत निम्न जाति का लगता है; निम्न, अस्वच्छ और अशिष्ट का यही अर्थ अंबत्थसुत्त (दीघ-निकाय 3) से ध्वनित होता है, और अपनी भूख से बेजार ब्राह्मण उषस्ति चाक्रायण की कथा के साथ छांदोग्य उपनिषद 1.10.1–2 से भी। ऋग्वेदिक राजा तब केवल अपनी जनजाति से बाहर के लोगों का ही दमन करता था, चाहे वह धनी दासों को लूट कर करता रहा हो या फिर हाथी के टोटेम वाले ग़रीब मूल निवासियों को, जिन्हें बाद में निचले तबके के हाथी चालकों (महावतों) के रूप में जाना गया। *MN*. 95 ibbho का भी ऐसा ही 'निम्न श्रेणी वाला' अर्थ देता है; देसीनाममाल इसकी तुलना वणिक, यानि व्यवसायी से करता है। जातक भाष्य इसके द्वितीयक अर्थ संपन्न गहपतिक का प्रयोग करता है, यद्यपि बुद्धघोष के लिए गहप्ति का आशय ऐसे संपन्न कृषक से है जिसने अपनी भूमि स्वयं जोती है। जात 543 (Fausböll 6.214) एवं जात 544 के प्रसंग में केवल निम्न श्रेणी का एक संपन्न व्यक्ति ही सही बैठता है।

10. ऋग्वेद में जोड़ी गई इस टीका संबंधी कार्य के लिए ऐतरेय ब्राह्मण (A. B. Keith, HOS. 25, 1920) का उपयोग किया गया है, ब्राह्मण का वह अध्याय विशेष बाद में जोड़ा गया माना जाता है, इसलिए इसमें दिखाए गए विकास ऋग्वेदकालीन नहीं हो सकते।
11. शतपथ ब्राह्मण के लिए (यजुर्वेदिक अनुष्ठानों की व्याख्या) के लिए Eggeling's translation SBE. vols. 12, 26, 41, 43, 44 (Oxford 1882–1900) अनुशंसित है, अपने उत्कृष्ट सूचीपत्र के कारण।
12. टिप्पणी 4 में दिए गए संदर्भ के साथ, पाठकों को मेरा समीक्षात्मक निबंध Brahmin Clans (JAOS. 73, 1953, pp. 202–208) रोचक लगेगा। आधुनिक ब्राह्मण गोत्र व्यवस्था को जिस रूप में स्वीकार करता है उसका सर्वश्रेष्ठ वर्णन J. Brough: The early brahmanical system of gotra and pravara (Cambridge, 1953) में है; उसमें JAOS. 74, 1955, pp. 263–266 में Brough द्वारा किया गया शुद्धीकरण तर्कसंगत है, उसमें मत्स्य पुराण के संदर्भ को मैंने ही ग़लती से अब प्रचलित गोत्रों की सूची का प्रारूप समझ लिया था।
13. मेरा अपना गोत्र वसिष्ठ है, इसलिए अपने ही गोत्र प्रवर्तक पूर्वज के प्रति किसी पूर्वग्रह का प्रश्न ही पैदा नहीं होता। यद्यपि इस आर्य नाम का अर्थ है 'सर्वाधिक उत्कृष्ट', लेकिन यह कल्पित लगता है। प्रत्येक वंश ने बाद के दिनों में अपनी विशिष्ट केश सज्जा अपना ली थी। भृगु लोग अपना सिर मुंडा हुआ रखते थे, गौतम और भारद्वाज लोगों की पाँच शिखाएँ होती थीं, आत्रेय लोगों की तीन शिखाएँ होती थीं और वसिष्ठों की दाहिनी तरफ़ एक शिखा होती थी। सिंधु घाटी की मुहरों पर वसिष्ठ जैसी चोटी नहीं पाई जाती; लेकिन मिस्र के खोनसू की प्रतिमा में ऐसी ही केश सज्जा है। इससे भी स्पष्ट एक संन्यासी (पुजारी) की आकृति एक मिस्री नक्काशी वाली प्रतिमा में है, जिसमें हित्ती क़ैदियों के एक समूह को (Gurney, The Hittites, plate 2, bis), को दर्शाया गया है, वसिष्ठ के दक्षिणतस-कपर्दः के वर्णन पर बिलकुल खरा उतरता है।

अध्याय 5

आर्यों का विस्तार

5.1. जीवन की एक पद्धति के रूप में आर्य।
5.2. मिथकों और किंवदंतियों का अध्ययन।
5.3. यजुर्वेदीय बस्तियाँ।
5.4. पूर्व की ओर मुहिम।
5.5. जनजातियाँ और राजवंश।
5.6. आदिम जनजातियों के निशान।
5.7. नव ब्राह्मणवाद।
5.8. ब्राह्मणवाद से इतर: अनुष्ठान, खाद्य उत्पादन और व्यापार।
5.9. क्रांतिकारी परिवर्तन की आवश्यकता।

प्रासंगिक पुरातत्व की कमी, कालानुक्रमिक आँकड़े के अभाव, अनुष्ठान या मिथक के अलावा अन्य अभिलेखों की अनुपलब्धता ने विचाराधीन अवधि के लिए शास्त्रीय इतिहासकारों के कार्य को लगभग आशाहीन बना दिया। इसके बावजूद, कुछ बुनियादी तथ्य स्पष्ट हैं। यह चरण अपेक्षाकृत स्थायी बस्तियों का काल था जो सिंधु घाटी के पूर्व तक विस्तीर्ण था। खाद्य की आपूर्ति के लिए मवेशियों के झुंड की अपेक्षा हल शनै:-शनै: महत्वपूर्ण हो गया। सबसे पहले एक पंचांग (जिसका महत्व बाद में बताया जाएगा) विकसित हुआ। नई आर्य जनजातियों के भीतर चार 'मूल' जातियों (खंड 4.4) के रूप में एक वर्ग संरचना उभरी; इससे ही बाद की सामाजिक अनुवृद्धि के लिए औपचारिक दिशा मिली थी। जनजाति के भीतर इस भेद ने जनजाति, जहाँ आर्य खेतिहरों (वैश्य) और गैर-आर्य दासों (शूद्र) को दबाने और शोषित करने के लिए पुजारी और योद्धा एकजुट थे, की अपेक्षा एक व्यापक वर्ग समाज के लिए मार्ग प्रशस्त किया। लेकिन यह इस कारण से एक दास समाज नहीं था। जनजातीय प्रभाव प्रमुख बने रहे और जनजातीय साम्राज्यों के बीच युद्ध मुख्य आदर्श था। बस्तियों और संपत्तियों के स्वरूपों को बदलना पड़ा, जिसने एक नए किस्म के विवाह को विकसित किया, जबकि पुराना सामूहिक विवाह कुछ या संभवत: प्रारंभिक विधवा विवाह (विवाह का एक ऐसा प्रकार जिसमें एक भाई की मृत्यु के बाद उसका वंश चलाने के लिए दूसरा भाई अपनी विधवा भाभी से विवाह कर लेता था) के बहुविवाह प्रथा में दिखता था। इस काल में पुजारी और राजा (त्वष्ट्र की कथा में उल्लेख) के बीच जाति का तनाव भी था। दुर्भाग्यवश, इनमें से किसी भी तथ्य को बुरी तरह से विश्लेषित स्रोतों की उबाऊ चर्चा के बिना प्रकट नहीं किया जा सकता। मेरे वर्णन से असंतुष्ट पाठक को निरे अनुमान के बजाय दस्तावेज आधारित केवल किसी अन्य मानक चर्चा से इसकी तुलना करनी पड़ेगी। यहाँ आगे के कार्य के लिए अधिक से अधिक संभावनाओं के एक खाके की उम्मीद की जा सकती है।

आर्य भाषा और नर्थस (वैदिक निऋति), जिन्हें जर्मनी ने धरती माता के समतुल्य रखा है, जैसे संभवत: कुछ साझा देवताओं के अलावा टैसिटस के जर्मेनिया (Germānia) में ऋग्वैदिक काल में आर्यों का उत्कृष्ट वर्णन मिला है। मानव एवं पशु बलि आम बात थी और युद्ध मुख्य जनजातीय व्यवसाय था। जमीनें समूहों को बारी-बारी से और समूह के भीतर पदानुक्रम से आवंटित होती थीं; लेकिन उन्हें जोतना पीड़ादायक था जिसे कुछ ही लोग करना चाहते थे। कृषि किसी भी मामले में इतनी कच्ची थी कि जोती हुई भूमि को हर वर्ष बदलना पड़ता था। मुखिया स्वैच्छिक लेकिन नियमित उपहार के रूप में अपना कर प्राप्त करते थे। मुखिया के साथी (एक निर्वाचनीय पद), जिसे

पराक्रम के आधार पर चुना जाता था, के सहयोगियों की माँगें अत्यंत फिजूलखर्चीपूर्ण होती थीं, जिन्हें जनजातीय नेता उदारतापूर्वक पूरा करता था। आतिथ्य भोजन के अंतिम कौर तक संतुष्ट करने का दायित्व था, जिसके बाद मेजबान और मेहमान, दोनों बचे हिस्से को साझा करने के लिए किसी और को तलाशने चल देते थे। पीना और पासा खेलना आश्चर्यजनक रूप से प्रचलित था, हालाँकि यह उच्च रोमन समाज में प्रचलित व्यवस्थित ऐयाशी और लाइसेंस के बगैर था। इसके विपरीत, यजुर्वेदीय काल सीजर के गॉल (फ्रांस का पुराना नाम), जो आर्य थे और हालिया योद्धा अतीत से नरम पड़ चुके थे, के नजदीक था। उन्होंने स्थाई कृषि, कुछ व्यापार और जनजाति के भीतर मजबूत वर्ग-संरचना विकसित की थी।"आम लोग लगभग दास की तरह व्यवहृत किए जाते थे, अपनी स्वयं की पहल पर काम करने के लिए कभी उद्यम नहीं करते थे, और किसी विषय पर उनसे विचार-विमर्श नहीं किया जाता था। उनमें से अधिकांश कर्ज या भारी कर या ज्यादा शक्तिशाली लोगों के जुल्मों तले दबे होते थे, स्वयं को उच्च पदस्थ लोगों की सेवा के लिए बाध्य मानते थे..." यह इस बात को छोड़ कर कि अभी भी निम्न शूद्रों के अस्तित्व ने वैश्यों की स्थिति को आरामदेह बनाया था, यजुर्वेदी विश् अधिवासियों का वर्णन करता है। ड्रूड और नाइट, ये दो वर्ग पूरी तरह ब्राह्मण और क्षत्रिय के समकक्ष थे। ड्रूइड वर्ग के पास अनुष्ठान में निर्देशन के लिए उनकी वाटिका थी और शास्त्रों को लिखने से इनकार किया। उन्हें सैन्य सेवा और साथ ही साथ करों से छूट प्राप्त थी। बलि उनके नियंत्रण में थी। बलि से बहिष्कृत करना सबसे बड़ी सजा थी जो किसी गॉल को दी जा सकती थी: भारत के दृष्टांत में देखें तो यह संभवत: समुदाय से बहिष्कृत करना होगा।

5.1. चूँकि आर्य घुसपैठिए थे जो देश में अपनी स्वयं की भाषा ले आए थे, इसलिए आर्य विस्तार के क्षेत्र को कई बार उत्तर में बंगाली, हिंदी, पंजाबी और पश्चिम में राजस्थानी, गुजराती और मराठी जैसे भाषा के भारत-आर्य भाषा समूह द्वारा आच्छादित वर्तमान क्षेत्र के रूप में लिया जाता है। इसने एक व्यापक प्रायद्विपीय क्षेत्र छोड़ दिया, जहाँ आबादी के अधिकांश हिस्से द्वारा द्रविड़ भाषाएँ—तमिल, तेलुगु, मलयालम, कन्नड़, तुलु इत्यादी बोली जाती हैं। शेष में मुंडारी, ओराँव और इसी तरह की जनजातीय भाषाएँ[1] बोलने वाली एक छोटी आबादी शामिल है जिन्हें आदिम ऑस्ट्रेलियाई भाषाओं से कुछ सादृश्यता के कारण 'ऑस्ट्रिक' (Austric) के रूप में एक समूह में रखा जाता है। इस भाषाई विभाजन की जनसंख्यिकीय व्याख्या यह है कि आर्यों ने पूर्ववर्ती द्रविड़ आबादी को दक्षिण की ओर धकेल दिया, जिन्होंने बदले में एक आदिम 'ऑस्ट्रिक' समूह को पहाड़ियों की ओर धकेल दिया। इसके प्रमाणस्वरूप, हमें अफगानिस्तान में ब्राहुई भाषा की मौजूदगी और आर्य माध्यम में द्रविड़ भाषियों का एक द्वीप मिलता है। मौजूदा भाषाओं में सबसे उच्च संस्कृतनिष्ठ शब्दावली के बावजूद बंगाली की संरचना में कुछ भाषा विज्ञानियों को 'आर्य शब्दों के साथ बोली जाने वाली द्रविड़ भाषा' होने की छाप मिली है। बदले में द्रविड़ भाषाओं के भीतर गहराई से तलाशने पर कुछ ऑस्ट्रिक तत्व हैं। एक काल्पनिक अनुमान यह है कि अथर्ववेद (*AV*) 5.13.10 में अस्पष्ट ताबुवन दक्षिण सागर में स्थित टापुओं का टैबू है, इसलिए ऑस्ट्रिक है: इसका निपटारा कुछ पाठों में—समान अर्थहीन स्वरूप—तावुकम को लक्षित है। भाषा विज्ञान की मदद में मानवमिति आगे आता है कि खोपड़ी का स्वरूप और नाक की लंबाई नाप कर इस निष्कर्ष तक पहुँचा गया कि देश में तीन मुख्य प्रकार[2] हैं: साफ रंग के लंबे सिर वाले आर्य, गहरे रंग के द्रविड़, और चौड़ी नाक वाले जनजातीय जंगली लोग। ऐसा काम अपनी निरर्थकता असम्बद्ध/नौसिखिये/समुचित ज्ञान न होने वाले व्यक्ति से प्रभावशाली तालिकाओं के ढेर द्वारा छिपाता है। ऐसे प्रकाशित कार्य से निकला नासिका सूचकांक 50 वर्ष की न्यून अवधि तक भी टिका नहीं रहा। आनुवांशिकता से इसके संबंध में कुछ ज्ञात नहीं है, जो नस्ली समूहों के विभाजन के लिए ऐसे मापन का उपयोग किए जा सकने से पूर्व अवश्य प्रमाणित होना चाहिए था। दुर्भिक्ष और महामारी की लंबी अवधि के दौरान आहार में बदलाव, रिहाइश चयन, इन सभी का प्रभाव होता है जिसे पूरी तरह नजरअंदाज किया गया। दूसरी तरफ, अधिकांश मानवमितिशास्त्री अपने स्वयं के पूर्वाग्रहों के अनुकूल व्यक्ति चुनने की ओर प्रवृत्त रहे। जब यह बिंदु उठाया गया कि उत्तर प्रदेश के दसों लाख लोगों का प्रतिनिधित्व लगभग एक हजार लोगों का मापन से किया गया, या दसों लाख लोगों में से 50 नमूने से 'तेलुगु ब्राह्मण' जैसे संपिंडित, असजातीय समूहों का प्रतिनिधित्व किया गया, तो निष्कर्षों की प्रकृति अत्यंत संदेहास्पद साबित होती है।

ऐसे मानवमितीय शोध की संपूर्णता पर चरणबद्ध तरीके से बहस की जानी चाहिए या की गई है, लेकिन यह हमें लंबे समय तक यहीं उलझा देगा। इस प्रक्रिया पर हमारी मुख्य आपत्ति यह है कि खाद्य उत्पादन में बेहतर विधियों के कारण शारीरिक मापन, जन्मदर और जनसंख्या अनुपात में जो भी बदलाव आया, उसका संज्ञान नहीं लिया गया है। इस दृष्टि से, भले ही अप्रत्यक्ष हो, यह भाषा पर भी प्रभाव डालता है। जनजातीय लोगों के 'विस्थापन' का तात्पर्य है कि जहाँ अब उनकी मुख्य बस्तियाँ हैं, वहाँ वे पूर्व में आ कर बसे थे। यह

अत्यंत असंभव है, आज सर्वाधिक उत्पादक जमीनों को या तो भारी सिंचाई की आवश्यकता है या वे घने जंगल थे जो शुष्क मौसम में थोड़े-बहुत शिकार के लिए ही केवल उपयुक्त थे। जनजातीय बस्तियों के लिए सर्वश्रेष्ठ स्थल वही है जहाँ अभी भी वे जी रहे हैं जैसे मध्य भारत की पहाड़ियाँ, प्रायद्वीप, असम और निचला हिमालयी क्षेत्र। जंगल काट कर और जला कर की जाने वाली खेती और मवेशियों के लिए थोड़ा-बहुत चारा उगाना, जो शिकार के या शिकार पर जीवनयापन करने वाले जनजातियों केसाथ विनिमय के पूरक हैं, दोनों यहीं संभव था और आज भी है। संभवत: अत्यंत सीमित संख्या को छोड़ कर लोगों के आज के उर्वर मैदानों से इन स्थानों पर जाने का सवाल ही नहीं है। इसका कई प्रमाण नहीं है कि ऋग्वेद-बाद के आर्यों ने सिंधु घाटी को छोड़ कर अन्यत्र एक भी स्थान पर बड़ी मूलनिवासी/स्थानीय आबादी को पाया, विस्थापित करना तो दूर की बात है।

जैसे ही लोगों ने पहले के अनियमित खाद्य संग्रह के तरीके को छोड़ कर नियमित खाद्य उत्पादन शुरू किया, उनकी आबादी तेजी से बढ़ने लगे। उन्नत खाद्य आपूर्ति का अर्थ है ज्यादा बच्चे पैदा होना, रहे हैं, वयस्क होने तक अधिक लोगों का जीवित रहता और अधिक लोगों का वृद्धावस्था तक पहुँचना। चर्चा के लिए विचाराधीन अवधि में आर्यों का अर्थ है योद्धा जैसे जनजातीय लोग जिन्होंने पशुपालन और इसके पूरक के रूप हल से खेती के जरिये जीवनयापन किया। आर्य उस संक्रमण की स्थिति में थे जहाँ मवेशियों के मुकाबले हल कहीं बहुत अधिक उत्पादन करेगा। तो जीवनयापन के एक नए तरीके का प्रसार हुआ। यह आवश्यक रूप से इसकी पुष्टि नहीं करता कि सापेक्षिक भौतिक प्रवासन भी हुआ। मिश्रित मूल के चुनिंदा लोग भी जंगलों के भीतर काट कर बनाई गई बस्तियों में बसे हो सकते हैं और पूर्ववर्ती खाद्य-एकत्रकों की अपेक्षा उनकी संख्या इतनी बढ़ गई होगी कि वे क्षेत्र की मुख्य आबादी बन गए होंगे। कद, नाक का आकार-प्रकार और यहाँ तक कि रंग अक्सर रहन-सहन, सुस्थिरता और यथेष्ट खाद्य आपूर्ति होने पर बदल जाता है। मैं इसे इस तरह देखता हूँ कि हर मामले में कुछ चुनिंदा आर्यों ने प्रवासन किया होगा, लेकिन जटिल प्रारंभिक बस्तियों में नई कॉलोनियाँ आर्यों एवं गैर-आर्यों के मिश्रण से बनी थीं जो बाद में विशिष्ट 'आर्य' जनजाति में विकसित हो गईं। वहाँ आर्य भाषा प्रचलित हुई होगी क्योंकि नए औजार और सामाजिक संबंध मूलनिवासियों और उनकी भाषा द्वारा कल्पित किसी भी बात से बुनियादी रूप से भिन्न होंगे। यह छलाँग आधुनिक समय में ब्रितानियों द्वारा लागू पूर्व-पूंजीपति से पूंजीपति रीति से बड़ी थी। यह परिवर्तन न तो स्वैच्छिक था और न ही सचेत कदम था। बड़े व्यापार तक अचानक पहुँच, नए उत्पादों का विनिमय, सामाजिक समूहों, जो पहले नहीं थे, में विभाजित लोगों की अचानक बढ़ी संख्या के बीच अत्यधिक जटिल विचारों के आदान-प्रदान की बढ़ी आवश्यकता, और इन सबसे बढ़ कर सभी के द्वारा गाए जाने के लिए अद्भुत मंत्रों के साथ एक नया अनुष्ठान—यह सभी एक आदिम जनजातीय भाषा से बहुत परे रहे होंगे, यद्यपि नि:संदेह कुछ लोगों ने शनै:-शनै: अपनाने के लिए पर्याप्त समय देते हुए इसे विकसित कर लिया होता। मुझे यह जान पड़ता है कि ब्राहुई जैसे संभावित प्रवासी टापुओं को छोड़ कर, द्रविड़ों के कुछ समूह थे, जिनके सदस्यों ने व्यापारिक संपर्कों के जरिये नई तकनीकें सीखीं; कुछ लघु प्रवासन हुए जिससे उन्होंने सांस्कृतिक संक्रमण के दौर में अपनी स्वयं की भाषा विकसित की। जहाँ मूल निवासी आलस्य, अविश्वास या कुछ खास आदिम अनुष्ठानों के व्यर्थ प्रभावों और इन तत्त्वों के प्रति अपने अड़ियलपन के कारण खाद्य उत्पादक बनने में विफल रह—या बाद में प्रवासी भी खाद्य जुटाने वाले बन गए, इससे आबादी जनजातीय बनी रही। इसका जो भी अर्थ हो, लेकिन जब असम से ले कर नीलगिरि तक की सभी भारतीय जनजातीय भाषाओं की आम विशेषताएँ देखी जाती हैं तो पाया जाता है कि इस क्रम में 'ऑस्ट्रिक' भाषा भी बनी रही। इस दृष्टि से भाषाई समस्या का अध्ययन नहीं किया गया है। मार्र (Marr) के जैफेटिक (Japhetic) सिद्धांत[3] ने महज आदर्श श्रेणी में शुमार होने के लिए टोटेम (कुलचिह्न) के रूप में ऐसी घटना पर बात करनी शुरू की थी, जिसने कॉकेशियाई बोली और भाषा के अध्ययन को अन्य देशों में मूल विशेषताओं की व्याख्या किए बगैर जिज्ञासु साँचे में बदल दिया। आज की तारीख में, कोई भी यह नहीं कह सकता कि मुंडारी की 'संरचना' का गठन किससे होता है, और न ही यह कि कोई कैसे इसमें से निकटवर्ती विकसित भाषाओं के असंदिग्ध प्रभाव को खत्म कर सकता है। समान समस्या यूरोपीय भाषाओं के लिए और बड़ी हो गई है जिसने जनजातीय चरण के बाहर बैस्क (Basque) और फिनो-उरियन समूह को विकसित किया जो फ़िनलैंड और हंगरी वासियों से मिल कर बना है और जिसके लिए साझा व्याकरण (मिलेट के आर्यन व्याकरण के संदर्भ में) अब भी असंभव बना हुआ है। आदिम भाषाएँ भी उत्पादन के माध्यमों में प्रमुख क्रांतियों के साथ अवश्य बदलती हैं; बदलाव का प्रकार ऐतिहासिक परिस्थितियों और साथ ही साथ ऐतिहासिक पृष्ठभूमि पर निर्भर होगा। हम इस पर आगे अशोक की राजाज्ञाओं के साथ चर्चा करेंगे; लेकिन मुझे लगता है कि द्वितीयक व्यापार और बस्तियों (जहाँ मगधन प्राथमिक थे) से प्रमुख द्रविड़ भाषाओं की रचना कम से कम संभाव्य और संभवत: अवश्यंभावी थी।

तब, हमारे उद्देश्य के लिए, यह अनिवार्य है कि हल किसानी ने खाद्य आपूर्ति में भारी वृद्धि की और इसे ज्यादा नियमित बनाया। इसका अर्थ केवल यह नहीं कि आबादी अत्यंत वृद्धित थी बल्कि यह भी है कि वे ज्यादा इकाइयों में एक साथ रहते थे। उदाहरण के लिए, वेद्दा आखेटक आम तौर पर आधा दर्जन के समूह में घूमते थे। इसके अलावा, हल का अर्थ है कि बस्तियाँ नियत, स्थायी हैं, जहाँ जनजातीय आखेट और चराई ने खाद्य-एकत्रकों को जाने के लिए बाध्य किया जैसा कि काटो-जलाओ खेती ने किया था। इस तरह, मात्रा और गुणवत्ता, दोनों एकसाथ बदल गई। वहाँ न केवल और अधिक लोग थे, बल्कि वे भिन्न सामाजिक आवश्यकताओं के पूरी तरह से अलग किस्म के लोग थे—इसलिए नई भाषा की आवश्यकता हुई।

5.2. भारत में ग्रामीण छापामार से कृषि खाद्य उत्पादक अर्थव्यवस्था तक आर्य संक्रमण का प्रथम काल स्रोतों द्वारा प्रस्तुत किया गया है जिसमें पुरातात्विक समर्थन या कालानुक्रमिक सार्थकता का अभाव है और अधिकांशत: बाद की आनुष्ठानिक कथाओं, मिथक, कल्पनाओं और धार्मिक उपदेशों पर आधारित है। उनमें से कई को ब्राह्मण वर्ग द्वारा पुनर्संयोजित किया गया है, जो वर्ग उत्पादकों से ज्यादा से ज्यादा दूर होना शुरू हुआ था और अपना स्वयं का महत्त्व प्रमाणित करने या विशेष जाति-वर्ग विशेषाधिकारों का दावा करने के लिए परंपराओं का पुनर्लेखन किया। पवित्र पुस्तकों में दिए गए उद्धरण को एक वास्तविक घटना के रूप में प्रस्तुत किया जा सकता है, यदि यह श्रेष्ठता के ब्राह्मण दावे का प्रत्युत्तर देता है या इतना शर्मनाक हो कि इसका स्पष्टीकरण/व्याख्या देना पड़े। फिर भी, संपूर्ण सामाजिक ढाँचे, जिसके बिना ऐसे उद्धरणों का पूरी तरह आकलन नहीं किया जा सकता है, का पुनर्निर्माण करना कठिन या असंभव है।

ऋग्वेद पश्चात के काल के दस्तावेज तीन प्रमुख समूहों में वर्गीकृत हैं। पहला उत्तर वैदिक साहित्य है जिसमें से सामवेद को तत्काल खारिज किया जा सकता है क्योंकि इसके शब्द पूरी तरह से ऋग्वेद से लिए गए हैं और उन्हें यज्ञ में संगीतमय मंत्रोच्चार के उद्देश्य से तुच्छ रूप से संयोजित किया गया है। यजुर्वेद कई पाठों में हमारे सामने आया है, इसके दो प्रकारों में एक कृष्ण यजुर्वेद है, जिसमें से हम सर्वाधिक उपयोगी पाठ के रूप में तैत्तिरीय संहिता (*TS*) को ले सकते हैं जिसमें आनुष्ठानिक सूत्र और टिप्पणियाँ, दोनों हैं। शुक्ल यजुर्वेद (वाजसनेयी संहिता) अनुष्ठान को टीकाओं से पृथक करता है, अनुष्ठान लगभग समान हैं; व्याख्यात्मक भाग, शतपथ ब्राह्मण (*SB*) हमें सौंपे गए प्रकार में सबसे महत्वपूर्ण कार्य है। *SB* प्रत्यक्ष रूप से अस्थियों के लिए विभिन्न प्रकार की समाधियों का विवरण देता है, जिसका भावी पुरातात्विक सत्यापन उस भूभाग की पहचान कर सकता है। इनके अलावा, ऋग्वेद पर बहुत सी टीकाएँ हैं। संपूर्ण समूह हमें उपनिषद काल में ले जाता है, वेद, ब्राह्मण, अरण्यक, उपनिषद के रूप में यह क्रम एक निरंतर विकास में है जो वाह्य परंपराओं पर, जितना कम संभव हो, उतना ध्यान देता है जो फिर भी चुपके से प्रवेश कर जाता है। पुस्तकें आनुष्ठानिक मंत्रों से आनुष्ठानिक नुस्खों, आनुष्ठानिक मिथकों, रहस्य से परे अनुष्ठानों तक जाती हैं, इस तरह उत्पादन आधार के स्थिर गति से विकसित हो रहे प्रकार को समेटती हैं। इनके साथ चौथे वेद, अथर्ववेद को अवश्य जोड़ना चाहिए जिसे उपनिषद काल तक पूर्ववर्ती तीन के स्तर का नहीं माना गया है। अन्य की अपेक्षा यहाँ अनुष्ठान एक अत्यधिक लघु पैमाने पर काला-सफेद जादू है; जिसे अनुष्ठान की शैली कह सकते हैं।

दो महाकाव्य महाभारत और रामायण को हमारे स्रोतों के दूसरे समूह को बनाने वाले क्रम में कहीं भी संयोजित करने में कठिनाई है। वे 'उत्तर-वैदिक' हैं, जिसमें लेखक के अनुमानों के अनुसार बढ़ा-चढ़ा कर या निंदित होने वाले ऐतिहासिक बीजांकुर हैं। महाभारत तक्षशिला से बंगाल तक और दक्षिण तक विस्तारित एक साम्राज्य के लिए दिल्ली के निकट भाइयों के बीच हुए एक महायुद्ध की घटनाओं को बताता है। ऐसे साम्राज्य की संभावना ईसा पूर्व चौथी सदी और पूरी तरह ऐतिहासिक मौर्य साम्राज्य से पहले कभी नहीं रही। महाभारत साथ ही पुराणों का समूह आता/मिलता है जिसमें भविष्यवाणी की शक्ल में राजाओं की सूची है और लगभग आज की तारीख तक बार-बार इसका पुनर्लेखन हुआ है। क्या इन पुराणों का गंभीरता से संपादन हो सकता है, जिसका तात्पर्य है संक्षिप्त महत्वपूर्ण उपकरणों से एकसाथ एक दर्जन पुस्तकों का संपादन, तब मिथकीय घासफूस की विशाल मात्रा में से कुछ ऐतिहासिक दाने चालने का काम शुरू करना संभव होगा। महाभारत इसी तरह का गुब्बारा था लेकिन एक महत्वपूर्ण संस्करण लगभग एक केंद्र बिंदु निर्धारित करने में मदद करता है जो ईसा पूर्व दूसरी सदी से ईसा बाद दूसरी सदी तक का है। यद्यपि मूल ग्रंथ पूरी तरह विलुप्त प्राचीन भारत के 24,000 या इससे कम श्लोक पदों पर आधारित है जो अब मुक्त रूप से रचे गए चारणगाथा में बदल गया है। रामायण (जिसका अब जा कर गंभीरता से संपादन हो रहा है) अयोध्या (फैजाबाद) के एक निर्वासित राजा की पत्नी सीता के अपहरण और रिहाई की कहानी बताता है। लंका (सिलोन के समतुल्य) जो निश्चित रूप से हमारे काल के आर्यों को अज्ञात थी, का राजा (दस सिर वाला राक्षस) रावण खलनायक है। आखिरकार, हमारे पास

सरल पालि भाषा में बौद्ध मत का साहित्य है, जिसे सबसे पहले अशोक के काल में बिहार में लिखा गया। घटनाओं के होने का जो समय बताया गया है उससे ढाई सदी बाद, और जिसके बारे में टिप्पणियों के रूप में जातक कथाओं की पूरी श्रृंखला विकसित हुई, सर्वाधिक सूचनाप्रद है। पालि साहित्य अभिलिखित बातों के पुरातात्विक साक्ष्य के लिए हमें सत्यापन योग्य इतिहास में लाता है। जैन सूत्रों को अवश्य यहाँ शामिल किया जाना चाहिए, यद्यपि अपनी वर्तमान स्थिति में वे पीछे हैं और साथ ही कम महत्वपूर्ण हैं।

यहाँ तक कि ऐसी सामग्री का नकारात्मक अध्ययन उपयोगी है, पहला, तो संभावित ऐतिहासिकता के किसी संदेह को मिटाने के लिए, और दूसरे, कड़ियों को उपलब्ध कराने के लिए जो भविष्य में पुरातात्विक कार्यों से स्पष्ट हो सकती हैं। यजुर्वेदी अनुष्ठानों के लिए ऐसा अवलंब है (*IAR*. 1954. pp. 10–11, और पूर्ववर्ती रपटें)। महाभारत में वर्णित या उद्धृत आभूषणों की गुप्त काल के स्मारकों में तराशे गए आभूषणों के समान तुलना की जा सकती है। मिलान की प्रक्रिया भविष्य के गर्भ में है और यह उत्खनन के जरिये होमर या बाइबिल से सूचनाओं की बरामदगी के अनुरूप होगा। शुद्ध साहित्यिक-गंभीर अध्ययन एक असाधारण विशेषता को उद्घाटित करते हैं, यहाँ तक कि नवीनतम कार्य भी कई बार हल्के जिक्र को छोड़ कर पूर्व में नहीं दर्ज एक अत्यंत प्राचीन परंपरा को उद्धृत करने वाले प्रथम कार्य हो सकते हैं।

एक अच्छी किंवदंती का एक अच्छा उदाहरण है जिसे सबसे पहले शतपथ ब्राह्मण 1.8.1.1–6 में दर्ज किया गया था। साधु मनु को एक बार एक बड़ी मछली ने बचाया था, जिसने उनसे एक नाव बनाने को कहा; जब पूरी दुनिया बाढ़ में डूब गई तो नाव अरारात की बजाय प्राकृतिक रूप से हिमालय के एक शिखर तक पहुँच गई। धर्मग्रंथ में मछली ने बाद में मनु को निर्देश दिए और महाभारत-पुराण समूह में विष्णु की पहली अवतार बन गई। यह तीन स्वीकार्य जलावतारों में पहला है। दो अन्य अवतार कच्छप और वराह थे। शतपथ ब्राह्मण (14.1.211) में यद्यपि वराह को अवतार नहीं बल्कि सृजक बताया गया है। महाभारत 1.16.10 एफएफ. में उद्धृत देवताओं और दैत्यों द्वारा किए गए समुद्र मंथन में मंथन छड़ी के रूप में इस्तेमाल किए गए पहाड़ के लिए आदिम कछुआ अवलंब के रूप में था। इसे बाद में विष्णु का अवतार बनाया गया। कछुए का टोटेम के रूप में महत्व है, क्योंकि बलिवेदी (शतपथ ब्राह्मण 7.5.1.5–7, अपने लौकिक आया के लिए) पर इसका निर्माण करना होता है हालाँकि यह बलि का पशु नहीं है। यह व्युत्पत्ति के रूप में ब्राह्मणों के कश्यप ग्रोत्र से संबद्ध है जो शुरू से ही ब्राह्मण बनने के इच्छुक मूलनिवासियों के अवशोषण (जैसा कि मातंग, कसप नाम से जाहिर है) करने के योग्य होने, और बिना कुल-नाम वाले या अपना कुल-नाम याद करने में असमर्थ या वैवाहिक गोत्र नियमों के विपरीत संबंधों से उत्पन्न होने वाले सभी लोगों का गोत्र होने के लिए कुख्यात हैं। ऋग्वेद में कश्यप नगण्य थे, परंपराओं में उनका महत्व तब बढ़ा जब उन्होंने कोशल-मगध बौद्ध व्यवस्था के दौरान अगुवाई की। कछुए को विशेष रूप से पाँच पंच-नख पशुओं की सूची में शामिल किया गया है जिन्हें बिना निषेध को तोड़े खाया जा सकता है। यह प्रदर्शित करता है कि इसे ब्राह्मणों द्वारा खाया जाता था, प्रत्यक्ष तौर पर यहदैव संस्कारों के लिए था, इसलिए इसे यह न तो कहीं भी आहार सामग्री में उद्धृत है और न ही यह मुख्य भोजन या स्वाद के रूप में खासा लोकप्रिय के रूप में ज्ञात रहा है। मत्स्यावतार का इतिहास सुमेरिया तक जाता है, संभवत: सिंधु सभ्यता के जरिये; इअ (Ea) जो एंकी (Enki) भी है, का प्रतीक बकरा-मत्स्य है और यह जल में सोए ठीक विष्णु-नारायण की तरह जल के भीतर प्रकोष्ठ में सोया है। नारायण नाम गैर-आर्य व्युत्पत्ति हो सकता है, नारा को 'जलीय' के रूप में व्याख्यायित किया गया है। यह शब्द संभवत: संस्कृत से लिया गया है और द्रविड़ या असीरियाई भी हो सकता है।

हमने पहले ही जातकों में बेबीलोन (बेबीरस=बावेरू) (babiruś = bāveru) के एक किस्से का जिक्र किया है, यद्यपि साम्राज्य और उसका नाम जातक लिखे जाने से पूर्व ही खत्म हो चुका था। यह बताता है कि ऐसा अध्ययन अत्यंत सूचनाप्रद हो सकता है जब तक कि अंतहीन अनुमानों और पाठ के विरूपण से भौतिकवादी आधार ढक न गया हो।

5.3. तैत्तिरीय संहिता ब्राह्मण परंपरा की एक और खासियत को सामने लाती है: कि इसने सभी आर्यों को नहीं, बल्कि केवल कुछ आर्य समूहों का प्रतिनिधित्व किया। ऋग्वेद में कुल मंडलों को एक साथ कुछ निश्चित जोड़ के साथ रखा गया था, फिर हमें शाकल पाठ में प्रेषित कर दिया गया जो आम तौर पर स्वीकार्य था। यजुर्वेद के संरक्षण में, विभिन्न अन्य एक-दूसरे से पृथक जनजातीय समूहों ने भागीदारी की। परंपरा से जुड़े कठ जैसे नामों की पुष्टि यूनानी स्रोतों से सिकंदर के समय में भारतीय जनजातीय नामों से हुई है। तैत्तिरीय संहिता (TS.) ऐसी शाखाओं में मात्र एक है; यद्यपि महत्वपूर्ण भिन्नता सुस्पष्ट नहीं हुई थी, लेकिन यह स्पष्ट है कि आर्य जनजातियाँ छितरनी शुरू हो

गई थीं। उदाहरण के लिए, यह पुरूओं की पुस्तक नहीं है जो पंजाब में ही रहे, न ही मूल पाँच जनजातियों में से किसी एक की है, वे जो भी थे। नये क्षेत्रों के अधिग्रहण के साथ ही साथ आर्यों में नए जनजातीय नाम सामने आने लगे। ये नाम बमुश्किल ही बाहर से किसी और आक्रमण के कारण हो सकते हैं, क्योंकि पंजाब के भीतर ऋग्वेद काल से निरंतरता हमें दिखी है। नई जनजाति ऋग्वेद काल से चली आ रही प्रक्रिया, कुछ प्रवासियों के संभवत: गैर-आर्य मूल निवासियों से मिलन की आंतरिक घटना होनी चाहिए। तैत्तिरीय संहिता का नाम एक तीतर गोत्र टोटेम (कुलचिह्न/गणचिह्न) तीत्तिरी से लिया गया है, यह बहुत दिलचस्प है क्योंकि यह ग्रंथ स्वयं हमें बताता है (तैत्तिरीय संहिता 2.5.1) कि इंद्र द्वारा तीन सिर वाले त्वष्ट्र का एक सिर काट दिए जाने पर तित्तिरि बना। महाभारत 6.86.4 के अनुसार तित्तिरि देश में उत्कृष्ट किस्म के घोड़े होते थे। यह ग्रंथ अत्यधिक यज्ञ के घटनाक्रमों से संबद्ध है, इसमें यज्ञ के घोड़े के साथ मारे जाने योग्य पशुओं की लंबी सूची (शतपथ ब्राह्मण 5.5.11–2) प्रदर्शित है। शतपथ ब्राह्मण 1.8.2–7 में, बारिश के चार महीनों के लिए कुछ लोकप्रिय यज्ञों का संक्षिप्त उल्लेख है; संपूर्ण ग्रंथ राज्यारोहण समेत मुखिया के अनुष्ठानों से संबद्ध है। एक शब्द गृहपति = गृहस्वामी विशेष गार्हपत्य यज्ञ के साथ आता है। तैत्तिरीय संहिता में यह छोटे गृहस्वामियों के लिए संदर्भित नहीं हो सकता, जिनके लिए वर्णित पीड़ादाई यज्ञ को करना असंभव होगा, इसलिए इसका संकेत अवश्य ही एक कुल के मुखिया या बड़े घर, जिसमें आधुनिक काल के अनुरूप एक दर्जन या अधिक परिवार शामिल हो सकते हैं, की ओर होना चाहिए। इस तरह तैत्तिरीय संहिता 2.2.1: "जिसका खेत के संबंध में या अपने पड़ोसी से विवाद हो. उसे इंद्र और अग्नि को 11 बर्तन अर्पित करने चाहिए।" यह भूमि के निजी स्वामित्व के प्रमाण के संदर्भ में व्याख्यायित नहीं करना है बल्कि यह बताता है कि पड़ोसी समूहों के बीच विवाद होने शुरू हो गए थे जो एक जनजाति के ढाँचे के भीतर सभा की बैठक में निस्तारित नहीं हो सके, तब यह अवश्य भिन्न जनजातीय इकाइयों या सटे क्षेत्रों के बीच हो चुका है। यहाँ 'उसे' का तात्पर्य इकाई के मुखिया से होगा, भले इकाई का आकर कुछ भी हो। इसके बाद, उच्च वर्गों में बड़े घर मानक बने रहे और सामंत काल से बाद तक चलते रहे। समानांतर विकासक्रम में कुल को निरूपित करने वाला गोत्र शब्द 'परिवार' के अर्थ में भी आया।

ऋग्वेद के बाद तैत्तिरीय संहिता के कुछ हिस्से विस्मयकारी पाठ देते हैं। उदाहरण के तौर पर तैत्तिरीय संहिता 7.4.7 ऋग्वेद के 7.18 के उसी सुदास के पुत्रों द्वारा वशिष्ठ के पुत्र की हत्या का जिक्र करता है जिसने वशिष्ठ की प्रार्थना की मदद से दस-राजाओं के युद्ध को जीता था। अथर्ववेद 5.18., 5.19 में उन अधमी क्षत्रियों के लिए यत्र तत्र खुशामद के साथ शाप है जो ब्राह्मणों की गायें खाएंगे: "ऐसा मत करो, हे राजकुमार, ब्राह्मण की (गाय मत खाओ); वह गाय खाने के लिए नीरस और अनुपयुक्त है।" (अथर्ववेद 5.18.3)। इसी लहजे में भार्गव/भृगुवंशी शूरवीर परशुराम की किंवदंती भी है जिन्होंने 21 बार पृथ्वी से क्षत्रियों को मिटा दिया था। अत्यधिक और स्वविरोधी विनाश स्पष्ट रूप से क्षत्रियों के वर्चस्व के सामने ब्राह्मणों की असहायता के लिए एक मनोवैज्ञानिक अतिक्षतिपूर्ति है। भृगु-प्रसारित महाभारत में परशुराम को विष्णु के अवतार के स्तर तक प्रोन्नत किया गया है। उसके बाद वैदिक साहित्य में पुजारियों और मुखिया के बीच तनाव का अंतर्भाव है, यद्यपि अन्य दो जातियों के विरुद्ध ये दोनों एक हो जाते हैं। चार-जाति वर्ग जारी रहा। यह एक विलक्षण विशिष्टता है कि इन अनुष्ठानों में पणि, दस्यु या इसी तरह के अन्य गैर-आर्य दुश्मनों से लड़ाई के बारे में कुछ नहीं है। वह इसलिए कि दुश्मनों के नए गैर-आर्य समूह इस रिहाइश अवधि में तत्काल उपस्थित नहीं हुए। यद्यपि नए लोकप्रिय संस्कारों और विश्वासों को क्षेपक के रूप में दिखाया जाता है। तैत्तिरीय संहिता 7.5.10 के अनुसार दासियों को अपने सिर पर घड़ा रख कर गाते हुए मार्जालीय यज्ञ वेदी के चारों ओर नृत्य करना होता था। यह किसी भी तरह से आर्य अनुष्ठान नहीं हो सकता। घड़े को ब्राह्मण की शुद्धता बाद के चरण में मिली है। तैत्तिरीय संहिता 3.2.6 हमें बताती है: "यदि कोई काला पक्षी विविध घी सामग्री (यज्ञ में) का स्पर्श कर देता है तो उसके दासों के मरने की संभावना होगी; यदि कुत्ता इसका स्पर्श करता है तो उसके चौपाया मवेशी के मरने की संभावना होगी; यदि यह खंडित होने वाला है तो बलिकर्ता के मरने की संभावना होगी।" इस तरह मानव के मवेशियों के अस्तित्व के संक्षिप्त विवरण का अनुमान लगाया जा सकता है। यहाँ यह नहीं बताया गया है कि इनके बीच किस प्रकार का संबंध होता था, यद्यपि उपकरण, बंदियों को अन्य प्रकार से दिखाया जा सकता है। इससे भी महत्वपूर्ण फसलों की सूची है: चावल, जौ, फली, तिल, राजमा, मटर, गेहूँ, दाल, बाजरा, ज्वार (Panicum miliaceum), सावाँ (Panicum frumentaceum) और जंगली चावल (तैत्तिरीय संहिता 4.7.4), जिसकी बहुलता के लिए यज्ञकर्ता भी प्रार्थना करते थे। इसके तत्काल बाद धातु आते हैं (तैत्तिरीय संहिता 4.7.5): स्वर्ण, पीतल, सीसा, टिन, लोहा, तांबा; इनमें से अधिकांश दूरस्थ व्यापारियों से प्राप्त किया गया होगा; न तो सिंधु घाटी और न ही गंगा घाटी में इनका उत्पादन हुआ था। "जोती भूमि पर क्या उगता है और अनजोती भूमि पर क्या उगता है," यह दोनों महत्वपूर्ण है। हम बस्तियों के काल में पहुंच चुके हैं, हालाँकि अभी नगरों में नहीं आए हैं। अमावस्या

और पूर्णिमा के साथ-साथ 27 नक्षत्रों वाले तारामंडलों की सूची हमें दर्शाती है कि चंद्र माह के साथ भारतीय पंचांग पहले ही स्थापित हो चुका था; सौर संयोजन कर दिए थे या नहीं, यह ज्ञात नहीं है, लेकिन उसे लंबे समय तक लंबित नहीं रखा जा सकता था; क्योंकि मौसमी बारिश के पहले जोताई के लिए फसलें समय पर ऐसे संयोजन पर निर्भर होती हैं।

नियमित व्यापार के अस्तित्व को स्वर्ण के जरिये अप्रत्यक्ष रूप से समर्थन दिया जाता है। हम बार-बार पढ़ते हैं कि "स्वर्ण अमरत्व है" (तैत्तिरीय संहिता 5.2.7 इत्यादि) जिसके अनुष्ठानिक मनोवैज्ञानिक स्पष्टीकरण है। यद्यपि तैत्तिरीय संहिता 2.3.2 के अनुसार सोना पुजारियों को 100 कृष्णाल वजन के हर टुकड़े में से हरेक को चार कृष्णला बाँटा जाता था। कृष्णला या गुंजा रत्ती (Abrus precatorius) पौधे का काले धब्बे के साथ लाल रंग का बीज होता है और भारतीय सोनारों द्वारा अभी भी हल्का वजन नापने के लिए उपयोग होता है। इसकी महत्वपूर्ण खासियत यह है कि भारत में ज्ञात प्रारंभिक चाँदी के सिक्के 32 कृष्णला मानक के होते थे, जो अनाज के 54 दानों के ठीक बराबर होते थे; इसके अलावा यह मानक मोहनजो-दारो और हड़प्पा में मिले 'डी' वर्ग के वजन में भी मिलता है। तो, तैत्तिरीय संहिता ने यज्ञ बलि में अतिलिप्तता के बावजूद हमें कुछ वास्तविक जानकारियाँ दी हैं। मुख्य बलि घोड़े की चढ़ती थी जिसका विकास ऋग्वेद 1.162 में देखा गया था; लेकिन पशु को महज मार कर पका नहीं दिया जाता था। मुख्य रानी को मृत पशु के साथ अश्लील आख्यानों वाला संवाद करना पड़ता था, जो स्पष्ट रूप से प्रजनन संस्कार का एक प्रतीक है। ऐसा लगेगा कि घोड़ा एक मनुष्य (संभवत: स्वयं मुखिया) का विकल्प था जिसका एक बार बलिदान कर दिया गया था। कई अन्य जीवों के साथ पीड़ित मानव की भी बलि दी जाती थी। आर्य युद्धों में घोड़े का महत्व संवर्धित बलि की व्याख्या नहीं कर सकता। नए तत्वों को अनिवार्य के रूप में जोड़ा गया था। उदाहरण के रूप में, चार पवित्र वृक्षों अश्वत्थ, न्यग्रोध, प्लक्ष उदुम्बर (आज भी पूजे जाते हैं) का पवित्र वृक्ष के रूप में पहली बार जिक्र ऐतरेय ब्राह्मण 8.16 और 7.32 में हुआ है। उदुम्बर की लकड़ी का आसन और दायें हाथ की शैय्या से जल का छिड़काव राजसी अभिषेक में अनिवार्य होगा (जातक 492)। मातृ देवियों की त्रयी[4] के साथ ही बादलों एवं जल की देवी को भी प्रसन्न करना होता था, जो पुन: मातृसत्तात्मक परिपाटी को संरक्षित रखने वाले गैर-आर्यों के साथ बढ़ते संपर्क का संकेत देता है। पौराणिक राजा-सूचियों के कई वंशों के संस्थापक घृताची, अलंबुशा जैसी इन अप्सराओं के पुत्र थे। सर्वाधिक प्रसिद्ध भरत शकुंतला के पुत्र थे जो स्वयं अप्सरा मेनका की पुत्री थीं। इस पुत्र भरत को बिना किसी कल्पित पूर्वज के भरत जनजाति का मूल पुरुष बनाया गया था जो ऋग्वेद में द्रष्टव्य है। यजुर्वेद काल की अश्व बलि ने एक विलक्षण नई प्रथा विकसित की जहाँ राजसी अभिषेक में घोड़े को उसकी मनचाही दिशा में भटकने के लिए एक निश्चित अवधि, जो अक्सर एक वर्ष की अवधि होती थी, के लिए स्वतंत्र छोड़ दिया जाता था। इस दौरान घोड़े का मार्ग रोकने वाले किसी भी प्रतिद्वंद्वी राजा को पराजित करना पड़ता था। वास्तविक बलि वर्ष के अंत में होती थी, जब सभी चुनौतियों से निपटा जा चुका होता था और प्रभुसत्ता स्थापित हो चुकी होती थी। यह विकसित अश्व बलि महाकाव्य काल, खास कर महाभारत की मुख्य खासियत बन गई। तैत्तिरीय संहिता और ब्राह्मण साहित्य के साथ यद्यपि विभिन्न प्रकार के अभिषेक (ऐतरेय ब्राह्मण 8.14) विकसित हुए, सबका मंतव्य जनजातीय नियंत्रण से किसी तरह मुखिया को मुक्त करना था। जनजातीय सभा का उल्लेख कहीं नहीं किया गया है तथापि हम जानते हैं कि इसका संचालन जारी था। ब्राह्मणवाद के विकास का अर्थ जनजाति के ऊपर साम्राज्य की पूर्ण सत्ता के साथ जनजाति के भीतर वर्ग संरचना का विकास था। यह ऋग्वेद में देवताओं और यज्ञ-पुरोहितों के विरुद्ध इंद्र द्वारा की गई हिंसा से भी समझा जा चुका था, ऋग्वेद में सर्वोपरि शासक (सम्राट), स्वेच्छाचारी (स्वराट) पदनामों का उल्लेख है। ये वे संक्षिप्त शब्दावलियाँ हैं जो विभिन्न प्रकार के अभिषेकों के साथ शासक के रूप में बाद में उभरीं।

5.4. शतपथ ब्राह्मण (शतपथ ब्राह्मण 1.4.1.14–17) भूमि-शोधन की आर्य विधि का वर्णन करता है: (14) 'उस समय विदेघ्र माथव सरस्वती (नदी) के किनारे थे। वह (पवित्र अग्नि) इस भूमि से प्रज्जवलित हो कर तदनंतर पूर्व की ओर गई; गौतम राहूगण (पुरोहित) और विदेघ्र माथव (राजा) उसके पीछे गए क्योंकि वह साथ में प्रज्जवलित थी। उसने सभी नदियों को जला (सुखा) दिया। अब उत्तरी पहाड़ों (हिमालय) से निकलने वाली सदानीरा (सदैव जल से भरी) नामक नदी ही एक थी जिसे अग्नि नहीं जला सकी। वही एक थी जिसे पूर्ववर्ती काल में ब्राह्मणों ने यह सोच कर पार नहीं किया कि यह अग्नि वैश्वानर से जल नहीं पाई है।' (15) यद्यपि आजकल बहुत से ब्राह्मण इसके पूर्व में हैं। उस समय यह (सदानीरा के पूर्व की भूमि) अत्यंत बीहड़ और दलदली थी क्योंकि इसे अग्नि वैश्वनर से आस्वादन नहीं किया गया था। (16) आजकल यह अत्यंत जोती हुई है, ब्राह्मणों के लिए बलि के जरिये अग्नि ने इसे आस्वादन किया। यहाँ तक कि गर्मियों में

भी यह (नदी) जहाँ थी, वहाँ प्रचंडता से बहती थी: इसका पानी अत्यंत शीतल है, अग्नि वैश्वनर से जली नहीं। (17) तब विदेघ माथव ने (अग्नि से) कहा, "मुझे कहाँ निवास करना है?" उसने कहा, "इस (नदी) के पूर्व में तेरा वास हो।" आज भी यह (नदी) कोशल और विदेह की सीमा बनाती है; इनके लिए माथव (या माथव के वंशज) हैं।

पूर्व दिशा में बढ़ते हुए आर्यों ने हिमालय की तराई के जंगलों को जला दिया। वनोन्मूलित भूमि सूख गई। प्रगति ग्लेशियर से निकली एक नदी के कारण कुछ समय के लिए मंद पड़ी, लेकिन बाद में वे भूमि-शोधन की समान विधि के द्वारा पूर्व में बस गए। इस विधि की पुष्टि ऋग्वेद में अग्नि के लिए कई विशेषणों के द्वारा की गई है: जंगलों को साफ कर देने वाला, कुल्हाड़ा, जो एक काली लकीर छोड़ गया। नदी का नाम की पहचान बाद में करतोया के रूप में हुई जो बंगाल में आधुनिक काल में कुर्रात्ती के नाम से बहती है; लेकिन यह नि:संदेह पूर्व की ओर विस्थापित हुई है। मूल करतोया गंडक[5] के पास कहीं रही होनी चाहिए। यहाँ यह ध्यान रखने योग्य है कि हिमालय और गंगा के बीच, उत्तर प्रदेश में मुख्य भूमि के शोधन का कोई सवाल ही नहीं था।

ऐतिहासिक काल में भूमि-शोधन की विधि मुख्यतः भूमि को जुताई के दायरे में लाने के लिए ही नहीं थी, बल्कि यह स्पष्ट रूप से महाकाव्य में उल्लिखित है। महाभारत 1.214–225 (खांडवदाह-पर्व) आर्यों के भव्य तरीके से भूमि-दाह का वर्णन करता है। कुम्हलाए अग्नि-देवता, जिन्हें पिछली यज्ञों में बहुत घी पीने से अपच हो गई थी, जिससे वे खाण्डव वन (यमुना नदी के किनारे, दिल्ली से बहुत दूर नहीं) को पचाने में अक्षम थे, के स्वयं के आग्रह पर कृष्ण और पाण्डवों ने अग्नि की प्राणशक्ति को बहाल कर उस जंगल को जला डाला था। यह जंगल इंद्र के संरक्षण के तहत रह चुका था और वहाँ अन्य के अलावा नागराज (कोबरा) तक्षक का बसेरा था। सभी तरफ से आग लगा कर इन नायकों ने भागने की कोशिश कर रहे या बाहर निकलने के लिए जूझ रहे सभी प्राणियों को मार डाला। केवल छह लोग इस सर्वनाश में जिंदा बचे:अश्वसेन, मय (एक असुर, इंद्र द्वारा मारे गए नामुची का भाई, एक चतुर वास्तुविद जिसने बाद में वहाँ सभा-कक्ष बनाया जहाँ पाण्डवों ने अपना साम्राज्य जुए में हारा) और चार सारंग पक्षी। इसके अलावा सबकुछ, यहाँ तक कि पानी में मछलियाँ भी अग्नि में खाक हो चुकी थीं या बलिकर्ताओं ने मार डाला था। उस वक्त वहाँ से दूर होने की दुर्घटना से नाग तक्षक बच गए।

यह हमें भौगोलिक विचार तक ले आता है। ऐतिहासिक समय में विदेह और कोशल आधुनिक बिहार और उत्तर प्रदेश के क्षेत्र में थे। उनका महाकाव्यों से गहरा नाता रहा है, संभवत: इसलिए कि महाकाव्यों को उन नायकों को प्रसन्न करने के लिए फिर से लिखा गया था जो उन पूर्वजों के वंशज (ब्राह्मणों की मदद से) होने का दावा करते थे, जिनकी प्रतिष्ठा को उपयुक्त पुनर्लेखित महाकाव्य परंपरा से बनाए रखने थी। वैदिक वंशावली बहुत लंबे समय पूर्व ही बंद हो चुकी थी, मूल वैदिक जनजातियाँ या तो मिट चुकी थीं या नवब्राह्मणों द्वारा असभ्यमानी जाती थीं। राम की माताकोशल की राजकुमारी थीं, हालाँकि बाद में कोशल आधुनिक महानदी के दक्षिण में बस गया था, जबकि बौद्ध काल में उत्तरी कोशल आधुनिक उत्तर प्रदेश के गोंडा और बहराइच जिलों के पास स्थित था, और एक राज्य के रूप में हिमालय से गंगा तक इसका विस्तार था। अपहत नायिका सीता विदेह के राजा जनक की पुत्री थीं जिन्होंने उन्हें खेत में हल चलाते हुए पाया था। सीता का अर्थ है 'हल-रेखा'। लगभग सभी स्रोतों में पाया गया एक समूह कुरु का था। ऋग्वेदकाल में उनका अस्तित्व का अनुमान ऋग्वेद 10.32.9 और 10.33.4 में कुरुश्रवण (कुरु की स्तुति) नाम से होता है। वह राजा त्रासदस्यु के वंशज मित्रातिथि के पुत्र थे और उनके एक पुत्र उपमश्रवस था। ऋषि और कोई नहीं, बल्कि कवष ऐलूष थे, जिन पर दास महिला के पुत्र होने का आरोप था, और ऋग्वेद 10.34 के ख्यात और मर्मस्पर्शी जुआरी का सूक्त (अक्ष सूक्त) के लेखक भी थे। उन्होंने शिकायत की थी कि उनकी पसलियाँ सह-पत्नियों की तरह आपस में लड़ (भूख से) गई हैं और उपमश्रवस को याद दिलाया कि "ध्यान दो, हे पुत्र (कुरुश्रवण के) उपमश्रवस, मित्रातिथि के पौत्र; मैं तेरे पिता का चारण हूँ!"

लगता है कुरु यमुना किनारे दिल्ली-मेरठ क्षेत्र में बसे थे और पांचालों (संभवत: पंच-ईल) के मित्र/साथी थे। एक छोटे राजा के साथ कुरु राज्य बुद्ध के समय तक था। दीघनिकाय (*DN.*) 15, *DN.* 22 के अनुसार बुद्ध ने स्वयं कुरु देश में कुरुओं के व्यापारिक केंद्र (निगम) कमासा-धम्म की यात्रा की थी। इसका जिक्र फिर मज्झिमनिकाय (*MN.*) 10, *MN.* 106 में है। *MN.* 82 में बुद्ध के शिष्य और स्थानीय परिवारों के एक प्रमुख स्थानीय मुखिया के पुत्र रट्ठ पाल (राष्ट्र-पाल) ठुला-कोठिता (कुरु देश में), जहाँ मृगशिरा नामक कुरु राजसी उद्यान था, में रहते थे और उन्हें बुद्ध ने दीक्षा दी थी।

कुरुओं की उत्तरी शाखा, उत्तर-कुरु ने अपनी पौराणिक ख्याति बरकरार रखी, कदाचित वे पृथ्वी के स्वर्ग मेरु पर्वतके पास रहते थे, जहाँ सभी लोग जन्मना दयालु थे, शुद्ध जीवन जीते थे, जहाँ किसी भी जमीन को जोता नहीं गया था, गैर-कृषि मृदा से उपजे जंगली चावल पर

जीते थे और रथ पर नहीं चढ़े थे। तब रथ संपन्न और सशस्त्र शासक वर्ग की विशेष प्राथमिकता हो गई थी और इस तरह वर्ग विभाजन की प्रतीक थी। इन्ही उत्तर-कुरु का उल्लेख ऐतरेय ब्राह्मण 8.14 में हिमालय के पार अपनी भूमि पर उनके राजा के विशेष अभिषेक के रूप में है; ऐतरेय ब्राह्मण 8.23 में, उनका आदर्श लोक किसी भी योद्धा द्वारा अजेय देव स्थान के रूप में आता है। किंवदंती या मिथक से वास्तविकता तक की दूरी, भारत में कभी बहुत अधिक नहीं रही, उस अवधि में छोटी थी और स्रोतों से थी। अन्य स्वर्ग संबंधी किंवदंतियों से तुलना करने पर तथ्य यह लगता है कि एक स्वतंत्र, प्रसन्न, शांतिपूर्ण बिना कृषि और बिना अतिक्रमण के जनजातीय जीवन की परंपरा थी।

5.5. हमारे विभिन्न स्रोतों में आम नाम इक्ष्वाकु (ऋग्वेद 10.60.4 में गूढ़ मुखिया) कोशल राजवंश के संस्थापक के रूप में आते हैं। इक्षु = गन्ना (प्रथम उल्लेख, अथर्ववेद 1.34.5; लौकी की एक किस्म भी) से उत्पन्न, नि:संदेह दैवीय, कदाचित आर्य-पूर्व के थे। चीनी के लिए शर्करा शब्द, जो भारत से पूरी दुनिया में फैला, में संस्कृत की प्रतीति नहीं है। राम इक्ष्वाकु के वंशजों में एक थे, यद्यपि नायक के पिता दशरथ एक ऐसा नाम है जिसकी तुलना मितानी वंश के तजरत से होती है। वंशजों के समान क्रम में (मैत्री उपनिषद 1.2) बृहद्रथ (=विशाल रथ का) है जो संभवत: एक से अधिक प्रमुखों[6] को प्रदर्शित करता है। महाभारत काल में बिहार की पुरानी राजधानी राजगीर में उनका शासन था, बृहद्रथ का पुत्र जादुई फल के दो टुकड़े खा लेने वाली दो बहनों से उत्पन्न हुआ था। परिणामस्वरूप यह पुत्र जरासंध (जरा द्वारा जोड़ा गया) दो टुकड़ों में पैदा हुआ था, दोनों दूर फेंका गए; तब दोनों टुकड़ों को जरा नाम की एक राक्षसी ने जीवनक्षम बनाने और नाम को व्याख्यायित करने के लिए एकसाथ जोड़ दिया (महाभारत 2.16.31–40)। उसके द्वारा कृष्ण और यदुवंशियों को मथुरा से निकाल/खदेड़ दिए जाने के बाद भीम द्वारा उसे फाड़ दिया गया। पुरातत्व हमें बता सकता है कि यहाँ एक ऐतिहासिक चरित्र का अर्थ क्या है। राजगीर अभी भी विशाल दीवारों से घिरा हुआ है, यह अजातशत्रु, जिसने बारे में कहा जाता है (*MN.* 108) कि उसने इस मजबूत दीवार को बुद्ध की मृत्यु के तत्काल बाद यानी लगभग 480 ईसापूर्व में बनवाया था या राजगीर की पुराना विशाल दीवार की मरम्मत कराई थी, के समय से बना है। यदि यह विशाल दीवार (पहले कभी ठीक से पता नहीं लगाया गया) और पुरानी होनी चाहिए तो जरासंध को मगध का पहला शासक माना जाना चाहिए जिसने पश्चिम की ओर साम्राज्य बढ़ाने का प्रयास किया। भूगोल अनिश्चित है। नायक कृष्ण, जिनकी पहचान यूनानी यमुना नदी में कईसिर वाले साँप पर नियंत्रण पाने और उसके आतंक के विरोध में उसे मार डालने वाले हेरेक्लीज़ के रूप में करते हैं, कदाचित अपने लोगों के साथ मथुरा छोड़ कर द्वारका, जो अब काठियावाड़ में है, चले गए। वास्तव में, एक किंवदंती यदुवंशियों (महाभारत 2.13.49, 65) के मथुरा से पश्चिम दिशा में जाने की बात कहती है, जबकि मथुरा से द्वारका का मार्ग एक रेगिस्तान से हो कर दक्षिण दिशा की ओर है। कृष्ण की किंवदंती के इस हिस्से को द्वारका की उत्खनन कर दुनिया के सामने लाया जा सकता है, लेकिन अफगानिस्तान में दरवाज में भी उत्खनन हो, जिसके नाम का अर्थ समान है, और जो मथुरा से आए शरणार्थियों का ज्यादा संभावित गंतव्य है, जिन्होंने देशांतरण के पुराने आर्य मार्ग की विपरीत दिशा में पुनर्खोज की होगी। महाभारत एक गोरथ[7] पहाड़ी के बारे में बताता है जो वास्तव में राजगीर के पास एक पहाड़ी पर ब्राह्मी लिपि में मिला एक नाम है, तो कम से कम इस मामले में पुरातात्विक कार्य न्यायसंगत है।

कुरुक्षेत्र (दिल्ली के निकट) में महायुद्ध में कौरवों के 'पूर्णतया विनष्ट' हो जाने के बाद और पाँडवों को जब यह लगा कि उनका अंत निकट है, तो उत्तराधिकारी परीक्षित को तक्षशिला का सिंहासन दे दिया गया। वह इतनी दूर क्यों भेज दिए गए, न यह स्पष्ट है और न ही यह कि कुरुओं ने बुद्ध के समय तक अस्तित्व कैसे बचाए रखा। परीक्षित अपने यज्ञों और यज्ञ पुरोहितों के लिए अपनी दानशीलता के लिए ब्राह्मण परंपराओं में ख्यात हैं।

"सभी लोगों पर शासन करने वाले राजा की बहुत प्रशंसा सुनिए, जो नाशवानों से ऊपर देवता है, वह वैश्वनर परीक्षित है। 'सर्वाधिक सर्वश्रेष्ठों में एक, परीक्षित ने अपने सिंहासन पर बैठने पर हमारे लिए सुरक्षित आश्रय सुरक्षित किया है।' (इस तरह) कुरु-भूमि में पति जब अपने घर आता है तोअपनी पत्नी से कहता है, 'मैं तुम्हारे लिए क्या लाऊँ, दही, द्रवित पेय या शराब?' (इसी तरह) राजा परीक्षित के राज्य में पत्नी अपने पति से पूछती है। प्रकाश की तरह पका हुआ जौ मुंह (जहाजों का) से परे भागता है। राजा परीक्षित के राज्य में लोग प्रसन्नतापूर्वक उन्नति करते हैं'' (अथर्ववेद 20.127.7–10)।

कुरु-भूमि का उल्लेख यह सुनिश्चित करता है कि हमारे पास एक मानव राजा है, जिसे पवित्र अग्नि के समान उच्च माना गया, न कि अग्नि को एक मानवीय नाम के तहत पूजा गया। परीक्षित के अभिषेक से पारंपरिक रूप से 3101 ईसापूर्व में अंधयुग शुरू होता है, जो

सिंधु घाटी से बाहर की किसी घटना को प्रदर्शित नहीं कर सकता, जबकि महाभारत की रचना या कुरु-भूमि की स्थापना से बहुत पहले ही सिंधु संस्कृति पूरी तरह विस्मृत हो चुकी थी। परीक्षित के वंश का क्या हुआ? यह सवाल उपनिषदों का रहस्य बना हुआ है।

जैसा कि इंगित किया गया है, विभिन्न परंपराओं के बीच मतभेद का कुछ हिस्सा उनके विभिन्न कुटुम्बों के विशेष गुणों के कारण है। कश्यपों द्वारा अधिकांश वैदिक टीका और बौद्ध धर्मग्रंथ लिखे जाने की तरह भृगुओं[8] द्वारा महाभारत का पुनर्लेखन किया जा चुका है। महाभारत के संशोधन में पुराने ग्रंथ में नया प्रकरण या घटना जोड़ कर सामग्री नहीं है बल्कि इसमें एक नए सिद्धांत को घुसाया गया है। महाभारत के वृहद शांतिपर्व का संपूर्ण हिस्सा महाकाव्य के पुराने संस्करण के प्रमुख चरित्र नदी की देवी गंगा के पुत्र भीष्म के मुँह से सैद्धांतिक उपदेश है। एक अन्य महान धार्मिक जुड़ाव ख्यात भगवद् गीता है, जिसमें सांख्य, उपनिषदीय और बौद्ध दर्शनों को एकसाथ घुमा कर एक नए अंत: एक व्यक्तिगत ईश्वर में आस्था, जो सभी पापों, यहाँ तक कि युद्ध में भाइयों की हत्या से भी बरी कर देता है, तक पहुँचाया गया है। व्यक्ति ईश्वर कृष्ण हैं जिन्हें महज महाभारत पाठ के समय में विष्णु नारायण के अवतार के रूप में मान्यता मिली है; अन्य अवतारों को अब तक मान्यता नहीं मिली थी। असल नायक कृष्ण, जिन्होंने संभवत: गीता और इसकी एक दुर्बल कड़ी अनुगीता सुनाई थी, जो भी रहे हो सकते हैं, लेकिन उनमें स्वाभाविक रूप से ऐतिहासिक खासियतों का अभाव है। महाकाव्य में, वह अर्जुन के सारथी, पाँच पाण्डव भाइयों के सलाहकार थे। उनके अपने लोग, यदुवंशी, दूसरे पक्ष की ओर से लड़े थे, और बाद में एक गृहयुद्ध में विनष्ट हो गए। यदु का नाम ऋग्वेद काल से ही है, यद्यपि यादव और जाधव की बहुत बड़ी आबादी आज अस्तित्व में है, चाहे वे प्राचीन जनजाति के वंशज हों या केवल ब्राह्मण किंवदंतियों की अपरिहार्य मदद से ऐसे विशिष्ट मूल का होने का दावा कर रहे हों। ऐसे मामलों में पुरातत्वविदों के लिए संबंधित मृद्भांड क्रम और स्तर विज्ञान पर चर्चा करना आसान नहीं होगा, यद्यपि विचाराधीन स्रोतों से कोई भी इतिहास निकालने से पहले यह करना होगा। समन्वयता सर्वाधिक सफल थी; भगवत् गीता अब भी उच्चवर्ग के हिंदुओं के द्वंद्वों से संघर्षों में वैचारिक आधार देने के लिए उनकी चेतना का निर्माण करने में सबसे शक्तिशाली है। बाल गंगाधर तिलक (जो नए लेकिन दुर्बल भारतीय पूंजीपतियों के लिए जब लड़े तो आर्यों के लिए उत्तर ध्रुवीय मूल तलाशना चाहते थे) ने अपनी प्रेरणा के स्रोत से गीता पर एक नई टीका लिखी। महात्मा गाँधी, जिन्होंने सफलता से वास्तविक पूंजीपति-राष्ट्रवादी स्वतंत्रता अभियान का नेतृत्व किया, पूरी तरह गीता पर का सहारा लिया था। उच्चवर्गीय हिंदुओं की स्वीकार्य रूढ़ियों के विपरीत, और ज्ञानेश्वरी जैसे श्रद्धेय अनुवादों के बावजूद, यह दस्तावेज निम्न वर्ग की सामाजिक चेतना बनाने में कोई भूमिका नहीं निभाता; इसका असल महत्व सामंत काल में बढ़ा, जिसमें व्यक्तिगत श्रद्धा पर जोर दिया गया।

5.6. महाभारत की मुख्य किंवदंतियों और इसके द्वितीयक धार्मिक उद्देश्य को छोड़ते हुए, हम यह देख सकते हैं कि इसका वाचन परीक्षित के पुत्र, जनमेजय द्वारा किए गए बलि यज्ञ में हुआ था। इसबलि का उद्देश्य, जो लगभग सफल रहा, नाग, जिसका शाब्दिक अर्थ 'कोबरा' या 'हाथी' है, का संपूर्ण विनाश था। कोबरा के व्यापक संप्रदाय का अर्थ अब भी संदेह से परे बना हुआ है। नाग कुलचिह्न अब भी प्रमुख मुंडा किली (उपनाम) (Roy 406–410) में एक है। नाग जनजाति असम और बर्मा में अस्तित्व में है। स्वायत्तता की उनकी माँग आज नई भारत सरकार के लिए परेशानी का बड़ा सबब है। इतिहास में अन्य नाग मध्य भारत के उत्तरी हिस्से[9] में छोटे राजाओं के रूप में आए हैं जिन्होंने लगभग 150 ईसा बाद की संक्षिप्त अवधि में कुछ सिक्के जारी किए थे। नाडसव, जिसने भाजा (Lüders 1078) में उपहार दिया था, नाग रहा लगता है। कई सिर वाले कोबरा का उपयोग समुद्र मंथन में रस्सी के रूप में हुआ था। वह अब अभिभावक के रूप में शिव और विष्णु के साथ रहता है और अपने स्वयं के एक विशेष त्योहार नाग पंचमी पर पूरे देश में पूजा जाता है। नाग के लिए एक वैकल्पिक नाम तक्षक जिसका अर्थ काष्ठकर्मी भी होता है; पारंपरिक नाग, एक सर्प दैत्य जो अपनी इच्छा से मनुष्य बनने में सक्षम होता है, उत्कृष्ट कारीगर होते हैं। तक्षशिला की व्युत्पत्ति इसी समान मूल तक्ष से हुई है, जबकि नाग संप्रदाय के असंख्य स्थल कश्मीर में आज भी हैं जिनकी प्राचीनता नीलमत पुराण (ed. K. de Vreese, Leiden 1949) द्वारा सत्यापित की गई है, जो दर्शाता है कि वे कश्मीर घाटी के मूल संप्रदाय थे। श्रीकंठ कोबरा थानेसर (Har. 96, 111–113) के संरक्षक थे। नाग नाम और संप्रदाय आर्य नहीं है, यद्यपि तैत्तिरीय संहिता 5.5.10 पवित्र अग्नि के संरक्षक देवता के रूप में सर्पों की विशेष पूजा के बारे में बताता है। शाक्यों (जिनके वंशज बुद्ध थे) की पड़ोसी जनजाति कोलिया थी, जो प्राचीन पाली दस्तावेज़ों में आर्यीकरण के कगार पर दिखते है। बाद में महावस्तु ने उनके पूर्वज के रूप में बनारस के कोढ़ी संत कोल को खोजा; पाली दस्तावेज बताते हैं कि उनका एक युद्ध (बांध के जरिए नदी का पानी मोड़ने के लिए) हुआ था जिसमें शाक्यों ने उनकी जलापूर्ति में जहर मिला कर उनके विरुद्ध गैर-आर्य तरीकों का उपयोग किया था। बुद्ध की अस्थि-भस्म

(483 ईसा पूर्व या 543 ईसा पूर्व) का आठवाँ हिस्सा कोलिया के जनजातीय मुख्यालय राम-गाम में गया था; लेकिन *DN.* 16 (गाथा 28) के अंत में एक प्राचीन पारंपरिक पद यह जोड़ता है कि नागओं ने रामगाम में उस अस्थि भस्म की पूजा की। लिहाजा, 5000 ईसा पूर्व में कुछ कोलिया अब भी नाग* थे। बौद्धों के विनय पाठ में बताया गया है कि नागओं को व्यवस्था में शामिल नहीं[10] किया गया था।

नागओं का बाद का रूप-रंग और व्यापक भौगोलिक विस्तार को व्याख्यायित किया जा सकता था, यदि आर्यों द्वारा सर्प संप्रदाय के कारण, जो बाद में आर्य रीतियों में घुसा, उन्हें एक जातीय नाम के तहत बर्बर जनजातियों के साथ रखा गया होता। बचे प्रमाणों का अध्ययन करते हुए यह लगेगा कि वे आर्य परिधि पर स्थानीय जनजातियाँ थीं, जो आर्यों के साथ कुछ संपर्कों के जरिए अन्य से परे जा कर आगे बढ़ गए थे। नाग आर्य क्षेत्र की बढ़ती सीमा से परे जा कर पीछे हट गए लगते हैं, आवश्यक नहीं कि भौतिक रूप से पीछे हटे हों बल्कि नई जनजातियों के नाग के स्तर तक बढ़ जाने से पीछे हटे होंगे। यह आर्य विस्तार के आगे बढ़ने में सांस्कृतिक आंदोलन है, जिसमें कोलिया के साथ की तरह पूर्व में नाग रहे कुछ जनजातियों का समावेशन शामिल है। महाभारत बिल्कुल प्रारंभ में ही पूर्व नागओं की एक लंबी सूची देता है जिनका महायुद्ध के समय पुनर्जन्म हुआ प्रतीत होता है। इनमें कुरु के दृष्टिहीन राजा धृतराष्ट्र शामिल है जो बौद्ध स्रोतों में आम तौर पर नाग हैं। पाण्डवों को प्रभुसत्ता केवल तभी मिल पाई जब उनके ब्राह्मण गुरु द्रोण के पुत्र अश्वत्थामा, जो स्वयं घड़े से उत्पन्न हुआ था, जैसे धृतराष्ट्र के सौ कुरु पुत्र पैदा हुए थे, के माथे से मणि निकाली गई। महाभारत में अश्वत्थामा को एक राजा के रूप में नहीं उद्धृत किया गया है, जबकि उनके पिता द्रोण को पाण्डवों द्वारा कुछ समय के लिए उत्तर पाँचाल का राज्य दिया गया था, यद्यपि पाँचाल नरेश उनके श्वसुर थे। पाँचाल की राजकुमारी द्रौपदी इन पाँचों भाइयों की साझे में पत्नी थी। ऐसी बहुपति प्रथा[11] कदाचित गैर-आर्य परंपरा है, यद्यपि वैदिक कृषक-देवताओं (मरुत) की साझा पत्नी रोदसी थी, और नासत्य सूर्य की देवी और बाद में उनकी बहन रहीं, सूर्या के एक समय साझा पति रहे हो सकते हैं। समूह-विवाह के ये अवशेष विलुप्त हो गए, यद्यपि बहुविवाह बना हुआ है। माथे में मणि होना कोबरा का पारंपरिक चिह्न है। अश्वत्थामा को बिना किसी प्रत्यक्ष कारण के सात अमर (चिरंजीवी) पुरुषों में एक माना जाता है, और मेगेस्थिनीज़ (Megasthenes) के अनुसार वह स्पतेम्बस (Spatembas) का राजा था। महाभारत युद्ध की पूरी कहानी एक गैर-आर्य और एक पूर्व-आर्य केंद्रों के बीच 'नागों का शहर' के पर्यायवाची राजधानी हस्तिनापुर (दिल्ली) के लिए है, नाग शब्द संभवत: सर्प जैसी सूँड़ के कारण हाथी (हस्तिन) के लिए भी लागू होता है। बौद्ध परंपरा के अनुसार नाग का अर्थ 'चरित्र में श्रेष्ठ' भी होता है। अभिलेख (*EI.* 9.174–81) बताते हैं कि ईसा बाद 11वीं सदी तक राजाओं के लिए नाग वंशज होने का दावा करना सम्मान की बात होती थी। इस मिश्रण के कारण महाभारत से इतिहास निचोड़ना आसान नहीं होगा। अन्य आँकड़ों से पुष्ट किए गए कुछ हिस्सों को छोड़ कर समस्त महाभारत-पुराण समूह का ऐतिहासिक मूल्य फिलहाल नगण्य[12] है।

जनजातीयता को कई लोगों, जिनमें हमारे देश के कुछ शामिल हैं, द्वारा निम्न, असभ्य, बर्बर, महान सभ्यता के अयोग्य माना जाता है। हम आदिम जनजातीय समाजों की नहीं बल्कि उन विकसित जनजातियों की बा कर रहे हैं जहाँ कुटुम्ब अब भी कुलनाम के स्तर पर नहीं है। यद्यपि इन अधिक उन्नत समूहों ने वास्तविक आदिम जनजातियों, जो आज भी अस्तित्व में हैं, को आत्मसात कर लिया था। रोम में पोर्सिया (सुअर), एसिनिया (गधा), फैबिया (लोबिया) की तरह पशुओं या खाद्य वनस्पतियों के कुल नाम सभी चरणों में सुस्पष्ट हैं। तैत्तिरीय (2.2) और मैत्री (6.11–12) उपनिषदों का खाद्य दर्शन, कि सभी जीव खाद्य से उत्पन्न होते हैं, खाद्य के जरिये जीते हैं, खाद्य में मिल जाते हैं, उत्कृष्ट परिष्कृत टोटेमवाद है। यद्यपि उपनिषदों ने पुनर्जन्म के सिद्धांत को (मुंडक 3.2 एवं छांदोग्य उपनिषद 5.10 के बावजूद) विकसित नहीं किया है। उत्सादन की यह प्रक्रिया खाद्य उत्पादन के साथ-साथ खाद्य अल्पता की भी लंबी अवधि के के दौरान चलती रही। किसी कुल के एक व्यक्ति की पहचान उसके टोटेम से करने की आम धारणा को छोड़कर स्थान परिवर्तन के संपूर्ण बौद्ध सिद्धांत पर

---

* किसी नायक द्वारा नियंत्रित किया हुआ सबसे पुराना नाग कुल देवता मथुरा में कालिया लगता है, जिन्हें कृष्ण ने परास्त कर दिया था लेकिन मारा नहीं था। फाहियान बताते हैं कि समकस्य मठ में नाग देवता को सांकेतिक रूप से भोजन कराने के लिए एक विशेष कक्ष है। ब्राह्मणों ने कश्मीर में बौद्धों के प्रथम धावे से भिक्षु मत के तहत कुम्हलाए स्थानीय नाग संप्रदाय को साथ ले कर बचाया था। छठी सदी (उदाहरण *Fleet* 25) के अभिलेखों में उल्लिखित मणिनाग-पीठ में एक नाग का जिक्र है जिसका संप्रदाय अब भी अस्तित्व (*EI.* 28.328–334) में है। नवसाहसांक-चरित धार में भोज के पूर्वजों को स्थानीय संरक्षक नाग की पूजा करते और नाग राजकुमारियों से विवाह दिखाया है।

विश्वास नहीं किया जा सका, जैसा कि हमने नाग मामले में देखा। जहाँ तक विशेष कुलचिह्न संस्कारों का प्रश्न है, वे पूरी तरह कुटुम्ब-रहस्य बने रहेंगे जब तक कि वे मर नहीं जाते। लगता है कि संस्कृत शब्द व्रत, जिसका अर्थ अनुष्ठान और दूसरा अर्थ 'केवल विशिष्ट आहार पर' है, का भी टोटेम से कुछ संबंध है। बुद्ध असेला सेनिया नाम के (*DN.* 24, *MN.* 57) श्वान-व्रत के अनुयायी से मिले। यह व्यक्ति हर बात के लिए कुत्ते का अनुसरण करता था; उसकी मृत्यु के बाद, बुद्ध की भविष्यवाणी के अनुरूप उसका पुनर्जन्म कुत्ते के रूप में हुआ, या उसके व्रत के अनुयायियों के लिए आरक्षित अधोलोक के एक विशेष हिस्से में हुआ। अथर्ववेद 11.1 में कुक्कुर (=कुत्ता) जनजाति का उल्लेख मनुष्य के खतरनाक शत्रुओं में है। वास्तविक पाठ कुकुर है, लेकिन अर्थ समान है। महाभारत में लगता है कि इस जनजाति का उल्लेख यदु की शाखा के रूप में हुआ है, जबकि प्रथम पितृ पुरुष अंधक के पुत्र थे, जो आंध्र का पालि स्वरूप है। उस समय बुद्ध का साथी (कोलिय गृहस्थ अनुयायी पण्ण) वृष-व्रत का अनुयायी आदिवासी था और इस तरह समान भाग्य की उम्मीद कर सका जिसके भय ने उसको बदल दिया। अधोलोक में वृष-व्रत स्तर की पुष्टि महाभारत 5.97.13–14 द्वारा की गई है, जो इस प्रभाव का एक पद प्रस्तुत करता है कि व्रत का अर्थ वृष की शांतिचित्तता और अन्य उच्च आध्यात्मिक गुणों को प्रदर्शित करना है। अकेला का श्वान-व्रत उन्मत्ता लगती है, लेकिन वह विशेष स्वरूप, जिसमें इसे अभिव्यक्त किया गया, को उसने गंभीरता से ले लिया, क्योंकि यह कुटुम्ब के रिवाजों में प्रचलित था। हमारे पास पाली में अन्य व्रत हैं: इनमें चमगादड़, बकरी, हाथी है, इन पशुओं के अनुकरण में संयम के अभ्यास किए जाते हैं, जैसे कुत्ते के अनुकरण में अकेला करता था। यद्यपि कवि बाण, जिन्होंने कुक्कुट (मुर्गा) व्रत[13] के अनुयायी के रूप में वात्स्यायन गोत्र के अपने पूर्वजों का वर्णन किया है, द्वारा ईसा बाद सातवीं सदी तक समान शब्द उपयोग किए जाते रहे; एक टिप्पणीकार ने बताया है कि व्रत का अर्थ आहार (अनुष्ठान) की वस्तु भी है। बाण के उद्देश्य से दोहरा अर्थ अनिवार्य था।

5.7. इस प्रकार हम इस पुस्तक के दूसरे अध्याय में दिए गए उन अवलोकनों के समानांतर आ गए हैं, जो आदिम तत्वों को आधुनिक होते समाज के साथ दर्शाते हैं। यह विशेषता हर काल में भारतीय समाज का चरित्रचित्रण करती है। विस्तार के लिए बहुत जगह थी, जिसका अर्थ है कि पूर्ण सभ्यता की ओर बढ़ने के लिए धीमी गति के साथ व्यापक पैमाना। कश्यप और भृगु जैसे विशेष ब्राह्मण कुटुंबों ने समावेशन की प्रक्रिया में महत्वपूर्ण भूमिका निभाई लेकिन आम तौर पर ब्राह्मणों ने व्यवहार का अनुसरण किया। उनमें से कई अपने मुख्य व्यवसाय अग्नि बलि का अध्ययन करने सामान्य रूप से उत्तर प्रदेश से तक्षशिला[14] या सीमांत क्षेत्र (ब्रह्मोपनिषद 3.3.1:3.7.1) में गए थे। महाभारत के पाठ के समय, मद्र देश, ये ब्राह्मण अध्ययन के लिए गए थे, असभ्य दिखाई पड़ा; यह स्पष्ट करने के लिए कि मद्र लोगों के बीच क्यों वधू की कीमत का भुगतान किया जाता था, महाभारत में लिखा गया एक लंबा अंश का अब पाठ-आलोचना के कारण पर्दाफ़ाश हो चुका है। कई बार ब्राह्मण बलियों या ब्रह्मा (एक नए बनाए गए देवता) के बारे में स्पष्ट करने के लिए क्षत्रियों द्वारा पूछे जाने पर असहाय हो जाते हैं। तब इन्होंने एक विनम्र शिष्य के रूप में प्रवाहन जैवलि (छान्दोग्योपनिषद 5.3; 1.8; ब्रह्मोपनिषद 6.2), अश्वपति कैकेय (छान्दोग्योपनिषद 5.11–12) या राजा जनक (शतपथ ब्राह्मण 11.6.2 इत्यादि) जैसे क्षत्रियों से ज्ञान लिया। यह प्रदर्शित करता है कि गंगा की घाटी में पुरानी ब्राह्मण परंपरा आर्य बलि की नहीं हो सकती थी, बल्कि वह कुछ और थी; संभवत: सिंधु घाटी से या जनजातीय औषधिविदों से, या दोनों से गूढ़ विद्या सीखने की परंपरा थी।

वैदिक अनुष्ठान के प्रदर्शन ने इस अवसर पर बलि के शुल्क के रूप में ब्राह्मण पुजारियों को समस्त गाँवों के उपहारों के जरिये बहुत अच्छा भुगतान किया। कोशल नरेश पसेनदी ने ब्राह्मण पौष्करसादी को उक्कट्ठा का गाँव (*DN.* 3): सालवाटिका को ब्राह्मण लोहिका (*DN.* 12) को दान किया। दोनों गोत्र सत्यापित हैं। उनके समकालीन, मगध के बिम्बिसार ने एक अन्य ब्राह्मण कूटदंत को खाणुमत दिया था। अशोक के काल में किया गया पुस्तक का पुनर्लेखन परंपराओं के मूल्य को नष्ट नहीं करता है, क्योंकि तब हस्तक्षेप का कोई कारण नहीं था, क्योंकि ब्राह्मणों को उपहार पर बौद्ध अफसोस करते होंगे। ब्राह्मण ने स्वयं ऐसी उदारता के समाचारों को प्रसारित करने का प्रयास किया। ऐतरेय ब्राह्मण 8.20 में यह निर्देश आया है 'अभिषिक्त हो कर उसे (राजा को) अभिषिक्त करने वाले ब्राह्मण को स्वर्ण देना चाहिए; उसे एक हजार देना चाहिए, एक खेत और चौपाया पशु...।' यह पुस्तक बाद में जोड़ी गई है; वास्तविक बलि शुल्क मवेशी, बछिया थी ताकि ब्राह्मण अपना पेट भर सके। ऐतरेय ब्राह्मण 8.22 बताता है कि राजा अंग ने उद्मय अत्रेय को 'दस हजार दासियाँ, दस हजार हाथी' दिए; अंग मगध के पूर्व में एक जनजातीय नाम के रूप में जाना जाता है, कभी कहीं और का पुजारी ऐसा नहीं सुना गया। इस कथित उपहार की शानदार प्रकृति कोई भी पहचान सकता है जिसे एक हाथी को खिलाना पड़ा हो, यहाँ अकेले दस हजार को खिलाना है। यह गुलाम श्रमिकों के साथ बागान अर्थव्यवस्था का सहारा लेना नहीं है, क्योंकि पाठ कई देशों के सर्वोच्च परिवारों से कंठहार के साथ

केवल महिला दास का जिक्र करता है; इसके अलावा, प्राप्तकर्ता उन सबको सैकड़ों की संख्या में छोड़ देता है, और अनगिनत उपहारों की घिसी-पिटी घोषणा करके उसे क्षरित कर देता है। यह जानना कठिन है कि ऐसी परंपराओं के कथित प्राचीन हिस्से को कितना श्रेय देना है। उदाहरण के लिए, तैत्तिरीय संहिता का असुर इतादु नाम से एक ऐतिहासिक असीरियाई[15] हो सकता है। उस दस सिर वाले ब्राह्मण को हम क्या समझ सकते हैं जो अथर्ववेद 4.6.1 के अनुसार जन्म लेने वाला प्रथम था, सोमरस का पान करने वाला प्रथम था? उसे शुद्ध कल्पना कह कर खारिज नहीं किया जा सकता, क्योंकि ऋग्वेद में नवग्व और दशग्व पुजारी हैं, जिनमें से दूसरा (दस हिस्से का) अथर्ववेद के दैत्य के लिए उत्तरदायी हो सकता है। सभी परंपराओं के अनुसार राम द्वारा मारा जाने वाला दस सिर का राक्षस राजा रावण ब्राह्मण था; वस्तुत: किसी वशिष्ठ सूची में एक रावण गोत्र है। कुल मिला कर हम यही कह सकते हैं कि पुजारी वर्ग गरीब था, न तो पुरानी परंपराओं को फिर से लिखने या विस्तार करने में, न ही नए को स्वीकार करने में संकोच किया, जब तक कि उसका भुगतान होता हो। कुरु-भूमि के भूख से बेजार ब्राह्मण उषस्ति चाक्रायण की कहानी (छान्दोग्योपनिषद 1.10–11) इस बिंदु पर एक केस है। ओलावृष्टि या ऐसी ही किसी अन्य आपदा से उसके खेत का सफाया हो गया था, इसलिए उसे आश्रयदाता की तलाश में पलायन करना पड़ा। रास्ते में उसने निचली जाति (इभ्य) के एक आदमी से मटमैले सेम की दावत की जूठन भीख में माँगी, एक ऐसा खाद्य जिसे खाना कोई ब्राह्मण स्वीकार नहीं करेगा। उसे खा कर वह तरोताजा हुआ और अगले दिन राजा के दरबार में सफलता पाई।

नए पुरोहितवर्ग ने आर्य और गैर-आर्य जनजातियों में से एक समाज के गठन को प्रभावित किया। यह जानबूझ कर, सचेत, सुनियोजित कार्रवाई नहीं थी, बल्कि भूख का परिणाम था। एकमात्र लक्ष्य आजीविका कमाना था। वेदों के लंबे और कड़े प्रशिक्षण ने ब्राह्मणों को जनजाति से परे एकजुटता दी, जिसने एक समाज बनाने के लिए जनजातीय बंधन छोड़ने में उनकी मदद की, उन्हें हल या तीर चलाने के लिए भी अनुपयुक्त कर दिया। जनजातियों और कुल प्रमुखों के लिए आनुष्ठानिक कर्म के जरिये अच्छा जीवन जीने के लिए ये नए पुरोहित बहुत बड़ी संख्या में थे। गरीबी ने उनमें कई को गरीब जातियों के साथ सहानुभूति का भाव दिया। उन्होंने संपत्ति की नई अवधारणा के लिए अधिक उपयुक्त समाज बनाने में मदद की—कृषि संपत्ति - नई अवधारणा—सभी जनजातीय लोगों के साथ साझा नहीं की गई क्योंकि यह (रेहड़ की तरह) उनके साझा प्रयास का परिणाम नहीं था। बक दल्भ्या या गालव मैत्रेय की कहानी (छान्दोग्योपनिषद 1.12) बताती है कि, यदि इसका कोई तर्कसंगत अर्थ है तो, कैसे ब्राह्मण गैर-आर्य जनजातियों के भीतर प्रवेश कर सके, नए संप्रदायों पर प्रभाव जमाया और इस तरह आखिरकार खाद्य-एकत्रकों को खाद्य-उत्पादक बनने में मदद की। इस द्वि-नाम ब्राह्मण (जिसके वैकल्पिक नाम संभव हैं यदि एक पितृपुरुष का हो, दूसरा मातृस्वामिक हो) ने एक विद्यार्थी के रूप में अपनी यात्रा के दौरान कुछ 'कुत्तों' की जासूसी की। इन कुत्तों ने अपने नेता, एक सफेद कुत्ते से कहा कि 'मालिक, हमारे लिए कुछ भोजन पाने का मंत्र पढ़िए।' तड़के सफेद कुत्ते ने अनिवार्य परिक्रमा और ब्राह्मणवादी निरर्थक बुदबुदाहट के साथ एक आनुष्ठानिक मंत्र हिं पढ़ा। कहानी कुत्ता कुल चिह्न के एक कुटुम्ब के कुछ संस्कारों के वर्णन के रूप में ही केवल अर्थ देती है, लेकिन खामोश ब्राह्मण, पर्यवेक्षक अत्यंत अर्थपूर्ण है। दुर्भाग्यवश, उसके पास ऐसी पड़ताल को आगे बढ़ाने के लिए सामग्री बहुत कम है।

ब्राह्मण का लचीलापन लोभ से प्रेरित होने के बावजूद हिंसा के न्यूनतम उपयोग के साथ समावेशन की प्रक्रिया में उपयोगी था, जैसा कि हम बाद में देखेंगे। ब्राह्मणों ने स्वयं को समय के साथ आनुवंशिक रूप से मिश्रित किया था, जैसा पन 2.2.6 पर पातंजलि की टिप्पणी से पता चलता है: 'जब किसी ने निश्चित काले (व्यक्ति) को देखा, काले सेम के ढेर का रंग, बाजार में बैठा हुआ, तो वह निश्चित निष्कर्ष (बिना पड़ताल के) निकालता है कि वह ब्राह्मण नहीं है; वह तब (सहज ज्ञान से) आश्वस्त हो जाता है।' इसके विरुद्ध, बृहदारण्यकोपनिषद 6.4.16 में एक ब्राह्मण के काले पुत्र के जन्म के लिए स्पष्ट विधि है: 'अब अगर किसी की इच्छा है कि मुझे लाल आँखों के साथ एक काला (श्याम) पुत्र उत्पन्न हो, कि वह तीन वेदों को दोहराने में सक्षम हो, कि वह जीवन की पूरी आयु प्राप्त करे! दोनों (माता-पिता) पानी से चावल उबालना चाहिए और उसे घी के साथ तैयार कर खाना चाहिए। उन दोनों को (ऐसा पुत्र) जनने की संभावना है।' गोरे रंग के पुत्र (साथ ही साथ पुत्री) को जनने के लिए अन्य विधि बताती है कि उस काल के पूर्वी ब्राह्मण उतने ही विजातीय थे जितने आज हैं। उनकी गरीबी, एक अच्छा ब्राह्मण होने के लिए जरूरी लंबा एवं कड़ा प्रशिक्षण, यहाँ तक कि अन्य जातियों से श्रेष्ठता का उनका व्यर्थ गुमान (जो वे व्यवहार में नहीं थे), यह सभी अच्छे उपयोग में थे। निम्न वर्गों से आदर पाने के क्रम में, शासक वर्ग की विचारधारा स्पष्ट कठिनाई की निश्चित मात्रा के साथ उस वर्ग को स्वयं गंभीरता से अभ्यास में लाना चाहिए। यह ब्राह्मणवाद की सतही विशेषताएँ हैं जो एक वर्ग समाज में इनकी भूमिका से ध्यान बँटाती है। इसके बाद समाज तेजी से वर्गों में बँट गया था। जाति व्यवस्था विभाजन की अभिव्यक्ति है यद्यपि परंपराएँ इसकी प्रकृति को चिह्नित करती हैं।

5.8. इस प्रकार हम दस्तावेजों के परोक्ष विश्लेषण से कुछ हासिल करते हैं जिसमें ऐतिहासिक वास्तविकता से शुद्ध मिथक को अलग करना सबसे मुश्किल है, ऐसी मुश्किल उन लोगों को उलझाती है जो कि इस तरह के अभिलेखों पर अपने इतिहास को स्थापित करने की कोशिश करते हैं। उनमें से पर्जीटर का उल्लेख किया जा सकता है, जिनका निष्कर्ष है कि गंगा सभ्यता ऋग्वेद से पहले आई। लेकिन वे इस तथ्य को अनदेखा कर देते हैं कि गंगा बेसिन 1500 ईसा पूर्व तक भी सामने नहीं आ पाया था। यह बुद्ध के समय भी घने जंगलों से घिरा था। लगभग ईसा बाद 630 में ह्वेनसांग को बनारस (*Beal* 2.43) पहुँचने के लिए 70 मील घने जंगल से गुजरना पड़ा। हम देखते हैं कि कुछ सबसे आदिम लेकिन आर्यों से सीख रही जनजातियों की पूरी श्रेणी तीर धनुष से अपनी रक्षा कर रही थी, कई बार बदले में आर्यकरण हो कर। कुछ तो छोटे राजधानी वाले शहर सहित साम्राज्य के स्तर तक उन्नत हो चुके थे, जो जनजातियों के मुख्यालय थे। अन्य वज्जि (ये लिच्छवी भी कहे जाते हैं) और मल्ल जैसे घुमंतू अतीत वाले कुलीन बने रहे। ये व्रात्य चार वर्गों वाली जाति प्रथा सहित ब्राह्मण संस्थानों द्वारा भेदे नहीं गए थे, इस तरह वे अपनी अधिकतम पवित्रता में जनजातीय स्वरूप में बने रहे। व्रात्य[16] संस्थानों के ब्राह्मणीकरण करने के प्रयास, खासकर उनके प्रजनन संस्कार, सफल नहीं हुए, जैसा कि अथर्ववेद 15 में है। परिभाषा के अनुसार व्रत्य ही ऐसे रहे जिन्होंने ब्राह्मण अनुष्ठानों का पालन नहीं किया। लिच्छवियों को अपने आखिरी परदेश-गमन पर बुद्ध से काफी सराहना मिली। महान शिक्षक ने भविष्यवाणी की कि जब तक लिच्छवी अपने जनजातीय संस्थानों को कायम रखेंगे वे अजेय रहेंगे—और वे बने रहे। यह देखते हुए कि बौद्ध जनजाति शाक्य से और जैन संस्थापक महावीर जनजाति लिच्छवी से आए, बौद्ध एवं जैन मठ-संबंधी आदेश काफी स्वाभाविक तौर पर ऐसे जनजातीय संविधानों पर तैयार किए गए थे। यहाँ जनजातीय छाप और रोमन साम्राज्य द्वारा चर्च पर छोड़े गए निशान में समानता है। चारागाही जीवन के खिलाफ बढ़ते विरोध को ब्राह्मणों के काम में देखा जा सकता है, जो कि हल से खेती करने वाले की तरह बढ़ती आबादी का बेहतर पोषण नहीं कर सकता था। शतपथ ब्राह्मण 3.1.2.21 में एक प्रसिद्ध वाक्य है जो साबित करता है कि गो-मांस खाना पाप होगा, क्योंकि देवताओं ने गाय और बैल में सारी दुनिया की ताक़त डाल दी है। यह उपनिषदीय ऋषि याज्ञवल्क्य की स्पष्ट घोषणा के साथ समाप्त होता है: "यह ठीक हो सकता है, लेकिन मैं इसे खा सकूँगा अगर मांस नर्म हो।" गो-मांस, समकालीन ब्राह्मण आहार का एक सामान्य हिस्सा था, जैसा कि, भिक्षुक ब्राह्मणों को बाँझ गायों के दान की जरूरत पर अथर्ववेद 12.4 में दिखता है, जो कि उन्हें केवल खा सकते थे। यदि (गैर-ब्राह्मण) मालिक "बाँझ गाय को घर में पकाता है, चाहे उसका बलिदान दिया हो या नहीं, तो वह देवताओं और ब्राह्मणों खिलाफ पाप है, और वह धोखेबाज़ के तौर पर स्वर्ग से गिर जाता है।" ब्राह्मण अपने भोजन के मुख्य स्रोत और इस तरह उनके धर्मशास्त्र को संरक्षित करने के लिए जाने जाते थे, इससे कोई फर्क नहीं पड़ता कि आहार एवं अनुष्ठान जिस चारागाही जीवन पर आधारित थे, वह कितना खर्चीला हो गया था। संजय बेलट्ठीपुत्त, मक्खाली गोसाल आदि जैसे समान संप्रदाय के कई संस्थापकों के बीच एक ही समय, एक ही क्षेत्र में जनजातीय क्षत्रियों से महान धार्मिक शिक्षकों का उद्भव हुआ। इस तथ्य से पता चलता है कि जनजाति विघटन की स्थिति में पहुँच चुकी थी। समाज को इस आधार पर पुनर्गठित करना था कि जैसा जनजातीय जीवन तैयार नहीं कर सका; सबसे आधुनिक तत्वों को विभिन्न घटकों को एक साथ जोड़ने के लिए दर्शन और धर्म (अनुष्ठानों से अलग), जिसे महासंरचना भी कह सकते हैं, के परे एक जनजाति की आवश्यकता थी।

जिस तरह से खाद्य-उत्पादन की महत्त्वपूर्ण खोजों ने भाषा और अनुष्ठानों पर उनकी छाप छोड़ी है, ऐसे उदाहरण को अनदेखा नहीं किया जा सकता। तैल शब्द शास्त्रीय संस्कृत में इस्तेमाल किया जाता है, और आमतौर पर अधिकांश भारतीय भाषाओं में तेल के लिए, लेकिन शाब्दिक अर्थ तिल से है। पहला व्यापक रूप से इस्तेमाल होने वाला भारतीय वनस्पति खाद्य तेल तिल से निकला था। तिल के लिए अकेला उत्तर-वैदिक संदर्भ (आर्य-पूर्व के लिए ज्ञात) अथर्ववेद 1.7.2. संदेहजनक है (तैलस्य या तौलस्य) हालाँकि लगता है यह फसल सिंधु संस्कृति में जानी जाती रही है। वैदिक समाज और सीमांत क्षेत्रों ने चारागाहों के खाद्य पदार्थों पर सबसे अधिक जोर दिया, जबकि केवल मक्खन-वसा अनुष्ठान में इस्तेमाल किए जाते थे; इस प्रकार पणिनी तिल का तीन बार जिक्र करते हैं लेकिन स्पष्ट रूप से तैल नहीं करते। लगता है पौष्टिक बीज पहली बार चावल के साथ गाढ़े माड़ में उबाल कर खाई गई। दूसरी तरफ, अर्थशास्त्र में तैल के लिए 41 उल्लेख मिलते हैं, जबकि तिल के लिए 4 या उससे अधिक नहीं है, जो यह दिखाता है कि किस तरह अर्थव्यवस्था चारागाही से कृषि में बदली. फलस्वरूप, हमारे यहाँ स्वर्ग की अप्सराओं के लिए तिलोत्तमा ('तिल के समान उत्तम') नाम मिलता है (Mbh. 1.203–4; नाम का कारण, 1.203.17), जिसने अपनी सुंदरता से देवताओं एवं दैत्यों का सिर फिरा दिया। काले तिल का उपयोग अभी भी पितरों को तिलांजलि देने के लिए किया जाता है: तिल के बीज (जंगली एवं खेती किए जाने वाले

दोनों पौधों का प्रतिनिधित्व करते हैं *cf.* शतपथ ब्राह्मण 9.1.1.3) पुराने अनुष्ठानों के उपहार हैं। तिल खासकर सूर्य के उत्तरी दिशा की शुरुआत होने में दिया जाता है, अर्थात मकर राशि में प्रवेश करने पर (मौजूदा भारतीय कैलेंडर में तीन सप्ताह देर से), संयोग से देश के शुष्क भागों में प्रसिद्ध मकर-संक्रांति तिल की दूसरी फसल के समय आता है। इसी के साथ एक विशेष संस्कार, पश्चिमी भारत में भी सुगड़ के रूप में जाना जाता है, जिसमें खासतौर पर बने हुए मिट्टी के बर्तनों (सुघट) को तिल और हर प्रकार के पहले फलों से से भरा जाता है जिन्हें बाहर से हल्दी और लाल रोगन से सजाया जाता है, और महिलाओं द्वारा पूजा की जाती है; सुहागन महिलाएँ ऐसे पात्रों को आपस में उपहार के तौर पर आदान-प्रदान करती हैं। हमारे यहाँ प्राचीन पूर्ण-कुंभ उर्वरता अनुष्ठान हैं जो कि पुराणों या ब्राह्मण अनुष्ठान के तौर पर नहीं जाने जाते हैं। राशि का बारह भागों में विभाजन (और खास चिह्न) भाग सबसे प्रचीन भारतीय पंचांग का हिस्सा नहीं है और दिखाता है कि जब उत्पादन के साधन और उत्पादक की मानसिकता के अनुकूल होने पर कैसे नई परंपराएँ शुरू हो सकती हैं। बाद में नारियल तमाम अनुष्ठानों के हिस्से बन गए, और पश्चिम में इस पर आधारित त्यौहार (अगस्त पूर्णिमा) मनाया जाता है, जो कि तटीय पट्टी से करीब दो सौ सालों से ही बाहर आया है। यह ध्यान दिया जाना चाहिए कि फसल चक्र, और मोटे अनाज जैसे सबसे ज्यादा महत्व के कृषि की खोज (जैसे ज्वार), ने लगता है अनुष्ठान पर कोई खास छाप नहीं छोड़ा है। तमाम संभावनाओं के अनुसार, फसल चक्रण भोजन में प्रोटीन की आपूर्ति करने के लिए प्रासंगिक था। हथियारों पर प्रतिबंध, गो-मांस खाने पर निषेध, ने मटर, चना, दाल सेम के रूप में जमीन में कुछ आवश्यक प्रोटीन की एक निश्चित न्यूनतम मात्रा पैदा करने को आवश्यक बना दिया। वही पौधे, फलीदार होकर, जमीन में नाइट्रोजन स्थापित करते हैं, और उन्हें धान की फसल काटने के बाद उन्हीं भूखंडों में बोया जा सकता है (*cf.* अर्थशास्त्र 2.24)। मुख्य खाद्यान्न फसल का उत्पादन बरसात के मौसम में, अनुपूरक फसलों को अधिकांश सर्दियों में; अद्भुत जलवायु इजाजत दे तो यहाँ तक कि तीसरी फसल का उत्पादन किया जाता है (सिंचाई के साथ)। चक्रण शाकाहारी भोजन और अर्थव्यवस्था का परिणाम था, लंबे अवलोकन और पूर्वविचार पर आधारित नहीं; खासकर जहाँ चावल पहले मुख्य फसल था, जो कि हमें मात्र मांस, मछली या फलियों के साथ संतुलित भोजन देता है। मुख्य उपज की पूर्ति के लिए स्थानीय उत्पाद के तौर पर मोटे खाद्यान्न आदिवासियों से हथिया लिए गए।

प्रारंभिक समाज का सभी आर्य उपकरणों और तकनीकों पर अधिकार था, और उसके बाद कुछ हासिल हुए। अथर्ववेद 3.12 हमें नदी-जल को नहरों में डालने की कुछ अनुष्ठान देता है; अथर्ववेद 6.91.1 छह और आठ बैलों को जोत कर हल चलाने के बारे में बताता है। भैंसों को कृषि के लिए प्रशिक्षित किया गया था। इस उपयोगी एवं विशेषता से भारतीय पशु के बिना, गंगा नदी घाटी के अधिकांश दलदली हिस्सों को खेती लायक नहीं बनाया जा सकता था; तो भी पशु ने हमारे शास्त्रों पर कोई छाप नहीं छोड़ा है, सिवाय इसके कि यह यमराज की सवारी के लिए था, और रक्त पिपासु देवी माँ-काली द्वारा विनाश किए गए दानव के अंदर बनाया गया था। घोड़े व्यक्तिगत परिवहन और युद्ध के लिए थे, हालाँकि पारंपरिक रथ अधिक भव्य विधि से बनते थे; हमने अश्व-यज्ञ के महत्व का उल्लेख किया है। हाथी भी पवित्र काम के ऊपर छाप के बिना युद्ध के लिए प्रशिक्षित किए गए थे। कुक्कुट और सूअर, अर्थव्यवस्था में कम महत्व के पालतू पशु थे। मकान ज्यादातर लकड़ी और फूस के थे ताकि एक ब्राह्मण को दिया जाने वाला आवास (*AV.* 9.3) ले जाने के लिए ध्वस्त किया जा सकता था। फिर भी, ईंट लंबे समय से वेदी के लिए इस्तेमाल किए जाते थे और वे अब पत्थर के साथ-साथ, टिकाऊ निर्माण के लिए अधिक आम उपयोग में आ रहे थे। लोग पारिवारिक जोत में खेती करते थे जो जनजातीय या समुदाय के समूह में सदस्यता से लिए जाने वाले अनपवर्तित अधिकार और इस तरह की सदस्यता के एक निशान होते थे। तब भी जमीन जोत का एक नया प्रकार विकसित होने वाला था, क्योंकि ब्राह्मण को किसी भी जनजाति के साथ संबंध तय करने की जरूरत नहीं थी, हालाँकि वह भी हमेशा से एक जाति समूह था। एक बार उसे दे दिए जाने वाले यज्ञ-संबंधी उपहार, निवासी द्वारा बसने के लिए अदा किए जाने वाले उपहार-कर सहित, जनजातीय नियंत्रण या दायित्वों से मुक्त होते थे। इस प्रकार, उसकी संपत्ति, अन्य ब्राह्मणों के साथ संघटित होने पर भी अक्सर साधारण जनजातीय संपत्ति से अलग होती थी। छठी शताब्दी ई.पू., शायद एक सदी पहले, नियमित रूप से चांदी के सिक्के चलन में आए, इससे मगध से तक्षशिला से फारस तक पूरे मार्ग के साथ नए प्रकार के व्यापार संबंध के संकेत मिले. हालाँकि, समाज गहन वस्तु उत्पादन के लिए तेजी से उन्नत नहीं था, इसका मुख्य कारण था कि विचित्र आत्मनिर्भर भारतीय गाँव बाद में आदर्श बन गए। वहाँ हमेशा से बहुतायत में अविकसित क्षेत्र थे, हालाँकि जंगली जानवरों और जनजातियों ने एकांतवासी व्यक्तियों के लिए समूह के प्रयास के बिना उपनिवेश स्थापित करना मुश्किल बना दिया था। यह अपरिहार्य था कि उत्पादन में आए

इन परिवर्तनों को नई विचारधाराओं की आवश्यकता होनी चाहिए थी, जो धर्म के माध्यम से वर्णित हों। यह भी अपरिहार्य था कि राज्य जो कि नदी के मार्ग और धातु की अच्छी आपूर्ति का मार्ग नियंत्रित करता है, उसे बाकी पर हावी होना चाहिए था। धातुओं के बारे में जानकारी होना पर्याप्त नहीं था; उत्तर प्रदेश और बिहार के जंगलों को साफ करने के लिए धातु के जरूरी उपकरण चाहने वाली आबादी पर शासन के लिए अपने नियंत्रण के वास्ते उनको पर्याप्त मात्रा में प्राप्त करने और इस तरह भारत की सर्वश्रेष्ठ जमीन से नए और अधिक अधिशेष पैदा करने की समस्या थी।

ग्रेट ईस्टर्न व्यापार मार्ग राजगीर से गंगा की ओर उत्तर में चला गया, जिसे उसने पटना के ऊपर से पार किया; वहाँ पर गया के लिए विपरीत दिशा में एक शाखा थी। नदी से परे, यह कुशीनारा (कासिया) होते हुए लिच्छवी के मुख्यालय, वैशाली (बसाढ़) चला गया, जहाँ मल्ल लोगों का प्रभाव था (और जहाँ बुद्ध की अंतिम यात्रा के दौरान मृत्यु हुई थी)। वहाँ से यह बुद्ध के जन्मस्थान का अंकित करने वाले अशोक के रुम्मीनदेई (Rummindei) स्तंभ के पास कहीं नेपाल की तराई तक गया। शाक्य की राजधानी कपिलवस्तु इस स्थान से अधिक दूर नहीं थी। यहाँ से मार्ग उस समय के अग्रणी साम्राज्य कोसाइया की राजधानी श्रावस्ती (सेत-माहेत), और दिल्ली-मथुरा क्षेत्र, होते हुए, पश्चिम की ओर मुड़ गया। पूरे पंजाब में व्यापार मार्ग का अंत तक्षशिला था; एक महत्वपूर्ण शाखा कौशाम्बी (संस्कृत कौशाम्बी, जुमना पर आधुनिक कोसम) से उज्जैन होते हुए शायद श्रावस्ती से दक्षिण चली गई, जो कि जंगली जनजातीय दक्षिण में छोटे व्यापार के प्रसार का तार्किक केंद्र था। सबसे पहले प्रलेखित दक्खन मार्ग का पथ भिलसा और महेश्वर से पैठण होते हुए था (*SN* 104–3)। इस सड़क की भी व्यवस्थित पुरातात्विक अन्वेषण की जरूरत है। मात्र एक दर्जन परीक्षण गड्ढों की खुदाई करके सावधानी पूर्वक चुने गए स्थानों पर प्राकृतिक मिट्टी की ओर नीचे जाने पर हमें शुद्ध मिथक से लिखित परांपरा को बचाने के लिए पर्याप्त जानकारी मिलेगी। एक अच्छे हवाई-सर्वेक्षण से, कुछ अंतराल के साथ, पूरा मार्ग प्रकट होगा। सड़क मार्ग का एक अनुपूरक प्रदायक थी गंगा नदी, जिसने इसे पूरी तरह निष्प्रभाव कर दिया। गंगा नदी पर ही बनारस एक प्राचीन पोत था। सागर परिवहन बुद्ध के समय तक शुरू हो गया था। अधिक साहसी व्यापारी नदी के मुहाने तक नीचे उतरे, और उससे आगे समुद्र तट के साथ-साथ गए।

5.9. अपनी राक्षसी अभिवृद्धि, जो अब नासमझ अनुष्ठानों जैसी दिखती है, के साथ संपूर्ण तैत्तिरीय संहिता एक पीड़ादायक आनिवार्यता को प्रदर्शित करती है: उत्पादन की अपर्याप्त व्यवस्था के तहत खाद्य की अल्पता। जंगल काटकर और जलाकर की जाने वाली खेती उपयुक्त रूप से संचालित पाषाण कुल्हाड़ियों के साथ भी यूरोप में फलित हो सकती थी (J. Iversen in Scientific American, March 1956, 36–41)। मानसूनी भारत में ठूँठ/तना नए अँकुर देते और घाटी की निचली जमीन साफ नहीं हो सकती थी। न्यू गुएना और दक्षिण अमेरिका, दोनों दर्शाते हैं कि ऊँची भूमि भले पाषाण औजारों से साफ हो सकती हो लेकिन क्षरण से प्रभावित रहती है। यजुर्वेद काल के भारत में खाद्य संग्रहण का अत्यधिक महत्व (Rau 21–4) बना हुआ था। ग्राम शब्द वर्ष के कुछ ही महीने के लिए रही बस्तियों के लिए, जिस अवधि का बड़ा हिस्सा पुरुषों और मवेशियों द्वारा पूर्व दिशा में मौसमी ऋतु प्रवास में बिता कर लौटा जाता था, घूमंतू चरवाह समूह का मुख्य संकेतार्थ बना हुआ था (Rau 51–4)। जब भी ऐसे दो घूमंतू समूह आमने-सामने आए, जबर्दस्त लड़ाई हुई। संस्कृत में सग्राम शब्द यानी 'युद्ध' अक्सर आता है। लगता है उस समय शहर नहीं थे। ग्राम सजात सगोत्रीय समूहों द्वारा जनजाति के मुख्य राजा के प्रति उत्तरदायी उनके अपने नेता (ग्रामणी) के नेतृत्व में बसाए गए थे (Rau 55–7)। सजातों के स्वशासन को प्रदर्शित करने वाले इन अधिकारियों के अलावा राजा आम तौर पर स्थायी बसावट – में ग्रामीण नियुक्त करता था (Rau 57), जो क्षत्रिय या ब्राह्मण होता था। इसका अर्थ है कि शूद्रों के पूर्ण शोषण और वैश्यों के तकरीबन पूर्ण दमन के साथ जनजाति के भीतर जाति के रूप में व्यक्त वर्ग विभाजन था। खैर, जनजाति के भीतर स्वतंत्र रूप से जाति के उच्च और निम्न वर्ग को श्रेय और पापी के रूप में निरूपित किया जाता था (Rau 32–34), और उनके अंतरविवाहों में जाति में लचीलापन था और जाति में परिवर्तन संभव था। इसके बावजूद मुखिया किसी भी अर्थ में निरंकुश सम्राट नहीं होता था और अक्सर निर्वासन में रहता था (Rau 128)। 'न्यायालय' का अधिकारी भा-गदुघा कहा जाता था, यह संस्था बाद के समय में पूरी तरह भुला दी गई, जो बलि अनुष्ठान से मिले उपहारों का जनजाति उपयोग में आवश्यकता के अनुसार बँटवारा करती थी। सभा बैठक स्थली थी, जुआ कक्ष था, जबकि लोकतांत्रिक सभा (परिषद) ने कम और कम प्रभावी रूप से कार्य करती थी (Rau 75–83)। जनपद का अर्थ एक एक नियत जनजातीय क्षेत्र की बजाय स्वयं जनजाति था (Rau 65–6), सदैव घूमने वाले लोगों का प्रतीक था। व्यापार बर्बर लोगों से भरे बीहड़ क्षेत्रों के जरिये सशस्त्र क्षत्रियों की सुरक्षा में कारवाँ में होता था (Rau 30)। लेकिन अनुष्ठान की पेचीदगियाँ और उत्पादक सामाजिक पुनर्गठन के लिए स्पष्ट गवाही देती हैं।

टिप्पणियाँ एवं संदर्भ

1. नृवंशविज्ञान और सही भाषाविज्ञान सर्वेक्षण के लिए देखें P. Meile की रिपोर्ट chap. II-III of Renou-Filliozat, L'Inde classique.
2. B. S. Guha में।
2. B. S. Guha Census of India, 1931, vol. I, part में3 सर्वाधिक हालिया वर्गीकरण देते हैं। P. C. Mahalanobis और D. N. Majumdar और C. R. Rao का Sankhyā, vol. 9, 1948–9, pp. 90–324. में 1941 के दौरान यू.पी. मेजरमेंट्स के विश्लेषण में भी तीन समूह शामिल हैं। Sovietskaya Ethnografia 1958, no. 1, pp. 39–57, (Indo-Ariskit nosovoi ukazatel') में प्रकाशित मेरी आलोचनाएँ बताती हैं कि पूर्वाग्रहग्रस्त या अपर्याप्त आँकड़ों से बिल्कुल अलग ऐसे पर्यवेक्षकों द्वारा व्यवहृत नृवंशविज्ञान के प्रकारों से आर्थिक और जाति समूहों में अंतर नहीं किया जा सकता।
3. An example of Marr's system may be seen in the paper of B. Nikitine: Notes sur le Kurde, in the volume of "Oriental studies in honour of Cursetji Erachji Parvy", London 1933, pp. 305–335.
4. अम्बा, अम्बिका, अम्बालिका, सभी का आशय 'मां' है। तीनों का तैत्तिरीय संहिता 7.4.19 में जिक्र है। तैत्तिरीय संहिता 1. 8.6 एफ में अकेली अम्बिका को रुद्र की बहन बताया गया है; ठीक इसी के बाद इसी स्तोत्र में भगवान त्रयम्बक का वर्णन है।
5. जीवाश्म अमोनाइट शालिग्राम को विष्णु का प्रतीक माना जाता था और गंडक नदी से निकले शालिग्राम को पवित्र माना जाता था और यह ब्राह्मणों को गृहस्थी के साजो सामान के रूप में सौंप दिया जाता था। यह परंपरा शतपथ ब्राह्मण के समय से चली आ रही है।
6. यह स्पष्ट नहीं है कि नववास्तव ब्रहद्रथ का आशय एक राजा से है या दो अलग-अलग राजाओं से और क्या इन्हें ऋगवेद 10.49.6 में इंद्र वैकुंठ द्वारा संरक्षित अथवा मटियामेट कर दिया गया।
7. महाभारत 2.18.30 के अनुसार भीम और कृष्ण गोरथगिरि से प्राचीन राजगीर (गिरिव्रज) की देखभाल करते थे। अविश्वसनीय रूप से इस नाम की पुष्टि बराबर की पहाड़ियों के शिलालेखों से होती है; cf. V. H. Jackson's report in IBORS. vol. I, pp. 159–172.
8. यह वी.एस.सुक्थांकर की बड़ी खोज थी जो ABORI. vol. 18, pp. 1–76 as Epic Studies VI (Collected papers in the Sukṭhaṇkar memorial edition, pp. 278–337) में प्रकाशित हुई। भाष्य में कहा गया कि इस कृति में परशुराम का अनावश्यक रूप से बार-बार उल्लेख उनका अकारण महिमामंडन है। नल प्रसंग के अध्ययन (Festschrift F. W. Thomas, 294–303; Mem. ed. 406–415) में सुक्थांकर ने दिखाया कि रामायण की रचना संभवतः महाकाव्य के भारत और महाभारत संस्करणों के बीच हुई।
9. K. P. Jayaswal ने अपनी कृति History of India 150 a.d. to 350 a.d. (Lahore 1933) में नाग शासन का अतिरंजित महिमामंडन किया है, लेकिन इसमें संदेह नहीं कि इस कालखंड में विंध्य क्षेत्र और संभवतः मथुरा में तब कुछ छोटे-मोटे नाग राजा (प्रथम और अंतिम की जानकारी है) थे। *DKA*. 49, 53, में उनके शासन का उल्लेख मिलता है।
10. Mahāvagga 1.63 (SBE. 13, pp. 217–9). अब प्रश्न यह है कि क्या 'वे इंसान थे', जिसका आशय है कि नाग कोई अनजान नहीं थे और समीक्षाओं से भी यह बात स्पष्ट होती है।
11. पांडवों की बहुपति प्रथा से इस तर्क को बल मिलता है कि पांडव तिब्बती आक्रमणकारी थे। हालांकि असंभव सी इस अवधारणा को साबित करने का कोई आधार नहीं कि महाभारत युद्ध के अनुमानित काल ईसा पूर्व 3101 और 1000 के बीच तिब्बती किसी भी देश पर आक्रमण करने की स्थिति में नहीं थे। बहुपति और बहुपत्नी प्रथा समूह विवाह से ही निकले हैं। ऐसी ही एक प्रथा है भाई की मृत्यु के बाद उसकी विधवा से विवाह जिसका ऋगवेद 10.40.2 में स्पष्ट उल्लेख मिलता है। "पत्नी" के लिए संस्कृत में एक शब्द है दारा, जिसका बहुवचन में इस्तेमाल ही नहीं होता।
12. राज-क्रमों के उल्लेख वाले पुराणों की परस्पर तुलना की मदद से पुराण के ऐतिहासिक केंद्र-बिंदु की तलाश की दिशा में F. E. Pargiter की DKA आज भी सर्वाधिक उपयोगी समालोचना है। लेकिन सिक्कों और शिलालेखों की पुष्टि के कारण ही यह उपयोगी हो सकी है।
13. सातवें निर्णयसागर संस्करण का पृष्ठ 39, बंबई 1946। टीकाकार आश्वस्त हैं कि व्रत में भी खाने का भाव समाहित है: कुक्कुटानाम व्रतम् भक्षणं येन कृतम्...., इसका अलावा, कुक्कुतवृतम् नियमविशेष; जिसका अर्थ खाने के अनुष्ठान से है और इस तरह ब्राह्मणवाद वैदिक काल के गोमांस-भक्षण से बहुत दूर आ गया था।
14. तक्षशिला संस्कृत शिक्षा का महान पारंपरिक केंद्र था। कहा जाता है कि पसेनदि जैसे राजकुमार को भी उच्च शिक्षा के लिए वहाँ भेजा गया था; यहां तक कि चांडाल भी ब्राह्मण बनने के लिए वहाँ जा सकते थे, जैसा कि जातक 498 में उल्लेख है। संभवतः निहितार्थ यह है कि छात्रों को जाति- कभी-कभार ब्राह्मण मिथ्याभिमान के बावजूद जो उस समय बहुत कठोर नहीं थी- से जुड़े शर्मिंदगी भरे सवाल पूछे बिना दखिला दिया जाता था। हारिद्रुमत गौतम ने सत्यकाम जाबाल को एक छात्र के रूप में स्वीकार किया (छा. उप. 4.4) बावजूद इसके कि उसकी माँ को भी पता नहीं था कि जाबाल के पिता कौन हैं। इन उपनिषदों में ऐसे कई ब्राह्मण शिक्षक हैं जिनके नाम मातृकुलीय हैं और इससे एक बार फिर परंपराओं का परिवर्तन सिद्ध होता है; इस कालखंड में ब्राह्मण के रूप में ऐसे तत्व आर्य जमात में शामिल हुए जो पितृसत्तात्मक परंपरा से पूर्णतः भिज्ञ नहीं थे और उन्होंने ऐसा करना जारी रखा, यहाँ तक कि बाद के दिनों में भी।

15. ऋग्वेद के शुरुआती वाक्यांशः अग्निम् ईळे पुरोहितं में ईळ क्रिया है जो आर्य नहीं लगता और इसे असीरियाई ल्लू (ईश्वर, या राजाओं के लिए सम्मानसूचक उपाधि) से जोड़ा जा सकता हैः असीरियाई दान्नू = वीर, को दानव शब्द के लिए जिम्मेदार कहा जा सकता है। उस स्थिति में यह सवाल अनसुलझा ही रह जाएगा कि आखिर असीरियाई ही क्यों? हार्वर्ड के प्रोफेसर लियो वीनर वर्ष 1913 या इससे पहले के अप्रकाशित नोट दिखा कर इनकी जड़ें संस्कृत और द्रविड़ भाषाओं से मिलती-जुलती सुमेरियाई, बेबीलोनियाई और असीरियाई भाषाओं में खोजा करते थे। इस सुसंगतता का बड़ा आंशिक महत्व है, लेकिन अगर कोई अच्छा-खासा समय देकर भी नकारात्मक परिणाम का सामना करने को तैयार हो तो यह एक व्यवस्थित जाँच का विषय हो सकता है। इस तरह के संयोग के कारण कुछ सवाल खड़े होते हैं। किसी मामले में कोई कैसे यह निष्कर्ष निकालेगा कि किसी 'गैर-आर्य' विशेषता को आर्यों के चंद समूहों ने अपने प्रवास के दौरान भारत के बाहर संपर्क में आए किसी पहले की सभ्यता (उदाहरण के लिए मेसोपोटामिया) से अपनाया? या फिर वह विशेषता भारत की ही किसी प्राचीन सभ्यता (सिंधु घाटी) से आई? फिलहाल किसी नतीजे पर पहुँचने के लिए हमारे पास पर्याप्त आधार नहीं। हमेशा की तरह इन बेहतरीन अटकलों में प्रमुख तथ्य खो जाता है, उदाहरण के लिए, उत्पादन के वे साधन जिनकी बदौलत ऐसी विशेषता को अपनाया गया और जिसके कारण किसी शब्द, विशेषता या अंधविश्वास का अस्तित्व बना रहा। ऐसी अटकलें, जैसे महान अक्कादियम विजेता सारगौन (लगभग 2400 ईसा पूर्व) की पहचान पुराण के "सार्वभौमिक सम्राट" सागर के रूप में करना तब तक बेमानी रहेगा, जब तक कि स्रोतों की साहित्यिक वंशावली की पहचान न कर ली जाए अथवा इस सवाल का जवाब खोजा जाए कि सारगौन काल की बेहतरीन तकनीकी उपलब्धियाँ भारत में क्यों नहीं मिलतीं।

16. J. W. Hauer's Der Vrātya (vol. I, Stuttgart, 1927 अगर इसके बाद भी कोई वॉल्यूम प्रकाशित हुई तो उपलब्ध नहीं) के उप-शीर्षक से उनके दृष्टिकोण का पता चलता हैः die vrātya als nichtbrahmanische Kultgenossenschaften arischer Herkunft. । संदर्भों का व्यवस्थित संग्रह करते हुए लेखक "आर्य" शब्द के अर्थ में आए क्रमिक परिवर्तन पर गौर करने में वैसे ही चूक गए जैसे "व्रात्य" के मामले में। पतंजलि के समय 'व्रात' का आशय संभवतः वैसे जनजातियों से था जो हथियार, उपकरण, या समाज शिल्प के उपयोग से गुजर-बसर करते थे, लेकिन उन्होंने कबीलाई मुखिया और अपनी संरचना (cf. the comment on Pān. 5.2.21) बनाए रखी। कोई समूह तभी तक "घुमक्कड़" या "खानाबदोश" कहा जा सकता था जब तक कि वह खेती करने वाली बसावटों के रूप में जमीन के किसी टुकड़े से बंध न जाए।

अध्याय 6

मगध का उत्कर्ष

6.1. नई संस्थाएँ एवँ स्रोत।
6.2. जनजातियाँ एवं साम्राज्य।
6.3. कोशल एवं मगध।
6.4. जनजाति शक्ति का विध्वंस।
6.5. नए धर्म।
6.6. बौद्ध धर्म।
6.7. परिशिष्ट: आहत सिक्के।

जिस संगठन ने सिंधु घाटी से प्राचीन नगरीय सभ्यता को मिटाने में आर्यों को समर्थ बनाया, उसी ने पूर्व के बीहड़ क्षेत्र में सेंध लगाना भी उनके लिए संभव बनाया। दो मुख्य जातियों के साथ नये पुनर्संयोजित समाज ने उन्हें शूद्र की श्रमशक्ति दी। उनके बिना, चारागाह और खेती के लिए भूमि को साफ करना लाभप्रद नहीं हुआ होगा। उच्च जातियों का आगे और जाति-वर्गों में विभाजन ने दास आधारित समाज में आवश्यक बल और निगरानी के बिना ही अधिशेष उत्पादन को बढ़ाया, जैसा कि ग्रीस या रोम में हुआ। सातवीं सदी ईसा पूर्व तक, भारतीय बस्तियाँ पंजाब से बिहार तक की लंबी असमान पट्टी में विस्तारित हो गईं, जो निर्णायक रूप से जनसंख्या की किस्मों या प्रगति के स्तर में एक समान नहीं थीं, लेकिन व्यापारिक और सांस्कृतिक स्तर पर पर्याप्त पारस्परिक मेलजोल को सहज बनाने के लिए उनके पास एक समान भाषा और परंपरा थी। फिर भी, जनजाति के भीतर वे सामाजिक संबंध, जिन्होंने प्रारंभिक बस्तियों को संभव बनाया था, इस चरण में आ कर बेड़ियों में परिवर्तित हो गए थे, जिन्हें समाज को उच्चतर स्तर पर जा सकने में समर्थ बनाने के लिए तोड़ा जाना आवश्यक था। समाज के उत्कृष्ट नए प्रकार की ओर आवश्यक कदम 520 ईसा पूर्व (बिम्बिसार की अंग पर विजय) और 360 ईसा पूर्व (महापद्म नंद द्वारा आर्य जनजातियों का विनाश) के बीच उठाए गए, दोनों तिथियाँ लगभग में हैं। इस मुहिम में, प्रमुख प्रगति मगध (बिहार) में हुई जिसके परिणामस्वरूप संपूर्ण देश में मगध के धर्म (बौद्ध) और मगध साम्राज्य का विस्तार हुआ। दोनों का प्रभाव सीमाओं के पार भी हुआ। धार्मिक रीति और साम्राज्य, दोनों ने देश पर अमिट छाप छोड़ी।

6.1. ऐतिहासिक केंद्र बिंदु सातवीं सदी ईसा पूर्व तक पहले ही पंजाब से हट कर गंगा की घाटी बन गई थी। पंजाब में बड़े महत्व का कोई परिवर्तन नहीं हुआ। छठी सदी के तीसरे चौथाई काल में दारियस (Darius) की विजय ने सात (या तब तक केवल पाँच) नदियों के क्षेत्र को कालानुक्रमिक इतिहास के दायरे में ला दिया। उसके अभिलेखों में उसके आगे पूर्ववर्ती आर्य बस्तियों पर अफगानिस्तान के रास्ते सिंधु तक विस्तारित प्रांतों के रूप में कम्बोज (Kambujiya), गांधार (Gandāra), सिंध का उल्लेख है। पश्चिम पंजाब से भरती की गई सेना यूनान के विरुद्ध दारियस और ज़र्कसीज़ (Xerxes) की सेना की ओर से लड़ी। ठीक सीमा पर, संभवत: फारसियों के नाममात्र के शुल्क के अधीन, तक्षशिला नगर था, जो दो आर्थिक रूप से शक्तिशाली क्षेत्रों, फारस के साम्राज्य और गंगा घाटी में विकसित हो रहे साम्राज्य के बीच मैदानी व्यापार का बड़ा केंद्र था। पुरू जैसी कुछ जनजातियों, जिसने इस सीमा तक विस्तार किया कि वह सिकंदर के समय तक साम्राज्य बन गई होंगी, को छोड़ कर शेष पंजाब वैदिक स्थिति में था। तक्षशिला और पुष्करवती (Peukelaotis) (प्यूकलोटिस), पुष्कर कमल तालाबों का नगर, आधुनिक चरसद्दा) के अलावा शेष नगर जनजातीय मुख्यालय, विकसित गाँव थे; इनमें से कोई भी आकार या

योजनाबद्ध आयोजन के मामले में मोहनजोदड़ो या हड़प्पा के समकक्ष नहीं था। सिंधु घाटी की आबादी चारागाह एवं कृषि उत्पादन (हल के उपयोग के साथ लघु नहर सिंचाई) के ठोस आधार और व्यापार के साथ अब बेहतर रूप से सुसज्जित थी।

दक्षिणी प्रायद्वीप के बारे में कम जानकारी उपलब्ध है जो कुछ बेतारीख स्थलों पर छोटी मात्रा में धातु के उपयोग के साथ उत्तर-पाषाणयुग के जंगलीपन की स्थिति में था। चारागाही जीवन कुछ नदी घाटियों, कम से कम आंध्र तट तक अवश्य फैला हुआ होना चाहिए। कुछ मेहनती व्यापारियों और यदा-कदा जरूरतमंद ब्राह्मणों ने बिहार से निश्चित रूप से मध्य गोदावरी नदी के दक्षिण तक दक्षिण की ओर घुसना शुरू किया था। इसलिए हमें अपना ध्यान गंगा घाटी के नवाचारों पर केंद्रित करना है। पंजाब या दक्षिण की अपेक्षा यहाँ के बारे में ज्यादा ज्ञात है। वे तर्कसंगत निष्कर्ष की दिशा में एक स्वाभाविक मार्ग तैयार करते हैं। यह क्षेत्र जल्द ही मौर्य शासन के तहत प्रथम महान "सार्वभौमिक राजतंत्र" को जन्म देने वाला था।

इस काल के लिए हमारे स्रोत मुख्य रूप से बौद्ध कार्य हैं जो पुराणों की राजा-सूची और कुछ जैन अभिलेखों से पूर्ण होते हैं। बौद्ध इतिहास, महावंश को बहुधा सिलोन में अद्यतन किया गया था। इसके कालानुक्रम में लगभग 60 वर्ष की रहस्यमय उछाल है जो यह कहना कठिन कर देता है कि बुद्ध 544 ईसा पूर्व मरे थे या 485 ईसा पूर्व। सबसे पुराना ज्ञात दस्तावेज 489 ई. में बुद्धभद्र द्वारा किए गए सुदर्शन-विनय-विभाष के चीनी अनुवाद से मिलता है, जिसे वहाँ 974 ई. बताया गया है। मैं इस घटना के लिए बाद की तिथि की तर्कसम्मत मान्यता पर आगे बढ़ूँगा। दोनों संप्रदायों के दस्तावेजों के अनुसार जैन महावीर (निगंठ नातपुत्त) उसी काल में थोड़े बाद के थे। ब्राह्मण पुराणों को गुप्त शासन की शुरुआत, लगभग 320 ईसा बाद, में बड़े पुनर्संपादन से गुजरना पड़ा था। पूर्ववर्ती पुनर्संपादनों के उदाहरण के तौर पर: इक्ष्वाकु वंशावली में 'मध्य देश' में अयोध्या के राजा दिवाकर का उल्लेख वर्तमान काल में हुआ है (*DKA* 10)। 'द सिटीज ऑफ नागज (नागों के नगर)' (दिल्ली-मेरठ क्षेत्र में पुराना हस्तिनापुर) में पुरु अधिसीमकृष्ण (*DKA* 4) और गिरिव्रज (प्राचीन राजगीर) में बृहद्रथ सेनाजीत (*DKA* 15) भी वर्तमान काल में हैं। पर्जिटर ने इसे पुराणों के प्रथम पुनर्संपादन के लिए सामंजस्य के रूप में लिया है, जो सत्य हो सकता है। यद्यपि, पुराणों में विभिन्न समूहों की परंपराओं को एक व्यवस्थित अनुक्रम में रखने की खेदजनक ब्राह्मण प्रवृत्ति है। उदाहरण के तौर पर (*DKA* 66–7) सिद्धार्थ, राहुल, प्रसेनजित को क्रमागत इक्ष्वाकु शासकों के रूप में दिया गया है, यद्यपि सिद्धार्थ (ज्ञान प्राप्ति के पूर्व बुद्ध का कथित नाम) ने कभी अपनी स्वयं की शाक्य जनजाति पर भी शासन नहीं किया। उनके पुत्र राहुल बाल्यकाल में ही भिक्षु बन गए थे। प्रसेनजित, जो लगभग बुद्ध की मृत्यु के समय ही मरे थे, कोशल के प्रमुख शासक थे लेकिन इक्ष्वाकु नहीं थे। इसलिए वर्तमान काल प्रथम पुनर्संपादन को नहीं बल्कि तीन भिन्न स्थानीय दस्तावेजों को एक साथ रखे जाने को प्रदर्शित कर सकता है। बताया गया है कि अधिसीमकृष्ण के पुत्र निचक्षु को गंगा में बाढ़ की वजह से अपनी राजधानी कौशांबी (=कोसंबी, यमुना तट पर कोसम) बनानी पड़ी। व्यापार के लिए इस स्थान पर सर्वश्रेष्ठ स्थिति होने के मद्देनजर यह तर्कसम्मत चयन लगता है। हो सकता है कि नामों की अर्थहीन सूची में से किसी दुर्लभ पूरक की पुष्टि उत्खनन के जरिये हो जाए, जैसा कि प्राचीन हस्तिनापुर के उत्खनन (पत्रकारीय प्रारंभिक रिपोर्टों के अनुसार) से ऐसी बाढ़ का प्रमाण मिलता है। इलाहाबाद विश्वविद्यालय द्वारा कोसंबी में किए गए उत्खनन से कोई पुख्ता रिपोर्ट नहीं मिली है, यद्यपि वहाँ प्राप्त कोई भी धूसर मृद्भांड संभवत: एक आम संस्कृति का प्रमाण होगा (cf. Al. 10–11.4, 150–51)। उस स्थिति में, उस प्राचीन सामग्री को सामान्य रूप से 'आर्य' के रूप में चिह्नित नहीं किया जाना चाहिए, बल्कि किसी विशेष जनजाति, जैसे पुरु से जोड़ा जाना चाहिए; आर्य भेदभाव इस बात को न्यायसंगत ठहराने के लिए पर्याप्त था। अंतत:, 547 दोहरे किस्सों, दंतकथाओं और किंवदंतियों का संग्रह जातक हमें बताता है कि आम लोग रहते थे। हर कथा वर्तमान घटना को एक पुरानी घटना, जिनके चरित्र 'वर्तमान' किस्से को क्रियान्वित करने के लिए पुनर्जन्म लिये थे, के रूप में व्याख्यायित करने के लिए बुद्ध से संबंधित मानी जाती है। ये किस्से एक अच्छे संस्करण (Fausböll), एक संतोषजनक अनुवाद (जातक) और एक बहुमूल्य विश्लेषण (Fick) में उपलब्ध हैं। इसके बावजूद, यद्यपि परंपराएँ पुरानी हो सकती हैं, जातक कथाओं का उपयोग बुद्ध के समय के सामाजिक संबंधों की तस्वीर के लिए प्रत्यक्षत: नहीं किया जा सकता। इसका कारण यह है कि जातक को बहुत बाद में, व्यापारिक माहौल में, संभवत: सातवाहन काल के दौरान लिखा गया। इसके अलावा वे बौद्ध किस्सों के विलुप्त सिलोन संस्करणों से प्रभावित रही हैं जिससे वर्तमान पाठ एक बार फिर पाली तक सीमित हो गया था। बौद्ध सिद्धांत अधिकांशत: अशोक के काल में और इसका एक हिस्सा बाद में निर्मित हुआ। केवल यह तथ्य कि, समाज और उत्पादन के इसके माध्यम धीरे-धीरे बदले, विशेष विवरण को गढ़ने का कोई खास कारण नहीं था, बुद्ध की मृत्यु के समय की स्थितियों के लिए प्रमाण के रूप में सिद्धांत के कुछ हिस्सों का उपयोग करने की अनुमति देता है।

समाज में परिवर्तन गिरवी, ब्याज, सूदखोरी जैसे संस्थानों के नए समूह द्वारा प्रकट होता है। कर्ज वैदिक काल से ज्ञात था। कर्ज के लिए ऋण शब्द का वास्तविक अर्थ 'पाप' या अपराध है। ऋग्वेद 10.34.10 का ऋणी जुआरी 'संपत्ति (धनम्) की तलाश में रात में चाहे गुपचुप रूप से उधार लेने या चोरी करने के लिए दूसरों के घर भयभीत हो कर जाते हैं।' मृत व्यक्ति के उऋण होने पर गाये जाने के लिए अथर्ववेद 6.117.9 में स्तोत्र दिया गया है, संभवत: यह प्रेतबाधित होने के विरुद्ध सतर्कता है। ब्याज का कोई उल्लेख नहीं है। यद्यपि, ब्याज के लिए शब्द वृद्धि = बढ़त स्पष्ट रूप से उस फसल की हिस्सेदारी पर लागू होता है जिसके लिए बीज उधार लिया गया था। फसल खराब होने पर संपूर्ण हानि का जोखिम दाता पर होने के साथ दाता और ऋणी के बीच बराबर हिस्सेदारी ने 'अधिया के खेतिहर' संस्था, बाद में अर्धसीतिक (ardhasītikas), को बनाया हो सकता है (Arth. 3.11):

"प्रारंभिक ऐतिहासिक काल में नियम थे (अर्थ. 3.11): 'सैकड़ा पर 1¼ पण (15% वार्षिक) ब्याज की मासिक दर धर्मनिष्ठ और न्यायोचित है; व्यापार में पाँच पण (60%); उद्यम, जिसमें वन मार्ग से यात्रा शामिल है, में 10 पण (120%); समुद्री मार्ग से उद्यम के लिए 20 पण (240%) सामान्य है। कोई भी व्यक्ति, जो उच्च दर पर ब्याज लिया है या उसका कारण है, पर प्रथम साहस दंड (96 पण तक) लगेगा; इस सौदे के हर प्रत्यक्षदर्शी पर आधी दर पर दंड लगेगा। दाता और ऋणी, दोनों का व्यवहार अनियमित हो जाता है यदि राजा ठीक से न्याय नहीं करे।"

"अनाज में ब्याज फसल में बकाया हो जाता है। मूल ऋण के आधे पर उगाने, (ऋण और वसूली के समय अनाज की) कीमत का ध्यान रखने की अनुमति दी जा सकती है। .... जब उद्यम का स्थान निकट और निर्धारित हो, ब्याज वार्षिक रूप से चुकाया जाना है। जिसने बेहतरी के लिए प्रवास किया है या उसके उद्यम की हानि हो गई हो, को ऋण का दोगुना (मूल और ब्याज के रूप में, भारत के कुछ हिस्सों में आज भी यह व्यवहार प्रचलित है) चुकाना होगा। ... उस व्यक्ति को, जो लंबे समय से यज्ञ में हो, या शिक्षक के घर रह कर पढ़ता हो, या बच्चा हो या बिना किसी साधन के हो, को ऋण पर ब्याज नहीं देना है। ...ऋणी के मरने पर पुत्रों, या उत्तराधिकार पाने वाले संबंधियों या सह-ऋणी, या जमानतदारों को ऋण और ब्याज अवश्य चुकाना चाहिए।"

प्रारंभिक बौद्ध अभिलेखों में उल्लिखित ऋण एवं ब्याज के लिए ये प्रथाएँ दो सदी या इससे भी पुरानी परंपराओं से इन प्रथाओं का 300 ईसा पूर्व तक मानकीकरण हो चुका था। ये मगध में व्यापार, फसल उत्पादन, व्यापार पूँजी के नए उत्पादक स्वरूपों के कारण और प्रभाव, दोनों थे। ब्याज न तो चक्रवृद्धित रूप से लिया जाता था और न ही तब लिया जाता था जब कुल ऋण एक पूर्वनिर्धारित, सामान्य रूप से ऋण के दोगुने स्तर तक पहुँच जाता था। दीर्घकालिक ऋण अपवादस्वरूप थे। कारवाँ और समुद्री व्यापारियों के लिए ऋण पर उच्च दरें हानि की क्षतिपूर्ति का मौका न होने के साथ आनुपातिक रूप से बड़े जोखिम का संकेत देती हैं। यह दरें उस समय ऐसे उद्यमों की अत्यधिक लाभप्रद प्रकृति को भी प्रमाणित करती हैं। इसलिए कोष प्रबंधक एक सतर्क सूदखोर की बजाय एक बीमा एजेंट और एक व्यावसायिक साझीदार की तरह व्यवहार करता था।

6.2. लगभग 600 ईसा पूर्व गंगा की घाटी में विकास के विभिन्न चरणों में विशिष्ट सामाजिक समूहों का सहअस्तित्व था। बंगाल घने, दलदली जंगल से आच्छादित था। बिहार और उत्तर प्रदेश की काफी पट्टियों में तब भी थोड़ी-बहुत जनजातियाँ रहती थीं जो आर्य भाषा नहीं बोलती थीं, और उनका आर्यों के साथ बहुत मामूली प्रत्यक्ष संपर्क था। इनसे ऊपर विकसित जनजातियाँ थीं जो आमतौर पर आर्यों से संघर्षरत रहती थीं। वे अब भी अपनी भाषा को बरकरार रखे थीं। इन उच्च गैर-आर्यों को नाग वर्ग के अंतर्गत रखा जा सकता है। दोनों तरह की जनजातियाँ खाद्य-उत्पादकों द्वारा आबाद नहीं किए गए पूरे क्षेत्र में बिखरी थीं। नाग से ऊपर के चरण में आर्य जनजातियाँ आयीं जो नदी और भू-व्यापार मार्गों पर बसी थीं। इनमें से हर जनजाति आर्य भाषा बोलती थी और इनमें से कई जाति-वर्गों में बँटी थीं। इसके बाद ये आर्य दो मुख्य समूहों में विभाजित हुए जिनमें से सामान्य में ब्राह्मण अनुष्ठान का प्रसार नहीं हुआ था। आर्य जनजातियों ने एक कुलीनतंत्र विकसित किया जिसने शूद्र दासों का शोषण किया। जनजातियों और व्यक्ति विशेष के नाम से यह स्पष्ट नहीं है कि क्या कोई विशेष आर्य जनजाति का कोई हालिया गैर-आर्य अतीत था। यद्यपि कुछ ने नई (आर्य) भाषा और मवेशी के साथ अनाज-उत्पादन को अपनाया, यह स्पष्ट लगता है। तर्क यह है कि इन जनजातियों का न तो वेदों या ब्राह्मणों में कोई उल्लेख नहीं है; न ही इनमें से कोई वैदिक अनुष्ठान का अनुसरण करती दिखती हैं। शेष, ब्राह्मणीकृत जनजातियाँ वर्णों में अपने चार-जाति विभाजन, जिसमें वैश्य शूद्रों के जितने ही दमन के भागी थे, के कारण विलुप्त हो गईं। ऐसी चार-जाति जनजातियों के मुखियाओं के पास अतिक्रमण के उपयोग के लिए वास्तव में संपूर्ण शक्तियाँ थीं। अपरिहार्य व्यापार के जरिये आपस में जुड़े ये विविध समुदाय कभी शांति से नहीं रहे। यहाँ तक कि आर्य साम्राज्य एक-दूसरे से निरंतर लड़ते थे।

एक प्रभावी समूह, जिसने सभी अन्य को दासत्व तक सीमित कर दिया, के बल ने विरोधाभासों का समाधान नहीं किया होगा। विशाल दास समूह के लाभप्रद होने के लिए न तो पर्याप्त अधिशेष और न ही पर्याप्त फसल उत्पादन था। इलाके अब भी कठिन देशों में लंबी दूरी पर विरल रूप से बसे थे। जनजातियों के आश्रय लेने और साथ ही साथ ग्रीस या इटली में सीमित उपयोगी भूभाग के विपरीत हल-खेती के विस्तार के बहुत से कारक थे।

अंगुत्तर-निकाय[1] में लगभग सातवीं सदी ईसा पूर्व से परंपरा के रूप में सोलह महान जनजातीय लोगों के इलाकों (महा-जनपद) के नाम बताये गए हैं। मगध से सबसे अधिक दूरी पर काम्बोज और गांधार थे। कम्बोज और गांधार, दारियस के विजित प्रांतों की सूची में सिंध के साथ स्थान-नाम के रूप में शामिल है। पहला अफगानिस्तान में था। गांधार कंधार घाटी तक विस्तृत था। इस सीमांत क्षेत्र का अग्रणी नगर व्यापार और ब्राह्मण शिक्षा का महान केंद्र तक्षशिला था। कम्बोज लोग कीट, पतंगा, मेंढक और साँप की बलि के अपने अनुष्ठान के लिए उद्धृत किए जाते हैं, जिसे अवेस्ता परंपराओं से समर्थन मिलता है। एक अनभिज्ञात नगर कुक्कुटवती, जहाँ राजा महा कप्पहिना शासन करता था, कम्बोज के निकट या संभवत: कश्मीर में था। तक्षशिला का गांधार राज पुक्कुसाती ने मगध के बिम्बिसार के साथ महँगे व्यापार वस्तुओं के उपहार का आदान-प्रदान किया था और बुद्ध को देखने के लिए पैदल यात्रा की थी। माना जाता है कि सीमांत क्षेत्र के राजा और मगध के शिक्षक ने एक कुम्हार के घर मुलाकात की थी (MN.. 140)। राजा को जल्द ही एक गाय ने मौत के घाट उतार दिया। असक (अश्मक) का 'साम्राज्य' दक्षिण में गोदावरी नदी के निकट था। उससे सटा हुआ आलक देश था। ये दोनों आंध्री (अँधक) थे। दोनों के बारे में बहुत अल्प ज्ञात है। बावरी नामक एक ब्राह्मण, जिसने बाद में बौद्ध धर्म अपना लिया था, ने इन साम्राज्यों के निकट अपना आश्रम स्थापित किया, जहाँ वह ऊँचा (फसल कटाई के बाद बटोरना, एक अत्यंत प्रतिष्ठित ब्राह्मण व्रत) के जरिये खाद्य एकत्र करके और फलों, संभवत: जंगली, पर जीवनयापन करता था। अश्मक व्यापार की दृष्टि से महत्वपूर्ण बन गया। इससे भी महत्वपूर्ण अवंती साम्राज्य था जिसकी राजधानी उज्जैन थी। इसका राज पज्जोत (प्रद्योत) पौराणिक कथाओं के रूमानी चक्र में उदयन के दुश्मन और श्वसुर के रूप में ख्यात है। राजा उदयन वम्स (वत्स) साम्राज्य पर शासन करता था और उसकी राजधानी जमुना पर कोसंबी में थी। उज्जैन के लिए एक प्रमुख व्यापारिक मार्ग कोसंबी हो कर गुजरता था। अपुष्ट पुराणों के अनुसार प्रद्योत वंश का मगध के सिंहासन पर 138 वर्ष तक कब्जा रहा। मगध के राजा अजातशत्रु को MN. 108 में बुद्ध की मृत्यु के तत्काल बाद पज्जोत के आक्रमण की प्रत्याशा में राजगीर के किले की मरम्मत कराते दिखाया गया है। दोनों राजधानियों के बीच दूरी और भूभाग के मद्देनजर ऐसी रिपोर्टों का मूल्याँकन करना कठिन है। मगध के छठवीं सदी के महान वैद्य जीवक कौमारभच्च (Jīvaka Komārabhacca) ने एक पज्जोत राजा के उपचार के लिए उज्जैन की यात्रा की थी; राजा ने उन्हें शिवेय्यका, जिसका अर्थ शिबि[2] (Śibi) देश, पंजाब में आधुनिक शोरकोट, है, नामक अत्यंत महँगे वस्त्र का उपहार भेजा था। कोसंबी में तीन ख्यात बौद्ध मठ घोषित, कुक्कुट और पावारिक थे, जिनके नाम संभवत: दानदाताओं के नाम पर थे। कोसंबी के अग्रणी भिक्षु पिंडोल भारद्वाज का नाम मुख्य बौद्ध कथाओं में नहीं आता है। यह संदेहास्पद है कि उनकी दंतकथाएँ मौलिक हैं या कोसंबी के व्यापारियों के कारण बौद्ध कथाओं में बाद में लिखी गईं। शेष में शूरसेन साम्राज्य, जिसकी राजधानी मथुरा थी, यूनानी लोगों को ज्ञात था। बुद्ध बमुश्किल ही वहाँ गए थे। पाँच महान कमियों, 'ऊबड़-खाबड़ मार्ग, अत्यधिक धूल, दुष्ट कुत्ते, क्रूर यक्ष (असुरों) और भिक्षा लेने में काफी परेशानियों के कारण यह भिक्षुओं के बीच लोकप्रिय नहीं था।' कुरु, पांचाल और मत्स्य के तीन आर्य जनजाति के साम्राज्य महाकाव्य परंपरा में भी ज्ञात हैं। पहले पर पिछले अध्याय में ही चर्चा की गई है। उत्तर-पांचाल की राजधानी कम्पिला में थी। मत्स्य, जिसका नाम सुदास के विरुद्ध दस-राजाओं के युद्ध में आया है, के बारे में अल्प ज्ञात है। उनकी परंपरागत भूमि आधुनिक भरतपुर है। चेदिया (चेदि) साम्राज्य और इसके राजाओं की सूची जातक 422 में है जो एक पुजारी के श्राप से इस वंश के नाश के बारे में बताता है। अन्यत्र, यह साम्राज्य मद्र देश के सदृश लगता है। महाभारत का एक ख्यात प्रकरण चेदि के राजा शिशुपाल का कृष्ण के हाथों वध था। मध्य युग के प्रारंभ में, चेदि नर्मदा नदी के किनारे मध्य भारत में एक राज्य का नाम बन गया। द्रुत नामावली महज बसावट, व्यापार, राज्यों के विकास क्रम, और पूरी तरह असंबद्ध लोगों द्वारा ब्राह्मण परंपरा से प्राचीन नामों को अंगीकार करने की सीमा को साबित करने में उपयोगी है।

इन सभी ने मुख्य घटनाक्रमों, जो शेष महा जनपदों को प्रभावित करते हैं, में बहुत मामूली प्रत्यक्ष हिस्सा लिया था। इनमें से दो स्वतंत्र, शक्तिशाली, योद्धा जनजाति कुलीनतंत्र बने हुए थे और अपने उचित जनपद क्षेत्र से परे विस्तार कर रहे थे। सिकंदर के अभियान में मल्लोई को ही मल्ल होना चाहिए, यद्यपि मल्लोई को बाद में मालव जनजाति (लुप्त शब्दांश के बावजूद) के रूप में चिह्नित किया गया। गंगा

घाटी के मल्लों ने पावा (आधुनिक पडरौना) और कुशीनारा (कसया), जहाँ बुद्ध ने अपना आखिरी समय बिताया था, के दो ज्ञात केंद्रों साथ कोशल प्रभाव क्षेत्र के ठीक पूर्व दिशा में आधिपत्य जमाया। वे स्वाधीन थे, हालाँकि अपने पूर्वी पड़ोसियों, वज्जि या लिच्छवी क्षत्रियों जितने डरावने नहीं थे। मल्ल का अर्थ कसरती या पहलवान है (पेहलवी से ईरान के पेहलवान की तरह)। इसका उपयोग रणभूमि में कृष्ण और उनके भाई द्वारा दो मल्ल योद्धा चाणूर और मुष्टिक को मारे जाने में हुआ है। मल्ल और लिच्छवी, दोनों को व्रात्य क्षत्रियों के वंशजों के तौर पर निम्न मिश्रित जातियों के रूप में एक साथ एक वर्ग में रखा गया है। यह प्रमाणित करता है कि उन्होंने ब्राह्मण अनुष्ठानों का अनुसरण नहीं किया। वैदिक बलि में उनके लिप्त होने का कोई उल्लेख नहीं है। लिच्छवियों की राजधानी वेसाली ही आधुनिक बसर (मुजफ्फरपुर) है। इसका अपभ्रंश स्वरूप निच्छवी, जिस नाम से वे कुछ समय के लिए जाने गए, तिरहूत जिले पर लागू होता है। 7077 की उनकी परंपरागत संख्या उनके पूरे क्षेत्र में विस्तारित थी। चूँकि वे व्यक्तिगत रूप से शुल्क एकत्र करते थे, इसलिए सभा बैठक और न्याय व्यवस्था ज्यादा से ज्यादा उपेक्षित थी। बुद्ध के लगभग हजार वर्षों बाद भी क्षेत्र में यह नाम अस्तित्व में रहा। प्रथम गुप्त सम्राट ने लगभग 320 ईसा बाद में लिच्छवी कुमारी कुमारदेवी से विवाह किया था; सिक्कों पर उनका संयुक्त नाम खोदा हुआ था—यदि गुप्त साम्राज्य को इस गठजोड़ का अत्यधिक गर्व नहीं होता तो यह जो अत्यंत असामान्य प्रक्रिया होती, और कोई लिच्छवी सिक्का ज्ञात नहीं है। बुद्ध का अपना समुदाय शाक्य वर्तमान नेपाल की सीमा से परे एक छोटी जनजाति थी। उनके वंश का गौरव स्वाधीनता की क्षति से बच गया, वे कोशल सम्राट पसेनदि (प्रसेनजित) के आधिपत्य में थे जिसके पास चरम मामलों में जीवन और मृत्यु देने की शक्ति थी। अन्य प्रकार से शाक्यों को निचले दर्जे के क्षत्रियों, जिन्होंने हल को हाथ लगाने का तिरस्कार नहीं किया, के रूप में उनकी अपनी व्यवस्था पर छोड़ दिया गया था उनका राजा एक सरदार होता था जिसे अनिर्दिष्ट अवधि के लिए बारी-बारी से प्रमुख परिवारों में से चुना जाता था। अजातशत्रु के विरुद्ध संधि की अगुवाई करने वाले संभवत: सेनापति चेदग को छोड़ कर मल्लों या वज्जियों के किसी राजा का कोई अभिलेख नहीं है। विंसेंट स्मिथ शाक्यों को गैर-आर्य, नेपाल के 'तगड़े पहाड़ी' मानना चाहते थे। यह अर्थहीन है क्योंकि 'आर्य का अर्थ पहले ही एक जीवनशैली बन चुका था जिसका अनुसरण शाक्य करते थे, यद्यपि उनकी भाषा निश्चित रूप से आर्य थी। इस नाम का पाली स्वरूप सक्क है; यह बुद्ध के समय में बेबीलोन के गिमिरी (? सिमरी), शक के रूप में फारस के दारियस के अभिलेखों के एलेमाइट संस्करण में आता है। फारस के साम्राज्य में शकों के तीन वर्ग हैं: तीग्रखोदा (नुकीले कनटोप के साथ); होमाव्रगा, यूनान में 'आमिर गियान', लेकिन स्पष्ट रूप से कुछ होम प्रथाओं का अनुसरण करते हैं; और शका त्येय ताराद्रय, 'समुद्र से परे शक'। इनकी पहचान सिथियन के साथ की गई है; लेकिन शाक्यों के साथ कुछ संबंध की संभावना पूरी तरह से खारिज नहीं हुई है। यद्यपि शोरिया रोबस्टा, जिनके बीज एक बड़ा जंगल आहार (बाल 67, 696: हून 183) बनाने के लिए पर्याप्त रूप से पौष्टिक हैं, से टोटेम व्युत्पत्ति संभव है (DN. 3)। बुद्ध का जन्म (मातृदेवी) लुम्बिनी को पवित्र इन वृक्षों की वाटिका में हुआ था।

6.3. यह हमें प्रमुख, सक्रियता से विस्तारित हो रहे साम्राज्यों और समय के राजनीतिक इतिहास की ओर ले आता है।[3] ऐसे क्षेत्र से ऊपर के राजा के लिए उसके स्वतंत्र शासन पर कोई जनजातीय प्रतिबंध नहीं था। वे शस्त्र धारण करने की अनुमति रखने वाले क्षत्रिय वर्ग से आते थे जो अन्यों के श्रम के जरिये भूमि से उत्पादित अधिशेष पर वसूले गए शुल्क पर निर्वाह करते थे। वे राजा के लिए भी राजस्व वसूलते थे। उनके साथ व्यापारी और पुजारी जुड़े हुए थे। सभी तीन समूहों के नगरीय सदस्यों को पौर नामित किया जाता था। नगर कुछ लुप्त जनजातियों के पूर्ववर्ती मुख्यालय थे, जो अब उस राजा के अधीन थे जिसे उस जनजाति से कभी भी जुड़े होने की कोई जरूरत नहीं थी; फिर भी, पूर्ववर्ती जनपदों के नाम कायम हैं। जैसा हम देखेंगे, पूर्ववर्ती जनजातीय प्रथाओं के कारण ऐसे पौर-जानपद के नागरिकों का राज्य के साथ एक विशेष संबंध था और लंबे समय तक रखना पड़ा। इसका अर्थ यथेष्ट, यद्यपि एक समान नहीं, स्थानीय स्वायत्ता है। इसका अर्थ है अन्यों के मुकाबले कम शुल्क। राज्याभिषेक में उनकी औपचारिक सहमति की आवश्यकता थी। महत्वपूर्ण बिंदु यह है कि वे लोग दूसरे थे, जिनके श्रम ने राजा और अग्रणी नागरिकों को समर्थन दिया था। व्यापारिक वस्तुओं की तरह भूमि अभी खरीद और बिक्री के अर्थ में संपत्ति नहीं थी। नकद के लिए भू-हस्तांतरण का महज एक उदाहरण श्रावस्ती के समृद्ध व्यापारी-कोष प्रबंधक अनाथपिण्डक की ख्यात कहानी में मिलता है। इस उदार व्यापारी ने मजाक में राजकुमार जेत की वाटिका को जमीन को (स्वर्ण) सिक्कों से ढक कर एक शानदार कीमत में खरीदी। वह जमीन तब बौद्ध संघ को उपहार में दे दी गई। भारतीय इतिहास में सभी कालों में नकदी भुगतान के बदले भूमि के स्वामित्व का हस्तांतरण पूरी तरह उस क्षेत्र में उस अवधि में व्यापार और नकद सौदों की सामान्य घटनाओं

पर आश्रित रहा है। चूँकि खेती योग्य भूमि विशेषाधिकार और एक समुदाय की सदस्यता की प्रतीक थी, जैसी कि यह सामंतवाद के अंत तक बनी रही, खरीद उतनी ही दुर्लभ थी जितनी कि किसी जाति या समुदाय में स्वीकार किया जाना। यह कहा जा सकता है कि छठवी शताब्दी ईसा पूर्व तक नगरीय और उपनगरीय क्षेत्रों में आवास भूमि और बागीचे का निजी स्वामित्व एक स्थापित तथ्य था। आम तौर पर खेती योग्य भूमि का ऐसा कोई निजी स्वामित्व नहीं था।

प्राचीनतम पारंपरिक साम्राज्यों का विजय या अतिक्रमण के जरिये एकीकरण होना शुरू हुआ था। विदेह (राजधानी मिथिला) विलुप्त हो गया था; बुद्ध के बाल्यकाल के दौरान इसके आखिरी राजा सुमित्र वास्तविक इक्ष्वाकु वंश (*DKA*. 12) की समाप्ति के रूप में नमूदार हुए। इसके बाद, मगध के फतह तक, हम इस क्षेत्र (दरभंगा) में केवल कोशल शासन और उसके बाद लिच्छवी के बारे में सुनते हैं। बिहार के पूर्व में अंग (राजधानी चंपा) को मगध (आधुनिक गया और पटना जिला) के राजा बिम्बिसार, जो बुद्ध के समकालीन वरिष्ठ थे, द्वारा या उसके पूर्व जीता जा चुका था। इसके बाद इसका नाम योजन चिह्न के साथ अंग-मगध के रूप में बना रहा। काशी जनपद, जिसका मुख्यालय बनारस था, को भी इसी तरह कोशल के उत्तरी साम्राज्य ने जीत लिया था, यह भी काशी-कोशल के संयुक्त नाम से बना रहा। बनारस का महत्व नदी किनारे इसकी स्थिति और साथ ही साथ इसकी विनिर्मित वस्तुओं की वजह से है। काशिका विशेषण न केवल उत्कृष्ट बनारसी कपड़ों पर लागू होता था बल्कि अंततः उत्कृष्टता के सभी गुणों को परिभाषित करने के लिए होता था। दो नदियों के संगम पर बसा प्रयाग (इलाहाबाद) भी लगभग उतना ही पवित्र है जितना आज बनारस है और अब यह परिवहन केंद्र के रूप में ज्यादा महत्वपूर्ण है; यह तब स्पष्टतया अविकसित था। कोशल उस काल का कहीं अधिक बड़ा राज्य था जिसकी राजधानी अचिरावती (राप्ती) नदी के किनारे श्रावस्ती (श्रावत्ती) थी। श्रावत्ती के खंडहर अब गोंडा और बहराइच जिलों की सीमा पर सेत और महेट नामक दो गाँवों के खेत-टीलों से ढके हैं। प्राचीन कोशल की पारंपरिक राजधानी साकेत (फैजाबाद), महाकाव्य की अयोध्या, रह चुकी थी। साकेत दक्षिण कोशल का केंद्र और संभवतः दूसरी राजधानी रही लगती है। कोशल हिमालय की तराइयों में प्रारंभिक आर्य बसावटों में एक था जिसके पास वृहत्तर परिवहन मार्ग, गंगा नदी पर एक केंद्र था। इन सभी मामलों में देश का नाम का मूल एक जनजाति से लिया गया है। यह प्रक्रिया और आगे बढ़ती है और संघ-जाति और पेशेवरों के प्रारंभिक नाम जनजाति मूल दर्शाते हैं। अर्थशास्त्र में वैदेहिका का मतलब व्यापारी है। मगध पेशेवर भाट थे लेकिन *Ms*.. 10.47 इन्हें व्यापारी बताता है। यह जनजाति से ले कर संघ/समाज, और बाद में जाति तक की सामान्य यात्रा है, ब्राह्मण सिद्धांत में मगध और वैदेहिका, दोनों को मिश्रित मूल की जाति के रूप में दिया गया है। यदि विदेह अब भी जनजाति के रूप में अस्तित्व में थे तो साम्राज्य सुमित्र के साथ विलुप्त नहीं हो सकता था। मनुस्मृति के लेखपत्र महज यह बताते हैं कि मगध के नागरिक तब मुख्य कारवाँ व्यापारी थे।

मुख्य संघर्ष निःसंदेह कोशल और मगध के बीच था; साथ ही साथ दोनों जनजातियों के विरुद्ध लड़े। कोशल अपने अत्यधिक बड़े क्षेत्र, लंबी ऐतिहासिक पृष्ठभूमि, गाँव अनुदान लेने वाले और स्थानीय क्षत्रिय प्रशासकों पायासी राजन्ना (DN. 23) की तरह प्रारंभिक-सामंती बड़प्पन रखने वाले पुजारियों के समर्थन के साथ दिखने में ज्यादा शक्तिशाली था। भूमि सघन रूप से खेती योग्य नहीं थी, और अब भी शाक्य की तरह की उच्च जनजातियों के अलावा कई जंगली आदिम जातियाँ शामिल थीं। मगध के पास इससे कुछ अधिक महत्वपूर्ण था: धातु और नदी से निकटता। प्राचीन पारंपरिक राजधानियों को देखते हुए कोई भी नदी के दूसरे तट पर राजगीर (=राजगृह, 'राजा' का घर) की एकल उपस्थिति में घिर जाता

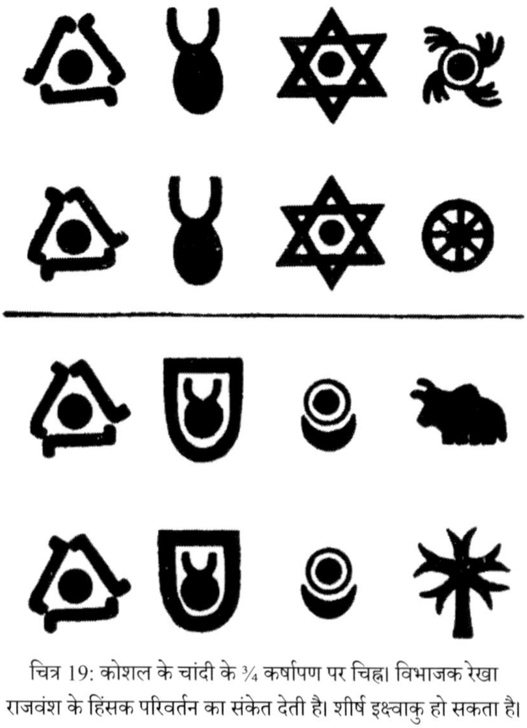

चित्र 19: कोशल के चांदी के ¾ कर्षापण पर चिह्न। विभाजक रेखा राजवंश के हिंसक परिवर्तन का संकेत देती है। शीर्ष इक्ष्वाकु हो सकता है।

है, जहाँ आर्य बस्तियों की पूरी श्रृंखला का जुड़ाव सुदूर उत्तर में हिमालय की तराई से था। आज तक, राजगीर का परिप्रदेश अपेक्षाकृत जंगली उपस्थिति का संरक्षण करता है। एकदम अलग हट कर ऐसी जगह जहाँ भूमि उर्वर नहीं है, वहाँ राजधानी बनाने का कारण तब स्पष्ट हुआ जब यह देखा गया कि बराबर पहाड़ी की सर्वाधिक ज्ञात उत्तरी धारवार परिधि में आसानी से लौह पपड़ी उपलब्ध है। राजगीर के पास इसके नियंत्रण में लोहे का पहला तत्काल स्रोत था। दूसरे, यह लोहा और ताँबा के भारत के सबसे बड़े भंडार के मुख्य मार्ग से लेकर धालभूम और सिंहभूम जिलों में दक्षिण-पूर्व तक फैला (गया के साथ, जिसके लिए रास्ता घने जंगल से हो कर था) था। आज तक प्राचीन लेकिन विस्मृत ताँबे की परत उन गाँवों में पायी जाती है जिनके नाम ताम (=ताँबा) से शुरू होते हैं, जैसे तमर; तमलुक एक या दो सदी पूर्व तक प्राचीन ताँबा बंदरगाह था। सिंधु घाटी में ताँबा अल्प मात्रा में राजस्थान या दक्षिण से आता था। इस तरह, मगध का समकालीन शक्ति के मुख्य स्रोत, धातु पर लगभग एकाधिकार था। मगध की राज्यनीति के महान सिद्धांतकार चाणक्य खनन के महत्व से पूरी तरह अवगत थे: 'कोष खनन पर निर्भर करता है, सेना कोष पर' (अर्थ. 2.12)। 'खदान युद्ध सामग्री का गर्भ है' (अर्थ. 7.14)।

चित्र 20: कालानुक्रम में बाद के कोशल के सिक्कों की गढ़न। पूर्ववर्तियों से शांतिपूर्ण उत्तराधिकार के जरिये मतंग (हस्ति) राजवंश में बदलाव। आखिरी प्रसेनजित का उपनगर विदुदाभा होना चाहिए।

त्रिकोणीय संघर्ष का विवरण हमारे अभिलेखों से प्राप्त किया जा सकता है। कोशल का दक्षिण दिशा में बनारस की ओर अभियान पहले ही किंवदंती बन चुका था। बनारस के ख्यात राजा ब्रह्मदत्त को कोशल के विरुद्ध इसके राजा दिधिती और रानी को पकड़ने और मार डालने के रूप में कुछ सफलता मिली थी (महावग्ग 10.2; जात. 428)। कोशल के पलायित राजकुमार दिघावु ने अपना साम्राज्य प्राप्त किया, और ब्रह्मदत्त के दामाद के रूप में संभवत: काशी पर कब्जा कर लिया (जात. 371)। यही कहानी कोशल के राजकुमार छत्त (जात. 118, 336) के बारे में कही गई है, जिसने अपने पिता की पराजय के बाद ब्रह्मदत्त से कोशल को वापस हासिल किया, सावत्ती को अभेद्य बनाने के लिए फिर से इसकी किलेबंदी की; यह राजकुमार तीन वेदों को पढ़ने तक्षशिला गया था। जात. 303 में, कोशल के राजा दब्बसेन ने काशी पर आधिपत्य जमाया था; जात. 355 में यह वाम्का है। जात. 532 कहता है कि कोशल ने बनारस के राजा मनोज की अधीनता स्वीकार की थी। इन नामों का अर्थ मामूली है लेकिन संघर्ष, जो काशी पर कोशल के वर्चस्व से समाप्त हुआ, ऐतिहासिक लगता है। कोशल का नरेश पसेनदि (प्रसेनजित) इक्ष्वाकु वंश के एक प्राचीन राजा के नाम से मिलता है, लेकिन वह वैदिक-ब्राह्मण बोध में उपयुक्त ढंग से क्षत्रिय नहीं था। वह निम्न जनजाति मूल का था। उसका परिवार मातंग कुल का बताया गया है, जो वर्तमान के अस्पृश्य माँग जाति के समकक्ष है, लेकिन उस समय हस्ति संप्रदाय या टोटेम की जनजाति से बस विकसित ही हुआ था। उसकी पटरानी मल्लिका पुष्प विक्रेता की बेटी थी, जो योद्धा या अन्य उच्च जाति का नहीं रहा हो सकता है। यह वैदिक ब्राह्मणों के प्रति उसकी अतिशय विनम्रता को उसकी शाही स्थिति के समकक्ष, उसकी जाति से ऊपर की सामाजिक स्थिति प्राप्त करने के प्रयास के रूप में व्याख्यायित कर सकता है। उसकी बहन यद्यपि राजा बिम्बिसार की पत्नी और मगध के राजकुमार अजातशत्रु की माता कोशल (विदेह) की इस राजकुमारी के विवाह में बनारस क्षेत्र का एक गाँव दहेज़ में गया था। बिम्बिसार के पुत्र अजातशत्रु ने अपने पिता को बंदी बना लिया और अपने पिता को भूखा मार डाला। राजा और उसके उत्तराधिकारी के बीच इस तरह के तनाव को अर्थशास्त्र द्वारा अतिशय सामान्य मानता है। राजा को वहाँ राजकुमार पर कड़ी निगरानी कैसे रखी जाए, इसकी सलाह (अर्थ. 1.17) दी गई है जबकि अर्थ. 1.18 एक राजकुमार को सलाह देता है कि कैसे अपने सशंकित पिता को कैसे छला जाए। स्वयं पसेनदि को उसकी पढ़ाई पूरी होने के तत्काल बाद उसके पिता ने सिंहासन पर स्थापित किया था। बिम्बिसार की ताजपोशी 15 वर्ष की उम्र में उनके पिता द्वारा की गई थी, जिन्होंने स्वयं पद छोड़ा था। इन दोनों राजाओं

ने पूर्ववर्ती सशस्त्र जनजाति को प्रतिस्थापित करने के लिए नए प्रकार की सेना विकसित की थी, कुल मिला कर, बिना जनजातीय आधार के सेना बनी जिसकी वफादारी अब सिर्फ राजा के प्रति थी। राजवंश के सिद्धांत के साथ एक नया पद सेनापति = सेना का स्वामी यानी मुख्य कमान अधिकारी का उभरा सृजित हुआ, जो अक्सर उत्तराधिकारी होता था। ऐसी सेना का रखरखाव बिना नियमित शुल्क और विशाल राजस्व के नहीं हो सकता था। यह राजा की संपूर्ण शक्ति का मुख्य आधार था। बताया जाता है (महावग्ग 5.1) कि बिम्बिसार को 80,000 गाँवों पर शासन करना होता था। प्राचीन परंपरा का भंग होना आगे मगध के ब्राह्मणों के लिए ब्रह्मबंधु और मगध के क्षत्रिय राजाओं के लिए क्षत्रबंधु के तिरस्कारपूर्ण विशेषण से चिह्नित होता है। विभक्ति—बंधु के पास इटली के ऐसियो का बल था, जो प्रदर्शित करता था कि परंपरागत वैदिक योजना में कोई भी जाति सही ढंग से युक्त नहीं थी।

इस नई घटना, कि राज्य व्यवस्था का नियंत्रण प्रत्यक्ष हिंसा के जरिये किया जाना चाहिए था, ने बड़े परिवर्तन को चिह्नित किया। जनजाति के चुनाव या जनजाति के अनुमति की पहले की जरूरत, जो पंजाब में अब भी कायम थी, गंगा घाटी के बड़े साम्राज्यों में खत्म हो गई थी। दरअसल, ये साम्राज्य जनजातीय स्थितियों के तहत विस्तारित नहीं हो सकते थे। दूसरी तरफ, जनजातीय बुज़ुर्गों को प्रतिस्थापित करने के लिए किसी नियमित न्यायिक श्रेष्ठजन का उल्लेख नहीं है। निहितार्थ यह है कि व्यापार, फसल उत्पादन, या पारिवारिक भंडार में अधिशेष अनाज रखने वाले लोगों के संपूर्ण नए वर्ग को जनजातीय अवरोधों और लाभ में जनजातीय हिस्सेदारी से बचाव के लिए निजी संपत्ति सृजित करने की आवश्यकता थी। उनके लिए यह सबसे महत्वपूर्ण था कि एक राजा हो जो सड़क पर और संपत्ति के नए अधिकारों की रक्षा सुनिश्चित कर सके; कोई खास राजा नहीं, बल्कि कोई राजा जो जनजातीय कानून और सार्वजनिक संपत्ति अधिकार की वापसी को रोके। यह बहुत आसान था क्योंकि मगध का राजसी राज्य राजसी अधिकारियों के जरिये कर-अनाज और अन्य उपयोगी वस्तुएं में सघन व्यापार में लिप्त (जैसा कि दिखेगा) था। इसके आगे राजा ने पूर्ववर्ती जनजातीय सरदार के सभी विशेषाधिकारों को हस्तगत किया; उनके दायित्वों को, जितना संभव हो, कम रखा गया।

पसेनदि ने काशी गाँव, जो उसकी बहन का दहेज था, के अधिकार को रद्द करने की कोशिश की, लेकिन वह अपने भतीजे के साथ युद्ध में कई बार हारा। यह गाँव नदी के आरपार सुदृढ़ स्थिति, क्षेत्र में एक ठिकाना जो नदी और इसके सबसे बड़े पत्तन को नियंत्रित करता है, के तौर पर रणनीतिक रूप से महत्वपूर्ण था। राजा पसेनदि से आखिरकार मल्ल जनजाति मूल के उस एक मंत्री दीघ कारायण ने विश्वासघात किया, जिसके चाचा को उच्च पद पर प्रोन्नत किया गया था और फिर जिसे शंकालु राजा द्वारा मार दिया गया। कारायण ने राजचिह्न पसेनदि के पुत्र और सेनापति विड़ूडभ को सौंप दिया जबकि पिता बुद्ध से आखिरी भेंट करने जा रहे थे। वृद्ध पसेनदि अपनी केवल एक नौकरानी के साथ राजगीर भाग गए। वे मगध की राजधानी में द्वार बंद होने के एक दिन बाद पहुँचे। उम्र के आठवें दशक में चल रहे कोशल के पलायित शासक की रात में थकान के कारण मृत्यु हो गई, और उनकेभतीजे अजातशत्रु ने राजकीय सम्मान के साथ उनकी अन्त्येष्टि की। इसके तत्काल बाद, विड़ूडभ राप्ती नदी के सूखे पाट में शिविर में रहते वक्त अचानक आयी बाढ़ में अपनी सेना के साथ बह गया। इस तरह, कोशल के पास न तो राजा और न ही सेना थी जबकि अजातशत्रु के पास पसेनदि के भतीजे के रूप में अपने दावे को क्रियान्वित करने के लिए एक उत्कृष्ट सेना थी। प्राचीन साम्राज्य बिना किसी संघर्ष के मगध के अधीन हो गया लगता है। यह इतिहास से पूरी तरह साफ हो गया, हालाँकि बाद में एक मध्यकालीन मध्य भारतीय साम्राज्य को समान नाम दिया गया। अब तक बड़ी संख्या में बुद्ध के उपदेश श्रावस्ती तक पहुँच गए थे; लेकिन बौद्ध समाज की पहली परिषद उनकी मृत्यु के तत्काल बाद राजगीर में बुलायी गई। यह फिर साबित करता है कि 485 ईसा पूर्व तक कोशल अपनी पूर्व प्रतिष्ठा खो चुका था।

6.4. साथ ही साथ जनजातियों के साथ कटु संघर्ष था, भले ही बड़े गृहस्वामियों द्वारा भूमि में नियत संपत्ति के कारण वे अंदर से विध्वंस के कगार पर थे। उस समय का जनजातीय जीवन अपने सर्वाधिक बुद्धिशाली सदस्यों को अवसर या संतोष नहीं दे सका था जिससे शाक्य गौतम (बुद्ध) और लिच्छवी महावीर महान धर्म प्राप्त करने के लिए भिक्षु बनना पड़ा; या बंधुल जैसे मल्ल विदेशी राजा के मातहत सेवा करनी पड़ी। जनजाति के बाहर विवाह बिना अंगीकरण समारोह के जनजातीय कानूनों के विपरीत है। फिर भी हम पढ़ते हैं कि बिम्बिसार की एक लिच्छवी पत्नी चेल्लना थीं, जिन्हें जैन दस्तावेजों में अजातशत्रु की माँ बताया गया है, हालाँकि पुराने नियम के अनुसार बिम्बिसार की सभी रानियाँ समान रूप से किसी राजकुमार की माँ होंगी। पसेनदि शाक्य पत्नी चाहता था। यद्यपि वह शाक्यों का अधिपति था, लेकिन वंश को हीन माना जाता था, इसलिए इस माँग ने उन्हें बहुत शर्मिंदा किया। उन्होंने महानामा शाक्य की रूपवती

चित्र 21: अजातशत्रु (?) का निशान

पुत्री वासभ-खत्तिया के स्थान पर शुद्ध वंश की शाक्य के रूप में एक दासी नाग-मुंडा (जिसका नाम दो मूल जनजाति नामों को जोड़ता है या उसका कुल मुंडा जनजाति में बताता है), को भेज कर धोखा दिया। इस विवाह से हुई संतान विडूडभ सेनापति था जिसने शाही शक्ति हड़पी। शाक्यों द्वारा भिड़ायी गई तिकड़म बाद में उद्घाटित हो गई लेकिन आखिरकार पसेनदि ने माफ कर दिया। पुत्र ने शाक्यों पर प्रत्यक्ष आक्रमण कर सिंहासन को शाक्यों के रक्त से धो कर अपमान के दाग धोये। इसके बावजूद, इस नरसंहार में कुछ शाक्य बच गए। पिपरहवा के फूलदान (*JRAS* 1906, 149–80) निर्विवाद रूप से अशोक से पूर्व; और बुद्ध की मृत्यु के बाद शाक्यों द्वारा समर्पित थे क्योंकि इसमें उनकी निशानी शामिल थी। बाद में सिलोन के शासकों (जो बुद्ध के जरिये ख्यात हुए परिवार से बराबरी करना चाहते थे) ने एक या अधिक शाक्य दुल्हनें तलाशीं। तथ्य यह है कि शाक्यों का अस्तित्व एक जनजाति के रूप में रह गया था। सैन्य कार्रवाई का वास्तविक कारण यह था कि अर्ध-स्वतंत्र जनजातियाँ भी निरंकुशता के खतरे, और उत्पादन के नए स्वरूपों के बिना सहन नहीं की जा सकती थीं।

लिच्छवियों, जिन्होंने मल्लों के साथ कुछ संधि की हुई थी, के विरुद्ध अजातशत्रु की कार्रवाई इसी तरह, हालाँकि अधिक मुश्किल, की थी। नदी मार्ग पार करने वाले व्यापारियों की शिकायत थी कि शुल्क दो बार, मगध के राजा के कर्मचारियों और लिच्छवी वसूलीकर्ताओं, दोनों को चुकाना होता है। पहला कदम पाटलीपुत्र (पटना) की स्थापना था जो बाद में मगध साम्राज्य की राजधानी बना। मूल रूप से शिविर के रूप में शहर का नक्शा बुद्ध के जीवन के आखिरी वर्षों के दौरान प्रस्तुत किया गया था। चूँकि यह नदी के साथ भू-मार्ग का संगम था और फिर सोन इस बिंदु पर गंगा में मिलती थी, इस तरह एक पूर्ण शिविर स्थापित किया गया। अगला कदम लिच्छवियों के बीच आंतरिक विवाद पैदा करना था, जो (कहानी के अनुसार) एक ब्राह्मण मंत्री द्वारा किया गया जिसका उपनाम वस्सकार इस साहसिक कार्य के चलते पड़ा। उसने मगध न्यायालय से बनावटी रूप से क्षुब्ध हो कर लिच्छवियों के पास जा कर हेरोडोटस में जॉपिरस (Zopyrus) (बुक III, आखिर) की कहानी दोहरायी। उन्होंने उसे सौजन्यता से स्वीकार किया जिसके बदले में उसने गोपनीय ढंग से हरेक को दूसरे के विरुद्ध झूठी कहानियाँ सुनायीं। शीघ्र ही, जनजातीय सभा की कार्यवाही समाप्त हो गई। बौद्ध परंपरा के अनुसार अजातशत्रु को केवल वेशाली की ओर कूच करना था। जैन दस्तावेज कड़ा संघर्ष होने की बात कहते हैं। विवरण सही हों या नहीं, वेसाली में वैसा विध्वंस हुआ नहीं लगता जो मल्ल स्थलों पावा और कुशीनारा में देखा गया। मल्ल समाज को समान समय में क्रमबद्ध तरीके से नष्ट किया हुआ होना चाहिए। चुल्लवग्ग 12.1.1 अजातशत्रु के सौ वर्ष बाद वेसाली में वज्जि (लिच्छवी) भिक्षुओं और आम अनुयायियों के बारे में बताता है। न तो मल्ल और न ही लिच्छवियों का अस्तित्व जनजाति (संभवत: नेपाल में शाखा के सिवा) के रूप में बचा जिससे मगध की ताकत बढ़ी। अजातशत्रु के पुत्र या पौत्र उदयिन ने पटना में राजधानी के अवश्यंभावी स्थानांतरण को पूरा किया। यह लगभग आठ सौ वर्ष तक भारत का अग्रणी नगर बना रहा।

कुछ बची परंपरागत क्षत्रिय जनजातियों (कुरु और पाँचाल की तरह के) का मगध के राजा महापद्म नंद, जिसने विडूडभ और अजातशत्रु के कार्य को पूरा किया, द्वारा 350 ईसा पूर्व तक क्रमबद्ध रूप से सफाया कर दिया गया। परिवर्तित आर्थिक परिस्थितियों के कारण उनका आंतरिक पतन निश्चित था, लेकिन नए जनजातिविहीन राजा जीवित रहने के लिए लोकतंत्र के इस तरह के खतरनाक उदाहरणों की अनुमति नहीं दे सकते थे। पुराण दुख जताते हैं कि इसके बाद सभी राजा शूद्र जैसे थे, जो प्राचीन वैदिक परंपरा के अनुसार पूरी तरह सत्य था। उनकी स्वयं की आलोचनाएँ किसी भी जाति के बाद के राजाओं (जैसे पसेनदि से) से राजसी उपहार स्वीकार करने में और न ही क्षत्रिय के रूप में सफल नवोत्थान की उनकी उद्घोषणा में अड़चन नहीं बनीं। एक अनिवार्य परिवर्तन यह था कि अंतत: चार-जाति वर्ग किसी भी जनजाति नियमों से बड़ा और स्वतंत्र हो गया। वस्सकार प्रथम ज्ञात ब्राह्मण मंत्री (ब्राह्मणों के लिए नया पद) था, इस तरह बिना पूर्ववर्ती के मेकियावेलियनिस्म (शासन कला में या सामान्य आचरण में चालाक और कपट होना) होने के लिए बहुत

पुरस्कृत किया गया। उसे शुद्ध कल्पित चरित्र के रूप में खारिज करना मुश्किल है क्योंकि बाद के एक ब्राह्मण मंत्री चाणक्य ने विवाद की विशिष्ट तकनीक को सतर्कतापूर्वक व्याख्यायित किया है और यह ख्यात ब्राह्मण साहित्य पंचतंत्र के तीसरे खंड का केंद्रीय विषय है, जो दंतकथाओं के जरिये नीति पढ़ाता है।

6.5. किसी युग की सर्वाधिक प्रभावी घटनाएँ वे नहीं हैं जिन्हें हमें किंवदंतियों और किस्सों के ढेर में से बहुत कष्टपूर्वक चुनते हैं। दस्तावेज पूरी तरह भिन्न उद्देश्य, धर्म के प्रसार के लिए समर्पित हैं। इनमें से महानतम, बौद्ध धर्म मगध की सीमाओं से परे बहुत दूर तक फैला। एशिया में लाखों लोगों के लिए भारत पवित्र भूमि बन गया क्योंकि यहाँ बौद्ध सिद्धांत उत्पन्न हुआ। चीन, तिब्बत, मंगोलिया के तीर्थयात्री ऊँचे पहाड़ों, सूखे मरुस्थलों, तूफानी समुद्रों और समझ में न आने वाली भाषाएं बोलने वाले भूखंडों के बीच अपना मार्ग तलाशते हुए सारनाथ में मुख्य स्तूप की छाया में अपनी सहज प्रार्थना निवेदित करने के लिए पहुंचते हैं, इस जीर्ण-शीर्ण इमारत से कभी-कभी खतरनाक रूप से गिरने वाली ईंटों की परवाह किए बिना। बौद्ध धर्म मंगोलिया में व्यापक सभ्यता प्रभाव के रूप में उभरा। यह चीन में सामंतवाद (यद्यपि जमींदारों के बीच शांति के लिए अग्रणी) का गढ़ था। विरल रूप से बसे, दुर्गम तिब्बत में संघ और राज्य, दोनों का पूरा ढाँचा बौद्ध कसौटी पर आधारित था। इसने हमारे लिए तुन हुआन (Tun Huan) से ले कर अजंता तक सर्वाधिक खूबसूरत गुफा कला, थाईलैंड, बर्मा, भारत-चीन में शानदार मंदिर और अफगानिस्तान में बामियान चट्टान की विशालकाय मूर्तियाँ छोड़ी हैं। इसकी किंवदंतियों ने पानी पर मसीह के चलने की समांतर कहानियों, बारलाम और जोसाफेट (Barlaam and Josaphat) की ईसाई संतों की कहानियों को प्रेरित किया। कुमरान (मृत सागर) के विद्वानों द्वारा अन्वेषित एसेंसवाद से जुड़ी 'पवित्रता के शिक्षक' की नामावली में एक शीर्षक हूबहू बुद्ध (शास्ता, या धम्म-चक्क-पवत्तक्क) के समकक्ष है—निश्चित रूप से यह संयोग नहीं है। मानी धर्म (Manicheism) का सिद्धांत निश्चित रूप से इससे प्रभावित था जबकि मुसलमानों (Mohammedans) के लुकमान अंतत: बुद्ध हो सकते हैं। बरमक (Barmecide) मंत्री, जिसकी आलिफ़ लैला (अरेबियन नाइट्स) में खाली दावत ने नाम को विशेषण बना दिया, स्पष्ट रूप से फ़ारस में बौद्ध मठ (परमक) के परिवार से आया था।

यह लगभग समान समय में मगध में हुए विभिन्न अत्यंत समान आंदोलनों में एक, लेकिन सबसे महत्वपूर्ण था। इनमें जैन धर्म समान कारण से आज तक भारत में जीवित है जिसने देश के बाहर इसके प्रसार को रोका। यह कारण यह है कि यह शीघ्र ही जाति एवं अनुष्ठानों के व्यवहार पर आ गया, जैसा कि बौद्ध धर्म में नहीं हुआ। बौद्ध सम्राट अशोक और उसके पौत्र दशरथ ने आजीवकों को आश्रय के लिए गुफाएँ बनवा कर भेंट कीं। यह संप्रदाय मगध से परे अपेक्षाकृत गैरमहत्वपूर्ण था, हालाँकि इसके कुछ अनुयायी 13वीं सदी ईसा बाद तक दक्षिण में कन्नड-तेलुगु देश में कोलार (EC. 10. Kolar 18 of a.d. 1244 for a tax on Ājīvikas) तक फैले थे। आजीविक लंबे समय से नाम के स्तर भी विलुप्त रहे हैं। कई अन्य भी थे जिनके सिद्धांत बौद्ध और जैन दस्तावेजों या समान रूप से विद्वेषपूर्ण ब्राह्मणों के सर्व दर्शन संग्रह में खंडन के जरिये ही केवल ज्ञात होते हैं। *DN.* का शुरुआती सुत्त एक विद्वेषपूर्ण सार में ऐसे 62 संप्रदायों के बारे में बताता है। अगला सुत्त बताता है कि कैसे पितृहंता अजातशत्रु ने आठ प्रमुख सिद्धांतों की समीक्षा की, और अंतत: बुद्ध के उपदेशों को स्वीकार किया। जैन और बुद्ध, दोनों से बिम्बिसार की कथित मित्रता से प्रमाणित होता है कि उस वक्त के राजा धार्मिक मामलों में गहरी दिलचस्पी रखते थे और इन संप्रदायों का संरक्षण करते थे। 'काशी का' अजातशत्रु उपनिषदी ब्राह्मणों (बृहदारण्यक उपनिषद 2.1) के संरक्षक के रूप में जनक से तुलनायोग्य था। पसेनदि न केवल बुद्ध के मित्र थे बल्कि यज्ञ बलि भी करते थे। यह बताता है कि नए विश्वास कुछ आकस्मिक आवश्यकताओं, उत्पादक आधार में कुछ परिवर्तन की अभिव्यक्ति थे।

आलार कालाम कोशल के क्षत्रिय थे जिन्होंने समाधि (तीव्र एकाग्रता और विचार नियंत्रण) के सात चरण सिखाये; उद्दक रामपुत्र ने आठ चरण सिखाये। कश्यप पुराण बताता है कि कोई भी कार्य पाप या योग्यता का परिणाम नहीं है। मक्खली गोसाल (Makkhali Gosala) ने इस विश्वास पर आजीवक संप्रदाय की स्थापना की कि पुरुषार्थ से कोई परिणाम नहीं निकलता, हर किसी को स्वतंत्र रूप से 84,00,000 योनियों से गुजरना पड़ता है जिसके बाद उसके दुख खुद-ब-खुद खत्म हो जाते हैं। जैसे ऊन का गोला आखिरी छोर तक खुलता रहता है, वैसे ही जीव को इन चक्रों के जरिये गुजरना पड़ता है। पुराण और गोसाल के पंथ एक-दूसरे के नजदीक, संभवत: मिले हुए थे। आजीवक दक्षिणी जैनों में लोकप्रिय थे जबकि अन्य की सांख्य दर्शन के साथ समानता थी। यहाँ तक कि संजय बेलट्ठिपुत्त (Belaṭṭhiputta) का अज्ञेयवाद जैनियों के निकट था। संजय एक ब्राह्मण थे जिन्होंने न तो कभी पुष्टि की और न ही खंडन किया कि अच्छे और बुरे कर्म का अच्छा और बुरा परिणाम होता है, या यह कि इस जगत से परे एक दुनिया है। संजय के मुख्य शिष्यों ब्राह्मण श्रीपुत्र (Sāriputta) और

मौद्गल्यायन (Moggallāna) (जिसके अवशेष हाल ही में साँची में रखे जाने तक पूरी दुनिया में घूमते रहे), ने बौद्ध सिद्धांत स्वीकार कर लिया था और इसके अग्रणी प्रचारक बने। रुढ़िवादी-भौतिकवादी अजिता केशकम्बाल मानते थे कि दान, यज्ञ, अनुष्ठान, ईश्वर, अच्छे या बुरे कर्म में कुछ नहीं रखा है; जिन तत्वों से मनुष्य निर्मित हुआ है, मरने पर उन्हीं मूल तत्वों क्षिति, जल, पावक, गगन, समीर में विलीन हो जाता है। उसके गुण, आत्मा या व्यक्तित्व का कुछ भी नहीं बचता। पकुधा कात्यायन (Pakūdha Kaccāyana) का सिद्धांत, जो बाद के वैशेषिक से मिलता है, ने इन चार अवयवों का स्थायित्व बनाये रखा और तीन और जोड़े: खुशी, दुख और जीवन; कोई भी इन बुनियादी अवयवों को किस भी तरह न तो मार सकता है, न जान सकता है, न व्याख्यायित कर सकता है और न प्रभावित कर सकता है; सिर को काट देने वाला एक तीक्ष्ण हथियार भी इन अवयवों के बीच अंतराल के माध्यम से महज गुजर सकता है। लगभग दो सदी पहले से पार्श्व तीर्थंकर, जिन्होंने अहिंसा, सत्य, अस्तेय, अपरिग्रह की शिक्षा दी थी, के समय से चली आ रही अत्यंत पुरानी जैन परंपरा में महावीर ने ब्रह्मचर्य जोड़ा। इन विधियों और इन तपश्चर्या के जरिये पूर्वजन्म में किए गए पापों से मुक्ति प्राप्त की जा सकती है, बौद्ध दर्शन ने इंद्रियों की पूर्ण संतुष्टि और तपश्चर्या के कड़े आत्मरोपण के बीच का मध्यमार्ग चुना; नए समाज के लिए आदिम प्रजनन अधिशेष व दवाएँ और जादू-टोना के लिए आत्म-यातना, दोनों ही अनुपयुक्त थीं। बौद्ध दर्शन का केंद्र श्रेष्ठ (आर्य) अष्टांगिक मार्ग है: शरीर की सम्यक गतिविधि (जीव हत्या, चोरी, व्यभिचार से बचना); सम्यक वाणी (सच्चाई, चुगली नहीं करना, अपशब्द या दुर्वचन नहीं बोलना, बकवास से बचना); सम्यक दृष्टि और सम्यक विचार (दूसरे की संपत्ति पर लालच नहीं करना, द्वेष नहीं रखना, अच्छे और बुरे कर्म के परिणाम के रूप में पुनर्जन्म में विश्वास रखना)। इनमें चार और जोड़े जाने चाहिए: आजीविका प्राप्त करने का सही तरीका, सम्यक परिश्रम, आत्मसंयम और सम्यक विचारों का सक्रिय सृजन। यह व्यक्तिगत सर्वशक्तिमान ईश्वर या अनुष्ठान या इस तरह की किसी बात में विश्वास रखे बिना सर्वाधिक सक्रिय और सर्वाधिक सामाजिक मत था।

बुद्ध ने इस तरह के नए धर्म की स्थापना का कभी दावा नहीं किया बल्कि इसकी बजाय उन्होंने वह समझाया जो उन्होंने सभी प्रकृति (यानी समाज) में निहित बुनियादी क्रम देखा और उन्हें जो सामूहिक रीति के हर विशेष समुच्चय में श्रेष्ठ लगा जिसे धर्म के समान नाम से जाना जाता है। यह एक वैज्ञानिक बढ़त थी, क्योंकि इसने सामाजिक पीड़ा का विश्लेषण सरल तरीके से किया था और इसे नकारने का रास्ता दिखाया था। आवश्यकता की समझ, आवश्यकता से मुक्ति की ओर ले गई, इस सीमा तक कि विश्लेषण सही था।

6.6. इन संप्रदायों में कुछ विशेषताएँ उभयनिष्ठ हैं। इनमें से हरेक पहले प्रस्तावक के मोर्चे पर पर्याप्त मानसिक और शारीरिक प्रयासों में लिप्त रहा है। यहाँ तक कि वे लोग, जिन्होंने यह सिखाया कि क्रिया (कर्म) का कोई का प्रत्यक्ष फल मिलता है, उन्होंने भी अत्यंत साधारण जीवन जिया। महावीर ने गोसाल की तरह सभी कपड़ों का त्याग किया (हालाँकि पार्श्व ने तीन कपड़ों की अनुमति दी थी)। वे लिच्छवी क्षेत्र में तपते सूरज के बीच अपनी एड़ियों पर बैठे रह कर वर्षों की कठिन तपश्चर्या के बाद अपने पूर्ण सिद्धांत तक पहुँचे। अपनी स्वयं की व्यवस्था विकसित करने से पहले 35 वर्षीय बुद्ध ने वर्षों तक साधना, अध्ययन, प्रायश्चित के लिए शाक्य कुलीनता के साथ ही पत्नी और बच्चों और किसी नवोदित दरबार में सैन्य या मंत्री पद की संभावना का त्याग कर दिया। वैराग्य उनकी खोज नहीं थी, यहाँ तक कि ब्राह्मणों में परंपरा थी कि जंगल में साधारण अहिंसक भिक्षुक जीवन किसी न किसी प्रकार से विशेष प्रसंशायोग्य था। इन नये संप्रदायों ने संपूर्ण खाद्य उत्पादक गैर-जनजातीय समाज के लिए साधारण जीवन में से कुछ व्यावहारिक निष्कर्ष निकाले। इस बहस का कोई अर्थ नहीं है कि वे हिंदू थे या नहीं; इन संप्रदायों की अमिट छाप की कई सदियों के बाद इनसे ऊबने पर हिंदुत्व अस्तित्व में आया।

दूसरी उभयनिष्ठ विशेषता हमें यह बताती है कि ये संप्रदाय क्यों उभरे, वे क्यों अनिवार्य थे। बिना अपवाद के इन संप्रदायों ने सक्रियता या निष्क्रियता के साथ वैदिक अनुष्ठानों और रीतियों की वैधता को खारिज किया, यद्यपि पुराण या संजय की तरह संस्थापक ब्राह्मण थे। इन संप्रदायों के अध्ययन में उत्कृष्ट आध्यात्मिक मतभेद जनजातीय जीवन की पृष्ठभूमिक वातावरण और जनजातीय साम्राज्यों में बलि अनुष्ठान के भद्दे विकास के मुकाबले कम महत्व के हैं। यह इनमें से ही है और उनकी समाज विरोधी विशेषताओं के विरुद्ध प्रतिरोध के लिए हर संप्रदाय का प्रत्येक व्यक्ति खड़ा हुआ। यज्ञ बलि का सबसे बड़ा परिणाम युद्ध में सफलता थी; क्षत्रियों के लिए जीवन के स्वाभाविक ढंग के रूप में लड़ाई को गौरवान्वित किया गया था, जबकि वैदिक बलि करना ब्राह्मणों का कर्तव्य और आजीविका का माध्यम था। अन्य दो जातियों के पास अधिशेष अनाज उत्पादित करने का काम था जिसे पुजारी और योद्धा मूल रूप से जनजातियों की बेहतरी के लिए लेकिन जल्द ही ऊँची जातियों की बेहतरी के लिए प्राकृतिक अधिकार के जरिये ले लेते थे। वैदिक अनुष्ठानों को चरागाही युग में सूत्रबद्ध किया गया था जब सामूहिक स्वामित्व में मवेशियों का बड़ा झुंड संपत्ति का मुख्य स्वरूप था। नया समाज कृषि की ओर बढ़

गया था जिससे बलियों की बढ़ती संख्या में अधिक से अधिक पशुओं के वध का अर्थ उत्पादक और उत्पादन पर बहुत ज्यादा बोझ था। न केवल आबादी के प्रति व्यक्ति पर आनुपातिक रूप से मवेशियों की संख्या बहुत कम थी बल्कि वे अब जनजाति की बजाय कुलों या परिवारों की निजी संपत्ति थे और गड़ेरियों के मुकाबले खेतिहरों के लिए ज्यादा कीमती थे। उन्हें पहले की तरह बिना मुआवजे के लिए लिया जाता था, इसका अर्थ वैश्य समाज पर भारी शुल्क लागू होना था। इस शुल्क के कारण उनके व्यापार से कम लाभ होने के अलावा निरंतर छोटे युद्धों से व्यापार और उत्पादन, दोनों गड़बड़ा गए। यहाँ तक उपर्युक्त में से सर्वाधिक निष्क्रिय संप्रदायों ने भी आनुष्ठानिक बलि को अस्वीकार किया, जबकि जैन एवं बौद्ध जैसे सर्वाधिक सक्रिय संप्रदायों ने आनुष्ठानिक बलि की तरह ही युद्ध का कड़ा विरोध करते हुए स्वयं को अहिंसा, 'गैर-हत्या' पर आधारित किया।*

सत्य, न्याय, चोरी न करना, अन्य के कब्जे में अतिक्रमण नहीं करना प्रदर्शित करता है कि निजी, व्यक्तिगत संपत्ति की एक पूरी तरह से नई अवधारणा उत्पन्न हो चुकी थी। पुरानी परंपराओं में, जनजाति के भीतर सर्वाधिक मूल्यवान संपत्ति (मवेशी) सामूहिक होती थी, जिसे कुलों या परिवारों को परस्पर सहमति से सौंपा जाता था; अजनबियों की संपत्ति को मान्यता नहीं थी। व्याभिचार का निषेध और समूह विवाह की बहुलता परिवार की दृढ़ अवधारणा को दर्शाता है। ऐसी नैतिकता के बगैर, जिसे तब बहुत सामान्य माना जाता था, व्यापार असंभव हो गया होता। बुद्ध के निष्ठावान अनुयायी व्यापारी थे; आज व्यापारी जैनियों के बीच प्रमुख अवयव हैं। अहिंसा के सिद्धांत ने सबसे पहले इस बुनियादी तथ्य को अभिव्यक्त किया कि चारागाही अर्थव्यवस्था में समान क्षेत्र के मुकाबले कृषि प्रति वर्ग मील में दस गुना लोगों को पाल सकती है। इसने उस जाति, जिसकी आजीविका आनुष्ठानिक बलि से चलती थी, को इस हद तक प्रभावित किया कि इसे महाभारत में भी प्रमुखता से लिखा गया। हालाँकि यह महाकाव्य यज्ञों, चतुर्दिश दिग्विजय, परस्पर विनाश के लिए लड़ा गया जानलेवा गृहयुद्ध की प्रतिष्ठा के लिए पूरी तरह समर्पित बना रहा। इसके बाद नये देवताओं का आविष्कार किया जाना था, क्योंकि इंद्र और उनके साथी देवता अप्रतिष्ठित हो चुके थे और अपनी वैदिक बलि के साथ प्रचलन से बाहर हो गए थे। दूसरी तरफ, नई विचारधारा जनजातीय विशिष्टता के समान रूप से विरुद्ध थी। अच्छे या बुरे कर्म के कारण जीवित प्राणी का पुनर्जन्म एक विशेष टोटेम में नहीं बल्कि घिनौने कीड़े से ले कर भगवान तक कर्म के अनुसार और विशेष रूप से उपयुक्त प्रजाति में होगा। इंद्र एक केंचुए की तरह कर्म के अधीन था। देवताओं के संसार से अंतत: एक जानवर बनने के लिए बुरा कर्म आखिरकार इंद्र के पतन का कारण होगा; लगातार जन्मों में अच्छे कर्म के जरिये कीड़े मानव और फिर दिव्य रूप पुनर्जन्म ले सकते थे, हालाँकि तब भी वह अपने आगामी कर्मों की शक्ति से मुक्त नहीं हुए।

इस कारण से कर्म व्यक्ति, जाति या जनजाति से स्वतंत्र, तत्व मूल्य की प्राथमिक अवधारणा का एक धार्मिक विस्तार था**: 'अपने कर्मों के अनुसार प्रत्येक को'। इसे पिछले मौसम में बोये गये बीज की तरह उगाया और पकाया जा सकता है, या ऋण की तरह परिपक्व किया जा सकता है, जबकि यह सटीक अनुपात में चुकता करने में कभी विफल नहीं हुआ। यह देखा जा सकता है कि यह कैसे किसानों और व्यापारियों, यहाँ तक कि शूद्रों को आकर्षित करेगा जो इससे राजा के रूप में पुनर्जन्म की ख्वाहिश रख सकते हैं। अंतत:, नए धर्म का समर्थन करना प्रारंभ में वैदिक ब्राह्मणवाद की तुलना में काफी सस्ता था। श्रमण भिक्षुओं और संन्यासियों ने उत्पादन में कोई भूमिका नहीं निभायी क्योंकि उनके संप्रदाय ने उन्हें श्रम करने से रोका लेकिन उन्होंने कभी भी उत्पादन के साधनों पर न्यूनतम नियंत्रण की भी कोशिश नहीं की। उनके लिए मकान, खेत, मवेशी का स्वामित्व पर, सोना या चाँदी को स्पर्श करने पर और व्यापार करने पर रोक थी। भिक्षु रोज किसी भी एक व्यक्ति से मिले बचे-खुचे खाद्य की एक अनिश्चित मात्रा की भिक्षा पर जीते थे अन्यथा भूखे रहते थे। संयोग से, भिक्षु इसके जरिये जनजाति और जातियों में मानी जाने वाली सहभोजी वर्जना को तोड़ते थे। इसमें वे ब्राह्मणों के वन जाने के लिए वानप्रस्थ गमन से

---

* यहाँ तक कि साँड़-बछड़ों को भी लाभप्रद होने के कारण मारा नहीं जा सकता था, क्योंकि हल में प्रयुक्त होने वालों के अलावा कई बैलों की जरूरत परिवहन, या तो गाड़ी खींचने के लिए या कारवाँ के लिए पड़ती थी। इसने निषेध के लिए एक सुरक्षित आर्थिक आधार दिया। नर भैंसे लंबी दूरी के परिवहन में लाभकारी रूप से उपयोग होने की दृष्टि से अत्यंत सुस्त हैं।

** यहाँ 'मूल्य' शब्दावली का उपयोग अर्थशास्त्रियों के तत्व अर्थ में किया गया है जो अब कहते हैं कि मूल्य सामाजिक रूप से आवश्यक श्रम समय के जरिये मापित है लेकिन अधिशेष मूल्य, उपयोग-मूल्य, विनिमय-मूल्य और तत्व अर्थ में मूल्य के बीच विभेद करते हैं। जब खाद्य उत्पादन नया हो तो इस तरह के विश्लेषण की उम्मीद नहीं की जा सकती थी। लेकिन इस अहसास, कि व्यक्ति की ओर से कोई सामाजिक कर्म (अच्छा या बुरा) कुछ तात्विक गुण या अवगुण सृजित (उसके लिए) करेगा, को किसी भी खाद्य उत्पादक समाज में निश्चित रूप से महसूस किया जा सकता है। यह कर्म को व्याख्यायित करता है।

भिन्न थे। ब्राह्मण को तब भी संन्यासी होने की आवश्यकता नहीं थी, क्योंकि वह एक या अधिक पत्नियों, और शिष्यों के समूह के साथ होगा; इसके अलावा, वह वन में मवेशी चराते हुए और खाद्य सामग्री एकत्र करते हुए (जीवित रहने के नियमों के अनुसार बिना किसी की जान लिये) रहता था। दीक्षा लेने पर भिक्षु द्वारा न केवल परिवार बल्कि जाति और जनजाति को भी त्याग दिया जाता था, जिसका अर्थ एक अर्ध-जनजाति संघ को अंगीकार करना था। उसकी अधिकतम संपत्ति तीन कपड़े (प्राथमिकता के साथ लत्ता से सिले हुए), भिक्षापात्र, सुई और धागा, उस्तरा; संभवत: तेल की शीशी, और यदि वह सुकुमार है तो एक जोड़ी पादुका होती थी। उन्हें बारिश के मौसम में चार महीने कठोर आश्रय में रहने के लिए अनुमोदित किया गया था, लेकिन नये कानों में सिद्धांत का प्रचार करने के लिए शेष वर्ष पैदल घूमना पड़ता था। बुद्ध ने स्वयं 80 की उम्र में अपनी मृत्यु तक नियम का अनुसरण किया। उनके शिष्य शांति का संदेश ले कर नये व्यापारिक मार्गों, यहाँ तक कि जनजातीय बीहड़ों तक में गये, लेकिन संयोगवश मगधी व्यापार प्रभावित हुआ। चूँकि उन्होंने आमजन की भाषा में प्रचार किया, इसलिए वे दुरूह वैदिक संस्कृत पर एकाधिकार रखने वाले ब्राह्मणों की तुलना में लोगों के ज्यादा नजदीक रहे। ब्रह्मचर्य और कठिन जीवन के कारण उनकी संख्या सीमित थी। बौद्ध समाज अपने संस्थापक की मृत्यु के समय तक कुल 500 भिक्षुओं की संख्या को पार नहीं कर सका, यह संख्या प्रारंभिक सुत्तों में बताई गई है; केवल सामन्ना-फाला सुत्त में बड़ी संख्या, 1250 बताई गई है।

राजनीतिक क्षेत्र में नया धर्म समान आर्थिक कारणों से 'सार्वभौमिक राजतंत्र', कई के अंतहीन विभिन्न उत्पीड़न के खिलाफ एक का पूर्ण निरंकुशता की ओर बढ़ाव के ठीक समांतर था। चार-जाति वर्ग के 'प्राकृतिक अधिकारों' के कारण उत्पन्न सामाजिक संघर्ष आंशिक रूप से सभी जातियों से ऊपर और परे अत्यंत सम्मानित वर्ग की वजह से, और आंशिक रूप से जन्मजात श्रेष्ठता के ब्राह्मणों के अभिमान से भिक्षुओं के सफलतापूर्वक लड़ने के कारण निश्चित रूप से काफी कम हो गया था। यह याद रखा जाना चाहिए कि उस समय ब्राह्मण अनुष्ठान केवल राजा, श्रेष्ठों, मुखियाओं या समृद्धतम व्यापारियों की सेवा करते थे, आम जन के लिए इसका अत्यंत अल्प उपयोग था। आमजनों के लिए पूर्ण रूप से विकसित ब्राह्मण पुरोहित किसी के लिए सबसे तुच्छ अनुष्ठान भी अपरिहार्य भुगतान के लिए करते थे। बौद्ध सिद्धांत ने स्वयं को 'आर्य' कहा, और इस तरह ब्राह्मण सिद्धांत के विपरीत महज कर्म के जरिये प्रतिष्ठा दिलाने के लिए देसी जनजातीय तत्वों और निम्न जातियों के अधिकारों को स्वीकार किया।

MN.. 93 में, बुद्ध ने युवा ब्राह्मण अस्सलायन से कथित रूप से कहा, 'क्या आपने सुना है कि यवन (Yona), कम्बोज और अन्य (सटे हुए) सीमांत क्षेत्रों में केवल दो जातियाँ: आर्य और दास हैं। जो आर्य है, वह दास बन सकता है, जो दास है, वह आर्य बन सकता है।' अफगानिस्तान के कुछ हिस्से के लिए यवन (आयोनिआ) नाम प्रमाणित करता है कि यह अंश फारस साम्राज्य के सिकंदर के दिग्विजय से पहले नहीं लिखा जा सकता था। बुद्ध ने ऋग्वेद की द्वि-वर्ण व्यवस्था का उल्लेख नहीं किया है, वहाँ आर्य दास नहीं बन सकते थे; प्रत्यक्ष अर्थ यूनानी दास व्यवस्था से है। चूँकि चल दास प्रथा भारत में नगण्य है, इसलिए जिसने भी सुत्त लिखा, वह केवल यूनानी 'स्वतंत्र' और 'गुलाम' की आर्य और दास जाति के रूप में कल्पना कर सका; लेकिन यह इस सिद्धांत का खंडन करने के लिए पर्याप्त है कि चार जातियाँ एक तरह से प्रकृत का कानून थीं। जैनों ने जाति, यहाँ तक कि मूल चार के मिश्रण से उत्पन्न होने वाले नयों के सिद्धांत को भी को स्वीकार किया। भ्रूणों के कथित आदान-प्रदान के जरिये महावीर के ब्राह्मण मूल को वर्णित करने का प्रयास किया गया था; उनका गोत्र कश्यप था, जो आज उत्तर प्रदेश में और उसके बाद 'नव ब्राह्मणों' के बीच काफी महत्वपूर्ण है।

DN. 5 में, बुद्ध राजा महाविजित की किंवदंती सुनाते हैं जिन्हें उनके यज्ञ पुरोहित ने वैदिक यज्ञ त्यागने की सलाह दी थी। अपने लोगों के लिए समृद्धि हासिल करने, डाका और चोरी खत्म करने के लिए पुरोहित ने सुझाव दिया कि इसकी बजाय राजा को किसानों को बीज देना चाहिए, व्यापारियों को पूँजी देनी चाहिए, राज्य की सेवा के इच्छुक लोगों को रोजगार देना चाहिए। इस तरह से सभी अपने कामों में व्यस्त होंगे, कोई बगावत नहीं होगी, शुल्क मुस्तैदी से एकत्र होंगे और खजाना भरा रहेगा। यह निश्चित रूप से समस्या के प्रति एक आधुनिक दृष्टिकोण था। एक अन्य सुत्त (DN. 26) में राजा ने चोरी को खत्म करने का प्रयास किया लेकिन विफल रहा, गरीबी, दान, जो केवल चोरों को प्रोत्साहित करता है, के कारण चोरी बढ़ गयी थी; तब सख्त जुर्माना किया गया जिससे सशस्त्र लूट, बगावत, अराजकता फैल गयी। इसलिए यह अंधविश्वास नहीं था बल्कि समकालीन आर्थिक वास्तविकता की समझ थी जो प्राचीन पाली पद में दिखी: 'मवेशी हमारे मित्र हैं, बिल्कुल हमारे अभिभावकों और अन्य रिश्तेदारों की तरह; खेती उन पर निर्भर है। वे खाद्य, मजबूती, रंग की ताजगी और खुशी देते हैं। इसे जान कर पुराने ब्राह्मण मवेशियों की हत्या नहीं करते थे।' यह आश्चर्यजनक रूप से ब्राह्मण ज्ञानवल्क्य के इस बेबाक वक्तव्य के विपरीत है कि वह गोमांस खाना जारी रखेंगे, उपनिषद के रहस्यवाद के विपरीत है जिसने अनुष्ठान या पशुबलि

का त्याग किये बगैर अनुष्ठान के आंतरिक सार को समझाने का प्रयास किया है। रूढ़िवादी ब्राह्मण उस जीवन शैली पर कायम रहे जो तब बना था जब खाद्य आपूर्ति के लिए खेती अपेक्षाकृत गैर-महत्वपूर्ण थी। यह शैली तब प्रचलन में नहीं रह सकी जब मुक्त, खुली जमीनें जोते गये खेतों से बुरी तरह घिर चुकी थीं जिन्हें फसल कटने पर छोड़ कर पशुओं के झुंड को रौंदने की अनुमति नहीं दी जा सकती थी।

किसी भी संप्रदाय ने समाज से सभी जातियों को खत्म करने की लड़ाई नहीं लड़ी जबकि श्रमणों ने स्वयं जाति छोड़ दी थी। यद्यपि बौद्ध मठ समाज जनजाति सभा परिषद की तर्ज पर काम करता था, लेकिन बौद्ध ज्ञान उस वर्ग के लिए ही उपलब्ध था जो जाति, पंथ या जनजाति से काफी दूर था। हमें यह ध्यान रखना चाहिए कि हम वर्गों में बंटे पहले समाज की उपस्थिति में हैं, जो अनिवार्य रूप से उत्पादन के एक नए स्वरूप से जुड़ा हुआ है जिसे सभी मानव अस्तित्व के कष्ट, जो संवाद का आवर्ती विषय है, को बढ़ाए बिना खत्म नहीं किया जा सकता। एक प्रसिद्ध गाथा ने बौद्ध धर्म का सार इस रूप में दिया 'उन घटनाओं के कारण को दिखाना जो एक कारण से उत्पन्न हुईं, और इसका खंडन'। यह कि सभी कारणों में निहित खंडन तर्कशास्त्र में पहला चरण है। उच्चस्तर की ओर बढ़ने के लिए ('निषेध का नकार' के जरिये) समाज के अधिक उत्पादक प्रकारों के जरिये वृहत्तर प्रगति की आवश्यकता उत्पन्न होती है जिसकी 6वीं सदी ईसा पूर्व के अल्पविकसित उत्पादक तंत्र के साथ कल्पना नहीं की जा सकती है। बौद्ध निर्वाण अब एक सामान्य पाठक के लिए संपूर्ण विनाश की तरह प्रकट होता है। जब पहले प्रतिपादित किया गया, यह नकार था, एक व्यक्ति की संकेतहीन, एक-सी अवस्था में वापसी थी। यह स्थिति व्यक्तित्व के कर्म, पारगमन की आवश्यकता, की अधीनता से स्वयं अपने प्रयासों से मुक्त होने तक केवल निरंतर पुनर्जन्मों में संचयी पूर्णता के जरिये हासिल होनी थी। वर्गहीन, एक-से समाज की स्मृति स्वर्णयुग (DN. 27; cf. Kalanos in Strabo 15.1.64) की किंवदंती बनी हुई है जब अच्छी पृथ्वी ने बिना श्रम के अचानक पर्याप्त खाद्य उत्पादित किया क्योंकि लोगों के पास न तो संपत्ति थी और न ही अभिलाषा थी। जब व्यक्तिगत से सामूहिक, सामाजिक, संचयी प्रयासों की ओर हस्तांतरण होगा तो पूरे समाज की वापसी एक वर्गहीन अवस्था, अति उच्च स्तर के उत्पादन पर होगी जो प्रकृति की खामोश शक्तियों के रूप में अल्प मानवीय प्रयासों के साथ हर किसी की जरूरत को संतुष्ट करेगी—इसकी पिछली सदी तक कल्पना नहीं की गई थी।

6.7. (इसकी मुश्किल, तकनीकी प्रकृति के कारण, इस खंड को एक परिशिष्ट के रूप में माना जाना चाहिए और पहली बार पढ़ते समय छोड़ा जा सकता है।) अजातशत्रु के बाद मगध लगातार बढ़ रहा था। अवंती को किसी अज्ञात काल में लिया गया था; तक्षशिला, पेशावर क्षेत्र, और अफगानिस्तान का एक बड़ा हिस्सा मौर्य राजवंश के संस्थापक चंद्रगुप्त द्वारा जीत लिया गया था। नि:संदेह बिना ढाले हुए चांदी का एक बड़ा भाग तक्षशिला के माध्यम से भारत में आया। यूनानी काले बर्तन का प्रवेश संभवत: तक्षशिला से भारत में हुआ; सातवाहन काल के दौरान इसके भारतीय समकक्ष कुछ समय के लिए बंद हो गए थे। ये निश्चित रूप से स्थायी भट्टों में एक जटिल प्रक्रिया द्वारा पकाये गए मिट्टी के बर्तन हैं, और संभवतया दूरस्थ उपयोग के लिए अच्छे आसव का उत्पादन दर्शाता है। दस्तावेज रस्मों, संस्कृत शिक्षण, औषधियों के संबंध में तक्षशिला की उच्च सांस्कृतिक अवस्था को दर्शाते हैं। मगध के दरबार के चिकित्सक जीवाक ने तक्षशिला में अध्ययन किया था, जैसे कि चंद्रगुप्त के मंत्री चाणक्य ने; और खुद चंद्रगुप्त यूनानी अभिलेखों में Sandracottos (या Andracottos) ने भी एक लड़के के तौर पर सिकंदर को उस क्षेत्र में देखा था। पणिनि का व्याकरण तक्षशिला प्रांत का एक उत्पाद था। एक महत्वपूर्ण स्वतंत्र व्यापार केंद्र से शक्तिशाली साम्राज्य की एक सीमावर्ती प्रशासनिक केंद्र में बदलाव जिसकी राजधानी पटना में रही, लेकिन जो वाइसरॉय के माध्यम से पूर्ण नियंत्रण करता था, अंततः तक्षशिला को बर्बाद कर दिया। यह 305 ईसा पूर्व पूरा हुआ, या शायद दस साल पहले। फिर भी, सिक्कों के एक क्षणिक अध्ययन से साबित होता है कि विजय से काफी पहले मगध का तक्षशिला में खास स्थान था।

हालाँकि, यह अध्ययन[4] तार्किक, बल्कि कठिन, और गणितीय रूप से कठोर लेकिन विशुद्ध रूप से भौतिकवादी, वैज्ञानिक तरीकों से किया जाना चाहिए है। एक सिक्का आमतौर पर उसकी बनावट, मिश्र धातु, और आख्यानों की विशेषता बताता है; आखिरी सबसे महत्त्वपूर्ण है जो मुद्राशास्त्र को पुरातत्वीय लेख की शाखा बनाता है। अज्ञात तिथि वाले सिक्के पुरातात्विक अनुक्रम के नकारात्मक सबूत के द्वारा कालानुक्रमिक रूप से क्रमवार किए जाते हैं, जैसे इस और उस स्तर से पहले नहीं पाये गए। इनमें से कोई भी चर्चा किए गए क्षेत्र एवं अवधि के बिना अक्षरों के सिक्कों के लिए कारगर नहीं होगा। अलग-अलग ठप्पों (आहतों) द्वारा अलग से मुहर लगाये जाते थे, जो कि उन्हें परस्पर व्यापत करता है। अक्सर किसी एक सिक्के पर मुहर का एक हिस्सा दिखायी देता है, जिसका अर्थ है कि कई नमूनों की तुलना। इस तरह आहत सिक्कों के अध्ययन के लिए धैर्य, बेहतर दृष्टि, लंबे अभ्यास और एक शक्तिशाली कल्पना की आवश्यकता होती

है, जिसे विशेषज्ञ शायद ही नियंत्रण कर पाते हैं। इन सबके बाद, सिक्के केवल वंशावलीय/वंश-वृक्षीय चिन्हों (हेराल्डी सिग्ला—heraldic sigla) के समूह द्वारा व्यवस्थित किए जा सकते हैं जिनका कोई चित्रलिपि संबंधी महत्व नहीं है। तब इन समूहों को कालानुक्रमिक क्रम में श्रेणीबद्ध करना समस्या होती है। यह केवल मुद्रा शास्त्र को एक विज्ञान के रूप में मान कर किया जा सकता है। मुद्रा का मुख्य उद्देश्य कोई मुद्रालेखन, चित्रण या पंथ-निशान करना नहीं है बल्कि धातु के मानक वजन के एक टुकड़े को प्रचलन में लाना है। ढाले जाने के अनुसार, सिक्कों के हरेक समूह के वजन में भिन्नता होती है जो कि ढलाई तकनीक की विशेषता है; यहाँ तक कि नया होने पर भी दो नमूनों का वजन, पर्याप्त रूप से सटीक तराज़ुओं पर, एकदम समान नहीं होता है। सिक्कों पर प्रचलन का प्रभाव यह होता है कि प्रत्येक आदान-प्रदान पर धातु का एक बहुत छोटा हिस्सा घिसता जाता है। पुन:, कोई भी दो सिक्के एक तरीके से नहीं घिसेगा। हालाँकि, सिक्कों के एक समूह के लिए, प्रचलन के समय के सख्त अनुपात में घिसावट समुचित रूप से एक समान होने पर औसत वजन कम होता जाता है और भिन्नता बढ़ती जाती है। यह वास्तविक प्रचलन में विभिन्न मूल्य-वर्ग के सिक्कों पर अवलोकन द्वारा सत्यापित किया जा सकता है; यह उतना आसान नहीं है जितना कि महसूस होता है, क्योंकि आधुनिक तराजुओं पर हरेक नमूने को तौलने के लिए कम से कम तीन मिनट लगते हैं। ये निष्कर्ष सभी अवधि के करीब 4000 आहत सिक्कों के 12,000 से अधिक वजन किए जाने (मेरे द्वारा किए गए) पर आधारित हैं; डेटा का मूल्याँकन आधुनिक सांख्यिकीय तरीकों से हुआ था। सीधी रेखा जो औसत वजन गिरने का प्रतिनिधित्व करती है, वह पुराने छोर पर उपयुक्त नहीं होती है; अर्थात, किसी श्रृंखला का सबसे पुराने मौजूद सिक्के आम तौर पर अधिक वजन वाले हैं। इसका कारण यह है कि अधिक घिसे सिक्कों की प्रवृत्ति तेजी से अधिक हाथों से गुजरने, और या तो प्रचलन से गायब होने की होती है या उनके उचित समूह में रखे जाने पर अधिक घिसे हुए होने की होती है; जो बचे होते हैं उन्हें एक समूह में आवंटित किया जा सकता है और इस तरह उनके काल के अनुपात में प्रचलन में नहीं लाये जाते हैं।

इन सिद्धांतों को लागू करने के लिए, शर्तों का एक समूह संतुष्ट होना चाहिए। शुरुआत में सिक्कों को समुचित सटीकता के साथ काटा जाना चाहिए ताकि उनकी प्रारंभिक परिवर्तन प्रचलन के कारण हुए परिवर्तनों की तुलना में बहुत अधिक न हो। इसमें तांबे, काँसे, और प्राचीन काल के बिलन (मिश्र धातु जिसमें चांदी आदि होता है) के सिक्के भी शामिल नहीं हैं; मशीन निर्माण के लिए केवल पाई (आम प्रचलन में नहीं) को अलग रखा जाना चाहिए। पुन:, उपयुक्त प्रभाव के लिए प्रचलन नियमित रूप से होना चाहिए, जो सामान्यत: सोने के सिक्कों को शामिल नहीं करते, लगभग हमेशा न्यूनतम व्यवहार के साथ जमा हुए होते हैं, लेकिन भारत में ये भी कसौटी पर कतरे या घिसे जाते हैं। अंत में, समूह के पास तुलनीय इतिहास पर्याप्त संख्या में होना आवश्यक है, यानी समान कोष के सदस्य होने चाहिए। उदाहरण के लिए, 1942 में मैनेन्डर (Menander) का सिक्का पूना बाजार में प्रचलन में मिला; इसके इतिहास की तुलना वेल्स (*IA*. 34, 1905, पी. 252) में पाये जाने वाले मिलिंद सिक्के की तुलना रोमन नमूनों या पंजाब की किसी भी खोदाई के साथ नहीं की जा सकती। यह असामान्य मामला नहीं है। पहले विश्व युद्ध के पूर्व, सभी देशों और मूल्यवर्ग के सिक्के दूर-दराज के गाँवों में समान रूप से निकटतम भारतीय सिक्कों के मूल्य पर स्वीकार किए जाते थे; इसके अलावा, मोटे, पूर्व-ब्रिटिश सिक्के, और कौड़ी के गोले भी प्रचलित थे, हालाँकि वैध मुद्रा नहीं थे। कोष जायज तरीके से अच्छी तरह से संरक्षित होने चाहिए, या जड़ाई से वजन का असमान परिवर्तन होगा जो प्रचलन के कारण होने वाले नुकसान को बदल सकता है। यदि मिट्टी नम हो, जैसा कि भारत में अक्सर होता है, सदियों से मिट्टी में दफन होने के कारण खंखरी/छिद्रयुक्त चांदी को पीछे छोड़ते हुए मिश्र धातु से तांबा धीरे-धीरे सतह पर आ जाएगा। यह 'डीक्यूप्रिफिकेशन' (decuprification) अन्य देशों में अच्छी तरह से जाना जाता है। भारतीय मुद्राशास्त्रियों ने इसे तकनीकी रूप से असंभव अनुमान से हटा दिया है कि वजन बढ़ाने के लिए चांदी के सिक्के पर पिघला हुआ तांबा लगाया गया था। कई कोषों के निष्कर्ष एक से अधिक कोष के लिए समान सिक्कों की तुलनात्मक स्थितियों द्वारा एकत्रित किए जा सकते हैं। यह भारत में अभी भी मुश्किल है, क्योंकि जिनके अधिकार क्षेत्र में है वे प्राधिकारी या तो विवरण और वजन दोनों के सटीक प्रकाशन की व्यवस्था करने में या सिक्कों को अन्य लोगों द्वारा अध्ययन करने की अनुमति देने में असमर्थ दिखते हैं। इन परिस्थितियों में, पाठक को नई तकनीकों के लंबी व्याख्या के लिए माफ करना चाहिए, जो सभी कोषों पर लागू होता हो।

इन कोषों में सबसे महत्वपूर्ण 1924 में तक्षशिला में भिर स्तूप में पाया गया था। इसके सिक्के सूखी मिट्टी में करीब एक लीटर की क्षमता वाले काँसे के जार, जिसमें वे जमा थे, में अधिक सुरक्षा के साथ बहुत अच्छे से संरक्षित किए गए थे। इस कोष की तिथि लगभग सिकंदर के दो सिक्कों, और उनके पागल सौतेले-भाई और थोड़े समय के उत्तराधिकारी फिलिप एरीडिअस (Philip Arrhidaios) के अनुसार

संभावित थी। बाद वाले ने जैसे कुछ सिक्के जारी किया, तक्षशिला उसकी वास्तविक रियासत से बहुत दूर था, और नमूना टकसाल की स्थिति में था, तो इस खतरनाक धारणा को उचित ठहराया जा सकता है कि जारी होने के तुरंत बाद सिक्का गाड़ दिया गया था। इस प्रकार इस कोष की तिथि करीब 317 ईसा पूर्व है जब एरीडिअस को कैद और हत्या कर दी गई थी। फ़ारसी साम्राज्य का एक सिक्का दारी था (जिसने तक्षशिला को, कम से कम नाम के तौर पर शामिल किया था), जिसमें स्थानीय छोटे परिवर्तन के 79 बिट और स्थानीय मानक और चिह्नों के 33 बेंट-बार थे। जब इन्हें हटा दिया जाता है, तो भी 1059 आहत सिक्के जो कि मगध में और जहाँ कहीं भी मगधी प्रभाव का पता लगता है, वहाँ बहुत प्रचुरता के साथ पाये गए। ये मोहनजोदड़ो वर्ग 'डी' वजन (लगभग 54 रत्ती) के हैं; यानी कि सिक्कों के 95 प्रतिशत वजन में भिन्नता की उसी श्रेणी में आती है, जैसा कि सिंधु शहर के उत्खनन में पाये गए सटीक कट और बहुत अच्छी तरह से संरक्षित 'डी' वर्ग के पत्थर के वजन के हैं। इसका मानक पारंपरिक कार्षापण के 32 रत्ती वजन के साथ बहुत अच्छी तरह मेल होता है।

हालाँकि, व्यक्तिगत रूप से अलग-अलग चिह्नों पर मुहर (आहत) की व्यवस्था के कारण कार्षापण पीटा हुआ प्रतीत होता है, वे अनिवार्य रूप से लगभग सभी बाद के सिक्कों से बेहतर उल्लेखनीय रूप से अच्छी तरह से बने थे। उनकी मिश्र धातु ठीक है, जबकि उनके वजन युद्ध पूर्व ब्रिटिश भारतीय टकसाल के रुपये के समान सावधानी से समायोजित किए गए थे। क्योंकि रुपये के रूप में इससे प्रचलन के प्रभाव का पता लगाना और इसलिए समय के क्रम में सिक्कों की व्यवस्था करना बहुत आसान होता है। एक और उल्लेखनीय विशेषता कालानुक्रमिक व्यवस्था में सहायता करती है। चित और पट पर मुहर (आहत) की स्वतंत्र व्यवस्थाएँ हैं। सामने (चित) में नियमित रूप से पाँच चिह्न होते हैं, जिनमें से प्रत्येक चार-चिह्न समूह एक राजा का प्रतिनिधित्व करता है, पाँचवाँ जारी करने वाली प्राधिकरण, राजकुमार, मंत्री, प्रांतीय शासक या इस प्रकार के लोगों प्रतिनिधित्व करता है। चार चिह्नों में से पहला 'सूरज का प्रतीक' है जो ऐसे सभी सिक्कों के लिए एक आम है। दूसरा छह तीली वाले चक्र के रूप में वर्णित किया जाता है, हालाँकि तीलियां गोले से बाहर की ओर निकली हैं और अजीब बिंदु पर समाप्त होती हैं; छह-बिंदु वाला पहिया का एक खास प्रकार एक वंश को चिह्नित करता है। तीसरा निशान अक्सर छह बिंदु वाले पहिया के होता है, इसलिए चौथा वास्तव में राजा की मुहर है। अशोक के लिए, यह "कैडूसियस" है। यही केवल ऐसे सिक्के हैं जो महान सम्राट के लिए मान्य हैं या मान्य किए जा सकते हैं। यह संयोग बौद्ध परंपरा के दो अशोक के बारे में बताता है, क्योंकि पूर्ववर्ती लेकिन निश्चित रूप से छोटे शासक का तक्षशिला कोष में समान चिह्न (चित्र 23) रहा है। अशोक युग के लोगों ने, जब पाली रिकॉर्ड पहले एक साथ एकत्र हुए थे, नियमित रूप से सिक्कों के दोनों समूहों को प्रचलन में देखा, लेकिन पता था कि पुराना वाला उनका वर्तमान शासक पवित्र अशोक (धम्म अशोक) नहीं था, इसलिए अन्य को कालाशोक कहा जाएगा ['प्राचीन अशोक', या 'काला' (गैर बौद्ध) अशोक]; इस तरह उसका नाम दर्ज किया गया है। पाँचवाँ निशान अक्सर दूसरे समूह में 'चौथा' के रूप में प्रकट होता है, क्योंकि हमें पिता-पुत्र के रिश्ते से उम्मीद करनी चाहिए। दो या तीन मामलों में, एक पुराने समूह के सिक्कों को एक बाद के राजकुमार द्वारा फिर से जारी किया गया, जो उन पर अपने स्वयं के मुहर लगाते थे। यह वंश के एक हिंसक बदलाव से मेल खाता है, और ऐतिहासिक काल में जोगलथम्बी के कोष में नहपान के सिक्कों द्वारा प्रमाणित किया जाता है। इन सिक्कों पर दोबारा जारी किए जाने की मुहर थी और आगे वाले हिस्से पर इसके विजेता सतकर्णि का चित्र था।

यह सोचा जा सकता है कि यह साधन सिक्कों को राजाओं की सूचियों में नामों के अनुसार क्रमवार करके सिक्का समस्या को हल करने के लिए सक्षम बनाता है। इसके साथ परेशानी अभिलेख का असंतोषजनक होना है। ब्राह्मण, जैन, और बौद्ध दस्तावेज एक ही राजा, या विभिन्न सूचियों के लिए अलग-अलग नाम देते हैं। बौद्ध हीनयान और महायान परंपराएँ भी एक दूसरे से भिन्न हैं। सामान्य तौर पर, जैसा कि तीन संप्रदायों के सापेक्ष महत्व से अपेक्षित होगा, पाली बौद्ध वृतांत, हालाँकि असंतोषजनक है, सिक्कों के साथ सबसे अधिक सहमत लगते हैं। बहरहाल, सिक्कों के लिए लगाये गए अनुमान के अनुसार नाम दिया जाना चाहिए। पुराणों में पूरे मगध राजवंश (बिंबिसार से नीचे) को शिशुनाग कहा जाता है। नाम का अर्थ अन्य चीजों के अलावा 'केंचुआ', का निशान सिक्के पर नहीं मिला। नाम के नाग

चित्र 22: शिशुनाग की मुहर (?)

नामकरण को टिप्पणी के बिना पारित कर दिया गया था; इस प्रारंभिक काल में, यह निश्चित रूप से वैदिक आर्य परंपरा में नहीं है, इसलिए कौशल में मातंग जैसे आदिवासी संबंध दिखा सकते हैं। बौद्धों को बिम्बिसार के पिता के तौर पर शिशुनाग के बारे में कुछ भी नहीं पता था, लेकिन पितृहन्ता/पितृघाति अजातशत्रु के बाद पाँचवें शासक को लोगों द्वारा हटा दिया गया, जिनके विद्रोह ने शिशुनाग नाम के एक अमात्य (गवर्नर) को सिहांसन पर बैठाया। यह दोबारा पीटे गए सिक्कों, जिनपर वंश के निशान के रूप में एक पिल्ले (शिशु) के चिह्न से प्रतिबिंबित होता है। पिल्ला पाँच मेहराब के शीर्ष पर फिर से प्रकट होता है जो लगभग सभी कुलचिह्न पहाड़ का, और यहाँ 'स्वर्ग' भी हो सकता है, का प्रतिनिधित्व करता है। ऐसे कई अन्य जानवर या 'मेहराब' पर पेड़ के निशान, जाहिर टोटेम ("कुल देवता"), वंश के निशान; राजवंश 'शिशु के वंशज' रहे होंगे। मौर्यों ने भी मेहराबों पर मोर के चित्र बनाए थे और उनके नाम मोर्या का अर्थ भी 'मोरों का' है। मेहराब-पर-अर्धचंद्र के मौर्य साम्राज्य के निशान मौर्यों के पुराण के अनुसार चंद्र-वंश से मेल खाता है और सोहगौरा तांबे की थाली पर पाया जाता है (चित्र 34)। राजा शिशुनाग जिसका नाम (कूबड़ वाले बैल की अपनी निजी मुहर से) नंदिन हो सकता है (चित्र 23 का आखिरी) में कोष के 391 सिक्के थे, जो किसी भी अन्य की तुलना में बहुत अधिक है। उन्होंने ऐसे व्यक्ति को पीछे छोड़ा जिसने, नन्दी के वंश से उत्पन्न (चित्र 24), अपने 102 सिक्कों पर कबीले के निशान को बदला: उसी वंशवादी चक्र को बरकरार रखा गया है। उसके बाद लगभग 150 सिक्कों पर एक अलग चक्र के साथ एक एकल शासक जो महापद्म नंद होगा (चित्र 25)। अगर हमने नव को 'नौ' के बजाय 'नया' माना तो 'नौ नंदों' की कथा स्पष्ट हो जाएगी, जैसा कि जायसवाल ने बताया। महापद्मा निचली सामाजित स्थिति से थे।

चित्र 23: मुख्य शिशुनाग के शाही सिक्के। पहले दो पिता-पुत्र के संबंध को दर्शाते हैं। आखिरी वाला सबसे मशहूर एकल पूर्व-मौर्य मुहर है (? महानंदिन)

चित्र 24: शिशुनाग के शांतिपूर्ण उत्तराधिकारी नंदिन या नंदा के मुहर

चित्र 25: महापद्म (= नव नंद)

उसके तुरंत बाद मौर्य लोग आते हैं, क्योंकि उनके और कोष के किसी नए सिक्कों के बीच कोई नहीं आता है। ये नवीनतम सिक्के केवल चंद्रगुप्त मौर्य के ही हो सकते हैं। पेशावर संग्रह में फिर से जारी करने के लिए मौर्य के मेहराब पर अर्द्धचंद्र के साथ महापद्म सिक्के दिखाये गए हैं, जिसका निष्कर्ष है कि राजवंश के एक हिंसक परिवर्तन के साथ सिक्कों का परिवर्तन होता था।

नंदों का धन प्रसिद्ध था। इस परंपरा की पुष्टि उनके उच्च मानक के सिक्कों द्वारा होती है, जिसमें अच्छे मिश्र धातु, बारीक और बेहतर बनावट शामिल हैं। मौर्य सिक्के (पहले शासक के बाद) मुद्रा पर बहुत अधिक दबाव दिखाते हैं, जो भारी गिरावट (आधे से अधिक मिश्र धातु का तांबा!), और बहुत अधिक अशोधित प्रारंभिक वजन से परिलक्षित होता है। दूसरे विश्व युद्ध के दौरान, इसी बात को ब्रिटिश भारतीय सिक्कों के साथ देखा जा सकता है, जो क्रमशः सस्ते और सस्ते धातु के थे, जो ढाले गए वजन में अधिक भिन्नता वाले थे, हालाँकि उसकी पूर्ति कागज की मुद्रा की अधिकता से हुई। मौर्य और पूर्व-मौर्य सिक्कों के बीच का अंतर, अन्य 183 मौर्य आहत सिक्कों के साथ कोष की तुलना में व्यक्त होता है जो भीर टीले में पाया गया, जिसकी तिथि करीब डायोडोटस के नए सिक्के के अनुसार 248 ईसा पूर्व है।

पीछे (पट) का निशान अपने तरीके से ज्यादा दिलचस्प हैं। पूर्व-मौर्य सिक्के बिना किसी पीछे के चिह्न के खाली जारी किए गए थे। ये निशान निर्धारित समूहों में बिना बाँटे हुए अग्र हिस्सों की तुलना में बहुत छोटे होते हैं, और अग्र हिस्से की तुलना में कहीं अधिक होते हैं। यदि कोई 'चित' की उपेक्षा करता है और केवल सिक्के को पिछले भाग पर अँकों की संख्या से विभाजित करता है, तो उल्लेखनीय तथ्य यह उभरता है कि औसत वजन पिछले चिह्नों की संख्या में वृद्धि के साथ नियमित रूप से नीचे (चित्र 27) चला जाता है। युद्ध पूर्व ब्रिटिश-भारतीय रुपये और उनकी तिथियों का सह-संबंध बिल्कुल वही है। अब ये पिछले

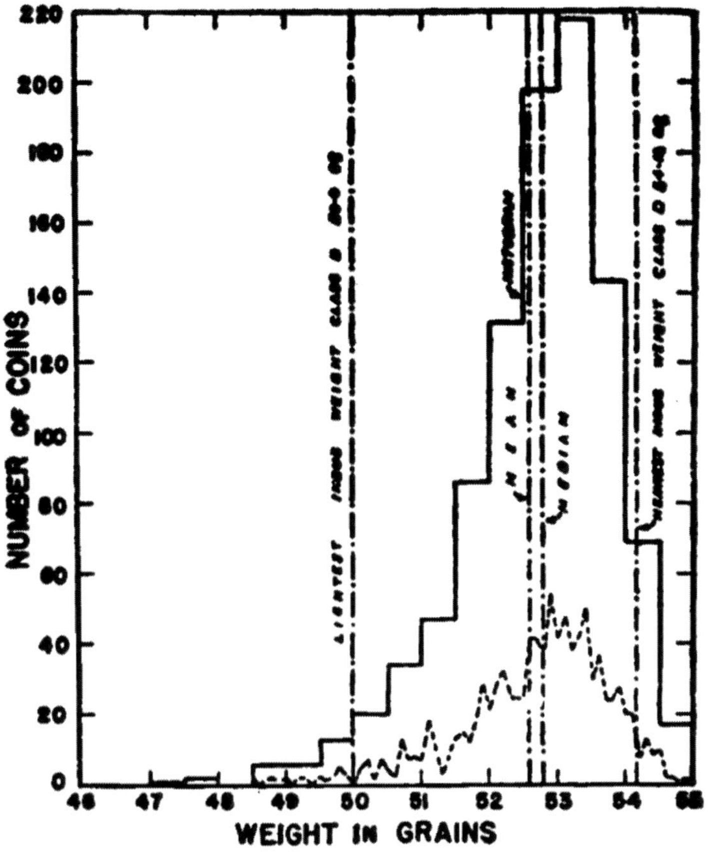

चित्र 26: तक्षशिला कोष से चाँदी के आहत सिक्कों का भार वितरण, और सिंधु "वर्ग डी" पत्थर के वजन के साथ तुलना उपरोक्त चित्र केवल प्रतिनिधित्व उद्देश्य के लिए है

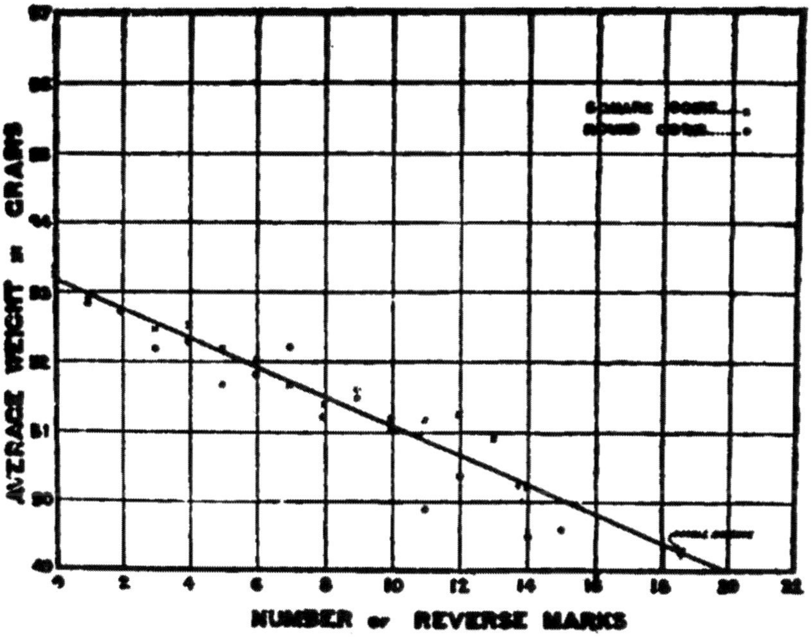

चित्र 27: प्रत्येक पृष्ठ भाग निशान पर वजन की क्षति उपरोक्त चित्र केवल प्रतिनिधित्व उद्देश्य के लिए हैं।

निशान लेवांत से फारसी सिक्कों पर भी पाये जाते हैं, इसलिए वे न तो मगधी हो सकते थे, न ही शाही। वे व्यापारियों के प्रतीत होते हैं, जो एक ही समय में वित्तदाता/वित्त-प्रबंधक, महाजन/साहूकार और कीमती धातुओं के व्यापारी/वितरक थे। आज तक, ऐसे भारतीय 'सर्राफ' के पास अपनी ही मुहर होती है जो केवल अभ्यस्त/जानकारों को पता होती है, जिसे वे परीक्षण के तथ्य को रिकॉर्ड करने के लिए परीक्षण किए हुए धातुओं पर डालते हैं। आज के समय के हिसाब से देखें तो यह मुहरें व्यावसायिक घरानों द्वारा बिल या चेक क्लियर करने के लिए किए गए आधुनिक काउंटर हस्ताक्षरों के के समान होंगी। आकार और विशिष्टता में, वे अमेरिकन ट्रेन कंडक्टर टिकट-पंच के समान होते हैं। यह याद रखना चाहिए कि सिक्के अक्सर निजी निर्माता के होते थे, जिन्हें शाही निशान के ठप्पे के बाद उन्हें प्रचलित करने की अनुमति दी जाती थी। इसके अलावा, धातु का कोई टुकड़ा एक सिक्के के जितना ही अच्छा होता था, अगर उसमें चाँदी की सही मात्रा मिलती थी। यह मोहनजोदड़ो में पाये गए टुकड़ों से प्राप्त प्रतीत होता है, जिनमें कोई निशान नहीं है, लेकिन चाँदी के चद्दर से लगभग 'डी' वजन (54 रत्ती) में काटे गए हैं, लेकिन इसके ठीक ऊपर; सही वज़न में घिसे गए, ये बिना निशान के सिक्के जैसे ही होंगे। व्यापारियों द्वारा शुरू किया गया इस तरह के सिक्के को न सिर्फ पण = सिक्का के साथ पणि, वाणिक = व्यापारी के भाषाशास्त्र संबंधी संबंध के द्वारा देखा जाता है, बल्कि दोहरे मानक के सिक्के के तौर पर देखा जाता है, जिसमें 13 छोटे पृष्ठ भाग निशान और आगे खाली हैं। अंकन व्यापारियों के साथ शुरू हुआ। राजा बाद के स्तर पर जारी करने वाले प्राधिकारी के रूप में कदम उठाते थे जिनके निशान उत्कृष्टता/शुद्धता और वजन की गारंटी देने के लिए होते थे। इस प्रकार हमारे पास वज़न के नुकसान की पूर्ति काल के निशान के तौर पर पिछले निशान से होती थी। कोशल के सिक्के (चित्र 19, 20) कोशल की राजधानी के पास पाइला में पाये गए (सफाई में बुरी तरह उपचार के बजाय), जिसमें नई रैखिक सूचक बनाने के लिए दोनों औसतन वजन और पिछले तरफ के मुहर उपयोग किए गए जो कि कालानुक्रमिक क्रम को पहले से बेहतर बताता है। साथ के चित्र (चित्र 19–25) कोशल एवं मगधी नमूना सिक्कों के लिए मुख्य कालानुक्रमिक व्यवस्था देते हैं। मगधी में पाँचवें चिह्न की वजह से अधिक विविधता थी, कोशल के सिक्के साधारण चार-निशान वाले 3/4 'डी' मानक (साढ़े 40 रत्ती) के थे। वे वंश के एक हिंसक और एक शांतिपूर्ण परिवर्तन भी दिखाते हैं। प्रत्येक मगधी राजा का मुख्य मुद्दा एक हाथी के रूप में पाँचवाँ निशान प्रतीत होता था। बाद में, मौर्य काल में, हम सम्राट के निजी और पाँचवें निशानों वाले सिक्कों को खोजते हैं लेकिन मौर्य वंश के

पहले तीन निशान तीन छोटे होमो-संकेतों से बदल दिये गए। पहले के तक्षशिला के कोष में इस तरह के सिक्के नहीं पाये गए, हालाँकि सिकंदर द्वारा कमजोर की गई शक्तिशाली जनजातियों ने मगध के विस्तार के लिए बफर राज्यों के रूप में कार्य किया था। इनकी सम्राट की निष्ठा के तहत जारी जनजातीय सिक्के के रूप में व्याख्या की जा सकती हैं। पृष्ठ भाग पर निशान/मुहर की व्यवस्था मौर्य काल में गायब हो गई, सिक्के पृष्ठ भाग पर एक शाही निशान के साथ जारी किए जाते थे। किसी भी अन्य निशान की सामान्य अनुपस्थिति को दक्षिण में खोले गए नए क्षेत्र में व्यापार की नई मात्रा के उदय के द्वारा समझाया जाना चाहिए, जो कि उत्तरी व्यापारी संघों की श्रृंखला से अप्रतिबंधित थी, जिसने मगध से लेवांत तक पूरी तरह से नियंत्रित किया। मगधी राजा ने नए राज्य प्रतिबंधों से पुराने व्यापारिक वर्ग के अधिकारों को निलंबित या रद्द कर दिया।

पुराने तक्षशिला कोष की एक और विशेषता ध्यान देने योग्य है, स्थिर अवशोषण दर (चित्र 28)। प्रचलन वाले सिक्कों के 7/10 एक बार आने के बाद बिना मुक्त हुए या पिघलाये पृष्ठ भाग पर निशान/मुहर की व्यवस्था के क्षेत्र में बने रहे। यानी, एक बार चिह्नित प्रत्येक चार सिक्कों में से लगभग तीन को अगले निरीक्षण के समय फिर से चिह्नित किया जाएगा। यह आम सहमति द्वारा महाजनों के बीच की गई आवधिक जाँच का संकेत दे सकता है, जिसके बिना इस वजन और क्षय की दर के स्थिर नुकसान को समझना मुश्किल है। स्पष्ट रूप से व्यापार का संतुलन तक्षशिला के पक्ष में था, क्योंकि मगधी मुद्रा में यहाँ हावी दिखायी देता है, जबकि मगधी या दक्षिणी कोष के बेंटबार प्रकार (100 रक्तिका वजन मानक) के तक्षशिला के सिक्कों की जानकारी नहीं मिली है। यह कि कौशल चिह्न या 3/4 कार्षापण मानक वाला कोई सिक्का तक्षशिला में नहीं पाया गया (अपर्याप्त खुदाई के अलावा), जो साबित करता है कि कोशल काफी समय से इस परिदृश्य से गायब हो गया था। गंगाघाटी में बसाहट के बाद, खासकर नदी के आस पास जंगल के साफ हो जाने के बाद, हिमालयी तलहटी के पास पुराना व्यापार मार्ग अपना महत्व खो देगा; दूसरे शब्दों में, तुलनात्मक रूप से खराब गुणवत्ता वाले सिक्कों के कारण कोशल को सैन्य कार्रवाई के बिना बर्बाद कर दिया गया था।

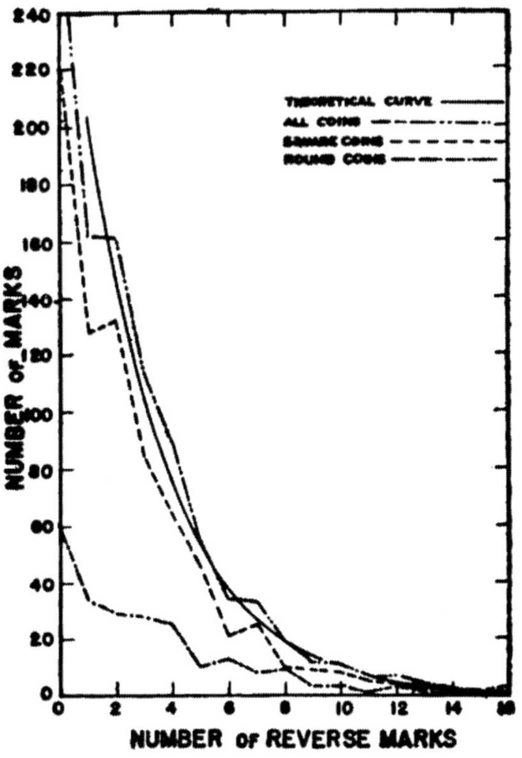

चित्र 28: तक्षशिला में पूर्व-मौर्य मुद्रा का अवशोषण दर उपरोक्त चित्र केवल प्रतिनिधित्व उद्देश्य के लिए है

मगध के सिक्कों और व्यापारी जो उन्हें लाये थे, उनके साथ कुछ ऐसे भिक्षु भी रहे होंगे जिनके पास शांति, भाईचारे और सभी वर्गों के लोगों के बीच तनाव को कम करने का नया सिद्धांत था। इनमें से कुछ, 'शाक्य भिक्षु समुदाय' के सदस्य काषाय (बनारसी कत्थई के रूप में प्रसिद्ध) लाल कपड़े पहन कर बुद्ध का नाम और शब्द लाए थे। चंद्रगुप्त की मगधी सेनाओं द्वारा पूर्व पंजाब के कुछ शेष जनजातीय प्रतिरोधी राज्यों, सिकंदर द्वारा छोड़ी गई मेसीडोनिया की सेना, और सेल्युकस निकटर (Seleukos Nikator) के प्रतिरोधी हमले, जिसने सीमावर्ती प्रांतों को औपचारिक रूप से सौंप दिया, को हटाने से पहले नया शिक्षण गहरी जड़ नहीं जमा सका। पटना में नई सरकार ने तक्षशिला के लिए एक राजप्रतिनिधि नियुक्त किया और कठोर नियंत्रणों को शुरू किया, जो कि अगले अध्याय में दिखाये गए अनुसार लगभग लंबे समय तक स्थापित व्यापार रोक दिया। सिकंदर के छापे के बाद एक पीढ़ी के भीतर, तक्षशिला की आर्थिक स्थिति काफी खराब थी, जो कभी भी पूरी तरह से बहाल नहीं हुई। यह हो सकता है कि तक्षशिला के पुराने कोष को भयावह मगधी हमले की उम्मीद में दफना दिया गया था। हमारे लिए इसके प्रमुख सबक हैं कि इतिहास उन राजकुमारों के विद्वानों द्वारा लिखे नहीं गए जिन्होंने सिक्कों पर मुहर मारा, और न ही उन समर्थकों द्वारा लिखे गए जिन्होंने तांत्रिक चरित्र के उन रहस्यमय प्रतीकों को तैयार किया, और न ही उन

व्यापारियों द्वारा जिनके संघों ने गुप्त कृत्रिम संकेतों को अपनाया। वास्तविक इतिहास यह है कि किसी को भी समकालीन समाज द्वारा संपूर्ण रूप से लिखे गए सिक्कों से पढ़ा जा सकता है, जिसे समाज ने असंख्य विनिमय लेनदेन के माध्यम से धातु को धीरे-धीरे रगड़कर सटीक मानक वजन के लिए गढ़ा था और धीरे-धीरे धातु को बंद कर दिया। सिक्कों के प्रत्येक कोष में अपने समाज के हस्ताक्षर होते हैं।

टिप्पणियां और संदर्भ

1. यहां बौद्ध धर्म के वर्णन के लिए अपने पिता के मराठी लेखन का आभार मानता हूँ जिन्होंने बौद्ध धर्म की आर्थिक नींव को 1913 में दर्शाया (बुद्ध, धर्म, आणि संघ); इस विषय पर उनका अंतिम कार्य था भगवान बुद्ध, (2 खंड., नागपुर, 1940–1, जिसका अब हिंदी अनुवाद उपलब्ध है)। हालाँकि मिथक से युक्तिसंगत हुए बौद्ध-पूर्व इतिहास के बारे में उनकी व्याख्या वांछित होने के लिए कुछ छोड़ देती है, फिर भी मैं भारतीय इतिहास के पहले अध्ययन के लिए उनके शिक्षण का आभार व्यक्त करता हूँ। सूत्रों के लिए, पाली टेक्स्ट सोसाइटी के संस्करणों को संतोषजनक माना जा सकता है, उनके अनुवाद कुछ हद तक कम संतोषजनक हैं। जातक के लिए, J. Dutoit (1906–1921) के सात खंडों का जर्मन अनुवाद कॉवेल एवं अन्य के अंग्रेजी संस्करण की तुलना में कहीं बेहतर है। इसमें E. S. Burlin-game के धम्मपद अथकथा से अनूदित 'Buddhist Legends' (HOS. 28–30) के तीन संस्करणों को जोड़ा जाना चाहिए। SBE. vols. 13, 17, 20, में बौद्ध विनय ग्रंथों का अनुवाद किया गया है, जिसमें पारित करने के लिए महावग्ग और चुल्लवग्ग का इस्तेमाल किया गया है। पाली विषयवस्तु के लिए G. P. Malālasekera's Dictionary of Pāli Names (2 vols. London 1938) देखी जानी चाहिए। किंवदंतियों की प्रमाणिकता पर सवाल करने वाले लोग J. Przyluski's Légende de l'empereur Aśoka (Aśokāvadāna, from the Sino-Tibetan tradition): Paris 1923. को पसंद करेंगे। H. Lüder's posthumous Beobackhungen über die Sprache des Buddhistischen Urkanons (Berlin 1954), edited by E. Waldschmidt, मूल बौद्ध सिद्धांतों के बारे में महत्वपूर्ण प्रश्नों से संबंधित है। A. L. Basham's History and doctrines of the Ājīvikas सबसे हालिया अध्ययन है। उस काल के राजनीतिक और आर्थिक इतिहास का शायद सबसे पहले वर्णन मेरा Ancient Kosala and Magadha JBBRAS. 27 (1952) 180–213 में किया गया है, जो अगले अध्याय के विषय पर भी चिंतन प्रस्तुत करता है।
2. शोरकोट के साथ शिबि की पहचान J. Ph. Vogel, El. 19(1921) 15–17., द्वारा स्थानीय खोज से बनाई गई थी।
3. कोशल और मगध पर मेरे आलेख में ये बातें शामिल हैं। शाक्य गोत्र के बारे में विवरण Brahmin Clans (JAOS. vol. 73, No. 4, 1953) में दिया गया है।
4. मुहर के निशान वाले सिक्कों के लिए, मेरा मूल शोधपत्र Study and metrology of silver punch-marked coins [New Indian Antiquary 4, (1941). 1–35; 49–76]. है। बाद में जानकारी के साथ सारांश लेकिन पद्धति नहीं मगधी एवं कोशल के सिक्कों के बारे में क्रमश: JBBRAS. 24–5, (1948–9) 33–47; 27, (1952) 261–271, में दिए गए हैं। (पाली कोष) के सिक्कों के लिए गणितीय सिद्धांत और इसके सांख्यिकीय आविष्कार का परीक्षण मेरी टिप्पणी The effect of circulation upon the weight of metallic currency (Current Science, Bangalore, 1942; vol. 11, pp. 227–230), में प्रकाशित हुआ था, जो धातु मुद्रा के भार पर प्रचलन के प्रभाव में प्रकाशित हुई थी, जो एक विज्ञान के तौर पर मुद्रशास्त्र के लिए पद्धति को स्थापित करते हैं। पहले उद्धृत पत्र के लिखे जाने के बाद मैंने अर्थ के मेरे मूल्याँकन को बदल दिया है।

अध्याय 7

ग्रामीण अर्थव्यवस्था का गठन

7.1. पहला साम्राज्य।
7.2. सिकंदर और भारत के यूनानी वृत्तांत।
7.3. अशोक द्वारा समाज का रूपांतरण।
7.4. अर्थशास्त्र की प्रमाणिकता।
7.5. अशोक-पूर्व राज्य और प्रशासन।
7.6. वर्ग संरचना।
7.7. राज्य का उत्पादक आधार।

पिछले तीन अध्याय इस कार्य के प्रारंभ में दी गई इतिहास की परिभाषा से दूर हैं। पाठक पुरातत्व से अपरितुलित, तुच्छ पौराणिक सामग्री द्वारा पेश किए गए, विकट पाठ के दलदल में फँस सकता है। यह तथ्य स्पष्ट है कि, समान छोटे वैदिक साम्राज्यों को, आर्य जनताजियों जो जनजातियाँ न तो वेदों को जानती थीं और न ही उनका अनुसरण करती थीं, और मूल निवासियों का अब तक आर्यीकरण नहीं हुआ था को नष्ट करते हुए, मगध गंगा घाटी के प्रभावी राज्य के रूप में उभरा। इसमें शामिल उस प्रक्रिया को ढूँढा जाना है, जिससे जंगल को साफ कर उपलब्ध नई जमीनों पर आबादी में जबरदस्त वृद्धि हुई। वस्तुत: यहाँ पहली बार उत्पादन की बुनियादी इकाई के रूप में आत्मनिर्भर गाँव अंकुरित हुए, जो बाद में फैले होंगे और पूरे भारत की विशेषता बने। पहली प्रमुख ग्रामीण बसावट सीधे राज्य के नियंत्रण के तहत प्रोत्साहित की गई थी, जिन्होंने निजी उद्यम, खास कर व्यापारियों के साथ घातक लड़ाई लड़ी। इसके बाद भारतीय व्यापारी वर्ग बीसवीं सदी तक खामोश बना रहा। तब तक केंद्रीकृत राज्य शक्ति की नींव नई अर्थव्यवस्था ने तोड़ दी। ऐसी महत्वपूर्ण घटना को कालानुक्रमिक ढाँचे में तैयार किया जाना है। इसका अर्थ औपचारिक इतिहास पर कुछ ध्यान देना है जो मौर्य काल से अचानक संभव बन गया है। प्रथम सुपाठ्य अभिलेखों, कई पुरातात्विक अवशेषों, बौद्ध एवं जैन परंपराओं, अर्थशास्त्र, यूनानी दस्तावेजों साथ सिकंदर का हमला, यह सब मिलकर एक अच्छी खासी स्रोत सामाग्री बन जाती है। विद्वान इतिहासकारों के साथा उसी अंतहीन उलझाव में प्रसन्नतापूर्वक लिप्त रहने की बजाय हमें मगध के विस्तार की मुख्य प्रेरणा शक्ति को प्राप्त करने के लिए प्रमुख घटनाओं और स्रोतों की समीक्षा करनी है, अशोक के बौद्ध धर्म में धर्मांतरण के पीछे के दबावों की पड़ताल करनी है, यह देखना है कि तब केंद्रीय शक्ति का पराभव क्यों अवश्यंभावी बन गया। यह मौर्य साम्राज्य ही था जिसने देश को इसकी आगे की राजनीतिक एकता, और राज्य को इसकी सैद्धांतिक परम शक्ति दी। अपनी तरह से, यह यूरोप में रोम साम्राज्य के सदृश है।

7.1. तक्षशिला का राजा[1] 327 ईसापूर्व में सिकंदर के आगे समर्पण किया। अगले वर्ष पोरस की हार हुई और फिर ब्यास नदी के तट पर सिकंदर के सैनिकों ने विद्रोह किया। मैसिडोनिया की सेना पश्चिम की ओर लौट गई और फिर सिंधु नदी के पार चली गई। उनके नेता की मृत्यु 323 ईसा पूर्व में बेबीलोन में हुई। चंद्रगुप्त मौर्य का राज्यारोहण लगभग 320 ईसा पूर्व के दौरान माना जाता है। उनके पूर्वजों, पिप्पलिवन (पवित्र पीपल-वृक्ष का जंगल) के मौर्यों ने बुद्ध के अंतिम संस्कार की भस्म प्राप्त की थी। यह बौद्ध दस्तावेजों को संकलित करते समय सत्तारूढ़ घराने की खुशामद के लिए गढ़ी गई किवदंती हो सकती है, अन्यथा यह जनजाति ज्ञात नहीं थी। 305–304 ईसा पूर्व में सेल्यूकस निकेटर ने हारे सीमांत प्रांतों पर पुन: कब्जे की कोशिश की लेकिन वह पराजित हुआ और उसने चंद्रगुप्त के सामने समर्पण

कर दिया। ऐसा लगता है कि किसी तरह के वैवाहिक संबंध के साथ संधि हुई; सेल्यूकस को दिएगए 500 हाथियों ने अगले वर्ष इप्सस की लड़ाई जीतने में उसकी मदद की। चंद्रगुप्त के पुत्र बिंदुसार ने लगभग वर्ष 297 ईसा पूर्व में राज्य पर शासन शुरू किया जो 273 ईसा पूर्व में समाप्त हुआ, जिसका बहुत कम वर्णन है। यूनानी दस्तावेज एक राजा अमित्रकेटे के बारे में बताते हैं जो यही व्यक्ति हो सकता है जबकि भारतीय दस्तावेज बताते हैं कि चंद्रगुप्त को सिंहासन पर बैठाने वाला महान ब्राह्मण मंत्री चाणक्य उसके पुत्र के शासन के दौरान सेवानिवृत्त हो गया। बिंदुसार का पुत्र अशोक अपने पिता की मृत्यु के चार वर्ष बाद सिंहासन पर बैठा और यह हमें अचानक अपने कई, असाधारण अभिलेखों के साथ उपयुक्त ढंग से भारतीय इतिहास में ले आता है। अशोक के लंबे शासन काल, जो 227 ईसा पूर्व में समाप्त हुआ, में संपूर्ण देश में बुनियादी परिवर्तन चिह्नित हुए, जो बौद्ध सिद्धांत और साथ ही साथ समान मगधी संप्रदायों को अशोक के समर्थन से अभिव्यक्त है।

चंद्रगुप्त की सेनाएँ दक्षिण में भीतर तक, निश्चित रूप से मैसूर राज्य में घुसी थीं, जो अशोक या उसके पिता के वहाँ युद्ध के उल्लेख के बिना ही अशोक के साम्राज्य में थीं। प्राचीन तमिल कविता के वम्बा मोरियार[2] को मौर्य सेना के रूप में उद्धृत किया जा सकता है जो पीछे लौटने या एक पहाड़, जहाँ से उनका रथ आगे नहीं बढ़ सकता था, द्वारा रोके जाने के पहले तक वस्तुत: मदुरै तक पहुँच गई थीं। ईसा बाद दूसरी सदी की अनिश्चित अनौपचारिक संदर्भ तिथि। मौर्य साम्राज्य अतः संपूर्ण देश का पहला वास्तविक 'सार्वभौमिक साम्राज्य' था। अशोक ने केवल एक अति रक्तरंजित युद्ध, कलिंग (उड़ीसा) के विरुद्ध किया, जिसके बाद उसका प्रभुत्व बिना सेना की मदद के सीमाओं के पार तक फैल गया। उसके शासनकाल में दक्षिण में नई शक्तियों का उदय हुआ। उसका पौत्र और उत्तराधिकारी दशरथ तुच्छ उत्तराधिकारियों में पहला था जिसने राजवंश को समाप्त किया। चंद्रगुप्त से ले कर मौर्य सम्राटों की परंपरागत संख्या दस है, हालाँकि अंतिम नामों में भिन्नता है। मौर्यों के आहत सिक्कों में दस पांच-निशान समूह से अधिक नहीं हैं। आखिरी मौर्य सम्राट बृहद्रथ को एक सैन्य समीक्षा में उसके सेनापति पुष्यमित्र द्वारा मार डाला गया। अशोक के आखिरी वंशज, मगध के अधीनस्थ सम्राट पूर्णवर्मन ने ईसा बाद सातवीं सदी (Beal 2.118) की शुरुआत में बोध गया में पवित्र वृक्ष को पुनरारोपण किया था। इसके बाग मौर्य नाम सदियों तक कई छोटे-छोटे इलाकों में स्थानीय रूप से अस्तित्व में रहा जिसके छोटे-छोटे सरदार[3] इस विशिष्ट मूल का होने का दावा करते थे। यह दावा किया गया है कि महाराष्ट्र के चंद्रराव मोरे चंद्रगुप्त मौर्य के वंशज (नाममात्र के लिए) हो सकते हैं! हमारी राय में यह ध्यान रखना महत्वपूर्ण है कि अत्यंत विस्तारित क्षेत्र की बजाय, या के कारण, सिक्के, जो अशोक काल के बाद के नहीं हैं, अत्यंत धातुह्रासित हैं और इनमें निर्णायक रूप से चाँदी की अपेक्षा तांबा ज्यादा है। पुष्यमित्र, जिसके शुंग (गूलर वृक्ष) राजवंश ने सेनापति (मुख्य सैन्य कमांडर) उपाधि बनाए रखी, के समय से प्रथम भारतीय ढले सिक्के दिखते हैं। मुहरबंद सिक्कों की व्यवस्था प्रचलन से बाहर हो गई, हालाँकि बाद में सदियों तक, खास कर दक्षिण में, ये सिक्के प्रचलन में रहे। शुंग साम्राज्य कई आक्रमणकारियों, जिनमें यूनानी भी थे, से पूर्व ही छोटा होने लगा था। इनकी राजधानी विदिशा (बेसनगर) रही लगती है हालाँकि उज्जैन का महत्व खत्म नहीं हो सका होगा। गुप्त काल यानी ईसा बाद 320 ईसवी तक कोई भी साम्राज्य मौर्य के समकक्ष नहीं था, हालाँकि इस अंध अंतराल में कुषाण और शतवाहन साम्राज्यों ने समृद्धि की स्पष्ट छाप प्रदर्शित की।

महान साम्राज्यों का उदय और पराभव, जिनकी जगह किसी अन्य ने नहीं ली, आधार के गहरे परिवर्तनों को इंगित करता है। हमारे वर्तमान दृष्टिकोण द्वारा प्रस्तुत परिणाम को प्रदर्शित करने के लिए इस विचार का विकास किया जाना चाहिए।

चित्र 29: चंद्रगुप्त, बिंदुसार, अशोक

7.2. प्लूटार्क लिखित सिकंदर[4] को एक नमूना पाठ के रूप में लिया जा सकता है जिस पर हमारी विधि कुछ हद तक अलग रोशनी डाले। 'भारत में राजा आम्भी (अंग्रेजी नाम तक्षिल—Taxile) के शासन की सीमा को मिस्र के जितना बड़ा माना जाता था, जहाँ प्रचुर मात्रा में चरागाह थे और अच्छे फलों का उत्पादन

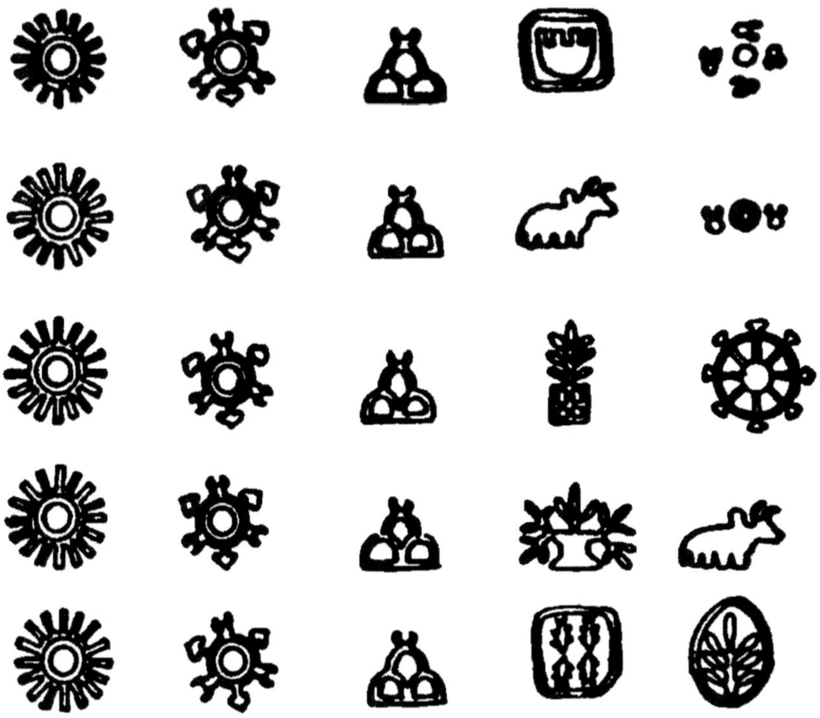

चित्र 30: अशोक के मौर्य उत्तराधिकारी

चित्र 31: बोदिनायककनुर (Bodenāyakanūr) ढेर के दक्षिणी 'मौर्यकालीन' चांदी के सिक्कों पर 5 अग्रवर्ती और पश्चवर्ती मुहर-चिह्न

होता था।' इसके आकार को हास्यास्पद रूप से बढ़ाया गया है; तक्षशिला इतना छोटा राज्य था कि वह पोरस के खिलाफ प्रतिरोध नहीं कर सका। चरागाह का विशेष उल्लेख ध्यान देने योग्य है; यूनानी लूट से पहले तक्षशिला में मवेशियों के विशाल झुंड थे जो वैदिक काल से ही संपत्ति के मानक थे। तक्षशिला की कृषि के बारे में कुछ नहीं कहा गया है। राजा ने सिकंदर को ऐसा कहा: 'यदि आपके इन क्षेत्रों में आने का उद्देश्य हमारे पानी या आवश्यक भोजन को लूटने का नहीं है, तो हमें किस उद्देश्य से एक दूसरे से युद्ध करना चाहिए...।' पानी महज अलंकारिक संवाद नहीं है, क्योंकि आर्यों ने ऋग्वेद काल से ही इस पर लड़ाई की थी। यदि सिकंदर का पानी मोड़ने का कोई इरादा नहीं था, तो इसके लिए लड़ने के लिए कुछ भी नहीं होगा। तक्षशिला के राजा के प्रति सिकंदर की उदारता एक निजी मामला नहीं थी, बल्कि गैरसैन्य महत्व के सभी व्यापार केंद्रों के लिए तय नीति थी।

'लेकिन भारत के सर्वश्रेष्ठ सैनिक अब कई शहरों (तक्षशिला के पास) की सीमा में उनकी रक्षा करने के लिए प्रवेश कर रहे हैं और उन्होंने यह इतनी बहादुरी से किया कि उन्होंने सिकंदर को तब तक बड़े संकट में डाले रखा, जब तक कि स्थान के समर्पण के लिए संधि नहीं हो गई, जब सैनिक लौटने लगे तो सिकंदर ने उन पर धावा बोल दिया और उन्हें मौत के घाट उतार दिया। युद्ध में उसकी उपलब्धियों पर उसका यह एक संधि भंग कलंक बना हुआ है।'

सिकंदर प्रतिरोध के केंद्रों की रक्षा के लिए अपने पीछे पेशेवर सैनिकों को छोड़ने का जोखिम नहीं उठा सकता था। किसी भी नगर की सैन्य कमान संभाल सकने वाले जनजातीय क्षत्रिय क्षेत्र में एक नया कारक थे जहाँ कुछ ऋग्वैदिक जनजातियाँ अब भी अपने मूल रीति-रिवाज और इलाके को बनाए हुए थीं। मध्याकालीन राजपूतों की तरह, जनजातीय नीति की पूर्ण असंगति ने आक्रमणकारी के प्रतिरोध के लिए आबादी के जमा होने पर एक के बाद एक उनके गढ़ों के हाथ से निकलने को सामान्य मामला बना दिया। दूसरी तरफ, जनजाति-इतर योद्धा स्थायी खतरा थे। 'और न तो वह (सिकंदर) उसके पक्ष में शामिल होने वाले राजाओं के खिलाफ चढ़ाई करने वाले और स्वतंत्र राष्ट्रों से उनका विरोध करने की माँग करने वाले भारतीय दार्शनिकों द्वारा कम परेशान किया गया है। उसने इनमें से कई को पकड़ लिया और फाँसी पर लटका दिया।' यहाँ दार्शनिक का अर्थ ब्राह्मण है, भिक्षु नहीं जिनके साथ वे नियमित रूप से वर्गीकृत थे। ब्राह्मण, जिसका अपने पोषण के लिए अंधविश्वासों को बढ़ावा देने पर सभी लोग उचित रूप से विरोध करते थे, जनजातियों के बीच कड़ी था, एक ऐसा वर्ग जो जनजाति से परे एक समाज के बारे में सोच सकता था। इस चरण में, पंजाब में ब्राह्मण जनजाति के भीतर बने हुए थे जबकि पूरब में में पहले ही जनजातिहीन जाति बन गए थे। भिक्षुओं ने जनजाति और जाति और साथ ही साथ परिवार और संपत्ति का त्याग कर दिया था।

अंतिम पुरु राजा (जिसके बारे में सिकंदर के स्वयं के पत्रों से पढ़ने का प्लूटार्क ने दावा किया था) केसाथ युद्ध का वृत्तांत अपने हड़बड़ी भरे परिणामों से ध्यान भंग करता है:

"लेकिन पुरु के साथ इस युद्ध ने मैसिडोनिया के साहस को मार दिया और भारत में उनकी आगे की प्रगति को रोक दिया। मैदान में बीस हजार पैदल सैनिक और दो हजार घोड़े लाने वाले दुश्मन को हराना काफी मुश्किल दिखने पर उन्होंने सोचा कि उनके पास गंगा के भी पार ले जाने की सिकंदर की योजना का विरोध करने का कारण था, जिसके बारे में उन्हें बताया गया था कि गंगा 32 फर्लांग चौड़ी और सौ फैदम गहरी है और नदी का दूसरा किनारा दुश्मनों के समूह से अटा पड़ा है। उन्हें बताया गया था कि गंगारिद और प्रायेशी [प्राच्य, 'पूरबिये'] के राज अस्सी हजार घोड़ों, दो सौ हजार पैदल सैनिकों, आठ हजार सशस्त्र रथों, और छह हजार लड़ाकू हाथियों के साथ उनका इंतजार कर रहे हैं। यह उन्हें निरुत्साहित करने के लिए फैलाई मात्र एक अफवाह नहीं थी। एंड्रोकॉटस (चंद्रगुप्त), जिसने इसके कुछ समय बाद ही उन हिस्सों पर शासन किया, ने सेल्यूकस को एकबारगी पाँच हजार हाथी उपहार में दे दिए और छह सौ हजार लोगों की सेना के साथ पूरे भारत को अपने अधीन किया हुआ था।"

गंगा की चौड़ाई अतिरंजित नहीं थी क्योंकि यह बरसात के मौसम, जो पहले ही शुरू हो चुका था, में व्यापक हो सकती थी। यूनानी विजय आंशिक रूप से मॉनसून में यात्रा या अभियान विरोधी पारंपरिक भारतीय धार्मिक आचरण के कारण हुई थी। वेगवती भारतीय नदियों को पार करना निर्विवाद रूप से मुश्किल था, जैसा कि दो हजार वर्ष बाद अहमद शाह दुर्रानी ने जमुना में अपनी आधी सेना को खो कर समझा; मराठों, जिन्होंने मार्ग के विरोध (नदी के वेग) की उपेक्षा की, ने पानीपत के युद्ध और साम्राज्य के आखिरी अवसर को गवाँ दिया। पुरु के रथ यूनानी घुड़सवार सेना के खिलाफ विफल रहे, जो भारतीय घुड़सवारों से भी उत्कृष्ट थे। ठीक से संचालित किया जा सका होता तो हाथी सेना यह लड़ाई जीत सकती थी, लेकिन पंजाब के जनजातीय क्षेत्र में तब ऐसा गहन सामरिक ज्ञान विकसित ही नहीं हो सका था, जो ऐसे अत्यधिक गतिमान और अनुभवी शत्रु टक्कर दे पाता। एक शाखा, जो किसी यूनानी आक्रमण का मुकाबला कर सकती थी, धनुर्धरों की थी, जिसका ठीक ढंग से उपयोग नहीं हुआ (क्रेसस के खिलाफ पार्थियनों के उदाहरण से स्पष्ट) और यह मानसूनी बारिश में कम प्रभावी थी। भारतीय धनुष छह फुट लंबे थे; धनु=धनुष फैदम मापक के समानार्थी है। एरियन (Indika 16; Meg. 225) ने उल्लेख किया है कि भारतीय धनुर्धारियों के तीरों का कोई प्रतिरोध नहीं हो सका था, जिनके लंबे तीर एकसाथ ढाल और कवच को बेध देते थे। यह सिकंदर का व्यक्तिगत अनुभव था, सिरे के साथ माली का तीर, जो तीन अंगुली चौड़ा और चार अंगुल लंबा था, कवच को बेधता हुआ विजेता की पसलियों में धँस गया और बहुत मुश्किल से निकाला गया। यह नायक को लगी सबसे गंभीर चोट थी। गंगारिडों (Gangaridans) की भारी सेना का अर्थ ग्रेनिकस (Granicus) की छोटी धारा में बोझल फ़ारसी सेना/दल से इतर कुछ और था। इसे केवल नदी मार्ग से रणक्षेत्र में भेजा जा सकता था, इसलिए गंगा की रक्षा अच्छी तरह से की गई होगी।

सिकंदर भारतीयों के एक अन्य समूह से मिला जिन्हें 'दार्शनिक' यानी ब्राह्मण और 'नाग' यानी श्रमण भिक्षु के रूप में वर्गीकृत किया गया। प्लूटार्क (Plutarch) ने आठ के साथ सामूहिक साक्षात्कार को दर्ज किया जिनमें से दो के उत्तर उल्लेख योग्य दिखे: 'उसने चौथे को उन्हें बताने को कहा कि बगावत के लिए उन्हें उत्प्रेरित करने के लिए वह जवानों को क्या तर्क देने का अभ्यस्त है। उसने कहा 'इसके अलावा कुछ नहीं कि उन्हें या तो सम्मान से जीना या मरना चाहिए।'' यह व्यक्ति नि:संदेह ब्राह्मण था: यह भावना फिर भगवद्-गीता (2.37) से मिलती है। मगध के राजा, भाट और पुरोहित युद्ध से पहले इसी तरह सैनिकों को प्रोत्साहित करते थे (अर्थशास्त्र. 10.3)।

'आठवें ने उन्हें कहा, 'जीवन मृत्यु से अधिक शक्तिशाली है, क्योंकि यह बहुत सारे कष्टों का समर्थन करता है।'' यह गंगा के मैदान के समकालीन दर्शन की असली भिक्षुक ध्वनि है, जो जीवन को कष्ट के रूप में देखता है जो यह नि:संदेह अधिकांश के लिए था। डायोजीनस द डॉग-मैन (चिड़चिड़ा; लेकिन सनकी होने के बावजूद डायोजीनस के दर्ज व्यवहार को श्वान-व्रत नहीं कहा जा सकता था) के अनुयायी ओनेसीक्रीटुस (Onesicritus) को क्षेत्र के अग्रणी शिक्षकों की पड़ताल करने के लिए भेजा गया। उनमें से एक ने उसे निर्देश लेने के लिए अपने सामने नग्न हो कर आने का आदेश दिया (Strabo 15.1.64 भी)। इसे शुद्ध धृष्टता समझा गया था, लेकिन यह महज यह संकेत देता है कि शिक्षक आजीवक या नव जैनी जैसे एक नग्न संप्रदाय का है। यह माना जाता है कि सिकंदर ने कुछ और नहीं बल्कि सामान्य फकीरों को देखा था जिन्हेंउसके बाद सभी आक्रमणकारियों ने देखा। क्योंकि इन संप्रदाय का उदय छठवीं सदी ईसा पूर्व से बहुत पहले नहीं हो सकता था, और यह मानना मुश्किल है कि पंजाब में स्वतंत्र रूप से उनका उदय हुआ। सिंकदर को तक्षशिला में जो दर्शन दिखा उसपर मगध की छाप थी, वैसी ही जैसी तक्षशिला के राजा द्वारा उसे समर्पित चांदी के सिक्कों में थी। मगध की सेना से उसकी मुठभेड़ नहीं हुई।

भारत की सभी यूनानी रिपोर्टों में शामिल विलक्षण तत्व अंतर्निहित वास्तविकता के मूल्याँकन को मुश्किल बनाते हैं जब तक कि संदर्भ ज्ञात न हो। यूनान के दृष्टिकोण में नदियों, जिनके सामने उनकी अपनी नदियाँ मामूली लगती थीं, और जादुई मिट्टी, जो वर्ष में दो या यहाँ तक की तीन फसलें देती थीं, के साथ भारत एक विलक्षण देश था। आखिरकार, हाथी भी भारतीय के लिए एक बढ़िया जीव है। ऊन पेड़ों पर उगता था—हालाँकि भारतीयों ने कपास में कोई आश्चर्य नहीं देखा! भारतीय ईख, जिसमें शहद सा मीठा रस था, को गन्ना के रूप में पहचाना गया; यूनानियों ने इसे पाषाण शक्कर के अपने प्रथम अनुभव 'लोबान के रंग के पत्थर, अंजीर या शहद से मीठा' के साथ नहीं जोड़ा (Strabo. 15.1.37; Meg. 54)। भारतीयों ने मुँह के वचनों से अपने अनुबंध किए और उनका ईमानदारी से पालन किया: 'लेकिन नि:संदेह कोई भारतीय (कभी) वचन तोड़ने का दोषी नहीं है' (Meg. 217)। कोई भी राज्य और यूनान में अत्यंत चुनिंदा लोगों को छोड़ कर कोई अपने ज्ञात इतिहास में किसी भी काल में इस ईमानदारी का दावा नहीं कर सकता। हेलेनिक नगर-राज्य में अंतहीन न्यायिक हीला-हवाली रोजाना के न्यायिक कार्य थे; शास्त्रीय पुरातनता से ग्रैकुलस एसुरीएन्स (Graeculus esuriens) को प्रदान अवमानना पूरी तरह से उचित थी।

भारतीय जाति व्यवस्था का मेगस्थनीज (Megasthenes) का दिया विवरण भी अस्तित्व में था क्योंकि यूनानी नजरों के लिए यह असाधारण था। सात विशिष्ट वर्ग (जीनिया, या मेरो) थे जिनके बीच अंतर्विवाह परंपरा और विधिक रूप से वर्जित था। यह क्रम में थे: 1) दार्शनिक, ब्राह्मण साथ ही साथ भिक्षुक नाग; 2) खेती करने वाले किसान जिन्हें जोरगोई कहा जाता था; 3) चरवाहे-शिकारी; 4) कारीगर और फुटकर व्यापारी; 5) योद्धा; 6) राजा या स्वतंत्र नगरों के मजिस्ट्रेटों को लोगों की सभी गतिविधियों की खबर देने वाले पर्यवेक्षक या अधीक्षक; 7) नीति निर्धारित करने वाले, सशस्त्र सेनाओं के अधिकार प्राप्त रखने वाले, न्यायिक प्रशासन देखने वाले, राज्य के सभी मामलों को नियंत्रित करने वाले नियंता-पार्षद। यह भारत की परंपरागत चार-जाति व्यवस्था से मेल नहीं खाता, इसलिए इसे परिस्थितियों पर नजर डाले बिना मेगस्थनीज को संदेहास्पद बनाने में उपयोग किया गया। यह स्पष्ट है कि दूत ने देश पर शासन करने वाले मगधी संगठन के बारे में बताया। सिकंदर ने केवल जनजातीय पुजारियों, भिक्षुओं और योद्धाओं से मिलने के कारण पंजाब में ऐसा जाति-वर्ग नहीं देखा। मेगस्थनीज ने भारतीय शास्त्रों से तथ्य उधार ले कर अपनी रिपोर्ट को सुसज्जित नहीं किया (जैसा कि उसके 1300 वर्ष बाद अलबरूनी ने किया) बल्कि उसने जो देखा, वह बताया। प्रथम वर्ग के बारे में एक प्रश्न है; अशोक के अभिलेखों में भी श्रमण और ब्राह्मण एक ही स्तर में रखे जाते थे और समान सम्मान पाते थे। मेगस्थनीज के अनुसार श्रमण ब्रह्मचारी होते थे और अपना प्रचार नहीं करते थे, जबकि ब्राह्मण 35 वर्ष की उम्र तक अधिकांश संन्यासियों के तहत कड़े प्रशिक्षण में रहते थे। इसके अलावा, दोनों के पवित्रता के लिए विशेष दावे थे, इसलिए एक जाति में वर्गीकरण अनुचित नहीं है। घुमंतू खानाबदोश के रूप में वर्णित तीसरा वर्ग उत्तरजीवी व्रात्य जनजातियाँ, आर्य, आर्यीकृत, समाज के साथ मिश्रीत, या श्रेणी समाज था, जो बर्बर नहीं था। भारत के कई हिस्सोंमें भेड़ चरवाहे मानसून के चार महीनों को छोड़ कर अब भी इस घूमंतू दिनचर्या का अनुसरण करते हैं। जन जनजाति अब गण समुदाय बननेकी ओर प्रवृत्त थी। वर्ग 5 के लड़ाकू लोग निश्चित रूप से क्षत्रिय हैं। शेष के बारे में प्रश्न बना हुआ है। यह बाद में प्रदर्शित किया जायेगा कि हस्तकला उत्पादन अभी गाँवों में नहीं गया था। एक वर्ग (संख्या 4) नगरों में वस्तुओं का उत्पादन करता था और फिर ग्रामीण क्षेत्रों में बिक्री के लिए उनकी ढुलाई करता था; इनके (वैश्य) जाति का निर्माण करने या निर्माण करते हुए दिखने की सर्वाधिक संभावना होगी। 6 और 7, दो अधिकारी समूह, बाद में जिन्हें विशेष रूप से अग्रणी नागरिकों में से चयनित किया गया, ऐसे देश में फिर जाति बन जायेंगे

जहाँ समाज में पृथक पुर्जों के समूहीकरण की नई विधि के रूप में जाति की वेष में वर्ग उभरा था। बाद में कायस्थ जाति (cf. P. V. Kāṇe, Hist, of the Dharmaśāstra 2.75–77) का गठन ठीक उसी प्रकार से विभिन्न मूल के लोगों से किया गया। कायस्थ मूल रूप से साम्राज्य के दस्तावेज रक्षक थे। इस जाति का गठन मौर्यकाल से प्रारंभ हुआ हो सकता है, जब इसके कार्य दिखने लगे, हालाँकि यह शब्द तीसरी सदी ईसा पूर्व में ज्ञात नहीं था। उच्च सलाहकार श्रेष्ठता का दावा करेंगे; स्वयं द्वारा जाति बनाने के लिए उनकी पर्याप्त संख्या थी। एक विशाल वेतनभोगी अधिकारियों का अस्तित्व इस महत्वपूर्ण बिंदु पर अर्थशास्त्र के साथ मेगस्थनीज की करीबी सहमति द्वारा प्रदर्शित किया गया है। रज्जुक, महामात्य, दूत ने पेशेवर विशिष्टताओं के साथ इन दो जातियों को बनाया। इन जातियों का गायब होना दर्शाता है कि वे कितनी बारीकी से राज्य के एक विशेष रूप से बंधे थे।

बचा हुआ वर्ग 2, जोरगोई (georgoi), को 'खेतिहर के संस्कृत में सामान्य समानार्थी के रूप में वैश्य के समकक्ष रखा जाता है। दुर्भाग्यवश, मेगस्थनीज ने सामान्य संस्कृत का शब्दकोष संकलित नहीं किया था। वर्ग को अत्यंत सावधानीपूर्वक व्याख्यायित किया गया: ये आबादी का कहीं अधिक सबसे बड़ा हिस्सा* थे। वे चरवाहा-शिकारियों के मामूली योगदान के साथ लगभग संपूर्ण अधिशेष भोजन का उत्पादन करते थे। उन्होंने कभी शहरों में प्रवेश नहीं किया, कभी हथियार नहीं चलाये थे, उन्हें 'सैन्य कर्तव्यों से छूट' थी, उन्होंने जमीन और किसान पर स्वामित्व के लिए लड़ने वाली सेनाओं की निगरानी में अपने खेतों को जोतना जारी रखा। यह वैश्य (जिनके पास अभी भी सशस्त्र होने और पद संभालने का अधिकार है) का वर्णन नहीं करता, बल्कि शूद्र का करता है जिन्हें बहुत सावधानी से नि:शस्त्र किए गए थे और न तो सेना में और न ही राज्य तंत्र में उनकी भूमिका थी और न ही उत्पादन के साधनों पर स्वामित्व रखने का अधिकार था। वैश्य यदि मेगस्थनीज की वर्णित योजना में कहीं सटीक बैठते थे, तो वह वर्ग 4 था। यह कथन कि सभी भूमि राजा या स्वतंत्र शहरों की थी, जिस पर इन ग्रामीण अग्रोईकोई (खेतिहर) प्रतीत होने वाले लोगों द्वारा अधिकारियों या नगर मजिस्ट्रेटों को नजराना दिया जाता था जो कुल फसल के एक चौथाई से कम नहीं होता था, यह पूरी तरह से इस समीकरण को शूद्र तक ले जाता है। सिकंदर की कहानी में भूमि के किसी के स्वामित्व में होने के बारे में कोई वक्तव्य नहीं है। दूसरी तरफ, प्लूटार्क के सिकंदर में भी स्वतंत्र नगरों का उल्लेख है। ये महज पूर्व या वर्तमान जनजातीय बस्तियों का मुख्यालय थे, जिनके नागरिक महाकाव्यों और अर्थशास्त्र में पौर-जनपद के रूप में उद्धृत हुए हैं।

ये गुप्तकाल से पूर्व देश से तिरोहित हो गए, हालाँकि इकाई अभी भी रुद्रदमन के गिरनार शिलालेख में मिलती है (ईसा बाद 150 ईसवी)। यह सुझाव दिया जा सकता है कि मौर्य काल (चित्र 32) के मानव-चिह्नित सिक्के सम्राट के अधीन जनजातीय 'स्वतंत्र नगरों' के हैं। पौर-जनपदों के पास पूर्व-मौर्य काल, जब मगध के राजाओं ने सुनियोजित रूप से नगरों को कम किया और जनजातीय सेनाओं का ध्वंस किया, में ऐसे सिक्के जारी करने का अधिकार नहीं था, और संभवत: संपत्ति भी नहीं थी। इस विध्वंस के अधिकांश भाग को सिकंदर ने पूरा किया था। इसने जनजातीय अधिकार और जनजातीय दायित्वों से अबाधित वर्ग समाज की प्रगति को त्याग दिया, और ब्राह्मण अब नई जनजातियों को खोजने या नए व्यवसायों को अपनाने के लिए स्वतंत्र हो गए। जैसा कि दस्तावेज बताते हैं, उन्होंने दोनों किया।

मेगस्थनीज के काल में पटना विश्व का सबसे बड़ा नगर था, जो यूनानियों द्वारा बनाए गए किसी नगर से अत्यधिक बड़ा था, या द्वारा हासिल किया जा सकता था। उनके द्वारा वर्णित बाड़े और बुर्ज पटना-बाँकीपुर के जलप्लावित उपनगरों में पाये गए हैं। ऐसी राजधानी और उसका साम्राज्य बिना गुलामों के स्थापित किया जा सकता है, इसने स्वाभाविक रूप से पश्चिमी पर्यवेक्षकों को समस्त भारतीय विशेषताओं में से सर्वाधिक शानदार ढंग से प्रभावित किया। एरियन (Indika 10; Meg. 210) ने मेगस्थनीज को उद्धृत किया है:

"सभी भारतीय स्वतंत्र हैं और उनमें से एक भी दास नहीं है। यहाँ Lakedemonians/Lacedaeminian (लैकडीमन) लैकडीमनों/लैकडीमन- वासियों और भारतीय अब तक सहमत हैं। हालाँकि लैकडीमनों ने बंधुआ को दास के रूप में रखा है, ये बंधुआ भद्र श्रम करते हैं; लेकिन भारतीयों ने बाहरी लोगों को दास के रूप में भी प्रयोग नहीं करते बल्कि अपने देशवासी जैसा ही मानते हैं।"

---

* Arrian, Indika xi: Secundum genus hominum post sophistas sunt agricolae, qui quidem numero reliquas Indorum tribus longe superant. Hi neque arma habent, quibus in bello utantur, neque bellicas res curant; sed arbores eolunt, et regibus liberisque urbibus tributa pedunt. यह डियोडोरस की भ्रामक भावुकता के विरोधाभासी है क्योंकि ये कृषि प्रयोगकर्ता स्पष्ट रूप से नि:शस्त्र थे, न कि दार्शनिक जिन्होंने युद्ध को खारिज कर दिया।

चित्र 32: बिन्दुसार और अशोक के शासन के तहत जनपद सिक्कों पर मुहर सील

निक्षिप्त करते हुए, बंधुआ का उल्लेख सर्वाधिक उपयुक्त है क्योंकि यह शूद्र जाति के सबसे करीब बैठता है। दासत्व के बारे में स्पष्ट कथन महज कल्पना नहीं हो सकता, क्योंकि मेगस्थनीज ने एक ऐसे राजा का प्रतिनिधित्व करता था जिसने चंद्रगुप्त के साथ एक हारी हुई लड़ाई लड़ी थी और उसने विजेता के हाथों अपने बहुत से लोगों को दास के रूप में खो दिया होता, यदि भारतीयों के पास यूनानी प्रारूप पर किसी प्रकार की दासता होती। सिकंदर ने सीमांत प्रांतों और पंजाब के हिस्से में कुछ वर्ष पूर्व 70,000 से ज्यादा दासों को कब्जे में लिया था। यूनान में प्रक्रिया काफी सामान्य थी, जेनोफॉन के दस हजार लोगों में से प्रत्येक ने कूच/प्रयाण के दौरान एक या दो दास लिये थे। सुकरात का शिष्य और उनका सांस्कृतिक मुखिया ने दासों और फिरौती के लिए अपहरण छापों के जरिये अंतत: अपनी संपत्ति/धन पुन: प्राप्त कर ली। असल दिक्कत ड्योडोरस सिकुलस (Diodorus Siculus) की दार्शनिक व्याख्या से उत्पन्न हुई जिसने मेगस्थनीज द्वारा वर्णित स्थिति को आदर्शीकृत किया:

'भारतीयों में मौजूद कई उल्लेखनीय रीति-रिवाजों में से, उनके प्राचीन दार्शनिकों द्वारा निर्धारित एक को वास्तव में प्रशंसनीय माना जा सकता है: कानून के इस फरमान के लिए कि उनमें से कोई भी किसी भी परिस्थिति में दास नहीं होगा, लेकिन स्वतंत्रता का उपभोग करते हुए वे सभी को मिले समान अधिकारों का सम्मान करेंगे: (उन्होंने सोचा था) कि जिन्होंने न तो अत्याचार करना सीखा और न चापलूसी करनी सीखी, उन्हें बहुत सारे उतार-चढ़ाव के लिए अनुकूलित जीवन प्राप्त होगा: क्योंकि यह सभी पर समान रूप से बाध्यकारी कानून बनाने के लिए निष्पक्ष और उचित है, लेकिन यह संपत्ति को असमान रूप से वितरित करने की अनुमति देता है' (Meg. 38; Dio. Sic. II. 39, text E. Schwanbeck, Bonn 1846)।

यह ड्योडोरस की ओर से शुद्ध आदर्शीकरण है. जो स्वयं दासता के विरुद्ध था। भारतीय दार्शनिकों ने कभी सामाजिक असमानता, जो जाति व्यवस्था उनके समाज में उत्पन्न हुई थी, के बारे में सिर नहीं खपाया; केवल कुछ ही व्यक्ति श्रमण परित्याग के जरिये इसे पार कर सके थे। खराब अनुवाद या खराब छपाई के कारण मामला बहुत खराब हो गया है, यूनानी यूथीस (euêthes) और एक्सोसियस एनोमेलस (exousias anomalous) के लिए उद्धरण के आखिरी वाक्य में दो इटैलीकृत अंग्रेजी वाक्यांशों की तुलना में लैटिन अनुवादक के स्टेटम (stuttum) और इनइक्वेलाइटेटम फैकल्टेटम (inayqualitatem facultatum) शब्द बेहतर प्रतिनिधित्व कर रहे हैं। तब अंतिम वाक्य इस तरह खत्म होना चाहिए: 'ऐसे कानून बनाना बेवकूफी है जो सभी पर समान रूप से बाध्यकारी हों लेकिन अवसरों के असमान वितरण की अनुमति देते हैं।' जैसे दासता की समस्या के लिए यूनानी ड्योडोरस के समाधान को अपनाने में विफल रहे, उसी तरह भारतीय 'अपरिष्कृत' रवैया के बदले प्राकृतिक घटनाओं के बारे में यूनानी तर्क को अपनाने में विफल रहे क्योंकि भारतीय दार्शनिकों के बीच यूनानी वैज्ञानिक सोच के माने जाते थे। प्रत्येक मामले में कारण समान थे: स्वामित्व वाले वर्ग को परिवर्तन से हासिल करने के लिए कुछ नहीं था जबकि उपभोक्ता वस्तु उत्पादन की स्थिति दोनों समाजों में पूरी तरह से भिन्न थी।

7.3. चन्द्रगुप्त और बिंदुसार की सेनाओं के उत्तराधिकारी ने हमारे लिए पत्थरों में खुदे अपने शब्द छोड़े हैं। किसी भी देश के शिलालेख के लिए पहले कदम के रूप में अशोक के प्रतिलेख उल्लेखनीय होंगे। अशोक के समय से पहले बने कुछ ज्ञात स्तूप और संरचनाएं

(जिनमें बहुत बड़ी ईंटों का प्रयोग किया गया था), अशोक द्वारा बनवाई गई इमारतों की संख्या की तुलना में नगण्य हैं। पटना (कुम्रहर) में मौर्य महल की पाँचवीं शताब्दी की शुरुआत में चीनी तीर्थयात्रियों ने सराहना की थी, लेकिन वह अगले दो सौ साल में आग से नष्ट हो गया। माना जाता है कि बड़े पत्थर के खंभे 100 फुट या अधिक नरम गीली मिट्टी के अंदर गए थे, जिस पर लकड़ी के आधार धरन के द्वारा सहारा दिया गया था। हाल ही में पुरातत्व ने इस अनुमान को अस्वीकृत कर दिया है (IAR. 1955, p. 19)। चीनी लोगों द्वारा वर्णित अशोक के ग्रेनाइट स्तंभों की शानदार पॉलिश की कनिंघम द्वारा सारनाथ में पहली खुदाई के बाद पुष्टि हुई, जिसे उनके यूरोपीय पाठकों द्वारा असंभव कह कर हँसी में उड़ा दिया गया था। स्तम्भ के शिखर पर शेर को अभी भी दुनिया की महान कलाओं में एक माना जाता है (हालाँकि इसने जिस सम्प्रभुता चक्र को सहारा दे रखा था, वह दुश्मन आगंतुकों, बर्बर आक्रमणकारियों की कार्रवाइयों में टूट गया), जो भारत का राष्ट्रीय प्रतीक बनने योग्य है। फिर भी, राजा के इरादों और आधुनिक पर्यवेक्षकों पर उनके प्रभाव के मामले में, अशोक के स्मारकों की सबसे प्रभावशाली बातें उनके शिलालेख के शब्दों में ही हैं। उनके स्पष्टीकरण[5] उस पीढ़ी के लिए भी एक प्रशंसनीय उपलब्धि थे जो मिस्र के चित्रलेखों और पहली कीलाक्षर लेखन के गवाह रहे जिसने मानव ज्ञान को फिर से सुरक्षित किया। यह सिंकदर के बारे में किए गए कार्यों और मगध शासकों के बारे में मेगस्थनीज की बची हुए जानकारी जो कुछ बताती है, ये उसके इतने विपरीत हैं कि इसकी फिर से समीक्षा किया जाना आवश्यक है।[6]

(RE. 1): "धम्म (नैतिकता) पर यह प्रतिलेख देवताओं-के-परमप्रिय राजा प्रियदर्शी द्वारा लिखे जाने के कारण हुआ है। यहाँ (मेरे राज्य में) किसी भी जीवित वस्तु को मारकर बलिदान नहीं दिया जाना चाहिए। और कोई समाज, त्योहार की सम्मेलन नहीं होनी चाहिए। देवताओं-के-परमप्रिय प्रियदर्शी को अधिकांश बुराई त्योहार के सम्मेलन में दिखती है। फिर भी, कुछ (प्रकार की) त्योहार की गोष्ठियाँ ऐसी हैं, जिन्हें राजा प्रियदर्शी ने सराहनीय माना है... पूर्व में राजा प्रियदर्शी की रसोई में... कई लाख जानवर भोजन/सालन बनाने के लिए रोजाना मार दिएजाते थे। लेकिन अब, ... केवल तीन जानवर भोजन/सालन के लिए मारे जा रहे हैं: दो मोर और एक हिरण, हालाँकि हिरण नियमित रूप से नहीं मारे जाते हैं। यहाँ तक कि ये तीन जानवर भविष्य में नहीं मारे जायेंगे।"

इस पर टिप्पणी करते हुए, हम हमेशा पूछना चाहते हैं कि क्यों अशोक ने सार्वजनिक रूप से, स्थायी स्वरूप में, ऐसे शब्द क्यों कहे, जबकि वह इसके अलाना कुछ और भी कह सकते हैं। माना जाता है कि उनके स्तंभ पर शेर, नष्ट महल, सभी शिलालेखों के स्वरूप डेरियस के शिलालेखों एवं महल से नकल किए गए थे (आज के यूरोपीय इतिहासकारों के अनुसार)। वह पहले को नहीं देख सका; बाद वाले को सिकंदर के अधिशेष ने जला दिया। अशोक की मूर्तिकला निश्चित रूप से भारतीय काष्ठकला से ली गई है। ये सरल शब्द जानबूझकर डेरियस के उदासीन रवैयों और अनुनादी आडंबरपूर्ण वाक्यों को टालते हैं, जिसमें घोषित किया कि वह "यूनानी राजा, राजाओं का राजा, विभिन्न राष्ट्रीयता के राज्य का राजा, इस शक्तिशाली पृथ्वी और उससे परे का राजा है.... अहुर मज्दा ने इस संकटग्रस्त दुनिया को ध्यान से देखा, फिर मुझे सौंप दिया, मुझे इसका राजा बनाया, और मैं राजा था। अहुर मज्दा की इच्छा के अनुसार मैंने इसे (विचलित पृथ्वी को) इसकी जगह में फिर से स्थापित किया है।" अशोक ने कभी भी सर्वशक्तिमान ईश्वर के साथ संबंध होने का दावा नहीं किया, न ही उसने अपनी वंशावली और उसकी विजय का दावा किया। भावना काफी स्पष्ट है। मगधी धर्मों से शुरू होने वाले वैदिक बलि पर प्रतिबंध लगाने के लिए आंदोलन यहाँ पूरा हो गया। चरवाही अर्थव्यवस्था के साथ बलि प्रचलन से तब बाहर हो गया, जब स्वतंत्र छोटे साम्राज्यों का सफाया हो गया। यहाँ पर बचे हुए, जैसे एक प्रकार के उग्र सतुरनालिया (saturnalia) (Arth. 1.21, 2.25, 5.2; स्पष्ट रूप से धार्मिक, 13.5*; cf. also Jat. 154, 438, 545 और E. J. Hardy in Album Kern (Leiden 1903), p. 61–66 भी, राजगीर में स्थानीय मूल के सिद्धांत के लिए), में पशुओं की हत्या भी निषिद्ध हो गई, जैसा कि सैनिकों के लिए पहले ही किया जा चुका था (Arth. 10.1)। अगर समाज की अनुमति होती तो बलि फिर से कायम हो सकती थी। दूसरे अध्याय में उल्लिखित वेताल बलि के रूप में, आजकल यदा-कदा समाज आज भी कायम है। होली का प्रसिद्ध वार्षिक त्योहार (बलिदान के बिना, लेकिन अश्लील गीत, पीने, गाने, कुश्ती स्पर्धा और होलिका दहन सहित) उर्वरता का उत्सव है जिसे पाषाण युग के उतरार्द्ध में देखा जा सकता है। मध्य पाषाण युग

* Arth. 13.5 ने राजाओं को नए विजेता लोगों को "स्थानीय देवताओं, समाजों और विहारों (देसदैवता-समाजोत्सव-विहारेसु का भक्तिम अनुवर्तेता) को सम्मान प्रदान करके" मिला लेने की सलाह दी। इस प्रकार, समाज का सम्मान किया जाना था: अशोक द्वारा यह उन्मूलन सभी मिसालों और शाही सत्ता के पिछले अभ्यास के खिलाफ हो गया।

के राख के बड़े अवशेष जीवों के कुछ हड्डी सहित (बलिदान से), वर्षा-सघन परतें एक ही इलाके[7] में विशाल होलिका दहन से जुड़ी बलि के वार्षिक या आवधिक पुनरावृत्ति को साबित करते हैं। यह सबूत है कि कृषि अर्थव्यवस्था की आखिर में जीत हुई थी; चरवाही जीवन और अनुष्ठान की अंततः हार हुई थी।

(RE. 2) "हर जगह देवताओं-के-परमप्रिय प्रियदर्शी और इसी तरह उनके चोल, पांड्य, सतियपुत्र, केरलपुत्र जैसे सीमांतवासियों में, यहाँ तक कि ताम्रपर्णी, यवन राजा अंतियोक (Antiyaka), और जो इस अंतियोक राजा के पड़ोसी के भी प्रभुत्व में - हर जगह दो तरह के चिकित्सा उपचार देवताओं-के-परमप्रिय प्रियदर्शी द्वारा स्थापित किए गए थे: मनुष्यों के लिए चिकित्सा उपचार और जानवरों के लिए चिकित्सा उपचार। और जहाँ भी कोई ऐसी जड़ी-बूटियाँ नहीं होती थीं, जो मनुष्यों के लिए फायदेमंद होती हों और मवेशियों के लिए फायदेमंद होती हों, तो हर जगह वे आयात और रोपित की जाती थीं। सड़कों के किनारे मनुष्यों एवं पशुओं के उपयोग के लिए कुएँ खोदे जा रहे हैं और पेड़ लगाये जा रहे हैं"।

यह पवित्र कार्य का महत्त्व इसके अर्थ से भी है। सबसे पहले, भारत में कोई अन्य राजा मगध सम्राट के तुलनीय नहीं था: सभी भारतीय नाम जनजातियों या प्रदेशों के हैं। यह माना जाता है कि 'वहाँ राजा रहे होंगे'। आधुनिक इतिहासकारों द्वारा सिकंदर के आदिवासी विरोधियों को नियमित रूप से 'राजा' कह कर झुठलाया जाता है, हालाँकि आदिवासी प्रमुख वंशानुगत होने पर भी निरंकुश नहीं होते थे, जबकि वे निर्वाचित भी हो सकते थे। यूनानी राजाओं के नाम से स्पष्ट उल्लेख के साथ अशोक की तुलना को नजरअंदाज किया गया है। संयोग से *RE.* 13 में दिए गए यूनानी नाम बताते हैं कि ये आदेशपत्र 258 ईसा पूर्व से ज्यादा पुराने नहीं हैं, जब साइरिन के मैगस का देहांत हुआ था। एन्टिओकस (द्वितीय, थिओस) के लिए इस्तेमाल किए गए 'पड़ोसी शासक' के अर्थ में 'सामंत' शब्द अशोक के भारतीय पड़ोसियों के लिए लागू नहीं होता है; एक हज़ार साल बाद इसका अर्थ 'सामंतवादी' या 'सहायक' राजकुमार हुआ होगा (और इस तरह कभी-कभी अर्थशास्त्र में जे.जे. मेयर द्वारा गलत अनुवाद किया गया)। अंततः, अच्छे कार्य 'सड़कों' के साथ होते हैं, जिसका अर्थ है प्रमुख व्यापार-मार्ग, और जो पहले मगध से उत्पन्न हुए व्यापार के लिए एक बड़ी मदद इस तरह की सहायता के बिना था। PE. 7 इन सीढ़ीदार कुओं, आम और छायादार वृक्षों के उपवनों को एक योजन के दूरी पर बताता है, जो काफी तार्किक है। शब्द योजन का अर्थ है वह दूरी जो एक बैलगाड़ी का कारवाँ एक बार में तय कर सकता है; श्रावस्ती से तक्षशिला के मार्ग की लंबाई को 147 योजन के रूप में लिया गया; हमारी इकाइयों में, एक योजन 4½ से 9 मील के बीच होगा। कारवाँ के आराम करने के स्थानों के लिए अशोक की व्यवस्था और साथ के व्यापार मार्गों का सक्षम पुरातत्वविदों द्वारा अभी भी पता लगाया जा सकता है। अशोक की बढ़ती पैठ का नतीजा यह हुआ कि भारतीय जनजातियों में राजपदों में बदलाव या गठन होने लगा, जबकि अशोक के शांतिप्रद इरादों को देखते हुए आपस में ही लड़ने तक सीमित हो गए।

(RE. 3) "जब मेरा अभिषेक होके बारह वर्ष हुए, तो मेरे द्वारा निम्नलिखित आदेश दिया गया था। मेरे प्रभुत्व में हर जगह युक्त, रज्जूक और प्रादेशिका हर पांच वर्ष में एक पूरा दौरा करेंगे (अपने प्रभार के दौरान), नैतिकता और अन्य कार्यों के निम्नलिखित निर्देशों के पालन करने के उद्देश्य से: सराहनीय है माता पिता के प्रति आज्ञाकारी होना। मित्रों, परिचितों एवं रिश्तेदारों, ब्राह्मणों एवं श्रमणों के प्रति पक्षपातहीनता सराहनीय है। जानवरों को मारने से बचना सराहनीय है। व्यय में संयम, संपत्ति में संयम सराहनीय होते हैं। मंत्री परिषद युक्तों को कारणों एवं पत्रों दोनों के अनुसार (इन नियमों को) दर्ज करने का आदेश भी देगा।"

अशोक के बौद्ध धर्म के परिवर्तन की वजह से उनकी तुलना कॉन्सटनटीन (Constantine) से की जा रही है; इस साम्य को किंवदंती से बढ़ाया जा सकता है, जिसमें उसने अपने बेटे कुणाल के साथ एक ईर्ष्यालु सम्राज्ञी के कहने पर वैसा ही बर्ताव किया जैसा कॉन्सटनटीन ने अपने बेटे क्रिस्पस के साथ किया था। फिर भी, हम कॉन्सटनटीन के शिलालेखों में नैतिकता पर इस एकाग्रता को नहीं खोजते हैं। उदाहरण के लिए, अगर अशोक पर केवल धार्मिक होने का ठप्पा लगा होता, जैसा कि कभी-कभी इसे बताया जाता है, तो पाँचवीं शताब्दी के बाद की परंपरा में उन्हें स्वैच्छिक रूप से या बलपूर्वक पद से हटाना दुनिया में सबसे आसान मामला होता। उनके पचास वर्ष बाद, वृहद्रथ को उनके सेनापति पुष्यमित्र ने बलपूर्वक हटा दिया था, जबकि पुष्यमित्र की श्रृंखला में अंतिम शुंग शासक की ब्राह्मण मंत्री द्वारा हत्या कर दी गई, जिसने खुद को सभी वैदिक नियमों या परंपराओं के खिलाफ राजा घोषित किया था। यह उल्लेखनीय है कि अशोक के शक्तिशाली यूनानी पड़ोसियों ने सिकंदर की नकल का प्रयास नहीं किया, जैसा कि कमजोर यवनों ने किया जो कि दो पीढ़ियों के बाद चले गए। इसलिए, ये नियम धर्म से परे कुछ प्रकट करते हैं, इतना ज्यादा क्योंकि उनके बारे में विशेष रूप से बौद्ध नहीं है। यह सुझाव

दिया जाना चाहिए कि सम्राट के एक व्यक्तिगत रूपांतरण से अधिक, यह एक नए वर्ग-संरचना और समाज के प्रकार के अनुरूप पूरे पूर्व राज्य तंत्र का गहरा रूपांतरण था। महत्वपूर्ण सलाह न्यूनतम व्यय और न्यूनतम संपत्तियों के बारे में है, क्योंकि सबसे बड़ा आर्थिक तनाव अत्यधिक अपमिश्रित और तेज़ी से ढाले गए (चित्र 33) सिक्कों में प्रकट होता है। व्यापारियों या गृहस्थों द्वारा जमाखोरी से व्यापारियों के हाथों में पर्याप्त शक्ति पैदा करने के लिए कमी पैदा होगी। दक्षिण तक नया क्षेत्र खोल दिया गया था जिसे संभवत: वस्तु उत्पादन के पुराने ठिकानों से आपूर्ति नहीं किया जा सकता था। मेगस्थनीज द्वारा उल्लिखित अधिकारियों को दो जातियों के रूप में गठित किया गया है; जिनकी उपाधि अर्थशास्त्र द्वारा पुष्ट की गई प्रतीत होती है।[8]

(RE. 4) "जैसे कि वे कई सैकड़ों वर्षों तक नहीं थे, इस प्रकार अब देवताओं-के-परमप्रिय राजा प्रियदर्शी की ओर से धम्म में निर्देश के माध्यम से, जानवरों को मारने से बचने, जीवों को चोट पहुँचाने से बचने, रिश्तेदारों के प्रति सौहार्द, ब्राह्मणों और श्रमणों के प्रति सौहार्द, माता और पिता के लिए आज्ञाकारी होने, वृद्धों के प्रति आज्ञाकारी होने... (RE. 5) को बढ़ावा दिया जाता है: अतीत में जो (महान मंत्रियों) धम्म (नैतिकता) के महामात्र कहे जाते हैं, वे मेरे द्वारा नियुक्त किए गए महामात्रों से पहले नहीं होते थे, मेरे अभिषेक के तेरहवें वर्ष में, धम्म को स्थापित करने में, धम्म को बढ़ावा देने में, और यवनों, कम्बोजों, और गांधारों और पश्चिमी सीमाओं (संभवत: मेरी) के बीच में धम्म (यहाँ तक कि) के लिए समर्पित किसी भी लोगों के कल्याण और खुशी के लिए वे सभी संप्रदायों से अधिकृत हैं। वे सेवकों एवं स्वामियों के साथ, ब्राह्मणों (सर्वोच्च) एवं इभ्यों (सबसे निम्न) के साथ, निराश्रितों के साथ, वृद्धों के साथ साथ अधिकृत हैं। वे कैदियों का समर्थन करने (पैसे के साथ), उनको बंदी बनाने और उन्हें मुक्त करने के लिए अधिकृत हैं, चाहे उनके बच्चे, सम्मोहित, या वृद्ध हों....(RE. 6): अतीत में न तो मामलों का निपटारा करना और न ही विवरण जमा करना अस्तित्व में था। निम्नलिखित (व्यवस्था) मेरे द्वारा किया गया है। खबरियों को किसी भी समय, कहीं भी, चाहे मैं खा रहा हूँ, चाहे हरम में हूँ, चाहे भवन के अंदर हूँ, चाहे गुप्त स्थान में हूँ, चाहे उद्यान में हूँ, लोगों के मामलों पर मुझे (बिना देरी के) सूचित करना चाहिए। यदि मंत्री परिषद में किसी भी दान या घोषणा के संबंध में, जिसे मैं अपने वचन से आदेश दे रहा हूँ, या महामात्र को सौंपे गए किसी तत्काल मामले के संबंध में, कोई विवाद पैदा होता है, या कोई संशोधन आता है तो मुझे तुरंत, कहीं भी, किसी भी समय सूचित किया जाना चाहिए।"

इसलिए, राजा न केवल एक नए रूपांतरण की ताकत के साथ नैतिकता का प्रचार करते हैं, बल्कि मौलिक नए प्रशासनिक उपायों का समर्थन करते हैं। सभी विशेष बल खोने के लिए बाद में भावनाएँ इतनी सामान्य हो गयीं; यहाँ, हमारे पास शाही प्रशासन का शासन है जो तब क्रांतिकारी थे। (RE. 7) "देवताओं-के-परमप्रिय राजा प्रियदर्शी की इच्छा है कि सभी संप्रदाय हर जगह रह सकें।" लोगों को आज़ादी से यात्रा करने की अनुमति के रूप में सबसे अच्छी व्याख्या के होते हुए, यह मामूली लगता है। वास्तव में, यह धम्म 'नैतिकता' द्वारा प्रशासन की नई पद्धति के लिए सबसे दूरगामी रियायत थी, 'धम्मका' शब्द, जिसका मतलब आज 'पवित्र' होगा, जिसे 'न्याय संगत' के यूनानी समकक्ष डीकाओस द्वारा मिलिंद के सिक्के पर परिवर्तित किया जाता है। धर्मान्तरित करने वाले धार्मिक शिक्षकों को पहले राजशाही गाँवों में प्रवेश करने के लिए मना कर दिया गया था, जो लगभग ग्रामीण इलाकों के बड़े भाग को शामिल करता था। यहाँ, वे संप्रदाय की परवाह किए बिना प्रोत्साहित किए जाते थे। अशोक न तो बौद्ध धर्म का और न ही सामान्य तौर पर नैतिकता प्रचार कर रहे हैं, बल्कि, मनमाने कानूनों का समर्थन करने वाली शक्तियों के ऊपर न्याय की श्रेष्ठता, सामाजिक नैतिकता की घोषणा कर रहे हैं। उनके निरीक्षण दौरों ने नए 'नैतिक' प्रशासन द्वारा शिकार (RE. 8) और ऐसे आमोद-प्रमोद को प्रतिस्थापित कर दिया, जिसके लिए उन्होंने दौरा किया और सभी संप्रदायों के ब्राह्मणों और मुनियों को हर जगह उपहार दिया।

PE. 7 में, अशोक ने घोषणा की:

"मेरे द्वारा कुछ महामात्रों को आदेश दिया गया था कि वे खुद को (बौद्ध) संघ (मठ व्यवस्था) के मामलों में व्यस्त रखें। इसी प्रकार अन्य लोगों को मेरे द्वारा आदेश दिया गया था कि वे खुद को ब्राह्मणों और आजीविकों के साथ भी व्यस्त रखें; दूसरों को मेरे द्वारा आदेश दिया गया था कि वे निगंथो (जैन) के साथ खुद को व्यस्त रखें; दूसरों को मेरे द्वारा आदेश दिया गया था कि वे खुद को अन्य संप्रदायों के साथ भी व्यस्त रखें।"

यह आवश्यक था क्योंकि पहले से ही तीखे धार्मिक बहस में संलिप्त संप्रदाय शांति और कल्याण को भंग कर सकते हैं, जिन्हें वे बढ़ावा देना चाहते थे, जिसे कभी राज्य के समर्थन ने प्रचलित किया। बौद्ध धर्म के लिए उनका व्यक्तिगत लगाव विशेष रूप से बौद्ध समाज को संबोधित किए गए साँची एवं सारनाथ के स्तंभों, और कलकत्ता-बैरात टीला शिलालेख द्वारा सिद्ध होता है। रुम्मीनदेई (नेपाल) गाँव में उन्होंने स्वयं आकर पूजा की क्योंकि बुद्ध शाक्यमुनि यहाँ पैदा हुए थे... वहाँ एक चट्टान का स्तम्भ स्थापित किया गया क्योंकि यहाँ पवित्र

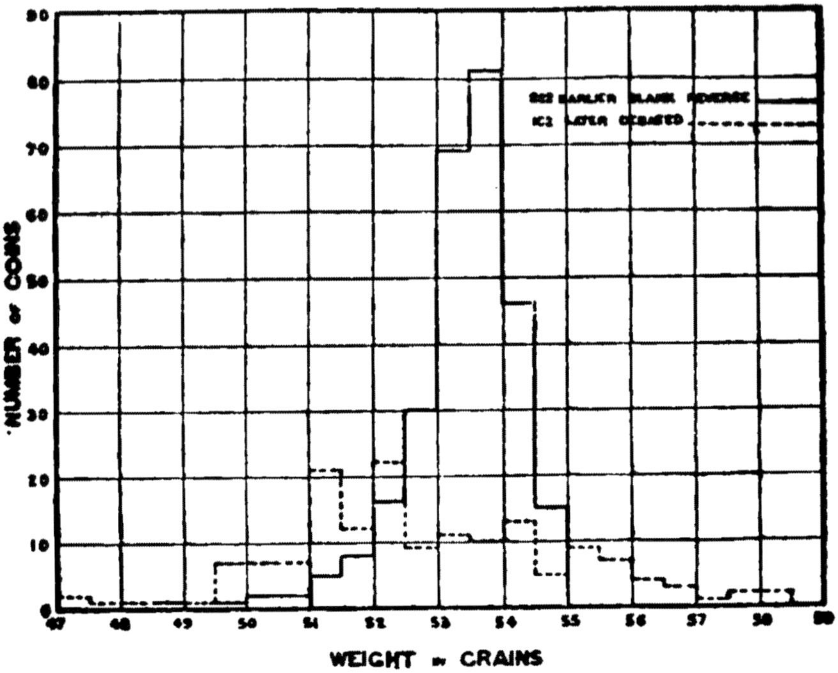

चित्र 33: तक्षशिला में पाये गए पूर्व-मौर्य और अशोक काल के सिक्कों के वजन में तुलनात्मक भिन्नता
उपरोक्त चित्र केवल प्रतिनिधित्व उद्देश्य के लिए है

व्यक्ति का जन्म हुआ था। उन्होंने लुम्बिनी गाँव को बलि कर से मुक्त किया, आठवाँ-भुगतान (गाँव)"। यह पाली ग्रंथों की पुष्टि करते हुए बुद्ध को सूर्य के मिथक, जैसा कि सेनार्ट और अन्य ने उन्हें बनाया था, से जमीन पर लाता है; एक अज्ञात गाँव में 2500 वर्षों से अधिक से स्थल के नाम का अस्तित्व उल्लेखनीय है। बलि कर का जिक्र अर्थ./अर्थशास्त्र . 2.6 में है, जबकि भूमि से उत्पादन का सामान्य छठा हिस्सा सम्राट के प्रत्यक्ष कब्जे में नहीं था, लगता है जिसे यहाँ घटा कर आठवाँ कर दिया गया था। ध्यान दें कि अशोक अर्थशास्त्र शब्दावली का पालन कर रहे हैं, पाली जातक का नहीं, जहाँ कोई भी कर बलि है।

हालाँकि, बौद्ध धर्म ने 'सार्वभौमिक साम्राज्य' की वजह से कारकों के प्रभाव को प्रदर्शित करना शुरू कर दिया था। अशोक का निगाली सागर स्तंभ बताता है कि सात या अधिक ग्रंथों में कम से कम एक "पिछले बुद्ध" (कोणाकमन) में उनको समर्पित स्तूप था, जिसे अशोक ने मूल आकार से दोगुना बढ़ाया। काल्पनिक "पिछले" बुद्ध ने न केवल जैनों के तीर्थंकरों के साथ प्रतिस्पर्धा की थी बल्कि शाही उत्तराधिकार के प्रतिमान का भी पालन किया था। जो किताबें आज त्रिपिटक ('तीन गठरी, 'तीन टोकरी' नहीं) में एकत्र की गयीं, उनमें बौद्ध सिद्धांत बार-बार चक्रवर्ती = 'पहिया चिह्न से युक्त सम्राट' और जिसे बुद्ध ने बदल कर चक्र = 'न्याय का चक्र' किया, के बीच समानता पर बल देता है। इसके बाद के चक्र ने सम्राट और बुद्ध दोनों की ही आकृतियाँ को चित्रित किया। जैसे ही समाज बदला, शिक्षक भी बदल गया; एक स्वैच्छिक संघ पर एक साधारण जनजातीय प्रमुख के समकक्ष एक बहुत बड़ा ढाँचा अर्थात सम्राट का प्रतीकात्मक चेहरा बन गया। साम्राज्य पर बौद्ध धर्म का प्रभाव बौद्ध धर्म पर साम्राज्य के प्रभाव से अधिक नहीं था। हमेशा की तरह, परंपरा रही है कि शाही राजकुमारों और राजकुमारियों ने पवित्र आदेश लिया। बौद्ध धर्म और पवित्र पीपल के पेड़ को काट कर, जिसके नीचे शाक्य गुरू ने ज्ञान प्राप्त किया, राजकुमार महिंदा द्वारा अशोक के दिनों में श्रीलंका ले जाया गया। एक तिहाई बौद्ध परिषद (माना जाता है) मोग्गालीपुत्त तिस्सा की अध्यक्षता के तहत आयोजित होता था। बुद्ध की मृत्यु के ठीक बाद पहला राजगृह में हुआ था, बौद्ध परंपरा के अनुसार, दूसरा सौ साल बाद कालाशोक क्षेत्र में वैशाली में हुआ था। यह उल्लेखनीय है कि किसी भी दयालु मगधी शाही दर्शक ने राजा अजातशत्रु एवं अशोक के बीच इन धर्मों के लिए दावा नहीं किया, संरक्षण की बात तो छोड़ ही दें। बताया जाता है कि अजातशत्रु ने बौद्ध अवशेषों

पर सबसे पहले स्तूप बनाया, एवं अशोक ने उन्हें बड़ा किया और कई गुणा बढ़ाया। न तो इस मामले में हमें मगधी शिशुनाग राजाओं के द्वारा की जाने वाली किसी भी वैदिक बलि के बारे में कुछ सुनायी देता है जिन्हें पुराणों में क्षत्रबन्धवः कहा गया है, अपमान एवं क्रोध में चाहे वे नागा थे या नहीं। जैन कम कृपापात्र थे, हालाँकि वे चन्द्रगुप्त के धर्मांतरित होने वाला दावा करते हैं, कभी-कभी इन्हें पहला मौर्य माना जाता है। जैन स्रोत तिलोयपण्णत्ति यह संकेत देंगे कि धर्मांतरित चंद्रगुप्त के वंशज थे या नहीं। दक्षिण की ओर कानारेस क्षेत्र में बसने के लिए एक बड़ी संख्या ने जैन आचार्य भद्रबाहु (लगभग 300 ईसा पूर्व) का अनुसरण किया। उनके मुख्य सहारा मगधी व्यापारी थे जो कि सोना एवं अन्य उत्पाद से आकर्षित हुए थे जिसका हैदराबाद-मैसूर देश ने पाषाणकाल के उतरार्द्ध में उत्पादन किया था। अशोक के अध्यादेश पाषाण काल के उतरार्द्ध एवं लौह काल की शुरुआत के लोगों द्वारा देखे गए, जिसने प्रमुखों या "संतों" या उसके कुछ समय बाद कबीलों के संस्थापकों के लिए पत्थर के बड़े मकबरे बनाना जारी रखा, जैसा कि ब्रह्मगिरि में है।

पहले हिंसा की प्रक्रिया की कोशिश की गई थी:

(RE. 13) "जब देवताओं-के-परमप्रिय राजा प्रियदर्शी का अभिषेक होकर आठ वर्ष हुए थे तब उन्हें कलिंग राज पर विजय प्राप्त हुआ था; वहाँ से 150,000 लोगों को निर्वासित (अपावुध) किया गया था। और मरे लोगों से कई गुना 100,000 लोगों को वहाँ मार डाला गया था।"

लोगों को गुलाम बनाकर नहीं, बल्कि सम्राट की भूमि में बसाने के लिए लाया (अपावुध) गया था, जैसा कि हम पुराने अर्थशास्त्र नीति से जानते हैं; खासकर, यह क्रियापद Arth. 2.1, 7.1, 7.16, 9.4, 11.1, 13.5 में बहुत इस्तेमाल किया जाता है। कलिंग में किसी भी राजा या राजकुमारों का कोई जिक्र नहीं है, जो कि किसी भी शक्तिशाली राजा या राजपद के बिना बड़ी आबादी को सहारा देने के लिए प्रारंभिक जनजातीय चरण से समुचित रूप से उभरा हो।[9] इस तरह का विकास पड़ोसी मौर्य की प्रेरणा से होने की उम्मीद की जाती है; मौर्य सम्पर्क और व्यापार के द्वारा एक और प्राचीन परत से विकसित करने के लिए एक अच्छा मामला ब्रह्मगिरी-कंदरावल्ली मेगालिथिक संस्कृति के लिए बनाया जा सकता है, हालाँकि नियमित कृषि सतवाहन काल से शुरू हुई। इसका अर्थ यह नहीं है कि सतवाहनों ने खेती की शुरुआत की—जो कि उत्तरी हल के साथ, बहुत पहले से जाना जाता था। लेकिन हल की खेती ने सरदार से राजपद की ओर उनके बदलाव को संभव बना दिया, और उन्होंने गाँव की बसाहट को बढ़ावा दिया। अशोक नैतिकता द्वारा शांतिपूर्ण विजय अर्थात केवल सच्चे विजय की सिफारिश करते हैं।

"ऐसा कोई भी देश नहीं है जहाँ ये वर्ग, ब्राह्मण और श्रमण मौजूद नहीं हैं, सिर्फ यवनों में छोड़ कर; और किसी भी देश में कोई ऐसी जगह नहीं है, जहाँ कलिंग को लिये जाने के समय लोग वास्तव में कुछ निर्वासन (अपावुध) से जुड़े नहीं हैं, अब वे देवताओं-के-परमप्रिय द्वारा निंदनीय माने जाते हैं। यहाँ तक कि वनवासियों को, जो कि देवताओं-के-परमप्रिय के प्रभुत्व में हैं, यहाँ तक कि उन लोगों को वे शांत और धर्मान्तरित करते हैं। और उन्हें पश्चाताप के बावजूद देवताओं-के-परमप्रिय की शक्ति के बारे में बताया जाता है ताकि वे लज्जित (अपने अपराधों से) हो सकें और मारे न जा सकें।"

नरसंहार के अलावा, अताविक जंगल के खूंखारों की समस्या कभी उनके सामने पकड़ में नहीं आई। अर्थशास्त्र इन खूंखारों का इस्तेमाल केवल सैन्य राजनीति और षड्यंत्र के लिए करेगा। कोई यह ध्यान दे सकता है कि पराजित लोगों का निर्वासन तब राज्य के आर्थिक उद्देश्यों के लिए आवश्यक नहीं लग रहा था, जब यह आदेश जारी किया गया था।

"और ये (नैतिकता द्वारा विजय) देवताओं-के-परमप्रिय द्वारा बार-बार जीते गए, यहाँ और सभी सीमांतवासियों दोनों में, यहाँ तक कि 600 योजन दूर तक, जहाँ यवन राजा अंतिओचो और अंतिओचो से आगे चार राजा पोलमियस, अंतिगण, मग, और अलेक्क्षेंद्र के शासन, और दक्षिण की ओर ताम्रपर्णी (श्रीलंका, या प्रायद्वीप के छोर के पास एक नदी) जितनी दूर कोड़ा और पंडया का शासन था। इसी तरह यहाँ यवनों और कम्बोजों के बीच, नभकों और नभितियों के बीच, भोजों और पिटनिकों के बीच, आंध्रों और पुलिंदों के बीच राजाओं के क्षेत्र में—हर जगह (लोग) देवताओं-के-परमप्रिय के नैतिक आदेश की पुष्टि कर रहे हैं।"

नामों का थोड़ा आधुनिकीकरण किया गया है। इस नई पद्धति की बड़ी सफलता पर संदेह करने का कोई कारण नहीं है, साथ ही क्योंकि यह व्यापार मार्गों के साथ-साथ उपयोगी सार्वजनिक कार्य और नए व्यापार के द्वारा था। RE. 4 से संकेत मिल सकता है कि उसके बाद महान सेना परेडों और त्योहारों के प्रदर्शनों के लिए मुख्य रूप से इस्तेमाल की गई थी।

अशोक के कई स्तंभों के शिलालेख और उनके छोटे-छोटे शिलालेख इसी कहानी को आगे बढ़ाते हैं। हम अधिकारियों और साम्राज्य के डिवीजनों का एक उचित विचार प्राप्त करते हैं। उज्जैन, तक्षशिला, तोसाली में वाइसरॉय एवं ब्रह्मगिरि के नजदीक दक्कन में आर्यपुत्र (उच्च राज्यपाल) थे। शायद अशोक खुद एक राजकुमार के रूप में तक्षशिला में वाइसरॉय रहे, और निवासियों (शायद खश से अलग) के विद्रोह का सामना किया लगता है, जो कि यूनानी और मौर्य विजय के बाद तक्षशिला की खराब स्थिति को देखते हुए असंभव नहीं लगता है। वह खुद को "सम्राट" नहीं बल्कि "मगधी राजा" कहते हैं, मगध और गंगा की घाटी में सीधे शासन किया. अशोक नाम केवल मास्की चट्टान प्रतिलेख (और हाल ही में Gujarra, IAR. 1955. p. 2; EI. 31.1956.205–10; 212–18) में सामान्य शीर्षक देवनमपिय (devānaṃpiya) = देवताओं-के-परमप्रिय सहित पाया जाता है। उन्होंने पहली बार राजशाही का एक नया और प्रेरक आदर्श घोषित किया: (धौली 1) "सभी व्यक्ति मेरे बच्चे हैं''... (Dhauli. 2) "निम्नलिखित उद्देश्य से मैं आपको (मेरे अधिकारियों) को निर्देशित करता हूं कि मैं ऋण से मुक्त हो सकता हूँ जिसका मैं ऋणी हूँ" PE. 5 विस्तार से जानवरों की हत्या रोकने के बारे में वर्णन करता है। गोमांस पर कोई प्रतिबंध नहीं था, जो चौराहे पर बेचा जाता था, परन्तु सांड़ पवित्र जानवरों में से थे, क्योंकि तब वे शिव को समर्पित थे। बेकार में या जंतुओं को नष्ट करने के लिए "वनों को जलाया नहीं जाना चाहिए'' जिसने भू-समाशोधन की सम्मानित आर्य पद्धति को समाप्त कर दिया, अशोक के राजा के दायित्वों के आदर्श के रूप यजुर्वेद के राजा पूरी तरह समाप्त हो गए जिसने जानवरों के बलिदानों पर ध्यान केंद्रित किया। उनके शासनकाल के पहले छब्बीस वर्षों में कैदियों को पच्चीस बार आम माफी दी गई थी। हालाँकि, एक जानवर जिसकी हत्या शाही दयालुता से प्रभावी ढंग से निषिद्ध हो सकती थी, फिर भी उसे मारा जाता था वह पापी पंखहीन द्विपादी (bipid) था:

(PE. 4). "निम्नलिखित के लिए वांछित है, कि न्यायिक कार्यवाही में निष्पक्षता और दंड में निष्पक्षता होनी चाहिए। और मेरा अब तक का आदेश है कि, जेल में रहने वाले कैदियों, जिनकी सजा पारित हो गई हो, और जिन्हें मृत्युदंड दिया गया हो, को मेरी ओर से तीन दिनों की मोहलत (सजा के पहले) दी जाती है। (इस तरह से) या तो (उनके) रिश्तेदार उनको (लाजुक अधिकारी) उन्हें जीवन प्रदान करने के लिए मनायेंगे, या, यदि कोई नहीं है जो मनाये, तो वे दान करेंगे या दूसरी दुनिया में खुशी पाने के लिए उपवास करेंगे।"

सर्वाधिक दयालु राजा भी आर्थिक जुर्माने के साथ कानून-व्यवस्था आदि के लिए राजा ही थे।
ये पाषाण और स्तंभ शिलालेख किनके लिए संबोधित किए गए थे?

(PE. 7). "निम्नलिखित मेरे साथ हुआ. मैं नैतिकता के बारे में घोषणा करूँगा, नैतिक निर्देश (आदेश दिया जाना) का आदेश दूँगा. यह सुनकर, व्यक्ति (इसके) अनुरूप होंगे.... लाजुक (प्रशासक) भी, जो लाखों व्यक्तियों से युक्त होते हैं—उन्हें भी मेरे द्वारा आदेश दिएगए थे: 'ऐसे तरीके से लोगों को प्रोत्साहित करें'... इस मामले को ध्यान में रखते हुए, मैंने धम्म के स्तम्भ स्थापित किए हैं, धम्म के महामात्रों (मंत्रियों) को नियुक्त किया है, धम्म की घोषणा जारी की है। (धौली 1, द्वितीय) यह आशय तीश्य (एक वर्ष में तीन बार) नक्षत्र के हर दिन सुना (पढ़ा जाना) जाना चाहिए (पूर्ण सभा द्वारा) और इसे अन्य अवसरों पर व्यक्तियों द्वारा भी सुना जा सकता है... निम्नलिखित प्रयोजन के लिए इस RE. को यहाँ लिखा गया है: ताकि शहर के न्यायिक अधिकारी हर समय प्रयास कर सकें (इसके लिए) कि न तो अनुपयुक्त रोक लगे और न ही (व्यक्तियों पर) कठोर व्यवहार हो।"

न केवल सामान्य लोगों, बल्कि सभी शक्तिशाली रजुकों अधिकारियों को भी नए तरीके का पालन करना था। हर नागरिक को नए अधिकारों और नए राज्य के तरीकों के प्रति सचेत किया जाना था। बेड़ी डालना, चाहे वांछित हो या अवांछित, यह साधारण कारावास नहीं था बल्कि दंडयुक्त दासता थी। अवांछित बेड़ी डाले जाने का मतलब है कि किसी आदमी को काम पर रखना (दंडात्मक दास के रूप में), दंड पूरा करने के बाद निर्दोष होने की सजा सुनायी जाये। हर पाँच साल में, उच्च मंत्रियों को यह देखने के लिए प्रांतों का निरीक्षण करना था कि न्याय के लिए ये निर्देश पालन किए जा रहे थे या नहीं। धौली अध्यादेश में शामिल एक क्षेत्र पर हाल ही में कब्जा कर लिया गया, लेकिन उज्जैन और तक्षशिला में वाइसरॉय के लिए एक ही निर्देश भेजा गया था। इसलिए नए 'बिल ऑफ राइट्स' के बराबर एक सरल शब्द तय किया गया। यह भाषा और शैली के लिए है। हालाँकि, भाषाविदों का तर्क है कि हर वचन स्थानीय बोली में लिखा गया था, मेरे लिए यह स्पष्ट नहीं है। यह विश्वास करना मुश्किल है कि मास्की (रायचुर के दक्षिण) और ब्रह्मगिरि (मैसूर) की जनजातीय आबादी विभिन्न प्रकार की मगधी या एक सीमावर्ती यूनानी भाषा बोलती थी, जिन्होंने शायद सिकंदर के पत्र की शुरुआती प्रति को पढ़ा हो, वे भी अशोक की भाषा का अनुसरण कर सकते हैं। निश्चित रूप से, निर्देश स्थानीय नौकरशाही के लिए पहले उदाहरण के तौर पर होते हैं, जिन्हें अधिकांश व्यापारियों की तरह, मगध की भाषा को जानना था - उत्तर में, यह लोगों की भाषाओं से अधिक अलग नहीं

था। अध्यादेशों के बीच भिन्नता ठीक उसी तरह से होगी जो एक ऐसी भाषा में उम्मीद करेंगे जो अभी तक व्यापक साहित्यिक उपयोग के लिए नहीं मानी जाती है। किसी को देहाती हिंदी, या आज की कोंकणी भाषा में अधिक भिन्नता दिखती है; बाद वाले के लिए, 60 मील की दूरी पर भिन्नता दिखती है। मानकीकरण पाली सिद्धांत के बाद आया था, जो अशोक के मगधी के उज्जैन रूपांतर के सबसे निकट है, हालाँकि बुद्ध ने इसे खुद नहीं बोला होगा, अपने उपदेशों के लिए एक अल्पाइन इतालवी से सिसिलियन बोली अपनाने से ज्यादा कुछ नहीं किया होगा। साम्राज्य के अधिकारियों और नागरिकों के आदेशों का जबरदस्त महत्व इस प्रकार है कि भारत में सार्वजनिक उपयोग के लिए उनके द्वारा लिखी गई पहली घोषणा होने से, अक्षय चट्टान पर अंकित की जगह अक्सर श्रमसाध्य रूप से उस उद्देश्य के लिए काफी दूरी से पहुँचाए गए थे।

यूनानी और आरमेइक भाषा में अशोक के कंधार अध्यादेश (IsMEO, Serie Orientale, Roma XXI, 1958) ने पूर्ववर्ती को मजबूत किया। यह कि कोई मगधी संस्करण इंगित नहीं करता है कि प्रत्येक प्रांत की सामान्य भाषा इस्तेमाल की गई थी। दूसरी ओर, शब्द (इसी के साथ) धम्म लापरवाही से इस अध्यादेश में अनुवाद किया गया है, इसलिए मुख्य उद्देश्य कभी भी बौद्ध धर्म का प्रचार करना नहीं हो सकता था। यह स्पष्ट है कि अशोक का धम्म उपयोग का जिक्र अभी भी विभिन्न जनजातीय और कबीलाई कानूनों (प्रत्येक संबंधित अनुष्ठान में) के लिए होता है, जिन्हें उनके अधिकारियों को एक सामाजिक क्रम में नियमित करना था। इसके अलावा, भारतीय अध्यादेशों में मगधी के विशेष उपयोग से यह नहीं पता चलता है कि कोई अन्य भाषा नहीं थी, लेकिन यह कि बहुत सारे दूसरे थे, प्रत्येक को एक छोटी सी स्थानीय जनजाति के अलिखित भाषण के लिए प्रतिबंधित किया जा रहा था। मगधी व्यापारी और भिक्षु पहली बार व्यापार-मार्गों पर एक लिपि और व्यापक रूप से समझने वाली भाषा लाये थे; मगधी राजा, यहाँ तक कि कलिंग के लोगों पर विशेष ध्यान देने के दौरान, कोई भी अन्य नहीं मिला जिसे समझने का मौका था। इसके बाद कई शताब्दियों के लिए, व्यापक रूप से अलग-अलग मूल के अन्य राजा अपने शिलालेखों के लिए दोनों लिपि और भाषा का उपयोग करना चाहते थे।

7.4. अशोक से पहले मौर्य प्रशासन को कौटल्य (गलत तरीके से कौटिल्य), चंद्रगुप्त मौर्य के पारंपरिक महान मंत्री, जिन्हें अन्यत्र चाणक्य या विष्णुगुप्त के रूप में जाना जाता है, के अर्थशास्त्र में वर्णित किया गया है। इस असाधारण और अब भी कठिन पुस्तक की प्रमाणिकता असामान्य तीक्ष्णता, प्रचण्डता और तर्कशीलता के साथ संदेहास्पद रही है। यदि इस कार्य से अपने परिणामों को वैध रखना है तो प्रश्न पर चर्चा अवश्य होनी चाहिए। सर्वाधिक कटु आलोचना कीथ द्वारा की गई है:

"अर्थशास्त्र में दिए गए विवरणों और मेगस्थनीज के अंशों के बीच कम से कम मर्मभेदी समानता को खोजने के प्रयास स्वाभाविक रूप से किए गए हैं। प्रयास पूरी तरह विफल रहा; संयोगों की संख्या बहुत अधिक है, परन्तु उन मामलों में, जो ईसा पूर्व और बाद के समय में सामान्यतः भारत की अच्छी पकड़ रखते हैं। भले ही हम यूनानी लेखक के उन सभी कथनों को किनारे रख दें जो नि:संदेह भ्रामक हैं या अस्पष्ट सूचनाएँ देते हैं, तब भी महत्वपूर्ण विवरणों की मूल समानताओं का अभाव है। अर्थशास्त्र पाटलिपुत्र की काष्ठ किलेबंदी के बारे में कुछ नहीं जानता बल्कि पत्थर के काम का विवरण देता है; यह सहयोग में सक्रिय लेकिन बिना प्रमुख के नाम के नगरीय कार्यालयों के बोर्डों को नजरअंदाज करता है जिसे मेगस्थनीज निर्दिष्ट करता है; यह बेडे के प्रमुख कमांडर और नियमित नौसेना के बारे में कुछ नहीं बताता, जिसका चंद्रगुप्त द्वारा अवश्य उपयोग किया गया होगा लेकिन कई राज्यों में संभवत: मामूली महत्व का था। अजनबियों की देखभाल, उन्हें सीमा तक सुरक्षित पहुँचाना, उनकी मृत्यु होने पर उसके बाद के कार्यों पर निगरानी अर्थशास्त्र को अज्ञात है जो जन्म एवं मृत्यु पंजीकरण की सूचना उपलब्ध नहीं कराता, जबकि पुराने और नए विनिर्मित लेखों की बिक्री में मेगास्टीन के बोर्ड के कामों में अत्यधिक विकसित वाणिज्यिक और औद्योगिक स्थितियों के साथ विसंगतियां होती हैं, जो अर्थशास्त्र द्वारा परिकल्पित हैं। मेगस्थनीज के कार्य में दी गई नए और पुराने विनिर्मित सामग्रियों की बिक्री और अर्थशास्त्र में दी गई अत्यधिक विकसित वाणिज्यिक और औद्योगिक स्थितियों में तीखी विसंगति है। भूमि पर राजा के स्वामित्व का मेगस्थनीज का कथन अन्य भारतीय साक्ष्यों द्वारा समर्थित है; यह अर्थशास्त्र का दृष्टिकोण नहीं है, मेगस्थनीज के कर पाठ की कई अधिष्ठापन की तुलना में सरल हैं, और जहाँ मेगस्थनीज लिखने की उपेक्षा करता है, अर्थशास्त्र पंजीकरण के नियमों, शाही दस्तावेजों के निर्माण से परिपूर्ण है और पासपोर्ट को मान्यता देता है। ... कि यह काम किसी दरबार से जुड़े एक अधिकारी द्वारा लिखे गए सी. 300 (ईसा बाद) का एक उत्पाद था, जो अगर साबित नहीं किया जा सकता है तो भी कम से कम मुमकिन है"(Hist. Skt. Lit. London 1940, pp. 459–61)।

इसी लेखक ने पहले (JRAS. 1916, 130) इस बात को पूरी तरह संभव बताया था कि यह "एक प्रारंभिक कार्य था, और इसे पहली सदी ईसा पूर्व का माना जा सकता है, जबकि बहुत संभव है कि इसकी अधिकांश सामग्री इससे पुरानी हो।" 'संभावित' तिथि के परिवर्तन के लिए एक व्यापक पूर्वाग्रह के सिवा कोई स्पष्टीकरण नहीं है, जो कई हास्यास्पद आपत्तियों को भी व्याख्यायित करेगा। यदि

मेगस्थनीज के जीवन का लिखित उल्लेख नहीं होता तो हमा मान लेते कि अशोक ने एक पीढ़ी बाद अचानक इसका आविष्कार किया या हमें अशोक के अध्यादेशों की प्रमाणिकता पर भी संदेह करना चाहिए? Strabo. (15.1.67) नियरकोस को बताता है कि भारतीयों ने उत्कृष्टता से बुने गए कपड़ों पर लिखा है। अर्थशास्त्र, जो अब तक राज्य के स्वामित्व के उल्लेख से दूर है, मुख्य रूप से सीता राज्य की भूमि के उपयोग में तल्लीन है। मेगस्थनीज के वस्तुओं की बिक्री के लिए राज्य का परिषद (Meg. 87 = Strabo. 15.1.50–52) की बात पूरी तरह पुष्ट है (Arth. 4.2)। अधिकारी निरंतर स्थानांतरित होते थे और हर समूह के कई प्रमुख होते थे (बहुमुख्यम; Arth. 2.9) जो फिर मजिस्ट्रेटी बोर्ड की यूनानी रिपोर्ट का समर्थन करता है। नकेवल जन्म और मृत्यु, बल्कि हर मनुष्य और उसकी सभी संपत्ति का पंजीकरण गोप पंजिकाओं (Arth. 2.35, 36) में की जाती थी, जिसे अपने कार्यक्षेत्र, चाहे कस्बा हो या गाँव, के बाहर जाने वाले हर व्यक्ति की रिपोर्ट करनी पड़ती थी। हर कारवाँ और जीवन के सभी पक्षों में जासूस थे; अजनबियों पर विशेष ध्यान से निगरानी होती थी। एक अध्याय (Arth. 2.28) नौसेना और समुद्री व्यापार के लिए समर्पित है। हालाँकि, उस अध्याय का अधिकांश हिस्सा नौका टोल और इसी तरह की चीजों को समर्पित है, क्योंकि हर जनपद का अपना समुद्री व्यापार ब्यूरो होता था, उसका एक अधीक्षक होता था जिसका मुख्य कर्तव्य परिवहन पर पूर्ण नियंत्रण बनाए रखना, लोगों के आवागमन को नियंत्रित करना और पर्याप्त राजस्व वसूलना था। पत्थर की किलेबंदी पाटलिपुत्र (विशेष रूप से कहीं उल्लेख नहीं) के लिए नहीं थी बल्कि नवस्थापित नगर मुख्यालयों के नगरकोट के लिए थी। मेगस्थनीज (Strabo. 15.1.55–6; Meg. 70–71) द्वारा उल्लिखित राजा के विशेष अंगरक्षक सशस्त्र महिलाओं की टोली निश्चित रूप से थी, जो Arth. 1.21 के अनुसार राजा के जागने से सोने तक उनकी सुरक्षा करती थी। जब मेगस्थनीज के उन कथनों को किनारे कर देते हैं जिसे कोई 'अस्पष्ट रूप से लिखा गया' या कुछ भ्रमों पर आधारित मान सकता है, तो कुछ नहीं बचता, इसलिए अर्थशास्त्र, जिनकी प्राकृतिक अस्पष्टता को सनकी विद्वानों द्वारा हदसे ज्यादा संवर्धित किया जा सकता है, के साथ सुसंगतता का कोई प्रश्न नहीं उठता। महत्वपूर्ण मामलों के रूप में 'जो ईसा के पूर्व और बाद के काल में आम तौर पर भारत के लिए अच्छे थे' (इसका जो भी अर्थ हो), यह छोड़ कर कि भारतीयों ने हवा में साँस ली और धरती पर पाँव रखे, बहुत चुनिंदा बातें ही मिल सकती हैं; उत्पादक संबंध और राजनीतिक संस्थाएँ 300 ईसा पूर्व से 300 ईसा बाद तक मान्यता से परे बदल गयीं। यह मुझे अविश्वसनीय लगता है कि ईसा बाद 300 ईसवी में, जब किसी भी आकार का कोई भारतीय साम्राज्य या राज्य नहीं था, कुछ छोटे दरबारी अधिकारियों ने यहाँ दूर इस अलौकिक आदर्शलोक का विशेष रूप से पुनर्निर्माण किया होगा। अव्याख्यायित तकनीकी शब्दावली से परिपूर्ण, बहुत हद तक अशोक काल से मेल खाते कार्यकर्ताओं को गढ़ कर दस्तावेज तैयार करना अनुपयोगी लेकिन चामत्कारिक उपलब्धि होगी। ईसा बाद 300 ईसवी के आसपास तैयार सभी दस्तावेजों में पवित्र नीति नैतिकता पर भारी जोर के साथ पूरी तरह अलग रस है, जो एक ऐसी गलती है जिसे सर्वोच्च यथार्थवादी अर्थशास्त्र से नहीं जोड़ा जा सकता है। राजनीतिक अर्थशास्त्र पर उत्तर-इसाई साहित्य धार्मिक नियमों से भरा पड़ा है, जो अशोक की शानदार प्रतिष्ठा द्वारा भारतीय राजाओं के लिए स्थापित आदर्श के बाद किसी भी सिद्धांतकार के लिए स्वभाविक होगा। अंततः, चाणक्य, जैसा कि हम उन्हें कथित फर्जीवाड़े में देखते हैं, निश्चित रूप से एक ब्राह्मण हैं लेकिन मानक ब्राह्मण प्रथाओं और ब्राह्मणों के लिए वित्तीय विशेषाधिकारों के विरुद्ध व्यवस्थित तरीके से हैं, जो ईसा बाद 300 ईसवी में अविश्वसनीय होगा। यह निश्चित रूप से नकल करने के हिसाब से पुस्तक को बहुत अलोकप्रिय बनाया होगा, जबकि यह दांदिण, कामनंदकी और राजशेखर (10वीं सदी) के अपने पर उच्च अधिकार के लिए जाना जाता था। ईसा बाद 12वीं सदी का एक उत्तर भारतीय ताड़पत्र का ज्ञात खंड बचा है। यह केवल इसलिए अप्रचलित हो गया क्योंकि इसके ऐसे एक राज्य की संरचना और उन्नति का वर्णन किया है जो अब संभव नहीं था। अपने अपेक्षतया उच्च आवश्यक वस्तु उत्पादन, कई अनुबंधों और राज्य उपक्रम के साथ अर्थशास्त्र समाज अनूठा था।

दो महत्वपूर्ण आपत्तियाँ बनी हुई हैं। Arth. 2.11 अलकंदक नामक मूँगे का उल्लेख करता है और कहता है (भारतीय टसर सिल्क को पत्त्रोर्ण के रूप में बताने के बाद) कि 'रेशम और चिनापत्त कपड़ा चीन (चिन) में बनता है।' Sylvain Levi के पटु समीकरण अलकंदक = अलेक्जेंड्रियन (ālakandaka = Alexandrian) को स्वीकार किया जा सकता है (MP. में अलेक्जेंड्रिया के लिए अलसंद है) लेकिन यह पुस्तक के लिए एक बाद की तिथि का संकेत नहीं करता। सिकंदर ने नए व्यापार केंद्रों के रूप में कई सिकंदरिया (अलेक्जेंड्रिया) की स्थापना की थी; उनमें से पहला और सर्वश्रेष्ठ तत्काल ही अपनी स्थिति के कारण एक बड़ा बाजार बन गया। यदि एर्हिडेयस और ड्योडोटस (Arrhidaios and Diodotos) के सिक्के ढले स्वरूप में भारत पहुँच सकते थे, तो कोई कारण नहीं है कि समकालीन सिकंदरिया की वस्तुएँ क्यों नहीं पहुँच सकतीं। भारत में भूमध्यसागरीय मूँगे की हमेशा से ऊँची कीमत रही थी जो बाद में रोमन मूँगा (रोमका-प्रवाल) के

रूप में ख्यात हुआ, सिकंदरिया की किस्म का नील नदी से निकलना अनिवार्य नहीं होगा बल्कि केवल उस स्थान से व्यापार किया गया। इसी तरह की तार्किकता यूनानी सिरिंक्स से Arth. 13.4 में सुरुंगा (सुरंग या सैप) की कथित व्युत्पत्ति पर लागू होती है। यह 305 ईसा पूर्व के बाद की तिथि के पक्ष में कुछ नहीं कहता है, जिस समय तक बिंदुसार की सेना यूनान के पोलियर्केटिक्स से परिचित हो गई थी। एक अन्य तर्क यह है कि चिन शी ह्वांग ती द्वारा ईसा पूर्व 221 में अपने शासन काल में चीन का एकीकरण किए जाने से पूर्व संपूर्ण चीन का नाम चीन नहीं हो सकता था। हालाँकि सदियों पहले एक साम्राज्य का नाम चीन था जो भारत के लिए भू व्यापार मार्ग का नियंत्रण करता था और रेशम का व्यापार करता था। चीन के 'संपूर्ण चीन' होने के बारे में कुछ नहीं कहा गया है, उसी अध्याय में यह भी कहा गया है कि 'चिनासी फर बाख से आता है'- समान व्यापार मार्ग पर, जोअब भी समान फर उपलब्ध कराता है।

इससे इंकार नहीं किया जा सकता कि पूर्ववर्ती प्रशासनिक प्रथाओं और शासन कला के सिद्धांत, जो सिर्फ मौर्य-पूर्व का हो सकता है, पर मजबूती से आधारित कार्य को महज बेहतर बनाने के उद्देश्य से छोटे विवरणों को अद्यतन करने के लिए अर्थशास्त्र में बाद में संक्षिप्त छेड़छाड़ हो सकती है। Arth. 1.3 में अन्य तीन वेदों से अथर्ववेद का अलगाव सभी चार वेदों को एकसाथ रखने के मानक ब्राह्मण समूहीकरण से पहले का होगा। Arth. 5.5 विषय पर अन्य लेखकों में से एक दीर्घ कार्यण को राजा की नाराजगी को 'तिनकों के रूप में (हवा)' प्रकट करने के संकेतों के संदर्भ में उद्धृत करता है; यह कोशल के पसेनदि के मंत्री दीर्घकारायण, जिसने अपने चाचा, मल्ल बंधुला से बदला लिया था, की उचित ही याद दिलाता है। शाही गाँवों में प्रचारक भिक्षुओं की स्वीकार्यता के खिलाफ निषेध (Arth. 2.1) अशोक के पूर्व का नहीं हो सकता।

Arth.की पुस्तक 11 में केवल एक ही अध्याय है जो जनजातियों (संघ) को तोड़ने की तकनीकों पर है।

'कम्बोज, सौराष्ट्र और इस तरह के अन्य क्षत्रिय समाज (श्रेणी) और पशुपालन और हथियारों पर निर्वाह करता है। लिच्छविक, व्रजिक, मल्लक, मद्रक, कुकुर, कुरु, पंचाल और इस तरह के अन्य राजन उपाधि (कुलीनतंत्र) पर निर्वाह करते हैं। दुरुत्साहक एजेंटों को इन सभी जनजातियों में पहुँच प्राप्त करना चाहिए, उनके बीच ईर्ष्या, घृणा, विवाद के संभावित स्रोतों को तलाशना चाहिए, वृद्धिकारी कलह के बीज का प्रसार करना चाहिए। ... अब उच्च पद (जनजाति के भीतर) के लोगों को निचले स्तर के लोगों के साथ एक साझा मेज पर खाने और विवाह करने से हतोत्साहित करें। दूसरी तरफ, निचले पद के जनजातीय लोगों को उच्च लोगों के साथ सहभोज और अंतर्विवाह के लिए (जोर दे कर) उकसाना चाहिए। निम्न स्तर के लोगों को परिवार में दर्जे, कौशल और स्थान परिवर्तन (जनजातीय पद और जनजातीय भूमि का कार्यभार, दोनों का आवर्तन किया जा सकता है) में समानता का दावा करने के लिए उकसाया जाना चाहिए। सार्वजनिक फैसलों और जनजातीय परंपराओं को बदलने का जोर दे कर विघटन के रास्ते पर लाया जाना चाहिए। बहादुरों (राजा द्वारा भुगतान प्राप्त) द्वारा रात में संपत्ति, मवेशियों या लोगों (एक पक्ष के, दूसरे पक्ष पर दोष मढ़ने के लिए, जिससे झगड़ा बढ़े) को क्षति पहुँचा कर मुकदमेबाजी को लड़ाई में बदल देना चाहिए। संघर्ष (जनजाति के भीतर) के हर मौके पर, राजा को (अपने स्वयं के) कोष और सेना के साथ कमजोर पक्ष का समर्थन करना चाहिए, अपने विरोधियों का सफाया करने के लिए उन्हें भड़काना चाहिए; या वह (राजा) टूटे समूह को निर्वासित कर सकता है। अन्यथा, वह एक क्षेत्र में पाँच से दस परिवारों की पृथक खेतिहर इकाइयों में सभी लोगों को बसा सकता है। यदि वे सभी एक स्थान पर एकसाथ रहते हैं तो वे हथियार उठाने में सक्षम हो सकते हैं। तब (राजा) उनके एकीकरण के खिलाफ जुर्माने का प्रावधान करें। ...इस प्रकार वह जनजातियों के सामने एकमात्र प्रभुतासंपन्न शासक (उनके ऊपर और साथ ही शेष भूमि पर) बनने की राह पर अग्रसर हो सकता है; तब, दूसरी तरफ, (बाहरी) निरंकुश सम्राट से उबरने के उद्देश्य से जनजाति स्वयं की रक्षा कर सकती हैं' (Arth.11.1)।

यह उद्धरण अन्य स्रोत सामग्री से प्रमाणित है। कुकुर को कुत्ता टोटेम से निरूपित होना चाहिए जिसे हमने कहींऔर मान्यता दी है।* ऐतिहासिक काल (Roy 151) में कुकुर देश राँची के आसपास जनजातीय भूक्षेत्र को निरूपित करता लगता है। गिरनार के रुद्रदमन (EI 8.44) और नासिक के वशिथिपुत सिरी-पुलुमयी, दोनों ने ईसा बाद दूसरी सदी में कुकर क्षेत्र के आधिपत्य पर दावा किया था; लेकिन यह क्षेत्र इस नाम से मगध को ज्ञात नहीं हो सका था। मगध के अजातशत्रु के ब्राह्मण मंत्री वस्साकर ने लिच्छवियों के खिलाफ वर्गभेद

---

* वराहमिहिर ने अपनी बृहदसंहिता में कुकुर (5.71; 14.4; 32.22) जनजाति और क्षेत्र का उल्लेख किया है, इसका अर्थ है कि वे उस तिथि तक अस्तित्व में हो सकते हैं। उन्होंने आदर्शलोकीय उत्तरी कुरु समेत कुरु का भी संदर्भ दिया है, तब उनके काल में जनजातियों के असल अस्तित्व को प्रमाण के रूप में नहीं लिया जा सकता। किसी भी स्थिति में, वे गुप्त रानी के बावजूद लिच्छवियों को नहीं जानते।

और चुगली के जरिये जनजाति में फूट डालने की तकनीक आजमायी थी। चाणक्य ने इसके सिवा घात, जहर, हत्या, मदिरा, महिलाओं (वेश्या, मठवासिनी, रखैल, कथित अमीर विधवाएँ), अभिनेता, नर्तक, भविष्यवक्ताओं और जनजाति संपत्ति के स्थान पर निजी संपत्ति के प्रलोभन द्वारा भ्रष्टाचार के उपयोग को जोड़ा था।

विशिष्ट जनजातीय नाम दर्शाते हैं कि वह विशेष जनजाति दुर्जेय रह चुकी थी और उनके बचे लोग अब भी संभावित खतरा थे। यह एक प्रारंभिक मौर्य दस्तावेज़ (लेकिन बाद के चरण में नहीं) के लिए इस परिप्रेक्ष्य में सुबोध्य है कि पुराण बताते हैं कि महापद्म नंद (मौर्य से ठीक पहले) ने इन पारंपरिक क्षत्रिय जनजातियों के आखिरी लोगों का विध्वंस किया था। 'उच्च एवं निम्न' के बीच सहभोज को खारिज किया जाना, मुक्त अंतरविवाह से इनकार पृथक जातियों के निर्माण की ओर पहले चरण के रूप में जनजातियों के भीतर वर्ग के विकास के लक्षण हैं। अध्याय लड़ाकू इकाइयों में शामिल अधिक आधुनिक जनजाति के रूप में अत्विका जंगल के दुर्दम्यों के विघटन को सामने लाने के लिए स्पष्ट रूप से समान उपायों की सिफारिश करता है। Arth. 11.1 में निर्वासन के लिए दो बार आया क्रियापद अपवाह हूबहू वही है जिसका उपयोग अशोक ने कलिंग की अपनी बर्बादी को बताते हुए किया है। काम्बोज का यवन (जो इसके साथ सामान्य तौर पर पाली स्रोतों और अशोक की राजाज्ञाओं में आता है) के बिना उल्लेख पश्चिमी अफगानिस्तान पर यूनानी आधिपत्य पर (बिंदुसार द्वारा) अंतिम स्वीकार्यता के पहले गमन के लिए तिथि का सुझाव देता है। यह कथन नीति की अनमोल रूपरेखा देता है जिससे जनजातीय जीवन और उत्पादन – चाहे आर्य हो या नहीं – व्यवस्थित रूप से राज्य के विरोध में सशस्त्र न होने और न ही एकजुट होने के शर्त के साथ जाति आधारित कृषकों में परिवर्तित हुआ था।

अपने संक्षिप्तीकरण के लिए संस्कृत में अनूठा, अप्रभावी, और संक्षिप्त गद्य के ग्रंथ ने राज्य की ज्ञात प्रथाओं, और संभवत: अब लुप्त 'पाँचवें वेद', इतिहास (इतिहासवेद) से निगमित नियम निर्धारित किए। ग्रंथ का मुख्य उद्देश्य बिल्कुल प्रारंभ में ही स्पष्ट रूप से बताया गया है: 'संपूर्ण पृथ्वी (पर राज) प्राप्त करने और इसे बनाए रखने के उद्देश्य से पूर्व आचार्यों द्वारा अंगभूत सभी विभिन्न अर्थशास्त्रों को एकसाथ संग्रहीत करके यह एकल अर्थशास्त्र अंगभूत किया गया है।' संपूर्ण पृथ्वी का सीधा अर्थ पहाड़ों से महासागर तक का भारत है। 'स्थल (विजेता का) पृथ्वी है। इससे चक्रवर्ती सम्राट का क्षेत्र (फैलाव) हिमालय पर्वत से समुद्र तक, एक कोने से दूसरे कोने तक एक हजार योजन है।' छठवीं पुस्तक और आगे से लेखक ने केवल औचित्य के आधार पर, सैन्य एवं राजनीतिक आचार के प्रति न्यूनतम सम्मान के बगैर विचार करते हुए आक्रमण के सैन्य एवं राजनीतिक विधियों पर ध्यान केंद्रित किया है। न केवल उचित रणनीति, रणनीति, सैन्य युक्तियों, रसद आपूर्ति, राजनीतिक गठजोड़ बल्कि कपटपूर्ण विश्वासघात और हत्या का भी सुझाव दिया गया है जहाँ वे अन्य तरीकों से बेहतर परिणाम देते हैं। पहली पाँच पुस्तकें प्रत्येक विभाग के लिए अपने मंत्रिस्तरीय पर्यवेक्षक के साथ जनपद इकाइयों में राज्य के आंतरिक प्रशासन को समेकित करती हैं। यह विस्तार और विजय के लिए एक सुरक्षित आधार प्रदान करेगा। ये वर्ग हमें शेष के मुकाबले स्वाभाविक रूप से अधिक प्रभावित करेंगे क्योंकि ये अशोक से पूर्व के राज्य तंत्र की संरचना बताते हैं और पुरानी व्यवस्था का क्षय होने पर अशोक के परिवर्तनों की अनिवार्यता को समझाते हैं।

'आदर्शवाद' के न्यूनतम लक्षण भी नहीं हैं: कौटल्य (पूर्ववर्ती आचार्यों के विपरीत) कहते हैं कि 'भौतिक प्राप्ति (अर्थ) एकमात्र प्रधान लक्ष्य है,' 'नैतिकता (धर्म) और इंद्रीय सुख (कर्म), दोनों ही की जड़ें भौतिक प्राप्ति (अर्थमूल) में हैं।' निरंतर अनुसरित यह दृष्टिकोण कुटिल = 'धूर्त' से बाद में कौटल्य से कौटिल्य के रूप में नाम परिवर्तन का कारण हो सकता है। यह ग्रंथ नि:संदेह ब्राह्मण नीति के दृष्टिकोण से टेढ़ा मोड़ा गया है, हालाँकि ब्राह्मणों ने भी, जब भी सुविधाजनक लगा, घृणास्पद उपदेशों के अनुसरण को नजरअंदाज नहीं किया। लेखक असंतुष्ट सेवानिवृत्ति में संस्मरण लिख रहा पूर्व-पूंजीपति बिस्मार्क नहीं था, और न ही सीजर बोर्जिया को पुनर्जाग्रत इटली को कैसे एकजुट किया जाये की सलाह दे रहा मैकियावली था। उसके पीछे परिणाम दे रही प्रशासनिक पंरपरा थी जो द्रष्टव्य विस्तार में परिणत हुई जिसे 'सार्वभौमिक साम्राज्य' को पूरा करने या संघटित करने के लिए महज कुछ और आक्रामक कदमों की जरूरत थी।

जिस समाज में यह ग्रंथ लिखा गया, वह बड़े पैमाने पर कमोडिटी उत्पादन और लंबी दूरी के व्यापार में संलिप्त था। हालाँकि ग्रंथ कमोडिटी उत्पादक राज्य को व्याख्यायित नहीं करता। इसका कारण यह था कि कई भिन्न जनजातियों के वारिस और उगाये गए अनाज और स्थानीय निर्माताओं से विशाल राजस्व के प्राप्तकर्ता के रूप में राजा को सेना और नौकरशाही को भुगतान करने के लिए इन प्राप्तियों का एक बड़ा हिस्सा कमोडिटी में बदलना पड़ता था। इस तरह, राज्य स्वयं सबसे बड़ा व्यापारी, सर्वोच्च एकाधिकारी था। जब इसने कमोडिटी उत्पादन में बाधक बनी सभी जनजातीय प्रथाओं को मिटा दिया, तब इसने निजी व्यापारी को सर्वाधिक संदेह के साथ देखा। कारीगर, समाज अभिनेता (कुशिलव), भिखारी, हाथ की सफाई दिखाने वाले जादूगर के साथ व्यापारी को 'चोर जिन्हें चोर के नाम से

नहीं बुलाया जाता' के बीच सूचीबद्ध किया (Arth. 4.1), और उनसे उसी तरह बर्ताव किया। इस प्रकार, राजनीतिक सिद्धांत में और इससे अर्थशास्त्र की प्रशासनिक नीति में बुनियादी विरोधाभास था जिसने भावी प्रगति की राह को बंद कर दिया।

7.5. अर्थशास्त्र राज्य ने अंतिम स्तर तक नियंत्रण किया और सभी चीजों का लाभ उठाया। जुर्माने पर श्रमशास्त्री के अंग्रेजी अनुवाद के सूची पत्र में नौ पूर्ण खंड हैं, इनमें अन्य प्रकार की सज़ा की बात नहीं है। कानून सब पर लागू होता था, हालाँकि उच्च जातियों को निम्न के मुकाबले कुछ वर्ग-विशेषाधिकारों की अनुमति थी। केवल उत्तराधिकार के मामलों में स्थानीय प्रथा के लिए कोई रियायत थी: 'उत्तराधिकार के कानून जाति, जनजाति या गाँव की प्रथाओं के अनुरूप उपयुक्त रूप से समायोजित किए जाने चाहिए।' महिलाओं को पुनर्विवाह और उनकी स्वयं की संपत्ति (स्त्रीधन) समेत पूर्ण अधिकार थे—हालाँकि सतर्कतापूर्वक विनियमित थे—जो पहली बार देखने को मिले थे (Arth. 3.4)। अपने अंतहीन विनियमनों में, अर्थशास्त्र में हम्मूराबी की तरह उत्कृष्ट-नियमसंग्रह का ढोंग था, लेकिन एक महत्वपूर्ण अंतर था। मेसोपोटामिया के कानून की पुस्तक में दिएगए नियम जहाँ व्यापारियों या संपत्तिस्वामियों के बीच एकरूप सौदों की जरूरत के कारण थे, वहीं यहाँ राज्य स्वयं अपने मूल एकाधिकार को संरक्षित रखने के लिए बेचैन सबसे बड़ा एकमात्र उद्यमी था। चीनियों ने चिन शी ह्वांग ती के समय में अधिक मजबूत वणिक वर्ग के साथ शुरुआत की थी। ईसा पूर्व 90 तक वणिक आधिकारिक नौकरशाही के जोरदार हमलों के दायरे में आ गए और जल्द ही गंभीर नकदी करों के साथ-साथ प्रतिकूल शत्रुतापूर्ण कानूनों के जरिये उनका दमन किया गया। हालाँकि, उन्होंने कभी जाति नहीं बनायी और पेशा कभी तिरस्कृत नहीं हुआ। नौकरशाह, वणिक, महाजन, भूस्वामी, सभी ने अंतरवैवाहिक परिवारों का एक वर्ग बनाया जिनमें से परीक्षा के जरिये लोकप्रशासन के लिए अधिकारी चुने जा सकते थे। चीनी नौकरशाही ख्यात साहित्यिक परीक्षा पर इतना अधिक आधारित नहीं थी, इसके पीछे कारण यह मूल तथ्य था कि जल प्रणाली की देखभाल का अर्थ किसी एक सामंती स्वामी के भूक्षेत्र से परे कार्य करना है। अधिकारियों को नियमित वेतन के अभाव और खराब संचार चीन को नौकरशाही-राजसी सामंतवाद की ओर ले गया जो इस सदी के शुरुआती वर्षों तक चला। यह विकासक्रम मौर्यों के विपरीत हो सकता है।

कुछ हुक्मनामे 'प्राकृतिक' लगते हैं। करदाताओं को अन्य करदाता को छोड़ कर दूसरे किसी को अपनी जमीन को बेचना या गिरवी नहीं रखना होता था; विशेष ब्राह्मण अनुष्ठान या शिक्षण वाटिका जैसी कर मुक्त जमीनें केवल समान श्रेणी के अन्य व्यक्ति को बेची या गिरवी रखी जा सकती थीं (Arth. 3.10)। यह दर्शाता है कि भूमि पर सीमित निजी अधिकार धन के लिए हस्तांतरित किए जा सकते थे। ऐसे हस्तांतरण, जो जल्द ही बिल्कुल दुर्लभ बन गया, केवल तब लागू होते थे जब वातावरण में कमोडिटी उत्पादन और व्यापार की अपेक्षाकृत भारी घटना होती थी। Arth. 4.2 में निजी व्यापारी को काँटा (कंटक) माना गया है। उसे राष्ट्रीय आपदा जैसा जनता के दुश्मन के रूप में देखा जाता था और उस पर उसके भ्रष्टाचार के लिए कई तरह के कर और अर्थदंड लगाया जाता था, जिसे वे सही मानते थे। कीमतें और साथ ही साथ गुणवत्ता नियंत्रित थी। 'जब भी व्यापारिक वस्तुओं की प्रचुरता है, व्यापार अधीक्षक को उन्हें एक (केंद्रीय) स्थान में बेचना होगा। जब तक ये बिक नहीं जाते, अन्य को नहीं बेचा जा सकता। बिक्री वणिकों द्वारा की जाती है जिन्हें दिहाड़ी भुगतान होता है और लोगों के पक्ष में झुके होते हैं (Arth. 4.2)।' यूनानी दूत ने इस प्रथा को देखा था (Meg. 87)। राज्य अन्नागार, कोषागार, वन उत्पादों के लिए भंडार और जेल के साथ राज्य व्यापारिक गृह सन्निधात्रों द्वारा विशेष रूप से बनवाये जाते थे (Arth. 2.5)। बाट एवं माप के नियमों का पालन करने के अलावा वणिकों को जब भी उनका माल एक जनपद से दूसरे में जाता था, तो दोनों किनारों पर शुल्क देना पड़ता था। 'कोई भी माल उसकी उत्पत्ति स्थल में नहीं बेचा (निजी व्यापारी द्वारा) जा सकता था' (Arth. 2.22)। व्यापारी को परिवहन के जरिये वस्तुओं का मूल्यवर्धन करना पड़ता था, जो तब (भारत में अब की तरह) सबसे गंभीर समस्या थी। उसका विधिक लाभ अंतरदेसीय माल के लिए स्थानीय कीमत का 5 प्रतिशत और विदेशी आयातों के लिए 10 प्रतिशत तय था (Arth. 4.2)। आयातकों को कुछ अन्य रियायतों के जरिये प्रोत्साहित किया जाता था। राज्य का स्वयं का वाणिज्य अधीक्षक होता था (Arth. 2.16) जो शाही वस्तुओं, जो अक्सर अधिकांशत: स्थानीय अधिशेष होते थे, की बिक्री में संलिप्त होता था। इनमें से कुछ वस्तुएँ करों के रूप में प्राप्त हुई होती थीं।

कुछ महत्वपूर्ण और लाभप्रद मामलों में राज्य का एकाधिकार था। इनमें बूचड़खाना (Arth. 2.26) और जुआघर (Arth. 3.20) थे; जुआघर में, अधीक्षक सच्चे पासे की आपूर्ति करता था लेकिन विजित राशि का 5 प्रतिशत लेता था। शराब (Arth. 2.25) और वेश्यावृत्ति (Arth. 2.27) के क्षेत्र में प्रत्येक के लिए पृथक मंत्रालय था। जुआ, वेश्यावृत्ति और मद्यपान, ये सभी आवश्यक वस्तु उत्पादन, व्यापार, शोषण पर आधारित नए नागरिक जीवन के निराशाजनक संलग्नक थे। ये सभी लाभकारी वर्ग-समाजों में हमेशा से बने हुए हैं। हालाँकि, ये जनजातीय संस्थाओंसे बाहर विकसित हुए थे जिसने इसे नए उत्तर-जनजातीय राज्य के लिए उन्हें नियमित करने और उनसे लाभ कमाने

को संभवत: आसान बना दिया हो सकता है। ऋग्वेद (RV. 10.34) के जुआरियों के स्त्रोत और सोम पुस्तक (RV. 9) का उल्लेख किया गया है; गणिका (यहाँ तक कि वेश्या) की व्युत्पत्ति दर्शाती है कि वेश्यावृत्ति पूर्ववर्ती जनजातीय सामूहिक विवाह का रूपांतरण था। सभी धातुओं, अयस्क से लेकर तैयार उत्पाद तक, पर खनन के एक पृथक मंत्रालय के जरिये राज्य का एकाधिकार था (Arth. 2.12), जो अन्य खनिजों, नमक, टकसाल और मुद्रा संचरण का भी नियंत्रण करता था। सिक्के निजी निर्माताओं द्वारा भी बनाए जा सकते थे, बशर्ते मुद्रा मानक नियमों को पूरा किया गया हो और शाही शुल्क अदा किया गया हो। जाली मुद्रा जारी करने पर भारी जुर्माना और कठोर दंड था (Arth. 4.1)। 'खनन से खजाना आता है, खजाना सेना का आधार होता है; खजाने के माध्यम से, खजाने से भरी, पृथ्वी पर विजय प्राप्त की जा सकती है।' लेखक भारी उद्योगों के मूल्य को जानता था जबकि वर्तमान सदी से पहले भारत में इसे कुछ ने ही समझा था। मगध राज्य के प्रशासकों ने मौर्यो से बहुत पहले ही धातुओं पर नियंत्रण को स्पष्ट रूप से अपना मानक व्यवहार बना लिया था।

यहाँ तक कि विदेशी नीति के उद्देश्य में भी इस तरह के लाभ थे। बंजर भूमि, खदान और प्राकृतिक संसाधनों के दोहन के लिए संधि और परस्पर समझौते के जरिये दूसरे राजा के क्षेत्र में घुसना पुस्तक में युद्ध की किसी भी चर्चा की शुरुआत है।

'यह व्यापार मार्ग के चयन की व्याख्या करता है: मेरे गुरू कहते हैं कि दो व्यापार मार्गों, एक जल और दूसरा भूमि मार्ग, में से पहला ज्यादा बेहतर है क्योंकि यह कम खर्चीला ही नहीं बल्कि बड़े लाभ देता है। कौटल्य कहते हैं कि ऐसा नहीं है, जल मार्ग में रुकावटें अवश्यंभावी हैं, स्थायी नहीं है, आसन्न खतरों का स्रोत है और रक्षण के अयोग्य है, जबकि भू-मार्ग विपरीत प्रकृति का है। जलमार्ग में एक तट के किनारे-किनारे का है, दूसरा खुले समुद्र के बीच का है, तटीय मार्ग बेहतर है क्योंकि यह कई व्यापारिक पत्तन कस्बों से हो कर गुजरता है; इसी तरह नदी परिवहन बेहतर है क्योंकि यह टालने योग्य या सहने योग्य खतरों के साथ निर्बाध है। मेरे गुरू कहते हैं कि भू-मार्गों में से, हिमालय की ओर जाने वाला मार्ग दक्षिण की ओर जाने वाले मार्ग से बेहतर है। कौटल्य कहते हैं कि ऐसा नहीं है, कंबल, चमड़ा और घोड़ों के अपवाद के साथ शंख, हीरा, बहुमूल्य पत्थर, मोती और सोना दक्षिण में बहुतायत में उपलब्ध है। दक्षिण की ओर जाने वाले मार्गों में, या तो वह व्यापार मार्ग है जो बड़ी संख्या में खदानों को पार करता है, जिस पर लोग अक्सर जाते हैं, और जो कम खर्चीला और कम कष्टप्रद है, या वह मार्ग है जिस पर विभिन्न प्रकार के माल बहुतायत में प्राप्त किए जा सकते हैं, बेहतर है। ...वाहन पथ और पैदल पथ (अम्सपथ) में से वाहन पथ बेहतर है क्योंकि इस पर बड़े पैमाने पर परिवहन के लिए सुविधाएँ उपलब्ध हैं' (Arth. 7.12)।

यह मौर्य विजय के मुख्य अभियान, व्यापार-मार्गों पर सुविधाएँ बढ़ाने की अशोक की नई नीति औरमस्की एवं ब्रह्मगिरि जैसे अब परित्यक्त प्रतीत स्थानों पर शासन के स्थल को स्पष्ट करेगा।

इस नीति के साथ मानव समेत सभी संसाधनों का सावधानीपूर्वक पंजीकरण किया गया था। देश में हर पाँच या दस गाँवों के लिए; नगरों में दस, बीस या चालीस घरों के लिए एक गोप (Arth. 2.35–36) पंजीयक था। गोप पंजीयक को खेत, कर, सभी प्रकार की उपज, मवेशी, दास, श्रमिक और खर्च के बारे में सबकुछ जानना पड़ता था। 'वह हर घर में रहने वाले युवाओं और बुजुर्गों की संख्या, उनकी प्रकृति (चरित्र), पेशा (आजीवा), आमदनी (आय) और खर्च (व्यय) की पंजिका भी रखेगा।...' जासूसों को उत्प्रवास और अप्रवास के कारणों की पड़ताल के लिए इसकी जाँच करनी होती थी, और अवांछित व्यक्तियों की संपूर्ण आवाजाही को दर्ज करना होता था। इसी तरह नगर पंजीयक को करना होता था। यह पंजीयन (मेगस्थनीज द्वारा लिखी गई) भारत में एक अन्य असाधारण विशेषता थी जो यूनान में नहीं थी। हर (Arth. 5.3) अधिकारी को सेवा के अनुसार नकद* भुगतान किया जाता था। उच्च पुजारी, सेना कमांडर, राज उत्तराधिकारी, राजा की माँ और उसकी (मुख्य) रानी में से प्रत्येक को सालाना 48,000 पना मिलते थे। यह अपनी रानी के अलग से दान के बारे में

* एकमात्र सुझाव कि Shāma Sāstry के अनुवाद में अर्थशास्त्र का भुगतान वस्तु में हो सकता है, पृष्ठ 278: "60 पना के वेतन को एक अधका से स्थानापन्न करते हुए, उस वस्तु भुगतान के लिए स्वर्ण में भुगतान का विनिमय किया जा सकता है।" यह V. S. Agrawāla (p. 237 of his India as known to Pāṇini. Lucknow 1963) द्वारा दोहराया गया है। न्यूनतम के रूप में विस्टी मजदूरों के लिए 60 पना के वेतन के कारण यह स्वीकार करना होगा कि एक आदमी अनाज के एक अधका, यहाँ संभवत: चावल, पर एक वर्ष तक अपना पेट भर सकता था। अब, सबसे बड़ा ज्ञात अधका लगभग 164 पाउंड का होता था, लेकिन वह चाणक्य के बाद कई सदियों तक प्रचलन में था: इस तथ्य से परे कि चावल का सुस्वादु बनाने के लिए कोई अन्य सामग्री नहीं होगी, तो भी यह पूरे वर्ष भर एक श्रमिक का पेट नहीं भर सकता था। अर्थशास्त्र का अधका 8 पाउंड से कम रहा लगता है, जो स्थिति को और खराब बनाती है। दरअसल, अवतरण (गणपति शास्त्री की कमेंट्री भी) का संदर्भ दर्शाता है कि प्रश्न विनिमय का नहीं बल्कि लंबी सेवा या बढ़े कौशल के प्रतिधारक के बोनस का था। वेतन के प्रति 60 पना पर एक अधका की दर असल वेतन-पैमाने को छेड़े बिना पारितोषिक या वेतनवृद्धि दे कर राजसी सराहना को दर्शाने की मानक थी।

अशोक की उद्घोषणा को स्पष्ट करता है। खेत और गाँव दान नहीं दिएजाते थे; केवल ज़रूरतमंद होने पर राजा ही राज्य अर्थव्यवस्था के आधार का दान करेगा। यह ब्राह्मणों को पसेनदि के उपहारों और अपेक्षाकृत गरीब कोशल के मुहरबंद सिक्कों के वर्णन की तरह लगता है। प्रशिक्षित पैदल सैनिकों के लिए वेतन स्तर 500 था; मेगस्थनीज बताता है कि वे शांतिकाल में इस वेतन पर बहुत अच्छे से गुजर-बसर करते थे। नि:संदेह, उनके साजो-सामान और हथियार राजा द्वारा दिएजाते थे जिसे नगर में प्रवेश करने पर सैनिकों को लौटाना होता था। विशेष सेवक हाथी, घोड़े, उपकरण की देखभाल करते थे। अप्रशिक्षित कार्य के लिए सेवकों, जिन्हें सेना और साम्राज्य, दोनों के लिए आवश्यक संसाधनों में एक माना जाता था, को भी 60 पना सालाना की अत्यंत निम्न दर पर भुगतान होता था। यह अधिक उल्लेखनीय है क्योंकि उपयोग होने वाले शब्द विस्टी का अर्थ बंधुआ मजदूर भी है और यह अवैतमनिक सामंती बेगार के संकेत देता है। Arth. 2.15 में, (स्थानीय) राज्य भंडारगृह के मुखिया को पेशेवरों के श्रमिकों, जो कुटाई, धुनाई, अन्न की पिसाई, तेल और गन्ना की पेराई, चीनी निर्माण और ऊन सुलझा कर जीवन बसर करते थे, से काम लेना होता था। ऐसा करों के बदले आवश्यक श्रमिक सेवा प्रतीत होती है, बशर्ते टीकाकार सम्हानिका (सिम्हानिका), अर्थशास्त्र द्वारा प्रयुक्त अज्ञात शब्दावली, के बारे में गलत नहीं है। तब भी, इन श्रमिकों का पेट अन्नभंडार के अधीक्षक द्वारा भरा जाता था और इसके अलावा प्रति माह सवा रजत पना से कम भुगतान नहीं किया जाता था, तब इसे भी बेगार श्रम नहीं कहा जा सकता है। अनाज, ऊन, गन्ना और अन्य उपज को राज्य द्वारा लाभप्रद रूप में बाँटे जा सकने से पहले इन्हें उपयोग मूल्य में परिवर्तित करना पड़ता था। अभियान के दौरान महाजनों द्वारा सैनिकों को दोगुनी कीमत पर माल बेचने पर प्रच्छन्न राजसी जासूसों द्वारा अच्छा धन लिया जाता था। बुजुर्गों, राजा के सेवा में विकलांग हुए लोगों और मृतकों के आश्रितों के लिए पेंशन की उत्कृष्ट प्रणाली थी। खनन का बुनियादी महत्व की अभिस्वीकृति आगे खनिक को 500 से 1000 पना के भुगतान के जरिये की गई है। न तो सर्वव्यापी गुप्त एजेंटों और न ही स्वयं राजा के सारथी को इससे अधिक मिलता था।

मेगस्थनीज बताते हैं कि चंद्रगुप्त के एक शिविर में 4,00,000 आदमी थे। चाणक्य के आदेश कि राजस्व के एक चौथाई से ज्यादा हिस्सा का उपयोग भुगतान के रूप में नहीं करना था, और उसका भुगतान पैमाना, इसका अर्थ विशाल नकदी राजस्व है। मुगलों तक, बाद के काल के साथ तुलना करने पर इसका कमोडिटी उत्पादन, नकद अर्थव्यवस्था और इस तरह अंतर्निहित बजट वास्तव में गणनातीत है। तब पना चाँदी (Arth. 2.12) का था जिसमें चौथाई ताँबा और 16वाँ हिस्सा ठोस धातु का मिला होता था, जो पूर्व-अशोक मौर्य काल के असल मुहरबंद सिक्कों के साथ काफी मेल खाता था। इसके बावजूद अर्थव्यवस्था पर दबाव अर्थशास्त्र में भी दिखता है, जो खजाने को भरने के लिए जरूरत पड़ने पर असाधारण उपायों (Arth. 5.2) का सुझाव देता है; 'ऐसी मांगें केवल एक बार की जानी हैं, दूसरी बार कभी नहीं।' किसानों के अनाज पर 1/4 की पूंजी उगाही आरोपित है; प्रत्येक सर्राफ, महाजन कारीगर से नियत योगदान है। 'अभिनेताओं और वेश्याओं को अपनी आमदनी का आधा भुगतान करना होगा। सुनार (जो नियमत: सूदखोर भी होगा) की समस्त संपत्ति जब्त की जानी है।' मुर्गियों और सुअरों का आधार, मवेशियों का दसवाँ हिस्सा लिया जायेगा। इसके अलावा, मुख्य राजस्व संग्राहक को स्वैच्छिक योगदान माँगना था। उसकी मदद गुप्तचरों द्वारा की जायेगी जो भारी छद्म-योगदान करने के लिए उत्साही निजी व्यक्तियों के वेष में आयेंगे, ठीक उसी तर्ज पर जैसे आज संग्रह-थाल रखा जाता है। उपाधियाँ और तमगे (छाता, साफा इत्यादि) बेचे जायेंगे लेकिन दफ्तर या राज्य संपत्ति जैसी किसी अन्य सुविधा के बगैर। मंदिरों, धार्मिक संस्थाओं और मठ समाज की संपत्ति और मृत व्यक्तियों की संपत्ति भी रखरखाव की आड़ में उपयुक्त मंत्री (देवताध्यक्ष) द्वारा अधिग्रहीत किया जाना था। विश्वास तोड़ने के लिए चमत्कार आविष्कृत किए जाने थे, राज्य के खर्च पर छद्म जासूसों द्वारा नए संप्रदाय विषय स्थापित किए जाने थे। पातंजलि (पान. 5.3.99) के कथन से इसकी पुष्टि होती है कि 'मौर्यो ने नकद प्राप्ति (हिरण्यार्थिभिह) के लिए संप्रदाय छवि (arcāḥ) गढ़ी थी।' जासूसों को वास्तविक महाजनों के साथ व्यापार करना था और फिर अन्य सहक्रमियों द्वारा स्वयं को लुटवाना था जब तक कि इस कार्य में एक निश्चित राशि एकत्र न हो चुकी हो। महाजन जब समाज में पिया हुआ हो, तब उसका सामान और नकदी लिया जा सकता था। दो पक्षों के बीच झगड़े को भड़काया जायेगा जिसमें दोनों राज्य के लिए खतरनाक विचारों को प्रश्रय देने के लिए संदिग्ध हों; एक को जासूसों द्वारा जहर दे दिया जायेगा और दूसरे को आरोपित किया जायेगा, दोनों की संपत्ति खजाने के लिए जब्त होगी। झूठे आरोप 'राजद्रोही और दुष्ट के खिलाफ लगाये जायें, अन्य के खिलाफ कभी नहीं', जब खजाने को जरूरत हो तो डकैती, हत्या भी विशेष उपाय हो सकते हैं। राज्य ऋण या राष्ट्रीय ऋण का कोई उल्लेख नहीं है। सामान्य करों से परे राजस्व की जरूरत बढ़ने का स्पष्टतम प्रमाण मौर्यो के आहत सिक्कों की असंशोधित ढलाई (चित्र 33) और मिलावट में वृद्धि है। स्वयं चाणक्य को मध्यकालीन सिलोन के बौद्ध टिप्पणीकार धम्मपाल ने एक के आठ कर्षपना बनाने के लिए पर्याप्त तांबा दिया था; आधुनिक रसायन विश्लेषण के अनुसार अशोक के सिक्कों में 2/3 या इससे ज्यादा हिस्सा तांबा

है। पाली टिप्पणीकारों और मनु एवं ज्ञानवल्क्य की स्मृतियों जैसे ब्राह्मण ग्रंथों के लिए कर्षपना तांबे का सिक्का है; यह संयोग से साबित करता है कि वे पवित्र ग्रंथ अर्थशास्त्र के बाद के हैं जिसे उनसे लिया गया माना जाता है। अर्थशास्त्र की अर्थव्यवस्था केवल विस्तारित हो रहे व्यापार और उत्पादन की अवधि में व्यवहार्य था, इसलिए क्षेत्र में विस्तार की समाप्ति के साथ विफलता की ओर उन्मुख हो गया। हमने देखा कि उदार और पवित्र अशोक तक शाक्य गुरू के जन्म गाँव, लूम्मिनी (Lummini) को भी सभी करों से मुक्त नहीं कर सका। नैतिकता के जरिये शासन करने के लिए अशोक के परिवर्तन के पीछे ठोस आर्थिक कारण थे न कि एक पुस्तक के नियम, जिस पर इसके महान प्रशंसक भी नैतिक होने का आरोप नहीं लगा सकते।

7.6. अर्थशास्त्र वर्ग के लिए जाति को प्राथमिक आधार नहीं बनाता। एक प्रमुख ऊपरी वर्ग बिना जाति के विनिर्देश के दोहरी शब्दावली पौर-जनपद से आवृत है। पहले घटक का अर्थ 'नगरवासी' है जबकि दूसरे का अर्थ 'जिला वासी' है। यह दोनों शहरी और ग्रामीण नागरिकों के लिए पूरी तरह से विरोधात्मक पदनाम नहीं हैं, प्रत्येक जनपद जिले का अपना नगर मुख्यालय था, प्रत्येक नगर का अपना जनपद अंतर्क्षेत्र था। संदर्भ यह स्पष्ट करता है कि ये महज कोई निवासी नहीं थे बल्कि संपत्तिशाली नागरिक थे, जिनका मजबूत समर्थक वर्ग था (संभवत: जनजाति से अलग हुए लोगों में से) और जो राज्य के संदर्भ विशेष प्रतिष्ठित थे और आम राय बनाते थे। राय जनमत संग्रह या मतों द्वारा अभिव्यक्त नहीं कीजाती थी, बल्कि जासूसों और भरोसेमंद लोगों (Arth. 1.13) द्वारा पता लगायी जाती थी जो प्रश्नावली के जरिये आधुनिक जनमत सर्वेक्षण, जन पर्यवेक्षण और नमूना सर्वेक्षण तकनीक की तर्ज पर सर्वेक्षण करते थे। एक वर्ग के रूप में राज्य से प्राप्त सम्मान और महत्व निषेधाज्ञा (Arth. 1.9) से दिखता है कि मंत्री जनपद से चुना जाना चाहिए यानी अन्य जिले से नहीं होना चाहिए। यह संकेत देता है कि प्रत्येक जनपद प्रशासनिक इकाई का अपना स्वयं का मंत्रियों का बोर्ड या परिषदथा, जैसा कि मेगस्थनीज ने बताया है। Arth. 8.1 में कौटल्य पाराशर के विपरीत कहते हैं कि ग्रामीण जनपद को नगरीय पौर के मुकाबले मजबूत देखा जाना चाहिए। राजा को दरबार में पौर-जनपद के मामले देखने के लिए पूरे दिन का आठवाँ हिस्सा विशेष रूप से निर्धारित करना होता था (Arth. 1.19)। असंतुष्ट होने पर, वे नए शासक को नष्ट कर सकते थे (Arth. 13.5)। Arth. 1.13 से यह स्पष्ट है कि यह ठोस नागरिक उपज का छठवां हिस्सा मानक कर के रूप में अदा करते थे, जबकि सीता भूमि के खेतिहर सौभाग्यशाली होते थे, यदि वे आधी उपज अंतत: स्वयं के लिए बचा लें, उनके लिए बुनियादी कर उपज का चौथाई हिस्सा होता था, इसके अलावा विशेष बकाये देने होते थे। ये अमीर नि:संदेह पूर्ववर्ती श्रेयस से विकसित हुए थे। तब यह प्रश्न अवश्य पूछा जाना चाहिए: इन नागरिकों ने अपनी जीविका कैसे बनायी? जो नगर में थे, उनकी आय वित्तीय व्यापार और निर्माण से व्युत्पन्न हो सकती है। हालाँकि बड़े हिस्से के लिए आय भूमि पर अधिशेष उपज पर प्रत्यक्षत: या अप्रत्यक्षत: निर्भर थी, जिसे विशेष रूप से माना जाना चाहिए।

उपज पर छठवें हिस्से का भुगतान दर्शाता है कि जनपद राष्ट्र की योजना के अनुसार कर चुकाता था। यह Arth. 2.15 में राजसी भंडार-गृह के प्रत्येक (स्थानीय) पालक के लिए परिभाषित है, जो स्वाभाविक रूप से वस्तु के रूप में सभी भुगतान का संग्रह करते थे, अनाज ऋण, सफाई, कुटाई, पिसाई की व्यवस्था करते थे और संग्रहीत सामग्री में तगड़ा व्यापार करते थे। अन्यत्र, सभी अन्य शास्त्रीय संस्कृत साहित्य की तरह अर्थशास्त्र में राष्ट्र का अर्थ शब्द के दोनों अभिप्रायों में 'देश है, जो कुछ बार इसके विपरीत दुर्ग, जो एक किलेबंद नगर है, समझा जाता है। TS. 1.6.10 में राष्ट्र शब्द उन लोगों को निरूपित करता है जो राजन्य शूरवीरों, जिनके लिए बलि का शमन हिस्सा आरक्षित होता था, के विपरीत बलि के आरके खंड से लाभान्वित होते थे। राष्ट्र कर दस पृथक मदों के तहत संग्रहीत किए जाते थे (Arth. 2.15): साझा गाँवों पर सामूहिक कर, पिंडकर; सभी अनाज उपज का छठवां हिस्सा, सदभाग; सैन्य प्रावधान सेनाभक्तम; 'बलि कर', बलि – सभी करों में सबसे पुराना, जनजाति के लिए सामुदायिक बलि में सरदार के लिए उपहार से व्युत्पन्न, जैसा कि ऋग्वेद 10.173.6 में है, लेकिन यह प्रथा की बात के रूप में आरोपित था (जैसे लुम्बिनी(Rummindei)) कि बलि होती है या नहीं; वार्षिक नकद कर, या कर मद के तहत फल जैसी स्थायी उपज पर कर, जिसका बाद में अर्थ सामान्य कर हो गया; उत्संग= पुत्र के जन्म और इस तरह के अवसरों पर राजा को दिएजाने वाले रस्मी उपहार, या अधिकर (Uebersteuer, Meyer); एक पूरक कर पार्श्वम (Meyer, Nebengaben); क्षति कर (मवेशी अतिक्रमण से हुई अनाज की क्षति के लिए) परिहिनाकम; कपड़ों का उपहार इत्यादि, औपायानिकम; और कौस्तेयकम कर, जो या तो भंडारगृह का शुल्क था या राजसी टैंक, वाटिका और इस तरह की चीजों के उपयोग के लिए एक विशेष कर था।

यह कर आर्य जनजाति प्रथा के प्रभाव को दर्शाते हैं जिसमें जनजाति के सरदार या जनजाति प्राधिकार के स्थान पर सर्वोच्च सम्राट और उनकी नौकरशाही है। पौर-जनपद का हालिया जनजातीय अतीत था। पाठक एक बार फिर याद करें कि जनपद का अर्थ 'जनजाति

का स्थान' है। बड़े पितृसत्तात्मक परिवार समूह, जिनमें से ये जनजातियाँ राष्ट्र बनाने के लिए टूट गई थीं, नए कृषि उत्पादन, जो बिखराव का कारण बना, के बावजूद क्षेत्र में अब भी कई पुरानी प्रथाएँ संरक्षित थीं। जनपद के अमीर सामंती या निजी भूस्वामी नहीं थे बल्कि ऐसे बड़े समूहों के प्रमुख थे। स्थानीय प्रथा और समूह की परंपराओं ने उन्हें शूद्र दासों की मदद या उसके बिना, सदस्यों द्वारा उत्पादित अधिशेष पर नियंत्रण दे दिया था। लेकिन उन्होंने इस अधिशेष का व्यापार करना शुरू कर दिया था। धीरे-धीरे लाभ उनकी निजी संपत्ति में उस हद तक परिवर्तित होता गया जिससे उसके अनुगामी लाभान्वित होंगे और अपनी बजाय उसकी इच्छा पर अधिक निर्भर होंगे। भूस्वामीवाद और 'एशियाई' उत्पादन के बीज निश्चित रूप से इस स्थिति में मौजूद थे, लेकिन पूरी तरह विकसित होने की स्थिति में नहीं थे। पूर्ववर्ती अनिवार्य सैन्य सेवा 'सेना प्रावधान कर' में तब्दील हो चुकी थी। इसका अभिप्राय सामान्य जन का प्रगतिशील नि:शस्त्रिकरण भी था। ऐसे पौर-जनपद मेगस्थनीज के 'स्वतंत्र नगरों' में उच्च वर्ग थे, और काफी हद तक अपने स्वयं के मामलों का निस्तारण करते थे; क्योंकि स्थानीय मंत्री एवं अधिकारी उनमें से ही चुने जाते थे। प्रमुख नागरिकों (मुखिया) और सबसे शक्तिशाली जिला अधिकारियों (महामात्र) को को हर तरह के विश्वासघात और षड्यंत्र के जरिये नियंत्रित करने की राजा को सलाह (Arth. 5.1) दी गई थी। खतरनाक अमीरों को एक कमजोर सेना की कमान के साथ किसी तुच्छ अभियान पर भेज कर या दुरुत्साहकों द्वारा झूठे आरोप में फँसा कर हत्या की जा सकती थी, जहर दिया जा सकता था, घात कराया जा सकता था या हत्या करायी जा सकती थी। उसके खुद के बेटे या भाई को उत्तराधिकार के वादे से उकसा कर कर उसकी हत्या करायी जा सकती थी – वादे को पूरा करने की जरूरत नहीं थी। एक पर दूसरे की हत्या का आरोप लगा कर दो खतरनाक नागरिकों को एक साथ खत्म किया जा सकता था, हालाँकि हत्या वास्तव में राजसी एजेंटों द्वारा की गई होती थी। इस प्रकार नैतिकता के अनुसार शासन करने के लिए अशोक का परिवर्तन क्रांतिकारी था, जिसमें इसने राज्य के स्थिर दबाव के भीतर सर्वाधिक शक्तिशाली वर्ग को स्वतंत्र कर दिया और उसके विस्तार की अनुमति दी। इस उच्च नागरिकता के दूसरे छोर पर इसका समकक्ष भूमि पर दावे के बगैर के स्वतंत्र श्रमिक वर्ग था। राजसी भूमि के प्रबंधकों को परती जमीन उत्पादन के लिए बँटाईदारों या अधिया को देने की सलाह दी गई थी। कुछ पौर-जनपद अपने स्वयं के पूँजी निवेश से बंजर जमीन शोधित करा कर श्रम के लिए कुछ बँटाईदार ढूँढ सकते थे। ऐसे निजी भूमि-समाशोधन के मॉडल के अन्वेषक जातक. 469 में ब्राह्मण हैं, जिनके उदाहरण का अनुसरण सदियों तक होना जारी रहा। कई बार, इसे राज्य द्वारा प्रोत्साहित किया जाता था, Arth. 2.24 (अर्धाशितीक के प्रसंग के तत्काल बाद) बताता है कि जमीन स्व-विर्योपाजिवीन को चौथाई, पाँचवें हिस्से या अन्य उपयुक्त निम्न हिस्सेदारी पर दी जाये। इस शब्द के अर्थ की व्याख्या है 'वे जिनके पास अपने शारीरिक श्रम के अलावा योगदान के लिए कुछ भी नहीं है', लेकिन इसे 'श्रम पर जीवित रहने वाले' यानी बेरोजगार पेशेवर सैनिक या इसी तरह के लोगों (cf. E. H. Johnston, JRAS 1929, pp. 77–102) के रूप में बेहतर ढंग से समझा जाता है। जनसंख्या पर नियंत्रण के रूप में सेना के सेवानिवृत्त अधिकारियों को राजस्व अधिकारी बोर्ड (Arth. 2.9) से संबद्ध किया गया था। भू-स्वामित्ववाद या सामंती प्रथाओं का कोई प्रश्न ही नहीं हो सकता था। जनजातीय प्रथाओं के अनुसार, भूमि वह क्षेत्र होती थी जिसे मुखिया या बुजुर्गों की परिषद द्वारा बाँटा जाता था, जिसका अधिकार अब राजा-सम्राट और उसके जनपद अधिकारियों को दे दिया गया था। इसलिए, भूमि में निजी संपत्ति की अवधारणा सूक्ष्म थी। Arth. 3.5–7, जो संपत्ति के उत्तराधिकार पर बताता है, में न तो भूमि का और न ही घर का कोई उल्लेख है, पैतृक जमीनों पर साझा घर का नियम था। यूनानियों की यह सोच उचित है कि संपूर्ण भूमि राज्य की राजा की होती थी। फिर भी, Arth. 3.9 स्वामित्व के हस्तातरण के समय संबंधियों, पड़ोसियों और धनी व्यक्तियों की मौजूदगी के साथ जमीन की बिक्री और गाँव के बुजुर्गों की उपस्थिति में संपत्ति बँटवारे के बारे में बताता है। भवन समेत संपत्ति की हमेशा नीलामी होती थी और बोली लगाने वाले को राजसी मूल्याँकन से ऊपर की राशि के साथ ही साथ बिक्री कर को राजसी खजाने में जमा करना होता था। ऐसे हस्तांतरण वस्तुओं की बिक्री के समान स्तर पर नहीं थे और अधिकांशत: घर-भूखंडों और उद्यानों पर लागू प्रतीत होता है। इसी तरह, यह निषेधाज्ञा (Arth. 2.1 et al.) कि कर दाता गाँव के निवासी गैर-करदाता गाँव में स्थानांतरित नहीं हो सकते, जनजातीय और सीता क्षेत्र से बाहर की भूमि पर किसी निजी उद्यम संकेत देता है। सीता भूखंडों का निस्तारण जैसे राज्य का उद्यम अर्थशास्त्र राज्य का मुख्य व्यवसाय है; इसका उद्देश्य स्पष्ट रूप से पौर-जनपदों को अतिरिक्त बोझ से राहत देना बताया गया है।

अर्ध-सितिका, आधी हिस्सेदारी के खेतिहर केवल राज्य की अकृषित भूमि के सहारे जीवनयापन नहीं कर सकते थे। यह इस तथ्य से प्रमाणित है कि पति द्वारा अनुबंधित ऋणों के लिए उनकी पत्नियाँ और चरवाहे तक जिम्मेदार होते थे (Arth. 3.11) जबकि पत्नी किसी अन्य मामले में बिना अपनी सहमति के जिम्मेदार नहीं है। अर्ध-सितिका की ये पत्नियाँ बंधुआ मजदूरी (जैसा कि अन्य बंधक थे) के दायित्व से स्वत: स्वतंत्र (Arth. 3.13) हो जाती थीं यदि वे कुछ अपमानजनक सेवाएँ देने को राजी होती हैं। समझा जाता है कि कुछ

अर्ध-सितिक निजी जमीनों पर काम करते थे, जबकि उनकी पत्नियाँ निराई, अन्न की कुटाई या पानी चलाने जैसी कुछ मजदूरी करती थीं। स्थिति आज तक बिहार में बँटाईदारों के निम्न वर्ग द्वारा भूस्वामियों के लिए किए जाने के समान है; इस प्रणाली की जड़ निःसंदेह अर्शास्त्र काल में है, जबकि अधिया प्रणाली बाद में सामंतकाल के दौरान, खास कर मुस्लिमों द्वारा मजबूत हुई थी जिन्होंने जमीनों पर अपने सैनिकों को नियमित रूप से बसाना शुरू किया था। इस तरह, जनपदों को राज्य को अदा राष्ट्र कर और पूँजीगत खर्च, पूरक करों और टोल को घटाने के बाद भी अधिया से होने वाली वसूली के बीच अच्छा मार्जिन होगा। हालाँकि, उसे भूमि पर कब्जे के अलावा कोई अधिकार नहीं था और अब भी एक स्वतंत्र उद्यमी होने के लिए परंपराओं के जरिये अत्यधिक बंधा (पुरानी व्यवस्था में) हुआ था। Arth. (3.14) में हरवाह महाजनों की तरह समितियों या समाज में समूहित थे। इसमें यह तथ्य अवश्य जोड़ा जाना चाहिए कि जनसंख्या कुछ सामान्य अर्ध-सितिकों से अधिक की आपूर्ति के लिए पर्याप्त नहीं थी, खास कर तब जब वास्तविक खेती के लिए बेहतर शर्तों पर नए तैयार सिता जमीनों का स्थायी आधार पर बंदोबस्त हो सकता था। मेगस्थनीज से हम जानते हैं कि 'स्वतंत्र नगर' भी अपने जनपद जमीनों को मानक किराये पर शूद्र-खेतिहरों को देते थे क्योंकि अशोक से पहले जमीन पर असहनीय दबाव नहीं था। सर्वशक्तिमान राज्य और निर्जन भूमि की नई निजी बसावट के बीच अवश्यंभावी संघर्ष अशोक के सुधारों के लिए असल कारण था।

भारतीय ग्राम अर्थव्यवस्था का इसके बाद का इतिहास भूमिहीन या कृषि श्रमिकों के लिए अपर्याप्त भूमि के परिणामस्वरूप श्रमिक आपूर्ति में स्थिर वृद्धि से प्रेरित था। निवासियों के सजात रिश्तेदार समूह को मुगल काल की बिरादरी और ब्रिटिश काल के तहत भूमि-कर के भैया कर स्वरूप में ढूँढा जा सकता है। अधिया खेती न केवल बिहार में अस्तित्व में रही बल्कि उन क्षेत्रों में भी फैल गई जहाँ अर्थशास्त्र प्रशासन का कभी भी वर्चस्व नहीं रहा (उदाहरण के तौर पर the Vārlis of Thaṇā district; Bombay Gazetteer, 1882. vol. 13. pt. 1. p. 184)।

7.7. यह हमें मौर्यकाल के उत्पादन की नींव की ओर ले आता है, जो Arth. 2.1 में अशोधित बंजर भूमि का निपटान और राजसी अधिकारियों के तहत उनका प्रत्यक्ष दोहन नाम से सावधानीपूर्वक वर्णित है। संपूर्ण भूमि नापी हुई थी, मृदा की प्रत्येक श्रेणी के लिए प्रत्येक फसल की उपज, सिंचाई के प्रकार और बारिश का आकलन हुआ था। प्रत्येक राजसी भंडारगृह और राज्य अन्नभंडार* के पास बारिश-मापक (Arth.2.5) था जो वर्गीकरण (Arth. 2.24) में मदद करता था। विभिन्न पूर्ववर्ती जनजातीय क्षेत्र, जिनमें प्रत्येक का एक मुख्यालय नगर था, से विकसित पुराने भूखंडों की गणना हल्के करों के साथ, पूर्व में सरदार, अब राजा से प्रतिस्थापित, को चुकाया जाता था, पौर-जनपद के राष्ट्र के रूप में की गई थी। 'क्षीण खजाने का राजा केवल पौर-जनपद का भक्षण करेगा' (Arth. 2.1) दर्शाता है कि अर्थशास्त्र मॉडल के और उस काल के राज्य को चलाने के लिए उनके कर अपर्याप्त थे। नए विजय अभियान प्रत्यक्ष रूप से मदद नहीं करते क्योंकि यह स्पष्ट रूप से निर्धारित था कि एक विजयी शासक और उनके अधिकारियों को, जब भी संभव हो, जैसे वे थे, वैसे छोड़ देना चाहिए; विजय के प्रथम उबाल में लूटे गए माल से परे किसी विशेष उपहार के बारे में कुछ नहीं कहा गया है। राजा को पड़ोसी शासक की बंजर भूमि का निपटारा बिना लड़ाई के करने की सलाह दी गई थी। इस प्रकार, यहाँ तक कि विजय अभियान का उद्देश्य अब तक अनसुलझे नए क्षेत्र के निपटारे का था।

एक या दो लीग व्यास के बीच के क्षेत्र के साथ शूद्र खेतिहरों के सौ से पाँच सौ परिवारों के बीच के गाँव बनाए जाने चाहिए, जो परस्पर सुरक्षा के लिए एक-दूसरे के उपयुक्त रूप से नजदीक बसे हों। सीमाएँ भू-चिह्नों के जरिये सावधानीपूर्वक खींची गई थीं। प्रशासनिक इकाइयाँ दस, दो सौ, चार सौ और आठ सौ गाँवों की होंगी; इनमें अंतिम में अत्यंत दृढ़ीकृत कस्बा मुख्यालय था, इस नए जनपद की रक्षा (जंगली जनजातियों और छापेमारों के विरुद्ध) सेना द्वारा की जानी चाहिए, क्योंकि शूद्र ग्रामीणों को हथियार धारण करने का अधिकार नहीं था। पुजारियों के लिए अकृषित भूमि की एक छोटी मात्रा को कर मुक्त कर दिया गया था। शेष भूमि को करदाता धारकों को केवल

---

* मौर्य अन्नभंडारों की पुष्टि पुरातात्विक साक्ष्यों से हो चुकी है, सोहगौरा ताम्र पट्टिका (चित्र 34) में सावत्ती के निकट ऐसे दो अन्नभंडारों को नियंत्रित करने वाले अधिकारियों को निर्देश दिएगए हैं; cf. J. F. Fleet, IRAS. 1907.509–532; ibid. G. A. Grierson 683–5; B. B. Barua: ABORI 11 (1930), 32–48 के विभिन्न पाठ और व्याख्याएं। भारत में खाद्य राशनिंग की अवधि में आधुनिक अन्नभंडारों से बेहतर आपूर्ति या प्रबंधन नहीं हुआ था। गौर करें, मौर्य मुकुट के मेहराब पर अर्धचंद्र बना हुआ है चित्र 34 में यह दो अन्नभंडारों पर दिखता है।

उनके जीवनकाल के लिए दिया गया था। जिसने भी अपने लिए आवंटित भूमि पर खेती नहीं की, उससे भूमि वापस ले कर दूसरे को दे दी जायेगी, यदि उन्होंने इस पर खेती के लिए भूमि के समाशोधन का कार्य शुरू न किया हो। नया बंदोबस्त होने पर करों से कुछ समय के लिए छूट दी गई थी लेकिन खेती शुरू होने पर निश्चित रूप से भारी कर चुकाना होता था। उपज में राजा का हिस्सा एक चौथाई से कम नहीं होता था जो आम तौर पर जल कर से बढ़ जाता था। यह पूरा कार्य लेखाकार, अधीक्षकों, पंजीकारों, पशुचिकित्सकों और सामान्य वैद्यों आदि जैसे राजसी अधिकारियों की निगरानी में होता था; और इन्हें आवंटित भऊमि केवल जीवनकाल के लिए होती थी, लेकिन इस पर उत्तराधिकार नहीं था और न ही बिक्री पर बंधक के जरिये हस्तांतरित होती थी। आखिरकार, खेती न होने पर भूमि ग्रामीण श्रमिकों (ग्रामभ्रतक) या व्यापारियों को लीज पर दी जा सकती थी। राजा इन बसने वालों के लिए एक पूर्ण पितृवादी शासक होता था। यह भारतीय इतिहास में बाद के सभी कालों के लिए कहा जा सकता है और यह सीता खेती पर निर्भर नहीं था। पितृवाद छोटे पैमाने पर उत्पादन की अभिव्यक्ति है, निष्क्रिय, गैर-प्रतिरोधी ग्रामीणों के अंतर्निहित स्तर की निरंकुशता है। निश्चित रूप से पैतृक रुख रखने की बजाय व्यवहार में निरंकुश होना ज्यादा आसान था। मत्स्य पालन, जलाशयों, सब्जी उपज के व्यापार की तरह खनन परिचालन, लकड़ी हाथी वन राजा के एकाधिकार थे; राजा व्यापार मार्ग और बाजार केंद्र स्थापित करेगा।

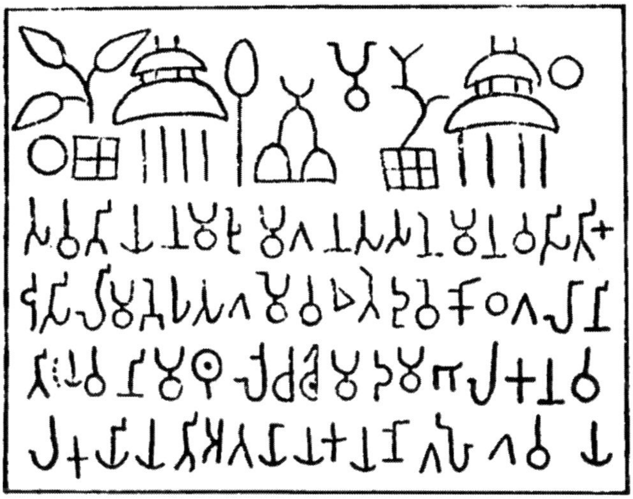

चित्र 34: दो राज्य अन्नभंडारों (शीर्ष पर दो संरचनाएं) के संबंध में महामात्रों को निर्देश देने वाला मौर्यकालीन ताम्रपत्र (सोहगौरा)

इन शूद्र निवासियों को अन्य स्थानों से आकर्षित या राजा के स्वयं के अत्यधिक जनसंख्या वाले नगरों से निर्वासित किया गया था। इसे 1,50,000 लोगों से समझना चाहिए जो अशोक के कलिंग युद्ध के दौरान अपयुध हुए थे। यह प्रणाली मौर्यकाल से निकली नहीं हो सकती थी, इसलिए इसे निश्चित रूप से उत्तर-शिशुनाग और नंद काल का होना चाहिए, और हिमालय की तलहटियों से लगी प्राचीन सड़क के किनारों की बजाय नदियों के किनारे ज्यादा सघनता ज्यादा बड़े पैमाने पर व्यवहार्य रहा था। इस प्रकार मेगस्थनीज यदि गंगा किनारे के युक्तिसंगत मार्ग से पटना गए थे तो उन्होंने अधिकांशत: राजसी सिता भूमि देखी होगी; शूद्र-कर्षक उनके शांत बंधुआ मजदूर (gêōrgoi) थे। प्रत्येक जनपद के महँगे आज्ञापत्र (Arth. 2.34) और सीमांत रक्षकों की मजबूत व्यवस्था ने खेतिहरों के लिए अपना जिला छोड़ कर जाना असंभव बना दिया था जबकि गाँव के प्रधान और पंजीयक उसे अन्य कर दाता गाँव के सिवा कहीं और पलायन नहीं करने देनेके लिए जिम्मेदार थे।

वस्तुत:, एक राजसी गाँव से श्रमिकवर्ग के लिए कोई बचाव नहीं था। वह उत्पादन की उम्र पार करने और अन्य उत्पादकों को अपनी संपत्ति का वितरण करने के बाद ही संन्यास ले सकता था; वरना उस पर जुर्माना होगा। अपनी पत्नी और आश्रितों के लिए प्रावधान किए बगैर संन्यास की बात करने वाला और महिला को संन्यास दिलाने वाला दंडित होता था। यह केवल सिता गाँवों के लिए लागू था क्योंकि बुद्ध के समय से भिक्षुणियों का अस्तित्व था। व्यक्तिगत परित्याग (धर्मांतरित नहीं) करने वाले को छोड़ कर अन्य किसी भिक्षु को इन राजसी गाँवों में रहने की अनुमति नहीं थी। यजुर्वेद काल के अर्ध-घुमंतू गाँवों से व्यत्पन्न सजात नातेदारी समूहों को छोड़ कर अन्य किसी तरह की मंडली या समूह या सार्वजनिक कार्यों (जैसे बाँध या जलाशय) के लिए अस्थायी टोली की अनुमति नहीं थी। विश्राम के लिए किसी सार्वजनिक एकत्रण-स्थल या मनोरंजन के लिए भवन की अनुमति नहीं दी गई थी। 'अभिनेताओं, नर्तकों, गायकों, जादूगरों, किस्सागो, भाटों को कार्य को बाधित नहीं करना था। गाँवों की असहायता से लोग अपने खेतों पर ध्यान देते हैं, जिससे कर, श्रम आपूर्ति, संपत्ति और अनाज में वृद्धि होती है।' (Arth. 2.1) ग्राम्य जीवन की अज्ञानताओं को सावधानीपूर्वक राज्य के आर्थिक उपायों के रूप

में प्रोत्साहित किया गया; यह बढ़ी संपत्ति, जो बमुश्किल ही ग्रामीणों के किसी काम की थी, राज्य के हाथों में चली गई, जिसने अपनी शर्तों पर उन्हें मवेशी, औजार, घरेलू सामान दिए थे और सिंचाई या अन्य विशेष सेवाओं की महँगी कीमत वसूली। यहाँ राष्ट्र निजी गाँव ज्यादा खुश थे। भिक्षुक पर पूर्ण प्रतिबंध को अशोक के आदेशों द्वारा सार्वजनिक रूप से पलट दिया गया।

बुनियादी उत्पादन पर राज्य का एकाधिकार बनाए रखने का एक रास्ता बड़े पैमाने पर गतिशील दासता पर निषेध था। अर्थशास्त्र काल में मानव बेचे जाते थे, लेकिन नगण्य अनुपात में, ये अधिकांशत: विशेष रूप से प्रशिक्षित घरेलू दास होते थे। राज्य ने अपने अपराधियों को काम पर रखा, और ऐसा लगता है कि उन्होंने सीमित समय के लिए दास के रूप में निजी स्वामी के यहाँ खेती की। बुनियादी उत्पादन के लिए गतिशील दासता को अर्थशास्त्र 3.13 के नियमों के जरिये पूरी तरह निषिद्ध कर दिया गया। केवल म्लेच्छ बर्बर (जिनमें यूनानी भी शामिल थे) अपराध के दोषी नहीं होते थे, यदि वे अपने अधीनों (प्रजा, बच्चे भी) को दास के रूप में बेचते हैं या उन्हें बाध्य करते हैं। ऐसे म्लेच्छों की माँग मनोरंजन के लिए थी और उनकी राजपरिवार के अंदरूनी दायरे तक भी पहुँच थी। 'लेकिन एक आर्य कभी भी दास के रूप में नहीं बेचा जायेगा', यहाँ तक कि एक शूद्र भी उतना ही स्वतंत्र जीवन जीयेगा जितना कि एक आर्य। प्रत्येक दास को दंड समेत उसके मुक्तिधन का काम करने की अनुमति दी गई थी। दासों से अशुद्ध कार्य (विस्तार में निर्दिष्ट) की माँग नहीं की जा सकती थी; ऐसे नीच काम करने के लिए जोर देना दास को तत्काल स्वतंत्र कर देता था। मालिक द्वारा बलात्कार एक अपराध था जिस पर गंभीर रूप से दंडित किए जाने के अलावा दास की स्वत: मुक्ति का प्रावधान था। दासों के पास मालिक द्वारा नहीं, बल्कि अपने संबंधों के उत्तराधिकार से अपनी स्वयं की संपत्ति थी; उनके बच्चे स्वतंत्र पैदा होते थे। खाद्य उत्पादन के लिए बड़े पैमाने की गतिशील दासता को अनावश्यक बनाने के लिए शूद्र दास स्वयं राज्य के नियंत्रण के अधीन आए।

निजी उपभोक्ता वस्तुओं के उत्पादन को जानबूझ कर अर्थशास्त्र द्वारा नहीं मारा गया था, जिसने शिल्पकारों और कारीगरों को नौ के पश्चिमी खंड में आवास उपलब्ध कराया जिसमें से प्रत्येक नए जनपद मुख्यालय कस्बे को पूर्व-पश्चिम दिशा की तीन और उत्तर-दक्षिण दिशा की तीन सड़कों द्वारा पृथक होना था। अन्य भवनों के बीच के स्थान में समाज-हॉल बनाए जाने थे (Arth. 2.4)। 'अनुबंध उन पुरुषों द्वारा लिये जाने चाहिए जो उचित प्रतिदान कर सकें, जिसका कर्मचारियों के ऊपर नियंत्रण हो, जो दूसरे पर अपनी राय थोप सके, जो अपनी स्वयं की योजना पर कार्य करे और जिसका अपने समाज पर रौब हो। संकट की स्थिति में अग्रिम सामग्री देने के लिए समाज उत्तरदायी होगा।' यहाँ 'समाज' शब्द का अर्थ श्रेणी, जनजाति का उत्तराधिकारी (संघ cf. 11.1, साथ ही काम्बोज एवं सौराष्ट्र में क्षत्रियश्रेणी) लेकिन छोटा और कम खतरनाक है। दूसरी तरफ, ये महज कर्मचारियों का समाज नहीं है, श्रेणी रेजिमेंट का उल्लेख सेना में बार-बार किया गया है। श्रेणी की प्रमुख, अपनी टोली (Arth. 8.4) के मुकाबले ज्यादा खतरनाक होने के कारण 8000 चाँदी के पना का जनरल का वेतन प्राप्त करता था। श्रेणी सैनिक सभी से उत्कृष्ट (Arth. 9.2) थे लेकिन वंशानुगत स्थायी सेना और पेशेवर वेतनभोगी होते थे। दो खतरों को एक-दूसरे के खिलाफ भिड़ाने की नियमित नीति के अनुसार श्रेणी जवान (Arth. 7.8; 7.14) को वह भूमि दे कर पुरस्कृत किया जा सकता था जिस पर स्थायी शत्रुतापूर्ण तत्व (Arth. 7.16) हों। इस प्रकार उस समय श्रेणी जनजाति और जाति के बीच मध्यवर्ती समूह था, जिसके सदस्य एक सामान्य पेशा अपनाते थे, लेकिन हथियार भी चला सकते थे। वे सामाजिक उत्पादन में भागीदारी करते थे, लेकिन वे शूद्र कर्मचारी के स्तर तक दबे नहीं थे और न ही चार जाति-वर्ग के एक हिस्से में डाले गए थे। Arth. 7.1 में यह स्पष्ट रूप से कहा गया है कि श्रेणी झुंड से बसी हुई भूमि उस सैन्य प्रस्थापना जितनी मुश्किल थी जैसी प्राकृतिक बाधाओं और अच्छे किलों से सुरक्षित कोई क्षेत्र हो।

'(भूमि बसावट के लिए) क्या बेहतर है, वह जो व्यक्तिविशेष द्वारा बसाया गया है, या वह जो श्रेणी मंडली के लोगों द्वारा? जिसकी आबादी अलग है वह बेहतर है; क्योंकि ऐसी जगह जहाँ लोग बँटे हुए हों, वहाँ उनका शोषण किया जा सकता है और शत्रु की कमजोरी का वहाँ कोई अर्थ नहीं होता। दूसरा पक्ष एक आपदा (राजकुमार को प्रभावित करने वाली) के सामने खड़ा (एकजुट) नहीं होगा: श्रेणी बसावट का सबसे बड़ी खतरा विद्रोह का है' (Arth. 7.11)।

इस प्रकार कुछ श्रेणी ग्रामीण या चरवाहा आदिम समाज के सदस्य हुए बगैर हथियार के बल पर स्वयं ही निर्जन भूमि पर बसे। पुस्तक कहती है: 'चार जातियों के साथ बसी भूमि में निम्नतन जातियों की बहुलता वाला क्षेत्र बेहतर है क्योंकि यह सभी तरह के शोषण की अनुमति देगा।' हालाँकि श्रेणियों की सक्रियता इसके बाद सदियों तक जारी रही, लेकिन मुख्य रूप से शूद्र खेतिहरों द्वारा बसाये गए गाँवों में उनके लिए न तो जगह थी और न ही आजीविका। अनुबंध के तहत दूसरों के लिए काम करने वाले कारीगर कई बार श्रेणी का रूप

दिएबगैर संघ के रूप में काम पर रखे जाते थे, Arth. 3.14 समूह-कर्मचारियों (संघब्रत) का उल्लेख करता है जो अनुबंधको पूरा करने के लिए सामूहिक रूप से उत्तरदायी होते थे। श्रेणी, जो अनिवार्य रूप से अंतर्विवाही, और साथ ही साथ लाभ-भागीदार रहे होंगे, चरवाहों-शिकारियों, या कारीगर-व्यापारियों की आड़ के बिना मेगस्थनीज के खंडों में जगह पाता नहीं दिखता। पाली स्रोतों में, सेनी और सेणी 'समाज' और 'सेना' के बीच अस्पष्टता के साथ भ्रांत हैं, जो अर्थशास्त्र में श्रेणी के दो उपयोगों में सटीक बैठता है।

इन प्रतिबंधों ने सुदूरवर्ती साम्राज्य में बढ़ती दूरी के साथ नगरीय वस्तु उत्पादन द्वारा ग्रामीण इलाकों की आपूर्ति को असंभव बना दिया; परिवहन की दिक्कतें नदी यातायात द्वारा सुलझायी नहीं सकीं क्योंकि गंगा और सिंधु प्रणाली कहीं और नहीं मिल सकती थी। कारीगर-महाजन लाभप्रद दरों पर पर्याप्त श्रमिक नहीं प्राप्त कर सकते थे, यदि निम्नतम मजदूर को राज्य द्वारा नकद भुगतान किया जाता था, शूद्रों को राजसी सिता ग्राम बसावट के लिए मनमाने ढँग से भेजा जाता था, जबकि दास श्रमिकों को सस्ते में नहीं या जा सकता था। व्यापारियों के साथ अशोक-पूर्व राज्य (जिन्होंने व्यापार मार्गों पर कोई विश्राम स्थल नहीं बनवाया) के बैर के बारे में कोई संदेह नहीं था। कौटिल्य अपने विज्ञान के शिक्षक का खंडन करते हुए कहते हैं, कि 'नहीं, (राजा के) सीमांत रक्षक (उसके मुकाबले कम बुरे थे) व्यापारियों की महाजनी से प्राप्त अनाजों पर जीवन-यापन के लिए निर्भर थे। हालाँकि व्यापारी एक पना के लिए 100 पना, एक जार के लिए सौ जार (वापसी) के सिद्धांत पर (बिक्री एवं खरीद की कीमतें) बढ़ाते और घटाते हैं। इस प्रकार में अपना जीवन चलाते थे', (Arth. 8.4)। तब गाँव की माँग की आपूर्ति का एकमात्र रास्ता उत्पादन को स्वयं गाँव में स्थानांतरित करने का हुआ होगा। तब शेष गाँव वस्तुत: आत्मनिहित अर्थव्यवस्था के एक मानक उत्पादक प्रकार के रूप में तेजी से रूपांतरित हुए होंगे। उत्पादन व्यापक रूप से बढ़ा, लेकिन यह विनिमय के लिए उपभोक्ता वस्तुओं का उत्पादन नहीं बना रहा। धातुओं के ऊपर मगध का नियंत्रण कमजोर हो गया, क्योंकि पानी खींचने के यंत्र से हीन दक्षिण बिहार की खदानें संभवत: इस काल में किसी समय जलस्तर तक पहुँच गयीं।[10] दक्षिण भारतीय धातुओं पर एकाधिकार आसान नहीं था, क्योंकि वे जनजातीय क्षेत्रों में उत्पादन करती थीं और ज्यादा दुस्साहसी अन्वेषक व्यापारियों द्वारा संचालित थीं। महत्वपूर्ण उत्पादन गाँवों में चला गया, इससे टोल और सीमाशुल्क से होने वाली आय और साथ ही साथ राज्य का एकाधिकार लुप्त हो गया। आत्मनिर्भर और नि:शस्त्र गाँव अब और इसके बाद उत्पादन की सामान्य इकाई बन गए जो भारत की विशेषता है। इसका अर्थ है कि अपने तीन व्यापक, पृथक सैनिक, नौकरशाह और जासूसों की सेना के साथ केंद्रीय प्रशासनिक प्रणाली अनावश्यक थी और इसे बनाए रखना असंभव था। अर्थशास्त्र की सार्वभौमिक जासूसी, जिसने स्पष्ट राजसी उत्तराधिकारी से लेकर गाँव के निचले स्तर तक को निगरानी में रखा था, ने साबित किया कि नौकरशाही से परे इसके राज्य का कोई सुरक्षित वर्ग आधार नहीं था। नौकरशाही अधिकारियों के गबन को रोकना मुश्किल होता रहा था। 'खजाना प्रमुख (समाहार्त्र) सबसे पहले अपना स्वयं का, और तब फिर राजा का लाभ देखता है, या राजा के लाभ को पूरी तरह नष्ट कर देता है। अन्यों की संपत्ति (कर के रूप में) ले कर वह अपनी स्वयं की रुचिकर इच्छा के अनुसार इसे दूसरे काम में लगा देता है' (Arth. 8.4)। तीन पूरे अध्याय Arth. 2.7–10 इस असहाय स्वीकारोक्ति के साथ भ्रष्ट अधिकारियों की पहचान और सजा को समर्पित है कि यह उतना ही मुश्किल है जितना कि उस मछली को तलाशना जो उस पानी में चली गई है जिसमें वह तैरती है।

इन सभी का मूल यह आर्थिक तथ्य था कि मगध शासन अबकम लाभप्रद देशों में विस्तारित हो गया है क्योंकि कहीं और की जमीन गंगा घाटी की उर्वरता के समकक्ष नहीं थी, खास कर जब पहली बार इसके वनों का समाशोधन किया गया था। Arth. 6.1 में आदर्श जनपद भूमि का वर्णन इस प्रकार है:

> 'मध्य में और सीमा पर सशक्त पहाड़ियाँ: स्वयं की मदद करने में समर्थ, जरूरत पड़ने पर अन्य (जिलों) की मदद में समर्थ। बचाव करने में आसान, जीवन की जरूरतों की आसान उपलब्धता, (राजा के) दुश्मनों से घृणा करने वाला, और बहुत मजबूत पड़ोसी का न होना। दलदल, चट्टानों से मुक्त, नमक से व्याप्त भूमि, ऊबड़-खाबड़ जमीन, कँटीला जंगल, जंगली जानवर, और जंगली जनजाति। सिता राजसी भूमि, खनिज संपत्ति, हाथी वनों के साथ मनोरम, सुसज्जित। अच्छी तरह से संरक्षित पशु समूह, जंगली जानवरों से समृद्ध होने के साथ मवेशियों, मनुष्यों के लिए उपयुक्त, अकेले बारिश से जलापूर्ति नहीं। जलमार्गों और सड़कों से अच्छी तरह सुसज्जित, और कीमती और किस्म-किस्म की व्यापारिक वस्तुओं के साथ, सेना और करों को सहने के योग्य। कर्तव्यपरायण खेतिहर, बचकाने स्वामी, ज्यादातर निम्न जाति की आबादी, और लोग जो वफादार और सफाई से रहते हैं—यह जनपद के लिए परिपूर्णता है।'

यह बिहार, उत्तर प्रदेश, पंजाब, संभवत: पश्चिम बंगाल, और तटीय गुजरात की पट्टी के अत्यंत श्रेष्ठ हिस्सों के लिए उपयुक्त हो सकता है, लेकिन देश के किसी अन्य हिस्से के लिए बमुश्किल ही उपयुक्त है। मौर्य-पूर्व के राजा ऐसे जिले पा सकते थे जो अब भी विजय अभियान

और बसावट के लिए खुले हों, लेकिन चंद्रगुप्त की सेना निश्चित रूप से बदतर क्षेत्र का दौरा करती थी। पूर्ववर्ती पौर-जनपदों के दखल का समान रूप से उर्वर लेकिन सूखा पंजाब का महँगी सिंचाई के बिना आगे दोहन नहीं किया जाना चाहिए था। दक्षिण में वनाच्छादित चट्टानें थीं जहां सिता गाँवों का शीर्ष भारी-भरकम मगध प्रशासन बहुत महँगा रहा होगा। बहुत दूरी के लिए उपयुक्त परिवहन का अभाव भारत के विकास के लिए बड़ी बाधा बनी हुई थी (ओर अब भी है)।

अंततः, बोझल प्रणाली ने अपने प्रधान पुरुष और प्रतीक, परम सम्राट से अत्यधिक शारीरिक परिश्रम और मन की असंभव एकाग्रता की माँग की, जैसा कि रिपोर्टों के बारे में अशोक की घोषणा से साबित होता है।

'(राजा का) दिन और रात को नलिका घड़ियों (दिन में शंकु, संभवत: खोखली नलियाँ जो रात में जलघड़ी के रूप में काम करें) के जरिये आठ-आठ हिस्सों में विभाजित किया जाना चाहिए। ...फिर, दिन के पहले आठवें हिस्से के दौरान वह (राजा) रक्षा और आय एवं व्यय के उपायों पर रिपोर्ट सुने। दूसरे में, उसे पौर-जनपद से जुड़े मामलों को देखना चाहिए। तीसरे के दौरान, वह अपने को नहाने, खाने और अध्ययन (वेदों का) के लिए समर्पित करे। चौथे में, उसे स्वर्ण की स्वीकार्यता और प्रशासकों से जुड़े मामले सुलझाने चाहिए। पाँचवें में, उसे पत्रों के जरिये अपने मंत्री परिषद (जिसका अर्थ है विभिन्न दूरस्थ जनपदों के मंत्री) के साथ विचार-विमर्श (और आदेश पारित) करना चाहिए और जासूसों और गोपनीय रिपोर्टों का संज्ञान लेना चाहिए। छठवें में, वह स्वयं को मनोरंजन या नीति पर चर्चा के लिए समर्पित कर सकता है। सातवें में, उसे हाथी, पैदल, (शस्त्र सज्जित) रथों और सशस्त्र सेनाओं की समीक्षा करनी चाहिए। आठवें में, उसे अपने प्रमुख सैन्य कमांडर के साथ विजय (आक्रमण) अभियानों पर विचार करना चाहिए। शाम को उसे संध्या प्रार्थना करनी चाहिए। रात्रि के पहले आठवें हिस्सें के दौरान, वह गोपनीय जासूसों से मिले। दूसरे में, नहाना, खाना और अध्ययन (वेद या इसी जैसा कुछ)। तीसरे में, उसे वाद्य संगीत की संगत में बिस्तर पर जाना चाहिए और चौथे और पाँचवें के दौरान सोना चाहिए। छठवें में, संगीत की आवाज के जरिये जग कर वह विज्ञान (यहाँ अर्थशास्त्र, सभी संभाव्यता में) पर ध्यान केंद्रित करे और अपने तात्कालिक कर्तव्य करे। सातवें में, उसे परामर्श (या सफलता के सूत्रों को पढ़ने की कोशिश) लेना चाहिए, और गोपनीय जासूसों को निर्देशों से आवेशित करना चाहिए। आठवें में, उसे त्यागी-धर्माचार्य, शिक्षक की संगत प्राप्त करनी चाहिए; धर्माचार्य से नियमपूर्वक आशीर्वाद लेना चाहिए और अपने वैद्य, मुख्य रसोइये और ज्योतिषी से मिलना चाहिए। तब वह बछिया समेत गाय और बैल की परिक्रमा करने के बाद श्रोता कक्ष में जाये। या अन्यथा, वह अपने कर्तव्यों के लिए अपनी क्षमता और रुचि के अनुसार रात और दिन को विभाजित कर सकता है' (Arth. 1.10)।

इसमें जहर, हत्यारों, अपहरण के खिलाफ आवश्यक निरंतर सतर्कता जोड़ें (Arth. 1.20. 121, 1.17–18, &c)। कुछ आपात संदेशे, खास कर बीहड़ में संदिग्ध व्यक्तियों की आवाजाही या सैन्य विन्यास के बारे में, पत्रवाहक कबूतरों के जरिये भेजे जाते थे (Arth. 2.34 and 13.1)। यह दिखेगा कि यदि राज्य को उपयुक्त ढंग से प्रशासित करना था तो राजा का जीवन आसान नहीं हो सकता था। बाद में राजाओं ने छोटे साम्राज्यों और कम शक्ति के साथ अधिक स्व-सुख को पसंद किया। दांडिन के दसकुमारचरितम के आखिरी बचे अध्याय में छिछोरा चरित्र विहारभद्र उन्मादी लेकिन सटीक शब्दों में इसकी ओर इशारा करता है। स्वार्थी नौकरशाही की अनुकूल कार्रवाई के खिलाफ प्रशासन की असंभावना और सभी के लिए राजा के निरंतर अविश्वास को चाणक्य के सम्राट के सख्त व्यवस्थित जीवन के लिए एकमात्र पुरस्कार के रूप में बताया गया है। एक आदर्श उम्मीदवार को तलाशना मुश्किल हुआ होगा और आवश्यक अर्हताओं के साथ क संपूर्ण राजवंश को तलाशना असंभव होगा। दांडिन के सामन स्पष्ट रूप से चाणक्य का पाठ था जिसने अवतरण को अत्यंत महत्व का बनाया।

अशोक का वास्तविक हृदय-परिवर्तन महज एक राजा का नहीं, बल्कि संपूर्ण प्रणाली का था। राज्य-प्रभुत्व के कमोडिटी उत्पादन को गाँवों में स्थान मिला जो मुख्य रूप से खाद्य की अपनी आंतरिक माँग और कुछ अपरिहार्य निर्माताओं को आपूर्ति कर रहे थे। सेना की महँगी राज्य व्यवस्था को धर्म की मदद ले कर घटा दिया गया। अर्थशास्त्र ब्राह्मण अनुष्ठानों का आकस्मिक उपयोग करता है; यज्ञ बलि के लिए शुल्क को, किसी अन्य निरपेक्ष अनुबंध की तरह पुरोहित द्वारा समझौते को पूरा नहीं करने पर, जुर्माने के साथ नियंत्रित (3.14) किया गया। 'संन्यासियों' का उपयोग मुख्य रूप से जासूसी के लिए किया जाता था, जैसा कि इन लोगों की प्रच्छन्न रूप से सभी वर्गों तक पहुँच थी और ये एकमात्र जासूस थे जो उस जंगलीपने को बेध सकते थे, जहाँ खतरनाक अताविका जंगली रहते थे। शाक्य, आजीवक, या समान तरह के भिक्षुओं को मृत पूर्वज के पितृभोज में खिलाने पर 100 चाँदी के टुकड़ों (Arth. 2.20) का जुर्माना था। यह उपाय (भिक्षुणी बनाने के लिए महिला के धर्मांतरण पर जुर्माने की तरह) संयोग से अर्थशास्त्र को अशोक के पहले की अवधि से जोड़ता है, जिसकी दोनों समप्रदायों से सदाशयता जगजाहिर थी और कई उत्तराधिकारियों द्वारा जारी रखी गई। परंपरा के अनुसार अशोक के दरबार की राजकुमारियाँ बौद्ध भिक्षुणी बन गयीं। अर्थशास्त्र भिक्षु की आड़ में जासूस को छोड़ कर अन्यत्र भिक्षुत्व के पक्ष में नहीं था। निम्न

जातियों (चंडाल) की तरह संन्यासियों के आवास राजसी नगरों से बाहर होने चाहिए (2.4)। एक नियम से ऐसे आश्रमों में संन्यासियों के बीच कमरे का उचित विभाजन सुनिश्चित किया, कि कोई विवाद नहीं होना चाहिए। इस प्रकार अशोक के उपाय नए जीवन के लिए मौलिक, यहाँ तक कि क्रांतिकारी, स्वीकृति हैं। यह उच्च केंद्रीकृत प्रशासन के अंतिम पतन का लक्षण और साथ ही साथ कारण था जो सिद्धांत में कभी नहीं त्यागा गया था। सेना अब अनिवार्य नहीं थी, क्योंकि भारत को इसकी तर्कसंगत सीमाओं, जहाँ भी जीतने के लिए कुछ भी लाभदायक था, तक वस्तुत: जीत लिया गया था। जनपदों की सुरक्षा, डाकुओं के खिलाफ रक्षा और ग्रामीणों का पलायन रोकने की हद तक, के लिए स्थानीय दुर्गरक्षक पर्याप्त थे। ये दुर्ग साम्राज्य के केंद्र तक ताजा घुसपैठ कर आए विदेशी सैनिकों को रोक नहीं सकते थे, जैसा अशोक की मृत्यु के लगभग 60 वर्षों के भीतर हुआ। प्रेवश के लिए विनय नियम प्रदर्शित करता है कि बौद्ध समाज ने अब जाति और राज्य तंत्र को नहीं नकारा। पलायित दासों की दीक्षा को अवैध घोषित किया गया जिसने अब राजसी गाँवों में भिक्षुओं के प्रवेश को सुरक्षित बना दिया। अपराधियों को भी संघ में प्रवेश से मना किया गया था। हालाँकि निम्नतम जाति के सोपक (श्वान-भोजी, चंडाल) स्वयं बुद्ध के अग्रणी शिष्य रह चुके थे, जबकि प्रेरणास्पद राजा पसेनदि द्वारा हत्यारे डाकू अंगुलिमाल के प्रभावशाली धर्मांतरण की प्रशंसा की गई थी। अच्छे वेतन के सैनिकों द्वारा समर्थित और अब भी बेहतर वेतन के जासूसों द्वारा परीक्षित सर्वशक्तिशाली वेतनभोगी अधिकारियों की तुलना में अब भिक्षु प्रचारक कानून एवं व्यवस्था के सस्ते एजेंट बन गए थे। साँची में अशोक द्वारा रखी गई नींव को उसका सर्वाधिक योगदान उसी व्यापारी से मिला जिस पर अशोक-पूर्व राज्य में अपने समस्त संसाधनों के पराक्रम से निगरानी रखी गई थी, निचोड़ा और दमित किया गया था। राजाऔर उनके अनुयायियों ने राज्य के बच्चे हिस्से के लिए धम्म में नया साझा आधार प्राप्त किया। अशोक के सुधार ने अर्थशास्त्र, शासन कला में एक मूल विरोधाभास को हटा दिया, अर्थात एक पूर्ण अनैतिक राजा द्वारा शासित कानून मानने वाली नैतिक आबादी में राजा को नीति के तहत अपनी प्रजा और पड़ोसियों के खिलाफ प्रत्येक अपराध करने का निर्देश।

टिप्पणियाँ एवं संदर्भ

1. For Taxila's submission, Alexander's conquests and foreign sources, CAI and ITM remain competent surveys.
2. S. Krishnaswami Aiyangar: Beginnings of south Indian history (Madras 1918), pp. 81–103, और अधिक बारीक सबूत के लिए, Soma Sundara Desikar, 1HQ. 4, 1928, 135–145.। यह अन्य कार्यों से तलाशना संभव नहीं है, या Silappadikāram (Oxford, 1939) का V. R. Rāmchandra Diksitar द्वारा किया अनुवाद, या उनकी Studies in Tamil literature and history (London) जब दक्षिण भारत में पहली बार हल चलाया गया।
3. मौर्य क्षेत्रों के लिए, IA. 19.55–62; ABORI 23.510–14। आखिरी गुजरात मौर्य को ईसा बाद लगभग 737 ईसवी में अरबों द्वारा नष्ट कर दिया गया था (CII IV p. 144)
4. ड्रायडेन अनुवाद, 1864 में A. H. Clough द्वारा संशोधित और Modern Library (New York, undated); pp. 801–854 में पुनर्प्रकाशित; पृष्ठ 801–854 का उपयोग किया गया है। त्रुटिपूर्ण गंदारितन के लिए गंगारिदन मेरा सुधार है।
5. J. Prinscp के अन्वेषणों को उनके द्वारा दो स्पष्ट आलेखों में वर्णित किया गया है। JASB. 1925; आज भी पढ़ने की दृष्टि से बहुमूल्य है।
6. अशोक की राजाज्ञाओं के लिए, Corpus Inscriptionum Indicarum—I, E. Hultzsch (Oxford 1925; for the Govt. of India); RE. and PE. क्रमश: पाषाण एवं स्तंभ राजाज्ञाओं को संदर्भित है। ई. सेनार्ट: लेस इंस्क्रिप्शंस दी पियादासी (2 खंड, पेरिस 1881–6); एफ. डब्लू. थॉमस, 1914, 383–395; पूर्वोक्त 1916, 677–698। E. Senart: Les inscriptions de Piyadasi (2 vol., Paris 1881–6); F. W. Thomas, JRAS, 1914, 383–395; ibid. 1916, 677–698. Dharmānand Kosambi IA. 41. 1912. 37–40; मैं समझता हूँ कि विनयसमुकी धम्म-चक्क-पवत्तना सुत्त जैसे किसी विशेष अवतरण या शरमन से नहीं, बल्कि 'वित्तव के पूरे शरीर से' संदर्भित है। यह एक शेष बिंदु विदुशेखर भट्टाचार्य द्वारा उनकी कलकत्ता विश्वविद्यालय प्रकाशन से छपी टेक्स्ट्स रिकमंडेड बाइ अशोका में स्पष्ट नहीं किया गया है। Jules Bloch की Less inscription d'Asoka (Paris 1950) ने किसी भी सूक्ष्म तर्क का उपयोग करने से इनकार किया है ताकि वह मुख्य थीसिस को नुकसान न पहुँचाये, वह तर्क यह प्रतीत होता है कि राजाज्ञाएँ शुद्ध रूप से बौद्ध शरमन थीं। इसलिए, मुख्य शब्द को गैर-अनुवादित (इब्हा) या 'अस्पष्ट अनुरेख' की चिप्पी के साथ छोड़ दिया गया है; भतामायेसु बंभानिभेसु की व्याख्या इस रूप में की गई है 'serfs et nobles, brahmanes et bourgeois: en somme, les quatres castes'। RE. 13 में, अयात्रापेयु ना का हनेयासु का अनुवाद 'qu'ils se repentent et cessent de tuer' किया गया है जो एक मूर्खतापूर्ण प्राध्यापकीय परामर्श है; धौली-जौगड़ा राजाज्ञा के पालीकिलेशम का अनुवाद 'la torture' किया गया है, हालाँकि पाली शब्दकोष इसके लिए दंड ठीक समझता है। P. H. L. Eggermon's Chronology of the Reign of Asoka Moriya (Leiden, 1956)

तिथियों को बहाल करने की एक साहसी कोशिश करता है। कैंटन डॉट के दस्तावेजों में बुद्ध की मृत्यु 486 ईसा पूर्व और अशोक का राज्याभिषेक ईसा पूर्व 268 माना जाता है।

7. Journal of the Archaeological Survey, Hyderabad, vol. II.
8. अर्थशास्त्र पाठों के लिए, मैंने इसकी खोज, R. Shāmasāstry, 2nd ed. Mysore 1924. की बजाय T. Ganapati Sāstri, Trivandrum 1923 onwards, in 3 vols. (Trivandrum Skt. Series nos. 79, 80, 82), पर भरोसा किया है। Shāmasāstry की तीन खंडों की वर्ड-इंडेक्स टू द अर्थशास्त्र (मैसूर 1925) अपरिहार्य है। महत्वपूर्ण सेक्शन 2.1 के लिए, पाटन जैन भंडार ताड़पत्र खंड योगह्या की टिप्पणी के साथ मुनि जिनविजय द्वारा संपादित और प्रकाशित (लेकिन जाहिर तौर पर अभी तक प्रकाशित नहीं हुआ) किया गया है जिसे उन्होंने बहुत कृपापूर्वक प्रकाशित स्वरूप में मुझे प्रस्तुत किया। जे J. J. Meyer: Das altindische Buch vom Welt-und Staatsleben (Leipzig 1926) अपरिहार्य प्रतीत होता है, हालाँकि सदैव स्वीकार्य नहीं है; लेकिन R. Shāmasāstry's (3rd en. Mysore 1929) की अंग्रेजी में पुस्तक से किसी भी स्थिति में बेहतर है। F. Breloer: Kauṭaliya-Studien (Bonn 1926, 1928) मुझे इसलिए अनुपयोगी और भ्रामक लगता है क्योंकि न्यायिक सूत्रों की व्याख्या करते वक्त सामाजिक उत्पादन के संदर्भ में परिवर्तन पर कोई ध्यान नहीं दिया गया है। उपेक्षा से क्षय की प्रक्रिया हुई जिससे अर्थशास्त्र के पाठ क्षतिग्रस्त हो गए, JAOS 78. 1958 pp. 169–173. पर मेरी टिप्पणी देखें।
9. मेगस्थनीज से संभवत: हवाला देते हुए भारत में अन्य बड़ी सेनाओं के लिए Pliny, ITM 34 का संदर्भ अविश्वसनीय प्रतीत होता है, हालाँकि Pliny के काल तक बिना किसी प्रश्न के ऐसी सेनाएँ साम्राज्यों के पास विकसित हो गई थीं। मेगस्थनीज के रपट में पांड्या कृष्ण-हेराक्लीज़ (Kṛṣṇa-Herakles) की बेटी पांडैया के साथ यूनानियों द्वारा जुड़े थे, जिसमें पिता दक्षिण को बसाने और शासन करने के लिए बच्चे पैदा करते थे, तब यह मातृप्रधान था, जैसा कि सदियों बाद तक बना रहा।
10. खदानों की अत्यंत दक्ष कार्यप्रणाली और प्राचीन काल में अयस्क की कमी के साक्ष्य (अब तक दिनांकित नहीं) J. A. Dunn: Memoirs of the Geological Survey of India, LXIX pt. 1, 1937 (pp. 3, 54–5). द्वारा दिए गए हैं।

अध्याय 8

व्यापार और आक्रमण का अंतराल

8.1. मौर्यकाल के बाद।
8.2. कृषक समाज में अंधविश्वास।
8.3. जातियाँ और गाँव; मनुस्मृति।
8.4. धर्म में परिवर्तन।
8.5. दक्कन के पठार की बस्तियां।
8.6. वस्तु उत्पादन एवं व्यापार।
8.7. संस्कृत का विकास।
8.8. संस्कृत साहित्य के सामाजिक सरोकार।

मौर्य साम्राज्य के पतन के बाद विदेशी आक्रमणकारियों ने उत्तरी भाग (बंगाल को छोड़कर दो विशाल नदी बेसिन्स) को जीत लिया और सफलतापूर्वक शासन किया जबकि दक्षिणी भाग अधिकांशतः देशी राजाओं के अधीन रहा। इस अंतर के पीछे मुख्य कारण यह था कि विदेशियों द्वारा जीते गए क्षेत्रों की अर्थव्यवस्था कृषि निर्भर गांवों पर आधारित थी जहां पर पूर्व के शासकों द्वारा किये गए अधिशेष भंडारण को लूट लिया गया। दक्षिण भाग (सामान्यतः नर्मदा नदी के दक्षिण का क्षेत्र) अभी तक ऐसे उदासीन अस्थिर गांवों से रहित था। यहां ऐसे महत्त्वपूर्ण संगठन थे और ताकतवर वनवासियों के साथ व्यापार में बहुत लाभ हो रहा था, किंतु दक्कन के पठार में कृषि मौर्यकाल के बाद प्रतीत होती है। बंद ग्रामीण अर्थव्यवस्था में उत्पादन वस्तु उत्पाद नहीं था। आभासी रूप से स्व केंद्रित गांवों में वृद्धि का मतलब प्रति व्यक्ति वस्तु उत्पाद में—वस्तु उत्पाद के घनत्व में—पतन था हालांकि कुल उत्पादन में वृद्धि होती। इस साधारण तथ्य से साम्राज्य के विनाश का कारण पता चल जाता है जिसकी समृद्धि के परिणामस्वरूप भारतीय ग्रामीण बस्तियों के लक्षणों में वृद्धि हुई।

8.1. मौर्य सेना ने पूरे देश को पराजित कर दिया था। उनके जलयानों ने गंगा के मुहाने से लेकर सिंधु तक पूरे तट का अन्वेषण कर लिया था। उनका व्यापार और मिशनरियां श्रीलंका और एशिया माइनर तक पहुंच चुकी थीं और जल्दी ही चीन पहुंचने वाली थीं। इनसे कहीं अधिक महत्त्वपूर्ण उपलब्धि थी उत्तर भारत के गांवों का मूल उत्पादक इकाई के रूप में विकास। भारतीय उत्पादों में मुक्त श्रम की तुलना में दासता कभी भी अतिशयता की स्थिति में नहीं आ पाई जैसी कि यूनान और रोम में थी। यहां की महान पितृसत्तात्मक व्यवस्था रोमन विला की सामंती व्यवस्था के तुल्य नहीं थी और न ही ब्राजील के कासा ग्रांडी सेंजाला के उपनिवेश जैसी ही। विशाल मौर्य बस्तियां गंगा और सिंधु के दोमट मिट्टी के मैदानों में फैली थीं। सघन जंगलों से युक्त बंगाल और आसाम समुद्रतटीय मैदानों की भांति अभी इसकी प्रतीक्षा में थे। इन क्षेत्रों में भारी वर्षा होती थी और इनको तब उससे अधिक लौह की आवश्यकता थी जितना मगध द्वारा आपूर्ति होती थी। चंद्रगुप्त मौर्य के वैश्य अधिकारी/प्रांतपति पुष्यगुप्त ने जूनागढ़ के निकट एक विशाल बांध का निर्माण शुरू कराया जिससे एक विशाल जलाशय तैयार हो सके जिसे लगभग हज़ार साल तक बनाए रखा जा सका; किंतु हमें इसकी तुलना में दक्षिण भारत में कुछ भी सुनने को नहीं मिला। आटविक असभ्य जाति के क्षेत्र जो भोजन संग्रहण में संलग्न थे तथा उत्तर में स्थित थे, वे कृषिक्षेत्र में सिमट गए। अब इसकी आवश्यकता नहीं थी कि वनवासियों पर घात लगाकर हमला किया जाए या अर्थशास्त्र 13.3 में दी गई सलाह के अनुसार जहरीली शराब पिलाकर उन्हें मार दिया जाये। यदि प्रतिद्वंद्वी राज्य उन्हें अपनी सेना के सहायक के रूप में भर्ती करते, धावा करने के लिए घूस देते या

पड़ोसियों के विरुद्ध खड़ा करते (जैसा कि Arth में अनुशंसित किया गया था) तो यह उनकी भोजन संग्रहण की अर्थव्यस्था को समाप्त कर देता। नए व्यापार के प्रमुख कर्ता-धर्ता बन और उस नई संपत्ति जिसपर जनजातियों का कोई नियंत्रण नहीं था, उसे अचानक पाकर मुखिया राजा बन गए और कृषि और नियमित कर के साथ गांवों के बसने को बढ़ावा देने लगे। जनजातियां जो समाज से अंतःक्रिया करने थीं, सिर्फ जाति के रूप में बचीं। जिनका नामांकन उत्पादक समाज में बाद में हुआ, उनका सामान्य विकास भी अर्थव्यवस्था में कम हुआ और यही दशा सामाजिक स्थिति में भी हुई। ग्रामीण बस्तियों में अभी काफी संभावनाएं थीं। जैसे - जैसे वनों की कटान हुई, औसत उत्पादन कम हो गया (हालांकि इसका कुछ हिस्सा कृषि के नए तरीकों से पूरा किया गया)। उत्तर भारत के मैदानों में खाद्य उत्पादकों और भोजन संग्रहकों के लिए बहुत अधिक अवसर नहीं था। दक्षिण की स्थिति पूरी तरह भिन्न थी क्योंकि वहां सघन कृषि असंभव थी। कृषि बसाहट जो कि दक्कन के विरल क्षेत्रों में संभव हो सकती थी, मौर्य काल के बाद प्रारंभ हुई। वहां पर मौर्यों को बहुत कमजोर व्यापार मार्ग मिला था जो कि पहाड़ी जंगलों के विशाल क्षेत्रों से बाधित था। मैसूर के दक्षिण में किसी भी विजय अभियान को छोड़ा जा चुका था। महापाषाण काल की सभ्यता के आदिवासियों की आजीविका क्रमशः बाहरी क्षेत्रों में समाप्त हो गई।

उत्पादन के साधनों और दीर्घकालीन एवं ताजी ग्रामीण बस्तियों में मूल अंतर दो प्रमुख वर्गों के अलग-अलग राजनैतिक इतिहास में प्रतिबिंबित हुआ है। धर्म एवं जातियों की भूमिकाएं भी अलग हैं, हालांकि देश भर में फैले गांवों में दोनों ही एकरूपता लाने का लक्ष्य रखते थे। श्रेणी समूह जैसी पुरानी उत्पादक इकाइयाँ जिनकी बंद गांवों में कोई कार्य नहीं था, उत्तर में उपेक्षणीय अनुपात तक सिमट जाने के बाद मुख्यतः दक्षिण में चलती रहीं।

जिस प्रकार अशोकपूर्व काल को अर्थशास्त्र ने निरूपित किया था (और सूक्ष्मतापूर्वक उन्हीं तरीकों के आधार पर), एक ग्रंथ जो इस काल को निरूपित करता है वह है वात्स्यायन का कामसूत्र। यह कार्य निश्चित रूप से श्रृंगार को वैज्ञानिक तरीके से निरूपित करने वाला विश्व में प्रथम ग्रंथ है जो कि केवल व्यक्तिगत ही नहीं अपितु सामाजिक विज्ञान भी है। यह उस संन्यास परंपरा का पूरक है, जो एक सुधारात्मक प्रभाव के रूप में सबी गांवों में फैल रही थी। यह नव अभिजात वर्ग अर्थात 'नगरों में रहने वाले' नागरिकों के लिए थी जिसके अस्तित्व का अर्थ आय का एक स्रोत, पर्याप्त आराम था और अनेक नगरों का अस्तित्व भी जहां यह नया वर्ग इसमें रुचि विकसित कर सकता था। उनका समय यापन सभी सांस्कृतिक क्षेत्रों में रुचि प्रदर्शित करता था जिनमें परिमार्जित कामसुख का स्थान स्वच्छंद तथा लज्जारहित था। इसका निरूपण आद्योपांत भौतिक है किंतु अभद्र कदापि नहीं। शिक्षा की देवी के मंदिर में मिलते समय समाज तुलनात्मक रूप से मर्यादित है (Kam. 1.4.27)। उच्च परिमार्जित और संस्कारित अभिजात क्लब जैसा एक नया संगठन गोष्ठी (Kam. 1.4.34) चलन में आ गया था (जैसा एथेंस में था); बाद में इस शब्द का अर्थ अनेक सामान्य संगठनों से लिया जाने लगा। इस नए वर्ग द्वारा समूह-जीवन का आनंद लेने के लिए कई त्योहार के मौके थे, जो जाति या धार्मिक अवसरों पर निर्र नहीं थे। (Kam. 1.4.82)। इनमें से कुछ अर्ध कर्मकांडीय नक्कहट्टा किला - जातक की याद दिलाती हैं (जातक 118;147) जिसे हर युगल को मनाना होता है। गांव में जाने पर एक सभ्य नागरिक को सुरुचिपूर्ण और शिष्ट नगरीय जीवन को पूरी तरह संस्कृत के बजाय ग्रामीण भाषा का इस्तेमाल करते हुए इस प्रकार वर्णन और प्रदर्शन करना होता था कि ग्रामवासी इसकी प्रशंसा करें। इन सबमें दुल्हन का उचित चुनाव उपेक्षित नहीं किया जाता है जबकि कामकला की पेचीदगियों को एक निष्ठावान तरीके से पढ़ाया गया जो Arth. से गायब हो गई थी। यह कार्य चोल शासकों द्वारा वर्णित चलन और राजा कुंतल शातकर्णि के घातक रूप से बुरे कामाचार के बाद का है।

इस काल का क्रमबद्ध विवरण[1] अभी भी निस्संदेह अत्यंत ही कठिन है जिससे राजाओं के नाम और उनकी अनुमानित तिथियों का विश्लेषण करना उपयोगी है। अशोक की मृत्यु के तत्काल बाद दक्षिण में सातवाहनों का राजपरिवार उठ खड़ा हुआ (अथवा सातकणि, संस्कृत में शातवाहन, शालिवाहन, और शातकर्णि)। उनका मौलिक स्थान बेलारी जनपद के आसपास रही होगी, किंतु वे अपने वैभव के आखिरी दिनों में आंध्र प्रदेश से जुड़े रहे। सातवाहनों की धरोहर (दांतेदार चक्रीय पात्र) दक्षिण में सभ्यता का प्रथम स्पष्ट प्रमाण है, हालांकि मौर्यकाल पूर्व (पुरापाषाण काल सहित) की परंपरा कुछ दिनों तक चलती रही और अंततः तब समाप्त हुई जब सातवाहन दृढ़तापूर्वक स्थापित हो गए। सातवाहन स्तर पर रोमन व्यापारिक माल (कोल्हापुर, कर्हाड और पांडिचेरी के निकट) हमें विलासिता की वस्तुओं के व्यापार के महत्व को पेरिप्लस खाते का निश्चय करते हुए समझने में मदद करता है[2]। दांतेदार पात्र ऐरीटाइन पॉटरी से ई.पू. 50 से 50 ई. तक के बीच नकल किए हुए हैं। कोमाडस की मृत्यु के बाद जब गृहयुद्ध के कारण एंटोनी युग का अंत हुआ तो सातवाहन राज्य का भी पतन हो गया। इसके इतिहास में ग्रामीण कृषि में व्यापक उत्पादन हुआ था। टॉलमी (Ptolemy) के राजा सिरो-टॉलमाइस की पहचान वासिथिपुत्र श्री पुलुमाई[3] के रूप में की जाती है।

सातकणि एक आदिम नाम लगता है। इसके खंड[4] हैं दो इंडो-आस्ट्रिक शब्द, सड = घोड़ा, कोन = पुत्र जो अनार्यों के अश्व कुलचिह्न का संकेत करता है। इसकी संरचना आर्यकाल पूर्व की नहीं हो सकती क्योंकि सातवाहन सिक्कों पर दिखने वाला घोड़ा भारत में आर्यों का नवप्रवर्तन था। राजवंश SN 977 के अस्साका का हो सकता है। सात का सही संस्कृतीकरणा सप्ती (अश्व) होता है जो वस्तुतः बाद के एक पुराण में दिखता है। सप्तिकर्ण एक विखंडित चिह्न 'अश्वकर्ण' की ओर संकेत करता है। यद्यपि, कर्ण और वाहन जैसे शब्द एक अवरोह की ओर संकेत करते हैं। इसे लोग अशोक के सतियापुत से समानता कर सकते हैं। ये राजागण यज्ञ कराते थे और ब्राह्मणों तथा बौद्धों की सहायता करते थे। कम से कम किसी एक का 'असाधारण ब्राह्मण' दावा है जिससे यह प्रकट होता है कि दक्षिण के आदिवासी क्षेत्रों में पुजारी पद्धति ने वर्ग व्यवस्था में किस प्रकार मदद की। इस प्रकार, ब्राह्मणों पुराणों पर शातवाहन के कार्य व्यापार का प्रभाव उनके असाधारण भौगोलिक ज्ञान से प्रतीत होता है जो कि काल्पनिक क्षेत्रों में रहने वाले देवी देवताओं के वर्णन में दबा हुआ है। जब J. H. Speke ने सर्वप्रथम नील नदी के स्रोत की खोज की तो वे अपने साथ बॉम्बे के लेफ्टिनेंट विल्फोर्ड[5] द्वारा पुराण के आधार पर बनाए गए मानचित्र को ले गए थे, जो आश्चर्यजनक रूप से अंदरूनी अफ्रीका के स्थानीय नामों को पूरी तरह से सही ढंग से बताने वाला साबित हुआ। बाद में यह लेखक द्वारा उसके पंडित की जालसाज़ी कहकर निरस्त कर दिया गया (एज. रिज. 1805) जिसमें उल्लेखनीय संयोग अव्याख्यायित ही रह गए। हालांकि भौगोलिक संस्कृत पाठ अभी भी अस्तित्व में थे। उनमें से एक टॉल्मी के ज्योग्रॉफी ऑफ इंडिया का एकमात्र स्रोत है; यही ब्रह्मपुराण (E. H. Johnstone, JRAS. 1941. 213–222) के विषय में भी। किंतु यह दुखद है कि पौराणिक भूगोल चीन के विवरण के संबंध में तथा अरब के यात्रियों के स्पष्ट विवरण से विरोधाभास पैदा करता है। कोई स्थान पवित्र तीर्थ तभी समझा जाता था जब ब्राह्मण इसे स्पष्टतः घोषित कर देता था जो पौराणिक कथाओं के गर्भ में किसी गुप्त नाम से छिपा होता था। तीर्थों की तलाश में भारतीय अनेक बार न केवल असम और दक्षिण के जंगलों की खाक छाना करते थे अपितु बाकू में प्राकृतिक वायु-लपटों की पूजा किया करते थे। सातवाहनों के समय में यह तलाश अधिकतम प्रभाव में थी और अनेक गांवों में इस प्रकार की मानसिकता विकसित हुई। तीर्थयात्राएँ और पुरातत्व का अध्ययन यात्रा का एकमात्र कारण होता था और यह हिन्दू धर्म द्वारा हतोत्साहित नहीं किया गया।

लगभग उसी समय पूर्व में सातवाहनों की ही तरह एक खारवेल, अपनी वंशावली के तीसरे राजा, ने अशोक के प्रभाव वाले नवीनतम प्रांत महानदी क्षेत्र में 17 पंक्तियों का एक शिलालेख (खेद है कि अब वह क्षतिग्रस्त हो चुका है) छोड़ा। एक राजा, जो किसी अन्य कारण के लिए नहीं जाना जाता, ने मगध, पांड्य और सातकणि समेत भारत के बड़े हिस्से पर आक्रमण किया। वह एक जैन था, जिसके पंथ ने उसके सैन्य वृत्ति को उससे अधिक प्रभावित नहीं किया था जितना कि हर्ष या चंगेज़ खान को बौद्ध धर्म ने। इन अहिंसक धर्मों ने कभी भी बड़े युद्धों को रोका नहीं, जो कि गहरे आर्थिक कारणों से शुरू हुए। सैन्य बेड़े, मगध के राजा बहसतिमित (संभवतः एक शुंग बृहस्पति-मित्र या पुष्यमित्र) से मगध के राजा नंद द्वारा ले जाए (103 या 300 वर्ष पूर्व) गए एक जैन अवशेष की वापसी समेत, मानक प्रकार के हैं। इसी तरह, असंख्य जैन अर्हतों और ब्राह्मणों को भोज देना भी। मंदिरों के निर्माण और सौ से अधिक गुफाओं की खुदाई (जिनमें से कई पाई गईं) का भी वर्णन है। इसकी विलक्षण विशिष्टता यह है कि सार्वजनिक निर्माण कार्य के प्रत्येक समुच्चय पर आए कुल व्यय का विवरण भी 'लाख पणों में' दिया गया है। यद्यपि सिक्के दूषित थे, फिर भी राशि विचारणीय है। इस शिलालेख में, जिसका पाठ और व्याख्या अंतहीन रूप से विवादग्रस्त रही है (मैंने B. M. Barua, Old Brāhmī inscriptions of the Udayagiri and Khaṇḍagiri caves, Calcutta 1929 का अनुसरण किया है), सर्वाधिक रोचक कार्य-निष्पादन संभवतः बहुत भारी लागत पर तोसली रोड (?) से प्राचीन नहर के विस्तार का रहा है। इस नहर की खुदाई मूल रूप से राजा नंद ने की थी, यहाँ तक कि अशोक और मौर्यों से भी पूर्व मगध के राजाओं ने कलिंग की ओर नियमित बस्तियाँ बढ़ाने की कोशिश की। लेकिन खारवेलों ने 113 वर्षों के विकास के बाद लाण्गल नदी में भयावह बाढ़ की स्थिति आ जाने दी, जिससे यह पता चलता है—तालाबों और तटबंधों के बार-बार मरम्मत के साथ कलिंग में नियमित कृषिकार्य होने लगा था। अंततः वह अपनी स्मृति भी पूरी तरह खो चुका था।

मगध पर खारवेलों का आक्रमण निश्चित रूप से प्रथम शुंग सम्राट पुष्यमित्र के समय में ही हुआ होगा, जिसने अंतिम मौर्य सम्राट की हत्या कर गद्दी हथियाई थी, लेकिन पूरे साम्राज्य पर शासन नहीं कर सका। इसका परिवार मौर्यों के अधीन उज्जैन या उसके निकटवर्ती विदिशा में राजप्रतिनिधि था। कुलनाम शुंग ब्राह्मणों का एक प्रतिष्ठित गोत्र (भारद्वाज) का द्योतक है, इस तरह यह बात स्पष्ट है कि यह ब्राह्मण राजवंश था। यह अविश्वसनीय लगता है। इस समय तक क्षत्रियों और वैश्यों के गोत्र बने हुए थे। व्यापक व्यापार, प्रवासन, समय-समय पर आक्रमण, नए लोगों को समावेशन का परिणाम यह हुआ कि पुरानी गोत्र प्रणाली केवल ब्राह्मणों, जो कि इसे लेकर बहुत सतर्क थे, अन्य लोगों में लुप्त होती गई। ब्राह्मणों को आर्य जनजातियों में अपनाने की पुरानी वैदिक परंपरा का आशय एक नए गोत्र का

उद्भव होता था, बिलकुल वैसे ही जैसे जनजातीय मुखिया के मामले में, जिनके यज्ञ ब्राह्मण संपन्न कराते थे। अब जबकि अनार्य मुखिया और व्यापारी भी जीत लिए गए, यह नियम उलट गया। इसके अंतर्गत क्षत्रिय और वैश्य अपने कुल-पुरोहित के गोत्र अपनाने (Brough 195–6) लगे। अंतिम शुंग का कुल-पुरोहित एक कण्वायन (यह भी एक भारद्वाज गोत्र है) था, इसीलिए शुंगों ने पुरोहितों का कुलनाम नहीं लिया, बल्कि क्षत्रिय बने रहे। माता का कुलनाम धारण करने की सातवाहनों की परंपरा, इसका एक उदाहरण गौतमीपुत्त सिरि सतकर्णि हो सकता है, लेकिन किसी अवशेष या मूल मातृ-अधिकार का संकेत देने की आवश्यकता नहीं है; क्योंकि इसकी व्याख्या बहुविवाह से जोड़कर की जा सकती है। माँ का नाम बेटे को उसके सौतेले भाइयों से अलग पहचान देने में सहायक होता है, साथ ही दोनों तरफ़ से सम्मानजनक जन्म की भी सूचना देता है।

शुंगों ने मृत परंपरा को पुनर्जीवन देने की कोशिश की, प्राचीन वैदिक अश्वमेध यज्ञ[6] को। पुष्यमित्र के लिए यह एक आवश्यकता भी थी, क्योंकि जिस साम्राज्य को उसने छीना था, उस पर नए आक्रांताओं के हमले शुरू हो गए थे। यद्यपि जैसी कि कुछ बौद्ध कृतियों में उसकी यह छवि बना दी गई है कि उसने अशोक के धर्म का दमन किया, उसका आशय बस यह लगता है कि उसने कुछ प्रतिबंधित अनुष्ठानों को फिर से शुरू करने में ब्राह्मणों का सहयोग किया। भारहूत का भव्य बौद्ध स्थापत्य और साँची के भी कई बौद्ध स्थापत्य शुंग काल के ही हैं। अश्वमेध यज्ञ निष्प्रभावी सिद्ध हुआ, क्योंकि यवनों ने सीधे उज्जैन के व्यापार-मार्ग के निकटवर्ती शुंगों के गृहक्षेत्र पर ही आक्रमण कर दिया। अनौपचारिक संदर्भों से ऐसे संकेत मिलते हैं कि यवनों ने पहले साकेत को घेरा और फिर शायद पटना तक घुस गए। ख़ास इस यवन की बात करें तो यह मिलिंद (मेनेंडर) लगता है, यूथेडेमस का सर्वाधिक सफल वंशज, व्यापक किंतु प्रायः बदलते रहे क्षेत्र का अस्थायी शासक। यूथेडेमस के पुत्र डेमेट्रियस ने भी 'भारत विजय' की, लेकिन उतनी दूर तक नहीं जितनी कि सिकंदर ने। महान एंटियोकस को भारत विजय के नाम पर केवल 'भारतीयों के राजा' सुभगसेन, जो केवल काबुल घाटी के मौर्य प्रांत का शासक था, से उपहार प्राप्त कर ही संतुष्ट होना पड़ा। मिलिंदपान्ह = 'राजा मिलिंद के प्रश्न' में मिलिंद सागल का राजा मिलिंद है। मिलिंदपान्ह पालि भाषा में एक बौद्ध कृति है, जो सीलोन (श्रीलंका) में पाई गई, अकेले इसी कृति ने भारतीयों के लिए उसकी स्मृति (दृष्टांतों सहित) सुरक्षित रखी। उसकी राजधानी, आधुनिक सियालकोट सिकंदर का सुदूर पूर्व थी, और इससे पहले मद्र मुख्यालय (Mbk. 2.28.13; Jāt. 468)। यूनानी आक्रांताओं का वंशविशेष 75 ई.पू. के क़रीब शकों द्वारा समाप्त किया गया, जिन्होंने पहले सिंधु दोआबा बसाया था। इसी बीच, यूक्रेटाइडों और उनके उत्तराधिकारियों के हाथों यूथेडेमिडों ने अपना मूल बैक्ट्रियन राज्य खो दिया; जो शक माओ, अज़े और अन्य के बाद सिंधु घाटी में भी धकेल दिए गए। इस बढ़त को कुषाणों ने तब ख़त्म किया जब उन्होंने बैक्ट्रिया पर विजय प्राप्त की, फिर कश्मीर और उत्तर भारत पर भी। यह एक अधिक स्थायी अधिग्रहण था। इस समग्र साम्राज्य का आरंभ सन् 78 ई. में कनिष्क के राज्याभिषेक के साथ माना जाता है—यद्यपि इस तिथि को लेकर बहुत विवाद है। सन 78 ई. के समय से अभी भी शालिवाहन-शक का आरंभ माना जाता है। कुषाणों ने सिक्कों पर बुद्ध, या शिव, या अन्य देवताओं की छवियाँ मुद्रित कर मिलिंद या अपने से पहले के अन्य किसी भी आक्रांता की तुलना में अधिक सफलतापूर्वक भारतीय तौर-तरीक़ों को अपना लिया। उनके विशाल स्तूपों की सराहना चीनी तीर्थयात्रियों ने सातवीं और अल बरूनी ने 11वीं शताब्दी ई. में की है। वासुदेव (लगभग 200 ई.) तक उनका साम्राज्य बने रहना—सामान्य ह्रास के साथ—ऐसा लगता है कि वस्तुतः अन्य आक्रांताओं द्वारा किए गए अस्थायी आक्रमणों की तुलना में अधिशेष अधिग्रहण का बेहतर तरीक़ा बनाए रखने के कारण संभव हो सका। क्षत्रपों को प्रांत पूरे अधिकार के साथ दिए गए थे, संभवतः अभी भी याद रखे गए अकेमेनिड और फारस -यूनानी प्रारूप के अधीन, लेकिन महत्त्वपूर्ण अंतर के साथ। फारसी क्षत्रप, यद्यपि अभिजात वर्गीय थे, किंतु फिर भी तकनीकी तौर पर थे वे ग़ुलाम (बंधक) ही, राजाओं के राजा के। उन्हें कभी भी उनके पद से हटाया और बिना किसी सुनवाई के ही दंडित किया जा सकता था। यह सब एक तानाशाह राजा की इच्छा पर निर्भर था। यह बात हमेशा स्पष्ट नहीं रही कि भारतीय क्षत्रपों का अधिपति कौन था; उदाहरण के लिए मथुरा में हगाण, हगामाष (दोनों ही यहूदी लगते हैं) राजुल। कुषाण क्षत्रपों के पास पूरी शक्तियाँ थीं, उन्हें अपनी कुल परंपरा में उत्तराधिकारी बनाने और साथ ही कुछ मामलों में राजन की उपाधि धारण करने का भी अधिकार था। कुषाण युग में 4 वर्ष (कालक्रम) वाले सारनाथ शिलालेख में वनष्पर और खरपल्लण का उल्लेख 'महान क्षत्रपों' के रूप में है। कष्टन के सीथियन वंशजों, रुद्रदामन (लगभग 150 ई.) सहित, ने क्षत्रप बने रहते हुए राजा की उपाधि धारण की और अपने स्तर से युद्ध लड़े। उन्होंने भेंटस्वरूप क्या दिया, यह ज्ञात नहीं है, लेकिन उपाधि पुरस्कारस्वरूप ही मिली हुई लगती है। खकरात नहपान ने भी उज्जैन में क्षत्रपों और राजाओं की शैली अपनाई हुई थी, जिन्हें

गौतमीपुत्त सातकणि ने हरा दिया। गौतमीपुत्र के पुत्र (?) वसिथिपुत्र पुळुमाई ने रुद्रदमन से दो युद्ध लड़े और हारा। यद्यपि वे समान जाति, नस्ल, जनजाति, या भाषा-समूह से संबंधित नहीं थे। फिर भी, यही या कोई अन्य वासिठिपुत्त श्री-सतकर्णि रुद्रदामन का दामाद था।

यह काल दक्षिण में सातवाहनों और उत्तर में कुषाणों के स्थिरीकरण के साथ समाप्त नहीं होता। जिस प्रकार यह किया गया, उसमें केवल कुछ प्रतिरोधरहित गाँवों पर आधारित राज्यों को उखाड़ फेंकने का मामला था। कई स्थानीय राजवंश (*DKA*. 72–3) तो व्यापार के प्रोत्साहन से भी उन हिस्सों में स्थापित हो गए थे जहाँ जंगली या अविकसित भूक्षेत्र थे। कम से कम चार नागा राजा हो चुके थे। ऐसा लगता है कि सात गर्दभील निष्काषन की वजह से भील जनजाति के बन गए, एक ऐसी जनजाति जिनके शेष बचे लोग अभी भी पूरी तरह भोजन जुटाने वाली आदिम अवस्था में जी रहे हैं और इसके लिए इधर-उधर घूमते रहते हैं। तेरह पुष्यमित्र (या पुष्पमित्र) केवल अपने कुलनाम से ही जाने जाते हैं, हूण और हारहूण तो स्पष्ट है कि श्वेत हूण (एफ्थलाइट्स) थे। स्कंदगुप्त ने इनमें से पहली जनजाति का तो पाँचवीं शताब्दी के मध्य में दमन कर दिया, लेकिन दूसरी के साथ उन्हें बड़ी कठिनाइयाँ झेलनी पड़ीं। उन जनजातीय आक्रांताओं से (दस) आभीर राजा उत्पन्न हुए, जिन्हें अब आधुनिक अहीर जाति के रूप में जाना जाता है। अहीर राजाओं और सेनानायकों का अस्तित्व शिलालेखों से प्रमाणित हो चुका है (Lüders 1137; 963)। इस जनजाति (महाभारत 2.29.9) का ह्रास हुआ तो यह कई खंडों में बँट गई, प्रत्येक अपने-अपने कुनबे में अपने-अपने पशु चराने लगे। इसके चिह्न अभी भी उत्तर प्रदेश के अहीरों के गाँवों में देखे जा सकते हैं, वहाँ कई असंबंधित जातियों में अहीर लोगों के अंतर्विवाही उपविभाजन हैं (Ent. 1.xii, 34, 263, 313, 368, 2.245, 275 &c.; संभवतः 1.264,2.406 भी), तथा रंगमंचीय प्राकृत में आभीरी परिपाटी। इन्हीं से यौधेय जैसी कुछ जनजातियाँ उत्पन्न हुईं, जिन्हें रुद्रदामन ने पूरी तरह नष्ट कर दिया, फिर भी वे दो शताब्दी से अधिक समय तक अपने सिक्के चलाने में सक्षम रहे। बहावलपुर के आधुनिक जोहिया, सतलज के दक्षिण तटवासी, उनके ही वंशज लगते हैं। उसी समय सुदूर दक्षिण से तीन राज्य उभरे: मालाबार में चेर, प्रायद्वीप के आख़िरी छोर पर पाण्ड्य और दक्षिण-पूर्वी तट पर चोल। दूसरी शताब्दी ई. तक उनकी अपनी ग्रामीण बस्तियाँ थीं, अपने युद्ध, अपने ब्राह्मण पुरोहित और उनकी अपनी कविता (संगम काल) के साथ-साथ अपने बौद्ध मठ भी थे। इसके बाद किसी नए 'व्यापक साम्राज्य' को यहाँ अपना प्रभाव जमाने के लिए अवश्य ही मौर्यों से बिलकुल भिन्न तरीक़े से विजय अभियान चलाना पड़ता।

आपस में लड़ती-झगड़ती जनजातियों, राजाओं, आक्रांताओं के इस घालमेल से यह सिद्ध होता है कि नए गाँवों ने ही वह पहला अधिशेष पैदा किया, जो आक्रमणकारी सेनाओं के काम आ सकता था। इसने उन गाँवों के स्वामियों को और भी महत्त्वाकांक्षी बनाया। समय-समय पर वहाँ नई जनजातियाँ भी अस्तित्व में आईं, संभवतः अपने पुराने क्षेत्रों से विस्थापित की गई, या फिर विविध तत्त्वों से आकार ग्रहण की हुई, लेकिन अब वे खाद्य उत्पादक गण बन चुकी थीं। इनमें से ही मालव गण ने एक नए युग की शुरुआत की, बिलकुल वैसे ही जैसे विक्रम या कृत युग, जो 57 ई.पू. में शुरू हुआ, जो कि यदि पौराणिक परंपरा[7] को नियामक माना जा सके तो यह उन शाहानुशाही आक्रांताओं की पराजय से जुड़ा है, जिन्होंने उज्जैन के अंतिम गर्दभील राजा की हत्या कर दी। इन जनजातियों ने (यौधेयों की ही तरह) ब्राह्मणों का संरक्षण भी किया। इस संरक्षण ने ही युग को पूर्ववत बनाए रखने और इसे विस्तार देकर इसके पौराणिक संस्थापक विक्रम को सार्वदेशिक चक्रवर्ती सम्राट तक ले जाने में मदद की। यद्यपि उनका कोई सिक्का या शिलालेख कभी कहीं पाया नहीं गया और न पुराणों में ही उनका कहीं वर्णन है। जिन राजवंशों का वर्णन किया गया है यदि क्रमशः उनकी पुष्टि मुद्रा वैज्ञानिक आधार पर किया जा सके तो पौराणिक सूची का ख़ाली होना रुक जाएगा। सिक्कों के प्राप्ति स्थल भी हमें किसी राजवंशीय भूक्षेत्र की कुछ सूचना देते हैं।

8.2. वंश परंपरा के इतिहास के विवेचन में भी पर्याप्त रूप से महत्वपूर्ण धर्म के सवाल की और अधिक बारीक़ी से जाँच की जानी चाहिए। भारत को पिछड़ा रखने के लिए अंधविश्वास की भूमिका की निंदा करने में, यह नहीं भूलना चाहिए कि पुजारी अनुष्ठान और जादू-टोना ने भी किसी स्थान विशेष में सभ्यता लाने में मदद की। वर्ग संरचना के कड़े होने पर इस तरह की धारणाएँ बेड़ियों में बदल गईं। प्रथम ऋग्वैदिक द्वि-जाति व्यवस्था ने सिंधु घाटी से परे आगे बढ़ना संभव बना दिया। आर्यों के यजुर्वेदिक जनजातियों के भीतर विकसित चार-जाति व्यवस्था ने वर्ग समाज की नींव रखी जो पारस्परिक रूप से अनन्य युद्धरत जनजातियों से अधिक प्रगतिशील था। यूनानियों (ग्रीक्स) ने हमारे ब्राह्मणों का उल्लेख किया (*Strabo*; मेगस्थनीज 59): "भौतिक घटनाओं के बारे में उनके विचार बहुत अनगढ़ होते हैं, वे अपने तर्कों की तुलना में अपने कार्यों में बेहतर हैं क्योंकि उनकी मान्यताएँ बड़े पैमाने पर दंतकथाओं पर आधारित हैं।" एक वर्ग-समाज शुरू करने के लिए ये दंतकथाएँ और एक निश्चित कठोर अनुशासन असभ्य मनुष्यों पर लागू करने में मददगार थे। यदि लोग मानव निर्मित

जरूरतों को प्राकृतिक जरूरतों से पृथक नहीं कर सकते, यदि वे सतर्कतापूर्वक तत्व के छिपे नियमों की तलाश नहीं करते तो वे प्रकृति के सामने असहाय बने रहते हैं। इसीलिए, बाद के ब्राह्मणवाद ने मानव स्वतंत्रता—आवश्यकताओं की पहचान—और मूल्य के उत्पादन, जो सामाजिक रूप से आवश्यक श्रम-समय से मापा जाता है, दोनों पर व्यापक प्रतिबंध लगाए। आवश्यकता के बोध के रूप में विज्ञान रूढ़ियों और प्रभुत्व पर ब्राह्मण हठ के साथ असंगत था। आज्ञा अनुसार पवित्र ग्रंथों को गढ़ने या पुनर्लेखन की प्रथा के साथ असंगतता बढ़ी। इन सभी अंधविश्वासों की जड़ खाद्य-संग्रह से महज थोड़ा से ऊपर के उत्पादन के आदिम साधनों में है। आज तक, भारतीय किसान किसी भी महत्वपूर्ण प्रक्रिया के प्रारंभ से पहले बड़े विधि-विधआन से आनुष्ठानिक कर्म करते हैं: जुताई, बुवाई, कटाई, गहाई इत्यादि।

ऐसा लगता है कि उत्पादन के शुरुआती माध्यमों में ब्राह्मणवाद का अवश्य ही कुछ विशेष कार्य, कुछ उल्लेखनीय सफलता रही होगी जिससे समाज पर इनकी पकड़ बनी। कोई अंधविश्वास पैदा नहीं हो सकता जब तक कि इसकी गहरी उत्पादक जड़ न हो, यद्यपि जड़ता के जरिये यह बना रह सकता है। अच्छा पंचांग इन कार्यों में एक था। यूरोप की तरह यहाँ यह पर्याप्त नहीं है कि किसान प्राकृतिक लक्षणों से सर्दियों के अंत को जानें। 'रेन' के लिए वर्षा शब्द का अर्थ 'वर्ष' भी है, इसलिए भारत के लिए वार्षिक मानसून महत्वपूर्ण है। भारतीय किसान को मानसून आने से पहले अपने खेत तैयार करने होते हैं। बारिश का मौसम मुकम्मल रूप से शुरू होने के बाद ही बुवाई की जा सकती है वरना अंकुर मर जायेंगे। खेतों की सबसे अच्छी निराई मानसून मध्यावकाश में होती है। यदि आखिरी मौसमी बारिश से पहले कटाई की जाती है तो दानों के गहाई फर्श पर सड़ने की पूरी संभावना होगी। अनुभवजन्य अवलोकन कहता है कि वर्ष के लगभग नियत समय में चार महीने बारिश होती है, विराम आता है और बंद होती है। असल दिक्कत वर्ष के उस समय को सटीक ढंग से बताने में है। मिस्रवासियों ने लुब्धक तारे के सूर्य के सापेक्ष बढ़ाव के अनुपात के जरिये अपने सापेक्षिक बुनियादी कृषि कार्यक्रम, नील की सालाना बाढ़ का पूर्वानुमान किया। चीनियों ने वर्ष के 24 सौर खंडों के जरिये अपने किसानों की समस्या का समाधान किया, जिनका 12 चंद्र मासों, जिसमें प्रत्येक 19 वर्षों में से सात के दौरान एक अतिरिक्त मास जोड़ दिया जाता था, से बहुत मामूली लेना-देना था। कुछ इसी तरह की आवश्यकता भारत के लिए थी, जहाँ अवलोकन के तुच्छ उपकरणों और दीर्घकाल तक अभिलेख संरक्षित रखे जा सकने योग्य सामग्रियों के अभाव के कारण समस्या जटिल थी।

आदिम मनुष्य के साधारण अनुष्ठानों के लिए अपनी कलाओं के साथ चंद्रमा पर्याप्त था, जबकि पक्षियों, जानवरों, और पौधों ने स्वयं खाद्य-संग्राहक लोगों को सभी आवश्यक जानकारी प्रस्तुत की। यह चंद्र मास की अनिवार्य विरासत और शगुनों द्वारा भविष्यवाणियों को छोड़ गया। खाद्य उत्पादकों का वर्ष सौर वर्ष है, जिसके लिए चंद्र मासों के सतत् संयोजन की आवश्यकता होती है। एक कामकाजी पंचांग के लिए तत्काल आवश्यकता खगोल विज्ञान, बीजगणित, संख्याओं के सिद्धांत के मूल में थी जो सभी विशिष्ट भारतीय (विशेष रूप से ब्राह्मण) उपलब्धियाँ थीं। जब सूर्य और चंद्र अपनी तारों से पूर्ण पृष्ठभूमि को अभिलोपित कर दिये हों, या बादलों के कारण अदृश्य हों, तब भी मौसम की भविष्यवाणी की जा सकती थी। आदिम तर्क अनिवार्य रूप से इस निष्कर्ष तक पहुँचते हैं कि खगोलीय तत्व न केवल अनुमान देते हैं बल्कि सभी महत्वपूर्ण मौसम का निर्माण करते हैं; 'मेटेरोलॉजी' शब्द अब भी इसी तात्पर्य को बताता है। इसलिए, तारे और ग्रह संपूर्ण मानव जीवन का पूर्वाभाष देते हैं और नियंत्रित करते हैं। इस प्रकार से, ग्रहों की शांति और असर के लिए जन्मकुण्डली (जिसे गैलीलियो ने भी अपने काल में बनाया था), ज्योतिष, मंत्र और अनुष्ठान अपरिहार्य ब्राह्मण पंचांग के स्वाभाविक सहवर्ती थे। आज भी भारतीय फलाँ-फलाँ नक्षत्र की बारिश के बारे में काफी सटीक बताते हैं। दूसरी तरफ, कुम्भ मेलों या सूर्य के ग्रहण से मुक्त होने के दौरान सर्वाधिक भारतीय भीड़ पवित्र स्थानों पर स्नान करती है, जिसका सटीक अनुमान ब्राह्मण सिद्धांतों से नहीं बल्कि समुद्री पंचांग से लगाया गया है। एक सामान्य सैद्धांतिक आधार के बावजूद देश के विभिन्न हिस्सों में लोगों के बीच कम से कम तीन पृथक प्रमुख पंचांग व्यवस्थाएँ प्रचलन में हैं। अंतर को अंततः मानसून बारिश के विभिन्न स्थानीय व्यवहारों में तलाशा जा सकता है। इसी तरह, ज्यामिति के विज्ञान ('पृथ्वी मापन') की महान शुरुआत मिस्र में हुई, जहाँ नील की बाढ़ से जमा गाद द्वारा सीमा चिह्नों के अभिलोपित हो जाने के बाद एकसमान उर्वरता के क्षेत्र में खेतों और भूखंडों के विभाजन के लिए त्रिकोणीय मापन आवश्यक था। यह उद्धृत किया जा सकता है कि यूक्लिड ने टॉलेमी साम्राज्य के तहत विज्ञान को उसकी सर्वोच्च ऊँचाई तक पहुँचाया जिसकी मुख्य जिम्मेदारी गुलाम किसानों से अधिकतम अधिशेष जब्त करना था।

यह बिना महत्व का नहीं हो सकता कि आर्यभट्ट (जिनके इस सुझाव, कि धरती अपनी धुरी पर घूमती है, को उनके टीकाकारों द्वारा अमान्य कर दिया गया था) गुप्त काल (ईसा बाद 488?) के थे। अपने ज्योतिष, मूर्तिशास्त्र, भविष्यवाणियों और संबद्ध "विज्ञान" के लिए

ख्यात, वराहमिहिर निश्चित रूप से गुप्त दरबार के एक रत्न थे। हिंदू ज्योतिष में आखिरी महान नाम हैदराबाद में 12वीं शताब्दी के उत्तरार्ध के दक्षिण भारतीय भास्कराचार्य का है, जो पूर्ण कृषि अर्थव्यवस्था के विकास में उत्तर और दक्षिण के बीच फर्क को प्रदर्शित करता है। केवल दवा में भारत ने बेहतर आविष्कार प्रदर्शित किए, जो शल्य, विच्छेदन, शरीर रचना (सभी अस्वच्छ प्रथाएँ) में लिप्त होने के प्रति बढ़ते निषेध, रासायनिक अनुसंधान के रस-विद्या की ओर मुड़ने और सभी ब्राह्मण विषयों की गुप्त प्रकृति के कारण लुप्त हो गए।

8.3. दक्षिण में ब्राह्मण पैठ अगस्त्य की पौराणिक किंवदंतियों के लिए जिम्मेदार है, जिसमें उस ऋषि ने उच्च, दुर्गम विंध्य पर्वत को सपाट अवस्थित होने का आदेश दिया, उन "राक्षसों" पर काबू पाए, जिनके पंथ का किसी दिन स्थानीय रूप से पता लगाया जा सकता है, और समुद्र पी गए। या यह इंगित करता है कि अगस्त्य गोत्र के सदस्यों द्वारा शुरुआती उपनिवेशीकरण स्पष्ट नहीं है। ऐसी सामग्री का संदेहास्पद विश्लेषण मनुस्मृति, जो अभी भी अत्यंत प्रामाणिक ब्राह्मण दस्तावेज है, की पड़ताल से कम फलदायक है[8]। यह अपने वर्तमान स्वरूप में काफी हद तक विचाराधीन अवधि का हिस्सा है। यह ग्रंथ मुख्य रूप से ब्राह्मणों के मतलब का है। एक बड़े भाग में धार्मिक और आध्यात्मिक मामलों का वर्णन है जो अधिकांशत: पुजारीवृत्ति से संबद्ध है। विभिन्न स्रोतों और स्वीकार्य परंपराओं से संकलन ने विरोधाभासी कथनों में अपने निशान छोड़े हैं, जो हिंदू कानून को उसकी लचीली प्रथा और पूरी तरह से विसंगत सिद्धांत देने के लिए अस्पष्ट नियमों के साथ गठबंधन करता है। सबसे दिलचस्प हिस्सा प्रशासन पर है, खास कर अर्थशास्त्र (जिसने चुपचाप इसे प्रभावित किया है) से अपनी विषमता के कारण है। शक्ति राज्य और सामाजिक व्यवस्था की बिल्कुल नींव में अवस्थित है:

'राजा के लिए, भगवान ने पहले अपने ही बेटे, सजा (दंड), सभी प्राणियों के रक्षक, (अवतार) कानून, ब्रह्म की महिमा के गठन को बनाया। (मनुस्मृति 7.14)। ... दंड अकेले सभी निर्मित प्राणियों को नियंत्रित करता है, दंड उन पर निगरानी रखता है जब वे सोए होते हैं; बुद्धिमान दंड को कानून (धर्म) के रूप में घोषित करते हैं (मनुस्मृति 7.18)। ...संपूर्ण विश्व को दंड द्वारा व्यवस्थित रखा गया है। एक निर्दोष मनुष्य को ढूँढना कठिन है (मनुस्मृति 7.22)। राजा को चाहिए कि वह वैश्यों और शूद्रों को उनके लिए निर्धारित कार्यों को करने के लिए सावधानीपूर्वक बाध्य करे; यदि ये दो जातियाँ अपने कर्तव्य से विमुख हो गईं तो वे पूरी दुनिया को भ्रम में डाल देंगे (मनुस्मृति 8.418)।'

मनुस्मृति की योजना में राज्य का कार्य सत्तारूढ़ वर्ग का समर्थन करने के लिए उत्पादकों को मजबूर करना था, शूद्र सभी मानवीय श्रम और वैश्य मवेशी पालन और व्यापार करते थे। धर्मशास्त्र नामक ग्रंथ में सत्ता का यह स्तुतिपाठ प्रमाणित करता है कि ब्राह्मणवाद ने सामाजिक नीतियों के रूप में धर्म की अशोक की अवधारणा से एक लंबा रास्ता तय कर लिया था। वास्तविकता यह है कि आपद् धर्म पर अनुच्छेद आवश्यकता के दबाव के तहत मुश्किल के समय उच्च जातियों को भी व्यापार, सूदखोरी और इस तरह के कार्यों में लिप्त होने की अनुमति देता है, मनुस्मृति 8.348 के अनुसार विपत्ति की स्थिति में ब्राह्मण भी हथियार चलाने का पेशा अपना सकता है (जातक. 495 भी)।

चार-जाति व्यवस्था यहाँ वर्ग संरचना को प्रदर्शित करती है। ब्राह्मणों के पास करों, जिसे अभाव से मर रहे राजा को भी उन पर नहीं लगाना चाहिए, से छूट समेत अनेक विशेष सुविधाएँ हैं (मनुस्मृति 7.133)। क्षत्रिय कर वसूलते हैं, उसका भुगतान नहीं करते हैं। अन्य दो भार सहते हैं, शूद्रों को केवल महज भरण-पोषण का अधिकार है। खरीदा गया हो या बिना खरीदा हुआ, शूद्र को खास कर ब्राह्मण द्वारा कार्य करने के लिए विवश किया जा सकता है; दासता उसकी प्रकृति और सृजन है, इसलिए एक स्वामी विशेष द्वारा मुक्त किये जाने पर भी वह इससे मुक्त नहीं हो सकता। (मनुस्मृति 8.413; 10;121)। एक शूद्र का संपत्ति संचय करना ब्राह्मण को दर्द देता है (मनुस्मृति 120)। इसने स्वाभाविक रूप से उन जीवित लोगों के लिए मुश्किलें बढ़ाईं जो तीन, द्विजन्मे, उच्च जातियों में किसी में नहीं थे लेकिन बाध्य भी नहीं किए जा सके। इन विषम लोगों को मूल चार के बीच अंतरजातीय प्रजनन के परिणाम के रूप में समझाया गया था, जिसे राजा को रोकना चाहिए; इसके बावजूद, विजातीय विवाह स्पष्ट रूप से अस्तित्व में था और सहन करना पड़ता था, जबकि प्रतिलोम मिश्रण, जिसमें उच्च जाति की महिला के साथ निम्न जाति का पुरुष रहे, को यथोचित घृणा के साथ देखा गया था। विशेषता असंगति के साथ, अंतर्विवाह की सात पीढियों के बाद शूद्र को भी ब्राह्मण बनने या इससे उलट की अनुमति थी, अत: सिद्धांत के मुकाबले व्यवहार में जाति कम दृढ़ थी। (मनुस्मृति 10.64–5)। प्रत्येक मिश्रित द्वितीयक जाति को आम तौर पर कुछ उत्पादक कार्य सौंपे गए थे। इसने सभी प्रकार की जनजातियों और श्रमिक समाजों को समाज में शामिल होने की अनुमति दी, जो इन मिश्रित जातियों के नामों से सिद्ध है: मगध,

वैदेहक, लिच्छवि, अम्बस्ट, उग्र, जिनमें से अधिकांश को प्रगमन: जनजाति, समाज, जाति (चार प्राथमिक वर्ग-जाति के प्रत्येक के लिए लिए पुराने वर्ण 'रंग' के मुकाबले जाति) के जरिये अन्यत्र तलाशा जा सकता है। अर्थशास्त्र (3.7) में सरल रूप में दृष्टिगोचर यह मिश्रित जाति सिद्धांत संभवत: इसलिए विकसित हुआ क्योंकि तब मिश्रित संतानें काफी आम हो गई थीं। अविभाजित परिवार के स्वामित्व की संपत्ति का उत्तराधिकार, जाति समाज में कठिनाइयों का कारण होगा; इसलिए जो पुत्र माता-पिता में से किसी की जाति का उत्तराधिकारी नहीं बन सका, उसे एक पेशा सौंपा जाता था। पुजारियों द्वारा अतिरिक्त-जाति संगठनों का कोई हित नहीं देखा जाता था, हालाँकि वे ऐसे संगठनों से हर संभव लाभ लेने में कभी विफल नहीं रहे। गाँव या जिले में रहने वाला संघ का किसी भी सदस्य को शपथ अनुबंध से चूकने पर क्षेत्र से निर्वासित होना पड़ता है (मनुस्मृति 8.219)। गण (जनजाति समुदाय) के लिए कोई अनुष्ठान किए ब्राह्मण पुजारी को पितृभोज में आमंत्रित नहीं करना चाहिए (मनुस्मृति 3.164)। इसके बावजूद आधुनिक समय (Ball 252), खास कर तब जब जनजातियों के लोग 'सामाजिक स्तर में बढ़ने के आकाँक्षी' थे, में भी जनजाति पंथों को सेवा देने की ब्राह्मण परंपरा जारी रही (Roy 179)। एक पुराने सालंकायन घोषणापत्र (EI. 31.1–10) में आंध्र में रथकर ब्राह्मण को दो गाँव दान किए गए हैं जो मनुस्मृति की शर्तों से असंगत होगा, और वह केवल समाज-पुजारी को निरूपित कर सकता है।

धर्म पर जोर ने ब्याज और सूदखोरी के विचारों के लिए स्मृतियों के लेखकों को अंधा नहीं किया। पूर्व में अर्थशास्त्र से उद्धृत हो चुका मनुस्मृति 8 से असंगत हो सकता है:

'वशिष्ठ द्वारा अनुमन्य एक सूदखोर प्रति माह सैकड़ा पर 1/80 (15 प्रतिशत) के ब्याज के लिए अनुबंध कर सकता है (8.140)। ... जाति की व्यवस्था के अनुसार मासिक ब्याज के रूप में सैकड़ा में दो, तीन, चार और पाँच (लेकिन इससे अधिक नहीं) लिया जा सकता है (यानी ब्राह्मण पर 24 प्रतिशत ब्याज लग सकता है, क्षत्रिय पर 36 प्रतिशत, वैश्य पर 48 प्रतिशत और शूद्र पर 60 प्रतिशत; 8.142)। ... विधिक दर से परे अनुबंधित ब्याज नहीं वसूला जा सकता; वे उसे महाजन कहते हैं; ऋणदाता किसी भी स्थिति में सैकड़ा में पाँच से ज्यादा लेने के लिए अधिकृत नहीं है (प्रति माह; 8.152)। उसे न तो एक वर्ष से अधिक ब्याज लेने दें, न ही गैरअनुमन्य, न ही चक्रवृद्धि ब्याज, आवर्ती ब्याज, न ही शारीरिक श्रम (गिरवी मवेशी या गुलाम का; 8.153) के रूप में ब्याज का भुगतान लेने दें। वह जो, भुगतान (निर्धारित समय पर) करने में अक्षम है, और नया अनुबंध करने का इच्छुक है, बकाया ब्याज चुकाने के बाद अनुबंध का नवीनीकरण कर सकता है (8.154)। यदि वह (ब्याज के रूप में बकाया) धन नहीं चुका सकता है, तो वह इसे नये अनुबंध में शामिल कर सकता है; उसे जितना बकाया (पहले का) है, उतना ब्याज भुगतान करने का वादा करना चाहिए (8.155)। ... यदि कर्जदार ऋणदाता की समान जाति का है या उससे निम्न जाति का है तो कर्जदार अपने ऋणदाता के लिए सामान (जितना उसका बकाया है) बना देगा; लेकिन उच्च जाति का कर्जदार धीरे-धीरे (जब वह कुछ कमाएगा) ब्याज चुकाएगा।'

मूल रूप से पहले का लेकिन पुनर्लिखित नारद (TSS. 97) ऋण, अनुबंधों, रेहन, जमाओं के बारे में अत्यधिक विस्तार से बताता है। जातियों की क्रमिक आर्थिक स्थिति नयी है; अर्थशास्त्र, ऋण को कर्जदार और ऋणदार की जाति से स्वतंत्र मानता है। अर्थशास्त्र में ऋण-दासता, जिसने बाद में कई जनजातियों को स्थायी कृषि दासता तक सीमित कर दिया, मुख्य रूप से राज्य को यानी करों के कर्ज का भुगतान नहीं करने से जुड़ी लगती है, जिसका दंड दासता है। यहाँ, हम पारंपरिक ब्याज दरों को नयी लालच और सूदखोरी के साथ संघर्ष में देखते हैं, जो पिछले दरवाजे से प्रविष्ट होती है। ब्राह्मण सिद्धांतकारी के लिए पूर्णतम छूट केसाथ, यह स्पष्ट है कि जाति नये, भेदभावपूर्ण शोषण के लिए ताजा बहाना बन गयी थी। उद्यम का जोखिम नहीं (जैसा अर्थशास्त्र में है) बल्कि कर्जदार का जन्म-दर्जा ब्याज दर निर्धारित कर सकता था। इसका मतलब विशेष रूप से सबसे गरीब खेतिहर, जिसकी फसल हर बार पूरे साल के लिए पर्याप्त उपज में विफल रही है, पर एक विशेष रूप से भारी बोझ है। जब चक्रवृद्धि ब्याज परिदृश्य में आया, तो इसने सदा कर्ज में रहने वाले श्रमजीवी वर्ग का सृजन किया, जो पारंपरिक गुलामों और यूरोप के कृषि दासों का स्थानापन्न बना।

मनुस्मृति का राजा एक मामूली शासक है। उसे न स्वयं के सिक्के ढालने को कहा गया है और न ही बड़े सार्वजनिक कार्य करने को कहा गया है; ज्यादा से ज्यादा, उसे उन लोगों को दंडित करने की आवश्यकता है जिन्होंने प्राचीन बाँधों या जलाशयों को क्षति पहुँचाई हो। मनुस्मृति 8.402 के अनुसार, उसे हर पाँच दिनों में स्वयं सार्वजनिक रूप से बाजार कीमतों को नियंत्रित करना चाहिए। 8.314–6 के अनुसार, पश्चातापी चोर को कड़ी लकड़ी के डंडे, लाठी या भाले के साथ राजा से संपर्क करके सजा के लिए आग्रह करना होता था; यदि राजा ने उसे यथेष्ट ताकत से नहीं मार दिया, तो पाप का गैर-दंडित हिस्सा राजा को स्थानांतरित किया जाएगा। कुछ टीकाकार इसे ब्राह्मण का स्वर्ण चुराना (*cf.* 9.235; 11.55) जैसे सर्वाधिक पापमय चोरी के लिए सीमित रखते हैं। ऐसे राजा, पड़ोसियों के खिलाफ

निरंत युद्ध के बावजूद, एक प्रांत से अधिक में शासन नहीं कर सकता था। वस्तुत:, अर्थव्यवस्था अर्थशास्त्र की अर्थव्यवस्था के मुकाबले एक विषादपूर्ण तुलना दिखाती है। पना ताम्बे का था (मनुस्मृति 8.136), चाँदी का सिक्का 32 गुंजा वजन का था जिसे प्राचीन (पुराना) कहा जाता था। भुगतान मौर्य काल के पैमाने के मुकाबले काफी कम था: 'हर छह माह में वस्त्र और हर महीने अनाज के एक द्रोन की तरह सबसे कम भुगतान एक पना (रोजाना, टीकाकार कहते हैं) और सर्वाधिक भुगतान छह पना दिया जाना चाहिए' (मनुस्मृति 7.126)। यह राजा के नौकरों के लिए है; अधिकारियों को भूमि से भरण-पोषण करना है। गाँव मुख्य इकाई है जो तफसील से नियंत्रित होती है; कस्बों को तवज्जो नहीं मिलती। राजा द्वारा नियुक्त गाँवों के मुखियाओं को भोजन, पेय, ईंधन के अनुलाभ हैं; दस गाँवों के प्रधान को एक पारिवारिक आकार की भूमि का स्वामित्व दिया जाना है; बीस गाँवों के शासक को पाँच पारिवारिक भूमि स्वामित्व आवंटित किया जाना चाहिए, सौ गाँवों के प्रशासक को संपूर्ण गाँव (का राजस्व) और हजार गाँवों के जमींदार को एक कस्बा (का राजस्व) दिया जाना चाहिए। यह एक प्रोटो-सामंती व्यवस्था है। कम से कम सिद्धांत में, पूरी तरह बच जाने वाली दो उच्च जातियों के अलावा राजस्व अत्यंत निम्न है। मवेशियों और सोने (वृद्धि होने पर) का पचासवाँ हिस्सा, फसलों का आठवाँ, छठा या बारहवाँ हिस्सा सामान्य है (7.130)। खजाने के संकट के समय, वह बिना पाप के अधिक से अधिक चौथा हिस्सा (10.118) ले सकता है हालाँकि टीकाकार यह केवल शूद्रों से ही पसंद करेंगे। वैश्यों के लिए अनाज पर 1/8 की पूँजी लेवी, लाभ पर 1/20 हिस्से या कम से कम एक कर्षापसा लागू किया जा सकता है। यह चाणक्य द्वारा संस्तुत हत्यारे संग्रह की तुलना में बहुत हल्का है। स्वतंत्र मजदूर, शूद्र हो या नहीं, और कारीगर, जो एक तुच्छ वस्तु (7.137) का भी भुगतान नहीं कर सकते, के लिए कर के स्थान (7.138) पर राजा के लिए एक माह में एक दिन की मुफ्त मजदूरी होती है, यह सामंती बेगार प्रथा की शुरुआत है।

दो निषेधाज्ञाएँ इस तरह के शासन और बीत चुके महान साम्राज्य के बीच के अंतर को विशेष रूप से रेखांकित करती हैं। '(कीमत या) खरीद और बिक्री, सड़क (की लंबाई), भोजन और मसालों (का खर्च) (यात्रा के दौरान), माल की सुरक्षा के शुल्क (बीमा या वेतनभोगी सुरक्षाकर्मी) पर अच्छी तरह विचार करने के बाद राजा को व्यापारियों पर कर का आकलन करने दें' (मनुस्मृति 7.127)। व्यापारी के लिए यह विचार जरूरी था क्योंकि राज्य अब बड़े पैमाने पर उत्पादन की बिक्री में संलग्न नहीं था। न तो अर्थशास्त्र में अत्यंत प्रभावी सीता राजसी भूमि दिखती है और न ही पौना-जनपद। मनुस्मृति 8.399 में राजसी एकाधिकार का बिना विवरण के इत्तफाकन उल्लेख है। धातु और नमक पर ऐसा एकाधिकार नहीं हैं; छोटे साम्राज्य को आम तौर पर दोनों का आयात करना पड़ता होगा। अन्य नयी विशेषता यह है कि समाज के सभी सदस्यों पर सामान्य प्रतिबंध के रूप में कानून की अवधारणा लुप्त हो गयी है। मनु के कानून अपनी अपर्याप्तता को मानते हैं (8.41, 46): '(एक राजा) जो पवित्र कानून को जानता है, को जातियों (जाति) के, जिलों (जनपद) के, श्रमिक समाज (श्रेणी) के और परिवारों (कुल) के नियमों की जाँच करनी चाहिए।' निर्णय इन सभी के संगत में होना चाहिए। अर्थशास्त्र 3.10 ने साझा गाँवों तक को नियंत्रित किया था जिसके सदस्य धार्मिक कार्यों, उत्सव, मनोरंजन, और संयुक्त कार्रवाई में अपना योगदान देने के लिए विधिक रूप से बाध्य थे। मनुस्मृति ने इसे नजरअंदाज किया है या इसे अंतर्निहित मानती है। इसलिए राज्य केवल सामाजिक उत्पादन में भाग लेने वाले समूहों के बीच लेनदेन को ही विनियमित करता है, जबकि हर समूह का उसके स्वयं के कानून से आकलन करना पड़ता था। अर्थशास्त्र केवल विरासत के लिए समूह-कानून में ऐसी स्वतंत्रता की अनुमति देता है। समाज तब भी बारीकी से एकसाथ बँधा था जब 'मिश्रित' जातियों को जोड़ कर चार-जाति व्यवस्था को पुनर्व्यस्थित किया गया था। इसमें आतविक खाद्य-संग्रहकर्ताओं का कोई भी उल्लेख नहीं है, जो घेरे से परे थे।

ऐसा लगता है कि कई गाँवों के ऊपर शासन करने वाले एक छोटे राजा के संबंध में उपयुक्त ये अभिलेख और पद्धतियाँ गंगा मैदान के मुख्य क्षेत्र में मौर्य साम्राज्य के कई खंडों से उभरे आंतरिक साक्ष्यों (मनुस्मृति 2.17–24) से निकली हैं। भूमि को साफ करने की क्रिया जारी रही, लेकिन इससे आगे निजी उद्यम से, जो आगे गाँवों के विस्तार के लिए उत्तरदायी है। नागसेन राजा मिलिंद से कहता है (MP. 4.5.15): "और यह एक व्यक्ति जब जंगल साफ करता है तो और भूमि का एक टुकड़ा मुक्त करता (निहारति) है और लोग यह मुहावरा प्रयोग करते हैं: 'यह उसकी भूमि है, लेकिन भूमि उसके द्वारा बनाई गई नहीं है। ऐसा इसलिए होता है क्योंकि वह भूमि को उपयोग में ले आता है और इसीलिए उसे भूमि का स्वामी कहा जाता है।" अर्थशास्त्र 2.1 उसे भूमि के स्वामित्व का अधिकार नहीं, अधिकार केवल उसे भूमि से बेदखल न किए जाने का दिया जाना चाहिए जिसने भूमि को साफ़ किया है। भले उसने भूमि पर तुरंत बीजारोपण न किया हो। यदि वह राज्य के लिए फ़सल या राजस्व पैदा न कर सका हो तो वह भूमि से अपना अधिकार तुरंत खो देता है। मनुस्मृति 9.44 वस्तुतः

मिलिन्दपान्ह से सहमत है: भूमि उसकी है जो इसे पहली बार साफ़ करता है, बिलकुल वैसे ही जैसे पक्षी उसका होता है उसे अपने पहले ही तीर से प्राप्त करता है। वह वह व्यक्ति जिसने भूमि को साफ़ किया है, वह किसी समुदाय का सदस्य हो सकता है, जो कि एक कुटंब और एक गाँव पर आधारित होता है, इसलिए जंगल सफ़ाई का उसका यह काम सीमांत भूमि पर होना चाहिए। बस्तियों के ज्ञात विस्तार और धारदार वनस्पतियों या उनके संपर्क में आने से उत्पन्न स्थितियों से सुरक्षा की आवश्यकता को देखते हुए आज के समय में किसी निर्जन वनप्रांत में एक अकेले खेतिहर के अस्तित्व के बारे में सोचना भी कठिन है। मनुस्मृति में उत्तराधिकार के नियम (9.219) कहते हैं कि चरागाह की भूमि अविभाज्य है। जिसका आशय यह है कि यद्यपि उत्तराधिकारी अपनी व्यवस्था संयुक्त परिवार जैसी बनाए नहीं रखना चाहते तो अन्य भूमि बाँटी जा सकती है। इसके साथ ही जलाशयों और बगीचों के विक्रय को इतना बड़ा पाप बताया गया है जैसे किसी व्यक्ति द्वारा अपनी ही पत्नी और बच्चों को बेचना (मनुस्मृति 11.61–2)। पत्येक जानपद की सीमाओं पर अब हमारे पास स्थानीय पुलिस की मोर्चेबंदी है (गुल्म, जिस पर नवें अध्याय में बात की गई है), प्रत्येक दो, तीन, पाँच और सौ गाँवों के समूह के लिए (मनुस्मृति 7.114)। माना जाता है कि ये उन गाँवों की सुरक्षा करते हैं जिन्हें पहले की अपेक्षा अब डाकुओं से अधिक सुरक्षा की आवश्यकता है। कोई यह भी संदेह कर सकता है कि गुल्मों के बिना ग्रामीण क्षेत्रों से कर संग्रहण का कार्य भी उतना आसान नहीं रह गया होगा, जितना कि वह पहले रहा होगा।

नए समाज के लिए अर्थशास्त्र का कमज़ोर संस्करण, कामंदकी का नीतिसार (TSS. 14) तैयार किया गया। यह सातवीं शताब्दी से अधिक पहले का नहीं हो सकता। क्योंकि इसमें सामंत शब्द का प्रयोग 'सामंती ताल्लुकदार' के अर्थ में नहीं हुआ है। निरंतर अलग-अलग जगहों पर लगने वाले राजसी दरबार शिविर (स्कंधावार) में हाथियों पर बहुत ज़्यादा ज़ोर दिया गया है, साथ ही किसी को मृत्युदंड देने से जहाँ तक संभव हो अधिक से अधिक बचने और वृत्ति अनुदान में किसी प्रकार की कटौती करने से बचने की सलाह दी गई है। यह सब 'ऊपर या शिखर से सामंतवाद' के लक्षण हैं, जिस पर अगले अध्याय में बात की गई है। सेना के गुप्तचर, जो कि अर्थशास्त्र के लिए अपरिहार्य हैं, इस परिदृश्य से ग़ायब हो गए। ये बेपरवाह गाँवों और साफ़-सुथरे व्यापारियों के लिए अनावश्यक हो गए थे।

8.4. स्मृति गाँव की पूर्ण विजय का पूर्वाभास देती है, किसी भी युद्ध से अधिक भयावह परिणामों के साथ। संकीर्ण जाति प्रथा केवल उन गतिहीन गाँवों में ही रूढ़ हुई थी, जिनका मुख्य बौद्धिक उत्पाद, ब्राह्मण, धार्मिक सिद्धांत के कारण असाध्य गँवारूपन के द्वारा उच्च मान लिया गया था। (धार्मिक सिद्धांतों से भी ऊँचे मान लिए गए असाध्य गँवारूपन से ग्रस्त था)। एक रूढ़िवादी ब्राह्मण के लिए परंपरागत आर्यदेश की सीमा से बाहर जाने पर प्रायश्चित आवश्यक हो जाता था; आवास वर्जित था। बौधायन धर्मसूत्र (2.3.33) का एक और महत्त्वपूर्ण सुझाव यह भी है कि उसे नगर की सीमा में प्रवेश न करने दिया जाए, उसके ऊपर नगर की धूल न पड़ने दी जाए, इसकी भी नियमित रूप से अवज्ञा होती थी। इस मानसिकता ने इतिहास को नष्ट ही कर दिया। इस बात का कोई खास महत्त्व नहीं था कि अपेक्षाकृत परिवर्तन रहित गाँव पर किस राजा का शासन था। गाँव, जिनका जीवन अपने ही छोटे-मोटे घरेलू उत्पादों पर निर्भर था, के लिए भारतीय-यूनानी शासकों के उत्कृष्ट सिक्कों का उतना ही महत्त्व था, जितना चाँदी के किसी और टुकड़े का। वे ऐसे किसी भी व्यक्ति को इसी रूप में कर देते थे जो उनसे छीन लेने में सक्षम था, इसलिए मुद्रा का उपयोग बहुत कम उपयोग था। ऋतुओं के जीवंत चक्र से तुलना करें तो वर्षों के बीतने का कम ही अर्थ था। क्योंकि ग्रामीण हर वर्ष अगली फसल का समय आने तक अपने उपभोग के लिए वह सब पैदा करते थे (वह अनुपात छोड़कर जो कर के रूप में जब्त कर लिया जाता था) जिसकी उन्हें आवश्यकता होती थी। परिणाम यह हुआ कि ब्राह्मण लंका पर राम की पौराणिक विजय जैसे त्योहार की तिथि (चान्द्र तारीख) को लेकर भी कटु धर्मशास्त्रीय विवाद में उलझ गए (और आज भी उलझे हुए हैं), वर्ष को लेकर ज़रा भी परवाह किए बग़ैर। तिथियों के साथ सामान्य रूप में वर्ष और युग केवल जैन पांडुलिपियों में ही दिए गए हैं, क्योंकि व्यापारी लंबे समय तक वार्षिक अभिलेख रखने के अभ्यस्त थे। किसी गाँव में पैदा हुआ कोई अनोखा चरित्र या तो दरबार में चला जाता था, या फिर गाँव वाले ही उसे संत की उपाधि से विभूषित कर देते थे। इन दोनों ही स्थितियों में उसकी गाथा और स्मृति लोकगीतों या आख्यानों में भरती चली जाती थी। अजनबी लोगों के प्रति जागरूकता का अर्थ है यात्राओं, युद्धों या व्यापार के जरिये तेज गति से संपर्क। इनमें से पहला नगण्य था, प्रायः तीर्थयात्रा के रूप में ही होता था। दूसरा शस्त्रहीन गाँवों के लिए असंभव था, जबकि तीसरे पर कुछ विशिष्ट, तिरस्कृत और पेशेवर समूहों के एकाधिकार था, जिसके नाते वह सिमट कर न्यूनतम स्तर पर आ गया था। गाँव के पुरोहित के लिए मिथक धीरे-धीरे अधिक वास्तविक होते चले गए; बजाय इसके कि उसके ही निम्न जाति के पड़ोसियों के साथ, जिनसे उसका सांस्कृतिक और सामाजिक संपर्क बहुत कम था, क्या कुछ हो रहा है। गाँवों के बीच की दूरियाँ उत्पादन पद्धति की

स्थिरता के कारण घटती चली गईं, इसीलिए 1500 ई. में बसा एक गाँव एक या दो शताब्दियों के बाद भी लगभग वैसा ही दिखता था, जैसा हजार साल पहले बसा हुआ कोई गाँव हो। विदेशी प्रेक्षकों को भारतीय गाँव 'कालातीत' लगते थे, इसका सीधा सा कारण यह है कि ग्रामीण जीवन में समय की स्मृति और उसके अभिलेख रखने का कोई खास प्रयोजन नहीं था।

मनुस्मृति के ग्राम-राज्य का उस बौद्ध मत के लिए कोई विशेष उपयोग नहीं था जो आर्यों के प्रभाव वाली और प्रायः आपस में युद्धरत रहने वाली जनजातियों को एक नए समाज के रूप में गठित करने के लिए अनुकूल था, और न पहले के वैदिक धर्म के लिए ही। लेकिन दोनों के ही तत्त्व इसने अपनी स्मृति में सहेज लिए, ब्राह्मण अहिंसा की शिक्षा भी वैसे ही देते थे, जैसे कि युद्ध की। वे स्वयं वैदिक अध्ययन के लिए समर्पित माने जाते थे। परंपरागत पाँच महान वैदिक पशु बलि की प्रवृत्ति का ह्रास हुआ और यह सिमट कर केवल प्रतीकात्मक चढ़ावे तक सीमित होकर रह गई (मनुस्मृति 3.67–71) मद्य का ख़ूब सेवन करने वाला योद्धा इंद्र (मेगस्थनीज़ का डायनईसस) और विष्णु को छोड़कर अन्य सभी वैदिक देवताओं को नया रूप दिया गया—यद्यपि प्रयास किए गए किंतु उन्हें नई आवश्यकताओं के अनुसार नहीं बनाया जा सका। नए देवता विकसित हो गए[9], जो ग्रामीण मानसिकता के अधिक अनुकूल थे और ब्राह्मण के लिए लाभकारी थे। इनमें सर्वाधिक सफल थे विष्णु-नारायण-कृष्ण जो कि महाभारत, जिसका मनुस्मृति से अत्यंत निकट संबंध है, के पूरे परिदृश्य पर सर्वाधिक प्रभावी हैं। अवतारों या देवताओं के रूप में सभी प्रमुख प्राचीन या स्थानीय धार्मिक मतों को एक साथ समाहित कर लेना आसान था। इस संश्लेषणीयता से ब्राह्मणों में एकता आई और देश में भी सांस्कृतिक एकता स्थापित हुई। एक जातिप्रधान समाज में विदेशियों के समावेश के लिए यह सर्वाधिक महत्त्वपूर्ण था। प्राचीन विदिशा के निकट बेसनगर में एक पाषाण स्तंभ पर अभी भी एक शिलालेख है:

"देवाधिदेव वासुदेव का यह गरुड़शीर्ष (गरुड़ध्वज) स्तंभ यहाँ हेलियोडोरस द्वारा स्थापित किया गया है, जो भगवद् के उपासक, दिया (डिओ) के पुत्र, तक्षशिला के पुरुष, यवनों यानी यूनानी (यवन) के राजदूत हैं और जो महान राजा एंटिअलकिडस की ओर से संरक्षक राजा काशीपुत्त भागभद्र के पास आए हैं, जो कि अपने सिंहासनारूढ़ होने के 14वें वर्ष में प्रगति की ओर अग्रसर हैं।"

'संरक्षक' (त्राता, यूनानी सोटेर) की उपाधि विशेषतः यूनानी है, जैसा कि शिलालेख में विशिष्ट शब्द क्रम है[10]। भागभद्र की पहचान एक शुंग शासक के रूप में हुई। अंतलिकिद (Antialkidas) ने लगभग 90 ई.पू. तक तक्षशिला में शासन किया। यवन कृष्ण वासुदेव की पूजा हेराक्लीज़ के रूप में नहीं करते, यद्यपि सिंकदर से लेकर मेगस्थनीज तक यवनों ने दोनों को समान समझा था। भगवत (वह जो पवित्र हो) उपाधि विष्णु के अनुयायी बौद्ध मत से ले आए थे, वैसे ही जैसे कि नाम पुरुषोत्तम ('पुरुषों में उत्तम')। वास्तव में नाग (नाय) नायसव ही भाजा में एक बौद्ध गुफा का दान करते हुए स्वयं को भगवद् कहते थे (यद्यपि शिलालेख में एक दरार के इसे ग़लत पढ़ा गया (*JBBRAS* 30(2).1956. pp. 70)। विष्णु के अनुयायियों ने अजनबियों के सामने साफ़ तौर पर ब्राह्मण विशिष्टता छोड़ दी थी।

दूसरे प्रमुख देवता हैं शिव। जिनके लक्षण सिंधु घाटी के तीन सिरों वाली उस आकृति की याद दिलाते हैं जो टोटेम पशुओं से घिरा हुआ है। अशुभ माने जाने वाले पिशाचरूपी साथियों और अपने एक परिवार, जिसकी मुखिया उनकी पत्नी मातृदेवी पार्वती (पर्वत की पुत्री) हैं, के साथ शिव भी एक समन्वय स्थापित कर सकते थे। इन देवताओं की वंशावली प्रासंगिक नहीं है। आवश्यक बात यह है कि ये नए व्यक्तिगत देवता थे, जिनकी पूजा सभी कर सकते थे। शिव तांडव रस्म की अपेक्षा करते थे, जो न तो वैदिक थी और न ही ब्राह्मण। भगवद्गीता (जो हमारे काल के अंत तक पूरी हुई होगी) के उपदेशक के रूप में कृष्ण ने पहले के सभी मतों का सार प्रस्तुत कर दिया है, और उन सबको घुमा-फिरा कर एक ही समान निष्कर्ष पर ले आए हैं: परमेश्वर के रूप में उन पर आस्था रखी जाए। चूँकि वह एक योद्धा थे, कई देवियों के पति थे, और साथ ही ग्वाल बाल भी थे, तो कई अलग-अलग धार्मिक मतों के लोग उनकी पूजा कर सकते थे और की भी। ग्रामीण धार्मिक मतों के इस समुच्चय ने कृष्ण के नाम से भगवद्गीता का लिखा जाना संभव बनाया। बाद में जब बौद्ध मत का प्रभाव कम हो गया, दो अपेक्षाकृत नई पूजा पद्धतियों के बीच हिंसक संघर्ष शुरू हो गया, जो बारहवीं शताब्दी में अपने पूरे उफान पर आई और मुसलमानों, जो कि पूरे हिंदुत्व का विरोध करते थे, पर ज़रा भी ध्यान दिए बग़ैर लड़ी गई। कारण यह था कि तब शिव बड़े सामंतों के देवता बन गए थे, जबकि ग्वालबाल कृष्ण छोटे उत्पादकों से ही जुड़े रहे। इस स्मार्त-वैष्णव (smārta-vaiṣṇava) विवाद की प्रतिध्वनियाँ 19वीं शताब्दी तक भी मद्धिम नहीं पड़ीं। हमें यह ध्यान रखना चाहिए कि बुद्ध और शिव (लेकिन विष्णु नहीं) कुषाण सिक्कों पर दिखाई देते हैं। इसी दौरान उत्तर और दक्षिण दोनों ही क्षेत्रों में बौद्ध मत मजबूत होता रहा; उत्तर में तो यह बिना किसी प्रयास के बढ़ रहा था लेकिन दक्षिण में इसलिए कि लोगों को सभ्य बनाने का इसका उद्देश्य अभी अधूरा था। हमारे पास एक अनाम शासक (लेकिन संभवतः कुषाण)

को लिखा गया प्रसिद्ध बौद्ध भिक्षु मातृचेता (Mātṛceṭa) का एक पत्र[11] है, जिसमें उन्हें पशुओं को न मारने के लिए कहा गया है, लेकिन इसमें युद्धों में मनुष्यों के मारे जाने पर कुछ नहीं कहा गया है। कनिष्क के शासनकाल के दौरान एक अत्यंत विवादित परंपरा के अनुसार बौद्ध मत की चौथी सभा हुई। यद्यपि इस कथित सभा के परिणाम: बौद्ध मत की दो धाराओं में विभाजन, को लेकर कोई विवाद नहीं है। उत्तर वालों ने महान यान (महायान) पर अधिकार जताया, जो निश्चित रूप से उन सामंतों और क्षत्रपों के क्रियाकलापों और रुचियों के अनुरूप थी, जो कि प्राचीन मठों को ढेरों उपहार दिया करते थे। इस महायान मत ने अपनी भाषा बदल कर संस्कृत कर ली, यद्यपि यह संस्कृत हमेशा सावधानी से विकसित की गई पणिनीय जैसी नहीं होती थी, बौद्ध मिश्रित संस्कृत अपनी एक वाक्पद्धति स्वयं गढ़ती है। अपने सिद्धांत के परिमार्जन तथा विज्ञान एवं उच्च अमूर्त दर्शन में अनुसंधान के क्रम में वे आमजन से दूर होते गए। रूढ़िवादी हीनयान (छोटा यान; चपल बुद्धि उत्तर के लोगों ने तिरस्कारपूर्वक इसे यह नाम दिया) बौद्ध मत का मौलिक तापस रूप, इसकी साधारण पालि भाषा के साथ बनाए रखा। यद्यपि पालि दक्षिण में, जहाँ ये भिक्षु विधि का उपदेश दे रहे थे, आमजन की वाक्पद्धति से लगभग उतनी दूर थी जितनी कि संस्कृत। यद्यपि यह विभाजन तीक्ष्ण नहीं था, क्योंकि हीनयान के कुछ मठ उत्तर में भी अस्तित्वमान थे और दूसरी शताब्दी ई. तक महायान भी महान वैज्ञानिक और धर्मशास्त्री नागर्जुन के रूप में सुदूर दक्षिण में कृष्णा नदी निचले क्षेत्र तक जा पहुँचा। माना जाता है कि नागर्जुन का निधन नागर्जुनाकोंडा में हुआ। अन्य संप्रदायों पर प्रतिबंध नहीं था। जैन, जो दक्षिण में हमेशा प्रतिष्ठित रहे, उन्होंने उत्तर में अपनी ज़मीन बना ली। लाल रंग के सुंदर बलुआ पत्थरों से बनी मथुरा की कई कुषाण प्रतिमाओं में जैन प्रतिष्ठानों के कई उदाहरण संचित हैं। यह अपेक्षित रहा होगा, क्योंकि इन प्रतिमाओं में कई दरबारियों को कढ़ाई वाले अच्छे कपड़ों में दिखाया गया है। ये व्यापार का संकेत देती हैं और इसीलिए व्यापारियों का भी, जो जैन धर्म को शायद बहुस्वीकृत बौद्ध धर्म की तुलना में बेहतर समझते थे। मथुरा में बेहतर पुरातत्त्व हमें कम नाशवान बर्तनों के बारे में बता सकता था जिनका इस महत्त्वपूर्ण व्यापारिक केंद्र पर अवश्य विनिमय हुआ होगा।

हमारे दृष्टिकोण से, बुनियादी उत्पादक अंतर, जिसमें कढ़ाई शेष थी, मोटे तौर पर निम्नानुसार रखा जा सकता है। महायान मठों ने धातु, और उत्पादन के अन्य माध्यमों में के संचय के शोषण में प्रत्यक्ष भाग लिया। हीनयान वाले इस तरह के शोषण में कम कुशल थे। हालांकि अंतर कई मामलों में अंतर (जीईएबी 74) कम हो गया था। बुद्ध की महापरिनिर्वाण के सौ साल बाद वैशाली में आयोजित दूसरी परिषद, एक बहुत ही शुरुआती काल में, ऐतिहासिक (A. Bareau: Less premiers conciles bouddhiques, Ann. Musée Guimet LX, Paris 1955, particularly 145–7)। वज्जिपुत्त संप्रदाय ने सोने और चांदी को स्वीकार करना शुरू कर दिया था, जिसकी परिषद द्वारा निंदा की गई। प्रतिबंध विनय में स्वीकार किया गया था फिर भी, जल्द ही एक और परिषद और एक विवाद हुआ, इस बार धार्मिक हठधर्मिता के जटिल आधार पर, लेकिन निस्संदेह उसी अंतर्निहित कारण के साथ। बाद में सात्सिपुत्रीय और कई संपन्न समूह वज्जिपुत्तकों से ही निकले। आर्थिक जटिलता को सबसे जटिल दर्शन के तहत सुरक्षित रूप से दफनाने के बजाय, हम आगे पूरे देश के आर्थिक विकास में मठों के जीवन द्वारा निभाई गई अनिवार्य भूमिका को देखते हैं।

8.5. हमने विभिन्न पद्धतियों का अनुसरण किया, जिससे उत्तर में खेतिहर बस्तियों के लिए दो महान मटियार नदी घाटियाँ खुलीं। ये पद्धतियाँ न तो दक्षिण के पठारी क्षेत्रों के लिए उपयुक्त थीं, जहाँ सिंचाई की बेहद कम सुविधा वाले पहाड़ी इलाके में उपजाऊ मिट्टी कई छोटे-छोटे टुकड़ों के रूप में बिखरी हुई थी, और न उन तटवर्ती पट्टी क्षेत्रों के लिए जहाँ सघन वनों के साथ-साथ भारी बरसात भी होती थी। मौर्यों से बहुत पहले ही उत्तर के व्यापारी तटवर्ती इलाकों की खाक छान चुके थे। पठारी क्षेत्र के मध्य में स्वर्ण एवं वनोत्पादों के लिए वे अप्रत्यक्ष रूप से अपनी मामूली पैठ बना चुके थे। अगर उनकी इस पैठ ने स्थानीय निवासियों को एक निश्चित मात्रा में खाद्य उत्पादन के लिए प्रेरित न किया होता तो मौर्यों की विजय वैसे ही कठिन और निरर्थक होती जैसे कि गॉल पर सीज़र की विजय मूल्यवान और आसान थी, जबकि जर्मनी की विजय का प्रश्न ही पैदा नहीं होता।

डेक्कन या दक्कन नाम दक्षिणापथ से आया, SN 976–7, 1931, 1011–14 का दक्षिणी (व्यापारिक) मार्ग। इसका आरंभ जातक 39, 268 और *SN* के चौथे सुत्त में वर्णित दक्षिणागिरि यानी 'दक्षिण के पहाड़' में देखा जाता है। यह केवल मिर्जापुर गंगा के दक्षिणी किनारे के निकटवर्ती पहाड़ों पर ही केंद्रित है। ये बुद्ध, जिन्होंने वहाँ एक ब्राह्मण किसान काशी भारद्वाज को उपदेश दिए, के समय तक आबाद हो चुके थे। इस क्षेत्र के पुरातत्त्व के बारे में कुछ जानकारी (A. C. Carlleyle, Arch. Sur. Ind. Report XXII of 1885; rediscovery, Mrs. B. Allchin in MAN 1958. 153–5 and plate M) है। इस मैदान में कब्रों के टीले हैं, जिनमें सभी आकार

के बर्तन और पत्थरों के औजार ही हैं, लेकिन धातु नहीं है। गुफाओं में बर्तनों की पतली गाद के बजाय एकाश्मिक चीजें पर्याप्त मात्रा में हैं। वर्णनों से पता चलता है कि सूक्ष्म पाषाण का उपयोग करने वाले लोगों का समय केवल धातु ही नहीं, बल्कि बर्तनों से भी पहले का है। यद्यपि (जैसा कि जेरिको के आरंभिक स्तर पर है), सूक्ष्म पाषाण वस्तुएँ वस्तुतः पत्थरों के बड़े औजारों से जुड़ी हुई नहीं हैं। इन गुफाओं का उपयोग करने वालों ने हमारे लिए लाल हेमाटाइट से बने बहुत ही रोचक रेखाचित्र छोड़े हैं, जिनमें उन्होंने स्वयं को धनुष-बाण लिए हुए दिखाया है, साथ ही वे लाठी और भाले भी लिए हुए हैं। इनमें से एक को पैदल वनवासियों के साथ एक युद्ध में चार घोड़ों वाले एक रथ पर सवार दिखाया गया है। एक अन्य (दो घोड़ों) वाले रथी को उसके दाहिने हाथ में रथ का पहिया उठाए हुए दर्शाया गया है। यह तीक्ष्ण प्रहारक अस्त्र चक्र का अनूठा प्रस्तुतीकरण है, जो मुख्यतः गंगातटीय देवता नारायण-कृष्ण से जुड़ा है, जिन्होंने उसी से एक मगरमच्छ का सिर काटा था, और (कृष्ण के रूप में) प्रसिद्ध महाभारत युद्ध में चेदि के राजा शिशुपाल का वध किया था। ऋग्वेद 8.5.37–9 में वर्णित चेदि संभवतः पुरानी मद्र जनजाति के समान है; महाभारत का चेदि इसी क्षेत्र के अंतर्गत एक राज्य था, या शायद थोड़ा और दक्षिण की ओर। अवस्थापन की दृष्टि से और एक अस्त्र के रूप में तेज़धार चक्र के बुद्ध से पहले लुप्त हो जाने के तथ्य को ध्यान में रखें तो इन गुफा चित्रों का काल निर्धारण 800 ई.पू. के आसपास किया जा सकता है। महाभारत युद्ध का भी यही समय माना जा सकता है, जैसा कि पौराणिक वंशावलियों आदि के आधार पर पार्जिटर और अन्य ने अन्वेषण किया है। अनुमान है कि रथी यहाँ लौह अयस्कों के स्रोत पर काबिज होना चाहते थे, जबकि हेमाटाइट केवल वनवासियों के उपयोग का रंगद्रव्य (पिग्मेंट) था।

अध्याय 2 में वर्णित सूक्ष्माश्म आकार, पदार्थ और फलिकाओं के मामले में गंगा घाटी में मिले सूक्षाश्मों के समान ही हैं।

गंगा घाटी के लिए प्रकाशित सूक्ष्म सूक्ष्माश्म (Vincent Smith in IA 35.1906. 185–95) आकार, पदार्थ और फलिकाओं के मामले में हमारे दूसरे अध्याय में दिए गए उपकरणों से बिलकुल ठीक-ठीक मिलाए जा सकते हैं। दक्षिण में तो वस्तुतः ऐसी कोई जगह ही नहीं है जहाँ इनके पाए जाने की संभावना न हो। पहाड़ की चोटियों पर पाए जाने वाले चकमक पत्थर समग्रता में अधिक बेडौल होते हैं, लेकिन इनमें (यथा वेताळ द्वारा) 17 मिमी लंबे और 1 से 4 मिमी तक चौड़े ऐसे बेहद अच्छे नमूने भी पाए जाते हैं जिनकी धार बहुत सावधानी से तेज़ की गई होती है (मेरे संग्रह में से कुछ टुकड़े और मिलती-जुलती चिप्पियाँ, खडकवासला स्थित राष्ट्रीय रक्षा एकेडमी के संग्रहालय में जमा कराई गई थीं। बहुत ही नाजुक स्पर्श और सामग्री पर जौहरी जैसे प्रशंसनीय नियंत्रण के साथ बनाए गए ये टुकड़े देखकर ऐसा लगता है कि ये केवल शल्य उपकरण हो सकते हैं, देवताओं को समर्पित बलि के लिए प्रयुक्त शिकार के अत्यंत सावधान अथवा श्रद्धालु के ऊपर किए जाने वाले किसी रक्त संस्कार को अंजाम देने के लिए प्रयोग में लाए जाने हेतु। वास्तव में इन चकमक पत्थरों की व्याप्ति पहाड़ी के किनारे की चौड़ी पट्टी पर है, चोटी के बजाय तलहटी के अधिक निकट। यहाँ औसत तकनीक अपेक्षाकृत बेहतर है, लेकिन 'शल्य उपकरण' 22 मिमी लंबे हो गए हैं। इसके साथ कोई बर्तन या बड़े पाषाण उपकरण नहीं पाए गए; ये वस्तुएँ सतह पर ही पाई गई, चारों तरफ़ बिखरी हुई नहीं, बल्कि एक मील या थोड़ी और दूरी पर मौजूद छोटे-छोटे गुल्मों में। उत्खनन से वास्तविक स्ट्रेटिग्राफी (यह भूगर्भ विज्ञान की शाखा है, जिसके अंतर्गत भूमि की परतों एवं क्रम का अध्ययन किया जाता है) संभव नहीं होगी। मिट्टी में मौजूद चूने की गाँठें भूमि के भीतर एक तल के विकास का कारण बनीं, और पत्थर के पुरावशेष सतह पर जमे कीचड़ के चलते धँस गए। जंगलों की कटान के चलते ज़मीन की ऊपरी सतह की सारी मिट्टी बह गई और केवल चूने से भरी कड़ी सतह, जो क्षरण और वनस्पतियों की प्रतिरोधी थी, बची रह गई। उसी पर खुले में ये औजार भी बचे रह गए। जहाँ कहीं भी किसी आकार का कोई क्षेत्र दिखा, कम से कम आंशिक रूप से स्तरीकरण उलट गया। यद्यपि 'सफ़ेद मिट्टी' वाली भूमि में भी सतह से करीब छह फीट नीचे जाकर उसी आकार-प्रकार के उपकरण पाए जाते हैं, लेकिन ये कभी गुल्मों में नहीं मिलते।

पहाड़ के आसपास अविच्छिन्न अवस्था में सूक्ष्म सूक्ष्माश्म पाए जा सकते हैं, उन कच्चे रास्तों पर जो पश्चिमी तट की ओर जाते हैं, पंढरपुर के निकट हाथ-कुल्हाड़ी वाले क्षेत्र में और उसके पार। इसका सबसे बढ़िया जमावड़ा उन पूजा स्थलों से पाया जा सकता है, जहाँ अभी भी अनुष्ठान हो रहे हैं। यद्यपि इसके पूजा स्थल से थोड़ी दूर की जगहें (क़रीब एक मील तक) देखनी होंगी, जो निकटतम गाँव हो। ये पूजा स्थल ऐसे प्राचीन शिविर स्थलों के संकेत देते हैं, जहाँ दो या अधिक रास्ते आकर मिलते थे और आदिम समूह वहाँ आकर मिला करते थे। मातृ देवियों को अभी भी बड़ी संख्या में लाल रंग से पुती आकार रहित साधारण पिंडियों के रूप दर्शाया जाता है। कई (यथा वरसूबाई, उदालाई, म्हात्राई, बोल्हाई, करजाई, इंजाबाई और कर्जत का धापया जैसा एक बहुत ही दुर्लभ पुरुष) के तो अनूठे नाम हैं और इनमें से प्रत्येक केवल एक ही जगह पाया जाता है बिना किसी और संभाव्य शब्द-व्युत्पत्ति के। ये निश्चित रूप से ऐसे प्राचीन छोटे

जनजातीय समूहों के देवता हैं जो बहुत पहले ही या तो अस्तित्व से बाहर हो गए हैं या फिर जनसामान्य में समाहित हो गए हैं। वनों की कटान और कृषि की शुरुआत जैसे कुछ आधुनिक बदलावों से प्रभावित मार्ग अब चरवाहों की पगडंडियों (जो आम तौर पर हर साल 300 से 400 मील की दूरी तय करते हैं) के तौर पर ही बचे हैं, इनमें सबसे बड़ा पंढरपुर का तीर्थ मार्ग है। नदी की ओर तेज़ गति से नीचे जाते लोग सबसे अच्छी तरह नवलाख उंबरे में देखे जा सकते हैं, जो तलेगाव से 8 मील दूर है। पशुपालकों का मूल पुरवा एक पठार की चोटी पर था, जहाँ अभी भी गाँव के संरक्षक देवता की मूल पीठ विद्यमान है और जहाँ करीब आधे साल तक पशु चरते रहते हैं। पहाड़ की तलहटी में एक हनुमान मंदिर है, जो गाँव के दूसरे आश्रय स्थल का प्रतीक है। नदी की तरफ अब नष्ट हो चुके गाँव के अवशेष हैं, जो सामंती दौर में एक संपन्न कस्बा हुआ करता था।

तस्वीर उन मध्यपाषाण कालीन घुमंतू लोगों की है जो उन दिनों घने जंगलों वाली घाटियों से दूर पहाड़ों के आसपास पशुपालन में लगे रहते थे। सूक्ष्म सूचिकाश्मों का अर्थ यह हो सकता है कि वहाँ बहुत सलीके से चमड़े का काम होता था, जिसमें चमड़ा निकालने से लेकर किसी प्रकार के रसायनों का उपयोग किए बिना नीचे पड़े रेशों को खुरच कर खाल का शोधन करने, ताँत को अलग करने (और टोकरियों के लिए रस्सियाँ) के काम शामिल थे—मिट्टी के बर्तन बनना शुरू होने से पहले खाद्य भंडारण के लिए यह सब ज़रूरी था। वास्तव में कुछ आधुनिक धनगड़ गड़रिये (तीन-चार परिवारों की चौकसी में करीब तीन सौ भेड़ों का झुंड लेकर वार्षिक चक्कर लगाने के क्रम में) अभी भी भेड़ों के बधियाकरण के लिए चकमक पत्थर का प्रयोग करते हैं, क्योंकि मैदान की असुरक्षित परिस्थितियों में धातु के चाकू के प्रयोग से संक्रमण का जोखिम रहता है। मध्य पाषाण कालीन लोग थोड़ा-बहुत शिकार भी कर लिया करते थे जैसा कि कुछ नोक से दिखाया गया है, जिनका उपयोग तीर का फल बनाने के लिए किया जा सकता था। पहाड़ी क्षेत्रों में वे स्पष्ट रूप से वे जंगल काटकर जलाकर और वहाँ सीढ़ीदार खेत बनाकर खेती किया करते थे। वहाँ हल चलाना बहुत ही दुरूह था। छोटे प्राकृतिक पत्थरों का उपयोग यहाँ घेरे के लिए दीवार बनाने के काम में कर लिया जाता था। सीमांकन की हुई ये पट्टियाँ, जो निश्चित रूप से धातु काल से पहले की हैं, जुन्नर के रास्ते पर (और आगे भी, तुळजा गुफाओं तक) मुळशी और खडकवासला की घाटियों में देखी जा सकती हैं। जंगल काटकर और जलाकर वहाँ खेती करने की इस परंपरा ने चावल उपजाने की एक दिलचस्प विरासत छोड़ी है। इसमें बड़ी सावधानी से पत्तियाँ, पुआल, खाद और लाल मिट्टी का मिश्रण तैयार करके उसे जमीन पर बिछाकर (भूमि की गुणवत्ता के अनुसार) धान का बेहन उगाने के खेत तैयार किए जाते हैं। यह मिश्रण वहीं बड़ी सावधानी से जला दिया जाता है और इस तरह वह खाद बन जाता है। मध्य पाषाण काल में फसल उगाने का काम इधर-उधर से जुटाए जाने और झुंडों से मिलने वाले भोजन की तुलना में कम महत्त्वपूर्ण था।

मूल्य और विनिमय की अपनी नई अवधारणा के साथ आने वाले उत्तरी व्यापारियों के आगमन से पहले यहाँ केवल उस प्रागैतिहासिक प्रकार के वस्तु विनिमय का प्रचलन था, जिसका निरूपण मलिनोव्स्की ने किया है। नमक और कौड़ियों की सीपें तो निश्चित रूप से समुद्र तट से आईं, लेकिन कम मात्रा में। मगध के कारवाँ नायकों ने अपने सामने एक बड़ी समस्या देखी और यह थी दक्षिणी पठार की 2000 फुट लंबी सीधी खड़ी ढाल, जिसमें केवल कुछ बड़े कठिन रास्ते थे। लमाण लोग अभी भी अपने भारवाही पशुओं की पीठ पर कायदे से लाद कर इन रास्तों से नमक और थोड़ा-बहुत अनाज भी ले जाते हैं। हालाँकि अधिकतर इनका इस्तेमाल जंगल में जलाया गया चारकोल लाद कर सुविधाजनक डिपो तक पहुँचाने के लिए भाड़े पर किया जाता है, जहाँ से चारकोल को लॉरी में लादकर आसानी से शहरों तक पहुँचा दिया जाता है। इस तरह ये कच्चे रास्ते अधिक स्पष्टता से मार्ग चिह्नित करने में हमारी सहायता करते हैं। मुख्य मार्ग चाउल के समुद्रपत्तन से नाणेखाट के जुन्नार तक जाता था और इसके कुछ भाग अभी भी उपयोग में हैं। अब छिन्न-भिन्न हो चुके जुन्नार में एक रविवारी हाट है, जहाँ से आम तौर पर सोमवार की सुबह करीब 300 लदे हुए भारवाही पशु नाणघाट के कच्चे रास्ते से भीतरी क्षेत्र की ओर भेजे जाते हैं—यह एक अविस्मरणीय स्थल है। इन मार्गों की सबसे उल्लेखनीय विशेषता यह है कि भले ही अब उपयोग में न हों, पर इनके संधि स्थलों पर महान बौद्ध मठों वाली गुफाएँ और आसपास सामरिक रूप से महत्त्वपूर्ण उत्तर मध्यकालीन क़िले भी मौजूद हैं। इससे इस बात का एक स्पष्ट संकेत मिलता है कि यहाँ ठाणाळे और कारसांबले के निकट ऐसे कई गुफा समूहों की खोज (टाइम्स ऑफ इंडिया, मार्च 19, 1958) संभव थी, जो न तो किसी नक्शे में दर्शाए गए हैं और न ही किसी गजेटियर में। यह काम मुख्य मार्ग पर केवल वागजई और सवास्णी के दो अच्छे कच्चे रास्तों जो मध्यकालीन क़िलों (ऊपर कोरीगड और नीचे सुधागड) पर ग़ौर करके किया जा सकता था। तार्किक रूप से देखें तो वहाँ गुफाएँ होनी चाहिए थीं और इसलिए वे थीं। इन दो गुफा समूहों, जिनमें क्रमशः 28 और 37 गुफाएँ शामिल हैं, का पूरा अग्रभाग केवल मूसलाधार बरसात झेलने के चलते नष्ट हो गया, लेकिन इनमें अभी भी यह समझने के लिए काफ़ी कुछ है

कि यहाँ कभी भव्य विहार रहे होंगे। इनमें अजंता जैसी उत्कृष्ट चित्रकारी है और विशिष्ट आंतरिक कोटर भी हैं, जिनसे केवल ख़ज़ाने का कक्ष होने के संकेत मिलते हैं। पूरे मार्ग पर विशिष्ट अकेले कोटर भी हैं, जो पाँच मील से अधिक दूर नहीं हैं। इनमें से कुछ, जैसे कि जो भामचंदर में तुकाराम की पहाड़ियों और देहू के आगे भंडारा में हैं, प्राकृतिक गुफाओं से विकसित हुए हैं तथा उत्कृष्ट सूक्ष्म सूक्ष्माश्म स्थलों और उन गाँवों के धर्मस्थलों के रूप में चिह्नित हैं, जो नीचे घाटी में खिसक गए। लेकिन इनमें सर्वाधिक प्रभावित करने वाले समूह (कोंडाणे, जुन्नर, कार्ले, भाजा, बेडा, नासिक, कराड, शिरवाळ, एलोरा, अजंता) या तो प्रमुख मार्गों के संधि स्थल पर हैं या फिर सीमांत पर, जैसे कि महाड़, कूडा और कन्हेरी।

बौद्ध विहारों का संस्थापन बिलकुल तर्कसंगत है। आरंभिक भिक्षुओं ने प्रागैतिहासिक रास्तों से यात्राएँ कीं, वे उन दिनों उत्कृष्ट भोजन संग्राहक थे (*SN* 239, और कई जातक कथाएँ) और जरूरत पड़ने पर उन्हें किसी कारवाँ का साथ भी मिल जाता था। श्रोता पाने के उनके सर्वोत्तम बदलाव चौराहों पर हुआ करते थे। वे एक विशेष ध्येय लेकर चल रहे थे और वह था धर्मस्थलों पर बलि की प्रथा रोकने का। वास्तव में भिक्षुओं को बुद्ध की ओर से उस सुत्त में, जिसकी प्रशंसा अशोक ने भी की है, यह निर्देश था, "भिक्षुओं में अपनी इंद्रियों पर विजय की इच्छा जगाओ, उन्हें ध्यान हेतु एकांत में ले जाओ (रात के लिए): कुछ पेड़ (किसी गाँव के बाहर), श्मशान या पहाड़ी गुफाओं में (*SN* 958)। ... उसे उन लोगों से आतंकित नहीं होना है जो अजीबोगरीब रीति-रिवाजों के तहत भयावह रस्में निभाते हैं, बल्कि ऐसी और अन्य आशंकाओं को विफल करके उस लक्ष्य की ओर बढ़ जाना है जो अपनाए जाने योग्य है (*SN* 965)"। जातक कथाओं में बुद्ध के पूर्वजन्मों की कुछ कथाएँ हैं, जिनमें उनके द्वारा मानव या रक्त बलि पर रोक लगाने की बात है। इनमें से कम से कम एक स्थान ऐतिहासिक काल में याद किया गया है, यह कुरुलंद में कम्मास दम्म गाँव है (जातक 537, रट्ठापल सुत्त, आदि)। बलि संबंधी वृक्ष को काटा नहीं गया, बल्कि राक्षस का हृदय परिवर्तन कर लिया गया और उसने इस सिद्धांत को ग्रहण कर लिया—तथापि रक्तरहित—बलि (अग्ग-बलि-पटिग्गाहका)। पहले से चले आ रहे धर्मस्थलों से बौद्ध गुफाओं के जुड़ाव पर कोई प्रश्न नहीं उठाया जा सकता। अध्याय 2 में उल्लिखित फर्गुसन कॉलेज की गुफाओं के ऊपर एक सूक्ष्म सूक्ष्माश्म स्थल पर विकृत हो गए वेताळ के स्थान पर हनुमान को स्थापित कर दिया गया है। उन्हीं गुफाओं के नीचे कॉलेज के उपयोग न किए जा रहे तालाब से भारी मात्रा में उम्दा किस्म के सूक्ष्म सूक्ष्माश्म पाए जाते हैं। कार्ले में मातृदेवी और मृत्युदेवी यमाई के निमित्त एक अत्यंत लोकप्रिय पूजा परंपरा है। यद्यपि अब एकवीरा रेणुका के रूप में यमाई का ब्राह्मणीकरण हो चुका है, लेकिन अभी भी बंबई के दूरस्थ क्षेत्रों से आने वाले कोली लोग करते हैं। वे चैत्य गुफा के भीतर स्थित स्तूप से इनका तादात्म्य स्थापित करते हैं, जहाँ वे अपनी कुलदेवी के प्रति किए गए किसी संकल्प से उत्पन्न हुए बच्चे परिक्रमा कराते देखे जाते हैं। जुन्नर के पास मानमोडी गुफाओं में देवी मानमोडी की पूजा की जाती है। कई बार उन्हें अंबिका भी कहा जाता है, तीन जीर्ण छवियों के रूप में, जिनमें से एक भी स्त्री नहीं है, प्रकटतः ये बोधिसत्व के महायान बुद्धों की हैं! एक शिलालेख में, जो यह सिद्ध करता है कि यहाँ अनुष्ठान की परंपरा गुफाओं से भी पुरानी है, इस स्थान के लिए मानमकुड नाम आया है। कार्ले में चैत्य के गुफा अग्रभाग पर मामाळे या मामाल-हार के गवर्नर को संबोधित एक सतवाहन राजपत्र है। यह स्थान स्पष्ट ही आधुनिक मावळ है; यह पौन मावळ की दो तालुका मावळ में, मावळा देवी के बहुत तरह से पूजी जाने वाली मातृदेवी के प्रति विरोध भाव रखने वाले जल देवता से व्युत्पन्न है। इसका ठीक समानांतर *SN* 683 में वर्णित बुद्ध के जन्मक्षेत्र 'लुंबिनी ज़िले' में देखा गया है (पानपदे लुंबिनेये) (pānapade Lumbineyye), वैसे कई अन्य गाँव भी रुमिन-देई (Rummin-dei) की अनुष्ठान पद्धति को बचाए हुए हैं।

बौद्ध भिक्षुओं के सभ्यता के प्रसार वाले इस प्रभाव से भी अधिक आवश्यक था गुफाओं में स्थित उनके महान मठों का आर्थिक कार्य, जो 150 ई.पू. से पूर्व ही बड़े पैमाने पर प्रभावी था और सातवीं शताब्दी तक इनकी समृद्धि लगातार बढ़ती रही। शिलालेख यह दर्शाते हैं कि कारवाँ में चलने वाले व्यापारी उदार दानकर्ता थे और यह भी सुनिश्चित करते हैं कि अवकाश ग्रहण कर चुके व्यापारी भी पुरानी प्रथा के अनुसार अपनी संपत्ति अपने संबंधियों या उत्तराधिकारियों के बीच बाँटने के बजाय इस प्रतिष्ठान में शामिल हो गए। इन संबंधों में सबसे रोचक है धेनुकाकट के व्यापारी समुदाय का कार्ले की चैत्य गुफा से (*JRAS* 30–2, 1956, 50–71 + 4 प्लेट्स)। व्यापारियों का पहले से एक उल्लेख्य संघ (वानिय-गाम) होने के अलावा इस स्थान पर समृद्ध और उदार यूनानी व्यापारियों के आवास भी थे, जिनमें से एक ने चैत्य का दाईं तरफ़ का तेरहवाँ, कुछ छोटी प्रतिमाओं से नकल किए गए स्फिंक्स वाला, स्तंभ दान किया था (इधर कम प्रकाश के कारण यह अभी तक अलक्षित रह गया)। भाजा में भारतीयकृत किन्नरों और नासिक, पितैखोरा एवं भारहूत में चिमेरों के साथ, यह गांधार होते हुए एशिया माइनर की ओर जाने वाली एक कड़ी देता है। धेनुकाटन के यवन विदेश आने वाला अपना माल अधिकतर चाउल के रास्ते

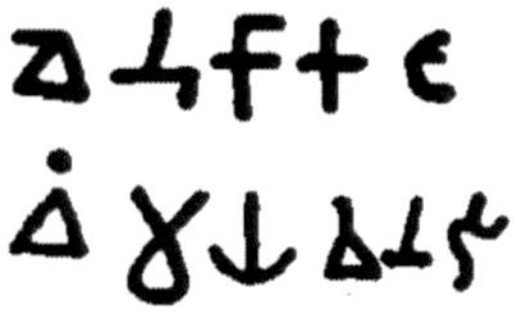

चित्र 35: यूनानी धम्म द्वारा कार्ले चैत्य के बाएँ से तीसरे स्तंभ पर अर्पण

समुद्रमार्ग से प्राप्त करते थे। इस स्थान की पहचान अपने-आप ही पूरे प्रायद्वीप में आधुनिक धरणीकोट और सलसेते द्वीप के उत्तरी छोर पर मौजूद द्रोणगिरि गाँव के रूप में हो जाती है, लेकिन इसका कार्ले गुफाओं के निकट मौजूद आधुनिक गाँव देवघर में होना अधिक संभव लगता है। चीनी अभिलेखों (सीएईबी) से पता चलता है किस तरह से शुरुआती बौद्ध मठों ने अपने को सचेत रूप से भारतीय रीति-रिवाजों के अनुरूप रखते हुए चीन के भीतरी भाग के विकास में अपनी अग्रणी भूमिका निभाई। उन्होंने व्यापार, धन उधार देने, प्रत्यक्ष कृषि से जुड़कर कृषि अवस्थापनों को बढ़ावा दिया। चीन में इस प्रकार की अग्रणी धारा थी महासंघिका, जिसने कार्ले में हमारे लिए सुंदर गुफाएँ छोड़ी हैं। भारतीय गुफा-प्रतिष्ठानों की महान समृद्धि का सत्यापन उनके विशाल अवशेषों से होता है। वे स्पष्ट ही महत्त्वपूर्ण ग्राहक थे, साथ ही साहूकारी घराने और कारवाँ के लिए सप्लाई डिपो भी। पवित्रता के कारण उनकी बड़ी प्रतिष्ठा भी थी, जिसके कारण उनकी संपदा की जब्ती नहीं हो सकती थी। वस्तुतः राजा ही भारी अनुदान से उनकी सहायता किया करते थे। प्रायश्चित करने की चाहत रखने वाले वे डाकू जो अपने ग़लत रास्ते और पाप की दुनिया छोड़ना चाहते थे, उन्हें विनय नियमों के बावजूद ये मठ एक अलंघ्य शरण स्थल लगे। मूल निवासी, जो अभी भी यहाँ काथकरी और अन्य समुदायों के रूप में बने हुए हैं, और ग्रामीणों के लिए भी, अकाल के समय मठ अपना धार्मिक कर्तव्य मान कर व्यवस्था बनाता था। गुफाओं का प्रभाव उनके क्षेत्र की भाषा में देखा जाता है, जो उत्तरी प्राकृत से व्युत्पन्न है। मराठी शब्द लेणीं गुफाओं के शिलालेखों से ही आया है, लेकिन मावळ के किसान अभी भी गुफाओं को बेहर ही कहते हैं, यह प्राचीन विहार से आया शब्द है। मुड़े हुए जुए और सीधे हत्थे वाला आधुनिक हल, कुषाण प्रतिमाओं में दर्शाया गया है। यद्यपि महाराष्ट्र में यह कम ही दिखता है लेकिन जुन्नर और देहू की गुफाओं के आसपास अभी भी इनका उपयोग होता है। हल की शुरुआत कराने वाले सतवाहन शासक नहीं थे, बल्कि वह हल ही है जिसने सतवाहनों जैसे लोगों के लिए राजा बनना संभव बनाया, कर योग्य नियमित संगठनकर्ता पाए जाने पर।

कारवाँ व्यापारियों के साथ काफ़ी दूर तक, करीब गोदावरी नदी तक, ब्राह्मण भी होते थे, यहाँ तक कि बौद्धों से पहले भी। *SN* के अंतिम अंश यह दर्शाते हैं कि मगध से उनके अच्छे संबंध थे, लेकिन वे वैदिक अनुष्ठानों में लगे रहते थे और उपनिषदों के प्रश्न पूछते थे। महान व्यापारिक शहर के विकसित हो जाने पर पुरोहित अपने दायरे में आ गए। इसका वास्तविक नाम संभवतः तगर था। जुन्नर वस्तुतः 'पुराना नगर' का संकुचित रूप है, जैसे 15 मील दूर स्थित उत्तरपुर = उत्तरी नगर, का ओतूर, और नाणेघाट के मार्ग पर स्थित राजापुर अर्थात् 'राजा का नगर' का राजूर। अब तक ज्ञात प्राचीनतम सतवाहन अभिलेख नाणघाट मार्ग की चोटी पर स्थित विशाल गुफाओं में है। ये 150 ई.पू. के चुंगी संग्राहकों की औपचारिक गुफाएँ हैं, न कि बौद्धों के मठ जैसे ध्यान केंद्र। भव्य शिलालेखों में वैदिक बलि और ब्राह्मण पुरोहितों को हज़ारों घोड़ों, हाथियों और रथों के रूप में पालतू पशुओं का विलक्षण उपहार दिए जाने के विवरण दर्ज हैं। इन्होंने पूर्व जनजातीय सरदारों को जनजातीय विधि से मुक्ति दिलाई थी और धार्मिक मान्यताओं के अंतर्गत जाति के रूप में नई वर्ग संरचना का नियमन किया था। गुफा की पिछली दीवार पर राजपरिवार के व्यक्तिचित्र उकेरे हुए थे, जिनमें से अब केवल शीर्ष पर नाम छोड़कर और कुछ भी नहीं बचा, तथा इनके उभार से केवल परिधान के निचले सिरे और गोटे दिखाई देते हैं। अनुमान है कि इसके संकेत उत्तर के महान कुषाण व्यक्तिचित्रों की प्रतिमाओं से मिले। ग्राम अधिष्ठान के सामान्य विस्तार से विलासिता वाली वस्तुओं की व्यापार समाप्त हो गया, लेकिन गाँवों में सामान्य व्यापार की बढ़ोत्तरी हुई। मठों से जुड़े विशिष्ट व्यापारियों का वर्ग क्षीण हो गया। तब महँगी धातुओं और काँसे की बनी प्रतिमाओं के रूप में दबी घनी पूँजी के कारण बौद्ध मठ अर्थव्यवस्था में एक अपवाहक बन गए (इस प्रकार अत्यंत जरूरतमंदों द्वारा सिक्के और मुद्राएँ निकाल ली गईं)। मठ वाले तमाम गाँवों का राजस्व राजा के पास जाने लगा। कार्ले और कुडा में नक्काशी कर बनाए गए मनोहर जोड़े दानकर्ताओं को दर्शाते हैं, लेकिन तपस्वियों का सभा स्थल होने के नाते इनकी सही तरीक़े से सज्जा नहीं हुई है। स्त्री-पुरुष दोनों का ही केश विन्यास ऊँचा है। सुंदर स्त्रियाँ भारी मात्रा में गहने पहनी और पारदर्शी परिधानों में सजी हुई हैं, जो स्तनों को नग्न छोड़ते हुए उनके आकर्षण को जाहिर करता है। अजंता में अगले अध्याय से संबंधित बोधिसत्व रत्न लगे हुए मुकुट पहने हुए हैं और अतिमानवीय आकार-प्रकार के हैं। वे संपत्तिरहित भिक्षुओं, जो कि बुद्ध स्वयं थे, के विपरीत आम लोगों से बहुत ऊँचे हैं। दूसरी तरफ़ ब्राह्मण धीरे-धीरे यह सीख रहे थे कि स्थानीय उपासना पद्धतियों को कैसे समाविष्ट किया जाए और अपने आप को किस तरह राज्य के साथ-साथ अपेक्षाकृत पिछड़े हुए ग्रामीणों के लिए भी अनिवार्य बना लिया जाए। अतः ब्राह्मण मंदिरों वाली गुफाएँ, जैसे कि

हरिश्चंद्रगढ़ में, छठवीं शताब्दी से पहले की नहीं हैं। शिरवाळ से थोड़ी दूरी पर स्थित छोटे लेकिन सुंदर यादव धर्मस्थल भी साँची में मौजूद गुप्त काल के मंदिर 17 से अधिक पहले के नहीं हैं, जिससे यह शैलीगत शुद्धता के मामले में सादृश्य रखता है और संतुलन एवं अनुपात की गुणवत्ता यूनानी जैसी है।

प्रागैतिहासिक काल के चिह्न कोली, ठाकुर और अन्य जनजातियों के खंडित रूपों में शेष हैं, गाँवों के—पल्ली आवली, या ऐसे गाँवों के अन्य नाम (कांदीवली, लोणावळी, डोंबीवली आदि) जो प्रागैतिहासिक काल की जनजातीय बस्तियों के संकेत देते हैं।

8.6. दानकर्ताओं के प्रकार अभी भी अधिक विचारणीय हैं। यूनानी धम्मयवन के स्तंभ की रक्षा तटवर्ती ठाणा के निकट स्थित सोपारा का एक साधारण शिष्य करता था। सोपारा अब दूसरे गाँवों जैसा ही एक गाँव है, लेकिन एक समय में यह अशोक की राजाज्ञाएँ उत्कीर्ण काफ़ी महत्त्वपूर्ण माना जाता था, तथा टोलेमी और पेरिप्लस इसे एक समुद्रपत्तन के रूप में जानते थे। यह संरक्षक (जिसने स्तंभ के लिए पूँजी दी) एक समृद्ध व्यक्ति था, वैजयंती के साहूकार (सेठिन) भूतपाल की तरह, जिसके द्वारा भारत में सर्वोत्तम इस पाषाणगृह का कार्य (परिनिठापितम) पूरा करवाया गया। समय को ध्यान में रखते हुए भूतपाल की संस्था के प्रवेश द्वार के दोनों तरफ़ पाँच मंजिलों में बनी नक्काशियों को देखकर यह प्रशंसा उचित लगती है। वैजयंती की पहचान सुदूर स्थित उत्तरी कनर के खाड़ी पत्तन बनवासी के रूप में हुई है। एक बिलकुल अन्य वर्ग का धेनुकाकट के इत्र व्यापारी (गंधिका) सिंहदाता का है, जिसने दाईं तरफ़ वाला मेहराबदार द्वार दान किया है। धेनुकाकट से ही बढ़ई (वढकि) सामिन भी आया जिसने मुख्यद्वार के सामने स्तंभ स्थापित किया। यह केवल लुप्त हो चुके काष्ठकार्य के कारण नहीं हो सकता था, यद्यपि काष्ठकार्य वहाँ था (भाजा में पूरा अग्रभाग ही काष्ठ का बना हुआ था)। चैत्य के भीतरी भाग में अभी भी भीतरी छत में काष्ठ की मेहराबें लगी हुई है (असली पेंटिंग के चिह्नों के साथ), जो गुफा का निर्माण मंटप आकार में दिखाती हैं, और जिसके मूल हिस्से (क्योंकि उन्हें यथास्थिति में बनाए रखने के लिए हाल ही में उनमें आधुनिक काष्ठकार्य की पैबंदकारी की गई है) के कारण कार्बन-14 के जरिये कालनिर्धारण का कार्य आसान हो जाना चाहिए। नासिक, कुडा, कन्हेरी जैसी जगहों पर अन्य गुफाओं का अध्ययन करते हुए हम पाते हैं कि कई व्यापारियों, वैद्यों, अधिकारियों द्वारा उपहार (गुफाओं के हिस्से) दिए गए हैं। दानदाताओं का एक वर्ग जिसने समानांतर हस्ताक्षर छोड़े हैं, इतना सादगीपूर्ण दिखता है कि उसके पास संपदा के नाम पर आम तौर पर थोड़ा अनाज और अपने बचे समय में जोतने के लिए थोड़ी-बहुत ज़मीन छोड़कर और कुछ भी नहीं था: लुहार, माली (मालाकार), कसेरा (कासाकार), हलवाहे (हालकिय), गृहस्थ (गहपति, कुटुम्बिक) आदि। राजकीय सहयोग तुलनात्मक रूप से अल्प था। सबसे उल्लेखनीय था नासिक और कार्ले के शक उसवदात से। राजकीय उपहार की पुष्टि एक महारठी (अनुमानतः रानी के भाई और एक उच्च पदाधिकारी) की ओर से, सतवाहन वसिथिपुत्र पुळुमायि के सातवें वर्ष में राजकीय आदेश के अधीन होती है।

कुषाण क्षेत्र में संरक्षकों के साथ विरोध आश्चर्यजनक है। वहाँ हम ऐसे राजाओं और सामंतों का एक बड़ा अनुपात पाते हैं जिनकी उपहार देते हुए कई प्रतिमाएँ मथुरा में हैं। धनोपार्जक (गणिका, उसकी पुत्री एवं साथियों को समेत) लेकिन आम तौर पर व्यापारियों ने मथुरा में जैन प्रतिष्ठानों को भी संरक्षण प्रदान किया। साँची में इससे अधिक विविधता है, लेकिन फिर भी श्रमिक अपेक्षाकृत कम ही हैं (मार्शल-फूचर: साँची 199 (=Lüders 181), 448, 454, 499, 589)। Lüders द्वारा सूचीबद्ध किए गए 407 शिलालेखों (EI. 10, app. nos. 162–568) में से आधे दर्जन से कम ही सुनिश्चित रूप से शिल्पकारों के लगते हैं। इनमें से एक (क्रमांक 346) 'राजा सिरी-सतकर्णि के शिल्पकारों' की मंडली का अगुआ या फोरमैन था। तथापि हम यह कह सकते हैं कि साँची से दक्षिण की तरफ़ आंतरिक ग्राम्य अर्थव्यवस्था प्रणाली नहीं थी और न इससे जुड़ी हुई अशांति ही थी। उपभोक्ता सामग्रियों का पर्याप्त उत्पादन होता था और उनके विनिमय का प्रचलन था। यह याद रखा जाना चाहिए कि यद्यपि इन सभी जगहों पर अधिकतर कार्य छोटे-छोटे दान से होता था, इतनी छोटी राशि कि जिसे दर्ज करना भी आवश्यक नहीं समझा जाता था; फिर भी वह नकद दान होता था। वहाँ उपभोक्ता सामग्रियों का पर्याप्त उत्पादन और उनका विनिमय होता था, जो बहुत प्रकार के शिल्पकारों को धन जुटाने में सक्षम बनाता था—शिल्पकार जिनके पास साधारण आत्मसंपन्न गाँव में दान करने के लिए कुछ भी नहीं होता था। यह विचारणीय है कि खुले समुद्र में मछलियाँ पकड़ने वाले तटवर्ती कोली लोगों द्वारा संरक्षित की गई परंपरा (अपने नए साल पर बंबई द्वीप या और अधिक दूर स्थित जगहों से कार्ले तक आने की) कहीं धेनुकाटा और सोपारा से प्राचीन काल में उनके व्यापार और परिवहन के संबंध से तो नहीं जुड़ी हुई है। ऐसे संबंध का आज तक बने रहना असंभाव्य नहीं है। अशोक के राजाज्ञा वाले तेरहवें शिलालेख भोजक दक्षिण के थे, पिटिनिकों (पैठन के) की तरह जिन्हें

उनके समान समझा जाता है। महाभोज की पुत्री महारठिनी सामडिनिका ने बेडसा में एक जलाशय दान किया था। महाद-कुडा क्षेत्र में वे जनजातीय सरदार लगते हैं। इसी क्षेत्र में, हम अनुसूचित जातियों में, जिन्हें पहले अस्पृश्य माना जाता था, एक उपनाम पाते हैं—राजाभोज।

इन शिल्पकारों में से कुछ शक्तिशाली मंडलियों में संगठित थे। नासिक की गुफा क्रमांक 10 में उषवदात के एक शिलालेख में इस बारे में विस्तार से कहा गया है (*EI*. 8.82–4):

"सिधम्। वर्ष 42 के वैशाख मास में दीनिका के पुत्र एवं क्षहरात क्षत्रप राजा नहपान के दामाद उषवदात ने यह गुफा संघ (सभी दिशाओं से आने वाले भिक्षुओं के) को अर्पित की। उन्होंने तीन हज़ार—3000 कहापण का एक नित्यदान भी इस गुफा में रहने वाले संघ के सदस्यों को, जो किसी भी संप्रदाय या मूल के हों, उनके चीवर (चिवरिका) एवं बाहर भ्रमण (कुस्चन, यात्रा संबंधी) हेतु, धन के रूप में व्यय के लिए अर्पित किया। उन कहापणों का निवेश गोवधन में रहने वाले बुनकरों की मंडली में (निम्नवत) कर दिया गया: बुनकरों की एक मंडली (कोळिकनिकाये) को एक पदिका प्रति सौ (मासिक) की दर से (12 प्रतिशत वार्षिक) 2000; तथा बुनकरों की एक अन्य मंडली को ¾ पदिका प्रति सौ (9 प्रतिशत प्रति वर्ष) की ब्याजदर पर 1000। ये कहापण वापस नहीं किए जाने हैं, केवल इनके ब्याज का लाभ लेना है (इस प्रकार)। इनमें से एक पदिका प्रतिशत की दर पर 2000 कपड़े का मूल्य है; उनमें से उन 20 भिक्षुओं में से प्रत्येक को जो मेरी गुफा में बरसात आने देते हैं, कपड़े के धन के लिए बारह (कहापण)। वह एक हज़ार जिसका निवेश ¾ पदिका प्रतिशत की दर पर किया गया था, उससे यात्रा व्यय निकाला जाएगा। कपूर जिले के चिखलपद्र गाँव में नारियल के 8000 पेड़ दिए गए थे; तथा इन सब का अधिकार अभिलेख पट (फलक-वर) पर नगर के सभागार (निगम-सभा) में दर्ज किया गया था।"

उस समय का कहापण अच्छी चाँदी का होता था, जैसा कि नहपान के सिक्कों वाले जोघलटेंभी कोष से सिद्ध हुआ है। विजेता गौतमीपुत्र सतकर्णि, जिसके राजवंश ने शायद ही कभी अपने चाँदी के सिक्के ढालने के बारे में शायद ही कभी सोचा हो, की ओर से कई प्रहार झेलने पड़े। इनका वज़न 32 ग्रेन होता था और इनकी कुल संख्या (अनुमानतः 22,000; इसकी गिनती कभी नहीं की गई), किसी भी ज्ञात कोष से यह बहुत अधिक है। जहाँ तक कि प्रचलन में सिक्कों से मापे जाने का प्रश्न है, राज्य की संपन्नता को लेकर कोई संदेह नहीं है। वैसे इस क्षेत्र में सीसे के सिक्के आरंभिक ब्रिटिश काल में प्रभावी हुए। सीसा आयात किया जाता था और शायद जनजातीय लोग उसे खास तौर से पसंद करते थे। अपनी धार्मिक नियमबद्धता (casuistry) के कारण सोना और चाँदी नहीं छू सकते थे, इस अनूठी मुद्रा के प्रचलन के कारणों की व्याख्या इस तथ्य को भी ध्यान में रखकर की जानी चाहिए। अन्य शिल्पकार मंडलियाँ जिन्होंने दान किया और ऐसे ही अन्य वित्तीय समझौते राजकुमारों के साथ किए, वे हैं: कुम्हार, कसेरा, मक्का व्यापारी, तेली, जल अभियंता, बाँस के कारीगर, मछुआरे (दासक, अपने मुखिया के माध्यम से, मुगुदास, नासिक की गुफा क्रमांक 8 में)। कोली शब्द अभी भी उसी प्रदेश में बुनकरों का अर्थ देता है (अब कोष्टी भी), लेकिन वे शताब्दियों से बिना किसी मंडली एकता के हैं और छोटी जाति के माने जाते हैं, गाँवों में थोड़ी-बहुत संख्या में इधर-उधर बिखरे मिलते हैं। भिक्षुओं द्वारा चीवर प्राप्त करने के बजाय सिक्कों का सीधे आदान-प्रदान करना विनय नियमों में ढील के संकेत देता है।

नारियल के पेड़ अभी भी अधिक महत्त्वपूर्ण हैं, क्योंकि तटवर्ती क्षेत्रों केवल उनके ही चलते कृषि अवस्थापन संभव हो पा रहा है। इन पेड़ों का बहुआयामी उपयोग होता है: बड़े पत्तों का इस्तेमाल बाड़े बनाने के लिए किया जाता है, या तो इस प्रकार से इनका उपयोग किया जाता है या फिर सीधे छप्पर छाने के काम में लाया जाता है; लकड़ी बेड़ा बनाने के काम में आ जाती है, पेड़ का बाक़ी हिस्सा मछली पकड़ने के लिए पतली नावें बनाने के लिए उपयोग किया जाता है। नारियल-जटा रस्सियाँ बनाने के लिए अच्छी होती है। इन सबमें सर्वाधिक लाभ देने वाला फल होता है, जिसे पकने से पहले ही खाया जा सकता है, लेकिन जब यह पककर सूख जाता है तो इससे उत्कृष्ट कोटि का खाद्य तेल निकलता है। कठोर कवच वाले इसके फल (nut) में तीन 'आँखें' होती हैं (जिनमें से एक अस्तित्व में आने वाली कोंपल द्वारा छेद दी जाती है), और इसके तोड़े जाने के बाद बचे रेशे ने तो हिंदू अनुष्ठानों में शास्त्रीय स्वीकृति के बिना ही 'जलपात्र' (उदकुंभ) की जगह ले ली है। ब्राह्मणों को दक्षिणा में दिए जाने के लिए भी बेल (बिल्व = Aegle marmelos) की जगह नारियल ने ले ली है। यह देवताओं को अर्पित किया जाता है और गिरी प्रसाद के रूप में बाँटी जाती है। वर्ष 42 (यदि शक संवत की बात करें तो 120 ई.) तटवर्ती क्षेत्रों में इसकी खेती नई थी, क्योंकि पेरिप्ल्स ऑफ द एरिथ्रियन सी (पहली शताब्दी ई. के अंत लिखा गया), जिसमें पश्चिमी तट के प्रत्येक भारतीय पत्तन पर मिलने वाली व्यापारिक वस्तुओं की सुविचारित सूची दी गई है, में इसका कोई वर्णन नहीं है। पूर्वी तट पर इसके उपयोग की बात का सत्यापन अरिकमेडु के पूर्व-अरेनिन (pre-Arrenine) स्तरों से हो जाती है, जिसमें पहली शताब्दी ई.पू. में

नारियल जटा की रस्सियों की बात है (AI. 2.pl. 37-B)। नारियल मुख्यतः एक व्यापारिक फसल था; अन्यथा उषवदात का उपहार निरर्थक होता। इसलिए, हमारे पास भारी बारिश वाला एक घने वन क्षेत्र है, जो पहले उपभोक्ता वस्तुओं के ही उत्पादन वाली अर्थव्यवस्था में साफ कर दिया जाता था। यह फ़सल बाद में हमेशा के लिए एक महत्त्वपूर्ण उपभोक्ता वस्तु (आवश्यक आवश्यकता) बन गई। साथ ही, पेड़ बंगाल तक पूरी तटवर्ती रेखा की पहचान बन गए। यह पेड़ वस्तुतः मलय मूल का है, न्योर कलि का संस्कृत रूप नारिकेली बना। यह फलते-फूलते व्यापार का ही परिणाम था जो यह और संभवतः तांबूल (पान) भी पहली बार भारत ले आया।

चित्र 36: एक सतवाहन सिक्के पर समुद्र की ओर जाता जलयान

उषवदात की उदारता की पुष्टि उसी गुफा के अन्य शिलालेखों से भी होती है। उसने 32,000 नारियल वृक्ष अलग से विभिन्न धार्मिक सभाओं को दिए; देवताओं और ब्राह्मणों के नाम 70,000 कहापण की व्यवस्था की, जिनसे 35 प्रति सुवर्ण की दर से सोने के 2000 टुकड़े बनते थे। यह विलेख 'विधिवत पंजीकृत' किया गया। बताया जाता है कि उसने ब्राह्मणों को 300,000 गायें दीं, एक बार के प्रतिष्ठापन में 3000। आम जनता की सुविधा हेतु इबा, पारादा, दमण, तापी, करबेना, दाहनुका जैसी जानी-पहचानी जगहों के लिए नौकाएँ चलाई जाती थीं। यह अपने क्षेत्र के बाहर वाले धर्मस्थलों को दिए जाने वाले दान के अलावा था। गुफाओं, जलाशयों की तो बात ही नहीं है। एक योद्धा का स्पष्टीकरण: "मैं उत्तमभद्रगण के प्रमुख को छोड़ने के लिए गया था, जिन्हें मालय लोगों द्वारा बरसात के लिए घेर लिया गया था, और वे मालय केवल मामूली गर्जना सुनकर ही भाग गए थे, और सभी उत्तमभद्र योद्धाओं द्वारा बंदी बना लिए गए।" (*EI*. 8.78)। कोई यह युक्तिपूर्ण अपेक्षा कर सकता है कि जनजाति संपदा के तेज़ गति से निजी संपत्ति में परिवर्तन, एक नए समृद्ध एवं श्रमिक वर्ग के निर्माण, अत्यधिक संपदा और मुखिया के हाथ में परम सत्ता आ जाने से इन व्यापार केंद्रों का निकटवर्ती जनजातीय क्षेत्र अचानक ही नए रूप में विकसित हो गया, (जैसा कि अब सऊदी अरब में हो रहा है)।

नासिक के पुरालेखों से एक निर्णायक उद्धरण व्यापारिक अर्थवयवस्था की गहरी पैठ दर्शाता है: "उनके (उषवदात) द्वारा एक खेत भी दिया गया। यह वाराही के पुत्र ब्राह्मण अश्विभूति से 4000 कहापण का मूल्य चुका कर ख़रीदा गया, जो (खेत) उसके पिता से संबंधित था; नगर की उत्तर-पश्चिम सीमा की ओर। इससे बिना किसी भेदभाव (संप्रदाय संबंधी) के मेरी गुफा [=गुफा क्रमांक 10, नासिक में] में वास करने वाले सभी भिक्षुओं के लिए भोजन ख़रीदा जाएगा।" भूमि का यह स्पष्ट क्रय अनूठा है। यद्यपि यह अनुज्ञा राजा द्वारा एक ब्राह्मण को भुगतान किए जाने की बनाई गई है, किंतु दान का यह कृत्य मुख्यतः ब्राह्मण के प्रति नहीं, बल्कि भिक्षुओं के लिए था। इस तरह भूमि के रूप में निजी संपत्ति की धारणा, यानी भूमि को बेचने और ख़रीदने के अर्थ में, क्रय-विक्रय की सामान्य घटनाओं पर ही निर्भर थी। दक्षिण की अर्थव्यवस्था नकद व्यवहार में (कुछ जगहों पर) उच्च स्तर पर पहुँच गई थी, और यह उपभोक्ता वस्तुओं के उत्पादन पर आधारित थी, अधिकतर ऐसे समूहों में जिनमें हर स्तर के साधारण जन भाग ले सकते थे, हलवाहे किसान (हालकिय) तक। फिर भी समृद्ध सतवाहन राजाओं के सीसे और पोटिन के बने निहायत ख़राब सिक्के यह दर्शाते हैं कि व्यापार का आम व्यवहार वस्तु-विनिमय के रूप में ही होता था। इसमें कई बार अविकसित जनजातियों से झड़प भी हो जाती थी, क्योंकि वे सोने या चाँदी का मूल्य नहीं जानते थे। अर्थशास्त्र के अनुसार उगाही की अनुमति और राज्य के किसी निर्देश के बग़ैर राज्य इससे तब तक लाभ उठा सकता था जब तक कि उषवदात के दिए हुए नारियल के पेड़ (या उन पर राज्य का करभाग) राजकीय बागान में थे, जिसके बारे में कुछ भी कहा नहीं गया है। निश्चित रूप से इस समाज के उच्च तत्व जातिबंधन में ग्रस्त मनुस्मृति के प्रभाव वाले देहाती समाज के स्तर से अधिक उन्नत थे, जिसे विकसित गंगा घाटी में पहले से प्रचलित माना जाना चाहिए। यह उन्नत अवस्था कब तक बनाए रखी जा सकती थी, यह ह्रास की गति पर निर्भर करता था; अर्थात् ग्रामीण अवस्थापनों के विकास की दर और बाहरी सैन्य दबावों की मज़बूती पर। उसी समय सतवाहन अपना बचाव करने और दूसरों को पराजित करने में सफल हो गए। उनकी विजय की सूची उज्जैन से लेकर आगे व्यापार केंद्रों नामावली जैसी लगती है। जबकि पुरातत्व यह दर्शाता है कि कैसे उन्होंने उपभोक्ता सामग्रियों के उत्पादन और विनिमय के कुछ समृद्ध केंद्रों के अलावा शेष भीतरी क्षेत्र को अपेक्षाकृत अविकसित छोड़ते हुए भोजन बटोरने वाले स्थानों से सभ्यता का परिचय करवाया।

"बाजार वाले इस नगर (बरीगज़ = भरूच) में मदिरा, अधिकतर इटली से, लाओडीशियन और अरबी भी, टिन और सीसा; मूँगा और पुखराज; बारीक कपड़े और सभी तरह की तुच्छ चीज़ें; चटखदार रंग की थोड़ी चौड़ी मेखलाएँ; राल, मीठी तिपतिया, चमकीला शीशा, रियलगार (=आर्सेनिक मोनोसल्फाइड), सुरमा, सोने और चाँदी के सिक्कों—यानी ऐसी कई चीज़ों का जिनका देसी मुद्रा में विनिमय करने पर लाभ मिलता है, आयात होता है। इसके अलावा लेप का भी आयात होता है, लेकिन वह बहुत महँगा नहीं होता और उसका आयात अधिक मात्रा में भी नहीं होता। साथ ही, इन जगहों पर राजा के लिए बहुत महँगे चाँदी के बर्तन, गाने वाले लड़के, हरम के लिए सुंदर लड़कियाँ, उत्कृष्ट कोटि की मदिरा, सबसे अच्छी बुनाई वाले अच्छे कपड़े, और चुनिंदा क़िस्म के लेप लाए जाते हैं.... ये चीज़ें बरीगज़ इन जगहों (पैठन और तगर) से गाड़ियों पर लादकर बिना सड़क वाले राजपथ से होते हुए लाई जाती हैं। पैठन से भारी मात्रा में कार्नेलियन लाया जाता है, जबकि तगर से कपड़े और विक्रय योग्य अन्य वस्तुएँ वहाँ समुद्रतटीय क्षेत्र के स्थानीय बाज़ारों से लाई जाती हैं। बरीगज़ (भरूच) के बाद इस क्षेत्र के व्यापारिक नगर हैं, क्रमशः: सोपारा, और कल्याण नगर, जो ज्येष्ठ सरगनस (?) के समय एक सुंदर व्यापारिक नगर बन गया; जब से यह संदनेस के अधिकार क्षेत्र में आया पत्तन बाधित हो गया और यह संभावना बढ़ गई कि कोई यूनानी पोत आने पर उसे रक्षकों के अधीन बरीगज़ ले जाया जाता"। (Schoff 42–3)।

यह ध्यान रखना महत्त्वपूर्ण है कि पैठन से समुद्र पत्तनों के बीच का घने जंगलों वाला क्षेत्र (जैसा कि पेरिप्लस में स्पष्ट तौर पर कहा गया है) हिंसक शिकारी पशुओं भरा हुआ था, वैसा बस्तियों और कृषि वाला क्षेत्र नहीं था जैसा यह बाद में हो गया। हर यात्रा की समाप्ति वाली जगह के निकट या समतल ज़मीन पर बैलगाड़ियों का उपयोग किया जाता रहा होगा। अधिकतर समान भारवाही पशुओं की पीठ पर लादकर कारवाँ में ले जाए जाते थे, जैसे कि अभी भी लमाण लोग ले जाते हैं। डुआर्टे बर्बोसा ने (डी.बी. 163) पश्चिमी तट पर चौल में 1500 ई. जारी प्रचलन के बारे में विवरण दिया है। "वे अपने सामान प्रशिक्षित बैलों के बड़े झुंड की पीठ पर लाद कर ले आते हैं, कैस्टिल वालों की तरह। बैलों के दोनों तरफ़ बड़े-बड़े बोरे लटके होते हैं और उनके पीछे-पीछे एक हाँकने वाला (कोनातर) चलता है, जो अकेले ही बीस या तीस बैलों को हाँकता है।" स्थानीय व्यापारियों ने चौल पत्तन के आसपास के क्षेत्र पर विनिमय के ज़रिये नियंत्रण कर लिया। एक विरोधी सातकर्णी राजा द्वारा चौल पत्तन को बंद किए जाने (जिसका यूनानी अभिलेखों में बिगड़ कर संदनेस हो गया है) को ही धेनुकाटक की एक यूनानी व्यापारिक बस्ती के रूप में संक्षिप्त आपातस्थिति का ज़िम्मेदार माना जाता है, जहाँ से कार्ले के कई दानकर्ता निकले। उच्च विशेषज्ञता वाले व्यापार के लुप्त होने को ध्यान में रखकर सोचें तो यह स्पष्टीकरण बहुत कम स्वीकार्य लगता है।

बौद्ध जातक इस समाज का निष्पक्ष रूप से अच्छा चित्र प्रस्तुत करते हैं, और उस समाज का नहीं जो मगध और कोशल में बुद्ध के समय में था, जैसा कि समझा जाता है। वे बुद्ध के बाद की लिखी गई नहीं हो सकतीं, और संभव है कि बहुत बाद में अर्थात् 5वीं शताब्दी ई. तक दक्षिण के स्रोतों से रची गई हों। यह परंपरा पुरानी थी, बुद्ध के 'पूर्व जन्मों' की इन कहानियों के कथावाचक कम से कम उनके जीवन के घटनाओं को सत्य मानते थे। यद्यपि अर्थशास्त्र के बाद के राज-व्यवस्था में शिल्पी मंडलियों की प्रासंगिकता नाममात्र की रह गई, अशोक की राजाज्ञाओं में इनका कोई ज़िक्र नहीं है। आंतरिक ग्रामीण उत्पादन के विकास के बाद मगध में अचानक इनके फिर से उभरने का कोई कारण नहीं है। फिर भी जातकों में राजा द्वारा अठारह शिल्पी मंडलियों की सभा बुलाने की बात कही गई है (*jat.* 538), इनमें से कुछ का जातक 546 में नाम से ज़िक्र किया गया है। जबकि 445 में एक असाधारण रूप से दक्ष व्यक्ति को नए पद के साथ उनका मुखिया बनाना राजा को पर्याप्त महत्त्वपूर्ण लगा। जातक 51, 70, 154, 165 में सेणि (शिल्पी मंडली) और सेनि (सेना) के बीच थोड़ा भ्रम है, जो यह जाहिर करता है कि परंपरा कमज़ोर पड़ गई थी। यह स्वीकार करते हुए कि समाज धीरे-धीरे बदला, प्रतिलिपिकार यह कल्पना नहीं कर सके कि कोई उनके पूर्वजों की स्मृति में जो था, उससे बहुत भिन्न हो सकता था। यही कारण है कि सतवाहन का क्षेत्र ही सबसे उचित लगा। जातिबद्ध मनुस्मृति हमारे सामने विषमताएँ रखती है, जबकि पंचतंत्र जीवन के प्रति एक तुलनात्मक स्थिति का चित्रण करता है। उल्लासपूर्ण गतिविधियाँ, व्यापार और शिल्पी मंडलियों की उच्च स्थिति, टोकरियाँ बनाने या अन्य उपभोक्ता वस्तुओं का उत्पादन करने वालों के पूरे गाँव (कभी-कभी चांडालों के भी, जो अपनी ही भाषा बोलते हैं)—किसी अन्य के बजाय हमारे स्थान और काल के लिए अधिक उपयुक्त लगता है। जातकों का गहपति (अर्थात् 'घर का मुखिया') एक पुरुष होता है, आम तौर पर वैश्य जाति का, जो सभी व्यवसाय वित्त के माध्यम से ही करता है, व्यापार और खेती से लेकर बढ़ईगीरी तक; लेकिन वह हर हाल में समृद्ध और सामाज में प्रतिष्ठित है। यह निश्चित रूप से वही है जो हम मावळ गुफाओं के पुरालेखों में देखते हैं, जैसे कि उदाहरण के लिए शेलारवाडी। इसमें धेनुकाकट की एक स्त्री सिआगुतनिका, जो हलवाहे (हाल-किय) उसभणक की पत्नी है, ने अपने पुत्र गहपति नंद के साथ-साथ एक गुफ़ा भी दान की। सर्वाधिक संपन्न सेठों को महसाला (जैसे कि छांदोग्य उपनिषद में) कहा जाता था। बड़े पितृप्रधान घरों के गहपति

जो कि क्षत्रिय और ब्राह्मण हो सकते थे और इनके साथ-साथ जाति के अनुसार गहपति प्रत्येक प्रकार के महाशाल को पालि साहित्य में स्पष्ट रूप से उसी तरह जाना जाता था। यही समकालीन समाज के शासक वर्ग का निर्माण करते थे। पौर-जनपदों और अभी भी पुराने माने जाने वाले श्रेयस का वर्णन नहीं है, जिसके कारण जनजातीय अवशेष भी भुला दिए गए। महाशाल अधिक देश के केंद्र में रहने वाले होते थे, एक संपन्न भद्रवर्ग के रूप में अनुमानतः बागान और अन्य संपत्तियों का संचालन करते थे। जातकों में माता-पिता अपने पुत्र के लिए कई व्यवसायों में से एक चुनने के लिए व्यापक विचार-विमर्श करते थे, यदि स्मृति के आदेशों का पालन किया जाता तो व्यवसाय का निर्धारण जाति करती। जाति से स्वतंत्र होकर इच्छानुसार व्यवसाय बदलना जातकों में सामान्य है, जहाँ ब्राह्मण (जैसे कि पंचतंत्र में) स्मृति के आपद् धर्म (कठिन समय की विधि) की कोई आशंका जैसा कोई बहाना किए बग़ैर ही व्यापार कर सकते थे। एक व्यापारी का पुत्र की तरह पाला-पोसा गया दास भाग जाता है, वह स्वयं को व्यापारी का पुत्र ही बताता है और अन्य समृद्ध व्यापारी की पुत्री से विवाह कर लेता है, लेकिन जब उसके पूर्व स्वामी को इस धोखे का पता चलता है तो भी स्वामी उसका रहस्य किसी पर प्रकट नहीं करता; इसके बाद उन सबने आनंदपूर्वक अपना जीवन जिया। (*jat*. 125, कटाहकजातक)। व्यापार के वातावरण और धन की लोलुपता ने जातकों में पहली बार एक ऐसे नए शब्द को जन्म दिया जो क्लासिकल संस्कृत में नहीं देखा गया, यहाँ तक कि पुरानी पालि में भी नहीं: लंच अर्थात् रिश्वत। विशेष मुहावरा, 'वह रिश्वत खाता है' (लंचम् खादति) का प्रयोग (जातक 220–511; 31, 77, 525, 546 से भी तुलना करें) एक भ्रष्ट न्यायाधीश, जो न्याय बेचता है, के प्रसंग में हुआ है। यह विसंगति आज तक चली आ रही है—अपना काम कराने के लिए अधिकारियों को रिश्वत देने के दुर्भाग्यपूर्ण चलन के रूप में। अर्थशास्त्र में, ऐसा लगता है कि अधिकारियों द्वारा लिए जाने वाले रिश्वत को उपदा कहा गया है। प्राप्त करने वाले को गूढजीविन कहा गया है, ऐसा व्यक्ति जिसकी आय के गुप्त स्रोत हों—इसका प्रयोग भयादोहन करने वालों (ब्लैकमेलर), ज़हरखुरानी करने वालों, जादू-टोना करने वालों, जालसाजों और इस तरह के अन्य असामाजिक तत्त्वों के लिए भी किया जाता था। इन सभी को गुप्तचरों और संदीपकों के द्वारा नियंत्रित किया जाता था। इसलिए यह विशिष्ट शब्द लंच अधिकारियों और उन पर्याप्त संपन्न लोगों जो उन्हें रिश्वत दे सकते थे, के लिए एक नए तरह की नैतिकता का संकेत देता है।

8.7. भारत की संस्कृति का कोई भी ऐतिहासिक विवेचन संस्कृत भाषा और साहित्य पर विचार किए बिना नहीं हो सकता।[12] दूसरी सहस्राब्दी ई.पू. के आक्रांता आर्यों द्वारा किसी प्रकार की संस्कृत बोली जाती थी, इसके ही परिणामस्वरूप देश में आर्यों का प्रभुत्व जमा। प्राकृत की प्रवृत्तियाँ (जैसे कि क्लासिकल से बोलचाल की लैटिन) वेदों में भी देखी जा सकती हैं। अशोक, कुषाण और सतवाहन के पुरालेख यह स्पष्ट कर देते हैं कि देश में आम बोलचाल की भाषा, अगर कोई थी, तो वह उस अलंकृत भाषा से बहुत भिन्न थी, जिसके लिए संस्कृत नाम दिया गया है। फिर भी इसके बाद के पुरालेख और साहित्य, और बाद शताब्दियों तक, पुरालेख के क्षेत्रविशेष का ध्यान रखे बिना संस्कृत में थे। यह परिवर्तन आया कैसे? ऐसा कैसे होता है कि क्लासिकल काल में ग्राम्य मुहावरे हों। वैदिक से नियमित विकास के बजाय यह क्लासिकल से मातृभाषाओं की ओर आए, इस क्रम के समानांतर: पुरानी लैटिन, क्लासिकल लैटिन, मध्यकालीन लैटिन और रोमैंस भाषाएँ। शुद्ध सांस्कृतिक संदर्भों में इसका उत्तर नहीं दिया जा सकता। यदि अमूर्त सांस्कृतिक तत्त्वों को उनका अपना एक जीवन दिया जा सकता तो संसार की सबसे उत्कृष्ट संस्कृति मध्य एशिया में विकसित होनी चाहिए थी, जहाँ विश्व की तीन अग्रणी संस्कृतियाँ—भारतीय, चीनी और यूनानी—परस्पर मिश्रित हुईं, जैसा कि तुर्फान जैसी जगहों से अन्वेषित कलारूपों में देखा जाता है। कभी दुनिया के भूतल यातायात के घनी आबादी वाले चौराहे रहे ये स्थान मंगोलों की विजय से पहले ही नष्ट हो गए, सांस्कृतिक इतिहास पर अधिक दर्शनीय प्रभाव छोड़े बग़ैर।

इसलिए संस्कृत भाषा और संस्कृति के विकास का प्रश्न उत्पादन प्रणालियों के विकास में छुपा हुआ है। विशेषतः ब्राह्मण जाति के लिए विशिष्ट स्थिति के प्रादुर्भाव में। 'आशीर्वादी' जैसी विशिष्ट मनोदशाएँ पुरोहितों का प्रभुत्व दर्शाने के लिए पर्याप्त हैं। उत्तर का बौद्ध महायान ब्राह्मणों की अलग घुसपैठ दर्शाता है, जहाँ दक्षिण के बुद्धघोष (5वीं शताब्दी ई.) जैसे बुद्धिजीवी प्रायः किसान (गहपति) परिवारों से आते हैं। पुराने अंतः जनजातीय ब्राह्मणवाद का विखंडन, जो अनुष्ठानों पर केंद्रित था, वस्सकार और चाणक्य के मगध में मंत्री बनने में देखा जा सकता था। ग्राम्य अर्थव्यवस्था को स्थिरता की ओर ले जाने में ब्राह्मणों के व्यवस्थित उपयोग का आशय कुछ अनुष्ठानों का संरक्षण था, जो संस्कृत में मंत्रोच्चार किए जाने से अपनी प्राचीनता की पूरी गंभीरता के साथ अधिक प्रभावी हो जाता था। भाषा को जीवित बनाए रखने में इस प्रक्रिया का सर्वाधिक योगदान रहा, जैसे कि सुमेरी भाषा के सुरक्षा असीरियन पुरोहिताई ने की। अभी भी

एंटिओकोस सोटर के लिए स्फानलिपीय पुरालेख और क्लियोपेट्रा पुराने रोमन सम्राटों के लिए चित्रलिपीय शिलालेख अंकित किए जा सकते थे। ऐसे ऐतिहासिक विकास एक नग्न अस्तित्व की व्याख्या कर सकते थे, न कि समृद्ध साहित्यिक प्रफुल्लता की। अतह इसका पूरा उत्तर परिवर्तित अर्थव्यवस्था के सहारे बने नए वर्ग-संबंधों में निहित है।

यजुर्वेद में क्षत्रियों ने ब्राह्मणों के साथ मिलकर वैश्यों और शूद्रों का जो दमन किया, उसका उल्लेख पाँचवें अध्याय में है। यहाँ एक बसे हुए सुनिश्चित क्षेत्र पर, जहाँ न तो लोग जनजातियों में समूहबद्ध थे और न कोई पड़ोसी अपने पड़ोसी से लड़ता ही था (अभी भी किसी उच्च राजा या सम्राट के कारण), शासकों का नया वर्ग श्रमिक वर्ग का शोषण करने में लगा रहा, वैश्यों से भारी मात्रा में कर लेता था। तीन उच्च जातियों को प्रसाद, ब्राह्मणों से निर्देश, जनजातीय मूल वाली और लंबे समय से विस्मृत आर्य संस्कार ग्रहण करने के अधिकार प्राप्त थे। शूद्रों को ऐसा कोई अधिकार प्राप्त नहीं था। प्रयोजनीय शक्ति, संपदा एवं शस्त्रों के साथ आने वाले कुछ नए लोग ऊँची जातियों के रूप में उच्च वर्ग में शामिल हो सकते थे। वे उच्च जातियों में विवाह भी कर सकते थे। यह कल्पना करना कठिन है कि बेसनगर स्तंभ के साथ हेलियोडोरस उन्हीं लोगों ने शूद्र जैसा व्यवहार किया जिन्होंने उसे कृष्ण वासुदेव के भगवद् संप्रदाय में शामिल किया था। इसलिए नए उच्च वर्गों के बीच एकता चिह्नित करने के लिए संस्कृत एक नया उपकरण था, शेष लोगों से उनकी दूरी पर ज़ोर देने के लिए। शुद्ध उच्चारण दूसरे देशों में यही कार्य करता है। बाद में फारसी और थोड़े और बाद में अंग्रेज़ी ने भारत के महानगरों और न्यायालयों में संस्कृत की जगह ले ली, उसी वर्ग प्रयोजन के लिए। यह स्थिति वैसी ही थी जैसे रेनेसाँ काल के यूरोप में लैटिन की तथा 18वीं शताब्दी में फ्रेंच की स्थिति, ख़ासकर जर्मनी और रूस में, थी। अशोक के पास कोई ज्ञात दरबारी कवि नहीं था और न ही अर्थशास्त्र, कोई भी वेतनभोगियों की सूची में दर्ज नहीं है; यदि उसके लोक प्रदर्शनों में कोई लिखित संवाद था तो वह भी बचा नहीं। पालि साहित्य में जातक और वैसी अट्ठकथा टिप्पणियों, जो त्रिपिटक धर्मशास्त्र की पूरक हैं, से अधिक पंथनिरपेक्ष कुछ भी नहीं है। अतः क्लासिकल संस्कृत साहित्य अधिशेष के एक नए पुनरावंटन की सूचना देता है। प्राकृत में हाल, जिन्हें एक सतवाहन माना जाता है, द्वारा संकलित किए गए 700 पदों (कुछ लिखे हुए भी) का संकलन एक उत्कृष्ट पंथनिरपेक्ष कृति है। एक सराहनीय परंपरा के अनुसार गुणाध्याय की बृहत्-कथा उसी दरबार के लिए एक देहाती बोली, पैशाची (='पिशाचों की'), में लिखी गई थी। इनमें से अब जो कुछ भी शेष है, वह संस्कृत संस्करण में सोमदेव का कथा-सरित-सागर और क्षेमेंद्र की बृहत्कथा-मंजरी है, ये दोनों कश्मीरी थे। हाल के सुंदर शैलीबद्ध पदों में बहुतेरे ग्राम्य दृश्यों और आम जन का वर्णन है, पदों के बीच अंतर्संबंध की किसी कड़ी के बिना। गुदगुदाने वाली टिप्पणियों, जो कि मुख्यतः कामोत्तेजक हैं, के साथ इसकी रोचकता और भी बढ़ गई है। यह उस समय और बाद के भी संस्कृत साहित्य में कोई असामान्य बात नहीं थी।

यूरोपीय साहित्य का वर्णन मुख्यतः सेक्स (प्रेम) और हिंसा (वीरता) पर केंद्रित के रूप में किया जा सकता है। संस्कृत, चूँकि इसके मुख्य प्रवर्धक, शिक्षक एवं अन्वेषक ब्राह्मण था, जिसका मुख्य कार्य अनुष्ठानों के लिए नए पुरोहित तैयार करना था, मुख्यतः प्रेम और धर्म पर आधारित है, जिससे ब्राह्मण और राजकुमार दोनों के साझा हित जुड़े हुए हैं। यदि क्लासिकल संस्कृत में प्रेम का वर्णन सिकंदरिया और आधुनिक काल के बीच के यूरोपियन लेखकों से अधिक स्पष्ट है, तो इसका कारण यह है कि यह भाषा उस समय भी लोगों के एक बहुत छोटे वर्ग द्वारा ही समझी जाती थी, जब इसे जानने वालों की संख्या सर्वाधिक थी। यह कभी भी एक बोली (koinê) नहीं बन पाई, बोली की हैसियत यह केवल विभिन्न क्षेत्रों के शासक वर्ग और उसके पुरोहित वर्ग के बीच ही प्राप्त कर सकी। चाणक्य का अर्थशास्त्र संभवतः राजनीतिक अर्थव्यवस्था पर सार्वजनिक पाठ्य पुस्तक बनने की स्थिति नहीं प्राप्त कर सका। जैसा कि इसकी पाठ्यसामग्री से पता चलता है, विशेषतः चौदहवें अध्याय से, जिसमें रसायन विद्या और विष के बारे में बताया गया है, उसकी अनुमति केवल कुछ ही लोगों को गोपनीय संपत्ति के तौर पर सहेजे रखने के लिए ही दी जा सकती थी। अशोक के अध्यादेश भी यह सिद्ध करते हैं कि मगध की प्रशासनिक भाषा संस्कृत नहीं थी। कामसूत्र (तीसरी शताब्दी ई. ?), जो अर्थशास्त्र के ही प्रारूप के अनुसार रचा गया है और इसीलिए इसका समकालीन माना जाता है, की स्थिति बिलकुल भिन्न है। यह उस उच्च वर्ग के लिए ही था, जिसका संस्कृत पर अधिकार था और जिसके पास फुर्सत थी। इसीलिए वे प्रेम की कला का संपूर्णता में विलक्षण आनंद ले सकते थे, मिनेसिंगर्स (जर्मनी के प्रेम कवि) के लाचार कामोद्दीपन और हेलेनवादी विपथन के बिना। कोई इस बात पर ग़ौर कर सकता है कि स्पष्ट कामुकता वाले सिकंदरिया साहित्य की तुलना में होमरिक साहित्य यौन मामलों पर मौन साधे हुए है। शुरुआती दिनों में यूनानी सभी लोगों (कुछ ग़ुलामों को छोड़कर) की भाषा थी, यद्यपि मिस्र में इसके शासकवर्गीय चरित्र के लिए किसी प्रमाण की आवश्यकता नहीं है। भारत में, यह एक असाधारण बात है कि जैन और महायान बौद्ध भिक्षु तक शृंगार के ऐसे पद पूरे आनंद के साथ पढ़ और यहाँ तक कि रच भी सकते थे, जिनका शालीनता के

साथ अंग्रेज़ी में अनुवाद भी नहीं किया जा सकता है। यूरोपीय विद्वानों द्वारा लैटिन और अत्यधिक मामलों में यूनानी में उनका व्यावहारिक अनुवाद पांडित्य पर फिर से वर्गविशेष का प्रभाव दर्शाता है। तथापि, इन भिक्षुओं की नैतिक मूल्यों की शुद्धता, गंभीर धार्मिक समर्पण, व्यक्तिगत तप पर प्रश्न नहीं उठाया जा सकता; बोकेशियो के कामुक पुरोहितों से इनकी तुलना नहीं की जा सकती। साहित्यिक शृंगार उन कामुक प्रतिमाओं का एक महत्त्वपूर्ण अंग है जो चैत्य के सभागारों को सजाने के काम में लाई गई हैं; इन दोनों की व्युत्पत्ति सत्ताधारी वर्ग की विलासिता से हुई है।

संस्कृत का एकसमान विकास केवल विलक्षण तकनीकी उपलब्धि के कारण हुआ और इसीलिए इसकी पकड़ भी बनी। यह उपलब्धि है व्याकरण, जिसके सुसंबद्ध सूत्र एक विद्यार्थी द्वारा अपनी बाल्यावस्था (टीन एज) में कठोर अध्ययन के द्वारा याद किए जा सकते थे, जो बाद में लेखन की सहायता लिए बिना उसके काम आता है और जो कला को फूहड़ता से मुक्ति देता है। सूत्र शैली ही पुरोहिताई और तकनीकी संस्कृत के लिए मानक बन गई: अर्थशास्त्र और कामशास्त्र में सूत्र अत्यावश्यक व्याख्या (भाष्य, टिप्पणी) के साथ रखे गए हैं। बाद की कृतियों में टिप्पणियाँ अलग से दी गई हैं, जो कि शुद्ध साहित्यिक प्रयासों के लिए भी आवश्यक हो गया। संस्कृत व्याकरण के संस्थापक पाणीनि थे, जिन्होंने संपूर्ण विश्व में प्राचीनतम ज्ञात वैज्ञानिक व्याकरण को आकार प्रदाना करने के लिए अपने कई पूर्ववर्तियों के अति गंभीर प्रेक्षणों और उनके सभी प्रयासों को संकलित कर एक सुगठित व्यवस्था दी। इस गूढ़ शैली के पीछे अवश्यतः विज्ञान छिपा हुआ है। तथापि, पणिनि ने सभी पूर्ववर्ती व्याकरणिक पद्धतियों की हत्या कर दी, और साथ ही आगे भाषा के विकास की प्रक्रिया को भी मार दिया और इस भाषा को टूटने तथा इससे कई बोलियाँ निकलने की प्रक्रिया को भी किसी भी क़ीमत पर रोक दिया। उनका स्थान, शालातुर, सीमावर्ती क्षेत्र में था। कार्षापण और 100-रक्तिका मुड़ी हुई शलाका के दोनों सिक्कों (शतमान) का ज़िक्र ऐसे किसी भी व्यक्ति के सामने आया होगा जिसने तक्षशिला के बाज़ार को जाना होगा। उनके समय को लेकर विवाद है और इस पर कोई आश्चर्य नहीं होना चाहिए; पाण 4.1.49 में शब्द यवन के प्रयोग ने हमें उनका समय सिंकदर के बाद का मानने को विवश किया। यह तर्क कि यहाँ यवन शब्द का अर्थ आयोनियन यूनानी है, साक्ष्यों की अपेक्षा करता है, लेकिन यदि इसे स्वीकार कर लिया जाए तो यह इसे पीछे अधिकतम ज़ीनोफोन के दस हज़ारी अभियान (march of Xenophon's Ten Thousand) तक ही ले जाता है। ऐसा नहीं लगता कि इसके पहले भारत में आयोनियन लोगों के बारे में सुना गया होगा, यहाँ तक कि व्यापारियों के रूप में भी। यदि यह स्वीकार लिया जाए तो यह आवश्यक अन्वेषण शेष रह जाता है कि फारस (पर्शिया) के दूसरे छोर के प्रभाव क्षेत्र वाली भारत की सीमावर्ती आबादी ने आयोनियन लोगों के बारे में कब जाना। डैरियस प्रथम से पहले का समय भी अविश्वसनीय लगता है। कभी-कभी पणिनि का काल-निर्धारण 8वीं शताब्दी और उससे पहले भी कर दिया जाता है; लेकिन ऐसी भ्रमित देशभक्ति इस तथ्य पर ध्यान ही नहीं देती कि नियमित मुद्रा के रूप में कार्षापण जैसे सिक्कों का प्रचलन केवल 7वीं ई.पू. शताब्दी तक रहा है। पहले टिप्पणीकार कात्यायन संदर्भ की व्याख्या यवनाल लिप्याम के रूप में करते हैं, यह किसी भी लिपि के लिए पहला संदर्भ है, जो निश्चित रूप से यूनानी आक्रमण के बाद का ही होगा। टिप्पणीकारों में महानतम पतंजलि, प्रसंगवश पुष्यमित्र का संदर्भ देते हैं, जिससे उनका समय (सामान्य वक्रोक्तियों को छोड़कर) 150 ई.पू. से कुछ ही समय पहले का पता चलता है। पतंजलि का महाभाष्य अपनी शक्ति और आकर्षण अपनी जनजीवन संबंधी समृद्धि से प्राप्त करता है। यह वाणी जैसे अनूठे उपकरण के प्रति उनका दृष्टिकोण नहीं बदलता, जिसकी विधि उन्होंने और उनके पूर्ववर्तियों ने खोजी थी। शब्द शाश्वत हैं। कोई कुम्हार को यह बता सकता है कि मेरे लिए ऐसा-ऐसा बर्तन बना दो। किसी व्याकरणाचार्य के पास कोई भी यह कहने नहीं जाता कि मेरे लिए ऐसा-ऐसा शब्द बना दो। इसी तरह, संस्कृत में एक भौतिक वस्तु को पदार्थ कहा जाता है, जो वस्तुतः 'शब्द का अर्थ' प्रकट करता है। इसलिए मुहावरों में शब्दार्थ विज्ञान का भाववाद उसी रूप में अंतर्निहित है, जिस रूप में यह संस्कृत के मुख्य उन्नायक ब्राह्मण के मन में आया।

बाद के वेद और उपनिषद शाब्दिक रहस्यवाद से भरे पड़े हैं। आलंकारिकता क्रमशः बढ़ती गई और संस्कृत का एक लक्षण बन गई। इसी कारण जटिल वाक्य रचना, कठिन समास, असंख्य पर्याय और अतिरंजनाओं का प्रयोग किसी संस्कृत अभिलेख से निश्चित अर्थ निकालना अधिकाधिक कठिन बना देता है। भव्य स्तुतियाँ हर बार उस राजा का नाम बताने में विफल रह जाती हैं जिसे यह प्रशस्तिगान समर्पित होता है, केवल उस विशिष्ट साहसिक कार्य की बात छोड़ दें जिसके लिए प्रशंसा की जा रही हो। अर्थ पर रूप की इस विजय से सबसे अधिक प्रभावित होता है तकनीकी साहित्य, यद्यपि संस्कृत ने इसके संक्षिप्तीकरण में मदद की—यद्यपि अबोधगम्य—आसानी से याद होने योग्य सूत्र। पौधों की पहचान सुनिश्चित करने के उद्देश्य से उनके लिए आधुनिक लैटिन नामों का आविष्कार किया गया। संस्कृत

शब्दावली और कुछ भी हो लेकिन निश्चित अर्थ देने वाली नहीं है। संस्कृत चिकित्सा संबंधी ग्रंथों में एक पौधे के नाम के रूप में अनंत ('अंत रहित') शब्द का प्रयोग कम से कम चौदह भिन्न प्रजातियों के लिए किया गया है, पैरों तक ऊँची एक फलीदार झाड़ी से लेकर एक रुबिएशस (बड़े) पेड़ तक के लिए। इससे न केवल स्थानीय भिन्नताओं के साथ-साथ स्थानीय उपयोग व भाषा (जिसने वस्तुतः संस्कृत की जीवंतता को बनाए रखा) का प्रभाव प्रकट होता है, बल्कि यह भी दर्शाता है कि किस तरह भारतीय विज्ञान विकृत होकर गोपनीय शास्त्रों तक सीमित हो गया। इन चौदह पौधों में से अधिकतम अभी भी उपयोग में लाए जाते हैं। प्रत्येक आयुर्वेदिक चिकित्सक का यह दावा होता है कि वह जिसे बता रहा है वही असली अनंत है, अगला व्यक्ति (जो उसी रोग की चिकित्सा बिलकुल भिन्न अनंत पौधे से करता है) एक अज्ञानी ठग या नीम हकीम है।

अपने चरमोत्कर्ष पर संस्कृत साहित्य सौंदर्य के अपने जटिल प्रतिमान के साथ उत्कृष्ट है। अपने चरमोत्कर्ष पर भी यह गहराई, अभिव्यक्ति की सहजता, चेतना की श्रेष्ठता और मनुष्यता की वह वास्तविक महानता प्रस्तुत नहीं कर पाता जो कोई पालि धम्मपद, द डिवाइना कमेडिया, या पिल्ग्रिम्स' प्रोग्रेस में पा जाता है। यह वर्ग का और उसी के लिए रचा गया साहित्य है, न कि जनता के लिए।

इस भाषा को लंबे समय तक एक ऐसे वर्ग से अपने एकाधिकारिक संबंध का परिणाम भुगतना पड़ा जिसकी तकनीक, हस्तचालित क्रिया-कलापों, व्यापारिक संधियों, अनुबंधों, या सर्वेक्षणों में कोई रुचि नहीं थी। इस वर्ग के पास जटिल शैली में अपने सूक्ष्म विचार लिखने और फिर उन्हें ऐसे ही लेखन से सुलझाने के लिए समय पर्याप्त था, जो आम आदमी की पहुँच से बहुत दूर थे। उच्च साहित्यिक संस्कृत से गद्य वस्तुतः लुप्त ही हो गया। साहित्यिक उपयोग में जो शब्द बचे रह गए उन्होंने इतने विभिन्न पूरक अर्थ ग्रहण कर लिए कि आज बिना टिप्पणी* के संस्कृत की किसी अच्छी कृति का अर्थ ही नहीं समझा जा सकता। भाष्य प्रायः प्रामाणिक रूप से ग़लत हैं और वे मूल पाठ्य के संबंध में केवल भ्रांति उत्पन्न करने में सफल होते हैं—जिन्हें उन समालोचनात्मक विधियों से सहेजा जाना है, जो पहली बार यूरोप में विकसित हुईं। प्रशासन में प्रयुक्त होने वाले पुराने शब्द (यथा, अर्थशास्त्र, और ताम्रपत्रों वाले राजपत्र) विस्मृत कर दिए गए। कुछ मामलों में जहाँ जानबूझकर दुर्बोध बनाया गया (अर्थात् तांत्रिक रहस्यवाद) वह उपासना पद्धति और उपासना पद्धति दोनों एक साथ ही नष्ट हो गए। यहाँ स्मरण शक्ति बढ़ाने में सहायता के लिए आश्चर्यजनक विकास हुए, लेकिन वे भी अति विशेषज्ञता और हर विषय के लिए विशिष्ट शब्दजाल के कारण अंततः उसी गति को प्राप्त हुए। अभी भी ऐसे शास्त्री हैं जो एक शब्द या उच्चारण की भी ग़लती किए बिना किसी भी क्रम में (अर्थात् उलटा या सीधा) पूरे वेद का पाठ कर सकते हैं। कुछ लोगों पणिनि का पूरा व्याकरण और अमरकोश शब्दकोश याद है और इसके लिए उन्हें किसी विशेष टिप्पणी की आवश्यकता नहीं होती। फिर भी ऐसा एक भी व्यक्ति नहीं है जो संस्कृत भाषा को संपूर्णता में जानता हो। कारिका रूप में सहेजी गई गणित और ज्योतिष की कृतियाँ आसानी से याद की जा सकती हैं, लेकिन बिना गुरु के ये पूरी तरह अबोधगम्य हैं, क्योंकि प्रत्येक अंक और क्रिया कई ऐसे भिन्न शब्दों से लक्षित है जिनके सामान्य व्यवहार में भिन्न अर्थ हैं। वराहमिहिर की बृहत्संहिता कुछ व्यावहारिक संकेत देती है, ये अधिकतर पवित्र निर्माण और छवियों के लिए हैं; ये गुप्त काल से संबंधित हैं। मूर्तिविज्ञान (iconography), चित्रकला (painting), वास्तुविद्या (architecture) जो आज भी प्रचलित हैं, लेकिन उनकी माप आज प्रतिमाओं या भवनों से नहीं मिलती और न रंग द्रव्यों का रासायनिक विश्लेषण ही तालमेल खाता है। कलाकार और राजगीर अपने-अपने ढंग से काम करते थे। ये वास्तुविद्या पर विट्रिवियस के ग्रंथ के विरुद्ध हो सकते हैं। लुहार, कुम्हार, बढ़ई, बुनकर, हलवाहे के लिए संस्कृत की एक भी उपयोगी कृति नहीं है। सामाजिक रूप से उच्च वर्ग के ही काम आ सकने वाली किताबें ऐसे तमाम परंपरागत वाक्जाल से भरी हुई हैं, जिनका किसी काम में आने लायक न तो कोई उपयोग था और न ही प्रयोजन। कालानुक्रमिक वृत्तांतों और ऐतिहासिक कृतियों के अभाव की बात पहले ही की जा चुकी है। अनुष्ठानों, दर्शन, धर्मशास्त्र और कविता ने ही संस्कृत लेखन में सर्वाधिक स्थान घेरा हुआ है। इस संदर्भ में संस्कृत और अरबी भाषा के बीच के अंतर को भी समझा जाना चाहिए। औषधि विज्ञान, भूगोल, गणित, ज्योतिष और व्यावहारिक विज्ञानों पर अरबी की कृतियाँ अपने समय में ऑक्सफोर्ड से लेकर मलाया तक उपयोग के लिए

* इसकी तुलना रोम में यूनानी भाषा और अध्ययनों की स्थिति से भी एंटोनिनेस के समय से और उसके बाद के रिपब्लिक के अंतिम दिनों से जा सकती है। अलंकारों में प्रशिक्षित विद्यार्थी अधिकतर यूनानी माइथोलॉजी से लिए गए दिलचस्प प्रकरणों पर बहस कर सकते थे। ऐसे समय में जबकि रोम के दरबार विविध प्रकार के दिलचस्प मामलों से भरे पड़े थे। कल्पनाशीलता का अभाव, 'सम्मान्य' सामग्री की कमी, वास्तविकता को देखने में अक्षमता यह सब केवल पंडितों के दृष्टिकोण की समानता और ऐसी ही अन्य वजहें दर्शाता हैं। यह कि भाषा का केवल एक वर्ग से संबंधित होना इसकी उपेक्षा का कारण नहीं था, लेकिन अभी संस्कृत को अनिवार्य बनाने के जो प्रस्ताव हैं, वे आत्मघाती सिद्ध हो सकते हैं।

पर्याप्त स्पष्ट थीं। तथापि अरबी भी कई राष्ट्रीयताओं वाले लोगों पर एक नए धर्म के साथ थोपी गई। अंतर यह था कि 'अरब' विद्वन्मंडली मुख्यतः एक अभिमानी पुरोहित जाति नहीं थी। जिन्होंने लिखने का कार्य किया उन्हें व्यापार, युद्ध और प्रायोगिक विज्ञान जैसे कार्य करने में कोई शर्म नहीं महसूस होती थी और कालानुक्रमिक वृत्तांत लिखने में ही।

8.8 किसी भी परिमाण का प्राचीनतम ज्ञात क्लासिकल संस्कृत पुरालेख रुद्रदामन (*EI*. 843 ff) से संबंधित है, जिसका काला निर्धारण 150 ई. के आसपास किया जाता है। यह उन्हीं पत्थरों पर खुदी हुई है जिन पर अशोक के गिरनार अध्यादेश, भाषा और कथ्य दोनों ही स्तरों पर गंभीर अंतर्विरोध के साथ। इन शिलालेखों में से सातवाँ पत्थरों पर किसी आकस्मिक या जानबूझ कर किए गए आघात के कारण लुप्त हो गया है। मुख्य उपलब्धि, जिसका दावा किया जाता है, वह है उस ध्वस्त बाँध का दोगुने आकार में पुनरुद्धार जिसका 'निर्माण चंद्रगुप्त मौर्य के राष्ट्रिय (गवर्नर) वैश्य पुष्यगुप्त ने कराया था और जिसके साथ अशोक मौर्य के अधीनस्थ यवन (फारसी) राजा तुषास्फ ने एक नहरी प्रणाली बनवाई थी'। अशोक ने यह नहीं सोचा था कि यह अपनी प्रजा के लिए किए गए उनके प्रबोधनों में कीर्तिगान के योग्य है। रुद्रदामन को इस बात बहुत गर्व है कि "उन्होंने यह कार्य पौर-जानपद के नागरिकों पर बिना कोई कर बढ़ाए, उनसे बिना किसी विशेष सहयोग राशि लिए, बिना किसी प्रकार बलात् श्रम कराए हुए ही अपने कोष से बहुत अधिक धन ख़र्च करके यह कार्य किया", यद्यपि पुनरुद्धार का यह कार्य मुख्यतः और स्पष्टतः उनके ही लाभ के लिए था। वह केवल युद्ध छोड़कर और कहीं भी मनुष्य की हत्या रोक देने, अवंती से लेकर सिंधु और अपरांत तक कई प्रदेशों और निषादों (वनवासी जनजाति) पर आक्रमण एवं विजय, वीर यौधेयों को पूरी तरह समाप्त कर देने तथा 'दक्षिण के स्वामी, सतकर्णि', जिसे पहले रिश्तेदारी (वैवाहिक) के कारण छोड़ दिया गया था, को दो बार हराने की गर्वोक्ति करते हैं। उनके कोष में सोना, चाँदी और रत्न भरे होने का सगर्व वर्णन है, और इससे भी अधिक गर्व के साथ शब्दों (संस्कृत) संबंधी, चाहे वह गद्य हो पद्य, सभी साहित्यिक विधाओं और अभिव्यक्तियों में, उनकी दक्षता का वर्णन है। इसके दरबारी चापलूसी होने का कोई प्रश्न ही नहीं उठता। यह स्पष्ट रूप से एक विधि थी जो विदेशी मूल के एक शासक को भारतीय शासक वर्ग में स्वीकार्य बनाने के लिए अपनाई जाती थी, जिसके लिए अभिरुचि और प्रशिक्षण उसने अपने लड़कपन में ही प्राप्त कर ली थी। राजशेखर (10वीं शताब्दी ई.) द्वारा संस्कृत साहित्य और नाटक के राजस् संरक्षकों में शामिल किए गए वासुदेव 200 ई. के आसपास के अंतिम कुषाण सम्राट रहे होंगे। 'महान क्षत्रप' रुद्रदामन जैसे राजा चार वर्ण जातियों के संरक्षक होने की बात अधिक प्रभावकारी ढंग से कर सकते थे, यदि वे अच्छी संस्कृत में बात करते होते और ब्राह्मणों को उपहार के जरिये इसे समर्थन दिया होता (गिरनार शिलालेख से ध्वनित)। फिर इस बात का कोई अर्थ नहीं रह जाता था कि अभिकर्ता (नियुक्त) खूँखार कुलैप पह्लव (=पहलवी, एक फारसी) का पुत्र सुविशाख था। गायों, ब्राह्मणों और संस्कृत के प्रति सही दृष्टिकोण ने क्षत्रप और गवर्नर दोनों ही की ओर से माता-पिता के शोचनीय चयन की गंभीरता को कम कर दिया था।

विश्वसनीय जीवनी और तिथि निर्धारित साहित्यिक स्रोतों का अभाव इन साक्ष्यों का, जिस रूप में वे हैं, वैसे ही सामान्यीकरण के लिए विवश करता है: क्लासिकल संस्कृत साहित्य का महान काल ऊपर से सामंतवाद के उत्थान से घनिष्ठता से बँधा हुआ (अपनी विभिन्न अवस्थितियों में) है। यह क्लासिकल यूनानी और लैटिन के विरुद्ध है, जिनका ह्रास सामंतवाद के उभार के साथ ही पूरा हो चुका था। विभिन्न ऐतिहासिक पृष्ठभूमि और भारत में सामंतवाद के विभिन्न कृत्यों के आलोक में इस कारण को एक बार फिर से देखा जाना है। इसी प्रकार, एक दूसरा, छोटा संस्कृत का पल्लवन और मातृभाषाओं में साहित्य के विकास का श्रेय नीचे से सामंतवाद की पहली सफलताओं को जाता है। तथापि एक अज्ञात लेखक के केवल एक छंद में यह वर्णन है कि किसी निष्ठुर सामंती गवर्नर द्वारा दमन का सामान्य परिणाम क्या हो सकता था: केवल कुछ ऐसे किसान परिवारों को छोड़कर जो भुखमरी के कगार पर थे, बाक़ी सभी गाँव वीरान हो गए। यह विद्याकर की पद्यावली सुभाषितरत्नकोष का छंद क्रमांक 1175 है। मैं पूरे संस्कृत साहित्य में अन्य किसी को नहीं जानता। हर नया वर्ग महान नव साहित्य को जन्म नहीं देता, क्योंकि हर नया वर्ग प्रगतिशील नहीं होता, न तो वह साहित्य की आवश्यकता समझता है और न वह पूरे समाज के एक नए यानी अधिक उत्पादक रूप में पुनर्गठन का कार्य ही करता है। यद्यपि अनुभव इसकी विपरीत स्थिति को सही दर्शाता है: प्रत्येक महान नया साहित्यिक रूप किसी नए वर्ग के नेतृत्व में एक नए सामाजिक ढाँचे के विकास का संकेत देता है; केवल समाजवाद के अधीन वाली स्थितियों को छोड़कर, जो नए लोगों के साहित्य में समयांतराल के लिए जवाबदेह होता है। जब भी समाज का प्रकार एक निश्चित रूप ग्रहण करता है तो वर्ग पूरे समाज को अपने नेतृत्व के पीछे दौड़ाने की स्थायी रूप से शोषण में लग जाता है: परिणामस्वरूप साहित्यिक रूप कठिन होने लगते हैं और संस्कृति का ह्रास शुरू हो जाता है। नए साहित्य ने पहली ही बार संपूर्ण मनुष्यता के पक्ष में नहीं बोला तो न तो वह अपने समकालीन जन के बड़े वर्ग को प्रभावित कर सकेगा और न अपनी भावी

पीढ़ी को ही। यदि इसने संपूर्ण मनुष्यता के पक्ष में बोलना जारी रखा तो यह आवश्यक रूप से उस वर्ग के लिए आक्रामक होगा जिसके हित में यह कार्य कर रहा है, जिस वर्ग से वह अस्तित्व में आया है। इससे यह पता चलता है कि क्यों अधिकतर वर्ग समाजों में महान नाम आरंभ में ही आते हैं। यह तर्क दिया जा सकता है कि इन महान लेखकों में प्रत्येक के पीछे एक लंबी परंपरा रही है, कि होमर शायद स्तुति गायकों की महान परंपरा के अंतिम कवि हैं। यह तथ्य शेष रह जाता है कि उन्होंने उस पुरानी परंपरा को कालविरुद्ध बनाकर समाप्त कर दिया जिसकी विधाओं में उन्होंने अपने रचनाकर्म का आरंभ किया। यह बात स्पष्ट है कि न तो होमर ने यूनानी भाषा का आविष्कार किया और न ही शेक्सपीयर ने अंग्रेज़ी नाटक का। यह बात साफ़ है कि एलिज़ाबेथन काल के पहले भी अंग्रेज़ी नाटककार थे, उन्हें अपने औपचारिक दृष्टिकोण के लिए सेनेका और क्लासिकल ड्रामा से बहुत कुछ मिला और निस्संदेह मध्यकालीन चर्च के रहस्यवादी नाटकों और रेनेसाँ काल के दरबारी स्वांग से भी। फिर भी मार्लो और शेक्सपीयर को नए थिएटर और नए साहित्य के बीजारोपण का श्रेय ठीक ही दिया जाता है; उन लोगों की तरह नहीं जो पुराने के चरमोत्कर्ष पर आए। इस तथ्य के बावजूद कि अंग्रेज़ी नाटककार फिर अपनी उस ऊँचाई को प्राप्त नहीं कर सके। इसलिए हम संस्कृत एवं अन्य भारतीय साहित्य के उत्थान को समय-समय पर क्षेत्र और उस काल में जो कि कुछ निश्चितता के साथ माना जा सकता है, सामाजिक विकास के संकेत के रूप में ग्रहण कर सकते हैं।

पहला महान नाम जो संस्कृत साहित्य में बना हुआ है, वह है अश्वघोष। वह उत्तर के बौद्ध थे और परंपरागत रूप से कुषाण के दरबार तथा किसी विहार से संबद्ध थे। बुद्ध के जीवन तथा पूर्वकालीन बौद्ध प्रसंगों पर उन्होंने जो काव्य और नाटक रचे, वह एक नई शुरुआत थी। क्योंकि उनके पहले ऐसा लगता ही नहीं कि संस्कृत में नाटक था। इस नई विधा के उद्दीपन का श्रेय किसी समय यूनानी लोगों को दिया जाता था, खासकर उनके द्वारा जो भारतीयों को किसी विदेशी मॉडल के बिना निरुपाय पाते हैं। यद्यपि संस्कृत नाटक अपनी संरचना और विन्यास में यूनानी से बिलकुल भिन्न है। संगतियों के बारे में तो सोचा तक नहीं जाता। भाषा और सोच दोनों ही स्तरों पर यह पहले के उन रहस्यवादी नाटकों से बहुत भिन्न है जिन्होंने शायद भारतीय दर्शकों को आकर्षित किया था। भाषा बहुत ही आलंकारिक है, कामोत्तेजक क़िस्म के शृंगारिक बिंब सर्वस्वीकृत थे। साधारण जनमानस, जिनमें स्त्रियाँ और नौकर-चाकर भी शामिल थे, सभी को संस्कृत में संबोधित किया जाता था, जबकि वे स्वयं प्राकृत बोलते थे। अश्वघोष के यहाँ प्रचलित मुहावरे प्राकृत के सन्निकट हैं: बाद में यह पूरी तरह कृत्रिम हो गया। वक्तृत्व एवं रति-प्रतीक शिष्ट दरबारी जीवन के अनुरूप हैं, जो इस तरह के प्रायः सभी नाटकों के विषय-वस्तु में दिखाई देता है। वस्तुतः इसका अकेला अपवाद शूद्रक कृत मृच्छकटिक (मिट्टी की छोटी सी गाड़ी) है। जिसमें एक ब्राह्मण चारुदत्त के गणिका वसंतसेना से प्रेम की समस्या उठाई गई है। यह महत्त्वपूर्ण है कि इस नाटक का अंत एक जनविद्रोह और सत्ता-परिवर्तन के साथ होता है; इससे भी कहीं अधिक महत्त्वपूर्ण यह है कि मुश्किल से बची रह गई परंपरा शूद्रक को सतवाहनों से जोड़ देती है। केवल उनके ही शासनकाल में संस्कृत नाटकों सर्वाधिक मानवतावादी इस कृति की रचना संभव थी। अन्य नाटक देवताओं (राजसी रूप में, मानवीय कमज़ोरियों के साथ) का चित्रण करते हैं। महाकाव्यों के नायकों, पौराणिक शासकों और उनके उच्च मंत्रियों का वर्णन करते हैं, उन्हें बड़ी कोमलता से ऐसे रूप में ढालते हुए जिससे किसी समकालीन सामान्य राजकुमार को रिझाया जा सके। शूद्रक को भी परंपरा के द्वारा राजा बनाया जाना था। दरबारी कवि-नाटककार अज्ञात नहीं थे। महान साहित्यिक विभूतियों के साथ कुछ जादुई शक्तियों की बात भी जोड़ दी जाती थी, जैसे कि मध्यकालीन यूरोप में विर्जिल के साथ हुआ था। इसी परंपरा ने उन्हें अपनी जीवनी संबंधी सभी विवरणों से वंचित कर दिया। भारतीय साहित्य का वह आलोचक तो प्रायः भाग्यशाली माना जाएगा जो यह सिद्ध कर सके कि जिस लेखक की बात वह कर रहा है, वह वास्तव में अस्तित्व में था और अपनी कृति के काल्पनिक पात्रों में से ही कोई एक नहीं था।

'मिट्टी की छोटी सी गाड़ी' (मृच्छकटिकम) का एक पूर्ववर्ती था 'गरीबी में चारुदत्त' जिसका चार अंकों तक विस्तृत शूद्रक के नाटक के चार अंकों से नकल किया हुआ लगता है। यह दरिद्र-चारुदत्त केरल में टी. गणपति शास्त्री द्वारा संकलित और उनके ही द्वारा भास की कृतियों के रूप में प्रकाशित विभिन्न आकार वाली तेरह रचनाओं में से एक है। इसके वास्तविक लेखक को लेकर एक अंतहीन और निरर्थक विवाद चलता रहा है, यद्यपि भास एक ऐसे कवि-नाटककार रहे हैं, जिनकी कालिदास ने भी बहुत प्रशंसा की है। उनकी कृति 'स्वप्न वासवदत्ता' (प्रेम के पुराने उदयन काल से) में कुछ ऐसे उद्धरण हैं जो कोमलता और नाटकीयता के मामले में बेजोड़ हैं। फिर भी उनकी कृतियाँ उन लोगों द्वारा सहेजी नहीं गईं जो संस्कृत को सर्वोत्तम भाषाओं में से एक मानते थे, बल्कि उन्होंने इसे और जटिल बनाने के लिए अंतहीन प्रयास किए। गद्य में कवि बाण कृत हर्ष की काल्पनिक जीवनी अपने कल्पनालोक को इतिहास से अधिक महत्त्व देती है और इसका ज़ोर इस बात पर है कि हर वाक्य का कम से कम दो अर्थ हो। उनकी कृति कादंबरी ने ऐसे विलक्षण समासों, जिनके अर्थ खुलने में घंटों लग जाते हैं, के ज़रिये एक चलन स्थापित करते हुए संस्कृत में गद्य के उपयोगी साहित्यिक विधा के रूप में प्रतिष्ठित

होने की संभावना ही समाप्त कर दी। मुझे संस्कृत के गद्य लेखकों में सर्वाधिक आकर्षक (पल्लव क्षेत्र के एक दक्षिण भारतीय), संभवतः सातवीं शताब्दी के, दण्डिन् लगते हैं, दशकुमारचरित (अर्थात् 'दस राजकुमार') के लेखक। उत्साह, आनंद, नियंत्रित भव्यता, शालीन हास्य और व्यंग्य, आम जन के हर स्तर के जीवन का व्यापक ज्ञान... इस कृति का कोई जोड़ नहीं है। फिर भी, इसके प्रामाणिक अंश के रूप में जो बचा है वह केवल एक केंद्रीय खंड ही है। ऐसा लगता है कि दण्डिन् दरबारी प्रारूप के प्रति बाण की तुलना में कम सहज थे। सुभाषित सूक्ति, जो कि संस्कृत साहित्य की इतनी महत्त्वपूर्ण विशिष्टता है कि यह उन नाटकों तक के अंश के रूप में बची रही जिनके जिनके पाठ, अभिनय, शीर्षक, लेखक—सब कुछ विस्मृति के गर्भ में समा गए। सामंतवाद ने इस प्रवृत्ति को एक विशेष कृत्य के रूप में विकसित कर दिया था। इसका उपयोग वक्रतापूर्ण चापलूसी के लिए बड़ी कुशलता के साथ किया जाता था। यह इसे राजसी अंदाज़ देने का एक तरीक़ा था। इसमें अंतर्निहित उद्देश्य कोई ऐसा रोज़गार प्राप्त करना होता था जिन्हें 'नागरिक सेवाएँ' कहा जा सकता था, पत्र और अभिलेख लिखने जैसा। ऐसे अभिलेखों के प्रारूप मौजूद हैं, यथा क्षेमेंद्र द्वारा लिखा गया लोकप्रकाश और लेखपद्धति (जीओएस 19)। इनमें दूसरा लेखक के उदाहरणों का संपूर्ण संकलन है: जीवन की सभी अवस्थाओं के उच्चवर्गीय लोगों के पत्र, न्यायिक निर्णय और दंड, समझौते, सूचनाएँ; करों, चुंगियों और बकायों के लिए प्रमाण पत्र आदि। मनुस्मृति का काल निर्धारण ऐसा लगता है कि 1476 ई. से शुरू हुआ, यद्यपि इसकी कई प्रतिलिपियों पर इससे पहले की तिथियाँ हैं, जैसे कि 1232 और 746। यह गुजरात में बाद के सामंतवाद के कार्यकरण के चित्रण में सहायक है। उच्च वर्गों ने वेतनभोगी लेखकों के सहयोग से संचार माध्यम के रूप में मुख्यतः संस्कृत का प्रयोग किया। सुभाषित लगभग वही कार्य करते थे जो साम्राज्यवादी चीन के मिंग राजवंश से इसी तरह के कृत्रिम पकु निबंधों ने किया।

संस्कृत का मुख्य कार्य था नई उपासना पद्धतियों, रीति-रिवाजों और अनुष्ठानों की प्राचीनता को मान्यता देकर उनके प्रति विश्वास को बढ़ाना। वास्तविक अनुष्ठान तो वेदों से भी पुराने रहे होंगे, लेकिन स्थानीय और यह अजीब बात है कि मान्य ब्राह्मण ग्रंथों में उनका अस्तित्व ही नहीं है। परस्पर समावेश की प्रक्रिया उतनी ही अधिकारिता की अपेक्षा करती थी जितनी कि यथार्थ रूप में दी जा सकती थी। वेदों से इस मामले में सहायता नहीं मिल सकी, क्योंकि उनका पाठ एक अपरिवर्तनीय नियम से आबद्ध था, अतः उनकी एक मात्रा तक में बदलाव नहीं किया जा सकता था। स्मृतियों का एक बार पुनर्लेखन हो चुका था, इसलिए उनमें इतनी जल्दी फिर से घालमेल नहीं किया जा सकता था, अन्यथा मतभिन्नता के परिणामस्वरूप पूरा अधिकार ही खो देना पड़ता। इसीलिए एक स्वीकार्य चलन में सम्मान्य प्राचीनता के साथ ऐसे नए पाठ विकसित करने की आवश्यकता महसूस हुई जिससे उनके मूलपाठ में संशोधन संभव हो पाता। इसीलिए महाभारत के निमित्त भृगु के पाठ को मान्यता दी गई। पुराण इसके लिए अधिक सुविधाजनक थे। अपने मूलरूप में अर्ध-ऐतिहासिक वृत्तांत थे जिनका आरंभ रचनात्मकता (या काल्पनिकता) और अंत राजवंशों की वंशावली के साथ होता था। उनका संशोधन भी महाभारत के साथ बहुत सघनता से जुड़ा हुआ है, यह दर्शाता है कि ये दोनों ही ब्राह्मणों के लिए अत्यंत आवश्यक थे। राजवंशों के वृत्तांत को अद्यतन रखने (जो भविष्यवाणियों के रूप में रखे गए) की आवश्यकता के कारण स्पष्ट तौर पर इनका बार-बार पुनर्संपादन करना पड़ा। महाभारत और पुराण दोनों एक ही व्यास द्वारा लिपिबद्ध किए गए। 'विस्तारक'—जिन्हें धीरे-धीरे वेदों के भी लेखन का श्रेय दिया जाने लगा (वेद-व्यास)। आर.सी. हाज़रा के अनुसार, (देखें *DKA* के अधीन टिप्पणी) पृष्ठ संख्या 188–89, स्फीति दो चरणों में हुई। पहले (लगभग 200–500 ई.) तो स्मृति की सामग्री में अभिवृद्धि की गई। दूसरे चरण (छठवीं शताब्दी के बाद से) में कल्पना की ऊँची उड़ान भरी गई और इसके अंतर्गत पुराणों में विपरीत ग्रहों की अनुकूलता प्राप्त करने के लिए उपहारों, यज्ञों, छवियों की प्रतिष्ठा, ब्राह्मणों का गुणगान, तीर्थस्थलों का महिमामंडन आदि तत्त्व जोड़े गए। दूसरा काल ग्रामीण बस्तियों का घनत्व बहुत बढ़ जाने के साथ ऊपर से सामंतवाद की पकड़ और कड़ी किए जाने से संबंधित है। संशोधन के मामले में सबसे हास्यप्रद उदाहरण भविष्य-पुराण का है, जिसका शीर्षक ही 'भविष्य का अतीत' अपने आपमें अंतर्विरोधी है उसके मुद्रित पाठ में ऐसी कई चीज़ें शामिल हैं जो निश्चित रूप से लगातार जोड़ी जाती रही हैं, यहाँ तक कि प्रेस तक पहुँचने से बमुश्किल दस साल पहले तक।

स्थानीय पंथों के ऐसे अवशोषण का अच्छा उदाहरण हैं बैंगलोर में होने वाला करागा उत्सव। यह तिगाल लोगों का विशेष वार्षिक ऊपजाऊ अनुष्ठान है। तिगाल अब एक पेशेवर मालियों की व्यावसायिक जाति है, जिन्हें उत्तर आर्कोट जिले से प्रवसन के लिए जाना

* करगा से भी अधिक प्राचीन आश्विन (अक्टूबर में) शुक्ल प्रतिपदा के दिन परंपरागत बर्तन (मिट्टी का) की पूजा (घटस्थापन) है। इसी दिन से नौ दिन का त्योहार शुरू होता है, जब फ़सलें पककर कटने के लिए तैयार होती हैं। ये दिन (नवरात्र) सभी मातृ देवियों की पूजा को समर्पित होते हैं। आठवें दिन सरस्वती को बलि (अब अहिंसक) अर्पित की जाती है। ग्रामीण अभी भी बीजारोपण का अपना वार्षिक अनुष्ठान इस समय करते हैं, यद्यपि पशुबलि नहीं दी जाती।

जाता है। इस उत्सव में प्रमुख पंथ संबंधी वस्तु होती है, मिट्टी के बर्तन में सोने की मूर्ति। पहले इस बर्तन के सामने कई जानवरों की बलि दी जाती थी, लेकिन अब केवल एक जानवर की बलि देते हैं और बाकी नीबू काटे जाते हैं या प्रतीकात्मक रूप से उबले चावलों का इस्तेमाल करते हैं। उत्सव के अंत में होने वाली यात्रा में प्रमुख भागीदार (अर्काका, वंशानुगत तिगाल पुजारी) महिला का भेष धारण कर सिर पर बर्तन लेकर चलता है। उसकी पत्नी को पूरे उत्सव के दौरान अलग, अकेले रहना होता है। तिगाल प्रतिनिधि, हर परिवार से कम से कम एक, अर्काका के चारों ओर नाचते हुए चलते हैं और तलवारों से खुद को चोट पहुंचाते हैं; लेकिन इस दौरान कोई खून नहीं बहता। अगर प्रमुख पुजारी को कोई रहस्यमयी बाधा महसूस होती है तो चारों तरफ नीबू काटकर डाले जाते हैं, जब तक कि दैवी या शैतानी शक्ति विरोध बंद नहीं कर देती। यह कार्यक्रम बेशक आर्यन नहीं है और इसका 150 वर्ष से भी कम समय पहले से ब्राह्मणीकरण किया गया है। इसका अर्थ है कि सोने की मूर्ति अब पांच पाडवों की पत्नी द्रौपदी का प्रतिनिधित्व करती है, पति त्रि-करागा पात्र में नीबुओं द्वारा दर्शाये जाते हैं, जिसमें थोड़ा साधारण पानी और थोड़ा नारियल पानी भी होता है। तिगाल का प्रमुख पंथ शानदार धर्मराज मंदिर में स्थापित है। धर्मराज पांडवों में सबसे बड़े भाई का नाम माना जाता है। यह ध्यान रखा जाना चाहिए कि मृत्यु के देवता यम का नाम भी धर्मराज है। जिसका संबंध, अगर है तो, प्राचीन बौद्ध धर्मायण पंथ से है, जो लगता है कि मुहम्मद बिन बख्तियार के बंगाल पर जीत हासिल करने से तुरंत पहले तक प्रभावशाली हो चुका था और जिसके बारे में अभी ज्यादा पता नहीं किया गया है। इस पंथ से अब एक ब्राह्मण पुजारी भी जुड़ गया है और भेष बदले हुए अर्काका और जुलूस की अगुवाई करने वाले अन्य तिगाल द्वारा गुप्त अनुष्ठान/पूजा पाठ के दौरान भी यह उपस्थित रहता है। इन अनुष्ठानों का खुलासा नहीं किया गया है, लेकिन स्वाभाविक रूप से पूरे उत्सव को तिगाल ने अपनी महिलाओं से अपने अधिकार में ले लिया है। बर्तन को हाथ से बनाना होता है और धूप में सुखाया जाता है। इसके लिए एक विशिष्ट तालाब की मिट्टी का ही प्रयोग किया जाता है और समारोह समाप्त होने पर बर्तन को वापस इसी तालाब में फेंक दिया जाता है, हालांकि सोने की द्रोपदी की शक्ति (मूर्ति) गुप्त रूप से पुजारी द्वारा निकाल ली जाती है, ताकि इसे अगले वर्ष उपयोग किया जा सके। समारोह नौ दिन तक चलता है और चैत्र की पूर्णिमा के दिन बड़े जुलूस के साथ खत्म होता है। तिगाल करागा उत्सव के लिए शहर के सारे मंदिर, चाहे उनके भगवान कितने भी उच्च या धर्मनिष्ठ क्यों न हो, अपने भगवान जैसी छोटी मूर्ति जुलूस में अवश्य भेजते हैं। यह आपसी उत्संस्करण है। हमें सबसे अधिक रुचिकर यह लगा कि पिछले 75 वर्षों के अंदर ही, पुराण-महाभारत की तर्ज पर ही, इस पंथ और इसके रिवाजों पर एक संस्कृत विवरण (अप्रकाशित) तैयार कर लिया गया है।

जब भारत का भाषाई साहित्य आर्य क्षेत्रों में शुरू हुआ तो भी प्रायः संस्कृत का प्रारूप ही अपनाया गया। जो नाम आमजन की स्मृति में रह गए हैं, उनमें से जुलाहा कबीर और मामूली कुणाबी अनाज विक्रेता तुकाराम उन लेखकों का प्रतिनिधित्व करते हैं जिन्होंने आमजन के परिचित अलंकारों का उपयोग करते हुए लोकप्रिय मुहावरों में रचनाएँ कीं। तथापि उनके गीत ऐसे गाए जाते हैं कि उन्हें धार्मिक कहा जा सकता है। धर्म सामान्यतः राज्य—अर्थात् शासक वर्गों—का ऐसा उपकरण बन गया था कि कोई भी प्रतिरोध उसी वैचारिक संरचना के भीतर छंदों में ही दर्ज कराना होता था। धर्मशास्त्रीय विकास, जिसकी नींव पर संपत्ति के संबंधों के महान परिवर्तन टिके हैं, इसे बिलकुल साफ़ तौर पर दर्शाते हैं। धर्म ब्राह्मण का अस्तित्व था और दरबार के काम आ रहा था क्योंकि अधिशेष उत्पादकों पर इसकी पकड़ थी। मुख्य सामाजिक संरचना, जाति, एक समय में शांतिपूर्ण समाज के निर्माण में एक महान प्रगति थी। वर्गों के रूढ़ होते जाने के साथ बिलकुल वही तंत्र उनके काम आया जिन्होंने यथास्थिति से लाभ उठाया।

टिप्पणियाँ एवं संदर्भ

1. The chronology of CAI and ITM is followed, for lack of a better; cf. J. van Lohuizen de Leeuw, The "Scythian" Period, (Leyden 1949); इसके और गुप्तकाल के बारे में सामान्य दृष्टिकोण की रूपरेखा मेरे शोधपत्र Basis of ancient Indian history (JAOS. 75.35–45; 226–237) में दी गई है।
2. R. E. Mortimer Wheeler: Rome beyond the imperial frontiers (Pelican Books A. 335; London 1955), विशेषतः पृष्ठ 141–182, पुरातात्विक के साथ-साथ साहित्यिक विवरण का भी एक समग्र सर्वेक्षण देता है।
3. तर्हाळा कोष में पाए गए सतवाहनों के सीसे के साथ मिश्र धातु वाले निम्न श्रेणी के सिक्के का वर्णन वी. वी. मिराशी ने JNSI. 2, pp. 83–94 किया है। पुराण सूची (*DKA* 36) में सतवाहनों में तीन ऐसे नाम — कुंभ, कर्ल और सक; जोड़े गए हैं जो इसके पहले अज्ञात थे। कारण यह है कि संभवतः

राजवंश के संस्थापक की ओर जारी किए गए ताँबे के एक सिक्के पर नाम सतवाहन (अधूरा) अंकित है, वही लेखक, JNSI. 7, 1945, pp संख्या 1–4 में। वास्तव में यह मुद्राशास्त्रीय साक्ष्य भी कितना कमज़ोर है, क्योंकि राजवंश का इतिहास एस.एल. कटारे और मिराशी के बीच बातचीत से देखा गया है, JNSI. 16. 1954, 77–85 तथा पी.एल. गुप्त कृत नोट, वही, 86–9। सतवाहन के चाँदी के सिक्के दुर्लभ हैं। इसका आशय यह है कि वे अधिकतर दूसरे लोगों की मुद्राओं का प्रयोग करते थे, कई बार महापान और गौतमीपुत्र से टकरा जाने वाली; उत्तर का छेद वाला सिक्का भी उन दिनों दक्षिण में चलता था, इसीलिए चाँदी की कमी वाले इस क्षेत्र में सातकनि के लिए नया सिक्का चलाना आवश्यक नहीं था। इस प्रकार के सिक्कों का अभाव आम जनता के लिए वस्तु-विनिमय की व्यापकता का देता।

4. J. Przyluski: JRAS, 1929, pp. 273–279; विभक्तियाँ — कर्ण, जैसे कि तूणाकर्ण, मसूराकर्ण और शायद जतूकर्ण में, ऐसे अन्य कुलनाम होने के संदेह को जन्म दिया (JAOS. 75, p. 41, footnote 9)।
5. J. H. Speke: A journal of the discovery of the sources of the Nile, chap. 1, मूलतः प्रकाशित लंदन 1863, लेकिन एवरीमैन का पुस्तकालय संस्करण (अंक 50) पृष्ठ संख्या 25–7 पर मानचित्र सहित पूरा विवरण देता है। लेफ्टिनेंट फ्रांसिस विल्फोर्ड का लेख Asiatick Researches 3, 1801 में प्रकाशित हुआ था। यह महत्त्वपूर्ण है कि किसी ने भी एक चतुर अटकलबाज़ी के लिए इतने विश्वास के साथ असंगत पुराणों का अध्ययन किया होता तो वह तो वह विजयी भाव से सत्यापित हो जाता। चार वर्ष बाद उसी जर्नल में अंतर्विरोध उजागर हुआ, उस पंडित पर आरोप लगाते हुए जिसके कार्य के लिए विल्फोर्ड की पहले की कृति में कोई श्रेय नहीं दिया गया था।
6. पुष्यमित्र के अश्वमेध यज्ञ के लिए ITM. 175, ff. हरिवंश (3.2.40) का एक श्लोक मालविकाग्निमित्र के संदर्भ को अधिक उपयुक्त बना देता है कि एक कश्यप सेनानि (सेनापति) अश्वमेध करेगा। गोत्र ग़लत है, लेकिन उपनाम सेनानि का प्रयोग कम से कम आरंभिक शुंगों तक उनके सिक्कों पर किया जाता रहा है, ऐसा एक सिक्का कोसम में पाया गया। ऐसा यज्ञ करने वाले पुष्यमित्र अकेले नहीं थे, लेकिन अशोक द्वारा प्रतिबंध लगाए जाने के बाद यज्ञ किए जाने के कारण उनकी छवि बहुत प्रभावी हो गई।
7. विक्रम संवत की सबसे तर्कसंगत व्याख्या वह हो सकती है जो जैन आचार्य कालक की कथा से निकली है। विक्रम की 2000वीं जयंती 1943 में पूरे धूमधाम के साथ मनाई गई थी, यद्यपि समस्या पर प्रकाश डालने में न तो प्रेस एजेंट समर्थ थे और न ही इस अवसर पर प्रकाशित पंचांग। इस अवसर पर जारी किए स्मारिका खंड केवल ऐसे 'अनुसंधान' की व्यर्थता सिद्ध करते हैं: अंग्रेज़ी में Vikrama volume (Ujjain, Scindia Or. Inst., 1948); हिंदी में विक्रम निबंध संग्रह (कानपुर, 1944?)। इन खंडों में संकलित परस्पर अंतर्विरोध ग्रस्त निबंधों में विश्वास की इच्छा के अलावा कुछ सिद्ध नहीं कर पाता।
8. मनुसमृति के लिए सामान्यतः मैंने निर्णयसागर प्रेस के मानक पाठ का उपयोग कुल्लूक की टिप्पणी सहित किया है; साथ ही मेधातिथि की टिप्पणी सहित गंगानाथ झा कृत संस्करण (कलकत्ता 1932); अनुवाद G. Bühler, SBE. 25. ने किया है। उद्गम का स्थान जो भी हो, यह कृति ग्राम्य अर्थव्यवस्था और गाँव के पुरोहित की मानसिकता के बिलकुल उपयुक्त है; जो इसके बढ़ते प्राधिकार का कारण है।
9. See my note on The avatāra syncretism and possible sources of the Bhagavadgītā (JBBRAS. 24–25, 1948–9, 121–134).
10. हेलियोडोरस शिलालेख के लिए: V. S. Sukṭhaṇkar, ABORI 1.59–65; collected works (Memorial edition), vol. 2 pp. 266–272 ने सिद्ध किया कि इसका शब्दक्रम और शब्दावली प्राकृत से अधिक यूनानी है। J. Marshall: JRAS. 1909, 1055–6, द्वारा जल्दबाज़ी में किया गया मूल प्रकाशन और बेतरतीब अनुवाद ने भागभद्र को एंटिअल्किडस की जागीर बना डाला। सही पाठ का क्रमिक सन्निकटन J. Fleet in JRAS. 1909, 1087–92; A. Venis. JRAS. 1910, 813–5; J. Fleet, ibid. 815–17. में देखें।
11. मातृचेता (Mātṛceṭa) के पत्र का F. W. Thomas (IA. 32, 1903, 347–9; 1904, 21; 1905, 145) । अश्वघोष से तादात्म्य मुझे बिलकुल असंभाव्य लगता है; मुख्य समान बिंदु यह है कि ये दोनों ही प्रसिद्ध बौद्ध लेखक थे, जिनका लिखा बहुत कम बचा है।
12. साधारणतया संस्कृत साहित्य के लिए, A. B. Keith, History of Sanskrit literature (Oxford 1928 व्यापक है, यद्यपि सहानुभूतिपूर्ण नहीं। कुंठा के विशिष्ट लक्षणों के लिए देखें मेरी टिप्पणियाँ: The quality of renunciation in Bhartṛhari's poetry (Fergusson College Magazine, Poona 1941; परिवर्तनों—और मुद्रण त्रुटियों सहित—भारतीय विद्या (बंबई) 1946, पृष्ठ संख्या 49–62 में पुनः मुद्रित; विकासमान सामंतवाद के संस्कृत साहित्य के लिए विद्याकर कृत सुभाषित-रत्नकोष (लगभग 1100 ई. प्राचीनतम ज्ञात पद्यावली) के संस्करण के लिए मेरी भूमिका, HOS. 42, 1957.

अध्याय 9

ऊपर से उपजा सामंतवाद

9.1. प्रारंभिक सामंती विकास।
9.2. गाँवों का विकास और बर्बरता।
9.3. गुप्त और हर्ष का भारत।
9.4. धर्म और ग्रामीण बस्तियों का विकास।
9.5. भूमि में संपत्ति की अवधारणा।
9.6. पश्चिमी तट पर मौर्य लोगों की बस्तियां।
9.7. ग्रामीण शिल्पकार और कारीगर।

ऊपर से उपजा सामंतवाद[1] का अभिप्राय एक ऐसा राज्य जिसमें सम्राट या शक्तिशाली राजा अपने उन अधीनस्थों पर शुल्क लगाता था जो अपने अधिकार क्षेत्र में अब भी शासन करते थे और अपने इलाके के भीतर अपनी पसंद के अनुरूप कार्य करते थे—जब तक कि वे सर्वोपरि शासक को भुगतान करते थे। ये अधीनस्थ शासक जनजातीय सरदार भी हो सकते थे, और आम तौर पर भूस्वामियों के वर्ग की मध्यस्थता के बगैर प्रत्यक्ष प्रशासन के जरिये अपने क्षेत्र में शासन करते थे। तलहटी से सामंतवाद का अर्थ अगले चरण (अध्याय 1 में विवरण) से है जहाँ स्थानीय आबादी के ऊपर सशस्त्र शक्ति के संचालन के लिए धीरे-धीरे गाँव के भीतर राज्य और किसानों के बीच भूस्वामियों का एक वर्ग विकसित हुआ। यह वर्ग सैन्य सेवा के अधीन था, इसलिए यह राज्य शक्ति के साथ किसी अन्य स्तर के बगैर सीधे संबंध का दावा करता था। ऊपर से सामंतवाद में राजसी अधिकारियों द्वारा सीधे वसूली के विपरीत इसमें कर छोटे मध्यवर्तियों द्वारा वसूले जाते थे जो सामंती पदानुक्रम को एक हिस्सा देते थे। दोनों मामलों में, पूर्ववर्ती व्यवस्था के अवशेष आदिम चरवाहा जनजातियों के निम्न स्तर तक चले गए। इन दोनों चरणों के बीच बुनियादी अंतर ग्राम समुदायों की संख्या में अति वृद्धि और एक ऐसा वर्ग सृजित करने की जरूरत से निगमित होता है जो स्थिर उपभोक्ताओं और आपूर्ति के व्यापारियों को सुनिश्चित करने के लिए पर्याप्त अधिशेष पर ध्यान केंद्रित कर सके। इससे व्यापारियों की संख्या में भी वृद्धि हुई। आक्रमणकारियों द्वारा आबाद क्षेत्र जीतने और भूमि पर उनके सैन्य कब्जे ने भी दूसरे चरण को गति दी। दक्षिण-पश्चिम एशिया (एशिया माइनर—आनातोलिया) में सेल्जुक (Seljuk) प्रशासन पर गोर्दलेस्की (Gordlexsky) (Ak. Nauk, Inst. Vost. Trud. vol. 29. 1941. 67–94; reported in JAOS 74. 1954. 192–5) की रिपोर्ट आक्रमणकारियों के पूर्ववर्ती जनजातीय संगठनों, सामंती बस्तियों और सैन्य अनिवार्यता के बीच संबंधों का उपयोगी दस्तावेज उपलब्ध कराती है।

9.1. हल प्रयोगकर्ता गाँवों के ऊपर छोटे साम्राज्यों के विकास के साथ कुछ सामंती विकासक्रम अपरिहार्य थे। बाद के सतवाहनों ने न सिर्फ राजकुमारों की छवियाँ गढ़ने में (नानेघाट के जैसे) कुषाणों का अनुसरण किया, बल्कि प्रशासन के लिए उत्तरी प्रणाली:

'सीधम को भी अंगीकार किया। सतवाहन परिवार के राजा श्री पुलुमावी के आठवें वर्ष में जाड़े के दूसरे (पखवाड़े) के प्रथम दिन इस जलाशय की खुदाई गृहस्वामी (गृहपतिका) ने की थी... महान जनरल (महासेनापति) खम्दनक (Khaṃdanāka) के सतवाहिनी-हरा जिले (जनपद) में कप्तान (गुमिका) कुमारदत्त के वेपुरका गाँव के निवासी।[2]'

गुमिका शब्द (संस्कृत का गौल्मिका, बाद में 'तीस का कप्तान'), हालाँकि इस अनुच्छेद में विरूपित है (Myākadoni में लगभग 140 ईसवी), Lüders 1200 द्वारा पश्च सतवाहन काल के लिए अभिप्रमाणित है। संबंध-सूचकों का उपयोग उस सटीक अर्थ को स्पष्ट नहीं करता कि कौन सा गाँव कप्तान का था, या जिला फील्ड मार्शल का; हालाँकि यदि ये नाम उल्लेख किए जाने के लिए पर्याप्त रूप से महत्वपूर्ण थे, तो उसे राजा और गृहस्वामी के बीच सीधी कड़ी बनानी चाहिए थी। गुल्मा का अस्तित्व पुलिस ग्राम कॉलोनी की जरूरत का संकेत (जैसा कि मनुस्मृति में है) करता है। संभवत:, बेल्लारी जिला, यहाँ भी कर-संग्रह प्रणाली को वर्णित किया गया है, सतवाहनों का मूल गृहस्थान (आंध्र से पर्याप्त दूर) प्रतीत होता है; इस तरह यह उनके राज्य का सबसे पुराना आबाद भाग है।

अर्थशास्त्र में गुल्म शब्द का अर्थ झड़प (जैसा कि बाद में करना जारी रखा गया था), संघनन (जैसे वाल्मीक-गुल्म), घाट (गुल्म-तर-देय = घाट और नौका टोल) है लेकिन सभवत: संघनित समूह के सामान्य अर्थ में को छोड़ कर यह एक सैन्य शब्दावली नहीं है। महाभारत 1.2.15.17 और अमरकोष 2.8.10–11 यह बताता है कि विचाराधीन काल तक गुल्मा नौ पट्टियों, जिसमें कुल मिला कर 9 रथ, 9 हाथी, 27 अश्व और 45 पैदल सैनिक थे, की संयुक्त सैन्य कंपनी बन गई थी। यह सैन्य प्रचलन में एक नया विकासक्रम था, जो विचार किए जाने योग्य है। अर्थशास्त्र में, पट्टी एक सामरिक इकाई नहीं, बल्कि आम तौर पर पैदल सेना, पूरी तरह शस्त्र सुसज्जित सैनिकों की पंक्ति थी। हाथी, रथ और यहाँ तक कि घुड़सवारों के पास भी पदगोपों, पैदल प्रहरी, का पूरक था; ये पट्टी पलटन के सदस्य नहीं थे, फिर भी लड़ाकू थे, सेवक नहीं थे जैसा कि कुछ अनुवादकों ने लिखा होगा; इन्हें अत्यधिक गतिशील होना होता था, इसलिए हल्के सामान के साथ रहते थे। अर्थशास्त्र 10.4 के अनुसार, हाथियों का उपयोग दीवारों, बाड़ों, बुर्जों, फाटकों, बाधाओं को ध्वस्त करने, या पैदल सेना के व्यूह को तोड़ने, विघटित टुकड़ी को घेरे में लेने, और आधुनिक सैन्य टैंकों की तरह- रणनीतिक आकस्मिक आक्रमणों के लिए होता था। लेकिन आधुनिक लॉरी, बुलडोजर और ट्रैक्टर की तरह की उनकी सहायक उपयोगिता थी, जो टैंक के पास नहीं है: परिवहन (खास कर खजाने का), भारी उपकरणों की ढुलाई, रास्तों का निर्माण, जंगल के रास्ते की सड़कों और अपशिष्ट को साफ करने जैसी उपयोगिताएँ थीं जिसमें पानी में तैरना और लकड़ी के पुलों का त्वरित निर्माण करना शामिल था। इन सैन्य इंजीनियरिंग उपयोगों की पुष्टि बर्मा अभियान के दौरान 1941–1945 में हुई (cf. Elephant Bill by J. H. Williams, Penguin Books 1120), जब जापानी और ब्रिटिश, दोनों कमानों ने मशीनरी के मुकाबले ज्यादा प्रभावी ढंग से हाथियों का उपयोग किया। युद्ध-हाथियों को युद्ध में एक बेकार भार, अचानक अफरा-तफरी फैलाने के लिए जिम्मेदार, हमेशा अपनी ही सेवा के लिए खतरनाक के रूप में उद्धृत करने वाले आधुनिक यूरोपीय इतिहासकार अभियान के दौरान उनके कार्य को और पैदल प्रहरी आवरण के प्रभावी उपयोग की आवश्यकता को भूल जाते हैं। हन्निबल और सेल्यूकस जैसे अच्छे सेनापतियों ने पूरी तरह से अविश्वसनीय संसाधन पर जोर नहीं दिया होता। दूसरी तरफ, कार्यरत हाथी को रोजाना 600 पाउंड संतुलित हरे चारे या इसके समतुल्य की जरूरत होती है जिसका अर्थ है सब्जियों और खाने की अन्य सामग्रियों के साथ रोजाना 30 से 50 पाउंड अनाज (FOM. 1.354–5; Manucci 2.363–4)। इसलिए, भारत में तब ज्ञात किसी परिवहन प्रणाली के मुकाबले बेहतर परिवहन प्रणाली के बिना हाथी टुकड़ी की बड़ी मात्रा का रखरखाव स्थिर बढ़ते देश में नहीं किया जा सकता था। इसी वजह से एक हाथी, एक रथ (दोनें ही वरिष्ठ अधिकारियों के लिए उपयोगी), पाँच व्यापक रूप से सशस्त्र पैदल प्रहरी, तीन बख्तरबंद घुड़सवार, और संभवत: हल्के सशस्त्र पैदल प्रहरियों के एक उपयुक्त दल के दस्ते के रूप में पट्टी का विकास हुआ। ये छोटे समूह गाँवों में किसी भी प्रतिरोध को प्रभावी ढंग से दबा सकते थे, जबकि डाकुओं के खिलाफ इनका उपयोग ग्रामीण इलाके के संसाधनों को प्रभावित किए बिना भी हो सकता था। ऐसी तितर-बितर टुकड़ियों को किसी प्रमुख अभियान के लिए एकसाथ एकत्र किया जाता होगा। हालाँकि उनका मुख्य कार्य, जैसा कि शिलालेख और बाद के संदर्भों से स्पष्ट है, गाँवों में 'कानून-व्यवस्था लागू करना' था, पट्टी या गुल्मा इकाइयों के रूप में सामान्य युद्ध में रणनीतिक उपयोग नहीं था। क्षेत्र में एक नियमित सेना के खिलाफ घनघोर लड़ाई में, घुड़सवार सेना, पैदल सेना, हाथियों को अलग से समूहित करना पड़ता होगा; कमान अधिकारियों के उपयोग के सिवा रथ कमोबेश बेकार थे (Beal 1.82–3)। दक्षता कम होगी, जब तक कि टुकड़ियों ने कमान में अभ्यास न किया हो और इन विभिन्न समूहों में युक्ति न हो। क्षेत्र में पुलिस-गुल्मों को प्रछन्न रखना असल युद्ध के लिए सैनिकों की प्रभावशीलता को अनिवार्यत: कम करना होगा। यह उन तकनीकी कारणों को स्पष्ट करता है कि क्यों ग्रामीण बस्तियों और साम्राज्य की समृद्धि की वृद्धि ने तेजी से सैन्य ताकत का क्षय किया और आक्रमण का विरोध करने में असमर्थ किया।

चौथी शताब्दी की शुरुआत से लेकर 8 वीं शताब्दी के मध्य तक की अवधि में, प्रथम दो सौ वर्ष गुप्त साम्राज्य का काल रहा जिसने मित्र साम्राज्य वकाटक के साथ मिल कर पूर्ववर्ती मौर्य साम्राज्य के अधिकांश हिस्से को नियंत्रित किया, इसमें दक्षिण और कश्मीर का

हिस्से नहीं था लेकिन बंगाल शामिल था, जो सर्वाधिक उर्वर और उत्पादक क्षेत्र था, जो पहली बार अब उपयुक्त रूप से आबाद हुआ था। असम में दखल हर्ष के काल में हुआ था। मौर्य और गुप्त साम्राज्यों के बीच वैषम्य को इलाहाबाद किले में अशोक स्तंभ पर समुद्रगुप्त (Fleet 1) के शिलालेख के जरिये बड़े करीने से बताया गया है। हरिसेना द्वारा उच्च शास्त्रीय संस्कृत में अलंकृत प्रशस्तियाँ अशोक के सामान्य प्रतिलेख से भाषा और शैली की तुलना में ज्यादा भिन्न हैं। यह अधिकतर स्पष्टतया नाम ले कर राजाओं के ऊपर समुद्रगुप्त के विजय अभियानों का एक लंबा आख्यान है। आर्यावर्त (गंगा घाटी) के राजाओं का विनाश किया गया। चीनी यात्रियों के दस्तावेज बताते हैं कि यह भूभाग सम्राटों द्वारा करों के साथ सीधे प्रशासित था, जिन करों को यात्री संभवत: चीन से वैषम्य के कारण नगण्य मानते थे। चीनी तीर्थयात्री फाह्यान* ने अपने समय के उत्तर प्रदेश के बारे में कहा है (ली युंगह्सी का अनुवाद, पीकिंग 1957):

जलवायु ठंड या बर्फ के बिना समशीतोष्ण है। लोग अमीर और संतुष्ट हैं, किसी भी मतदान-कर या आधिकारिक प्रतिबंधों से भारित नहीं हैं। केवल जो लोग, जो राजा की जमीन जोतते हैं, एक भूमि कर का भुगतान करते हैं, और वे अपनी इच्छानुसार ठहरने या जाने के लिए स्वतंत्र होते हैं। राजा मौत की सजा के सहारे के बिना शासन करते हैं, लेकिन अपराधियों पर उनके अपराध की प्रकृति के अनुसार हल्का या भारी जुर्माना लगाया जाता है। यहाँ तक कि जो लोग उच्च राजद्रोह की साजिश करते हैं, उनका केवल दाहिना हाथ काट दिया जाता है। राजा के अनुचरों, प्रहरियों और आश्रितों, सभी को मेहनताना और सेवानिवृत्ति लाभ प्राप्त होते हैं। इस देश के लोग जीवित जीवों को नहीं मारते हैं, शराब नहीं पीते हैं, और प्याज या लहसुन नहीं खाते हैं। इसका एकमात्र अपवाद चंडाल हैं, जिन्हें 'दुष्ट पुरुषों' के रूप में जाना जाता है और इन्हें दूसरों से अलग किया हुआ है। जब वे कस्बों या बाजारों में प्रवेश करते हैं तो वे अपनी उपस्थिति की घोषणा करने के लिए लकड़ी का एक टुकड़ा मारते हैं, ताकि अन्य जान सकें कि वे आ रहे हैं और उनसे बच सकें। इस देश में न तो सूअर और न ही मुर्गी पाली जाती है और कोई भी जीवित जीव बेचा नहीं जाता। बाजारों में कोई कसाई या शराब-विक्रेता नहीं हैं। कौड़ी का उपयोग व्यापार में मुद्रा के रूप में किया जाता है। केवल चंडाल मछुआरे और शिकारी मछली बेचते हैं।

बुद्ध के निर्वाण के बाद, राजाओं, बुजुर्गों और बौद्ध समाज ने भिक्षुओं के लिए मठों का निर्माण किया और उन्हें घर, बागीचे और खेत के साथ ही खेती करने के लिए खेतिहर मजदूर और मवेशी दिए। एक राजा से दूसरे राजा को लौहपत्र पर उत्कीर्ण मालिकाना हक सौंपा जाता था, और चूँकि किसी ने भी उन्हें रद्द करने की हिम्मत नहीं की, इसलिए वे अभी भी लागू हैं। मठों को शैय्या और बिछौना, भोजन, पेय और कपड़े के साथ आपूर्ति की जाती है ताकि भिक्षुओं को कुछ चाहना न पड़े। यह स्थिति हर जगह है। भिक्षुओं ने धर्मग्रंथों को पढ़ते हुए स्वयं को सद्गुणों का अभ्यास करने या साधना में बैठने के लिए समर्पित किया।

यह गुप्त सम्राट चंद्रगुप्त द्वितीय (विक्रमादित्य) के अधीन भूभाग में ईसा बाद 400 ईसवी के बारे में स्थितियों का वर्णन करता है। अधिकारियों ने अभी तक सामंती अधिकार और शक्तियां हासिल नहीं की थीं। मध्यदेश के बाहर भूमि पर निश्चित रूप से कर लगाया गया था, जिसे अनाज की कटाई के छठे हिस्से का भुगतान करना पड़ता था। संभवतः, साम्राज्य का मूल विशेष रूप से हल्के करों के पक्ष में था। अमरकोश के अनुसार, ग्रामीण इलाकों में निश्चित रूप से शराब निर्माता और विक्रेता थे। भूमि पर रहने या जाने की स्वतंत्रता बंधुआ कृषिदासता की अनुपस्थिति को दर्शाती होगी। लेकिन तब, यह स्पष्ट नहीं है कि बुद्ध मठों ने भूमि को 'निवासी आबादी और उनके मवेशियों के साथ' कैसे रखा। कोई भी दो अनुवादक इस बिंदु पर समान रूप से चीनी पाठ प्रस्तुत नहीं करते हैं। मानक भूमि अनुदान से तय करने के लिए, लोगों पर राज्य के अधिकार प्राप्तकर्ताओं को स्थानांतरित कर दिए गए थे, जिसका अर्थ है निश्चित शुल्क की प्राप्ति लेकिन कोई स्वामित्व या स्वामित्व अधिकार नहीं। फाह्यान के तियन शब्द के उपयोग के बावजूद, लौपपत्र पर कोई भी अधिकारपत्र ज्ञात नहीं है: यह हो सकता है कि उसने काले तांबे के प्लेटों को लौह समझा हो। मठों का आलस्य और विलासिता उसकी पुष्टि करता है जो

* फाह्यान का नवीनतम अंग्रेज़ी अनुवाद चीनी साहित्य (1956.3.153–181) में उपलब्ध प्रतीत होता है। उद्धृत अवतरण में महत्वपूर्ण मतभेद हैं: 'लोग अमीर और संतुष्ट हैं, किसी भी मतदान-कर या आधिकारिक प्रतिबंधों से भारित नहीं हैं।...राजा के अनुचरों, प्रहरियों और आश्रितों, सभी को मेहनताना और सेवानिवृत्ति लाभ प्राप्त होते हैं। ...बुद्ध के निर्वाण के बाद, राजाओं, बुजुर्गों और बौद्ध समाज ने भिक्षुओं के लिए मठों का निर्माण किया और उन्हें घर, बागीचे और खेत के साथ ही खेती करने के लिए खेतिहर मजदूर और मवेशी दिए। एक राजा से दूसरे राजा को लौहपत्र पर उत्कीर्ण मालिकाना हक सौंपा जाता था...' (पृष्ठ 154–6)। पृष्ठ 155 पर, हम मठवासी नाटकों के प्रदर्शन के बारे में जानते हैं, जिसमें से सरीपुत्र-प्रकरण (कुछ अंश मध्य एशिया में पाए गए) की पहचान हो सकती है, और जो हमें यह मानने की ओर बढ़ाता है कि मोग्गलना और कश्यप के बारे में समान नाटक मौजूद हैं। शहरों की बर्बादी पहले ही शुरू हो चुकी थी: 'यह शहर (गया) उजाड़ और पूरी तरह से निर्जन है' (पृष्ठ 170)।

हमने अनुभाग 8.5 में देखा है, और उसी तर्ज पर (GAEB) चीनी भिक्षुओं को ढाला है। फाह्यान ने भिक्षुकों के '96 विधर्मी पंथों' का भी उल्लेख किया है। इसलिए, बौद्ध मठ अभी भी धन के प्रमुख खजाने थे, लेकिन प्रतिद्वंद्वी धर्मशास्त्र समाप्त नहीं हुए थे।

वास्तविक लाभ विजित जनजातियों और बाहरी राजाओं से प्राप्त हुआ जो मुख्य मगधी क्षेत्र में आ चुके थे। दक्कन (दक्षिणापथ) के राजा को पराजय के बाद उनके सिंहासन पर बहाल किया गया था; जनजातियों को समर्पण करने के बाद उनकी स्वयं की व्यवस्थाओं पर छोड़ दिया गया था, लेकिन उन सभी को शुल्क का भुगतान करना पड़ता था: सर्व-कर-दानाज्ञा-करन-प्रणाम... यानी विशाल परिसर का हिस्सा, अंतर्निहित शुल्क, आज्ञाओं का पालन, नजराना। यह ध्यान रखना सबसे महत्वपूर्ण है कि यद्यपि जनजातीय नाम यौधेय, या और भी पुराने अर्जुनायन, जैसी काफी पुराने हैं, फिर भी जनजाति के परे समाज के अस्तित्व को पहचानते हुए वे असामाजिक जन चरण में नहीं थे बल्कि गण हो गए थे। जहाँ तक देखा जा सकता है, उनमें से प्रत्येक ने वाह्य आक्रमणों के लिए सैन्य नेतृत्व (Fleet 58: 59 और इसी तरह) विकसित कर लिया था: लगभग सभी (नाग सहित) ने जनजाति के भीतर ही रिश्तेदारी की थी। यहाँ तक कि वन-जंगलियों, जिनके समर्पण का उल्लेख स्तंभ अभिलेख में भी है, के भी उस वक्त राजा थे या जल्द ही राजा बना लिया था (Fleet 21–31; 81)। इसके बाद एक राजा का मुख्य गौरव यह प्रचार करना होगा कि उन्होंने शस्त्रों के बल पर पड़ोसी शासकों को शुल्क राज्य के दर्जे तक सीमित किया है (Har. 100)। इसके बाद पूर्ववर्ती 'पड़ोसी' या 'पड़ोसी राजा' की जगह सामंत शब्द का आविर्भाव हुआ जिसका अर्थ 'उच्च जागीरदार' है। गुप्त वंश एक साधारण राजा श्रीगुप्त से प्रारंभ हुआ, जिसके पुत्र घटोत्कछ को उसके वंशजों ने थोड़ी उच्च पदवी दी; लेकिन चंद्रगुप्त प्रथम से पदवी 'महाराजाधिराज' की है।

पहले अधिकारियों, क्षत्रपों, राजकुमारों, जनजातीय प्रमुखों द्वारा जमा संपत्ति अक्सर लूट के लिए छापेमारी को उकसाते थे जो कि अत्यधिक लाभदायक थे। यह मौर्य काल के आखिर से शुरू हुआ और 19वीं शताब्दी के मध्य तक जारी रहा। देश को निरंतर एक बड़े साम्राज्य के तहत रखने के लिए, जैसा कि गुप्त वंश ने करीब दो शताब्दी तक रखा, छापेमारी से अधिक कुछ चाहिए था, जैसे उत्पादक आधार का विस्तार। इसका मतलब नये क्षेत्रों में आकर्षक व्यापार के प्रारंत्रिक लाभ के साथ अब तक उजाड़ क्षेत्र में नये गाँवों बसाहट था। गुप्त वंश का नया अधिकार क्षेत्र, बंगाल बसने के लिए आदर्श स्थान था; इसी समय कम उर्वर दक्कन को भी इसका पहला स्थायी कृषि आधारित गाँव मिला। बसने की विधि पूरी तरह से मौर्य राज्य के उद्यम, जो शूद्रों की बाध्यकारी बसाहट, खनिज पर पूर्ण नियंत्रण, उत्पादन और व्यापार में राज्य की भागीदारी और अर्थव्यवस्था, जिसमें मुद्रा के सघन संचरण की जरूरत थी, पर निर्भर था, से पूरी तरह अलग थी। यह उल्लेखनीय है कि हमारे पास गुप्त काल के उत्कृष्ट सोने और कुछ तांबे के सिक्के हैं, लेकिन उस काल के चाँदी के सिक्के मात्रा में नगण्य, गुणवत्ता में खराब, और कपड़ों में पश्चिमी क्षत्रपों की नकल के हैं। (उस समय) उजाड़ जमीन की भरपूर आपूर्ति के चलते व्यापक दूरी होने और खाद्य एकत्रक जंगलियों को उनके स्वयं के क्षेत्र, जो गंगा के जलोढ़ मैदान के मुकाबले हल से खेती के जरिये बहुत कम उत्पादन करता था, से हटाने की बाधाओं के कारण गुप्त काल की बस्तियाँ बलपूर्वक नहीं बनायी जा सकी होंगी। निजी व्यापार के साथ धर्म के जरिये प्रवेश की वास्तविक प्रक्रिया विकसित हुई, जिससे निजी संपत्ति और जाति की आड़ में पूर्ववर्ती जनजातीय क्षेत्रों में वर्ग संरचना की उद्भव हुआ। केन्द्रीय राज्य ने स्थानीय प्रमुखों के बीच छोटे युद्ध को रोकने और जंगलियों के खिलाफ कुछ सुरक्षा देकर सहायता की। पर्याप्त मजबूत होने पर इसने किसी एक गाँव के दायरे से परे, जल व्यवस्था, व्यापार का नियमन, व्यापार मार्गों की सुरक्षा जैसे मामलों को निपटा कर मदद की। ये सभी कार्य अधीनस्थ जागीरदारों या प्रशासकों के जरिये किए गए। गिरनार में मौर्य बाँध की अंतिम ज्ञात मरम्मत, जिसका निशान भी अब लुप्त है, स्कंदगुप्त द्वारा सौराष्ट्र के नामित गवर्नर पर्णदत्त के पुत्र चक्रपालित द्वारा ईसा बाद 456 ईसवी (Fleet 14) में की गई प्रतीत होती है। पर्णदत्त नाम बिना किसी शंका के फ़ारसी से संस्कृतकृत है (cf. J. Charpentier in JRAS 1928, pp. 904–5; also F. W. Kōnig, WZKM. 31. 1924. 309, Farondāta in the genealogy)। इस प्रकार का सबसे बड़ा काम, भोजपुर में एक जबरदस्त जलाशय, राजा भोज ने किया था (ईसा बाद 1055–6 में देहांत)। महज दो सतर्कता से अवस्थित मध्यम आकार के दो बांधों द्वारा सृजित यह झील 250 वर्ग मील क्षेत्र में फैली थी। इसमें बड़ा बाँध कम से कम 1888 तक अक्षुण्ण था (IA. 17, 1888, pp. 348–352) जबकि छोटा बाँध (होशांग शाह द्वारा काटा गया) करीब 87 फुट ऊँचा और 500 और 700 यार्ड के बीच लंबा था, हमारी आधुनिक पँचवर्षीय योजना के लिए आज समतुल्य परिणाम की किसी अन्य परियोजना के मुकाबले कम लागत में इस जलकुंड का जीर्णोद्धार करना बहुत आसान होगा। हालाँकि राजा और योद्धा, भोज ने संस्कृत साहित्य, जिसमें अपने साहित्यिक सिद्धांत, मौलिक कार्यों और समकालीन लेखकों के संरक्षण के कारण वे उल्लेखनीय नामों में एक हैं, पर एक छाप छोड़ी। उनके साथ

(संस्कृत) पत्रों के शाही पुरुषों की महान परंपरा क्षीण हो गई, जो रुद्रदमन के बाद से शुरू नहीं हुआ था, और वास्तव में गुप्त वंश और हर्ष के काल में पल्लवित हुआ था, हालाँकि धार साम्राज्य उक्त दो महान साम्राज्यों के समतुल्य नहीं था। उनके किसी भी लेखन (जिनसे मैं रूबरू हो पाने में सक्षम रहा हूँ) में राजस्व प्रशासन, भूमि निपटारा, भू-स्वामित्व का कोई उल्लेख नहीं है।

राज्य ने मौर्य साम्राज्य के मुकाबले अत्यधिक हल्के करों के सामग्री के रूप में भुगतान की शर्त पर निजी बस्तियों को संरक्षित और प्रोत्साहित किया। इसके बावजूद, इस अत्यधिक समृद्धि ने साम्राज्य को खत्म कर दिया। वस्तुतः आत्म-निहित गाँव के विकास के कारण प्रति व्यक्ति कमोडिटी उत्पादन में काफी कमी आई थी। जैसा कि अध्याय VII में बताया गया था, इतने बड़े देश के लिए केंद्रीय सेना और नौकरशाही को तभी बरकरार रखा जा सकता था, जब सघन व्यापार और पर्याप्त नकद करों के साथ भारी कमोडिटी उत्पादन होता हो। अत्यधिक लाभदायक नया व्यापार पतनोन्मुख हो गया। सतवाहनों के काल में अत्यधिक ताकतवर रहे श्रमिक समाज धीरे-धीरे पूरी तरह से क्षीण हो गए। महत्वपूर्ण समस्या: कैसे हर गाँव में अपरिहार्य न्यूनतम जातिगत मिस्त्रियों और कारीगरों को बनाए रखा जाये, जैसा कि दिखाया जायेगा, को बिना श्रमिक समाज, दास, नकद भुगतान के, या उनके उत्पादों का उपभोक्ता वस्तुओं में परिवर्तन को बड़े करीने से हल किया गया। इसका मतलब था कि वस्तु के रूप में कर न केवल एकत्र करना था बल्कि स्थानीय अधिकारियों और तितर-बितर गुल्मा पुलिस दस्तों या एक निरंतर भ्रमणशील दरबार द्वारा तेजी से उपभोग किया जाना था, क्योंकि व्यापार, जिससे अनाज को नकदी में परिवर्तित किया जा सकता था (शाही सेनाओं का स्थायी संकेंद्रण बनाए रखने के लिए आवश्यक), क्षीण हो गया था। इसके फलस्वरूप केंद्रीय सेना में गिरावट आई, नई जनजातियों, महत्वाकाँक्षी जागीरदारों, या दिलेर अधिकारियों में से स्थानीय राजकुमारों का उदय हुआ। कर संग्रह असंभव हो गया होगा; इसलिए साम्राज्य का अपरिहार्य पतन हो गया जिसके बाद पूर्ण भ्रष्ट दौर एक बार फिर शुरू हुआ। व्यापार या सेवा के लिए आए विदेशी[3] अब आक्रमणकारियों—एक समयानुकूल रूपान्तरण—में बदल गए जब हथियारों के बल से अधिक प्राप्त किया जा सकता है।

9.2. नई अर्थव्यवस्था ने दो समकालिक लेकिन विरोधी रुझान प्रदर्शित किए; आम तौर पर बड़े नगरों के पतन के साथ कुछ पत्तनों और राजधानियों में समृद्धि और संपत्ति का संकेंद्रण। फाह्यान बताते हैं कि श्रावस्ती में महज 200 परिवार थे। कोलों का मुख्यालय रामग्राम निर्जन हो गया था, इसके आसपास जंगल उग आया था। कपिलवस्तु, कुशीनारा, पुराना राजगीर, और गया लगभग उजाड़ हो गया था। यान चुआंग की कपिलवस्तु अविश्वसनीय रूप से अलग स्थिति में है, यानी कि बहुत से स्थल 200 वर्ष के दौरान निश्चित रूप से विस्मृत हो चुके थे। इसका अर्थ है कि पुराने व्यापार-मार्ग का अब कोई महत्व नहीं रहा था, और गाँव सर्वोच्च बन गए थे। पटना अभी भी विकसित था, और संपूर्ण 'मध्य साम्राज्य' का सबसे बड़ा नगर था; लेकिन अशोक के महल खंडहर बन गए थे, और उनकी उत्कृष्ट नक्काशी और मूर्तिकला को सामान्य मनुष्यों का नहीं, जिन्नों और आत्माओं का काम माना गया। केंद्रीय और प्रांतीय, दोनों दरबार एक नये वैभव से जगमगा रहे थे। बेहतरीन मूर्तिकला और चित्रकला, अजंता में सबसे अच्छी गुफाएँ, इस अवधि की हैं, हालाँकि उत्कृष्ट बहुभागी सहयोग, जिसने साँची और कार्ले को गढ़ा, का प्रतिस्थापन दरबारों, कुलीनों और धनवानों के दान से बढ़ता गया। की गई आलोचनाओं में, हालाँकि, यह न भूलना अनिवार्य है कि कुछ समय के लिए एक खूबसूरत नये साहित्य के साथ ही मूर्तिकला, चित्रकला, वास्तुकला थी; ऊपर से सामंतवाद की पहली सफलता में नया समाज न केवल अधिक शांतिपूर्ण, कम लुटेरा था, बल्कि निश्चित रूप से अधिक सुसंस्कृत भी था। ग्रामीण अर्थव्यवस्था के विकास के भीतर प्रगतिशील क्षय ने केवल इसके वैषम्य को मजबूत किया।

शास्त्रीय संस्कृत साहित्य का बेहतरीन पल्लवन, हालाँकि, ग्रामीण बस्तियों की संख्या में पहली महान वृद्धि के साथ मेल खाता है। कालिदास को ईसा बाद 380 और 410 के बीच के चन्द्रगुप्त द्वितीय विक्रमादित्य के दरबार का माना गया है, यद्यपि उनकी अपनी शताब्दी अभी भी अज्ञात है। भाष पूर्ववर्ती हो सकते हैं। तीसरे उत्कृष्ट नाटककार-कवि भवभूति कश्मीर के ललितादित्य-मुक्तपीड के ईसा बाद 736 में अचानक हमले में पराजित (संभवत: मारे गए) कन्नौज के यशोवर्मन के दरबारी कवियों में एक के रूप में फले-फूले। कन्नौज के हर्ष (लगभग 606–647 ईसा बाद) स्वयं उच्च क्षमता के एक नाटककार थे, हालाँकि ओछे-दिमाग के आलोचक संकेत देते हैं कि उनके कई दरबारी कवि (बाण के नेतृत्व में, जिन्होंने सबसे ज्यादा अलंकृत संस्कृत गद्य भी लिखा है) सम्राट द्वारा हस्ताक्षरित होने वाली रचनाएँ तैयार करते थे। इन परंपरागत नाटकों में महिलाओं और कर्मचारियों द्वारा बोली गई प्राकृत भाषा आम लोगों के लोकप्रिय मुहावरों से दूर होने के कारण संस्कृत जैसी ही कृत्रिम बन गई। हमारे इतिहासकार कहते हैं कि यग भारत का स्वर्ण युग था। वाकई, किसी भी पूर्ववर्ती (या बाद के अधिकांश) राजाओं के मुकाबले गुप्तकाल के सोने के सिक्के ज्यादा प्राप्त हुए हैं। इसके बावजूद, इस स्वर्ण युग में, मगध काल का

महान नगर पटना, जो चंद्रगुप्त द्वितीय की राजधानी रह चुकी थी, एक गाँव में तब्दील हो गया (Beal 2. 86), हालाँकि ग्रामीण इलाके मौर्यकाल जितने ही समृद्ध (Beal 2. 82) और उर्वर बने रहे। अशोक महान के स्मारकों को अलौकिक निर्माण के रूप में देखा गया। गुप्त साम्राज्य की राधानी उज्जैन कभी भी विश्व का महानतम नगर नहीं रहा जैसा कि पटना अपने उत्कर्ष काल में रह चुका था; उत्तरवर्ती राजधानी कन्नौज अभी भी कम प्रभावशाली था। इसके बाद राजा सेना, हरम, दरबार, और सचिवालय के साथ घूमते[4] रहे, जिन्हें कहीं भी उत्पादित अधिशेष को खाये बिना नहीं खिलाया जा सकता था। स्कंधवार, 'शिविर मुख्यालयों' से वृत्ति मिलनी कालातीत हो गई थी।

हर्ष (पुष्यभूति का वंशज, लगभग निश्चित रूप से जनजातीय मूल का) सूर्य-उपासक था, महेश्वर का अनुयायी (*Beal* 1. 222–3; *EI*. 4. 211; 7. 158) और बौद्ध था, अहिंसा और युद्ध देवता के प्रति समर्पित था- सब कुछ एक साथ था। बंगाल में विरोध बढ़ा, जिसने अपने नये गाँवों और सुविधाजनक बंदरगाहों के साथ स्वाभाविक रूप से कन्नौज की सत्ता को नाराज कर दिया होगा। इसका पटना जैसे महत्वपूर्ण व्यापार केंद्रों के खंडहरों से भी कुछ संबंध था। उतरी गुप्तवंश (*EI*. 6. 143–4) का आखिरी राजा पूर्वी क्षेत्र का राजा शशांक-नरेंद्रगुप्त, जिनका छापेमारी अभियान बंगाल से बढ़ते हुए मुखारी क्षेत्र तक पहुँच गया और जिन्होंने धोखे से राजा की हत्या कर दी थी (*Beal* 1.210; *Har*. 186), अंतत: हर्ष द्वारा पराजित किया गया। शशांक के आक्रमण की उल्लेखनीय विशेषता उसका नव धार्मिक आक्रमण था: उसने बौद्ध बुनियाद को ध्वस्त कर दिया और उस वृक्ष को जला दिया जिसके नीचे बुद्ध को बोधि की प्राप्ति हुई थी (*Beal* 2. 118–122)। यह मूल में कुछ संघर्ष दिखाता है, जो पहली बार, धार्मिक चेतना के स्तर पर लड़ा गया था। इस तरह का छद्म ऊपर से सामंतवाद के लिए नया था। यह एक पूरी तरह से नया विकास था, जो वैदिक ब्राह्मणों और शुरुआती बौद्ध के पूर्ववर्ती मतभेदों के समतुल्य नहीं था। हर्ष पुलकेशिन से एक युद्ध हार गया (*Beal* 2. 256; *EI*. 6. 10), जो प्रत्युत्तर में धर्म के लाभ के बिना उसके दक्षिण-पूर्वी पड़ोसियों, पल्लवों द्वारा पराजित किया गया। फिर भी, गुप्तकाल (जिनमें से कुछ भगवद् संप्रदाय के अनुयायी थे) की तरह ही हर्ष के काल में मंदिर, बौद्ध विहार और ब्राह्मण नये दान से कृतार्थ हुए।

धार्मिक झगड़े संभवत: पड़ोसी सम्राटों को कर दाता दर्जे तक सीमित करने के लिए निरंतर युद्ध से जुड़े थे। हर्ष तीस साल तक लगातार लड़े (*Beal* 1. 213)। इस अवधि के दौरान, समान रिपोर्ट के अनुसार उनकी सेना 5000 हाथी, 50,000 पैदल सैनिक, और 2000 घुड़सवार से बढ़ कर 60,000 युद्ध हाथी और 1,00,000 घुड़सवार और पैदल सैनिकों की सापेक्षिक संख्या तक पहुँच गई। इस सैन्यबल के एक अंश ने सातवीं शताब्दी की शुरुआत में किसी भी देश और साम्राज्य के संसाधनों पर दबाव डाला होगा। प्रयाग में एक विशेष बाड़े पर, हर्ष ने, "अपने पूर्वजों के उदाहरण" का अनुसरण करते हुए हर पाँच वर्ष में बौद्ध भिक्षुओं को, ब्राह्मण पुजारियों को, और जरूरतमंदों को खजाना वितरित किया। 'इसके बाद, विभिन्न देशों के शासकों ने राजा को अपने गहने और वस्त्र प्रदान किए, ताकि उनके खजाना की भरपाई हो सके' (*Beal*. 1. 233)। धर्मार्थ अनुष्ठान कार्य ऊपर से सामंतवाद के चरित्र, पंचवर्षीय एकत्रण के कर समारोह को छिपाता नहीं है। बाण (*Har*. अध्याय VII, विशेष रूप से पृष्ठ 212–3) राजा के अपने गृहक्षेत्र के माध्यम से शाही प्रगति के कारण आतंक और तबाही का वर्णन करता है। ग्रामीणों के लिए टिड्डियों का प्लेग शायद ही इससे ज्यादा विनाशकारी हो सकता थी।

चीनी के तीर्थयात्री-विद्वान (जिसका दरबार में स्वागत किया गया था, यात्रा के लिए विशेष सुविधाएँ दी गयीं, और नालंदा के समृद्ध विश्वविद्यालय के सुसंपन्न परिसर के आवास में अध्ययन किया) को मिले वैभव का जो भी प्रभाव पड़ा हो, कम से कम समकालीन समाज और उच्च वर्ग का एक हिस्सा जीवन के बारे में कुछ असंतुष्ट मिला। गंगा और जमुना के संगम के निकट प्रयाग में ऊँचे पवित्र वट वृक्ष (Beal. 1.232) से छलाँग लगा कर आत्महत्या करने के नये प्रचलन को कोई कैसे व्याख्यायित करेगा; काफी संख्या में वृद्ध पवित्र गंगा के किनारे नहीं, बल्कि बीच धारा में अपने जीवन का अंत करना चाहते थे?

गाँवों ने न केवल नगरों और श्रमिक निकायों का खात्मा किया, बल्कि 'स्वर्ण युग' की अधिरचना पर अपने निश्चित वैचारिक चिह्न को दर्शाया। पुराणों में ठूँसे गए विलक्षण अनुष्ठान, जिन्हें ब्राह्मणवाद, स्थानीय संस्कारों और तीर्थ द्वारा पूर्व में स्वीकृत नहीं किया गया

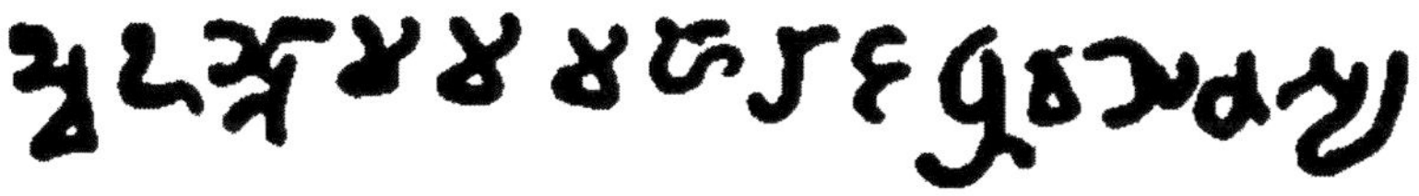

चित्र 37: वलभी के ध्रुवसेन प्रथम का हस्ताक्षर (ईसा बाद 525) स्व-हस्तो मम महाराज-ध्रुवसेनस्य; एक ब्राह्मण रोतघा-मित्र को भूमि अनुदान के ताम्रपत्र पर।

था, इसी अवधि के दौरान प्रक्षेपित किए गए। बॉम्बे हार्बर में एलिफैंटा द्वीप पर शानदार गुफा-मूर्तियाँ (छठवीं सदी के बारे में शैलीगत आधार पर संदेहास्पद रूप से दिनांकित।) एक भी शिलालेख के बगैर पूरी तरह से अज्ञात हैं, जो विकसित सामंतवादी काल का चरित्र है। दूरस्थ व्यापारियों को संभवतः उनकी स्थापना में शामिल नहीं किया गया था। तब हर कोई जान जाता कि यह काम किसका था, जबकि समाज की संरचना इतनी अपरिवर्तित दिखती है कि अ-अंकित निर्माण को "हमेशा के लिए" याद किया जाता, जैसा कि अभी भी करीब दो शताब्दी पूर्व की कई अ-अंकित अन्त्येष्टि समाधियों और मंदिरों के साथ होता है। इसे याद रखा जाना चाहिए कि गाँव की संस्कृति को उन आदिम चरागाह जनजातियों को प्रभावित करना था जिनके क्षेत्रों में यह फैल गया था। वहाँ श्रमिक निकाय और जनजातीयों को प्रतिस्थापित करने के लिए न केवल नई स्थानीय जाति का उदय हुआ, बल्कि सभ्यता का प्रतिगमन हुआ। आदिम क्षत्रियों (*Strabo* 15.1.30) का सती अनुष्ठान, मूल रूप से विधवा की हत्या या मृत मुखिया का दूसरी दुनिया में साथ देने के लिए उपपत्नी, का प्रचलन उच्च वर्ग में बढ़ा। सती शब्द का अर्थ है 'शुद्ध, वफादार पत्नी'। यूनानी क्षत्रिय योद्धा की मृत्यु पर विधवा के स्वैच्छिक आत्मदाह के तमाशे से हतप्रभ रह गए (*Strabo* 15.1.62; दियोदोरस 19.30, 33–34)। मौर्यों के लिए और जातक के लिए यह प्रथा ज्ञात नहीं है। गुप्तकाल से ठीक पहले पूरी तरह पुनर्लिखित महाभारत बर्बर सती प्रथा के पक्ष में संशोधन दर्शाता है। यह प्रभावी अनुष्ठान कभी भी आम प्रथा नहीं थी। ऊँचे घरानों की विधवाओं, जो जलने की इच्छुक नहीं होती थीं, को बेबस जीवन जीना पड़ता था, जैसा कि आम तौर पर उच्च जाति की विधवाएँ जीती थीं। मंडन और सादे लाल या सफेद कपड़ों में तपस्विनी का संस्कार परिलक्षित होता था जो बाद में उच्च वर्ग, विशेष कर ब्राह्मण विधवाओं से जुड़ा। सती, जो दुर्लभ थी, सामंती अभिजात्य वर्ग की प्रतिष्ठा को बढ़ाने के लिए काम आई थी। ईसा बाद 510–11 (Fleet 20) के एरन का एक स्मारक हमें बताता है कि एक सैन्य कप्तान गोपराजा की पत्नी ने उसकी मृत्यु पर सती के रूप में उसका अनुगमन किया। हर्ष की माँ यशोमति ने अपने पति की आसन्न मृत्यु की आशंका में ईसा बादा 604 (*Har.* 163–9) में इस जघन्य प्रथा का अनुसरण किया। हर्ष की विधवा बहन राज्यश्री चिता पर लगभग चढ़ने ही वाली थी जब उसके भाई ने उसे बचा लिया। मौखरि के रईसों द्वारा चुनाव की औपचारिकता के बाद वे संयुक्त रूप से गृहवर्मन के सिंहासन पर बैठने में सफल हुए। दूसरी तरफ, गुप्त वंश की किसी रानी के स्वयं को सती के रूप में आत्मदाह करने का कोई साक्ष्य या परंपरा नहीं मिलती है। चंद्रगुप्त द्वितीय की विधवा पुत्री प्रभावतीगुप्त अपने वकाटक पुत्रों में से कम से कम एक की लंबे समय तक राज्य-संरक्षक थी। कोई कह सकता है कि सती पत्थरों, जो उत्तर-सामंतवादी काल से पुराने नहीं है, का अभी भी गाँवों में सम्मान होता है।

निचले स्तर पर, गाँवों की छाप गवाहों के लिए परीक्षण के विकास में दिखती है, हालाँकि अपराध और सजा, दोनों की घटनाएँ कम थीं। चौप (6.16) संदिग्ध चोर के लिए गर्म लोहे से परीक्षण का जिक्र करता है। अर्थशास्त्र ने एक बार भी इसका उल्लेख नहीं किया है। मनुस्मृति केवल दो छंद (मनुस्मृति 8.114–5) समर्पित करती है, याज्ञवल्क्य और नारद की स्मृतियों में दुर्गंध, उबलते तेल, गर्म कुल्हाड़ी के सिरे, हल की धार इत्यादि सहित अत्यधिक विस्तार में परीक्षण दिए गए हैं। हमारा अध्याय II दर्शाता है कि न कि सच्चाई के लिए, बल्कि आदिवासी देवताओं द्वारा अनुमोदन के संकेत के रूप में कैसे यह आज तक पीढ़ियों के बीच बचा रहा। अँततः, अर्थशास्त्र (4.10) ने मानव मांस की बिक्री के लिए मृत्युदंड निर्धारित किया। दरबारियों ने हर्ष के पिता को एक घातक बीमारी (Har. 153; cf. also 199, 224) से बचाने के एक व्यर्थ प्रयास में एक जादुई प्रथा के तौर पर स्वयं को काट कर अपना स्वयं का माँस बेचा। भवभूति के मालतीमाधव 5.12 में जादू-टोना के लिए मानव माँस की बिक्री देखी जाती है और KSS (25.183, 187 &c.) में इसका बार-बार उल्लेख है। राष्ट्रकूट पर लंबे समय तक (9वीं शताब्दी के मध्य अर्ध) शासन करने वाले अमोघवर्ष प्रथम ने अपने राजवंश के विकास की ऊँचाइयों का प्रतिनिधित्व किया; लेकिन उसे किसी अज्ञात आपदा से अपनी प्रजा को बचाने के लिए लक्ष्मी मंदिर (संभवत: कोल्हापुर में) अपनी ऊँगली काट कर चढ़ाने से वीर-नारायण की पवित्र उपाधि का गौरव प्राप्त है (*EI.* 18.255)। अगली शताब्दी से, रुद्र गंगा ने मंदिर में मुख्य विग्रह के सामने मन्नत के बदले अपना स्वयं का सिर काटना शुरू किया। स्वर्ण युग में समाज इस प्रकार थोड़ा और पीछे आदिम चरण की ओर फिसल गया, यह ब्राह्मणवाद पर बर्बरता की एक व्युत्क्रम कार्रवाई थी जो कि उन्हें हल पर विभाजित कर रही थी।

9.3. Hsiuen Chuäng ने सातवीं शताब्दी के पूर्वार्द्ध के दौरान के हर्ष के उत्तर भारत (*Beal* 1.75–88) का वर्णन किया है। इसमें फाह्यान द्वारा ईसा बाद 400 (*Beal* xxxvii-xxxviii) के बारे में दिए गए वर्णन से कोई बुनियादी अंतर नहीं है। एक चीनी तीर्थयात्री, जो भारत में सामंतवाद नहीं देख सके, के दृष्टिकोण के लिए दोनों मामलों में उसी तरह छूट दी जानी चाहिए, जैसे मेगस्थनीज, जिसने भारत को

दासप्रथा के बगैर दिखाया था, के मामले में लगभग एक हज़ार साल पहले यूनानी दृष्टिकोण को छूट दी गई थी। चीनी यात्री अवज्ञा करने वाले गवाहों या अभियुक्तों के परीक्षण में यातना की कमी* और हल्की सजा से; और आम तौर पर ईमानदार, शांतिपूर्ण, कानून-पालक, दयालु, मेहमाननवाज आबादी के बीच कुछ चरम मामलों में इस्तेमाल किए जाने वाले परीक्षणों से भी से प्रभावित था। तब प्याज और लहसुन पर और कुछ प्रकार के मांस भी (सबसे ऊपर बैल का मांस) खाने पर उत्तर की हिंदू वर्जना पहले ही मजबूत थी, और वस्तुत: आज तक जारी है। शहरों और गाँवों (बड़े, अर्थशास्त्र में 100 से 500 परिवारों की परंपरा; यहाँ "दीवारयुक्त कस्बे" कहा गया है) के भीतर की सड़कें गंदी यातनादायी, घुड़साल के साथ कतारब्द्ध, जहाँ अस्पृश्य जो दीवारों से परे रहते थे, उन्हें छोड़ दिया गया था, ईमानदारी के विपरीत, लोगों की धार्मिक व्यक्तिगत स्वच्छता थी। सिलाई का काम मामूली था; *Har.* में वर्णित परिधान आम लोगों के नहीं, बल्कि कुछ चुनिंदा के लिए थे। खाना बगैर चम्मच या काँटे के, उँगलियों से खाया जाता था। प्रांतीय वृत्तांत विशेष 'नीली पंजिका' पर रखा गया था। वास्तविक शासक (पूर्ववर्ती पौर-जनपद) क्षत्रिय कुलीन थे, लेकिन जाति व्यवस्था पहले से ही अंतहीन शाखाओं में फैल चुकी थी।

'चूँकि सरकार का प्रशासन सौम्य सिद्धांतों पर आधारित है, इसलिए कार्यपालिका साधारण है। परिवारों को पंजिकाओं पर दर्ज नहीं किया जाता है, और लोग जबरिया मजदूरी (बंधुआ) के अधीन नहीं हैं। राजसिंहासन का निजी कार्यक्षेत्र चार प्रमुख भागों में विभाजित है; पहला राज्य के मामलों का संचालन करना और यज्ञ-संबंधी सुझाव उपलब्ध कराना है; दूसरा राज्य के मंत्रियों और मुख्य अधिकारियों को माली मदद उपलब्ध कराना है; तीसरा विशिष्ट क्षमता के लोगों को पुरस्कृत करना है; और चौथा धार्मिक संस्थाओं को दान देना है जिससे धर्म क्षेत्र को उपजे (स्थापित हो)। इस तरह से लोगों पर हल्के कर हैं, उनसे वांछित व्यक्तिगत सेवा मर्यादित है। हर व्यक्ति अपनी सांसारिक वस्तुएँ चैन से रखता है, और यह सब अपने निर्वाह के लिए मृत्युपर्यंत है। राजसी भूमि पर खेती करने वाले अपनी उपज का छठवाँ हिस्सा कर के रूप में चुकाते हैं। वाणिज्य में लिप्त महाजन अपने सौदे करने के लिए (मुक्त रूप से) आते-जाते हैं। अल्प टोल के भुगतान पर नदी मार्ग और सड़क-अवरोध खुले हैं। जब इसे सार्वजनिक कार्यों की आवश्यकता होती है, श्रम बलात कराया जाता है लेकिन भुगतान पर। भुगतान किए गए काम के सख्त अनुपात में है। ... सेना सीमा की रक्षा करती है या दुराग्राहियों को दंडित करने के लिए बाहर निकालती है। सेवा की आवश्यकताओं के अनुसार सैनिकों को लगाया जाता है; उन्हें कुछ भुगतान का वादा किया जाता है और वे सार्वजनिक तौर पर नामांकित होते हैं। राज्यपालों, मंत्रियों, मजिस्ट्रेट्स और अधिकारियों में से प्रत्येक को उनके व्यक्तिगत निर्वाह के लिए जमीन का एक हिस्सा दिया जाता है। भूमि पर खेती में, जिनका कर्तव्य होता है, वह बोता है, काटता है, जोतता है, निराई करता है और मौसम के अनुसार पौधें लगाता है; और अपनी मजदूरी करने के बाद थोड़ी देर आराम करता है। जमीन के उत्पादों में, चावल और मकई सबसे भरपूर मात्रा में हैं। ... मिश्रित वर्गों और नीच-जन्मा में अन्य से (खाद्य और पेय के रूप में) कोई भी अंतर नहीं है, सिवा उनके द्वारा उपयोग किए जाने वाले बर्तनों को छोड़ कर, जो मूल्य और सामग्री, दोनों में अत्यंत अलग हैं। ...वे अपने वाणिज्यिक सौदों में हमेशा वस्तु-विनिमय करते हैं, क्योंकि उनके पास सोने और चांदी के सिक्के नहीं हैं (*Beal* 1.87–8)। ... राज्य व्यापार को संचालित करने के लिए आवश्यक होने पर उन्होंने (हर्ष ने) वाहक नियुक्त किए, जो निरंतर जाते और लौटते थे। यदि नगरों को लोगों के शिष्टाचार में कोई अनियमितता होती थी तो वह उनके बीच गए। वह जहाँ भी गए, अपने प्रवास के दौरान एक बने-बनाए भवन में रहे। तीन माह की अत्यधिक वर्षा के दौरान वह इस प्रकार यात्रा नहीं करते होंगे। अपने यात्रा-महल में वह हमेशा सभी धर्मों के लोगों के लिए मांस का विकल्प उपलब्ध कराते होंगे। संभवत: एक हजार बौद्ध याजक, पांच सौ ब्राह्मण होंगे' (*Beal* 1. 215)।

अर्थशास्त्र, अशोक और मनुस्मृति की अर्थव्यवस्थाओं का संयुक्त अस्तित्व उल्लेखनीय है। जब सामंतवाद मजबूत हो गया (जमींदार-शासित चीन की तरह), शासकों और लोगों का चरित्र भी बदल गया। बाद में तलहटी के सामंतवाद के साथ, छोटे महाजन अनगिनत प्रतिबंधों और शुल्कों द्वारा निचोड़े हुए थे। इस कथन कि अपने मौसमी श्रम के बाद किसान कुछ समय आराम करते थे, कृषिदासता या जमींदारों के उत्पीड़न के बगैर स्वतंत्र किसानी का संकेत देता है। बंद गांव अर्थव्यवस्था का अशुभ प्रसार बिना सिक्कों के वस्तु विनिमय के संदर्भ से प्रमाणित है। वस्तुत: हर्ष का कोई सिक्का ज्ञात (संदेहास्पद जोड़ के दो निम्न स्तरीय सिक्कों को छोड़ कर) नहीं है, जो चांदी के सिक्कों के मौर्य और क्षत्रपों के पर्याप्त भंडार, और बंगाल के व्यापारिक बंदरगाहों कब्जा रखने वाले नरेंद्रगुप्त-शशांक के सोने के सिक्कों

* जे.जे. मेयर समेत विभिन्न विद्वान अर्थशास्त्र 4.8 में अभियुक्त के परीक्षण के लिए निर्धारित यातना देखते हैं। मुझे लगता है कि वहाँ कर्म शब्द का अर्थ दुर्दम्य अपराधियों, जिनका (गंभीर) अपराध संदेह से परे है, की अगली सजा के रूप में यातना है; यह जुर्म स्वीकार कराने का तरीका नहीं बल्कि सजा का हिस्सा है। अर्थशास्त्र में अन्यत्र अंगभंग और दंड नकद जुर्माने के विकल्प या पूरक हैं; उदाहरणार्थ 4.10 में, बिना अनुमति के नगर या दुर्ग में प्रवेश करने, दीवारों में सेंध के जरिये माल पार करने वाले लुटेरे के घुटने के पीछे की नस या पिंडली से एड़ी तक की मांसपेशियाँ काटना 200 पर्ण जुर्माने का विकल्प था।

समेत गुप्त काल के सोने के सिक्कों की विपुलता के विपरीत है। हर्ष आखिरी, महान, व्यक्तिगत रूप से शासित, केंद्रीयकृत साम्राज्य था। इसके बाद साम्राज्य लघुतर थे, और सामंती जमींदारों का वर्ग, वस्तुत:, भले ही सिद्धांत में नहीं—राज्य के वास्तविक आधार वर्ग होने हो कर, राजा और प्रजा के बीच मध्यवर्ती स्तर बन कर संख्या, शक्ति और महत्व में बढ़ गया। [इस काल के बाद, उत्तरकाल का सामंती किसान बढ़ते दबावों के अधीन था, चाहे भूमि अधिभार, करों और कम प्रतिफल वाले जमीन के कारण, या ताल्लुकेदारों द्वारा थोपी गई बेगारी और जबरदस्ती के कारण। निश्ति ही, ये दोनों एकसमान मूल कारण के लक्षण थे। अनिवार्य रूप से, बाद में, कठोर सामंती न्यायाधीशों ने परीक्षण किए जाने वाले लोगों को मारना और यातना देना शुरू किया, जबकि भूमि पर ज्यादा से ज्यादा नियंत्रण उनके हाथों में चला गया जिनका मुख्य काम अधिकतम कर वसूल करना लेकिन उच्च अधिकारियों के सामने न्यूनतम कर जमा करना था।] ह्वेन शुआंग हमें नहीं बताता है कि भूमि का कितना अनुपात राजा के सीधे स्वामित्व में था, न ही यह बताता है कि शेष भूमि पर भू-स्वामित्व और जमीन-भाड़ा का क्या स्वरूप प्रचलित था। हर्ष के गतिशील महल और परिचारकों के झुंड को उनके दरबारी-कवि बाण द्वारा प्रमाणित किया गया है (*Har.* 50–70; 207–213)। चीनी तीर्थयात्री ने हर्ष के नाट्य कार्यों (हालाँकि उनके वारिस इत्सिंग ने ऐसा किया है), और कुषाण और क्षत्रपों के काल में पूर्वभासित गुप्तकाल के नये विकासक्रम संस्कृत साहित्य के विशेष संरक्षण का उल्लेख नहीं किया है। यह क्षत्रिय दरबारियों के साथ उनके सहायक ब्राह्मणों के उच्च वर्ग कारण आवश्यक था, जिन्हें कृत्रिम भाषा और शिष्ट साहित्य ने उनके लिए खाद्य और विलासिता की वस्तुएँ उत्पादित करने वाले आम लोगों से पृथक किया था।

भारतीय विद्यालयों के पाठ अब गुप्त काल को 'राष्ट्रवाद के पुनरुद्धार', एक वाक्यांश जिसे सभी द्वारा पूरी धार्मिकता से दोहराया गया, का श्रेय देता है। वास्तव में, कोई भी विद्यमान 'स्वर्ण युग' दरबारी नाटक या अन्य साहित्य किसी भी गुप्त को सीधे संदर्भित[5] नहीं करता। कालिदास का मालविकाग्निमित्रम शुंग वंश से संबंधित है; विशाखदत्त का मुद्राराक्षस का अभिप्राय उस कुशल षड्यंत्र का वर्णन करना है जिससे चाणक्य ने चंद्रगुप्त मौर्य को मगध के सिंहासन पर सुरक्षित रूप से बैठाया। समकालीन दस्तावेजों में केवल पुराणों ने तिरस्कारपूर्वक कई अन्य छोटे राजाओं के समूह में प्रारंभिक गुप्त राजा का उल्लेख किया है: 'गंगा के तट, प्रयाग (इलाहाबाद), साकेत (फैजाबाद) और मगध—इन सभी जिले (जनपद) पर गुप्त वंश के राजाओं द्वारा राज किया जायेगा। ...ये सभी राजा समकालीन, बर्बर (म्लेच्छप्रायस्य), अधर्मी (या अशिष्ट), बेईमान (या झूठे), कृपण, अत्यधिक चिड़चिड़े होंगे।' राजवंश का नाम प्रत्येक राजा के व्यक्तिगत नाम की समाप्ति में गुप्त लगे होने से निर्धारित किया गया है, यह प्रदर्शित करता है कि इस वंश का कुल, जनजाति, या जाति के रूप में कोई सम्मानित मूल नहीं था; एक वंशावली का आविष्कार करने के लिए ब्राह्मणों को भुगतान करने का विचार, जैसा कि बाद में[6] कई बार हुआ था, प्रकट नहीं हुआ है। प्रथम गुप्त सम्राट (ईसा बाद 319–20) चंद्रगुप्त प्रथम, जिसने एक लिच्छवी राजकुमारी कुमारदेवी से विवाह किया था, ने न केवल उसके साथ संयुक्त रूप से सिक्के जारी किए, बल्कि उसके पुत्र महान विजेता समुद्रगुप्त ने भी अपनी माता के परिवार के बारे में डींगें हाँकी। समुद्रगुप्त ने सभी नाग राजाओं को "समाप्त" किया था, और बचे नाग, जिनमें कुछ शाही परिवारों को छोड़ कर बर्बरता से बहुत दूर थे, जल्द ही विलुप्त हो गए थे। हाल के समय के अहोम और गोंड राजाओं की तरह संभवतया ब्राह्मणों की मदद से शक्तिशाली हो गए ऐसे उच्च परिवार मौजूद थे, यह स्पष्ट है। समुद्रगुप्त के पुत्र चंद्रगुप्त द्वितीय (देवगुप्त के रूप में और विक्रमादित्य और शहशंक, जिसे वह जाहिर तौर पर महान विशिष्टता के साथ ग्रहण और धारण करने वाला पहला था, जैसी कई गौरवपूर्ण उपाधियों से ख्यात) ने एक नाग राजकुमारी कुबेरनाग से विवाह किया। इस युगल की पुत्र प्रभावतीगुप्त का विवाह एक सहयोगी वकाटक राजा से हुआ, जो इस श्रृंखला में एक और राजनीतिक विवाह था। उत्तरार्द्ध के घर का पहला ज्ञात रिकॉर्ड एक अमीर लेकिन निजी वकाटक (Vākāṭaka) गृहपति गृहस्थ का था, जिसने लगभग ईसा पूर्व 150 में अमरावती में बौद्ध संस्थान के लिए दान दिया था (*EI.* 15–261–8)। प्रथम वकाटक राजा विंध्यशक्ति गुप्त का पूर्ववर्ती था। गुप्त विस्तार का प्रारंभिक रहस्य महज यह था कि वे कर वसूली के लिए आवश्यक पेशेवर सेना बनाने की हद तक जनजाति या जाति के उपयोग से मुक्त थे। कुछ बाद में विकसित विषम विवाह गठबंधन राजनीतिक उद्देश्य और कुलीनता का ठप्पा पाने, दोनों के लिए थे। उदाहरण के तौर पर कुछ ब्राह्मणों द्वारा लिच्छवी[7] को सीमा से लगभग परे तक निम्न जाति (मनुस्मृति 10.22) के रूप में माना जाता था; बौद्ध और जैन परंपरा में, वे अब भी अत्यंत उच्च स्थान रखते हैं। लिच्छवियों का राजनीतिक और सैन्य महत्व अशोक से पूर्व नष्ट हो गया था। एक लुप्त नाटक विशाखदत्त के देवीचंद्रगुप्त का एक उद्धरण और राजशेखर के काव्यमीमांसा के नौवें अध्याय में उद्धृत एक छंद एक गुप्त राजकुमार के रोमांटिक कारनामे से संबंधित है, जिसने अपने बड़े भाई की पत्नी रानी को बंधक रखने वाले खस (या शाक्य) मुखिया को मारने के लिए अपना वेष बदला था। उसने बाद में एक विधवा रानी से विवाद किया जिसका नाम ध्रुवदेवी या

ध्रुवस्वामिनी दिया गया है। पर्याप्त रूप से उल्लेखनीय है कि ध्रुवदेवी चंद्रगुप्त द्वितीय की रानी का नाम है जिसका पुत्र कुमारगुप्त (Fleet 10, 12, 13) अपने पिता का उत्तराधिकारी बना और जिसका उत्तराधिकारी युद्धप्रिय स्कंदगुप्त बना। बसाढ़ (प्राचीन वैशाली; JBORS 5.1919.303; ASI Ann. 1903–4 p. 107 + pl. xl) से प्राप्त वस्तुओं के बीच ध्रुवस्वामिनी नाम से उसकी व्यक्तिगत मुहर छाप अगोचर रह गई।* नाटक की विकृत रिपोर्ट में गुप्त, जिसने अपने भाई को मार डाला और उसकी विधवा से शादी की, के लिए तिरस्कारपूर्ण संदर्भ के लिए कुछ हो सकता है, जिसे बाद के अध्यायों में देखा जा सकता है (*EI*. 7. 38; 18.248)। सर्वाधिक गौरवशाली राजवंशीय शासन माने जाने वाले काल में एक रोमांटिक प्रकरण की अस्पष्ट झलक मिलना अत्यंत कष्टकारी है। गुप्तवंश की मुख्य प्रशंसा ज्यादातर उनके स्वयं के शिलालेख में मिलती है, यह एक सहस्राब्दी भूली रही, जब तक कि 19वीं शताब्दी में प्रिंसेप से शुरू कर यूरोपीय विद्वानों ने इसे नहीं पढ़ा। यहाँ तक कि सम्राटों के नाम स्मृति से ओझल हो गए। पढ़ने, प्रकाशित कर लेने और अनुवाद कर लेने के बाद, नव भारतीय पूंजीपतियों द्वारा अभिलेखों को बेसब्री से निरंतर ब्रिटिश नारे: 'भारत के पास विदेशी आक्रमणकारियों के निरंतर वारिसों द्वारा विजित किए जाने के अलावा कोई इतिहास नहीं है' के विरोधाभास के रूप में जब्त कर लिया गया। गुप्तवंश ने राष्ट्रवाद का पुनरुद्धार किया की बजाय राष्ट्रवाद ने गुप्तवंश का पुनरुद्धार किया।

9.4. सामंतवादी अनुदानों को पूर्ववर्ती दानों से पृथक करना आवश्यक है। सतव्या गाँव पर पयासी राजन्ना को दिए गए अधिकार (*DN*. 23) और ब्राह्मणों के लिए अन्य दान (*DN*. 3, 5 &c) बाद की राजाज्ञाओं में कुछ शब्दावलियों में समान हैं। जातक एक गाँव पर कुछ विशेषाधिकार रखने वाले अनतपिंडिका जैसे एक धनी महाजन के बारे में बताते हैं। लेकिन संदर्भ से यह स्पष्ट है कि यह राजा द्वारा नियुक्त ग्रामीण के सापेक्षिक है, जो गाँव से लाभ पा सकता था, और उनके पास प्रशासनिक शक्तियाँ थीं लेकिन वह एक सामंती स्वामी होने से बहुत दूर था। इस अवधि की भूमि-दान की ताम्रपत्र राजाज्ञाएँ आधुनिक काल में भी लगभग हजार की संख्या में बची हैं। सर्वाधिक महत्वपूर्ण राजाज्ञाएँ प्रकाशित हो चुकी हैं। सगभग 9वीं शताब्दी तक दान की राजाज्ञाएँ मंदिरों के लिए हैं (फाह्यान के अनुसार क्योंकि वे पहले बुद्ध विहार रह चुके थे), लेकिन इसके बाद के भूमि दान किसी मंदिर विशेष से असंबद्ध ब्राह्मणों के लिए हैं। बाद में भी, ब्राह्मणों को दान की प्रबलता जारी रही, दान के लिए प्रत्यक्ष कारण हमेशा दाता और उसके माता-पिता के लिए पुण्य कमाना रहा, उसकी महिमा और सफलता में वृद्धि रहा। यह उत्पादक आधार में वास्तविक उद्देश्य को आवृत्त रखता है। नये ब्राह्मण हिंसा की क्रियाविधि को घटाने में राज्य का एक आवश्यक सहायक था; उसके विनम्रता के उपदेश ने कुल प्रशासनिक लागत को कम कर दिया। विचाराधीन काल में, वह इससे बहुत ज्यादा महत्व का था: प्रकृतिकृत क्षेत्र में अन्वेषक, हल-ग्राम संस्कृति के लिए परिवर्तन का मुख्य उपकरण था। पंचांग के उसके ज्ञान की चर्चा पहले ही की जा चुकी है। इसके अलावा, वह बीज, फसलों मवेशी प्रजनन (गाय पवित्र होने के साथ ही साथ उपयोगी थी) के बारे में जानता था, इनमें से सभी हल के किसी उपयोग के अग्रवर्ती थे। अक्सर, शाही निमंत्रण पर दूर के आप्रवासन ने उसे दूरस्थ बाजारों और विनिमय के लिए उपयोगी फसलों के मूल्य का ज्ञान भी दिया। उसे जनजातीय वनों में प्रवेश की अनुमति थी जहाँ सेनाएँ भारी मुश्किलों और मामूली लाभ के साथ घुसपैठ कर सकी थीं। एक शांतिपूर्ण ओझा के रूप में, उसके अनुष्ठान और जीवनशैली ने उसे आसानी से असभ्यों पर अधिरोपित कर दिया था। व्यापारियों को भी पुजारी के रूप में उनकी मदद की जरूरत होती थी। बौद्ध भिक्षुओं ने जानबूझ कर स्वयं के एक अनुष्ठान विकसित करने से परहेज किया, इसीलिए ब्राह्मण और बौद्ध दोनों साथ चले। किसी राजा विशेष के 'हिंदू' या 'बौद्ध' होने पर आज लंबे, अर्थहीन तर्कों को पढ़ना हास्यास्पद है जब उदाहरण के तौर पर हर्ष हिंदू शब्द का अर्थ नहीं समझ सका था और उसे नागनंद जैसे बौद्ध नाटक को देवी गौरी को समर्पित करने में कोई मुश्किल नहीं हुई। ऊँचे या निम्न रसूख के कई अन्य राजाओं की तरह (कई बार संदेहास्पद मूल के, उस जनजाति, जिससे उनका उद्भव हुआ, के सरदार से बमुश्किल एक पायदान ऊपर)

---

* प्राचीन वैशाली, बसाढ़ में मिली एक टेरा-कोटा मुहर (JBORS. 5.303: Ann. Rep. Arch. Sur. India, 1903–4, plate 40) इस रानी की प्रतीत होती है। इसमें उसका नाम लुप्त नाटक के सटीक स्वरूप में ध्रुवस्वामिनी के रूप में दिया है। यदि किसी के द्वारा भविष्योत्तर पुराण, खास कर कुछ (उदाहरण के लिए M. Krishnamachariar, Hist. Classical Skt. Literature, Madras-Poona 1937 intr. pp. cii-civ) विद्यमान पाँडुलिपियों के एक महत्वपूर्ण संस्करण में दिए उद्धरणों की पुष्टि की जा सके, तो हम गुप्त वंश के बारे में एक और कदम जान पायेंगे; लेकिन यह रास्ता एक पुराण के लिए भी बेहद संदिग्ध प्रामाणिकता का है।

उसने और उसके पूर्वजों ने चार-जाति व्यवस्था के लिए अपने सम्मान को प्रदर्शित किया। इसका अर्थ यह है कि उत्पादन की अपेक्षाकृत प्रारंभिक अवस्था में वर्ग संरचना का तत्व और संरक्षण; चार कल्पित मूल वैदिक जातियों में महज दो: ब्राह्मण, शूद्र से ज्यादा विकसित करने में दक्षिण वस्तुत: विफल रहा।

सातवीं शताब्दी के प्रारंभ के भारतीय बौद्धवाद पर Hsiuen Chuäng कहता है:

'विनय (लियू), व्याख्यान (लुन), सूत्र (राजा),' समान बौद्ध ग्रंथ हैं। वह, जो पूरी तरह से इन ग्रंथों के एक वर्ग को व्याख्यायित कर सकता है, कर्मदान के नियंत्रण से मुक्त है। यदि वह दो वर्गों को व्याख्यायित कर सकता है, वह इसके अतिरिक्त उच्च पद (कक्ष) के उपकरण प्राप्त करता है; वह, जो तीन वर्गों को व्याख्यायित कर सकता है, उसे उसकी सेवा और आज्ञापालन के लिए भिन्न सेवक आवंटित हैं; वह, जो चार वर्गों को व्याख्यायित कर सकता है, उसे उसके सेवक के रूप में 'शुद्ध व्यक्ति' (उपासक= भक्त-अनुयायी) आवंटित हैं; वह, जो पाँच वर्गों के ब्लॉकों की व्याख्या कर सकता है, उसके आसपास अनुरक्षकों की अनुमति है। जब किसी व्यक्ति की प्रतिष्ठा एक उच्च स्तर तक पहुँच गई है, तो विभिन्न समय पर वह तर्क-वितर्क के लिए सभा का आयोजन करता है। ...यदि सभा में एक स्वयं को परिष्कृत भाषा, सूक्ष्म पड़ताल, गहरी पैठ, और गंभीर तर्क से अलग करता है, तो उसे अनमोल आभूषणों से सुसज्जित हाथी पर बैठाया जाता है, और भारी गाजे-बाजे के साथ मठ के द्वारों पर घुमाया जाता है। इसके विपरीत, यदि सदस्यों में कोई एक अपने तर्कों में हार जाता है, या खराब और अशोभनीय वाक्यांश का उपयोग करता है, या यदि वह तर्क में एक नियम का उल्लंघन करता है और उसके अनुसार अपने शब्द अपनाता है, तो उसके चेहरे को लाल और सफेद रंग से विकृत किया जाता है और उसके शरीर पर गंदगी और धूल मली जाती है, और फिर उसे किसी निर्जन स्थान पर ले जाया जाता है या उसे खाई में छोड़ दिया जाता है। (*Beal* 1. 81)। ... सिंधु नदी के किनारे, कुछ हजार ली सपाट दलदली निम्न भूमि के पास हजारों सौ परिवार बसे है। वे संवेदनाशून्य और अविवेकी स्वाभाव के हैं, और केवल रक्तपात करते हैं। वे अपने आप को मवेशियों को चराने में समर्पितकर देते हैं, और इससे उनकी आजीविका प्राप्त होती है। उनका कोई स्वामी नहीं होता और, चाहे मर्द हो या औरत, वे न धनी होते हैं और न ही गरीब; वे अपने सिर का मुंडन करते हैं और भिक्षुओं के कसे वस्त्र पहनते हैं, जिनके वे बाहर से सदृश लगते हैं जबकि वे स्वयं को जीवन के सामान्य मामलों में लिप्त रखते हैं। वे अपने संकीर्ण विचारों को बनाए रखते हैं और बड़े वाहनों पर प्रहार करते हैं। ...लेकिन हालाँकि वे धर्म के परिधान पहनते हैं, वे बिना किसी नैतिक नियम के जीते हैं और उनके पुत्र और पौत्र अपने धार्मिक पेशे के प्रति बिना किसी सम्मान के सांसारित लोगों की तरह जीना जारी रखते हैं' (*Beal* 2. 273)।

बाद का उद्धरण अत्यंत रुचिकर है क्योंकि यह दर्शाता है कि आर्यों के चरवाहे और जनजातीय वंशज अब भी नदी, जिसे इरद्र (Irdra) द्वारा 'मुक्त' किया जा चुका था, के किनारे पर क्या करना जारी रखे थे। वस्त्र एक बौद्ध विशेषता थे या बहुत पहले अपनाई गई आदत, जिसने वास्तव में पूर्वी आर्यों के जरिये बुद्ध के चयन को प्रभावित किया हो सकता था, यह स्पष्ट नहीं है; संभवत: पूर्ववर्ती। शेष दर्शाता है कि बुद्धवाद कैसे धीरे-धीरे लामावाद की ओर विकसित हुआ, या पराक्रम से लाभान्वित पदस्थापितों के लिए प्रतिबंधित आध्यात्मिक खेल में बदल गया। कुछ विशिष्ट भिक्षुओं के नाम पर, या उनके अनुयायियों द्वारा दान के जरिये पुरातत्व इसकी पुष्टि करता है। हमेशा सामान्य लोगों से ऊँचे आसन पर रहने वाले भारी-भरकम बोधिसत्वों (गर्वीले आभूषणयुक्त मुकुट पहने या महँगे सिंहासनों पर बैठे हुए) के उत्तराधिकार के साथ उस काल की मूर्तियाँ और अजंता के समकालीन भित्तिचित्र दर्शाते हैं कि यह धर्म अपने संस्थापक की भावना, कार्यों और नियमों से कितना दूर हो गया था। चीनी तीर्थयात्रियों द्वारा गिने गए समृद्ध संघाराम के अपार समूहों, और नालंदा में एक निवासी विद्वान या शिक्षक की अनुलब्धियों दिए गए विवरण दर्शाते हैं कि बौद्ध समाज के लिए धन के अधिग्रहण ने क्या किया था। विहार संपत्ति (बाद के दिनों में मंदिर जागीर के रूप में) का प्रशासन एक परिवार का लाभप्रद एकाधिकार बनने की ओर प्रवृत्त हुआ। किसी छोटे पुत्र, जो मठ का विधिवत चुना हुआ महंत होगा, के मुंडन के जरिये नियंत्रण, सुरक्षा और कार्यकाल जारी रहना सुनिश्चित (जैसे सीलोन में) था। यह समस्या मंदिरों में नहीं उत्पन्न हुई, क्योंकि पुजारियों ने न ही ब्रह्मचर्य और न ही गरीबी की कसम खायी थी और वे सीधे आनुवांशिक नियंत्रण ले सकते थे, हालाँकि महाजनों के घर अक्सर मदद किया करते थे। संघ अब उच्च वर्गों पर आम लोगों, जो उन उच्च वर्गों की सेवा के लिए भी आवश्यक था, से न्यूनतम संपर्क के बगैर निर्भर था। बुद्ध का एक दंत चिह्न एक स्वर्ण मुद्रा के शुल्क पर प्रदर्शित किया गया था (*Beal* 1.222)। स्वाभाविक रूप से, धर्म के अंत की भविष्यवाणियाँ प्रचलित हो गयीं (*Beal* 1.237 और क्रमशः), जब इस तरह की और ऐसी छवि मलीन हो कर मिट्टी में मिल गई हो (*Beal* 2.116)। कि धर्म स्वयं धन और अंधविश्वास के दलदल में पहले ही वस्तुत: मलीन हो कर धँस चुका था, आस्था से अंधे नहीं हुए आधुनिक आँखों को स्पष्ट दिखायी देगा। ऐसी विलासिता धर्म के जरिये आवृत्त आर्थिक असंतोष के कारण हर्ष के विशाल संघाराम को आग लगाने के बाद उसकी हत्या के प्रयास की व्याख्या कर सकती है। ऐसे झगड़े इसके बाद धर्म के जरिये ज्यादा से ज्यादा कपटपूर्ण होने लगे।

यह उल्लेखनीय है कि चीनी तीर्थयात्रियों ने एक बार भी SN 824–34 के बिल्कुल स्पष्ट शब्दों, आत्मा को अकेला छोड़ दें, का उल्लेख नहीं किया है, जहाँ शिक्षक खुद सभा (पारीसा) से पूर्व बहस में पड़ने से से इनकार करते हैं, वहाँ एक व्यर्थ और यहाँ तक कि भ्रष्ट शगल के रूप में प्रस्तुत किया गया। सर्वोच्च धर्मसंकट मीमांसा के साथ, इत्सिंग (I-tsing) (pp. 58–9) भिक्षुओं द्वारा रेशम के उपयोग का बचाव करता है हालाँकि इसमें रेशम के कीड़े को मारा जाता है। लेकिन तब, वह अधिक शुद्ध धर्मशास्त्र को जानने के लिए भारत आए थे। उसके यात्रा संस्मरण प्रशासनिक प्रथाओं से भरे पड़े हैं: पर्याप्त संपत्ति के निपटान के लिए छोटे नियम हैं कि मठ के श्रेष्ठजन अधिकार रख सकते हैं (I-tsing 189–92)। भिक्षु स्वयं के लिए मठ की अथाह संपत्ति का आनंद लेने के स्तर पर आ गए थे (193–5), हालाँकि प्रथम भिक्षु के आदर्श अभी भी एक सुरक्षित दूरी से प्रशंसनीय थे। आष्टांग मार्ग (पृष्ठ 60) की 'सही आजीविका' अब मठ की भूमि को किराये पर देने के स्तर तक गिर गई थी। संघ का हिस्सा छठवें से बढ़ कर तिहाई तक हो गया था (I-tsing pp. 60–1)। भारतीय मठों के 'सही शिष्टाचार' के साथ आगंतुक को प्रवेश दिया था (पृष्ठ 65), और लिखा कि: 'नालंदा के मठ के संस्कार अब भी सख्त हैं। नतीजतन निवासियों की संख्या बहुत है और 3000 से अधिक है। इसके कब्जे की भूमि पर 200 से अधिक गाँव हैं। वह कई पीढ़ियों के राजाओं द्वारा (मठ को) प्रदान किया गया है। इस प्रकार धर्म की समृद्धि हमेशा के लिए जारी है, बिना कारण लेकिन (तथ्य यह है कि) विनय कड़ाई से किया जा रहा है।' मठ की समृद्धि को धर्म के साथ पहचाना जाता है। शेष के लिए, चीनी योग्य शिष्य साबित हुए। उनके मठों को भी वास्तविक भूखंड के अधिकार के बिना भू-राजस्व का अधिकार प्राप्त हो सकता था (*GAEB* 109), और जौ के ऋणों पर अत्यधिक ब्याज वसूला था (*GAEB*. 100), हालाँकि अकाल के समय भुखमरी में अनाज को बाँटा जा सकता था (96)।

अपने नव-अग्रदूत ऊँची जाति के साथ ब्राह्मणवाद अपनी संपूर्णता में नये, मध्यवर्ती भू-स्वामी वर्गों के लिए ज्यादा सहज था, जो धीरे-धीरे उभरने प्रारंभ हो गए थे। यह वैदिक यज्ञों को छोड़ दिए जाने के बाद विशाल, अनुत्पादक मठवादी बुनियाद के मुकाबले कम खर्चीला था, जबकि अनुष्ठान के एकाधिकार ने इसे राज्य का बेहतर सहायक बना दिया। ब्राह्मण भिक्षुओं के मुकाबले ज्यादा दक्षता से जनजातीयों को शांतिपूर्वक जातियों में सीमित कर सकते थे। महान, योद्धा, अत्यधिक केंद्रीकृत, लेकिन व्यक्तिगत रूप से शासित साम्राज्यों के पतन के साथ ही बौद्धों का पतन अवश्यंभावी था; दोनों ही अब अनार्थिक हो गए थे। धर्म अब हर्ष को युद्ध से शांति की ओर उन्मुख नहीं कर सकता था, जैसा इसने अशोक को किया था। बड़े मठ (अपने सामाजिक कार्यों और वर्ग सेवा में) विशाल केंद्रीय सेनाओं के समांतर थे। दोनों अत्यधिक महँगे और आत्मनिहित गाँवों की बढ़ती संख्या के लिए उत्तरोत्तर अनावश्यक थे, जबकि स्थानीय वस्तु विनिमय* ने नकद व्यापार को आधिकांशत: प्रतिस्थापित कर दिया था। प्राचीन बौद्ध धर्म की सामाजिक विशेषताएँ सार्वभौमिक रूप से सही मान ली गई थीं, इसलिए इसकी सभ्यता का प्रभाव बना रहा। जो खत्म हुआ, वह संभवत: कभी भी समुचित ढंग से समझा ही नहीं गया: कि व्यक्ति को अपने मस्तिष्क को सावधानीपूर्वक अच्छे, स्वच्छ, सामाजिक विचारों के लिए प्रशिक्षित करना चाहिए, ठीक वैसे ही जैसे उसे गाने के लिए आवाज को, या किसी शिल्प में निपुण होने के लिए हाथ और आँख को प्रशिक्षित करने की जरूरत होती है। समाज के अच्छे स्वास्थ्य के लिए मस्तिष्क की समुचित देखभाल उसी तरह आवश्यक है जैसे व्यक्ति विशेष के स्वास्थ्य के लिए शरीर की, और उत्पादन बनाए रखने के लिए खेतों की देखभाल।

दो क्षत्रिय महाजनों ने उत्तर प्रदेश के बुलंदशहर जिले में एक सूर्य मंदिर स्थापित किया (Fleet 16) जिसे एक ब्राह्मण ने ईसा बाद 465–6 में अखंड दीप जाल कर संपन्न किया। यह मानकब्राह्मण और क्षत्रिय जाति प्रथा के पूरी तरह खिलाफ है। जाति का क्या अर्थ होना चाहिए, जब गोतमीपुत्र जैसा योद्धा शासक 'विशिष्ट ब्राह्मण' होने का दावा करे? समान काल के एक अन्य सतकर्णी ने शक विदेशी रूद्रदमन की पुत्री से विवाह किया। पिता की तरह राजकुमारी ने सभी सतवाहनों के मुकाबले अकेले अधिक संस्कृत (Lüders 994, at Kaṇherī) का प्रदर्शन किया। इसके बावजूद, वसिथिपूता पुलुमयी का दावा था कि 'जातियों के अंतरमिश्रण का खात्मा करना' है। खाद्य-एकत्रक अतविक जनजाति के सरदारों, जिन्होंने व्यापार के जरिये या अधिक आधुनिक सेनाओं में योद्धा बन

---

* भारत में नकद के स्थान पर वस्तु विनिमय या सेवा के रूप में भुगतान अब भी सापेक्षतया अधिक है। राष्ट्रीय नमूना सर्वेक्षण (संदेहास्पद दायरे का) ने इसका अनुमान (भारत.1956.99) उपभोग की गई सभी वस्तुओं के लिए 40 प्रतिशत लगाया है, ग्रामीण क्षेत्र के लिए यह 43 प्रतिशत और शहरी क्षेत्र के लिए 11 प्रतिशत होने का अनुमान है।

कर जनजातीय संपत्ति बढ़ा ली थी, को इस प्राप्ति को निजी संपत्ति में बदलने के लिए कोई मार्ग तलाशना था। उन्हें किसी तरह शेष जनजातियों के ऊपर बढ़ना था। उनके लिए, ब्राह्मण महाकाव्यों में उनके पूर्वजों को तलाश सकते थे, या किसी प्राचीन पाठ में उन्हें लिख सकते थे। पुराणों में वर्णित[8] हिरण्यगर्भा जैसे अनुष्ठान वस्तुत: ऐसे ही सरदारों द्वारा किए गए थे (EI. 27. 8–9; 17.328; IA. 19.9 ff)। यहाँ पुजारी एक महत्वाकांक्षी प्रत्याशी को एक सुनहरे पात्र, 'गर्भाशय' में बिठाएगा। तब गर्भवती के लिए मंत्र, इसके बाद जन्म-मंत्र पढ़ा गया, जिसके बाद राजा अपने पुनर्जन्म के लिए पुजारी को कई शब्दों में धन्यवाद देने के लिए अपनी अनुबंधित स्थिति से उतरा। इससे उसने उच्च जाति प्राप्त की, जबकि भूमिका निभाने वाले ब्राह्मणों ने अपने शुल्क के हिस्से के रूप में सोने की वाहिनियाँ प्राप्त कीं। नई जाति ने उसे और उनके सुजन्मे वंशजों को ब्राह्मण विद्या में शिक्षण का अधिकार दिया था जिससे शूद्र और जाति-पूर्व जनजातियों को समान रूप से वर्जित किया गया था। जनजातियाँ या जनजाति के हिस्से, अधिक नियमित और प्रचुर खाद्य आपूर्ति प्राप्त करने की नई विधि को वरीयता देने वालों के मुकाबले बहुत कम तेजी से हल कृषि नस्ल के रूप में नहीं बदले। इसके बावजूद, खेतिहर या कारीगर जाति के लिए अक्सर उसी तरह समान नाम पाए गए जैसे पड़ोस में खाद्य-एकत्रक जनजातियों में थे। इस संक्रमण काल में जनजातीय समाज के सार तत्व को बनाए रखा गया जैसे सगोत्र विवाह- सरदार को छोड़ कर, जो अब राजा बन गया था, इस तरह उसने आगे स्वयं को अपने पूर्व समकक्षों से अलग कर लिया। सहभोज निषिद्ध का अब यह अर्थ था कि निम्न जाति के किसी भी व्यक्ति द्वारा पकाये खाना को ग्रहण नहीं करना है। पहले कुल या जनजाति से निष्कासन की तरह जाति से निष्कासन सबसे शक्तिशाली और खतरनाक सजा बनी रही, क्योंकि व्यक्ति किसी दूसरे समूह की सदस्यता आसानी से प्राप्त नहीं कर सकता था, जब उसने उसके अपनों द्वारा उसे प्रत्याभूत सभी अधिकारों को खो दिया हो। इस प्रक्रिया के दौरान कुछ तुच्छ पुजारी भी ब्राह्मणों के रूप में बदल गए थे। यह एक विशिष्ट जनजाति के एक अत्यधिक वृहद आम समाज के नवनिर्मित हिस्से के रूप में बुनियादी बदलाव के अनुरूप था।

ब्राह्मण अप्रवासी अपनी महिलाओं को साथ लाने में अक्सर विफल रहते थे, जिसका अर्थ स्थानीय निवासियों के साथ अंतरविवाह है, और इसीलिए स्मृतियों में ऐसे विवाह की सातवीं पीढ़ी को शूद्र से ब्राह्मण बनने की अनुमति दी गई है (मनुस्मृति 10.64–5)। मालाबार के नायरों की तरह नेपाल की संपूर्ण जइसिया जाति ऐसे ही नियमित ब्राह्मण संसर्ग से विकसित हुई है। बंगाल में लोकनाथ जैसे राजाओं को ब्राह्मण और शूद्र महिला से अपनी उत्पत्ति की घोषणा करने में शर्मिंदगी नहीं हुई थी (*EI*. 15.301 एफएफ)। राजा हस्तिन और संक्षोभ (ए.डी. 528–9) के नृपली-परिव्राजक (राजसी संन्यासी) वंश, जिसने 'अठारह वन साम्राज्यों' (आधुनिक अथारागढ़) पर शासन किया, इसी तरह के एक संन्यासी सुशर्मन, जिनका नाम नि:संदेह ब्राह्मण निरूपित करता है, से वर्णित (Fleet 25) है। एकमात्र स्पष्टीकरण यह है कि सुशर्मन ने संन्यासी जीवन में एक जनजाति में विवाह करना पसंद किया। भारत-चीन सीमा पर चंपा नामक प्राचीन साम्राज्य को भी इसी तरह एक भारतीय उच्चजाति के दिलेर कौन्दिन्य ने स्थापित किया था, जिन्होंने तीरंदाजी में श्रेष्ठ कौशल के जरिये स्थानीय जनजातियों को डराया और एक समृद्ध राजवंश स्थापित करने के लिए उनकी 'नाग' रानी सोमा से विवाह किया। अविकसित जनजातियों में केवल माँ के जरिये वंश की गणना करने से ऐसे मिलन को मदद मिली होगी जब तक कि दृढ़ जाति व्यवस्था के साथ गाँवों को दबा नहीं लिया गया होगा।

9.5. वाकाटक राजा प्रवरसेन द्वितीय द्वारा उसके 18वें वर्ष में जारी एक भूमि घोषणापत्र की शब्दावली को उद्धृत करना उपयोगी है: यह सामूहिक रूप से एक हजार ब्राह्मणों को दिया गया दान था, जिनमें से 49, संभवत: परिवारों के मुखिया, का नाम लिखा है (Fleet 55):

'अब हम एक गाँव का निश्चित उपयोग, जैसे कि इस (गाँव) को शोभायमान बनायें, जैसा कि पूर्व राजाओं द्वारा सिद्ध किया जा चुका है, जो सभी तार वेदों को जानने वाले समुदाय का है, प्रदान करते हैं। अर्थात, इसे करों का भुगतान नहीं करना है; इसमें नियमित सैनिकों या उच्चाधिकारियों द्वारा हस्तक्षेप नहीं किया जाना है, यह इसके साथ उत्पादन के क्रम में गायों और बैल का अधिकार नहीं रखता है, न ही फूलों और दूध के उत्पादन पर अधिकार रखता है, न ही चरागाह, पशुचर्म, लकड़ी के कोयला पर अधिकार रखता है, न ही गीले नमक के लिए खदानों पर अधिकार रखता है। यह सभी दासता दायित्वों से पूरी तरह मुक्त है, सभी खजाने-कोष के अधिकार अपने पास रखता है। और दानपत्र की इस शर्त को ब्राह्मणों और भावी स्वामियों द्वारा बरकरार रखा जाना चाहिए; अर्थात (कि अनुदान जारी रहता है) जब तक कि सूर्य और चंद्रमा हैं, बशर्ते कि वे राजाओं के अधीन राज्य या उसके किसी भी घटक के खिलाफ कोई राजद्रोह न करें; कि वे ब्राह्मण हंता न हों, न ही चोर, व्यभिचारी, राजा को जहर देने वाले और इस तरह के हों; कि वे युद्ध नहीं करते; कि वे अन्य गाँवों से कोई गलत बर्ताव नहीं करते। लेकिन यदि वे अन्यथा कार्य करते हैं, या (ऐसे कृत्यों के लिए) सहमत हैं, तो राजा भूमि को वापस छीनने में में कोई हिचकिचाहट नहीं करेगा।'

शर्तें नहीं, केवल उनके सुस्पष्ट कथन असामान्य हैं। गाँव पहले से ही ब्राह्मणों द्वारा अधिवासित था, जो अब करों के बिना इस पर खेती करेंगे। लेकिन स्पष्ट रूप से उनके पास पूर्ववर्ती पेश—निश्चित रूप से गैर-किसान पशुपालक—जो अत्यंत सावधानीपूर्वक संरक्षित थे, पर कोई अधिकार नहीं था। गाँव को शांतिपूर्ण रहना था, कभी हथियार नहीं उठाना था, न ही अन्य गाँवों के खिलाफ अतिक्रमण करना था। ऐसे नि:शस्त्र गाँव बस्तियों के मान थे, ब्राह्मण अनुदान केवल बोने के लिए उपयोग किया जाता था। शाही सैनिकों, अधिकारियों, पुलिस के प्रवेश से छुटकारा ऐसे सभी अनुदानों में असली लाभ है; गाँवों की अत्यंत असहायता ने इस पर किसी भी ऐसे व्यक्ति के धावे को सरल बना दिया था। कदाचित जहीन तर्क पेश किया जाता है कि आग्नेयास्त्रों के दिन से पूर्व, एक किसान के औजार भी अच्छे हथियार होंगे, और राजा की सेना का प्रतिरोध हमेशा संभव है, यदि अत्याचार हद से आगे बढ़ गया हो। अन्यथा दानपत्र किसानों के शस्त्रीकरण के खिलाफ जाति और राज्य के प्रभाव, और ग्रामीणों को गुल्मा सैनिकों का विशेष प्रशिक्षण दिए जाने से इनकार को सिद्ध करते हैं, जबकि तर्क गाँवों के पारस्परिक अलगाव का कोई कारण नहीं बताते। आज भी, अधिकारी और पुलिस थोड़े से बल प्रदर्शन के साथ अमूमन किसी भी भारतीय गाँव पर अत्याचार कर सकती है।

अन्य भूमि-अनुदानों से पता चलता है कि आगे कैसे निर्जन भूमि में बस्तियों को खंड-दर-खंड विकसित किया गया था। छठवीं शताब्दी की दामोदरपुर पट्टिकाओं (*EI*. 15.113–145) से राज्य से खरीद का पता चलना माना जाता है, जैसे कि फरीदपुर (*IA*. 1910, 193–216) पट्टिकाएँ हैं। दोनों ही उस किसी भी व्यक्ति, जिन्हें कोई पूर्वाग्रह नहीं है, को बिल्कुल स्पष्ट हैं। दान पत्रों के दोनों समुच्चयों में, पुण्य लाभ के लिए ब्राह्मणों को दान देने के इच्छुक महाजनों ने स्थानीय अधिकारियों को आवेदन किया था। जब सर्वेक्षक भूखंडों, जो हमेशा गैर-कृषि और गैर-कर निर्जन भूमि में होते थे, की माप करते थे, तो पंजीयक और बुजुर्ग उपस्थित होते थे। तब दाता द्वारा राजा का छठवाँ हिस्सा चुकता किए जाने के बाद भूखंड ब्राह्मण को सौंप दिया जाता था। दान में भूमि नहीं, बल्कि अनंतकाल तक बिना कर, जो सामान्य रूप से उपज का छठवाँ हिस्सा होता था, के इस पर खेती का अधिकार मिलता था। बंगाल में शक्तिशाली व्यापार और ग्रामीण बस्तियों का तीव्र विस्तार संयोगवश ऐसे अनुदानों से देखा जाता है।

स्थान-दर-स्थान के हिसाब से स्थानीय पट्टे भिन्न थे, और पुराने दस्तूर का हमेशा यथासंभव सम्मान करते थे। Fleet 80 में, एक गाँव को, निवासियों समेत, जो विशुद्ध रूप से शूद्रों के कुछ विशेष वर्ग थे, कुछ सभाओं की सहमति से मंदिर के पुजारी को दिया गया। महाराजा महासामंत समुद्रसेन का यह आश्चर्यजनक दान सातवीं सदी का पंजाब का है; एक अन्य स्थान पर, दान दिए गए लोग विजित मूल निवासी थे। लेकिन कई बार ग्रामीण मजदूरों का भी 'दान' किया गया (*JBORAS*. 2.423, 407, 415; *EI*. 15.1 ff., 363)। कुछ पट्टिकाओं में, व्यक्तिगत भूखंड दिए जाते हैं। समय बीतने पर, दान ज्यादा से ज्यादा उदार हो गए। फिर भी एक विशेषता अपरिवर्तित बनी रही। पूरे गाँव के प्राप्तकर्ता को वह अधिकांश अधिकार मिले जिनका दावा राज्य करता होगा। वह यह कि उन्होंने प्रयोग के आधार पर पहले से तय कर वसूल किए। कर का कोई हिस्सा राज्य या किसी राज्य अधिकारी को नहीं दिया जाना था, लेकिन दान प्राप्तकर्ता को ऐसे करों में वृद्धि का अधिकार नहीं था, न ही भूमि और मवेशियों पर संपत्ति का अधिकार था। भूमि पर राज्य के स्वामित्व का अर्थशास्त्र का सिद्धांत कायम था, लेकिन इस अर्थ में कि राज्य खेती की गई उस जमीन पर कर का दावा करेगा जिसमें निवासी का अधिकार पूरी तरह से सुनिश्चित है। एक बार फिर, जाति खेतिहर के सीमित उत्पीड़न के लिए एक हद तक जिम्मेदार थी। अगर यह सबसे बुरी स्थिति में आया, तो उसकी जाति वाला, मूल रूप से समान जनजाति का वंशज, उसके साथ खड़ा होगा; ऐसी स्थानीय जाति सामान्य रूप से एक गाँव से बाहर तक विस्तारित होती होगी। हर्षचरित्र और इसके बाद के दामोदरपुर पट्टिकाओं में, ज्यादा से ज्यादा उच्च अधिकारियों के विकास का उल्लेख है: समय के साथ ऊपर से सामंतवाद ज्यादा भारी होने की ओर उन्मुख हुआ।

हर्ष के 25वें वर्ष (उसके कार्यकाल के) में भूमि दान का निम्न उद्धरण सामान्य प्रक्रिया दर्शाता है:

'कपित्थिका (गाँव) में नौकाओं, हाथियों, घोड़ों और विजय से सुसज्जित महान राजसी शिविर-मुख्यालय से, महेश्वर का भक्त हर्ष श्रावस्ती भुक्ति में कुंदधानी विषय के सोमगुंड गाँव में एकत्र सामंतों, और अधिकारियों (महासामंत, महाराजा, दुसाध्य-सधानिक प्रमात्र, राजस्थानीय, कुमारअमात्य, उपरिक, विषयपति, नियमित एवं पूरक सैनिकों, राज्य सेवकों और अन्य) और गाँव के निवासियों को यह आदेश जारी करता है:

'लेकिन यह आप सभी के लिए ज्ञात है! पता लगा है कि फर्जी दान पत्र की ताकत पर ब्राह्मण वामरथ्य ने इस गाँव का उपभोग किया था, इसलिए मैंने उस दान पत्र को खारिज कर दिया है और (गाँव को) उससे वापस ले लिया है। और (मेरे माता-पिता और बड़े भाइयों, सभी पूर्वजों का) आध्यात्मिक पुण्य बढ़ाने

के लिए इसे भूमि चिद्र (निर्जन-भूमि) उपयोग के अनुसार दान के रूप में (ब्राह्मण) भट्ट शिवस्वामी और भट्ट वटस्वामी के अग्राहार के रूप में सेवा के लिए सौंपता हूँ। ...यह दान अपनी उचित सीमाओं और राजसी परिवार द्वारा दावा किए जा सकने वाली सभी आय के साथ उद्रंग (कर) (अर्पित किया जाता) तक विस्तारित है, लेकिन सभी दायित्वों से मुक्त है। इसे जिले के बाहर का भूखंड (माना जाता है)। इसे पुत्रों और पुत्रों के पुत्रों को उत्तराधिकार में दिया जाता है जब तक कि चंद्र, सूर्य और पृथ्वी रहेगी।

'यह जान कर, आपको इस (अनुदान) के लिए अनुमत होना चाहिए, और मेरे आदेश के अनुपालन में, निवासी नागरिकों को (इसके बाद) केवल इन दोनों को उपज के (छठे) हिस्से, भू-स्वामित्व कर (भोग कर), नकद कर और अन्य बकायों का सटीक उपाय करना चाहिए। और (राज्य के दावों की) सेवाएँ उन्हें प्रदान करें। ...इस (पत्र) के दुतक महाप्रमात्र महासामंत श्री-स्कंदगुप्त हैं; और यह भू-अभिलेख (अक्सपटल) के प्रभारी उच्च अधिकारी सामंत महाराजा इश्वरगुप्त की आज्ञा से है' (*EI*. 7.155–60)।

सामंती अधिकारी पहली बार स्वयं भी 'महान राजा, पड़ोसी राजा' हैं। इसके बावजूद, उनमें से किसी को न स्वयं के पहल पर ऐसे दान पत्र बनाने की शक्ति थी और न ही उनकी सहमति की आवश्यकता थी। वस्तुत:, दानपत्रों, जो एक छोटे खेत से ज्यादा कुछ नहीं देते थे, पर राजसी हस्ताक्षर पाना सामान्य है। दरबार शिविर, सचिवालय और अन्य सभी के साथ यात्रा करता था। दान एक ऐसे बौद्ध सम्राट द्वारा ब्राह्मणों को किया गया है, जो स्वयं के शिव का भक्त-अनुयायी होने का दावा करता था। अंतत:, ऐसे दान जालसाजी के लिए पर्याप्त रूप से आकर्षक बन गए। वास्तव में अब तक ताम्र पट्टिकाओं में जानसाजी पाई गई है। उद्यमी ब्राह्मण दानपत्र के सीधे फर्जीवाड़े के लिए संस्कृत के अपने ज्ञान का उपयोग लाभदायक रूप से कर सकते थे और किया। अन्य ज्ञात फर्जीवाड़ा तरलस्वामी (ईसा बाद 594–5 का *CII*. IV. 16पी-65) का 'समुद्रगुप्त' (*EI*. 15) का दानपत्र, विजयराजा की कैरा पट्टिका (लगभग ईसा बाद 650 के बाद का; पूर्वोक्त 165–73) है। यह एक शाही वंशावली के आविष्कार, या कुछ पुराण के मिथ्याकरण से तेज था, और इसके लिए किसी दंड का प्रावधान नहीं मिलता। समकालीन यूनानी इतिहासकार एरियन ने यह दावा करना मुश्किल पाया होगा कि कोई भी भारतीय कभी झूठ नहीं जानता था।

निम्नलिखित विचार उपरोक्त विवरण को स्पष्ट करने में मदद कर सकते हैं। यदि आधुनिक पूंजीपति दृष्टिकोण से देखा जाये तो भूमि में निजी संपत्ति, उदाहरार्थ खरीद और बिक्री, का सवाल कोई अर्थ नहीं रखता। पहला, जनजातीय चरण, जहाँ भूमि एकमात्र क्षेत्र था, से अधिकांशत: वास्तविक किसान उभरे, जबकि खाद और मवेशी खाद का उर्वरीकरण होने तक पुरानी काटो-जलाओ खेती ने व्यक्तिगत भूखंड बेकार कर दिए थे। दूसरे, भूमि का स्वामित्व, भले ही महज खेती के अधिकार के अर्थ में हो, एक सुविधा के साथ ही साथ समुदाय की सदस्यता का प्रमाण था। संपूर्ण भूमि का नुकसान तब तक नहीं होता होगा, जब तक कि व्यक्ति किसान उपसमूह, आमतौर पर जाति से बहिष्कृत नहीं हो जाता था। अंत में, ग्रामीण समुदाय के भीतर, जो वास्तव में कोई वस्तु उत्पादित नहीं करता था, भूमि का कोई खरीदार नहीं होता होगा, जबकि अशोधित बेकार या सीमांत जमीन थी और अभी भी खेती के लिए इनका उपयोग होना था। एकमात्र शर्त राजा को कर का भुगतान करना और शायद पूर्ववर्ती ग्राम समुदाय के लिए मामूली अभिग्रहण कर थी, जब तक कि नए निवासी अपना स्वयं का पृथक समुदाय नहीं बना सकते थे। यह स्थिति लगभग मुगल काल के अंत तक, स्थानीय भिन्नताओं के साथ जारी रही।

दानपत्र ब्राह्मण अनुदान की विशेष स्थितियों का लगभग विशेष रूप से उल्लेख करते हैं। ऐसे अनुदानों में कर्षत: कर्षयत: (karṣataḥ karṣayataḥ) शब्द यानी 'वह स्वयं खेती करे या दूसरों के द्वारा खेती करा सके, सामंती संपत्ति और जमींदारी का सृजन' का संकेत नहीं देता। एक नियम के रूप में यही है, कि वास्तविक खेती करने से ब्राह्मण को जाति और उसके पुरोहित कर्तव्यों से रोक दिया गया था। जब एक

चित्र 38: बाँसखेड़ा ताम्र पट्टिका (*EI*. 4.208–11) पर हर्ष के हस्ताक्षर: स्व-हस्तो मम महाराजाधिराज-श्री-हर्षस्य। पट्टिका में दो ब्राह्मणों को एक गाँव दान दिया गया है। अशोक के साधारण मगधी राजा की राजसी उपाधि के विपरीत है।

ब्राह्मण को दान किया गया था, तब चूँकि जमीन निरपवाद रूप से कर-मुक्त थी, तो किसी अन्य द्वारा खेती किया जाना विधिक रूप से कर अपवंचन होता होगा, जब तक कि दानपत्र में विशेष छूट का प्रावधान न किया गया हो*। भूमि में सामान्य अधिकार इन स्थितियों और बाद में इनके बने रहने से अनुमान लगाये जा सकते हैं। ग्रामीण झोपड़ियाँ एक कटघरे से घिरी होती थीं, और परिणामस्वरूप बचे क्षेत्र में एक साझा सुदीर्घ चरागाह होता था। इससे परे पहली बसाहट की खाद्य-उत्पादक भूमि भी साझे में थी और कर भी साझे में थे। इस मुख्य खेती की भूमि में एक भूखंड या खेत पर एकमात्र अधिकार असल स्वामी द्वारा निर्धारण के जरिये उसका होता था, जो वस्तुत: इस पर खेती करता था और केवल तब तक जब तक कि वह खेती करता था, संपूर्ण गाँव का प्रतिनिधित्व ग्राम परिषद के द्वारा होता था। इससे परे बेकार भूमि भी होती थी जिसे परिषद या राजा द्वारा किसी भी व्यक्ति (ब्राह्मण हो या नहीं), जो खेत के शोधन या पौधकरण का इच्छुक हो, को भी सौंपा जा सकता था। यह तब तक के लिए सौंपा जाता था जब तक वह कर का भुगतान करता था और भूमि पर खेती करता है – जब तक कि उसे उपरोक्त से दुर्लभ छूट न मिली हो। बाद में, श्रम आपूर्ति बढ़ने और नये विकासशील बाजार के साथ ही, प्राप्तकर्ता से कुछ कर और सेवा के राज्य के दावे को छोड़ कर ब्राह्मण अप्रत्यक्ष खेती ने भू-स्वामित्व और यहाँ तक कि सामंती संपत्ति के निर्माण के लिए प्रारूप के रूप में भूमिका निभायी।

9.6. पूर्ववर्ती अनुभागों में उल्लिखित, गुप्त काल एवं उसके बाद के कालों के भूमि बंदोबस्त की प्रक्रियाओं को सौभाग्य से रिकॉर्ड, पुरातत्व और क्षेत्रीय कार्य से स्पष्ट किया जा सकता है। सिर्फ विकास अनुक्रम को ऐतिहासिक केंद्र बिंदु में लाने के लिए, एक क्षेत्रीय उदाहरण को विस्तार से देखा जा सकता है। कदंब का पेड़ (*Nauclea cadamba*, या संभवत: *Anthocephalus cadamba*) भारत के अधिकांश हिस्सों, खास तौर पर गर्म क्षेत्रों, में अपने आकर्षक नारंगी फूलों के लिए जाना जाता है। इस खाद्य फल का उपयोग अब देश में ज्यादातर दवाओं में किया जाता है। एंथोसेफलस का नाम 'हली (री) प्रिय' 'किसानों का प्रिय', या 'हरी (विष्णु) का प्रिय' भी है। इसे अभी भी पश्चिमी घाट के गवड़ा और अन्य जनजातियों द्वारा एक टोटेम के रूप में पूजा जाता है।[9] यह महाराष्ट्र की कई जातियों में कदम सरनेम के लिए मूल शब्द भी है।

हालाँकि, कदंब दक्षिणी दक्कन एवं कोंकण में एक वंश के रूप में इतिहास में जाने जाते हैं।[10] संस्थापक मयूरशर्मन को चौथी शताब्दी के उतरार्द्ध में रखा गया है (विद्वानों के सामान्य मतभेद के साथ)। प्राकृत में उनका एकमात्र ज्ञात नाम[11] चितलद्रुग के पश्चिम में (मैसूर राज्य) कंदरावल्ली में स्थित है: "यह तालाब कदंबों के मयूरशर्मन (जिन्होंने त्रिकुट, अभीर, पल्लव, परियात्रिका, सकस्ठ, सायिंदिका, पुनट, मोकारी को हराया था) द्वारा अस्तित्व में लाया गया था।" (चित्र 39)। यह जलाशय अब भी मौजूद है, हालाँकि इस लेख की वास्तविकता, अध्ययन और व्याख्या में मतभेद है। मालवल्ली में (संक्षिप्त अंतिम संस्कृत मंगलकामना के साथ प्राकृत में, Ep. Carn. 7. Sk. 264) कदंबों के शुरुआती काल में किसी अज्ञात द्वारा एक स्थानीय देवता मालपलीदेवा की सेवा के लिए कई गाँव एक ब्राह्मण को दिए गए थे। ये गाँव पहले पल्लव वंश के पूर्वी राजा शिवास्कंदवर्मन द्वारा प्रदान किए गए थे, हालाँकि जिनकी स्थानिकता ने नि:संदेह एक ब्राह्मण नामकरण को प्रभावित किया, जैसे कि मानवयशगोत्र, हरितिपुत्र शिवास्कंदवर्मन। ममल्लपुरम (महाबलिपुरम) में विशालकाय पल्लव मूर्तियाँ और मंदिर भारत में सबसे उल्लेखनीय हैं। इन पल्लवों को भ्रमवश मनुस्मृति में उल्लेखित जूनागढ़ और उत्तर-पश्चमी पहलव (पहलवी) आक्रमणकारी नहीं समझा जाए।

मयूरशर्मन ने तब संस्कृत शिलालेखों में पाँचवी शताब्दी के मध्य में तालगुंडा में उसके वंशज ककुतस्थवर्मन (EI. 8.24–36) का वर्णन पाया। यह हमें बताता हैं कि पल्लवों के एक सामंत के बजाय, मयूरशर्मन पहला प्रतिद्वंद्वी और तब पल्लवों का पहला सामंती था:

"पल्लव प्रभुओं के सीमावर्ती पहरेदारों को युद्ध में तेजी से पराजित करने के बाद, उन्होंने श्रीपर्वत के द्वार तक पहुँचने वाले दुर्गम वन पर कब्जा कर लिया। उन्होंने महान बन के नेतृत्व में राजाओं की मंडली से कई कर वसूले। इसलिए उन्होंने इन प्रयासों से, गहनों के साथ, उन पहलुओं से चमक लिया, जो पल्लव प्रभुओं की भ्रामक शोषण की वजह से आकर्षक थे, क्योंकि उनकी व्रत इस प्रकार पूरी होनी शुरू हुई थी और जिसने उनके उद्देश्य और एक शक्तिशाली

* एक भूखंड के लिए, आय वह होगा जो ब्राह्मण व्यक्तिगत या अप्रत्यक्ष खेती से प्राप्त कर सके। जब पूरा गाँव दिया जाता था, तब राज्य की बजाय, अनुदान ग्राही को भुगतान किए जाने वाले भुगतान के तौर पर आय तय की जाती थी। हालाँकि, बंजर भूमि में किसी भी नये बसने वाले के लिए शर्तें तय करने का अधिकार, या बंजर भूमि के किसी भी हिस्से पर सीधे खेती करना, दान ग्राही पर निहित होता था, और वह न केवल नये लाभ का एक निरंतर स्रोत होता था बल्कि बाद के सामंती कार्यकाल के लिए एक मॉडल भी था।

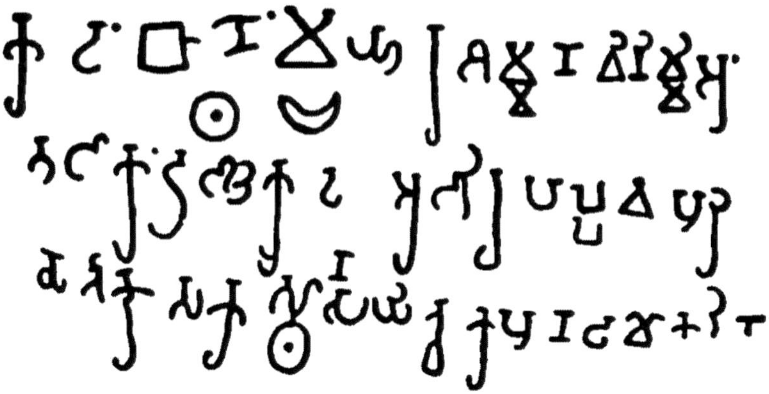

चित्र 39: कदंब मयूरशर्मण का कंद्रावल्ली तालाब शिलालेख: कदम्बनम मयूरशर्ममाना विनिम्मियम ततक्काम डुभा ट्रेकुटा अभीरा-पल्लव-परियत्रिका-सकस्ठना-सयिंदका-पुनट-मोकारीका। 1–2 रेखाओं के बीच सूर्य और चंद्रमा

छापे की शुरूआत के रूप में सफल हुई थी। जब दुश्मन, कनेल के (पल्लव) राजा, उनसे युद्ध लड़ने की स्थिति में आए, वे जब रात में चक्कर लगा रहे थे या किसी न किसी हालत में आराम कर रहे थे, उन जगहों में जो उनकी सेना के महासागर तक एक शक्तिशाली बाज़ की तरह हमले के लिए अनुकूल थे। इस प्रकार उन्होंने केवल अपने तलवार पर निर्भर करते हुए खुद को बचाये रखा। उनकी इस ताकत तथा वीरता और वंशावली का पता लगाने के बाद पल्लव प्रभुओं ने कहा कि उन्हें बर्बाद करने का कोई फायदा नहीं होगा, और इसलिए उन्होंने जल्दी से उन्हें एक मित्र बनाना तय किया। तब (पल्लव) राजा की सेवा में पेश होते हुए, उन्होंने युद्ध में बहादुरी के कृत्यों से उन्हें प्रसन्न किया और पल्लवों द्वारा अपने हाथों के अंकुरों (पल्लव) के साथ पल्लवों की पेशकश के साथ ताज पहनाये जाने का सम्मान प्राप्त किया। और उन्होंने पश्चिमी समुद्र के पानी से घिरे क्षेत्र को भी प्राप्त किया, जो अपनी घने तरंगों के साथ बढ़ता और गिरता है, और प्रेहरा से घिरा हुआ (?) है, जो उन्हें इस तरह सुरक्षित करता है कि दूसरे प्रवेश न कर पाएँ।"

यह भाग, पैतृक स्तुतिपाठ का 14–21 छंद, जनजातीय इलाकों में ऊपर से सामंतवाद के विकास का वर्णन करता है जहाँ युद्ध को लाभदायक बनाने के लिए सिर्फ समुचित बसाहट और व्यापार व्याप्त हुआ था, विशेष रूप से गोरिल्ला युद्ध, जिसका नियमित रूप से कट्टरपंथियों द्वारा मुकाबला नहीं किया जा सकता था।* छंद 7–13 में मयूरशर्मन की उत्पत्ति अब भी ज्यादा दिलचस्प है। वह 'कदंब परिवार' से था, यह नाम कदंब वृक्ष (जो कुछ आश्रय के पास बढ़ा) से लिया गया था, जिसकी उनके पूर्वजों ने सेवा की थी, और जिसके साथ उनकी एक समान प्रकृति (साधर्म्य) थी। युवा मयूरशर्मन ने अपने ब्राह्मण शिक्षक विरशर्मन के साथ पल्लवों (कांसी) के शहर में जाने के लिए, किसी प्रकार की नींव (घटिका) दर्ज करने के लिए अपने सभी टोटेम पेड़ छोड़ दिए थे। एक दिन, उसका किसी पल्लव घुड़सवार अधिकारी के साथ एक झगड़ा हुआ था, और उसने क्रोध में दुनिया पर विजय की इच्छा के साथ तलवार उठा लिया। उसने कितने प्रभावी ढंग से तलवार चलाया, उसका वर्णन पहले ही किया जा चुका है। टोटेम की उत्पत्ति निश्चित है, यहाँ तक कि पुराने कदंबों

---

* हैदर अली द्वारा ईस्ट इंडिया कंपनी के सैनिकों के खिलाफ गुरिल्ला युद्ध की रणनीति बड़े पैमाने पर नियोजित की गई थी। जब कर्नल वुड ने उसे एक पत्र द्वारा लड़ाई के लिए लुभाने की कोशिश की, जिसमें यह ध्यान दिलाया गया था कि एक महान राजकुमार के लिए पैदल सेना की टुकड़ी और थोड़े से तोप के सामने से भाग जाना कितना शर्मनाक था। हैदर ने संक्षेप में जवाब दिया: "... आप समय आने पर मेरे युद्ध के तरीके को समझेंगे। आपके दो पैसे कीमत वाले तोप के गोले के खिलाफ, क्या मैं अपने घुड़सवार सेना दौड़ाने का जोखिम उठाऊँगा, जिसके हर घोड़े की कीमत हजारों रुपये है? नहीं! मैं आपके सैनिकों के पैर सूजने तक उनको पैदल दौड़ाऊँगा। आपके पास न घास का एक तिनका होगा, न ही पानी की एक बूंद होगी। जब भी आपका ड्रम बजेगा, तब मैं आपके बारे में सुनूँगा, लेकिन आपको नहीं पता चलेगा कि मैं महीने में एक बार कहाँ हूँ। मैं तुम्हारी सेना से लड़ूँगा, लेकिन वह तब होगा जब मैं चाहूँगा, और उग्रता जब आप चुनेंगे।" (*FOM* 2.300–1)। वादा ईमानदारी से पूरा किया गया। अंतत: जब हैदर ने आक्रमण किया, थकावट और आश्चर्य इतना अधिक था कि समय के बहुत ही अनपेक्षित मजबूती से वुड की पूरी सेना गायब हो गई होती। जब तक इलाके अनुकूल और अचानक हमले संभव थे, तीव्र गति से और ढलावदार युद्ध हुआ, जो कि सबसे सफल मराठा युद्ध की विशेषता है।

के रिकॉर्ड (Ep. Carn. 7. Sk. 117; 11. Dg. 35) बताते हैं कि मेनरावर्मन के पिता 'पूर्वज' कदंब शिव के माथे से गिरे 'पसीने के बूंद' से कदंब पेड़ के नीचे पैदा हुए; ये पूर्वज ब्राह्मण परंपरा में तीन आँखों और चार-भुजाओं वाले थे। एक पर्याय यह है कि मयूरवर्मन खुद पवित्र कदंब वृक्ष के नीचे तीन-आँखों वाले पैदा हुए। पदनाम का ब्राह्मण-शर्मन से क्षत्रिपय-वर्मन में परिवर्तन बसे हुए गाँवों के बाहर जाति व्यवस्था के सामान्य लचीलेपन को दिखाता है।

मध्ययुगीन स्कंद-पुराण के सह्याद्री-खंड भाग में एक बयान से मयूरशर्मन की गाथा को महत्व[12] मिलता है, जिसमें कहा गया है कि उसने गोवा में अपने शासन-क्षेत्र को बसाने के लिए उत्तर से ब्राह्मणों को बुलाया था। कानारा के हब्बुस की वैसी ही परंपरा है (Ent. 2.252), लेकिन वे संख्या में बहुत कम थे और जिस 8वीं शताब्दी में आप्रवासन का दावा किया गया है, मयूरशर्मन उससे बहुत पहले थे। इस तरह यह उत्तरी मूल की श्रेष्ठता का दावा करने वाले स्थानीय ब्राह्मणों का दूसरा मामला लगता है। असंख्य स्थानीय समूहों का अस्तित्व पिछली जनगणना द्वारा सत्यापित किया गया है, जिसमें जाति दर्ज की गई थी (1941)। बॉम्बे राज्य जनगणना के आँकड़े बताते हैं कि ब्राह्मण किसी भी प्रमुख समूह (देशस्थ, सारस्वत, चितपावन, हविक, नागर) से संबंधित नहीं हैं और किसी भी एक समूह में 9000 से भी कम की संख्या में हैं, जो कि निश्चित रूप से अन्य सभी को मिलाकर (समूहों का विवरण Ent 1.213 ff में है) अधिक है। कुछ में गैर-भारतीय मूल (*IA* 40, 1 911.7–37) के हो सकते हैं। यह कम से कम साबित करता है कि सिद्धांत में और गाँव प्रणाली को तय करने के उद्देश्य के सिवाय जाति कभी भी अपरिवर्तनीय नहीं था। गोवा परंपरा वास्तविक दिखती है, सामान्य ब्राह्मण परंपरा पौराणिक परशुराम के बसने का जिक्र करता है, जिसने कम से कम इक्कीस बार क्षत्रियों का विनाश करने के बाद महासागर से नई भूमि (कोंकण) का निर्माण किया। गोवा के कदंब 11वीं शताब्दी और बाद तक जाने जाते हैं, लेकिन सारस्वत ब्राह्मण एक विशिष्ट प्रणाली के तहत गोवा की सर्वश्रेष्ठ भूमि के धारक हैं, जो कि किसी भी कदंब शासक, या किसी भी परिवार की परंपरा के तहत 1500 साल से अधिक पुरानी लोककथाओं को याद नहीं करते हैं। उत्तर से एक दूसरे अप्रवास (10वीं शताब्दी) की बात कन्नौज नाम से सुनने में आती है। गोवा के प्रमुख सारस्वत गौड़ मंगेसा मंगिरिसा है, जो जाहिर तौर पर बिहार में 'मोंघिर देव' है; मूल पंथ-वस्तु भगवान के चेहरे के सोने का मुखौटा से युक्त एक शिव लिंग था (माधवाचार्य के वैष्णव सुधार के बाद)। सह्याद्री-खण्ड में नामित गाँव मौजूद हैं और आसानी से पहचाने जा सकते हैं।* पुराने मंदिरों के अवशेष अभी भी पाए जाते हैं जहाँ सह्याद्री-खंड ने उन्हें रखा है।

सागरों और बाघों से युक्त एक घना, मार्गहीन, पहाड़ी जंगल मयूरशर्मन का उपहार, साहसी अग्रदूतों के लिए फिट था। भीषण पश्चिम-तट मानसून से जंगल तेजी से बढ़ता है, जिसे बसने वाले ब्राह्मणों ने बिना श्रमिकों के साफ नहीं किया होगा। जिन ब्राह्मणों को जमीन दी गई थी और आदिवासी गवड़ा (अब भी जाति और जनजाति दोनों) लोगों और कुछ कुनबी एवं छोटी जाति के किसानों के बीच आपस में लाभ का बँटवारा करके इस समस्या का उल्लेखनीय ढंग से हल किया गया। कुनबी की मुख्य पहचान यह है कि वे जमीन आवंटन के समय कुटुबिंन निवासी बन गए जबकि गवड़ा खेती की भूमि में बिना किसी नियत स्वामित्व की जनजाति थे। ब्राह्मण थोड़ी सी खुदाई, खुद की मरजी से हल चलाने या किराये के मजदूर के पूरक के तौर पर थोड़ा सा काम अपने हाथों से कर सकते थे। जाति के तौर पर, वे आजीविका के लिए ऐसे श्रम नियमित रूप से नहीं कर सकते थे। ब्राह्मणों के छह कर्तव्य हैं, वेदों का अध्ययन व शिक्षण, खुद और दूसरों के लिए अनुष्ठान करना, दान लेना और दान देना। इनमें से, तीन सक्रिय कर्तव्य वेदों को पढ़ाना, दूसरों के लिए अनुष्ठान करना, और दान लेना भू-स्वामित्व के जीवन के कारण व्यवहार में समाप्त हो गए, जो कि अंतत: करहड़ समूहों जैसे पुजारियों द्वारा गोवा सारस्वतों के लिए किया जा रहा था। समारोह के नुकसान को मछली और शिकार के आहार से मदद

* मैं खुद कुछ समय के लिए बहुत बढ़ चुके घने जंगल में एक खेत का मालिक था (एक सांकोले में: शंखावली) जो कि कभी मंदिर की नृत्यांगनाओं का आवास था। जीर्ण-शीर्ण पुराने कुओं के मोटे क्लस्टर बसाहट के घनत्व को साबित करता है। किसी न किसी तरह के पत्थरों से समतल किए, देवता का यात्रा मार्ग, अब भी बागान से होकर गुजरता है। पुर्तगालियों ने मंदिर को नष्ट कर दिया था, जिन्होंने उस स्थल पर चैपल (छोटा गिरजा) का निर्माण किया था। उसके कमल के तालाब अब भी कायम हैं; बहुत पुराने, विशाल मंदिर के नाग कभी-कभी उन लोगों के मार्गों से गुजरते हैं जिन्हें मुठभेड़ के लिए बहुत भाग्यशाली माना जाता था, यहाँ तक कि और भी बचे हुए हैं। यह 1924 के अंत तक, फलों के पेड़ पर बने एक मंच पर से क्रिसमस-पूर्व संध्या के दौरान बैठ कर एक बाघिन द्वारा एक भैंस के बछड़े का शिकार करके लौटते हुए देखना संभव था; चैपल की ओर से पादरी द्वारा कोंकणी में एक आसन्न धर्मोपदेश सुना जा सकता है, जबकि घर से परिवार के बुज़ुर्ग, मेरे चाचा, से शिकार की कहानियाँ सुनने को मिलती हैं।

मिली, जो कि जाति के नुकसान के बिना नियमित रूप से खाया जाता है। फिर भी, छात्रवृत्ति की एक परंपरा बनी रही, जबकि मंदिर सम्पत्ति के बहुत लाभकारी नियंत्रण शामिल होने के कारण सारस्वत ब्राह्मणों द्वारा उनकी सक्रिय पूजा के साथ पाँच बड़े मंदिरों की पूजा व्यवस्था को कायम रखा गया।

इस (ब्राह्मण) समुदाय का गाँव की सभी जमीनों पर पूरी तरह से कब्जा था। गाँव से संबंधित सभी मामलों का निर्णय सभी वयस्क पुरुषों की उपस्थिति में समुदाय की सभा द्वारा किया जाता था। हालाँकि, मजदूर भी उपस्थित होते थे और उनकी इच्छा पूछी जाती थी, भले ही उनकी औपचारिक राय नहीं होती थी। असल चर्चा बड़ों (बड़े अविभाजित परिवारों के प्रमुख) के बीच होती थी, जिनकी आज्ञा आम तौर पर युवा सदस्यों पर लागू की जाती थी। अंत में, निर्णय सीधे मतदान या स्पष्ट बहुमत से नहीं बल्कि सभा की भावना होता था, ताकि एक भी बूढ़ा बुजुर्ग खुद बाधा उत्पन्न न कर सके। ऐसी कुंठित बाधा जब कुछ कहने को प्रेरित होता तो उसे सभा से निष्कासित कर दिया जाता था (जब कुछ छोटे मुद्दों से निपटने के लिए विशेष रूप से सभा बुलायी जाती थी जिसमें उसकी कोई रुचि नहीं होती थी), "मेरा यह लकड़ी का कर्मचारी (कोकेम) मेरा प्रतिनिधित्व करेगा"; कर्मचारी अपने जीवन के बाकी हिस्सों के लिए उसे बहुत कुशलता से प्रतिनिधित्व करते रहे, क्योंकि वह अपनी बातों से नहीं डिग सकता था। इस तरह की सभा में, गंभीर आशंका के मौकों पर पारिवारिक रिवाज, स्थानीय उपयोग, वार्तालापों पर विचार-विमर्श किया जाता था, सभी अपनी भूमिका निभाते थे।

देश समुद्र के पास पहाड़ी भूमि है। मुख्य खाद्यान्न-उत्पादन वाली मिट्टी घाटी के तल पर है, जिसकी शताब्दियों से गहन खेती ने सतह के एक समान स्तर को कम कर दिया है। यहाँ मूल जंगल पूरी तरह से गायब हो गया है, घाटी की नदी की धारा कम हो गई है। जल जमाव को रोकने के लिए, धारा को उस दर से प्रवाहित होने दिया गया, जो उस जमीन पर एकमात्र फसल, चावल के लिए पर्याप्त जलस्तर को उच्च रखता है। इसके अलावा, नदी के मुहाने से नमक पानी को उच्च ज्वार में प्रवेश नहीं करने दिया जा सकता। इसका मतलब है कि डाइक (खासकर समुद्र से पुनः प्राप्त होने वाले खजान भूमि के लिए) को लगातार मरम्मत करते रहना चाहिए; और मजबूत लकड़ी के बाढ़ के दरवाजे ज्वार के खिलाफ स्वत: बंद हो जाते हैं, जो अंदर की धारा के दबाव में खुलता है। बड़े बाढ़ के दरवाजे समुदाय के एक या अधिक वैतनिक कर्मचारियों द्वारा संचालित किए जाते हैं। जल नियंत्रण के लिए, कुछ धाराओं के लिए मौसमी मिट्टी के ढेर का निर्माण किया जाना है। बारिश के बाद सड़कों की भी मरम्मत की जानी चाहिए, जो बारिश के चार महीने में करीब 100 दिन बंद रहते हैं। वहाँ दूसरे धार्मिक खर्चे थे जैसे कि मंदिर, बढ़ई, नाई, कुली, लोहार और अन्य तकनीशियन जो पूरे समुदाय को सेवा प्रदान करते थे। इस तरह, घाटी के निचले भाग की मुख्य भूमि बिना किसी तय बँटवारे के समुदायिक मालिकाने में थी। उसे दूसरे स्तर से पक्के तटबंध द्वारा (वैतनिक सामुदायिक श्रमिकों द्वारा निर्मित) तीन से दस फुट की ऊँचाई से अलग-अलग किया जाता था। इन तटबंधों से गुजरने वाली सड़कें और घर उसी स्तर पर बनाए जाते थे। घरों के पीछे पहाड़ियाँ थीं। पहाड़ी की भूमि आम तौर पर चरागाह और जलाऊ लकड़ी के लिए थी। सबसे पुराने ढुलाई के मार्ग, जिसे अभी भी करीब एक मील दूरी पर स्थित हेड-लोड से पता लगाया जा सकता है, और सदियों से कड़े पत्थर में कई इंच गहरे बिना नाल वाले पहियों के अनगिनत निशान भी पहाड़ी की चोटी से गुजरते हैं, जिन्हें साफ रखना आसान था। शेष भूमि को बागानों के लिए संयुक्त परिवारों को सौंपा गया था। काम करने वाले परिवारों के ढलान वाली जमीन पर रागी (Eleusine Coracana) की खेती वाले कुम्भेर स्थानांतरण जमीन (फसल लेने के बाद जमीन में आग लगा देना) भी थे। कभी-कभी, पहाड़ी के किनारे पर समतल जमीन के टुकड़े, जो मिट्टी की पतली परत से ढके हुए होते हैं, को समुद्र से उत्पन्न हुए नमक और मछली के लिए समुदाय से पट्टे पर ले सकते थे, जो उर्वरक के लिए राख में मिश्रित होती थी।

ब्राह्मण परिवारों के पास ढेर सारी पहाड़ी भूमि थी जो उन्हें सौंपी गई थी जिसे वे मालिकों के तौर पर साफ कर सकते थे, मेड़ बना सकते थे, और खेती कर सकते थे। यह ध्यान रखना जरूरी है कि पहली बसाहट से ही, ये खेत पर्याप्त मात्रा में वस्तु उत्पादन और समुदाय से परे लेन-देन के लिए होते थे। मुख्य निर्यात नारियल (और उप-उत्पाद) का होता था, जिससे समुद्रतट में बनने वाले नमक के साथ प्रमुख आयातों (कपड़ा, धातु, कई बार अनाज भी) के लिए भुगतान होता था। नारियल का पारंपरिक उपयोग निस्संदेह शुरुआती वृक्षारोपण के समय से होता रहा है, लेकिन आजकल के नारियल के सार्वभौमिक अनुष्ठान के उपयोग के बावजूद शुरुआती दस्तावेज का पता लगाना मुश्किल है। आइये, हम इब्न बतूता से सुनें:

"कोको-पाम सबसे अजीब पेड़ों से एक है, और एक डेट-पाम की तरह दिखता है। नारियल एक आदमी के सिर जैसा दिखता है, क्योंकि उसमें आँखें और मुँह जैसे निशान होते हैं, और सामग्री के मामले में, जब वह हरा होता है, तो मस्तिष्क की तरह होता है। इसमें रेशे जैसे बाल होते हैं, जिनसे वे रस्सियाँ बनाते

हैं, जिसे वे कीलों की बजाय अपने जहाजों को एक साथ बाँधने के लिए और केबलों के रूप में भी इस्तेमाल करते हैं। इसकी विशेषताओं में यह शरीर को मजबूत करता है, चेहरे को भरा-पूरा एवं लाल बनाता है। यदि यह हरा होता है, तो इसे काट के खोला जाता है, यह स्वादिष्ट और ताज़ा तरल देता है। इसे पीने के बाद, कोई छिलके के टुकड़े को एक चम्मच के रूप में लेता है और अंदर से पल्प बाहर निकालता है। इसका स्वाद उबला हुआ, लेकिन बिना पके अंडे की तरह होता है, और पौष्टिक होता है। जब मैं मालदीव द्वीपसमूह (*Bat.* 242, सूखे मछली के साथ, *cf Beal* 2.252) में था, तब मैं डेढ़ साल तक इस पर निर्भर रहा। इसकी विशेषताओं में से एक यह है कि इससे तेल, दूध और शहद निकाले जाते हैं। इस तरह से शहद बनाया जाता है। जिस पर फल बढ़ता है, उसमें वे दो ऊँगली की लम्बाई छोड़े हुए एक डंठल काट देते हैं, और इस पर वे एक छोटा कटोरा बाँध देते हैं, जिसमें रस गिरता है। यदि यह सुबह में किया गया है, तो नौकर शाम को फिर से दो कटोरा लेकर चढ़ता है, जिसमें एक पानी से भरा होता है। वह एकत्र किए हुए रस को दूसरे में डालता है, फिर डंठल को धोता है, एक छोटे से टुकड़े को काटता है, और फिर दूसरे कटोरे को बाँध देता है। अगली सुबह फिर यही दोहराया जाता है जब तक कि पर्याप्त मात्रा में रस एकत्र न हो जाये, इसे गाढ़ा होने तक पकाया जाता है। यह तब एक उत्कृष्ट शहद बनता है, और जब वे इससे मिठाई बनाते हैं तो भारत, यमन और चीन के व्यापारी इसे खरीदते हैं और इसे अपने देश में ले जाते हैं। नारियल की सामग्री पानी में मिला कर दूध बनाया जाता है, जो रंग और स्वाद में दूध की तरह होता है और भोजन के साथ प्रयोग किया जाता है। तेल बनाने के लिए, पके हुए नारियल के गुदे को निकाल कर धूप में सुखाया जाता है, फिर कड़ाही में पकाया जाता है और तेल निकाला जाता है। वे इसे रोशनी के लिए और रोटी डुबाने के लिए इस्तेमाल करते हैं, और महिलाएँ इसे अपने बालों पर लगाती हैं "(Bat. 114–5)।

इस प्राचीन विवरण के लिए कुछ और उत्पाद शामिल किए जाने चाहिए, जैसे उसकी खोटली से चारकोल, रस से चीनी और शराब, उसकी भूसी के नरम हिस्से से कुछ दुर्लभ रेशमी कपड़े बनाए जाते हैं, (Var. 65–6) और आश्रय और घर निर्माण, मछली पकड़ने के नाव, आउटरिगर आदि बनाने के लिए पत्तों एवं तनों के बहुत सारे उपयोग होते हैं।

इन जमींदारों ने चावल-उत्पादक घाटी की जमीन में भूखंडों की त्रैमासिक नीलामी बोली लगायी, फिर वास्तविक खेती करने वालों के साथ समझौता करके बँटाई या कम मजदूरी पर काम किया, जो सिर्फ मजदूर प्रदान करते थे, न कि उपकरण, बीज, योजना, पर्यवेक्षण और परिवहन। फिलहाल तक ज्यादा होड़ नहीं था। नीलामी का लाभ पहले धार्मिक व्ययों, तटबंधों, सड़कों आदि के लिए खर्च किया जाता था, प्रत्येक ब्राह्मण के लिए अक्सर एक अतिरिक्त शुल्क का एक निश्चित हिस्सा होता था, जिसे बाद में फिर से तय किया जा सकता था, या उसके वारिसों के बीच विभाजित किया जा सकता था। यदि उद्यम में उसके बाद कोई नुकसान होता है, तो बागान भूमि के किसी न किसी अनुपात में तय किए गए हिस्सों के अनुसार भूमि मालिकों द्वारा नुकसान को वहन करना होता था। यदि कोई लाभ होता है, जैसा कि अक्सर होता है, तो वह श्रमिकों व श्रमिक वर्ग के परिवारों के लिए दो-तिहाई एवं जमींदारों के लिए एक तिहाई अनुपात के तहत और शेयर धारकों के बीच विभाजित किया जाता था; उसके आगे हरेक परिवार के शेयरों की संख्या के आधार पर बँटवारा होता था। श्रमिक वर्ग के शेयरों को समय-समय पर घरों में श्रमिकों की संख्या के आधार पर दोबारा तय किया जाता था। कुछ भूमि के पट्टे नौ साल या उससे अधिक के लिए दिए जाते थे क्योंकि इसमें भारी पूँजी व्यय शामिल होता था, उदाहरण के लिए, समुद्र या मुहाने से पुनर्निर्मित खजान। इस तरह के पट्टे आम तौर पर कई श्रमिकों के अस्थायी संघों द्वारा आपसी विचार-विमर्श वाले शेयरों द्वारा, पारंपरिक गोष्ठी से समुदाय द्वारा लिया जाता था। इन सब में, स्थानीय प्रथा को अपरिहार्य भिन्नता के लिए बनाया गया था।

इन ग्राम समुदायों के आगे के विकास अनुसरण करने लायक हैं। ब्राह्मण बस्तियाँ गोवा द्वीप (तिसुअरी) पर तीस, सैल्केट में छाछठ थी, क्योंकि नाम और परंपरा दोनों साबित होते हैं। गैर-ब्राह्मण समुदाय एक ही तर्ज पर स्वाभाविक रूप से छोड़ी गई निम्न कोटि की भूमि पर बढ़े। राज्यों के स्थानांतरण और युद्ध के क्रमिक विकास का मतलब किसी तरह के कर (टैक्स) से होता था, ब्राह्मणों या अन्य जातियों के समुदायों के लिए, उनके आदेश में सशस्त्र बल नहीं होता था। यहाँ तक कि कुछ गंभीर अपराधों के लिए केवल निर्वासन या राजा द्वारा दंडित किया जाता था। लगातार विजय के कारण, प्रत्येक ने पिछले के मुकाबले कुछ और चीज समर्पण किया, भूमि का धीरे-धीरे बढ़ता हुआ कर देना होता था। इस तरह ये ज्यादातर 1880 तक थे, जब तक उन्हें सरकार द्वारा आवश्यक नकदी में रूपांतरण के लिए नीलामी किया गया। मुसलमानों ने पहले मलिक काफुर के नेतृत्व में 1310 में कम्युनों की भूमि पर छापा मारा, जो हसन गांगु बहमनी के नेतृत्व में एक क्षणिक कब्ज़ा था, जो विजयनगर नियंत्रण के साथ बदल गया। इसी अवधि के आसपास, गैरिसन आया और उन्हें भुगतान करना पड़ता था, चाहे रक्षा में प्रभावी हो या नहीं। वास्तविक मुस्लिम विजय (1470 में महमूद गवन के छापे को मजबूत करने) 1482 में यूसुफ आदिल शाह ने किया था। मुसलमानों ने तुरंत कुछ भूमिधारकों को गाँवों का, देसाई उपाधि के साथ, सामंती सैन्य गवर्नर बनाया, जो अब एक उपनाम बन गया है। इन चुने हुए कुछ लोगों को पहली बार, सशस्त्र संरक्षक कायम रखने का अधिकार और कर्तव्य था जो

जरूरत पड़ने पर उच्च सामंती स्वामी की सेवा करेंगे, लेकिन इसका मुख्य उद्देश्य कर संग्रह करना था। उनके सामान्य ब्राह्मणवाद ने अपने साथी-भूमि-धारकों नये देसाई द्वारा तत्काल उत्पीड़न को नहीं रोका। परंपरा बताती है कि कुछ लोग एक पड़ोसी को दासता के लिए या उन्हें अस्तबलों में बाँधने के लिए मजबूर करते हैं। कम्युनों ने एक दूसरे के क्षेत्र पर अतिक्रमण करना भी शुरू किया, और इन चालीस वर्षों में उनके बीच एकमात्र ज्ञात घातक सशस्त्र संघर्ष हुआ है।

1510 में, पुर्तगालियों ने तिसुअरी द्वीप पर कब्जा कर लिया, इसके लिए इसे नौसैनिक शक्ति द्वारा रखा जा सकता था (जैसे मकाओ, बम्बई, दीव), जो अच्छे जहाजों और बारूद से युक्त थे, लेकिन एक स्थायी गढ़ के लिए बहुत से आदमी नहीं थे। अलफांसों डी' अलबुकर को मुसलमानों के खिलाफ स्थानीय लोगों से सहायता हासिल थी, जिन्हें 1511 में बाहर निकाला गया था; इनाम में, मुसलमानों द्वारा भी लागू किए गए सभी करों का भुगतान करने की शर्त पर, कम्यूनों के लिए प्राचीन अधिकार बहाल करने की गारंटी दी गई। यही परिस्थिति, कम से कम, गोवा गाँव कम्यून के कायम रहने का कारण है। सोसाइटी ऑफ़ जीसस ने दक्षिण अमेरिका के कई नये पौधे पेश किए। इनमें से काजू नगदी फसल (नट) के रूप में सबसे अधिक मूल्यवान है, हालाँकि वृक्ष के फीनोलिक उपउत्पाद (कभी भी ठीक से उपयोग नहीं किया गया) झाड़ियों को बर्बाद कर देते हैं और पानी की सतह को बहुत कम करते हैं। अनानास को कभी भी समुचित रूप से विकसित नहीं किया गया था, जबकि आलू, अमरूद और शरीफा (सीताफल) गोवा के बाहर बेहतर विकसित हुए थे। करीब उसी समय (1575), जीसस की उसी सक्रिय सोसाइटी ने व्यवस्थित आम का कलम बाँधना शुरू किया, जिसने भारतीय फलों में सभी मान्यताओं में सुधार किया और पूरे भारत में बागवानी के लिए आय का एक और स्रोत बनाया। पुर्तगालियों ने कई विशेष लेवी लगाये। मंदिरों के व्यवस्थित विनाश के साथ जबरन धर्मांतरण किया जो कि पुर्तगाली द्वारा 1583 से जेशूइट के निष्कासन तक प्रचलित रहा, इससे कई भू-मालिक भाग खड़े हुए। जो लोग परिवार की जमीन को कायम रखने के लिए बने रहे, उन्होंने एक नये तथ्य गोवा के "ब्राह्मण ईसाई" का निर्माण किया। वे अभी भी मूल ब्राह्मणों के जोनो शेयर प्राप्त करते हैं, जबकि उनकी महिलाएँ (अन्य ईसाईयों के रूप में) अभी भी हिंदू देवताओं को गुप्त रूप से मन्नत का चढ़ावा प्रदान करती हैं। वाणिज्य और जनसंख्या के विकास ने कुछ गोवा ब्राह्मणों को व्यापार करने को मजबूर कर दिया था; कुछ पेशवाओं के अधीन सामंती सरदार बनने के लिए निकल गए थे। कम्युनों का अंतिम विनाश मुख्यतः पुर्तगाली कानून के कारण हुआ जिसके तहत जमीन के हस्तांतरण के बिना शेयरों की बिक्री की अनुमति दे दी गई थी। इसका मतलब था कि कम्युन की औपचारिक मतदान शक्ति लोगों के साथ थी (जो पूर्वी अफ्रीका जितना दूर रहते थे) जो स्थानीय सुधारों के विचार के बिना केवल अधिकतम लाभ में रुचि रखते थे। धार्मिक संपत्ति के रुढ़िगत संपत्ति में रूपांतरण में फिलहाल निर्विवाद रूप से अपर्याप्त घाटी-भूमि को छोड़ दिया गया। गोवा की एक बड़ी मदद उसके बाद उनके प्रवासी श्रमिकों द्वारा घर भेजे जाने वाले धन द्वारा भुगतान किए गए आयातित खाद्य पदार्थों से किया जाता था।

9.7. गुप्तकाल का बेहतरीन शिल्प कौशल कुतुब मीनार के सामने चंद्र (संभवत: चंद्रगुप्त द्वितीय) के मेहरौली लौह स्तंभ की तुलना में मूर्तिकला और वास्तुकला में कम दिखता है। हाथ से गढ़ा हुआ, 1500 साल या हानिकारक जलवायु के संपर्क में होने के बाद भी जंग लगने से बचा हुआ*, यह स्तंभ किसी भी स्थान या इतिहाल के कालखंड का एक प्रभावी स्मारक होगा। मजदूर वर्ग के विकास का पता लगाया जाना बाकी है। ईसा बाद दूसरी शताब्दी तक उनकी स्थिति की तुलना में कारीगर वर्ग के क्षय का पहले ही उल्लेख किया जा चुका है। मंदसौर का ख्यात शिलालेख (Fleet 18) एक कारीगर वर्ग (श्रेणी) की गतिविधियों का वर्णन करता है जो लक्ज़री व्यापार के लिए रेशम और अच्छे कपड़े बुनता है। मूल रूप से लता (गुजरात) की बुनकर-श्रेणी ईसा बाद सन 473–4 (मालवा-गण की तारीख, गुप्त युग की नहीं) में न केवल सूर्य भगवान के मंदिर, जिसे उन्होंने 36 वर्ष पूर्व बनाया और पूरा किया था, की मरम्मत के लिए, बल्कि वत्सभाटी द्वारा संस्कृत में स्तुतिपाठ के जरिये इसका उत्सव मनाने के लिए भी पर्याप्त समृद्ध थी। वत्सभाटी की दरबारी-कवि शैली और कालिदास के दो ज्ञात छंदों की सुस्पष्ट अनुकृति संयोगवश कालिदास के काल के बारे में एकमात्र सुराग है। समाज (श्रेणी) के सदस्यों का वर्णन युद्ध, और सभी सुसंस्कृत कलाओं, विज्ञान, धर्म, ज्योतिष में पारंगत के रूप में किया गया है, अपने

* धार में एक लौह स्तंभ (*JRAS* 1898, 143–44) 1898 तक टुकड़ों में मिला था; यह 11वीं शताब्दी का हो सकता है।

शानदार कपड़ों को अभिव्यक्त नहीं करने का भी वर्णन है। Fleet 16 एक तेल-कोल्हू श्रेणी को दर्शाता है, जिसका नेतृत्वकर्ता जीवंत था, जिसने एक अन्य सूर्य मंदिर में दीपक के लिए तेल के निरंतर दान के लिए एक भंडार प्राप्त किया, भले समाज उसका साथ न दे। यह सामयिक अभिलेखों में एकमात्र श्रेणी प्रतीत होती है जिसने आम लोगों के लिए कुछ उत्पादित किया। आम तौर पर कमजोर पड़ गई श्रेणी जरूरत आधारित एक अन्य संघ, गोष्ठी द्वारा प्रतिस्थापित कर दी गई, जो बिना जाति या रिश्ते के बंधन के सीमित अवधि और विशेष उद्देश्य के लिए थी। इसी तरह राजा वर्मालता (ईसा बाद 625; कवि माघ के बाबा उनके प्रधानमंत्री थे) के काल की वसंतगढ़ पट्टिका (*EI*. 9.187–192) क्षेमार्य स्थानीय नाम से दुर्गा के मंदिर के भवन का वर्णन करती है, जो एक गोष्ठी द्वारा निर्मित है, जिनके लगभग 40 सदस्यों ने पुरालेख पर हस्ताक्षर किए हैं। उनके नाम बताते हैं कि वे एक रिश्ते से बँधे नहीं थे। इनमें से एक, बोटक (Boṭaka), ने स्वयं को दृढ़तापूर्वक प्रतिहार, जो बाद में कन्नौज के राजाओं को वर्णित करता है, बताया है, लेकिन यहाँ इसका अर्थ अब भी प्रचलित राजस्थानी पाडियार जाति से है। आखिरी हस्ताक्षर गणिका (मंदिर की नृत्यांगना, और इस तरह से वेश्या) बत्स का है। गोष्ठी परंपरा को इतनी लोकप्रियता मिली कि 12वीं शताब्दी में रनका (क्षेत्र का कुलीन) सुलापणि का वर्णन संगतराशों की गिष्ठी के प्रमुख के रूप में किया गया है, जिससे निश्चित रूप से उसकी जाति नहीं बतायी जा सकती; उसने विजयसेन (*EI*. 1.305–15) की देवपाड़ा (बंगाल) प्रशस्ति का उत्कीर्णन किया है।

गोष्ठी की शब्द-व्युत्पत्ति गोत्र के समानांतर है। इन समागमों के अधीन संपत्ति साँची के दान से दिखता है (मार्शल-फोशर 96–8, 178 (=*Lüders* 273), 793; भट्टीप्रोलु में, *Lüders* 1332, 1335)। और महत्वपूर्ण बात महाजन समितियों (*JESHO* 2.2) का विकास था। इसका पता दांडिन के 'टेन प्रिंसेज' के वनिज-ग्राम से दक्षिण की मणि-ग्रामम महाजन समितियों तक के जरिये विकसित कार्ले (आरटी. स्तंभ 11) के धेनुकाकतन वनिया-गाम से मिलता है। समय-समय पर, राजाओं ने ऐसी समितियों, जो कभी किसी राजधानी नगर में नहीं रहीं, के लिए पृथक घोषणापत्र जारी किए। स्थान आम तौर पर कमोडिटी उत्पादन और विनिमय का केंद्र होता था, और घोषणापत्रों (*CII* IV, 158; *EI*. 30.163–81, खराब अनुवाद) से महाजनों को विशेष सुविधाएँ और छूटें मिली थीं। महाजन समुदाय की प्रतिष्ठा इस हद तक बढ़ी थी कि वे ग्राम की जगह नगर कहलाते थे, और घोषणापत्र द्वारा सौंपे गए स्थान की नगर पालिका के रूप में कार्य करते थे। उनके पाँच लोगों का नियामक परिषद अपने अधिकारक्षेत्र के स्थान में ट्रस्ट दस्तावेजों और शाश्वतता में दानों समेत सभी वाणिज्यिक सौदों की गारंटी देता था। इस पंच-मंडली का पहला उल्लेख आम तौर पर साँची (Fleet 5) में अम्रकारद्दवा के उपहार में मिलता है। तलहटी से सामंतवाद के विकास के साथ, हम पाते हैं कि महाजनों के कानून का उपयोग ब्राह्मण पुजारी के राजसी भूमि अनुदान को रेहन (*CII* IV 369–74, ईसा बाद 1212) के प्रतिबंध के जरिये रनका कुलीन को हस्तांतरित करने के लिए भी किया गया। इस समय तक सतवाहन राजकुमारों से समान शर्तों पर सौदे करने वाले शक्तिशाली और समृद्ध कारीगरों का उत्पादक समाज पूरी तरह लुप्त हो गया था। महाजन मजदूरों को सीधे भुगतान कर उस वस्तु का उत्पादन कराने में कामयाब रहे जिसका वह व्यापार करना चाहते थे लेकिन ये अपेक्षतया काफी कम थे। तो परस्पर विपरीत प्रवृत्तियाँ थीं जिनके शुद्ध प्रभाव का अध्ययन किया जाना है: कमोडिटी उत्पादन कुल मात्रा में बढ़ गया था लेकिन आबादी के प्रति व्यक्ति कमोडिटी उत्पादन घट गया था। यह यूरोप और भारत में सामंतवा के विकास के बीच मुख्य अंतर है। चीन में, हॉन्ग महाजन घट गए थे लेकिन उत्पादकों या मजदूरों के समाज; प्रांतीय समितियों, जिनमें महाजनों को छोड़ कर अन्य भागीदारी कर सकते थे (D. J. Macgowan, I. North China Branch of the Royal Asiatic Society, Shanghai, 188–9, pp. 133–192), को नष्ट नहीं किया; इसने भारत के मुकाबले व्यापक आधार उपलब्ध कराया।

आवश्यक वस्तुओं के उत्पादन के गिरते घनत्व के इस अपरिहार्य सहगामिता ने गाँव की मौलिक तकनीकी समस्याओं का अनसुलझा छोड़ दिया। मुख्य श्रम आपूर्ति, जो खेतिहर थे, आश्वस्त थे। जनजातियों से कुनबी खेतिहरों की उत्पत्ति, और नये जाति-समूह में उनकी रचना ने उत्कृष्ट तकनीक की निपुणता में रुकावट डाली। जाति के कारण बहुत कम लोग ही मवेशी की चमड़ी, चमड़ा उतारने या चमड़े का काम करने जैसे सभी निचले पेशों को अपना सकते थे। कुछ जनजातीय लोग बिना यह सीखे कि कपड़ा कैसे बुना जाता है या सूत कैसे काता जाता है, टोकरी निर्माता बन सकते थे। दूसरी तरफ, हर गाँव लोहारों, चमड़ा कारीगरों या टोकरी बुनकरों के पूरे समाज का समर्थन नहीं कर सकता था। अपरिहार्य तकनीकों की समस्या महत्वपूर्ण थी, और हल नहीं किए जाने का अर्थ गाँव का पतन या कमोडिटी उत्पादन की ओर बदलाव था। सर्वाधिक आवश्यक ग्रामीण शिल्पकारों में बुनकर या दर्जी शामिल नहीं होते,

क्योंकि जलवायु और परिधान की शैली के कारण कपड़े की माँग कम थी, जबकि कपास सार्वभौमिक रूप से नहीं उगाया जाता था। आवश्यक कारीगरों में पहला स्थान ग्रामीण बढ़इयों का था; इसके सापेक्ष हमें गुप्त काल में विशेष बढ़ई स्थल (गाँव के साझा खेतों और चरागाह से बाहर) का उल्लेख मिलता है। ईसा बाद 571–2 में वल्लभी (भावनगर के निकट) के धरासेन ने ब्राह्मणों को एक छोटा खेत दान करने में (Fleet 38) ऐसे एक स्थल (वर्धाकि-प्रत्यय) का उल्लेख किया है। ईसा बाद 506 में वैन्यगुप्त की गुनाईघर पट्टियाँ (*IHQ*. 6.45–60) गुप्त साम्राज्य के एक अन्य छोर पर इस तरह के स्थल (विष्णु-वर्धाकि-क्षेत्र) को दर्शाती हैं, जिससे इसकी सार्वभौमिकता का अनुमान लगाया जा सकता है। इन विशेष कारीगरों को उनकी स्वयं की खेती के लिए छोटी जोतें सौंपी जाती थीं। यह शिल्प को चलाने के लिए प्रलोभन के रूप में पर्याप्त नहीं होगा, इसलिए भुगतान और लाभों को जोड़ा गया था जो वर्तमान समय में दूरदराज के गाँवों में विभिन्न रूपों में विद्यमान है (*BJ*. 3.448–9; *NDG*. 74–80)। महाराष्ट्र में विशेषज्ञों का यह संपूर्ण समूह अलुतेदार-बलुतेदार[13] के रूप में जाना जाता है। उदाहरण के तौर पर, बढ़ई को हर किसान की उपज का करीब 2 प्रतिशत और 'बीज के लिए' एक से आठ पाउंड अनाज मिलता था; इसके बदले वह घरों, खेती के औजारों, हल के लोहे के हिस्से को छोड़ कर अन्य हिस्से की ठीक से मरम्मत करता था। नये निर्माण के लिए उसे अतिरिक्त शुल्क मिलता था। लोहार की हिस्सेदारी करीब 1.75 प्रतिशत, और 'बीज के लिए' एक से तीन पाउंड थी; वह औजारों के लोहे के हिस्से को ठीक-ठाक रखता था; हल के नये फल, हँसुआ, चाकू के लिए उसे लोहा और अतिरिक्त भुगतान देना पड़ता था। लोहार और बढ़ई धौंकनी चलाने, भारी पटरों को उठाने इत्यादि जैसे मेहनत के कामों में सहयोग मांगते थे। गाँव के कुम्हार को हर खेतिहर से उपज के 1.25 प्रतिशत हिस्से के साथ बीज के लिए एक या दो पाउंड अनाज मिलता था। वह पानी, अनुष्ठान, रसोई के उपयोग के लिए सामान्य मिट्टी के बर्तनों की आपूर्ति करता था, लेकिन अनाज रखने के लिए आवश्यक विशेष बड़े पात्रों के लिए अतिरिक्त शुल्क लेता था। नाई को मासिक प्रति पुरुष तीन सामान्य मुंडन के लिए कम अनुलाभ थे; गुप्तकाल की मूर्तियों में दिखने के अनुसार ग्रामीणों की केश सज्जा बहुत सजावटी नहीं थी, लेकिन फिर भी वे स्वयं को कुछ विशेष शिखा के साथ या उसके बिना सिर मुंडवा कर रखते थे। धोबी, चमार और इस तरह के अन्य कारीगरों के समान कार्य और पारितोषिक थे, इन्हें अनाज, और कई बार विशेष स्थलों पर थोड़ी-बहुत मजदूरी के रूप में भुगतान होता था। भिन्न जातियों के बावजूद इन कारीगरों ने सामूहिक पद नारु-कारु के साथ एक अनूठा एकजुट समूह बना लिया था; वे एक-दूसरे का काम नुक्ताचीनी, या विशेष भुगतान के बिना करते थे, हमेशा एक-दूसरे के साथ खड़े होते थे। स्वाभाविक रूप से, समारोहों, विवाह, देव अनुष्ठानों में इन कारीगरों में हरेक का कार्य कुछ छोटे-मोटे अनुलाभों के साथ होता था। तेजी से उदार मध्ययुगीन अनुदानों ने उन्हें ब्राह्मणों को दान देने से स्पष्ट रूप से छूट दी (उदाहरणार्थ *EI*. 5.112), जिसका अर्थ था कि ये ग्राम-करवाह पूर्व की तरह अपने अनुलाभों को प्राप्त करना जारी रखते हुए नये ग्रहीताओं को कोई भुगतान नहीं करेंगे। इस तरह बुनियादी सवाल का समाधान हुआ जिसका समाधान करने में जाति एवं वर्ग विफल रहे थे। सूची में शामिल गाँव का पुजारी अक्सर ब्राह्मण नहीं होता था, हालाँकि ज्योतिषी होता था। सोनार-मुद्रा-परिवर्तक की तरह लिपिक-लेखाकार, जो ब्रिटिश मानकीकरण के पहले विभिन्न सिक्कों के बीच विनिमय की दर निर्धारित करते थे, हो सकता है हर गाँव में मौजूद न हों, हालाँकि इन ग्राम सेवकों (पारंपरिक रूप से 12) की सूची में शामिल थे। ग्रामीण बोझिया और चौकीदार का काम चमार चमड़ा कारीगर या महार, जो गाँव को स्वच्छ रखते थे, द्वारा साझा किया जा सकता था। एक परिवार विशेष की वृद्धि के कारण उत्पन्न दिक्कतों का समाधान हर गाँव विशेष में अलग तरह से किया जाता था, कई बार आप्रवासन के जरिये, अन्य जगहों पर अतिरिक्त भूमि दे कर, जो कारीगर के परिवार के नये सदस्यों को समर्थन के लिए आयमें पर्याप्त वृद्धि करेगा।

यहां दो टिप्पणियाँ जोड़नी हैं। प्राथमिक औजारों और धातु की दुर्लभता ने एक लंबे प्रशिक्षण को आवश्यक और वस्तु उत्पादन की कमी पैदा की, और इससे कारीगरों के संकेंद्रण का अर्थ परिवार में प्रशिक्षण है। इस तरह, जाति एक मजबूत पेशेवर आधार थी लेकिन इसने तकनीक को पिछड़ा बनाए रखने में भी भूमिका निभायी। दूसरे प्रश्न ग्राम कारीगर प्रणाली के मूल का है। कुछ लोगों ने इसे पणिनी.6.2.62 के ग्रामह शिल्पिणी में तलाशा है। इसके अलावा, पणिनी.5.4.95 ने ग्राम और कौता-तक्षण, जो अमरकोश 2.10.4 में दोहराया गया है, के बीच अंतर को स्पष्ट किया है। मुद्दा यह है कि पणिनी के ग्राम ने सजात समूह, जो आधे वर्ष घूमता रहता था, को वापस सुनियोजित कर लिया। पहली शब्द-व्युत्पत्ति बताती है कि पणिनी का ग्राम बढ़ई 'स्वयं की झोपड़ी के स्वतंत्र बढ़ई' से अलग है, कौटा कुटी=झोपड़ी से व्युत्पन्न है, निश्चित रूप से यह तर्क नहीं किया जाना है कि एक बसे गाँव में बढ़ई की स्वयं की झोपड़ी

नहीं थी, यह इस प्रकार है कि प्रारंभिक स्वतंत्र बढ़ई के पास उनके स्वयं के नियत घर थे, और गाँव से जाना नहीं था। यह कि बढ़ई, लोहार और नाई जैसों से विकसित ग्रामीण कारीगरों ने नव-वैदिक काल के अर्ध-खानाबदोश दबंग ग्राम की सेवा की हो सकती है, इससे इनकार नहीं है। केवल शब्दावली से ही इस गलत निष्कर्ष पर नहीं पहुँचना चाहिए कि प्राचीनतम काल में ग्राम सभी के लिए परिचित आत्मनिर्भर हल उपयोगकर्ता भारतीय गाँव था। ग्रामीण बस्तियों के घनत्व, जिसने साम्राज्यों की किस्मत तय की, का प्रश्न अधिक महत्वपूर्ण है। न तो अर्थशास्त्र में, न ही जातकों (जातक 475 में गँवाने की अनुमति) में ग्राम-शिल्पी या कारु दृष्टिगोचर नहीं होते। निश्चित रूप से, धेनुकाकात के बढ़ई समीना, जिसने कार्ले के द्वार मार्ग पर हस्ताक्षर किए और कल्याण के लोहार नंद (*Lüders* 1032), जिसने कन्हेरी में XIV-XV गुफाओं के बीच गलियारे का दान किया, के पास बाद के काल के समतुल्य कारीगरों की पहुँच से बहुत अधिक संपत्ति थी।

केवल पूंजीपति अर्थव्यवस्था ने यह व्यवस्था तोड़ी, क्योंकि मजदूरों को नकद आय कमाने के रास्ते मिले जबकि अपनी हिस्सेदारी छोड़े बिना अपने ग्राम कर्तव्यों से बचने का बहाना मिला। इसके बावजूद हिस्सेदार कारीगर और उनके विशेषाधिकार उन गाँवों में बचे रहे जहाँ कमोडिटी का ढुलाई अब भी दयनीय थी। उदाहरण के रूप में: खारिज टिन और सिकुड़ने स्थानीय बाजारों की पर्याप्त आपूर्ति ने बाम्बे-पूना रोड से पूना और तालेगाँव जैसे बाजार केंद्रों के पास के अधिकांश गाँवों के बचे कुम्हारों को समायोजित किया। पूना घाटी के शिखर पर बेडसा-करंज गाँव पूर्णकालिक कुम्हार का पोषण नहीं करता और घरेलू मिट्टी के बर्तन की आसान ढुलाई के लिए सड़क की सुविधा भी मुश्किल है। इसलिए पड़ोसी गाँव का एक कुम्हार प्रत्येक बेडसा घर से सामान्य रसोई के बर्तन, पानी के घड़े और समारोहों के बर्तनों, जिसमें सर्वाधिक महत्वपूर्ण मकर संक्रांति (अब 13–14 जनवरी) के लिए एक छोटा पात्र था, जिसका निर्माण सभी कुम्हारों को दो महीने पहले से ही पूरी तरह व्यस्त रखता था, की आपूर्ति अन्य शुल्कों से मुक्त हो कर करने के लिए सालाना छह पाउंड अनाज का बालुतेम प्राप्त करता था। दूसरी तरफ, बेडसा-करंज का सोनार परिवार अपनी भट्ठी और अधिकृत भूमि को छोड़ कर अज्ञात स्थल को पलायित होने के लिए विवश हुआ। गाँव ने 2000 वर्ष पूर्व बनी नजदीकी गुफाओं में भिक्षुओं के रखरखाव में योगदान दिया होगा, इन गुफाओं को एक सहस्राब्दी वर्ष पहले त्यागा जा चुका है लेकिन ग्रामीण अब ही इसे सामान्य मराठी शब्द लेनिम की बजाय सही नाम विहार से ही संबोधित करते हैं। हालाँकि सामूहिक स्वामित्व के किसी खाद्य उत्पादक भूमि का कोई सुराग नहीं है। पेशवाओं के राज में कुछ ब्राह्मणों के लिए पुरवा सामंती इनाम बन गया, लेकिन पुरवा प्राप्त कर्ता का परिवार कभी गाँव में नहीं बसा, न ही जमीन पर जागीर का कब्जा लिया; हैदराबाद क्षेत्र में रह रहे वर्तमान वंशज, जो ब्रिटिश काल की तरह सीधे विनम्र सरकार से निर्धारित राशि प्राप्त करते हैं, संपत्ति के सभी अधिकारों की रक्षा करते हैं।

गुप्त काल का माना जाने वाला संस्कृत शब्दकोश अमरकोश[14] का विश्लेषण बताता है कि इस प्रणाली को उस समय भी विकसित किया गया था कि गाँव का बढ़ई स्वतंत्र बढ़ई से विशेष रूप से अलग है; नागरिक समाज (2.8.18) 'देश के एक अनिवार्य घटक' थे। नगरीय शिल्पकार और मजदूर एक अलग वर्ग में व्यवहृत किए जाते हैं। 'शूद्रों का वर्ग' (2.10) बिना किसी त्रुटि के गाँव के मजदूरों के बारे में बताता है, जिन्होंने अस्पृश्यों और ग्राम समाज की हदों से परे जनजातियों तक के अवरोधी पदानुक्रम का निर्माण किया। खेल के आश्रयदाता अब पारधी जैसे जनजातीय शिकारियों और कसाई मुसलमान या इसाई कसाइयों द्वारा क्रमश: प्रतिस्थापित किए जा चुके हैं। अमरकोश के शराब निर्माता और विक्रेता को बाद के भारतीय गाँवों, जहाँ इस प्रथा से असहमति जतायी गई, में कोई नियमित स्थान नहीं मिला, सामंती और फिर ब्रिटिश सरकार के एकाधिकार के कारण उत्पाद पर अधिक से अधिक कर लगाया गया। यह कि गाँवों में अब भी शेष सभी कारीगरों के समकक्ष हैं, 'अपरिवर्तित गाँव' को निरूपित करता है। अब लुप्त सर्वाधिक महत्वपूर्ण शूद्र अस्वतंत्र मजदूरों का वर्ग है जो वेतनभोगी मजदूरों, जो शिल्पकार नहीं थे, के बाद आते हैं। यह स्पष्ट नहीं है कि वे किस तरह कार्य करते थे, लेकिन यह पूरी तरह स्पष्ट है कि वे अधिकांशत: दुर्भिक्ष के समय लिये गए अचुकता ऋणों के कारण अस्तित्व में आए थे या नष्ट जनजातियाँ थे। खेती और व्यापार की तरह साहूकारी क नियमित वैश्य पेशा (2.9.3–5) था। संग्रह में न दास के लिए, न जमींदार, भूस्वामी के लिए, न ही ग्रामीण दुकानदार के लिए कोई शब्द है। ग्रामीण द्वारा संयुक्त कार्यों का कोई चिह्न अमरकोश में नहीं है जैसा कि स्थानीय भाषाओं में है। उदाहरण के लिए, मराठी में गमवई का अर्थ है किसी अधिकारी द्वारा जारी आदेश (प्रस्तावित कर आदि के संदर्भ में) से इनकार करना या उसका प्रतिरोध करना। यह उस चरण स्वरूप का पर्याय है जिसमें किस अन्य स्थान पर निवास

बनाने—जिसे मिश्र में टॉलीमी एनाकोरेसिस कहता था, के लिए सामूहिक रूप से पूरे गाँव को त्याग देना, ऐसा विरोध व्यक्त किया गया हो। एक समान शब्दावली गाँवा-सई से यह भिन्न है, जिसका अर्थ देवता को प्रसन्न करने के लिए, पुजारी (भगत) द्वारा निर्धारित संक्षिप्त अवधि के लिए गाँव का स्वैच्छिक रूप से समारोहपूर्वक त्याग करना; खेतों में या गाँव (उस समय के लिए पूरी तरह निर्जन) के बाहर पेड़ों के नीचे नौ या अधिक दिनों तक रहने के बाद ग्रामीण पुनर्बसावट के लिए समारोहपूर्वक लौटना है। यह भयाक्रांत दिनों के लिए एक विपर्यण हो सकता है और माना जाता है कि इससे अच्छे स्वास्थ्य और सामान्य समृद्धि में वृद्धि का प्रभाव आता है। ग्रामीण संगठन कुल मिलाकर 'छकड़ा', गाँवा-गाडा कहलाता है और इसे अच्छे संचालन स्थिति में रखना सभी ग्रामीणों का कर्तव्य है। और अधिक आदिम समूह-संस्थान भी अस्तित्व में हैं: गाँव के मुखिया के साँड़ को बलि का संकेत देने वाली साज-सज्जा के साथ वार्षिक पोला मवेशी जुलूस का नेतृत्व करना होता है।

टिप्पणियां और संदर्भ

1. इस अध्याय की सामान्य सामग्री के लिए Fleet, DHI, Har. में प्रर्याप्त जानकारी है। ई.बी. कॉवेल और एफ. डब्लू थॉमस (लंदन 1897) द्वारा अनुदित हर्षचरित्र वैसी ही मदद करता है जैसा S. Chaudhuri, 2 vol., Kaṭhautiā, Bihār; 1950, 1948) का हिंदी अनुवाद करता है। हर्षचरित्र पर वी.एस अग्रवाल का हिंदी निबंध मूर्तियों के पुरातात्विक आँकड़ों के साथ मूल्यवान संग्रह देता है लेकिन गुप्त प्रशासन के विवरण के रूप में शुक्रनीति को लेने से ग्रस्त है। इसके संपादक और अनुवादक बी.के. सरकार (इलाहाबाद, 1925) ने बताया है कि यह कार्य पाँच पृथक समयों में बारूद (समीकरण समेत) और आग्नेयास्त्रों का उल्लेख करता है, इसलिए यह उत्तर मुस्लिम काल का है। 'राजा को बिना विलंब के यथासमय भू-राजस्व, पारिश्रमिक, शुल्क, ब्याज, प्रलोभन और किराये की वसूली करनी चाहिए। राजा को हर खेतिहर को अपनी स्वयं का मुहर लगा किराया (आकलन) पत्र देना चाहिए। गाँव के भू-राजस्व के निर्धारण के बाद राजा को मासिक या अवधिवार किस्तों के जरिये एक धनी व्यक्ति से यह अग्रिम रूप से प्राप्त कर लेना चाहिए या इसकी गारंटी (भुगतान की) लेनी चाहिए। या राजा को अपनी स्वयं की प्राप्ति के 1/16, 1/12, 1/8, 1/6 हिस्से का भुगतान कर के ग्रामप नामक अधिकारियों की नियुक्ति करनी चाहिए। ...उसे (पूँजी) वृद्धि या सूदखोर के ब्याज के 1/32वें हिस्से की वसूली करनी चाहिए। ...उसे कृषि भूमि की तरह घरों और आवासों से किराया वसूलना चाहिए। उसे दुकानदारों से भूमि कर भी लेना चाहिए। सड़कों के संरक्षण एवं मरम्मत के लिए उसे सड़क का उपयोग करने वालों से पथकर लेना चाहिए।' (शुक्रनीति, सरकार का अनुवाद; 4.2.245–258)। 4.7.400–406 में बारूद का; 4.7.389–94 में बंदूक और गोला का; 4.7.418–21 में रैमर्ड; 4.7.47–53 में राजसी अंगरक्षकों के लिए आग्नेयास्त्रों का समीकरण दिया गया है। 4.5.224–31 में वकील और उनका शुल्क (बचाये या वसूले गए मूल्य के 1/16 से 1/160 हिस्से तक) है। इसलिए यह दस्तावेज तलहटी से विकसित सामंतवाद के काल का है, जब किसान कर, पथकर, आवास कर इत्यादि पूरी तरह प्रसारित थे। वस्तुत:, वी. राघवन को यह संदेह करने के लिए उत्कृष्ट कारण मिले कि दस्तावेज संभवत: मद्रास प्रेसिडेंसी कॉलेज में अवसरवादी पंडितों द्वारा किया गया एक अत्यंत हालिया फर्जीवाड़ा है, जिन्होंने गालव-निरुक्त, नरसिम्हा संहिता इत्यादि जैसे अन्य 'आविष्कारों' को गढ़ा हो सकता है; R. N. Saletore's Life in the Gupta age (Bombay 1943) एक कपटपूर्ण संग्रह है जिसे यथोचितसावधानी के साथ संदर्भ के लिए उपयोग किया गया हो सकता है। पिछले अध्याय की टिप्पणी-1 में मेरा प्रपत्र चीनी तीर्थयात्रियों के दस्तावेजों पर चर्चा के साथ जनजातियों, और भूमि-अनुदानों का विवरण देता है।
2. 'तथाकथित' आंध्र राजाओं के गृह पर V. S. Sukṭhaṇkar का शोधपत्र (ABORI. 1.21–42; Memorial ed. vol. 2. 251–265) इन अभिलेखों को एक परिशिष्ट में देता है; मैंने अनुवाद का थोड़ा संशोधन किया है। अभिलेख EI. 14.153–5 (Memorial ed. 2.213–5) में समान लेखक द्वारा प्रकाशित किये गए हैं।
3. 'गुजरात या काठियावाड़ में कहीं' प्राप्त एक सबाइयन अभिलेख (जिसकी एक छायाप्रति 1942 में 'कीलाक्षर' के रूप में मुझ तक पहुँची) की पहचान Bodleian लाइब्रेरी, ऑक्सफोर्ड के डॉ. ए.एफ. एल. बीस्टन ने पहचान की थी (20 अगस्त, 1951 का पत्र)। यह Corpus Inscr. Sem. 27, 1905, 153–5: में प्रकाशित Aden के पास दूसरी अनुकृति है: 'यह हारान के अभिरथ और हारान की पहाड़ियों के उसके अनुयायी जनजाति, जो रबीब और खैत कुल के याथिर जनजाति के हैं, के स्वामित्व की संपत्ति है जो इस अभिलेख के उत्तर दिशा की ओर विस्तारित है, जबकि इमारतें और पहाड़ों के खड्ड इसे पूर्वी दिशा में सीमित करते हैं। शिलालेख इसाई युग की शुरुआत के बारे में हो सकता है। संक्षिप्त सबाइयनपुरालेख भुज (*EI*. 19.300–302) में पाये गए हैं। सूर्य-उपासक, जो संभवत: कुषाण काल में चिनाब नदी के पास बस्तियों के लिए बुलाये गए, अपने संबपुराण (Sāmbapurāṇa) (cf. R. C. Hazra, ABORI. 36.1955.62–84). के साथ मग ब्राह्मण में तब्दील हो गए। जूनागढ़ (गिरनार) में विदेशी गवर्नरों का क्रम विचित्र है, हालाँकि उनके पुत्र अक्सर भारतीय नामों वाले हैं। स्कंदगुप्त के शीघ्र ही बाद, भतरका द्वारा अपनी जनजाति या कुल समेत अपने समर्थन में वल्लभी में मैत्रका वंश की स्थापना की गई; सरदार और उसकी जनजाति, दोनों के नाम संस्कृतकृत हैं और संभवत: विदेशी हैं। मालदा

(बंधुमति का पुत्र और निर्मला का भाई), जिसने बालादित्य के मातहत नालंदा में बौद्ध मठवासी विश्वविद्यालय की स्थापना पूर्ण की, कहता (*EI*. 20.37–46) है कि यशोवर्मन के अधीन 'उत्तर के जागीरदार, मंत्री और मार्ग के स्वामी' टिकिना उसके पिता थे। एक सदी पहले राजा कन्नौज के यशोवर्मन हो सकते हैं, मालवा के यशोधर्मन नहीं, जैसा कि संपादक इसे चाहता है। यह माना गया है कि tikina = legin तुर्की की उपाधि है जिसका अर्थ मुखिया, कुलीन या राजकुमार है। हूण, जिन्हें गुप्त राजाओं ने एक से ज्यादा बार पराजित किया था, जिनके साम्राज्य में उन्होंने अपनी नींव डाली, सुराग के बिना अवशोषित कर लिये गए, हालाँकि संस्कृत काव्य स्वर्ण युग के लिए उपयुक्त - हूण और शक महिलाओं के उच्च प्रशंसित सुनहरे रंग की स्मृति को सुरक्षित रखती है। यहाँ तक कि मुसलमानों और अंग्रेजों के साथ, व्यापार पहले से ही सैन्य गतिविधियों के लिए था, जो केवल तभी किया गया जब यह अपेक्षाकृत कम लागत पर अधिक लाभ का वादा किया था।

4. हर्षचरित्र में वाण ने हर्ष के शिविर और उसकी गतिमान सेना का स्पष्ट रूप से वर्णन किया है। लगता है कि दरबारी कवि ने न तो कभी मूल राजधानी थानेसर का दौरा किया है और न ही कन्नौज का। उन्होंने पूर्व के इलाके का वर्ण जंगली नारियल के पेड़ों से भरे-पूरे क्षेत्र के रूप में किया है, हालाँकि यह पेड़ कवि के घर, जो पटना के उत्तर में गंगा के दक्षिणी तट के पास था, से उत्तर की ओर ज्यादा नहीं होते। उन्होंने इसे अवश्य ही किसी भी उर्वर भूमि के प्रतीक के रूप में सामान्य बात मानी होगी।
5. यहाँ मुद्राराक्षस के भरतवाक्य और लुप्तनाटक देवी-चंद्रगुप्त के खंडित संदर्भों को संभावित अपवादों के रूप में लिया जा सकता है।
6. संभवत: ऐसे वंशानुक्रमों में सर्वाधिक विचित्र नल का वंश (*DKA*. 52) है, जिनके निषाद जंगली बर्बर होने की ज्यादा संभावना है, बजाय कि बेड़े निषाद हो, जिसमें वे नल के पिता को अपना पूर्वज बनाने के क्रम में तब्दील हो गए थे। पांडुवंशी राजा (Fleet 81) लगभग निश्चित रूप से आजकल मध्य भारतीय जंगल में पाये गए जनजाति पांडु (भारत की जनगणना, 1931, पीटी-3) के समान वंश के हैं। तारानाथ के अनुसार पालों ने अपने गौरवशाली, उच्च सभ्य वंश को नाग के नाजायज वंश के साथ शुरू किया। भौमा सरल रूप में 'मूल निवासी' हैं।
7. लिच्छवियों के लिए, Sylvain Levi, Le Népal, étude historique d'un royaume Hindou (Paris 1905–8, 3 vol., 2–3 in the Annales du Musée Guimet); विशेष रूप से 2.89–90, 3.64 (प्रथम लिच्छवी अभिलेख, छठवीं शताब्दी के आखिर या सातवीं शताब्दी के शुरू में) 3.79 *&c.*; मल्ल, 3.69, 2.212, *&c.*। यहाँ तक कि सातवीं सदी ईसा बाद में तिब्बती राजा श्रांग-त्सन गैम-पो ने भी लिच्छवी मूल का होने का दावा किया। इसी क्रम में विंसेंट स्मिथ और अन्य द्वारा वास्तविकता से परे जा कर बुद्ध के 'एक मजबूत तिब्बती' होने के काल्पनिक सिद्धांत गढ़े गए।
8. हिरण्यगर्भ पुनर्जन्म समारोह के पुरालेख रिकॉर्ड के लिए देखें डी D. C. Sircar, Successors of the Sātavāhanas. संस्कारों का वर्णन मत्स्य पुराण 275 (1–23) में है। इसका पूर्वकालीन तुलापुरुष ज्यादा आम हो गया। राजसी व्यक्ति सोने या चाँदी से तौला गया, जिसे तब ब्राह्मणों में वितरित किया गया। इस तरह के उपहारों को नयी जाति के साथ पुनर्जन्म का लाभ नहीं था।
9. R. E. Enthoven: Tribes and castes of Bombay (3 vol., 1920), sub Gāvaḍā 1.362; also a devak (sept) of the Gābits, 1.349, and some others.
10. G. M. Moraes: The Kadamba-kula (Bombay 1931); also Trans. Vth Ind. Hist. Con. 1941.164–74; Festschrift R. K. Mukherjee (Bhārata kaumudī, Allahabad 1945) 441–475. D. C. Sircar, Successors of the Sātavāhanas, 225–254.
11. पुरातत्व सर्वेक्षण, मैसूर राज्य; सालाना रिपोर्ट 1929, पृष्ठ 50, पुरालेख, जैसा कि यह संक्षिप्त है, अब भी स्पष्ट नहीं है सिवा इसके कि लेखक ने बड़े पैमाने पर धावा बोला है।
12. गोवा में ग्राम बस्तियों के लिए मेरा शोधपत्र देखें: The village community in the 'Old Conquests' of Goa (J. Uni. Bombay, 15, 1947, 63–78) | G. Gerson da Cunha's edition of the Sahyādrikhaṇḍa (Bombay 1877), और The Koṅkaṇī language and literature (Bombay 1881) पर उनके अध्ययन का व्यापक उपयोग हुआ था। हालाँकि मुख्य क्षेत्र कार्य मेरा स्वयं का है, चूँकि मैं गोवा में पैदा हुआ, और इसके मजबूत अवशेषों से पुरानी व्यवस्था की बहाली में सक्षम होने के लिए पुराने लोगों से पर्याप्त संवाद किया। दस्तावेजीकरण फिलिप नेरी जेवियर (पुर्तगाली) के Bosquejo historico das comunidades das aldeas dos concelhos Ilhas, Salcete e Bardez (2nd ed. Bastora, 3 vol. 1903–07) से आया है: इसी लेखक का Gabineto literario das fontainhas उपलब्ध नहीं है।
13. इन ग्रामीण शिल्पकारों के लिए देखे मोल्सवर्थ का मराठी-अंग्रेजी शब्दकोष। टी.एन. आत्रे का गाँवा-गदा (मराठी में Karjat-Amalncr, 1915) नये पूंजीपति वर्ग के कुंठित दृष्टिकोण से प्रणाली का ब्योरा देता है, जिनके लिए यह लंबे समय से इसकी उपयोगिता बरकरार रखता था।
14. यह मेरी टिप्पणी में किया गया है; द वर्किंग क्लास इन द अमरकोश (JOR. 24, 1955, 57–69): कोश के प्रथम दो संस्करणों में पदानुक्रम सिद्धांत जाहिर तौर पर ध्यानाकर्षण से बच गए हैं। तुन्ना-वया और सौचिका शब्द का अर्थ 2.10.6 में सुई-कारीगर जैसा कुछ है। यह अर्थ अब 'दर्जी' के रूप में स्वीकार्य है, लेकिन कढ़ाईकार ह्वेन सांग की इस टिप्पणी के मद्देनजर उपयुक्त होगा कि अधिकांश देश में काटे और सिले गए कपड़े प्रचलन में नहीं थे।

चित्र 40: शुष्क-क्षेत्र खेती। खेतिहर को पाठ में 'जमींदार' कहा जाता है, जो निःसंदेह गलत फ़ारसी है और कश्मीर में विलंबित सामंती उत्पादन को निरूपित करता है। ध्यान दें कि शीर्ष अंश में बोवाई हाथ से हो रही है और खेतिहरों द्वारा जमीन में बीज धँसाया गया है।

चित्र 41: नम-क्षेत्र (धान-चावल) खेती; जुताई, सिंचाई, (या जल निकासी) नहरें, बीज-भूखंड और प्रतिरोपण दिखाया गया है। इस विधि का उपयोग अभी भी चावल लगाने के लिए पूरे देश में किया जाता है। खाली बीज-भूखंड आम तौर पर फलियों के साथ बोया जाता है, जो फसलों को प्राकृतिक चक्रानुक्रम देता है।

चित्र 42: भूस्वामी के कारिंदे की निगरानी में गहाई। अनाज के सौदागरों को भू-स्वामी के हिस्से की बिक्री; घोड़ों के कारवाँ से ढुलाई। इससे अनाज एक उपभोक्ता वस्तु बन गया।

चित्र 43: रसोई-बागवानी, और औजार; एक प्रतिसंतुलित बाल्टी (शद्दूफ) के साथ गहरे गड्ढे से पुरुष द्वारा सींचे गए भूखंड में फावड़ा चलाती स्त्री। यह विशेष फसल शलगम की लगती है।

चित्र 44: बढ़ई (काष्ठकर्मी) और औजार। चित्र 40–47 कश्मीर में विलियम मूरक्रॉफ्ट के लिए करीब 1820 में शुरू इंडिया ऑफिस लाइब्रेरी में एक *Ms.* से (अनुमति द्वारा) लिए गए हैं। ग्रामीण बढ़ई कुछ कम उत्कृष्ट औजारों का उपयोग करता होगा।

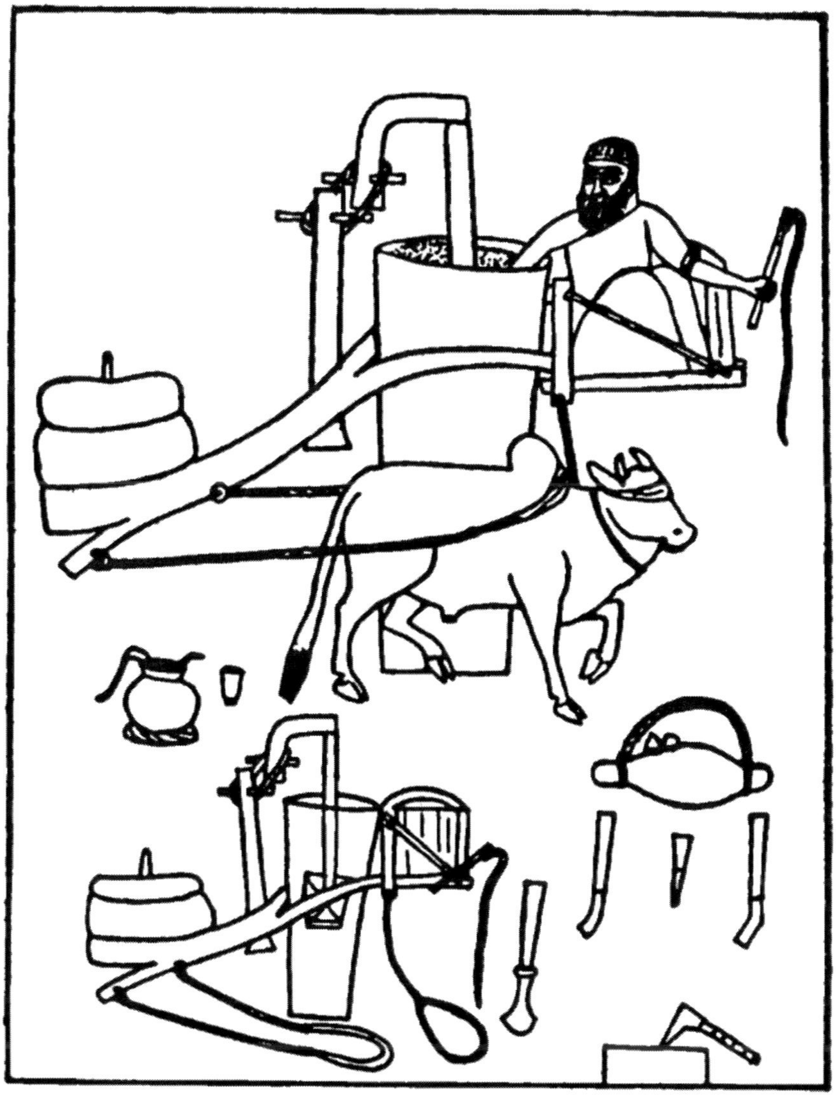

चित्र 45: ग्रामीण तेल-कोल्हू। ग्रामीण बस्तियों के सभी ज्ञात कालों में कारीगरों में बहुत मामूली अंतर था। देश के अन्य हिस्सों में तकनीक में अंतर नगण्य रहा होगा।

चित्र 46: लकड़हारा। हालाँकि यह दृश्य कश्मीर का है, लेकिन देश में अन्य स्थान के शिल्पकार में अंतर अधिक से अधिक केश सज्जा और कपड़ों का होगा।

चित्र 47: बुनकर। यह अनिवार्य ग्रामीण शिल्पकारों में एक है, लेकिन सामंतकाल में भी उपभोक्ता वस्तु उत्पादन और व्यापार में लिप्त था।

अध्याय 10

नीचे से उपजा सामंतवाद

10.1. भारतीय और आंग्ल सामंतवाद के बीच अंतर।
10.2. सामंती समाज में व्यापार की भूमिका।
10.3. मुस्लिम।
10.4. नीचे से सामंतवाद में परिवर्तन; दासता।
10.5. सामंती राजकुमार, जमींदार, और खेतिहर।
10.6. विकृति और पतन।
10.7. पूंजीपति विजय।

यह अवधि उत्तरोतर बेहतर रही लेकिन विभिन्न भाषाओं में भिन्न-भिन्न तरह के दस्तावेज हैं जो स्वयं ही विस्तृत विश्लेषण को कठिन बनाएंगे। यह कठिनाइयाँ पुरानी प्रथा के कई विविध स्थानीय अवशेषों द्वारा और बढ़ा दी गई हैं जो कम से कम स्वरूप में, आधार से ध्यान को भटकाती हैं। पूरा ढाँचा इतना जटिल और भ्रामक है कि इसका अनुरेखण अनिवार्य रूप से पाठक तक कुछ भ्रम पहुँचाता है। इसलिए केवल कुछ मुख्य विशेषताओं पर विचार किया जाएगा।

10.1. भारतीय सामंतवाद कम से कम सतही अभिव्यक्तियों के संदर्भ में अपने यूरोपीय समकक्ष से इतना भिन्न है कि मुस्लिम और राजपूत सैन्य पदानुक्रम के वर्णन को छोड़ कर भारत में सामंतवाद के अस्तित्व से ही कई बार इनकार किया गया है। यूरोपीय (विशेष रूप से आंग्ल) सामंतवाद की मुख्य विशेषताओं का निम्न रूप से संक्षेपण[1] किया जा सकता है: 1) 'निम्न स्तर की तकनीक, जिसमें उत्पादन के उपकरण साधारण और आम तौर पर महँगे हैं, और उत्पादन की गतिविधि चरित्र में व्यापक रूप से व्यक्तिगत है; श्रम विभाजन... विकास के अत्यंत प्राथमिक स्तर पर है।' यह पूर्व-सामंती समेत सभी चरणों में भारत का सत्य है। 2) 'एक परिवार या ग्राम समुदाय की फौरी जरूरत के लिए उत्पादन, व्यापक बाजार के लिए नहीं।' व्यापक अर्थों में यह भी यहाँ सत्य है, हालाँकि धातुओं, नमक, नारियल, कपास, ताम्बूल (पान, पेड़ी), सुपारी और ऐसी अन्य वस्तुओं के बढ़ते वस्तु उत्पादन पर ध्यान दिया जाना चाहिए। 3) 'स्वामित्व-खेती; स्वामी की भू-संपदा पर, अक्सर यथेष्ट पैमाने पर, अनिवार्य श्रम सेवा के जरिये।' यह निर्णायक रूप से भारत के लिए सत्य नहीं है। भारत में जागीर प्रथा सामंतवादी काल के अंत के समय अस्तित्व में आनी शुरू हुई थी। कारण यह था कि मौर्य साम्राज्य के पास पारंपरिक रोम की ग्राम्यगृह और दास अर्थव्यवस्था के सापेक्ष कुछ नहीं था। यह दर्शाया गया है कि जनजातीय क्षेत्रों में इसका विस्तार रोम, या चार्लमैग्ने, या सामंती बैरन के मुकाबले आम तौर पर ज्यादा शांतिपूर्ण तरीके से हुआ था। इसके बावजूद बाद के भारतीय सामंती जागीरदारों ने कुछ जमीन पर सीधे स्वयं खेती करने का प्रयास किया ताकि वे ग्रामीणों से स्वतंत्र रहे, जिनका एकजुट प्रतिरोध या खराब वर्ष में फसल उत्पादित करने में उनकी विफलता जागीरदार के लिए मुसीबत ला सकती थी। बैरन के सशस्त्र सेवकों को संकटकाल के लिए स्वतंत्र खाद्य आपूर्ति सुनिश्चित रखनी होती थी। इन जागीरदारों की जमीन पर बहुधा दास ही खेती करते थे। दासता ने अब एक नया महत्व प्राप्त कर लिया था, हालाँकि अब भी उत्पादन के साधनों के लिए अपरिहार्य नहीं था। 4) ऊपर से सामंतवाद के काल में शुरू 'राजनीतिक विकेंद्रीकरण' भारत और यूरोप, दोनों के लिए सामान्य है। मौर्य सिद्धांत, कि संपूर्ण भूमि राजा की है, को भूमि की जनजातीय अवधारणा के जरिये फिर से लागू किया गया क्योंकि जनजाति, जिनका प्रतीक और अभिव्यक्ति सरदार था, द्वारा क्षेत्र (सम्पत्ति नहीं) साझे में होता

था; यह सरदार राजा द्वारा प्रतिस्थापित किया गया होगा (अर्थशास्त्र 11.1), या राजा में तब्दील हो गया होगा, या विजेता, जिसे अपने पूर्ववर्ती जनजातीय लोगों के खिलाफ सरदारों के समर्थन की जरूरत हो सकती है, द्वारा सामंती सहयोगी के रूप में बदल दिया गया होगा। इस दौरान, नजदीकी सामंती जागीरदार ने ग्राम परिषद की ज्यादा से ज्यादा गतिविधियाँ ले ली थीं। गाँवों द्वारा राजा को सीधे कर का भुगतान करना इसमें अपवाद था। उनके, और उनके व्यक्तिगत जमींदारों के लिए, स्वामित्व या कार्यकाल-अधिकारों के कुछ पृथक स्वरूप स्वीकृत थे। 5) 'जमींदारों द्वारा सेवा-काल की कुछ किस्म के आधार पर भूमि की सशर्त धारकता।' यह राजपूतों, जिनका मुख्य पेशा युद्ध करना था, और पूर्ववर्ती मुस्लिमों, जिनके मुखिया आक्रमणकारी थे और जिन्होंने शेष आबादी से धर्मांतरित समेत स्वयं को अलग रखने के लिए साझा संप्रदाय का उपयोग किया, में विशेष रूप से ध्यान देने योग्य है। ऐसा लगता है कि गंग दक्षिण में इसे विकसित करने वाले पहले थे (अम्मा I, 10वीं सदी)। बाद में, सभी जमींदार के लिए आज्ञापालन करना आवश्यक था लेकिन उनकी जागीरें समय-समय पर बदल गईं। यह ध्यान देना महत्वपूर्ण है कि केंद्र में सैन्य पदानुक्रम आम तौर पर वंशानुगत नहीं था। सम्राट दरबार के वैभव का एकमात्र वारिस होता होगा जिसके बच्चे तानाशाह की इच्छा पर दरिद्रतातक सीमित हो सकते थे। दास भी उच्च दरबारी हो सकते थे। 6) 'आश्रित जनसंख्या के संबंध में न्यायिक या अर्ध-न्यायिक कार्यों पर जमींदार का आधिपत्य।' यह आंशिक रूप से, नि:शस्त्र गाँव पर जमींदार के सशस्त्र बल के एकमात्र आधिपत्य के जरिये, आंशिक रूप से पुराने ग्राम परिषद के प्रतिस्थापित होने के जरिये आया। कोई इसका सूत्र मनुस्मृति के राजकुमार, जो राजा के रूप में सीधे न्याय देता था, या सघन सिता राजसी भूमि में मौर्य निरंकुशता में भी तलाश सकता है। इन दोनों ने बाद के सामंतवाद के विकास में अनिवार्यत: योगदान दिया, जब तक गाँव के स्वयं के सशस्त्र बल नहीं थे। तीन उल्लेखनीय विशेषताएँ आगे यूरोपीय सामंतवाद से भारतीय सामंतवाद को पृथक करती हैं: दासता की वृद्धि, श्रमिक समाज की अनुपस्थिति और एक संगठित गिरिजाघर का अभाव। उत्पादन के एक अधिक प्राचीन स्वरूप के लक्षण और कारण के रूप में जाति ने श्रमिक समाज और चर्च दोनों को प्रतिस्थापित किया।

नई तकनीकों को विकसित करने में घरेलू 'ऊपर से सामंतवाद' की विफलता पवनचक्की, घोड़े का अंसबंध, भारी हल जैसी मध्यकालीन यूरोपीय उपलब्धियों से बुनियादी रूप से विपरीत है। इनमें से कुछ आविष्कार, निश्चित रूप से चीनियों ने, (उदाहरणार्थ घोड़े की काठी, पृष्ठयुक्त पतवार, ड्रॉ लूम *&c.*; नीधम, सेंटरस 3 (1953)। 1–2। पृष्ठ 46–7) कि इन आविष्कारों में से कुछ निश्चित रूप से चीनी हैं, उनको अंगीकृत करने में सामंती यूरोप द्वारा प्रदर्शित पहल से कमतर नहीं हो जाते, जिन्हें पारंपरिक समाज द्वारा नजरअंदाज किया जा चुका था। मार्को पोलो[2] के शब्द इस बिंदु की व्याख्या करते हैं:

'यह देखते हुए कि साल में पूरे समय हर आदमी अनावृत्त रहता है, आपको अवश्य जानना चाहिए कि इस पूरे मालाबार साम्राज्य में एक कोट काटने या इसे सीने के लिए कोई दर्जी नहीं है...! केवल शिष्टाचार के लिए वे एक कपड़ा लपेटते हैं; और यह पुरुष और स्त्री, अमीर और गरीब और यहाँ तक कि स्वयं राजा (सुंदरा-पांड्या) का हाल है।... यह एक तथ्य है कि राजा भी उतने ही अनावृत्त हैं जितना कि शेष लोग, केवल उसकी कमर पर एक अच्छे कपड़े का टुकड़ा होता है, और उसके गले में माणिक, नीलम, पन्ना और इसी तरह के मूल्यवान पत्थरों का हार होता है, यह इस कदर होता है कि यह गलपट्टे का मूल्य बहुत होता है। ... यह राजा सोने से लेकर जवाहरात और मोती तक जो पहनता है, वह एक शहर के मुक्तिधन से कहीं ज्यादा मूल्यवान है। ... यहाँ घोड़े की कोई नस्ल नहीं है, इसलिए देश की संपत्ति का एक बड़ा हिस्सा घोड़े खरीदने में व्यर्थ होता है। ...किश, और ओर्मुज, दफर और सोहर और अदन के व्यापारी बड़ी संख्या में युद्ध के घोड़े और अन्य घोड़े एकत्र करते हैं और इन्हें वे इस राजा और चार भाइयों के क्षेत्र में ले आते हैं। ... एक घोड़े के लिए उन्हें सोने की 500 सग्गी मिलेगी, जो चांदी के 100 से अधिक अंक के बराबर होती है, और वहाँ हर साल घोड़ों की भारी संख्या बिकती है। दरअसल, यह राजा हर साल 2000 से ज्यादा घोड़े खरीदना चाहता है, और इसी तरह उनके चार भाई भी करते हैं जो इसी तरह राजा हैं। हर साल इतने ज्यादा घोड़े खरीदने की उनकी चाहत के पीछे कारण यह है कि वे सब मर जाते हैं साल के अंत तक उनमें से 100 से ज्यादा नहीं बचेंगे। और यह स्थिति कुप्रबंधन के कारण उपजती है, क्योंकि इन लोगों को इस बारे में मामूली जानकारी भी नहीं है कि एक घोड़े से कैसे बर्ताव करें; और इसके अलावा इनके पास नालबंद नहीं है। घोड़ा व्यापारी न केवल कभी अपने साथ नालबंद नहीं ले आए बल्कि किसी भी नालबंद को वहाँ जाने से रोका भी, ताकि किसी भी स्तर पर घोड़ों की बिक्री रुके नहीं, जो उनके लिए हर साल इतना बड़ा लाभ ले कर आती है। वे घोड़ों को जहाज पर समुद्र के रास्ते लाते हैं। ... और एक अजीब बात बतायी जाती है कि इस देश में घोड़ों के प्रजनन की कोई संभावना नहीं है, जैसा कि अक्सर परीक्षण द्वारा सिद्ध किया गया है। यहाँ तक कि जबएक बढ़िया नस्ल की घोड़ी का एक बढ़िया नस्ल के घोड़े से संसर्ग कराया गया तो संतति एक खराब टेढ़े पाँव का कूड़ा निकला, जो सवारी के लिए ठीक नहीं था। ...देश के लोग केवल भाला और ढाल के साथ नग्न जाते हैं; और वे सर्वाधिक निकम्मे सैनिक हैं। वे न तो जानवर मारेंगे, न ही पक्षी, न ही कुछ ऐसा जिसमें जीवन है; ऐसे पशु भोजन के लिए, जिसे वे खाते हैं, कसाई की भूमिका अरबवासी मुसलमानों या अन्य, जो उनके स्वयं के धर्म के नहीं हैं, से निभवाते हैं। ... इन समुद्री डाकुओं से (थाना

के) राजा की एक संधि होती है कि वे जितने भी घोड़े लूटेंगे, वह सभी राजा के होंगे, और लूट का अन्य सारा सामान डाकुओं का होगा। (थाना का) राजा ऐसा इसलिए करता है क्योंकि उसका स्वयं का घोड़ा नहीं है जबकि कई विदेशों से भारत भेजे जाते हैं; क्योंकि कोई जहाज अन्य माल के अतिरिक्त कभी भी घोड़ों के बिना नहीं जाता है। ... (लाल सागर के अरब नगरों) से भारत को सालाना निर्यात होने वाले घोड़ों की संख्या काफी विस्मयकारी है। एक कारण यह है कि यहाँ घोड़ों का प्रजनन नहीं होता है, और दूसरा यह कि वे यहाँ आते ही जाहिल रखरखाव के कारण मर जाते हैं; यहाँ के लोग नहीं जानते कि घोड़ों की देखभाल कैसे की जाती है, और वे अपने घोड़ों को पके हुए व्यंजन और सभी प्रकार के अगड़म-बगड़म खिलाते हैं, जैसा कि मैंने पहले ही आपको बताया था; और इन सबके अलावा, उनके पास कोई नालबंद नहीं है।' (अंतिम दो वाक्य Benedetto, p. 215 द्वारा उद्धृत किसी स्रोत में नहीं पाये गए हैं।)

आज के भारतीय समाज में नालबंद का अर्थ एक नई जाति होगा। कपड़े वास्तव में उस जलवायु में आवश्यक नहीं थे लेकिन निश्चित रूप से आभूषण भी कम आवश्यक ही थे। अलग-थलग गाँवों, जहाँ धातु का हर टुकड़ा तब तक सुरक्षित रखा जाता है जब तक कि उसका कोई उपयोग हो सकता है, में अब भी धातु की अत्यधिक अभाव बना रहता है। जाति आधारित गाँवों में असंभव, विशेषज्ञ लुहार और धातुकर्मी बेहतर हथियार और कवच बनाते रहे होंगे। हालाँकि मानव जीवन की अवमानना, खास कर निम्न जातियों की जो बेशक अपने पूर्वजन्म के पापों के लिए दंडित किए जा रहे थे, ने साधारण पैदल-सैनिकों की रक्षा को आवश्यक बना दिया था। यह तकनीक का अभाव नहीं बल्कि क्रय शक्ति थी जिसने लोगों को बिना कपड़ों, बिना जूतों और बिना घरों के रखा था, जैसा कि आज भी होना जारी है।

'इस राज्य में (आन्ध्र) सबसे अच्छे और सबसे उत्कृष्ट बकरम बनते हैं, और वे उच्चतम मूल्य के होते हैं; यथार्थत: वे मकड़े के जाले की कोशिकाओं सदृश दिखते हैं ... (मालाबार) अत्यंत उत्कृष्ट और खूबसूरत बकरम निर्मित करता है। ... (थाना से) विभिन्न किस्मों के चमड़े, और अच्छे बकरम और कपास का भी भारी निर्यात होता है। ... (काम्बे से) कई क्षेत्रों को कपास की बड़ी मात्रा निर्यात होती है; खाल का बड़ा व्यापार होता है जो अत्यंत अच्छी तरह से तैयार होता है; कई अन्य प्रकार के व्यापार हैं जिनका उल्लेख बहुत थकाऊ काम है। ... अरब और अन्य क्षेत्रों के लिए जहाजों में लादने के लिए हर साल (सभी किस्म की चमड़ी) कई (गुजरात में) तैयार किए जाते हैं। वे यहाँ लाल और नीले चमड़े की खूबसूरत चटाई बनाते हैं ... जिन पर दक्षतापूर्वक सोने और चाँदी के तारों की कढ़ाई होती है ... इनमें से कुछ दस मार्क मूल्य के होते हैं।'

वेनेतियन ने अपनी तीसरी पुस्तक में यह सूचना दी है; बिना अतिशयोक्ति के, आंध्र के कई हिस्से अब भी कपास कतान के हाथ से बुने हुए असाधारण उत्कृष्ट कपड़े उत्पादित करते हैं।

अच्छे घोड़ों का प्रजनन भारतीय जलवायु में भी हो सकता है, लेकिन लेकिन मीट के साथ मिला हुआ उबला चावल खिला कर नहीं। अर्थशास्त्र (2.30) कहता है कि एक युग और स्थान, जो पांड्या साम्राज्य से निर्णायक रूप से घोड़ों के लिए बेहतर है:

'सर्वश्रेष्ठ अश्व खाद्य, चावल, जौ, बीजों जैसे किसी एक अनाज का दो द्रोण (मापन इकाई) सिक्त या पका, पका हुआ मुद्गा (Phaseolus mungo), या मसा (Phaseolus Radiatus) की फलियाँ; तेल का एक प्रस्थ (मापन इकाई), नमक का पाँच पला (वजन की इकाई), 50 पला मांस, एक अधका शोरबा, या दो अधका दूध-दही, एक प्रस्थ बियर (सुरा), शराब में मिला हुआ पाँच पला चीनी, या दो प्रस्थ दूध है।'

मार्को पोलो का पर्यवेक्षण सटीक था, और बताता है कि राजा को अवश्य अर्थशास्त्र में निपुण विद्वान ब्राह्मण द्वारा सलाह दी गई थी। सुंदरा-पांड्या के विद्वान धर्मविद उन्हें शंकर और रामानुज की व्यवस्था के बीच सूक्ष्म अंतर को समझाने में सक्षम हुए हो सकते हैं; पुजारी उसके लिए निश्चित रूप से पूरे विस्तार से प्राचीन वैदिक अश्व बलि कर सकता था। लेकिन वह सुघड़ घोड़े या इसी तरह के किसी अन्य पशु का प्रजनन नहीं करा सकता था। उत्तरी मवेशी, जिन्हें किसी विशेष परिस्थिति के लिए पैदा नहीं किया जा रहा था, ठीक आयातित घोड़ों की तरह अपकृष्ट होने की ओर उन्मुख थे। गाय पूजा करने के लिए पर्याप्त पवित्र थी, लेकिन उसे ठीक से खिलाने और बछड़ों को चुनने का काम उन लोगों पर छोड़ दिया गया था, जिनके पास स्वयं खाने के लिए पर्याप्त नहीं था, और बेहतर मवेशियों में जिनकी दिलचस्पी नहीं थी। यह अब भी पूरी तरह समझ में नहीं आया था कि अनुमानित रूप से अपकृष्ट भेड़, मवेशी, घोड़े और कुत्ते, सतर्क चयन, संकरण, और उपयुक्त खाद्य के जरिये नई संतति पैदा कर सकते हैं जो स्थानीय उद्देश्यों को आयातित माल के मुकाबले बेहतर ढंग से पूरा कर सकते हैं।

यह अपरिहार्य था कि अरब के उत्कृष्ट घोड़े बिना जाति के आदमियों, जिन्होंने अपनी सामाजिक स्थिति को घोड़ों की देखभाल में बाधक नहीं बनने दिया, जिनकी वंशावली उनके स्वयं के मुकाबले बहुत लंबी थी, द्वारा जहाजों पर लाद कर अंतत: भारत पहुँचते होंगे। कवच, बख्तरबंद, भारत के मुकाबले बेहतर इस्पात की तलवारों और भारतीय घुड़सवारों के पास उपलब्ध किसी भी हथियार से बेहतर

मार करने वाले धनुषों से सुसज्जित ये नए आक्रमणकारी (अरब, तुर्क, मंगोल, या संकर प्रजाति के मुसलमान) धीरे-धीरे देश के भीतर गहरे तक घुस गए। भाइयों के बीच गृह युध के दौरान एक अन्य सुदरा-पाड्या द्वारा आमंत्रित किए गए अलाउद्दीन खलजी के मुख्य सेनापति मलिक काफूर ने अरक्षित मदुरै को 14 अप्रैल, 1311 को लूट लिया (जो मार्को पोलो द्वारा नोट किया गया था)। आर्यों के आध्यात्मिक वंशजों, जिन्होंने भारतीय युद्धक बेड़े में पहली बार घोड़े को शामिल किया था, ने अपने स्वयं के अतीत से सबक लेने से इनकार कर दिया। अर्थशास्त्र के विवेकपूर्ण हिस्से इसकी युद्ध रणनीतियों के साथ पूरी तरह भुले जा चुके थे; यहाँ तक कि अपनी अप्रतिरोधी मार के साथ लंबे धनुष स्थानीय अपवादों के साथ क्षीण हो गए लगे (*DB*. 181)। फिर भी भारतीय सामंतवाद हथियारों और घोड़ों पर उतना ही निर्भर था जितना यूरोपीय सामंतवाद। ग्रामीणों को अपनी सुरक्षा करना सीखने के लिए नियंत्रित रखने के मुकाबले उन्हें प्रतिरक्षाहीन करना ज्यादा आसान था।

सर्वाधिक महत्वपूर्ण वेनसियान यात्री की गवाही है जो अविश्वसनीय, नए सामंती संचय और नए वर्ग, एक विशेष प्रकार के सामंती जमींदार बैरन के विकास की पुष्टि करता है। शिलालेखों में दक्षिण में 10वीं सदी और आगे राष्ट्रकूट और इसी तरह का उल्लेख है (*EI*. 5. 118–141; 27.41–7; 3.221–4, *&c*.)। मार्को पोलो कहता है:

'मैं आपसे कहता हूँ कि इस राजा के पास ताबेदारों (फियोल्ज) की भीड़ थीं, और वे इस तरह के हैं। वे इस दुनिया में अपने स्वामी के ताबेदार हैं और राजा जहाँ भी जाता है, ये बैरन उनके साथ होते हैं; और वे दरबार में होते हैं; राजा के साथ सवारी में होते हैं; और उसके महान प्रभुत्व को सहते हैं; और जहाँ भी राजा जाता है, ये बैरन उसके साथ होते हैं; और पूरे साम्राज्य में उनका अत्यंत व्यापक प्रभुत्व है। और समझिये कि जब राजा मरता है और उसकी चिता आग की लपटों से जल रही है, तब ये सभी बैरन, जो उसके ताबेदार थे, जैसा कि मैंने पहले ही बताया था, स्वयं को आग में झोंक देते हैं और अगली दुनिया में उसका साथ देने के लिए राजा के साथ स्वयं को जला लेते हैं। ... जब राजा मरता है, और वह भारी खजाना छोड़ जाता है, और उसके जीवित पुत्र दुनिया में किसी चीज के लिए इसका स्पर्श नहीं करेंगे। ... और इस कारण से इस साम्राज्य में खजाने की सर्वाधिक सघन मात्रा है।'

शिलालेखों (*EC*. 10. कोलार 129, लगभग ईसा बाद 1220: मुइबागल 77–8, लगभग ईसा बाद 1250) में भी मृत्यु पश्चात की हकीकत की परंपरा आती है। सेवक या वफादार अनुयायी एक स्वामी, जो एक गाँव के ओदेय मुखिया से ज्यादा बड़ा नहीं था, की मृत्यु के बाद अपने सिर की बलि चढ़ायेंगे (*EC* 10, चिंतामणि 31 लगभग ईसा बाद 1050, और संभवत: ग़ौरीबिदनूर 73 लगभग ईसा बाद 900)। कोई समान प्रदर्शन अन्यत्र पढ़ सकता है (मसुदी, प्रयरीज डी'ओर, ट्रांस, डी मेनार्ड कोर्टेली, 2.86)। रूढ़ि जैसा कि यह दिखता है, इसका अब रूढ़ि से परे महत्व था, मुखिया के प्रति वफादारी अन्य सभी बातों, जिसमें पहले सबसे महत्वपूर्ण समूह, चाहे वह जनजाति हो, जाति हो, समुदाय हो या बड़ा पैतृक परिवार, के प्रति वफादारी था, से बढ़ कर थी। पदानुक्रम में व्यवस्थित इस व्यक्तिगत वफादारी ने सामंतवाद का औपचारिक औजार बनाया। जब राजा ने सामंत बैरनों को उच्च प्रशासनिक शक्तियाँ देनी शुरू कीं तो पदानुक्रम का निर्धारण अनिवार्य हो गया। ऊपर से सामंतवाद के अंतिम चरण को सटीक तौर पर ईसा बाद 6ठवीं सदी के उत्तरार्ध में तलाशा जा सकता है। ईसा बाद 532 ईसवी में हूण आक्रमणकारी मिहिरगुल (Fleet 33) पर विजय के जश्न पर यशोधर्मन के लिए सामंत का अर्थ 'राजसी पड़ोसी' था। ईसा बाद 592 ईसवी तक इसका अर्थ केवल 'सामंती बैरन' रह गया था (*EI*. 30. 163–181)। संयोग से यह अमरकोश को 6ठवीं सदी की शुरुआत या संभवत: सौ वर्ष पूर्व गुप्त दरबार के समय का बताता है; दूसरी तरफ, कवि भर्तृहरि को 6ठवी सदी के अंत तक या संभवत: सौ वर्ष और बाद विस्थापित हुआ होना चाहिए।

10.2. असली बुनियादी आंदोलन नए व्यापारी के समकक्ष के निर्माण की दिशा में था। अंतर्राष्ट्रीय स्तर पर व्यापार बहुत लाभदायक हो गया था, जो (चित्र 48) बड़े बंदरगाहों पर देखा जा सकता था। प्रचलित मौसमी हवाएँ, धाराएँ, मुहाने, मार्ग, बंदरगाह और समुद्री डाकू सभी को सदियों से ज्ञात थे। कम से कम जहाँ तक मलबार तट की बात है, व्यापार पृष्ठयुक्त पतवार के साथ चार-मस्तूल वाले दक्षिण-चीनी जहाजों द्वारा किया जाता था। 200 से 300 के चालक दल के साथ दस फुट से कम गहरा नहीं, एक डेक पर व्यापारियों के लिए 50 या 60 निजी कक्ष, तेरह जलरोधी बल्कहेड्स, 6000 कागज की टोकरी की माल क्षमता, और प्रत्येक जहाज के लिए कई बड़ी निविदाएँ, ये शानदार व्यापार आदान-प्रदान का विकास साबित करती हैं (Marco Polo; book 3, chap. 1; Benedetto pp. 161–2)। ऐसे बड़े चीनी जहाजों ने दो सदी से अधिक समय के लिए पूर्व से और पूर्व के लिए व्यापार करना जारी रखा था (Bat. 235–6)। इसकी पुष्टि के लिए टिनेवेली जिले में ताम्रपर्णी नदी के मुहाने पर कयाल (मार्को पोलो का काएल) और कोरकेई (शायद टॉलेमी का कोलखोई) में व्यवस्थित

खुदाई करनी होगी। पूर्ववर्ती स्थान पर चीनी पोर्सिलेन के असीमित टुकड़े मिल सकते हैं (*IA*. 6.1877. 80–83)। चीनी प्रभाव (जिसमें से कुछ उत्तर से थलमार्ग से आए) के अन्य सुराग बीजापुर में बोली गुम्बज की मीनारें हैं, और वहाँ एक पोर्सिलेन कार्यशाला का प्रमाण है। चीनी नकदी का मन्नारगुडी भंडार केवल समुद्र से आ सकता था, और वह नि:संदेह संग्राहक की वस्तु के रूप में बना था। मध्यकालीन चीनी निर्माण की सामग्रियाँ जिम्बाब्वे और अफ्रीका के तटों पर पायी गईं जो ऐसे जहाजों से ले जायी गई होंगी।

चित्र 48: बोरो-बोदुर में राहत से लगभग आठवीं सदी में समुद्र में जाता इंडोनेशिया का जहाज। बिना पतवार के पालो वाले जहाज, लेकिन पृष्ठयुक्त पतवार के स्थान पर अउट्रिगर और स्टीयरिंग पतवार पर भी ध्यान दें।

मुस्लिमों ने अरब से पूर्व, अधिकांशत: भारत और इंडोनेशिया के लिए व्यापार किया। भारतीय जहाजरानी अजीब रूप से अक्षम थी। अरब मूल के प्रतीत होने वाली पश्चिमी तट के मछुआरे-मल्लाहों की गैबित-डुमरी जाति प्रवासी पेशेवर नाविकों द्वारा बनी। सतवाहन-जातकों की महान जहाजरानी परंपरा गुप्त और पूर्ववर्ती शिल्पकौशल के साथ पूरी तरह खत्म हो गई थी। बंगाल के पहारपुर में इंडोनेशियाई मंदिर वास्तुकला की प्रतिकृति की खोज की गई थी (एएसआई रिपोर्ट 1929)। 11वीं सदी में, राजेंद्र चोल का संपूर्ण बंगाल की खाड़ी पर बिना कोई स्थायी असर छोड़े आधिपत्य था। इंडोनेशियाई दस्तावेज एक अज्ञात भारतीय राजा, जो संभवत: गुजरात का था, के बारे में बताते हैं जो सातवीं सदी की शुरुआत में 5000 अनुयायियों के साथ जावा में आ कर बस गया था। यह स्वीकार्य है, क्योंकि हर्ष जैसे महान समकालीन देसी साम्राज्यों का प्रतिरोध केवल पुलकेशिन जैसे साम्राज्य कर सकते थे, बंदरगाह कस्बों की छोटी रियासतें नहीं। इसके बाद, भारतीय निचला वर्ग अपनी स्वयं की उपज का कम से कम हिस्सा रखता था, हालाँकि उस उपज की मात्रा और कीमत बढ़नी जारी रही। अपनी उत्पादित वस्तुओं में व्यापार करने में अक्षमता ग्रामीण अर्थव्यवस्था की सह-उत्पाद थी। इसका अर्थ था कि उत्पादक आधार पर में कोई भी परिवर्तन विदेशी प्रभाव या प्रभुत्व में होने की अधिक संभावना होगी। मार्को पोलो (लगभग 1292) के पश्चिमी तट पर होने के समय ही फ्राअर मेनेटिलसन ने लिखा:

'कुछ शिल्पकार हैं, शिल्प और शिल्पकारों का थोड़ा पारिश्रमिक है, और उनके लिए थोड़ी सी जगह है। ...यदि उनके यहाँ युद्ध होता है, तो वे इसके लिए काम करते हैं, जितनी भी महान सेना हो, वे युद्ध में नंगे महज तलवार और कटार ले कर जाते हैं। ...इन हिस्सों में उनके जहाज अत्यंत भंगुर और भोंडे हैं, जिनमें न तो लोहा है और न ही सन ठूँसा गया है। वे सुतली से कपड़े की तरह सिलाई करते हैं। ...उनके पास जहाज के पिछले हिस्से के बीच में एक हाथ चौड़ी मेज के शीर्ष जैसी भंगुर और थोथी पतवार है; और जब उन्हें पाल की रस्सी बाँधनी पड़ती है, तो यह बहुत मुश्किल से हो पाता है; और यदि यह किसीकारण से झटके खा रहा है तो वे किसी भी तरह इसे बाँध नहीं सकते। उनके पास केवल एक पाल और एक मस्तूल है, और पाल या तो चटाई या किसी तुच्छ कपड़े का है। रस्सियाँ भूसी की होती हैं। इसके अलावा उनके नाविक बहुत कम और बढ़िया नहीं हैं। इस तरह वे कई जोखिमों को चलाते हैं, इस हद तक कि जब कोई जहाज अपना गंतव्य सुरक्षित और अच्छे ढंग से हासिल कर लेता है तो वे यह कहने के अभ्यस्त हैं कि'यह भगवान की कृपा से ज्यादा और आदमी के कौशल से थोड़ा हुआ है'। (Yule 3.66) ... यह जाना जाना चाहिए कि बुतपरस्त (हिंदू) ज्यादा नौकायन नहीं करते, बल्कि अरबी मुसलमान वाणिज्यिक वस्तुओं को ले जाते हैं; कालीकट में कम से कम 15000 अरबी मुसलमान हैं जो देश के निवासियों के बड़े हिस्से हैं' (Var. 61)।

'एक साथ सिलाई' आज तक पश्चिम तट पर की जाती है; पट्टियाँ सावधानी से एक साथ फिट होती हैं, ठीक जैसे सिलाई में होता है, वैसे ही दोनों छेदों में (पहले एक लाल गर्म लोहे की छड़ या तार) कॉयर, सिसल, या जूट की रस्सी प्रवेश करते हुए एक के बाद एक जंजीर नुमा आगे बढ़ती जाती है। पाल (अब मिल कैनवास) और पतवार में सुधार हुआ है लेकिन हमें अब भी स्वीकार करना चाहिए (और केवल मल्लाही में नहीं) कि उत्पादन के अप्रचलित उपकरण निराशाजनक रूप से बड़े अनुपात में बने रहते हैं। चीन और भारत के बीच एक बड़ा अंतर—तकनीकी कमी—एक गंभीर प्रशासनिक आनुषंगी थी: विदेशी योद्धाओं के इस्तेमाल के अलावा, मुसलमानों को अक्सर बंदरगाह का गवर्नर बनाया गया जिसके दुर्भाग्यपूर्ण राजनीतिक परिणाम निकले। माल के रूप में अदरक, काली मिर्च, मसाले, कपास और कपड़ा, नील, खाल और चमड़ा, कालीन, रत्न और मोती थे। बंदरगाह-व्यापारी कुछ गाँवों की पिछली बंद अर्थव्यवस्था में व्यापक रूप से टूटन के अस्तित्व में निहित थे। बंदरगाह-व्यापारी चारों तरफ फैले अंतर्देशीय कारवाँ व्यापारियों के अस्तित्व में निहित थे, जो अब ग्रामीण इलाकों से उनकी आपूर्ति प्राप्त कर सकते थे जैसा कि उनके सीमित पूर्ववर्ती गाँवों के बसने से पहले नहीं कर सके। हालाँकि ये आपूर्ति, कुछ लोगों के हाथ में अधिशेष एकत्र करने के अभिप्राय से था, जिनके साथ व्यापारी माल का आदान-प्रदान कर सकें। ये लोग निश्चित रूप से तलहटी से सामंतवाद के इस काल के निम्न स्तरीय सामंती बैरन और जमींदार थे। सामंती जमींदारों ने सबसे बड़े पैमाने पर करों के रूप में अधिशेष एकत्र किया, लेकिन आम तौर पर वे स्वयं इसके सौदे नहीं करते होंगे, सिवा तब जब कर के रूप में उन्हें नए आभूषणों की हिस्सेदारी प्राप्त होती थी या तब जब वे घोड़े और विलासिता की वस्तुएँ खरीदते थे। छोटा अंतर्देशीय व्यापार इस प्रकार प्रगति नहीं कर सका। ग्रामीणों को अपनी तत्काल जरूरतों से परे मसालों को विकसित करने की कोई जरूरत नहीं थी, जब तक कि भारी करों, बल या बाद में लाभ के उद्देश्य से ऐसा करने के लिए मजबूर नहीं किया गया हो। सामंत शासकों ने आम तौर पर (of. Medhātithi on Ms. 8.399) कुछ स्थानीय उत्पादों पर एकाधिकार कर लिया था जिनके व्यापार में असाधारण मूल्य निजी व्यापारियों द्वारा सिद्ध किया गया था: जैसे कश्मीर में केसर, त्रावणकोर में काली मिर्च (*FOM* 1.246), मैसूर में चंदन। इसका अर्थ राज्य उद्यम द्वारा सीधा व्यापार या विकास नहीं था जैसा कि अर्थशास्त्र में है, बल्कि केवल भारी करों और संभवतया परमाधिकार दूसरे को देने के लिए था। बाद में सामंती गवर्नरों ने किसी तरह के व्यापार के जरिये अपनी आय को बढ़ाया। ठीक इसी समय, वस्तु उत्पादन पर सामान्य बोझ में टोल और पथकर जोड़ा गया।

बाजार के लिए कुछ हद तक उत्पादन करने वाले जमींदार वर्ग के विकास को गोवा कम्यून्स में देखा जा चुका है। दसवीं सदी तक, गाँव (गैर ब्राह्मण) सामंतों (*EI*. 27. 41–7) को—हालाँकि कभी-कभार—दिये जाने लगे, जो कई बार युद्ध में सेवा की एवज में, अक्सर कर मुक्त होते थे, लेकिन कभी-कभी दान से, यहाँ तक कि ब्राह्मणों से भी, कुछ कर स्वीकार कर राजा का परमाधिकार संरक्षित रखा जाता था। ऐसे कर 'चोर कर' (चोर डंड) (Fleet 27) थे जो गाँव के अधिकार क्षेत्र के भीतर डकैतियों के लिए जुर्माना के रूप में लगाया जाता था, हालाँकि तुरुष्क-दंड (*EI*. 9.305, 329;10.21; *IHQ*. 9.128) की तरह हमेशा विशेष फिरौती-कर नहीं थे जो संख्या में धीरे-धीरे बढ़ना जारी रहते थे। इनमें से अधिकांश कभी भी समाप्त नहीं किए गए थे। मूल रूप से लुटेरों के खिलाफ देश का बचाव करने के अभिप्राय से गोवा में 'घोड़ा कर' विजयनगर के राजाओं द्वारा एकत्र किया जाता था, जो मुस्लिमों और फिर पुर्तगालियों द्वारा जारी रहा। गोवा के ग्रामीणों ने कभी एक घुड़सवार नहीं देखा जबकि पिछले सामंती खिताब (राणे) का दावा करते हुए लुटेरों ने पिछली शताब्दी के अंत तक अपना विध्वंस जारी रखा। ब्रिटिश ने महज सभी अनियमित सामंती भुगतानों (जैसे, मराठा चौथाई, सर-देशमुखी इत्यादि) को एक स्थाई निपटारे में समेकित किया। राजा के रिश्तेदार पूर्ण संभव सीमा तक कर संग्रह निगरानी, प्रशासन और सेना में नियोजित थे। शीर्ष से नए अधिकारी बढ़े, जैसे कि रणका, जो मूल रूप से शाही परिवार की सदस्यता के साथ क्षत्रपी में निहित था। इसका व्युत्पन्न राणा एक स्वतंत्र मुखिया हो सकता था। ठाक्कुरा, जो अब भी ठाकुर के रूप में दिखता है, और एक उपनाम (उदाहरण के लिए, रबींद्रनाथ टैगोर) और साथ ही जमींदारों की उपाधि बन गया है, इस अवधि में दृष्टिगोचर होता है; यहाँ तक कि ब्राह्मण भी बिना कर छूट, जब तक कि विशेष रूप से न दिया गया हो, के ठाक्कुरा हो सकते थे, इसलिए इस उपाधि के सामंती निहितार्थ हैं (of. also feudal Nārgāvuṇḍas, EI. 27. 179, Oct. 27, A.D. 1115)। नीचे से एक नए भू-स्वामी वर्ग की नियमित रचना दिखाई दे रही है, जो ब्राह्मणों के समानांतर है जिन्हें राजसी दान के तहत भूमि दी गई थी। यह प्रकार राष्ट्रकूटों का है जिसे चालुक्य भूमि अनुदान में अधिसूचित किया गया है (उदाहरणार्थ *EI*. 5. 79; 118–141) और इन्हें अर्ध खेतिहर बाशिंदों, कुंबिना के ऊपर रखा गया है। बाद के नाम का अर्थ महज 'परिवार के साथ' है, और आखिरकार खेतिहरों के बड़े आधुनिक कुनबी जाति में बदल गया। दूसरी तरफ, राष्ट्रकूट एलोरा में सबसे बड़ी गुफाओं की खुदाई करने

वाले इस नाम के रावल घर, और दक्षिण में खेतिहरों और व्यापारियों की रेड्डी जाति के साथ व्युत्पत्ति से जुड़े हुए हैं। वे पास स्पष्टतया हथियार उठाने का अधिकार थे, जो सामान्य बाशिंदों के लिए मना थे, और इसलिए हमें तलहटी से वास्तविक सामंतवाद के करीब लाने के लिए पूरे होते हैं जब ऐसी सुविधाप्राप्त, हथियारबंद, भूस्वामी कर-संग्रह के लिए जिम्मेदार बनाये गए।

युद्ध, यहाँ तक कि छापों के खिलाफ गाँव की सुरक्षा में काम आने वाले लोगों को भूमि का अनुदान अक्सर कर मुक्त किया जाता था। शीर्ष पर ऊर्ध्व आकार की उभरी नक्काशी के जरिये चिह्नित होने वाले ऐसे विराग स्मारक दक्खन और मैसूर में बहुतायत में हैं, और स्वयं मूर्तियों से ही मवेशी छापे के रूप में कई मामलों में झड़प की पहचान की जा सकती है। लगभग ईसा बाद 750 से 950 तक के अनुदानों का EC. 10, Kl. 79, Kl. 200, Kl. 232–3, द्वारा उदाहरण प्रस्तुत किया गया है। लेकिन उल्लेखनीय रूप से, इसी अवधि के अन्य अनुदान मौजूद हैं जहां महसूल का उल्लेख नहीं है, इसलिए भुगतान किया जाना था। ईसा बाद 1339 के बोरिंगपेट 28 में, हम न केवल लूम, सुनार और घोड़ों पर करों सहित सभी कर वसूल करने बल्कि दान छीनने के भी अधिकार वाले सामंती एजेंटों को पाते हैं। राजा द्वारा इस तरह के शक्ति हस्तांतरण की सटीक डेटिंग आसान नहीं है, क्योंकि सभी शुरुआती दान राजा के स्वयं के नाम से मंदिरों या ब्राह्मणों के पक्ष में हैं।

इसका सबसे अच्छा उदाहरण कश्मीर के विकास से मिलता है।[3] यह घाटी लगभग बंद थी, रक्षा करने में आसान थी, और तुलनात्मक रूप से पृथक थी। पुरातत्व और स्थानीय स्थल-नामों के जरिये बड़े करीने से सिद्ध कल्हण का वृत्तांत (राजतरंगिणी) विकास का क्रम उपलब्ध कराता है जो स्रोतों के अभाव में भारत में कहीं अन्यत्र पालन करना अत्यंत मुश्किल है। कश्मीर चंबा जैसी अन्य हिमालयी घाटियों से अलग है जो अब भी यह प्रदर्शित करने के लिए पर्याप्त संकीर्ण है कि ऊपर से सामंतवाद का क्या अर्थ होगा। कश्मीर के लिए, वस्तु उत्पादन और दूरस्थ व्यापार अत्यधिक महत्व के थे। हिमालयी क्षेत्र की जलवायु का अर्थ अनाज, जो केवल संकीर्ण घाटियों या विशेष रूप से सीढ़ीदार पहाड़ियों में उग सकता है, के बदले में देने के लिए थोड़े ऊन और शराब का उत्पादन है। इसके अलावा, कश्मीर के पास एक बहुमूल्य वस्तु पर एकाधिकार था, जो लंबी दूरियों और पहाड़ी दर्रों में छोने के लिए पर्याप्त रूप से हल्का था, जिसके लिए माँग अतृप्य थी: वह था केसर (क्रोकस सेटाइवस-Crocus sativus), जो भारत में अन्यत्र कहीं और नहीं उगता। इसने कश्मीर को नमक, कुछ धातुओं, कपड़े और अन्य सामानों को आयात करने में सक्षम बनाया। यह धन संग्रह के लिए भी सक्षम बनाया जो कभी-कभी महत्वाकाँक्षी कश्मीरी राजाओं के बाहरी सैन्य रोमांच या आक्रमण के विदेशी प्रयासों में काम आता था। जब भी राज्य काफी मजबूत रहा, केसर पर राज्य का एकाधिकार बना रहा। मुश्किल परिवहन, सघन बसावट की असंभाव्यता, जनजातियों, लुटेरों और जंगली जानवरों से रक्षा की जरूरत ने इसे देशवासियों को नि:शस्त्र करने के सवाल से परे कर दिया। कश्मीर में जाति व्यवस्था बेहद ढीली थी। कोई भी व्यापारी या गाँव का मुखिया, जो व्यापार के जरिये थोड़ा-बहुत अधिशेष संचित कर लेता था, किसी भी जाति के कुछ संरक्षक रख सकता है, अनुयायियों को आदेश दे सकता था, और अपने इलाके पर स्वामित्व बना सकता था। वह वह राज्य को हिस्सेदारी दिये बिना कर वसूलता होगा। इससे राजा और ऐसे दमरों के बीच विनाशकारी संघर्ष हुआ, जो अंतत: विभिन्न नामों के तहत छोटे पैमाने के सामंतों द्वारा जीता गया। आवधिक अकाल द्वारा संचय को मजबूत किया गया जिसके दौरान मंत्री, राजसी (तंत्रिन) गार्ड, और अन्य, जिनके पास कोई भी अन्न भंडार था, ने इसे अत्यंत महँगे दामों पर बेचा होगा। राजा स्थानीय समर्थन के लिए बहुधा अपने स्वयं के सामंती बैरन बनाता था, जबकि विरोधी सामंती बैरन अपना स्वयं का राजा स्थापित करने थे या दावेदार का समर्थन करते थे।

परोक्ष रूप से, बाढ़ नियंत्रण और सिंचाई के लिए जरूरी बहुत उपायों से संकट बढ़ गया। ये सबसे पुराने समय से चला आया है, लेकिन जब महान ललितादित्य-मुक्तपीड (Lalitāditya-Muktāpīḍa) द्वारा पहली बार यह संकट उठाया गया, तो उन्होंने ताजा अधिशेष सृजित किया और उस राजा को अत्यंत उत्कृष्ट सेना बनाने में सक्षम बनाया। तब ललितादित्य ने कम से कम मालवा तक, संभवत: समुद्र तक पूरे भारत में सघन रूप से धावा बोला। उसके उत्तराधिकारियों को एक महँगी केंद्रीय सेना, प्रशासन, विलासिता की परंपरा (उत्कृष्ट संस्कृत दरबारी कविता समेत), मंदिरों को भारी दान, और महत्वपूर्ण सलाह, कि ग्रामीणों को जीवित रहने के लिए न्यूनतम से ज्यादा कोई भी सामान जमा नहीं करने देना चाहिए, ऐसा न हो कि वे विद्रोह करें, विरासत में मिली; इस अंतिम सिद्धांत को बाद में दिल्ली के सुल्तानों में अपनाया। चंडाल मंत्री सुय्या (अवंतीबर्मन के काल में) के प्रतिभाशाली लोगों द्वारा बनाये गए पूर्ण और वैज्ञानिक जलकलों ने ग्रामीण बसावट को बेहद बढ़ा दिया, लेकिन मुख्य फसल चावल की कीमतें इतनी ज्यादा नीचे चली गईं कि उन आवश्यक वस्तुओं के लिए भुगतान असंभव हो गया जिनका आयात करना पड़ता था। इसलिए जयपीड (ईसा बाद आठवीं सदी) जैसे कश्मीरी राजा और शंकरबर्मन

(883–902) ने ब्राह्मणों और मंदिरों को दिये गए दानों को निरस्त करना, मंदिर संपत्ति पर करारोपण करना शुरू किया। यह ईसा बाद 574–77, 842–45 और 955 में प्रतिमाओं और मठों की सजावट (*GAEB.* 20–25) में अवरोधितधातुओं का उपयोग टकसाल के लिए मुक्त करने के लिए चीनी सम्राटों और प्रांतीय गवर्नरों द्वारा उठाये गए समान दमनकारी उपायों के ठीक समानांतर है, जो बौद्ध मूर्तियों और "पुरुषों और अन्य जीवित प्राणियों के लिए अनुपयोगी अन्य वस्तुओं" पर 972 के सुंग के हस्तक्षेप में समाप्त हुआ। आमरण अनशन का ब्राह्मणों का आखिरी निराश उपाय राजा का हृदय बदलने में अक्सर विफल रहा। आखिरकार, संस्कृत काव्य के संरक्षक, स्वयं कवि और पारखी सुसंस्कृत हर्ष (ईसा बाद 1089–1101) ने मंदिर की संपत्ति को व्यवस्थित रूप से जब्त कर लिया, प्रतिमाओं को हटवाया, सार्वजनिक रूप से भ्रष्ट कराया और 'ईश्वर उन्मूलन के लिए विशेष मंत्री' (देवोत्पतन-नायका) के तहत उन्हें पिघलवाया, जो स्वयं भी एक अच्छा हिंदू था। सेना (तब दमरा और दावेदारों के साथ संघर्ष में लिप्त) को भुगतान के लिए धन की जरूरत और धातु (जिसकी अक्षम पूर्वेक्षक के अभाव के कारण कश्मीर में हमेशा अल्प आपूर्ति रही) इसके लिए एकमात्र कारण थे। कोई धार्मिक आवश्यकता न खोजी गई, न जोड़ी गई या न जरूरी थी। हर्ष ने मुस्लिम 'तुरुक' भाड़े के सैनिकों को काम पर रखा था, लेकिन अपने सुअर के मांस खाने के जरिये अपने धर्म के रूप में इस्लाम के लिए महान अवमानना के रूप में दिखाया। ब्राह्मण या अब्राह्मण, सभी हिंदुओं ने इसे अत्यंत शांतिपूर्ण ढंग से लिया (*Raj.* 7.1103–7 *&c.*), जहाँ भी संभव था, वहाँ लाभ में हिस्सेदारी की। कुछ ब्राह्मणों ने सेना में विशिष्टता के साथ पहले से ही काम किया था। कुछ वंश निम्न मूल के थे। कश्मीर के सभी हिंदू राजाओं ने जाति की व्यवस्था नहीं रखी। एक सुप्रसिद्ध व्यापारी ने अपनी पत्नी को एक लुप्त राजा को समर्पित कर दिया, जिसने उसे तुरंत अपनी मुख्य रानी बना लिया। एक अन्य रानी एक शराब-डिस्टिलर की बेटी थी। निम्नतम जाति की एक रानी के अनाथ रिश्तेदार उच्च पदों के साथ-साथ अग्रहर प्रकार का भूमि अनुदान भी प्राप्त करते थे जो तब तक ब्राह्मणों का विशेषाधिकार हुआ करता था।

भारत के अन्य भागों में विकास सार में समान थे। ब्राह्मणों से इतर लोगों को राज्य को चुकता राजस्व समेत सामंती कार्यकाल के साथ भूमि अनुदान आम बात हो गई। जब भी नया कर अस्तित्व में आया, हिंदू राजाओं द्वारा भी ब्राह्मणों, यदि उनके पास भूमि है, पर आम तौर पर कर लागू होता था। उस मामले के लिए, वे लंबे समय से व्यापार में लगे हुए थे। पंजाब में, ईसा बाद 1030 (अल बेरुनी 2.132) में बिना नुकसान के व्यापार में लिप्त होने के लिए उनके पास डमी वैश्य मध्यवर्ती होने चाहिए थे। मार्को पोलो (Benedetto p. 189) ने चोल साम्राज्य के ब्राह्मणों की उनकी ईमानदारी, अजनबियों के साथ उचित व्यवहार, कम कमीशन के कारण दक्षिण में व्यापार एजेंट के रूप में भारी माँग थी। बढ़ती संख्या में शस्त्र धारण किया, और सामंती योद्धा बन गए। यह प्रक्रिया पूना के पेशवाओं के साथ चरम पर पहुँची, जिन्होंने 1720 से सभी शक्तियाँ हड़प लीं लेकिन फ़ारसी मंत्रिस्तरीय खिताब को बरकरार रखा। उन्होंने सभी ब्राह्मण अनुष्ठान किए, हर विलासिता में लिप्त रहे और युद्ध में सेनाओं का नेतृत्व किया। यह कण्वायन ब्राह्मण मंत्रालयी बलापहार का प्रतीक है जिसने करीब 1900 वर्ष पूर्व शुंग शासन को समाप्त कर दिया था, लेकिन उत्पादन का बुनियादी साधन उतना ही सामंती था जितना भारत में कही अन्यत्र था, चाहे मुस्लिम हो या हिंदू। न केवल दिल्ली का साम्राज्य, बल्कि बीजापुर के समकालीन मुस्लिम साम्राज्य और विजयनगर के हिंदू साम्राज्य में भू-स्वामित्व और कर संग्रह की बुनियादी रूप से समान प्रणाली थी। यह सत्य है कि मंदिरों की अधिकांश संचित संपत्तियों को मुस्लिमों द्वारा लूट लिया गया था। इसमें अंतर्निहित वास्तविकता धार्मिक नहीं थी, जो इस तथ्य में दिखता है कि 1339 में कश्मीर पर मुस्लिम विजय बिना आघात के हुआ था। इस्लाम में रूपांतरण पहले भी चुपचाप हुआ था। इसमें ऐसे मंदिरों की और लूट का मौका नहीं था, जैसा कि कश्मीर में होता था, जो कि मुस्लिम शासकों में से एक के द्वारा संरक्षित था। न ही इसमें ब्राह्मणों को प्रशासन में उनके पदों से विस्थापित किया गया; यहाँ तक कि आधिकारिक दस्तावेजों के लिए शब्दावली जाहिर तौर पर मुगलों के कब्जे तक संस्कृत और पारसी का मिश्रण बनी रही। यहाँ तक कि शेष भारत में, शैव और वैष्णव अनुयायियों के बीच विवाद के परिणामस्वरूप हिंदुओं द्वारा मंदिर संपत्ति की पर्याप्त जब्ती की गई। बाद के सामंतवाद के तहत समृद्ध जमींदारों दंड मुक्ति के साथ जाति के लगभग किसी नियम को तोड़ सकते थे। जो बलपूर्वक या राजसी कृपा से जमींदार बने थे, वे पुजारी ब्राह्मण को अपने दावे के समर्थन के लिए पर्याप्त भुगतान कर के अपना निम्नमूल छिपा सकते थे। नव 'ब्राह्मणों' के आकस्मिक उदय समेत जाति में इस तरह के संशोधन पूरे देश में ज्ञात हैं। कुछ भी हो, इस्लाम ने उस व्यवस्था के खोखलेपन को प्रदर्शित करने में मदद की, जिसके ईश्वर अपने स्वयं के मंदिर की रक्षा नहीं कर सके। जहाँ भी वर्ग—विशेष रूप से भूमि का स्वामित्व—को व्यापक छापे और प्रति-छापे के जरिये झिंझोड़ा नहीं गया, वहाँ जाति प्रबल बने रहे। राष्ट्रकूट इंद्र तृतीय ने अल्प अवधि (ईसा बाद 916) के लिए कन्नौज को अपने अधीन किया था; कनारी हिंदू योद्धाओं ने गजनी के

महमूल की सेना में अपने स्वयं के अधिकारियों के मातहत भारत से बाहर सेवा दी थी (अल बेरुनी. 1.173; 2. 257)। राजेंद्र चोल ने बंगाल, उड़ीसा पर कब्जा किया और नौसेना बनायी जिसके साथ उसने धावा बोला और सिलोन, सुमात्रा, और बंगाल की खाड़ी के देशों से पर शुल्क लगाया (लगभग ईसा बाद 1030)। जो भी अब भी अपरिवर्तित था, वह यह कि कामगारों को उनके लिए भारी अधिशेष उत्पादित करना जारी रखना पड़ता था जिनका स्वामित्व होता था।

नीचे से सामंतवाद में व्यापार और वस्तु उत्पादन की स्थिति को विजयनगर साम्राज्य की संरचना से एक नजर में देखा जा सकता है। प्रमुख मुखिया (श्रृंगपतम, बंकापुर, जर्सोपा, कालीकट, भटकल, बकनूर के) वास्तव में स्वतंत्र थे, सिवाय इस बात के कि उन्हें नियमित रूप से नकद शुल्क चुकाना होता था और सशस्त्र बल के एक नियत हिस्से का रखरखाव करना पड़ता था। दूसरी तरफ, केंद्र को शुल्क वसूलने के लिए पर्याप्त रूप से मजबूत रहना होता था, क्योंकि सामंत श्रेणी कमजोर सम्राट के खिलाफ हो जाती होगी जबकि तब हर छोटा नायक राजा बनने की कोशिश करता था। इसलिए,—दिल्ली सल्तनत की तरह के—सम्राट को एक निश्चित क्षेत्र को स्वयं व्यक्तिगत रूप से प्रशासित करना पड़ता था, जैसे कि वह स्वयं सबसे बड़ा बैरन हो। राजस्व और सोने में उसकी परिवर्तनीयता बंदरगाहों पर नियंत्रण के साथ भारी व्यापार पर निर्भर थी। यह भी दिल्ली के लिए सत्य है, जहाँ लोदी सल्तनत को तब अपने राजस्व की वसूली वस्तुओं के रूप में करनी पड़ती थी जब गुजरात और बंगाल के बंदरगाह उसके कब्जे में नहीं होते थे, और इसके परिणामस्वरूप सर्राफा की आपूर्ति रुक जाती थी। पश्चिमी तट बंदरगाह से विजयनगर की राजधानी जाने वाली महा सड़क पर आखिर टोल-गेट (हॉस्पेट में) एक साल में 12,000 पर्दाओ (pardãos) के राजस्व के लिए बना था। महा आसन्न टैंक और इसके वाटरवर्क्स से और 20,000 आए; उस स्थान का शेष सालाना राजस्व 10,000 पर्दाओ से कम बैठा। इसके अलावा, इस प्राप्ति का एक अच्छा सौदा राजसी संग्रह से प्रभावहीन कर दिया गया (जैसा मार्को पोलो ने पांड्या का उल्लेख किया है), जो किसी भी राजा के जमा खजाने को उसके उत्तराधिकारी द्वारा खोले जाने से रोकता है। बहुत कम राजस्व को जलाशयों और नहरों जैसे आवश्यक कार्यों के निर्माण के माध्यम से उपयोगी परिसंचरण में अपना रास्ता वापस मिला। अपने पृथक, राजसी अनुदानों से उल्लेखनीय राजस्व और वेश्या नृत्यांगनाओं के बावजूद मंदिरों ने विकास में कुछ नहीं जोड़ा। 1565 में विजयनगर का पतन पुर्तगालियों के लिए एक महान आपदा थी, जिनका उत्कृष्ट कपड़ों और मसालों के निर्यात की एवज में घोड़ों और सर्राफा के आयात जैसे व्यापार के सर्वाधिक आकर्षक हिस्से पर एकाधिकार था। समुद्री लहरों और बंदरगाहों (गोवा समेत) की विशेषज्ञता के मामले में मुस्लिम हमेशा पुर्तगालियों के प्रतिद्वंद्वी और दुश्मन बने रहे, इसलिए उनके साथ व्यापार नहीं किया गया। इस चुभन ने गोवा में न्यायिक जँच की मजबूती को आसान बनाया, जिससे हिंदू और मुसलमान दोनों के साथ संबंध आगे बढ़े। एक महाशक्ति के रूप में पुर्तगाल का पतन भूमि पर स्पेन, और समुद्र पर हॉलैंड और ईंग्लैंड की मजबूती के साथ पूरा हुआ, लेकिन इसको मुख्य प्रोत्साहन विजयनगर, जो भारतीय प्रायद्वीप के बड़े हिस्से को नियंत्रित करता था, के अचानक पतन और महान हिंदू साम्राज्य से व्यापार की क्षति से मिला।

10.3. पूर्णतया नए प्रांतीय बाजार का उभार आंचलिक साहित्य की शुरुआत द्वारा भी प्रमाणित होता है। हिंदी कविता, महाभारत के आंध्राभारातमू संस्करण, तेलुगु अभिलेखों, पुरानी कन्नड़ी कविता, साहित्यिक महाराष्ट्री के अन्य विकास दर्शाते हैं कि गाँवों के बीच अंतर्संबंध नए स्तर पर पहुँच चुके हैं। मात्रा का बदलाव, समझौतों की गहराई ने गुणवत्ता को बढ़ावा प्रदान किया जिसकी वजह से पहली बार राष्ट्रीयताओं के उभार का अवसर प्रदान किया। निश्चित तौर पर तमिलों के पास अपना विकास था। सबसे प्रभावकारी चारित्रिक विशेषता, उस समय का नया साहित्य राजस्थान की रासो कथाओं में मिलता है जो मध्यकालीन यूरोपियन बहादुरी और शौर्य के मध्यकालीन यूरोपियन स्थापनाओं के अनुरूप लगता है। इनमें सबसे ज्यादा प्रसिद्ध है पृथ्वीराज चौहान का रासो (चौहमण, 1191 में मुहम्मद ग़ौरी से पराजय के बहुत कम समय के भीतर मारा गया) *Mbh* (महाभारत) और पुराणों के अनुरूप जानबूझकर अति वृहद संस्करण प्रकाशित[4] किया जा चुका था। मूल चारण परिवार चंद बरदाई अभी भी अस्तित्व में है और वे शीघ्र ही पैतृक भाड़े के मूल रचनाकार होने का दावा करने को प्रोत्साहित किए जा सकते हैं। समान चरित्र के बारे में रासो (कम विलक्षण नहीं) के साथ अत्यंत दुर्लभ विषमता प्रस्तुत करने के लिए न्यायालय संस्कृत साथ-साथ चलती रही। उदाहरण के लिए, एक रूमानी, पौराणिक पृथ्वी-राजा-विजय है, जिसका एक पूरी तरह नष्ट किया गया भोज-पत्र *Ms.* यह साबित करने के लिए बच जाता है कि कैसे शास्त्रीय तरीके और मुहावरे से रूमानी नायक के बारे में एक अलग धारणा प्रस्तुत की गई। राजपूत नाम हमीरा मुस्लिम अमीर से लिया गया है। हमारे पास हमीर-रासो है। हमीर महाकाव्य।

न्यायचंद्र सूरी द्वारा (15वीं शताब्दी का अंत) अपने खुद के जीवन के सम्माननीय लेकिन निरर्थक बलिदान और अलाउद्दीन द्वारा 1301 में घेर लिये गए रणथंभौर के अंतिम चौहान राजकुमार द्वारा उनकी हर प्रकार की सहायता का बखान किया गया, जबकि संस्कृत में हम्मीरा-मादा-मरदाना भी अमीर की हार का उल्लेख करता है। ललिता-विग्रह-राजा (IA.20.21 ff.) के साथ विसालदेव रासो में बहुत कम समानता है, एक नाटक जिसके अवशेष अजमेर की गुफाओं में पत्थरों पर मिले हैं। राजा एक ही तरह के नाम से परेशान थे, लेकिन संस्कृत नाटक में राजा और उनके तुरुक प्रतिद्वंद्वियों से पैराग्राफ अलंकृत किए गए थे। इस सब को साथ रखकर बहुत कम जानकारियाँ दी गई थीं इसके अलावा कि संस्कृति कविता लंबे समय तक सच्चाई का चित्रण नहीं कर सकती। क्या अब हम यह जानते हैं कि राजपूत पौराणिक बप्पा रावल (समझा जाता है कि जिनके सिक्के[5] पाये जा चुके हैं) से उनके अवरोह को खोजा; और उनके पास एक प्राचीन परंपरा है, कुछ पठान वंशों के साथ रिश्तेदारी रही है जो तलवारों के साथ रहने वाले सैन्य समूह भी थे। जब भी संभव हो, वे चढ़ाइयाँ करने वाले थे, अदायगी होने पर ये किराये के सैनिक हो जाते थे, लेकिन घर पर ये खेती करने वाले हो सकते थे। उनका सैन्य पदक्रम प्रत्येक व्यक्ति एक चिह्नित नेता के प्रति स्वामिभक्ति रखता था, अपने आदिवासी और वंश मूल के साथ खड़ा होता था।[6] समग्र राजनीतिक असंगति संकीर्ण आदिवासी दृष्टिकोण की जड़ता की वजह से भी है। उनके गृह इलाके तुलनात्मक रूप से बंजर राजस्थान में (जहाँ-जहाँ राजस्थान कैनाल में जीवनदायी जल लाया गया वहाँ की पहचान स्वतः ही बदल गई) दक्षिण को अहम व्यापार मार्ग प्रशस्त हुआ। इसलिए, राजपूत एक अविकसित अवस्था में दिखते हैं - सतही तत्व जो आगे चलकर सामंतशाही को निर्मित करते हैं, लेकिन विस्तृत मैदानों को उर्वरा बनाने के लिए श्रम की आपूर्ति नहीं करते। इस तरह के कप्तान राजाओं के अधीन सेवा के लिए ज्यादा उपयुक्त माने जाते थे जिन्होंने 84 की फिर 42, और 21 गाँवों की प्रशासनिक इकाइयाँ पहले से विकसित ली थीं, संभवतः दो प्रकार के सामंतवाद, ऊपर से और नीचे से, के बीच अंतिम औपचारिक स्थिति थी।

यह बाजार था जिसने सीमित कार्रवाई से इतर मोहम्मदी फतह निर्मित किया। इस्लामिक आक्रमणकारी प्राफेट की मृत्यु के सैकड़ों सालों में दक्षिणी फ्रांस से पंजाब तक के व्यापक इलाके मंक सामने आए। उनकी भूमिका स्थानीयता के इतिहास के अनुसार अलग-अलग थी। पूर्व रोमन साम्राज्य के दौरान, उन्होंने राजशाही कर-संग्रहणकर्ताओं और चर्च के तकाजों से आजादी दिलायी। फ्रांस में, कुलीनों और राजाओं के असह्य तकाजों से आबादी को आजादी दिलाना उनकी जीत थी। हर जगह, उन्होंने उसी तरह की भूमिका अदा की जिस तरह आर्यों ने दो सहस्राब्दी पहले संकीर्ण रीति-रिवाजों को खत्म करने, नई तकनीक स्वीकार व हस्तांतरित करने में निभायी थी। समरूपता तब टूटती है जब उनका प्रोत्साहन आर्यों की तुलना में उत्पादन गिर कर काफी कम हो जाता है, जो ज्यादा इलाके को खेती के तहत लाये थे। मुसलमान भारत के लिए चीन की खोजों गन पाउडर, कागज, चीनी मिट्टी के बरतन, और चाय को प्रचारित किया। उनके यूनानी विज्ञान और ज्यामिति, भारतीय दवा और बीजगणित, के उनके अपने नए योगदान के साथ अरबी अनुवाद ने अपने पुनर्जागरण की ओर पहले कदम उठाने के लिए मध्यकालीन यूरोप को मजबूती प्रदान की। इसका मुख्य योगदान उत्पादन के संबंधों के निश्चित पतनशील स्वरूपों को समाप्त करना था; यह धर्म नहीं, एक ताकतवर वर्ग-राज्य का वास्तविक आधार की जानकारी प्रदान करता है।

पंजाब में पहले मुस्लिम आक्रमणकारी मुहम्मद इब्न-अल-कासिम ने मुल्तान में प्राचीन सूर्य-मंदिर का अच्छा उपयोग किया। उन्होंने सुरक्षा प्रदान की लेकिन मूर्ति को बंधक बना लिया और अनेकानेक तीर्थयात्रियों (cf. Beal. 2.274) को आय का स्रोत बना लिया। लोगों को 'उन मामलों के सिवा जिसमें वे खलीफा की सहमति (*ED*. 1.185–6) से मुस्लिम होना चाहते थे (*Alb*.. 1.21,) उनके प्राचीन विश्वास पर छोड़ दिया गया'। इसका दस्तावेज है कि, इसके बदले, ब्राह्मण धर्मोपदेश देने गाँवों की ओर चले गए। यह वास्तव में एकदम भिन्न उस कबीले के भीतर आरंभिक ब्राह्मणवाद था जिसने अतिसत्तासंपन्न मैसेडोनियन संघटित दल (ब्यूह) के खिलाफ अंतिम आदमी का प्रेरक प्रतिरोध के रूप में सामने आया। उस समय मुसलमानों का मुख्य उद्देश्य समुद्र के पास, सिंधु घाटी में एक विक्रय केंद्र सुरक्षित करना था, जिसे अगली दो शताब्दियों में पूरा किया जाना था। गजनी के महमूद ने व्यापक पैमाने पर लूट की, जिसने सोमनाथ, थानेसर, मथुरा, कन्नौज के धनाढ्य मंदिर को नष्ट कर दिया था, जिसका मतलब हुआ कि नीति में कोई बदलाव नहीं आया।

महमूद ने पूर्व के संग्रहण को अपने स्वामित्व में ले लेने में एक पैरा-पैटर्न तरीके का अनुसरण किया। इसके बावजूद, हर अगला आक्रमण मुस्लिम व्यापारियों द्वारा पैठ में एक अनवरत वृद्धि दर्शाता है, जो जनरलों के बहुत आगे चले गए थे। इस प्रकार, वेरावल, और गोवा में, हम पाते हैं कि मुस्लिमों, उनके धर्मांतरितों, और मस्जिदों को हिंदू राजाओं द्वारा सुरक्षा प्रदान की गई। भारत में बुद्धवाद के एक 16वीं शताब्दी के तिब्बती इतिहासकार तारानाथ उत्तरी बुद्धवाद के अंतिम दिनों में मुस्लिम (तुरुक) सिद्धांत के शांतिपूर्ण विस्तार के

बारे में बताते हैं, जब सड़े-गले धर्म के नाम पर फैलाने के लिए धर्म यान जैसा नया पंथ बहुतायत आदिम जनजातीय व्यवहारों (ई.जी., डोम्भी-हेरुका) से इतर अभी भी परिलक्षित होता है। बौद्ध मठों को अभी भी गहड़वाल (गहरवार राजपूत) राजाओं (*EI*. 11.20–26) से समय-समय पर सुविधाएँ (प्राधिकार) और रुढ़िवादी तीर्थयात्रियों से उपहार प्राप्त हुआ करते थे।

मुहम्मद बिन बख्तियार की आसान जीत दिखाती हैं कि ईसा बाद 12वी शताब्दी के अंत में उत्तर में मुस्लिम वृद्धि होती है, जिसका मतलब है इस्लामिक व्यापारियों और धर्मांतरित व्यक्तियों के इन बिखरे समुदायों के बीच एक आंशिक अंतर्संबंध है, जो तत्काल तलवार उठा लेता है और आम लूट में शामिल हो जाता है। यह ग्रामीण इलाकों को पूर्ण रूप से हतोत्साहित करने को भी प्रमाणित करता है। नादिया (नवद्वीप) इस मुहम्मद द्वारा शताब्दी के अंत में कब्जे में लिया गया, जिसने अग्रिम रक्षक दल (तबाकत-आई-नसीरी, 1.565–8) के अधिकाधिक 18 सदस्यों के साथ महल पर हमला किया, स्पष्ट तौर पर मुस्लिम व्यापारियों के साथ शहर के भीतर घुस गया, जिसके लिए उसकी छोटी मंडली गलत समझी गई। फिर भी, यह तथ्य कि कुछ आदमी आतंक और पुरानी लक्ष्मणसेना को स्थायी तौर पर लड़ने के लिए रखकर राजधानी को तहस-नहस कर सकते हैं, प्रमाणित करता है कि लोगों की अपने शासकों के संरक्षण में कोई रुचि नहीं है। जयचंद गहड़वाल की कुतुब-उद-दीन द्वारा हार से उत्तर में अंतिम महान हिंदू राजशाही पूरी तरह नष्ट हो गई। यह उल्लेखनीय है कि इन सामयिक घटनाओं ने इन स्थानीय बौद्धिकों की विचारशैली और आत्मसंतोष पर रंचमात्र प्रभाव नहीं छोड़ा। गहड़वाल दरबारी-कवि श्री-हर्ष (पाँच शताब्दी पहले के राज-कवि के साथ भ्रमित नहीं होना चाहिए) ने *Mbh* (महाभारत) के दंपति नल और दमयंती के रोमांस के बारे में बहुत खूबसूरती से लिखा। लक्ष्मण सेना के कवि धोई ने पवन दूत के साथ कालिदास के मेघदूत ('क्लाउड-मैसेंजर') का मेल मिलाया। पूर्व बंगाल की उड़ान के बाद सेना दरबारी-कवियों ने अपनी कृत्रिम मूर्खताओं को जारी रखा। पलास नष्ट होकर एक तुच्छ देश हो गया था। इस संदर्भ में कि यह सभी के समझ में नहीं आ सकता, संध्याकरानंदिन के रामचरित ने संस्कृत कविता को एक अक्षरबद्ध स्तर पर ला दिया, प्रत्येक दोहा दो अलग-अलग तरीकों से पढ़े जाने के लिए: मिथकीय राम या अंतिम महान पाल राजा रामपाल के इतिहास को फिर से प्रस्तुत किया। उन सभी के महानतम कवि, जयदेव लोकगायक की तरह घूम-घूमकर लोगों से जुड़ने व देश के बारे में बताने में अपनी क्षमता का उपयोग किया; उन्होंने कुछ प्राचीन हिंदी कविता को भी छोड़ा, यद्यपि अत्यंत संगीतात्मक, रहस्यवादी और खूबसूरत संस्कत काव्य नाटक जो यद्यपि मंच के लिए पूरी तरह अनुपयुक्त अपने गीत-गोविंद के लिए बहुत प्यार दिखाया, प्रशंसा की, परम पूजनीय बताया।

संस्कृत क्लासिक्स (ग्रंथों) का कोई भी पाठक मुश्किल से मुस्लिमों के अस्तित्व पर शक करेगा। मुस्लिम वृतांत किसी को यह मानने को विवश कर सकता है कि भारत में लड़ाई एक गँवाई हुई कला थी, मुहम्मद बख्तियार ने खुद यह गलती की, जब उसने बंगाल के बाद तिब्बत की लूट के लिए 10,000 अनुभवी घुड़सवारों वाली अपनी महान सेना के साथ नेपाल की ओर अविकसित उत्तरी क्षेत्र पर आक्रमण किया। कबीलों ने छापामार युद्ध कला का सहारा लिया। मुहम्मद भाग्यशाली रहा और अपने करीब सौ अनुयायिकों (तबकात-ए-नासिरी, 1.560.72) के साथ भागने में सफल रहा। गुस्से और थकान के बाद शीघ्र ही उसने आत्महत्या की, या उसके किसी निजी कप्तान द्वारा बीमार-बिस्तर पर उसकी हत्या कर दी गई। 'एशियाटिक निरंकुशता की ठोस नीवों' पर अविरोधी गाँवों में उच्च स्तर पर गृह युद्ध का नया दौर शुरू हो गया। इसके बावजूद, वहाँ एक वर्ग-टकराव बना रहा, जो धार्मिक स्वांग के रूप में व्यक्त होता रहा। दक्षिण में रामानुज और माधव, बंगाल में चैतन्य द्वारा आंदोलन शुरू किया गया, विष्णु और शिव के अनुयायियों के बीच अत्यंत कटु आध्यात्मिक विवाद में तब्दील हो गया, जिसे पूर्व में अपने निजी भगवान के नौवें अवतार के रूप में बुद्ध को आत्मसात किया था। वास्तविक संघर्ष महान सामंती अभिजात्यता और नए छोटे भूस्वामियों के बीच था, वस्तुतः ऊपर से और नीचे से सामंतवाद के बीच कहा जा सकता है। आखिरकार उत्तरवर्ती की जीत होती है। पूर्वी बंगाल में, दलित-उत्पीड़ित गाँव वालों ने अपने निजी बुद्धवाद के ब्रांड को इस्लाम में परिवर्तित कर लिया। लेकिन इस धर्मांतरण ने, कुछ नए भूस्वामियों के अतिरिक्त, किसानों के वास्तविक आर्थिक सुधार के बिना, विभाजन के लिए सुरक्षित नींव रखी। आक्रमणकारियों के परतों में विभक्त वर्गों में व्यवस्थित हो जाने के बाद, बहुत कम धर्मांतरित लोगों को इस्लाम के धार्मिक लोकतंत्र ने आकर्षित किया, जिनके लिए वहाँ इसके साथ जाने में कोई आर्थिक लोकतंत्र नहीं था।

अरबी में (करीब ईसा बाद 1030) लिखने वाले गजनी के महमूद के एक खोरेजमियां आश्रित अबुल रिहान अल बेरुनी प्राथमिक तौर पर विज्ञान में और हिंदुओं की रचनाओं पर लिखना चाहते थे, जिसका उन्होंने मूल संस्कृत में बहुत सावधानीपूर्वक अध्ययन किया था और जिसे वह एक मूल्य विहीन विवरण के तौर पर छोड़ चुके थे। भारतीय विद्वानों का चरित्र, एक व्यक्ति में विज्ञान के साथ अंधविश्वास

के चारित्रिक मिश्रण, जो वोल्फ्स बीन्स के साथ मटर, गोबर के साथ मुक्ताफल (*Alb*.. 2.114) का मिश्रण करना चाहता है, उसे बचा नहीं सकता। प्रतीत होता है कि उनके काल में ही नारायण पंथ ने मुल्तान से शिव को विस्थापित किया था। नारायण पंथ पर दखल रखने वाले पांडित्यपूर्ण आलेखों के साथ उनकी संलग्नता से यह लगता है कि मुल्तान में विस्थापित शिव संप्रदाय अपनी चर जातियों में अस्तित्व में था और गाँव में एकसाथ रहता था, जिसके बाहर वहाँ आठ दासोचित जातिहीन मंडलियाँ बसी थीं, और अब भी निम्न अश्पृश्य हैं। (अल बेरुनी 1. 99–104) यहाँ तक कि लुहार, बढ़ई, कुम्हार उसके आठ संघों में नहीं हैं, वास्तविकता, या अमरकोश योजना के साथ इसका तब तक हिसाब लगाना कठिन है, जब तक कि ये सर्वोच्च शिल्पकार शूद्र जाति के हों। *Alb*.. 2. 149 भारतीय राजाओं को बिना किसी विवरण के श्रद्धांजलि की तरह अनाज का 1/6वाँ हिस्सा जमीन के किराये के तौर पर इकट्ठा करने वाले के रूप में वर्णन करता है।

10.4. फिरूज तुगलक (1351–1388) के क्षेत्र में सामंती काल का यह महत्त्वपूर्ण रूपांतरण शुरुआत में कई गलतियों के बाद पूर्ण हुआ। ऊपर से सामंतवाद का आखिरी तीव्र उभार अलाउद्दीन खिलजी (1296–1316) के शासनकाल में हुआ था। समकालीन इतिहासकारों के विवरण उद्धृत किए जा सकते हैं जो स्वयं इस उत्तर सामंतवाद के समर्थक हैं।

(अलाउद्दीन ने) फरमान जारी किया कि जहाँ भी कोई गाँव स्वामित्व अधिकार (मिलक) के तहत हो, इनाम में दिया गया हो, मजहबी खैरात (वक्फ) के तहत हो, इस आदेश के बाद उन्हें तत्काल सरकारी खजाने के तहत लाया जाये। लोगों को दबाया और दंडित किया गया, तरह-तरह के ढोंग व बहानों से लोगों से पैसे उगाहे गए। अधिकांश लोगों के पास एक भी पैसा नहीं बचा और नौबत यह आ गई कि सिवाय मिलकों, अमीरों, कारकुनों व मुल्तानियों (व्यापारी) के अलावा किसी के पास एक दमड़ी भी नहीं बची। ऐसा सख्ती हई कि देश में चंद हजार तनकाओं को छोड़ कर, बाकी सभी की पेंशन, आवंटित की गई भूमि (इनाम वा मरफूज) या दान में दी गई सारी निधियाँ जब्त कर ली गईं। लोग आजीविका की तलाश में इतने व्यस्त हो गए कि विद्रोह नाम के शब्द का कभी उल्लेख भी नहीं हुआ। दूसरे उसने बड़ी सावधानी से खुफिया सूचनाएँ एकत्रित करने के इंतजाम किए जिससे कि कोई भी काम अच्छा या बुरा, उससे छिप नहीं सकता था। कोई भी हलचल उससे छिपी नहीं रह सकती थी और कुलीनों, शक्तिशाली लोगों और कारकुनों के घरों में होने वाली हर बातचीत की खबर गुप्तचर सुल्तान तक पहुँचाते थे। किसी भी सूचना की अनदेखी नहीं की जाती थी क्योंकि इस बारे में उनसे स्पष्टीकरण माँगा जाता था। खुफिया जाल इस कदर फैल चुका था कि विशालकाय महलों में रहने वाले कुलीन अशराफ भी ऊँची आवाज में कुछ कहने से डरते थे...सुल्तान ने अमीरों व शक्तिशाली लोगों को फरमान जारी किया कि उन्हें एक-दूसरे के घर नहीं जाना चाहिए, दावत नहीं देनी चाहिए और कोई बैठक नहीं करनी चाहिए। सल्तनत की सहमति के बगैर उन्हें किसी तरह के गठबंधन या संधि की भी मनाही थी...सुल्तान ने बुद्धिमान लोगों से अनुरोध किया कि वे इस तरह के नियम-कायदे बनाएँ जिससे हिंदुओं को पीसा जा सके, और जिससे उन्हें उनकी संपदा व संपत्तियों से वंचित किया जा सके जो कि असंतोष और विद्रोह भड़काती है। खुत से ले कर बलहार (भंगी) तक नजराने के भुगतान के लिए एक ही नियम होना था और सबसे भारी नजराने की मार गरीबों पर नहीं पड़नी थी। हिंदुओं की दीन-दशा ऐसी कर देनी थी कि वे घोड़े पर चढ़ने, शस्त्र लेकर चलने, बढ़िया वस्त्र पहनने या जीवन में किसी भी तरह की विलासिता के उपभोग के लायक न रह जायें। ...प्रत्येक बिस्वे के हिसाब से उपज की नापतौल की दर तय की गई। बिना किसी जोड़ घटाव के (उपज का) आधा सीधे सुल्तान को जाएगा और यह नियम बगैर किसी थोड़े से भी भेदभाव के सभी पर लागू होता था। खुतों को उनके कुछ खास विशेषाधिकारों से भी वंचित कर दिया गया। दूसरा (नया कानून) भैंसों, बकरियों व दूध देने वाले अन्य मवेशियों से संबद्ध था। चरवाहों पर एक निश्चित दर से कर लगाये और इस कर की माँग सभी घरों से की गई ताकि एक भी मवेशी चाहे वह कितना भी रुग्ण व कमजोर हो, कर से नहीं बचने पाये। गरीबों पर ज्यादा बोझ नहीं लादा जाना था पर नजराने के भुगतान के नियम अमीर-गरीब सभी पर समान रूप से लागू होते थे। मालगुजारी उगाही के मामलों में बेईमानी व घूसखोरी करने वाले सभी संग्राहकों, अमीनों, लिपिकों व कारकुनों को बर्खास्त कर दिया गया... (इन नियमों को) इतनी सख्ती से लागू किया गया कि चौधरी, खुत और मुकद्दिम (गाँवों के मुखिया के विभिन्न पदनाम) भी घोड़े पर चढ़ने, हथियार रख पाने, कपड़े खरीदने और यहाँ तक कि तंबाकू व पान खा पाने के लायक भी नहीं रहे। लोगों को आज्ञाकारिता के उस स्तर तक लाया गया जहाँ कि मालगुजारी का एक अफसर एक साथ बीस खुतों, मुकद्दिमों व चौधरियों की गर्दन पकड़ कर उन्हें कतार में खड़ा कर देता था और उन्हें घूँसे मार-मार कर लगान वसूल करता था। कोई भी हिंदू अपना सर नहीं उठा सकता था और उनके घर में नाममात्र को भी सोने, चाँदी, टनकों या जीतल (छोटी-मोटी रेजगारी) नहीं बची थी। घोर गरीबी के शिकार खुतों और मुकद्दिमों की पत्नियाँ मुसलमानों के घरों में जाकर चौका- बर्तन करती थीं... गाँव के मुनीम की खाता बही में हरेक व्यक्ति के एक-एक जीतल का हिसाब होता था। इसकी कोई गुँजाईश नहीं थी कि कोई किसी हिंदू या मुसलमान से एक टनके का भी घूस ले ले। मालगुजारी वसूलने वालों और कारकुनों को इतना डरा दिया गया था और उन पर ऐसी नजर थी कि हिसाब में पाँच सौ या हजार टनके की गड़बड़ी मिलने पर भी उन्हें वर्षों तक जंजीरों में जकड़ कर जेल में रखा जाता था। मालगुजारी वसूलने वालों को लोग बुखार से भी ज्यादा बदतर समझते थे। मुनीमी एक जघन्य अपराध था और ऐसे व्यक्ति से कोई भी अपनी बेटी का विवाह नहीं करना चाहता था। मालगुजारी में नौकरी करने के बजाय लोग मरना ज्यादा अच्छा समझते थे।" (ED. 3.179–183)।

आश्चर्यजनक रूप से ये कदम अर्थशास्त्र और यहाँ तक कि अलाउद्दीन खिलजी से मिलते जुलते थे, जिसके दरबार में टकसाल विशेषज्ञ ठाकुर फेरू था जिसकी सिक्कों के बारे में महत्त्वपूर्ण टिप्पणियों (1318–9 में लिखी गई) ने विश्लेषण के तरीके, मिश्रधातु और सभी सिक्कों की विनिमय दरें तय करने में अहम भूमिका निभायी और जिसे दिल्ली टकसाल ने स्वीकार किया (द्रव्यपरीक्षा, संपादन. मुनि जिनविजय, सिंघी जैन श्रृंखला में), यह असंभव नहीं था कि सुलतान को कोई ऐसा व्यक्ति मिला हो जिसने उसे मौर्यकालीन नियमों के बारे में बताया हो। इसका उद्देश्य एक विशाल साम्राज्य को एक केंद्रीकृत फौज के नियंत्रण में रखना था जहाँ कि सारा नजराना नगद, हाथियों और मूल्यवान धातुओं के रूप में मिलता था। ऊपर वर्णित ये विशेष नियम साम्राज्य के सिर्फ उसी हिस्से के लिए थे जो सीधे सल्तनत के अधीन थे और जिसके बिना फौज का रखरखाव नहीं था जो कि विस्तृत क्षेत्र में नजराना वसूलने के लिए आवश्यक थी। "हिंदू" का अभिप्राय बस भूस्वामियों के देसी समूह के नेता भर से रह गया, चाहे उसकी काश्तकारी या पट्टे की अवधि कुछ भी हो। दिल्ली के लिए कई दरें तय थीं। दोआब (दिल्ली, मेरठ और अलीगढ़) में मालगुजारी नगद के बजाय माल या उपज के रूप में दी जाती थी। जिंसों के कारोबारियों व घूम-घूम कर माल बेचने वालों को जबरदस्ती शहरों के पास बसा दिया गया, उनके परिवारों को एक तरह से अगवा कर रखा गया था; फिर भी कुल मिला कर आम तौर पर उनके साथ अच्छा बर्ताव किया गया। सभी कीमतों का नियमन होता था, इसलिए किल्लत के समय दाम ले-दे कर स्थिर रहते थे। इसका उद्देश्य नकद तनख्वाह लेने वाले आम फौजियों को संतुष्ट रखने का था जो कि कीमतों के प्रभावी नियमन के बिना नहीं हो सकता था।

(दिल्ली में) कीमतें नीचे रखने के लिए अला'उद्दीन ने इतने जतन किए कि उसके प्रयासों को इतिहास की प्रसिद्ध गाथाओं में जगह मिली। व्यापारियों को उसने धन संपदा और बिना नाप तौल किए सोना दिया। उसने उन पर सारी राजसी कृपा दिखायी, और उनका नियमित वेतन तय किया। लेकिन इसके साथ ही भयानक सजाएँ भी थीं, कम तौल पर उनके कूल्हे से उसके बराबर मांस काट लिया जाता था। उसकी गुप्तचर सेवाएँ खरीदारी के लिए अनपढ़, गँवार लड़कों को भेजती थीं; और यदि कोई कमी पायी गई तो तत्काल ही उसकी प्रभावी सजा दी जाती थी। ... नहीं, आम तौर से तौल इतनी बढ़िया होती थी कि खरीदने वाले को अक्सर वजन से कुछ ज्यादा ही मिलता था।।" (*ED*. 3.349, और 3.196)।

इसके नतीजे में अलाउद्दीन के काल में अमीरों के चार गंभीर दुस्साहसपूर्ण विद्रोह हुए; फिर एक गुलाम और हिजड़े मलिक काफूर को पदोन्नत कर फौज का सर्वोच्च सेनापति बनाया गया, जिस दायित्व को उसने पूरी योग्यता से निभाया, पर षड्यंत्र फिर शुरू हो गए। अब जहाँ कि दोआब के आगे सामंती ढाँचा ज्यों का त्यों था और तेजी से जड़ जमा रहा था, अर्थशास्त्र राज्य की वापसी के लिए बहुत विलंब हो चुका था।

मुस्लिम इतिहासकार, जो दरबार में काम करते थे और छोटी जागीरों के मालिक थे, इसके बाद की सल्तनत के अपने विवरणों में राहत की साँस लेते दिखते हैं। गयासुद्दीन ने सकल मालगुजारी घटा कर सीधे 1/10 या 1/11 कर दिया। पुराने और नए करों के इस निर्धारण के अंतर का जो बड़ा हिस्सा था, वह उत्पादकों के बजाय मालगुजारी वसूलने वालों की जेब में गया। फिर भी इसके पीछे विचार साल दर साल उपज व रकबे को बढ़ाने का था। (*ED*. 3.230)। "हिंदुओं पर कर लगाया जाना था ताकि वे समृद्धि की चकाचौंध में अंधे न हो जायें, और इस तरह से असंतुष्ट एवं विद्रोही हो जायें; दूसरी ओर उन्हें इतनी गरीबी व दरिद्रता में भी नहीं धकेलना है कि वे अपने मवेशियों की देखभाल भी न कर पायें।" यह सत्याभासी दर्शन इस तथ्य की पूरी तरह उपेक्षा कर देता है कि ज्यादातर विद्रोह मुस्लिम अदालतों के अमीरों और फौज के सेनापतियों ने किए थे। वस्तुस्थिति यह ती कि पुरानी व्यवस्था में सभी वर्ग भहरा गए थे और उनमें से कोई भी किसी तरह का कर उत्पादित करने के लायक नहीं रह गया था। मेधावी पर अस्थिर मुहम्मद बिन तुगलक ने कुछ नए प्रयोग करने के प्रयास किए जिसमें प्रतीकात्मक मुद्रा के चलन, राजधानी को दक्षिण में दौलताबाद ले जाने और चीन की कल्पित संपदा के लिए उत्तरी मार्ग से एक विनाशकारी सैन्य अभियान जैसे कदम शामिल थे। इस असहाय अभियानी फौज की हड्डियों के अवशेष हिमालय की रूपकुंड झील के किनारों पर देखे जा सकते हैं। इब्न बतूता उन दिनों की दिल्ली सल्तनत और मुहम्मद प्रथम के जादू-टोने के प्रयोगों के स्पष्ट ब्योरे छोड़ गया है (Bat. 225–26)। आखिर में फिरूज तुगलक ने नीचे से सामंतवाद के आगे हाथ खड़े कर दिये और अपने आखिरी समय तक बिना किसी बगावत या विद्रोह के राज किया। हालाँकि, किस्मत से उसे अच्छी फसलों का भी सहारा मिला; यहाँ तक कि उसके प्रशंसक भी कहते हैं कि अलाउद्दीन के दौर में निर्मम कानूनों की वजह से तो फिरूज तुगलक के दौर में किस्मत के सहारे कीमतें नीची रहीं। उसके बारे में जो चीज उन्हें सबसे ज्यादा पसंद थी, वह थी अपने वफादारों के बीच गाँवों में जमीनों का बँटवारा।

"दिल्ली के पुराने शासकों के काल में कारकुनों को इनाम के रूप में गाँव बाँटने का कभी नियम नहीं रहा...(फिरूज के काल में) अगर किसी सैन्य अधिकारी की मौत होती थी तो (पूरी जायदाद व इनाम के साथ) उसका बेटा उत्तराधिकारी होता था। अगर बेटा नहीं है तो फिर दामाद, अगर दामाद भी नहीं है तो फिर उसके गुलाम, और गुलाम भी नहीं हो फिर सबसे नजदीकी रिश्तेदार और अगर वो भी नहीं हों तो फिर उसकी बेगमों को उत्तराधिकार मिलता था... दोआब क्षेत्र के इलाकों में 8,000,000 टनका का राजस्व मिलता था... जबकि दिल्ली के इलाकों में 60,850,000 टनका का राजस्व था। इस सा... इस सारे राजस्व का यथोचित बँटवारा होता था...प्रत्येक खान को उसकी हैसियत और पदवी के हिसाब से उचित राशि दी जाती थी। अमीरों एवं मिलकों को भी उनकी गरिमा के अनुसार और कारकुनों को आराम से रहने लायक भुगतान किया जाता था। फौज के सिपाहियों को अनुदान में जमीन मिलती थी जो उनके आराम से गुजारे के लिए पर्याप्त होती थी और अनियमित सिपाहियों को सरकारी खजाने से भुगतान किया जाता था। ऐसे सिपाहियों को जिन्हें इन दोनों में से कुछ भी नहीं मिलता था, को कर वसूली के काम सौंपे जाते थे। इन सिपाहियों को जब इस तरह के काम के आदेश प्राप्त होते थे तो उन्हें पूरी कर वसूली का आधा हिस्सा दिया जाता था। उन दिनों कुछ लोगों के बीच यह चलन भी था कि वे कर वसूली के ठेके खरीद लेते थे, जो दोनों पक्षों की सहूलियत के लिए था। वे शहरों में वसूली का एक तिहाई हिस्सा देते थे जबकि गावों में वसूली का आधा। इन ठेकों को खरीदने वालों के बीच आपस में तालमेल रहता था और वे अच्छा मुनाफा कमाते थे, बहुत सारे अमीर और मालामाल हो गए।" (*ED*.3.344–6)।

सुल्तान फिरूज ने पूर्व के 23 करों को समाप्त कर दिया, फिर भी बेईमान कर्मचारियों को जहाँ भी मौका मिलता, गुपचुप तरीके से इन करों की वसूली करते रहे और मुनाफा काट कर निकलते रहे। कानूनी रूप से खेती वाली जमीन से उपज का 1/10 हिस्सा खराज, जकात, हिंदुओं व अन्य अलगाववादियों से जजिया के रूप में वसूला जाता था', जबकि लूट व खदानों के उत्पाद का पाँचवाँ हिस्सा वसूल किया जाता था। लेकिन फिरूज की भूमिका को बढ़ाना-चढ़ाना नहीं चाहिए। यहाँ तक कि जकात कर जिसे कि अब तक कहा जाता है कि विजयी आक्रांता मुस्लिमों ने लगाया था, का जिक्र सन 692 ईसवी में गुजरात के विष्णुसेना संहिता में मिलता है जिसे परा करों पर धार्मिक अधिभार के रूप में जाना जाता था। राजस्व संग्रहण करने वाले एक सामंती वंशानुगत वर्ग की चर्चा पहले ही की जा चुकी है। (EC.10. Bow. 28)। सामंत वर्ग का अस्तित्व इस आकलन और प्राचीन परिपाटियों, ताकत और सामंत वर्ग द्वारा सीधे खेती के बीच के फर्क पर निर्भर था। हिंदू मंदिरों ने मुसलमानों का ध्यान खींचना शुरू कर दिया और इसके बाद स्वेच्छाचारी शासकों ने उन्हें सुव्यवस्थित तरीके से तोड़ना शुरू किया। पर इसके बावजूद जो मुसलमान यहाँ आकर बस गए, वे धीरे-धीरे अपने तरीके से हिंदुओं से भी ज्यादा अंधविश्वासी व धर्मांध होते चले गए जिसकी वजह 'ग्रामीण जीवन की मूर्खताएँ' थीं। निस्संदेह बहुत से हिंदू भूस्वामियों ने अपनी पदवी बचाने व करों से बचने के लिए धर्मांतरण कर लिया था। जजिया के खिलाफ ब्राह्मणों ने उपवास किया था और इनमें से बहुत से तो भिक्षाटन करते थे। दिल्ली में प्रथम श्रेणी के लिए जजिया 40 टनका, द्वितीय श्रेणी के लिए 20 टनका और तृतीय श्रेणी के लिए 10 टनका था। ब्राह्मण महल के द्वार पर तब तक उपवास करते रहे जब तक कि उनकी मृत्यु न हो गई। फिरूज ने करनाल से होकर दिल्ली तक यमुना और सतलज से दो नहरें निकाली और इसके अलावा पानी से जुड़े कई छोटे- मोटे काम किए। इसके बाद मजहबी नेताओं से विचार विमर्श कर अलग से एक पानी कर लगाया गया जो दस प्रतिशत के बराबर था। इन उलेमाओं ने यह कह कर अलाउद्दीन को कुपित कर दिया था कि उसके पास सल्तनत के एक तुच्छ सिपाही की तुलना में भी कहीं ज्यादा अधिकार नहीं है, और यह कि काफिरों से मुनाफा कमाने में इस्लाम की मजहबी जम्हूरियत इससे कहीं आगे आर्थिक जम्हूरियत तक जाती है। उनकी इस विवेचना के कारण सल्तनत में एक वर्गीय ढाँचा तैयार हुआ। गुलामों की मदद से फिरूज स्वयं के लिए उत्पादन में मशगूल था:

गुलामों की उपलब्धता के बारे में सुल्तान फिरूज बहुत चिंताशील था, और उसकी यह चिंता यहाँ तक थी कि उसने अपने बड़े जागीरदारों व कारकुनों को आदेश दे रखा था कि जब भी वे लड़ाई में जायें, कुछ गुलामों को जरूर बंदी बनाएँ, और उनमें जो सबसे बेहतर हो, उसे दरबार की सेवा में पेश करें। (इन भेंटों को मूल्यवान समझा जाता था, हाथियों व अन्य चीजों की तरह, और इसके लिए उनके बोझ में कटौती की जाती थी, और ऐसा इससे पहले कोई शासक नहीं करता था).... जो जागीरदार अपने साथ सबसे ज्यादा गुलाम लाते थे, उन पर सबसे ज्यादा इनायत होती थी...हर साल वे जितनी संख्या में लाये जाते थे, वह उनके अंकन व प्रकार से अधिक हुआ करता था...जब उनकी संख्या बहुत ज्यादा हो जाती थी तो सुल्तान उन्हें मुल्तान, दीपालपुर, हिसार फिरोजा, समाना, गुजरात और उस पर निर्भर अन्य सामंतशाहियों को भेज देता था। इन सभी मामलों में गुलामों की देखभाल की उदारता से व्यवस्था की जाती थी। कुछ जगहों पर फौज उनकी देखभाल करती थी तो कहीं उन्हें अनुदान के रूप में गाँव आवंटित कर दिये गए; जो शहरों में थे उन्हें 100 से लेकर 10 टनका का भत्ता दिया जाता था जिसमें दस सबसे न्यूनतम राशि थी। ये भत्ते खजाने से हर छह, चार या तीन महीने पर बिना किसी कटौती के पूरा दिये जाते थे... कुछ गुलामों को व्यापार करने वालों के अधीनस्थ रखा गया गया और उन्हें यांत्रिक कलाएँ सिखायी गईं और इस कारण लगभग 12000 गुलाम विभिन्न तरह के शिल्पकार (काशिह) बन गए। इस संस्था (गुलामी की) ने भूभाग के बिलकुल मध्य में जड़ें जमायीं और सुल्तान ने इसके नियमन को अपने एक अनिवार्य कर्तव्य की तरह देखा...

ऐसा कोई पेशा नहीं था जिसमें फिरूज शाह के गुलाम काम नहीं कर रहे हों। सुल्तान के किसी भी पूर्ववर्ती ने इतनी बड़ी संख्या में गुलाम एकत्रित नहीं किए थे। दिवंगत सुल्तान अला'उद्दीन ने लगभग 50,000 गुलाम इकट्ठा किए थे पर उसके बाद किसी भी सुल्तान ने गुलामों की फौज खड़ी करने के बारे में सोचा जब तक कि फिरूज ने इस दस्तूर को फिर से अंगीकार नहीं किया... जब बड़े जागीरदारों के पास गुलामों की संख्या इफरात हो गई तो सुल्तान के आदेश से उनमें से कुछ को अमीर व मिलक का प्रभार सौंपा गया ताकि वे अपने विशिष्ट कार्यभार व कर्तव्यों के बारे में सीख सकें...पर उस (फिरूज शाह) की मत्यु के बाद उसके प्रिय चाकरों (या गुलामों) के सिर बेरहमी से काट दिये गए और दरबार के सामने उनके ढेर लगाये गए।" (*ED*. 3.330–342)

इस प्रकार दासों के जरिये सुलतान का यह प्रयास था कि वह मातहत जागीरदारों व अधीनस्थों पर अपनी निर्भरता को कम कर सके। दासों ने उसके निजी बाग बगीचों व खेती बाड़ी में मदद की जिसके उत्पादों की आपूर्ति सिर्फ महलों में नहीं होती थी बल्कि वे खुले बाजार में भी बेचे जाते थे, इसके अलावा गुलामों की मेहनत से चने वाली कंबल-गलीचे और कपड़ों के कारखाने तो थे ही। इसके अलावा शाही बग्घियों व महलों में 40,000 दास रक्षकों के तौर पर तैनात थे। बादशाही गुलामों (bandagān-i-khās) की कुल संख्या अलाउद्दीन के 50,000 की तुलना में 1,80,000 थी। अपनी पत्नी के दहेज में फिरूज को इमाद-उल-मुल्क नाम का एक गुलाम दिया गया था जो बाद में फिरूज के काल का सबसे अमीर आदमी बन गया था जिसकी कुल संपदा 13 करोड़ टनका आँकी गई थी। "उसके पास रापरी की जागीरदारी थी और उसने बड़ी सावधानी से इसकी देखभाल की।" यदि हम इस पर विचार करें कि इससे पहले बहुत से गुलाम दिल्ली के शासक बने तो यह स्पष्ट हो जाता है कि दासता उत्पादन बढ़ाने का कोई अनिवार्य तरीका नहीं है। सामंती शासकों को उनसे इस हद तक खतरा महसूस हुआ कि फिरूज के मरते ही उन्होंने बड़ी संख्या में गुलामों का कत्लेआम कर दिया। आम तौर पर ये सामंती गुलाम घरेलू नौकर हुआ करते थे जो कि अपने स्थानीय नियोक्ताओं से आजादी हासिल करने के लिए संकट के समय अपनी बिरादरी या समुदाय के प्रति वफादारी दिखाते थे। छोटे भूस्वामियों और विशेषकर उन सिपाहियों, जिन्हें पेंशन दी जा चुकी थी, के वे आम तौर पर उत्तराधिकारी हुआ करते थे, जिन्हें ये सिपाही वस्तुत: अपनी देखभाल के लिए गोद लिया करते थे जो कि उनके बुढ़ापे या अशक्तता की स्थित में जीवित रहते उनकी देखभाल करेंगे। (*MEI*.. 3. 496–7)।

1800 के आस पास उत्तरी कनारा जिले में गुलामों की संख्या 16201 थी जबकि 1,46,800 स्वतंत्र लोग थे (*BJ*. 2. 362)। दक्षिणी कनारा में 3,96,672 स्वतंत्र मनुष्यों की तुलना में गुलामों की संख्या 47,358 थी (*BJ*. 3. 2–6), मालाबार में 106,500 स्वतंत्र लोगों की तुलना में गुलामों की संख्या 16,574 थी। (*BJ*. 2. 362)। इसमें महिलाएँ और बच्चे भी शामिल थे फिर भी यह अनुपात काफी ऊँचा है। इन गुलामों का वेतनमान भी था फिर भी मालाबार में इनके साथ काफी दुर्व्यवहार किया जाता था। (*BJ*. 2. 362)। विलंबित दासता के इस संक्षिप्त काल के पीछे कुछ तो ऐतिहासिक कारक थे पर मुख्य वजह उस समय व काल में पण्य पदार्थों के उत्पादन से जुड़े कई संबद्ध घटनाक्रम थे। मँझोले भूस्वामियों को छोड़ दें जो कि छोटी सी जमीन के मालिक थे तो मुसलमानों की विजय से ग्रामीण समुदायों में टूट हो गई थी। इसमें से किसी के पास ज्यादा बड़े बागान नहीं थे; ना ही किसी के पास ठीक ठाक संख्या में गुलाम थे, कुछेक की संख्या में खेतों में काम करने वाले गुलाम (और उनके परिवार) ही एक तरह से मानक थे। ये भूस्वामी पूर्व के सामुदायिक प्रतिबंधों से स्वतंत्र हुए थे और ऐतिहासिक रूप से सामंती पदानुक्रम का हिस्सा नहीं थे क्योंकि मुस्लिम आम तौर पर दूर से ही मालगुजारी वसूल कर संतुष्ट हो जाते थे और यहाँ बस चुके मुसलमान व्यापारी थे। स्थानीय उत्पादों जैसे नारियल की बाहर काफी माँग थी। ऐसे में उन भूस्वामियों के लिए जिन पर जाति की काफी पाबंदियाँ आयद थीं और जो कठिन शारीरिक परिश्रम के लिए तैयार थे, के लिए यह फायदे का सौदा था कि वे उन जनजातियों जिनकी जमीन जा चुकी थी और जो सूखे व अकाल की वजह से कर्ज और दुर्भिक्ष के सतत जाल में फँस चुके थे, को गुलामों की तरह अपने पास रख लें। सतर्क समीक्षक फ्रांसिस बुचानन ने इस बात का संज्ञान लिया कि सामंती बिहार (*MEI*.) में छोटे सामंत गुलामों के भाग जाने पर अमूमन खुश होते थे क्योंकि इससे उन्हें उनकी देखभाल के झंझट से छुट्टी मिल जाती थी। वृहत्तर उत्तरी भाग में भूस्वामी ज्यादातर अपनी प्रतिष्ठा और घरेलू कामकाज के लिए गुलामों की फौज रखा करते थे। उत्तरी कनारा से सटे गोवा में जहाँ कि आदिम ग्राम संस्थाएँ किसी तरह जीवित रह गई थीं, वहाँ कोई दास प्रथा नहीं थी; "नव अभिजिति" में बैरन की नकल* पर कुछ आडंबर थे। वहाँ गुलामी

* उदाहरण के तौर पर, जब मेरे अनाड़ी प्रपितामह अपने सामंती अधिकारों के तहत मिली खासी जमीन को छोड़ कर एक सुनसान जगह पर "पुराने विजित" गाँव में रहने चले गए तो उनके साथ विरासत में मिले दो बूढ़े बंदे घरेलू गुलाम भी उनके पीछे गए, घर की मामूली आमदनी की भरपाई के लिए उन्होंने खेतों में काम किया, एक झोपड़ी में साथ रहे और रुखा-सूखा खाया।

को मजबूर करने वाले कोई कानून नहीं थे और न ही उन्हें बेचने या बर्खास्त करने का कोई रास्ता था। घर के बच्चे उन्हें इज्जत से पुकारते थे और उनसे सम्मानजनक बर्ताव करते थे और विवाह समारोहों में भी उन्हें सम्मान की जगह दी जाती थी। युवाओं को अपने जोड़े अपने बीच में से ही खोजने थे जिसकी वजह से अपरिहार्य रूप से छोटी-छोटी जातियाँ पैदा हुईं जो कि 1900 के पहले ही विलुप्त हो गईं। इस तरह के जीवन को कहीं से भी मनोहर नहीं कहा जा सकता फिर भी इसकी उसी तारीख में अमेरिका में गुलामों की स्थित और गृह युद्ध के समय उनके संहार से तुलना नहीं की जा सकती और ना ही प्राचीन यूनान और रोमन साम्राज्य की दास प्रथा से। अंग्रेजी राज में दास प्रथा को 1843 में एक राजाज्ञा के जरिये खत्म कर दिया गया पर बाकी देश में यह उससे पहले से ही मर रही थी, अंग्रेजों के असर की वजह से नहीं बल्कि आर्थिक अव्यावहारिकता के कारण। दूसरी तरफ वास्तव में गहरे तक धँसे अंधविश्वास** और इसके प्रचल जिसमें जाति भी है, यथावत रहे।

10.5. इस तरह के सामंतवाद के मुख्य आर्थिक कार्यों में सामंती जमींदार की तरफ से बल[7] और निवेश के जरिये बस्ती का घनत्व बढ़ाना होता था। उदाहरण के लिए, किसी एक गाँव की शक्ति और क्षेत्र से बाहर पानी के प्रबंधन, बाढ़ नियंत्रण और सिंचाई के काम जमींदार द्वारा कई गाँवों में कराये जाते थे और यह हर सीजन में किया जाता था। ये सर्वाधिक फायदेमंद निवेश थे, और तब जमींदार द्वारा संग्रहीत किराया 50 प्रतिशत या इससे ज्यादा होता था (BPL. 196–210)। यह फसल तैयार हो जाने के बाद सामान्यतया अगोर बँटाई प्रणाली से होता था। जमींदार को नकद भुगतान के लिए फसल के अनुमानित उत्पादन के लिए संचार की भाओली प्रणाली थी। पहला यह व्यक्त करता है कि सामंती जमींदार किसी व्यापारी से सौदा करता करता है, दूसरा, व्यापारी किरायेदार से सीधे सौदा कर सकता है।

दो तरह के सामंतवाद के बीच संबंध अनिवार्य व तेजी से परिवर्तन की प्रक्रिया विशिष्ट उदाहरणों से प्रदर्शित है:

"जब (उतरौला) राज्य मुसलमानों की शक्ति के अधीन हो गया, राजा को नज़राना देने के लिए बाध्य होना पड़ा और कुछ ही गाँव उसके अपने रह गए, जबकि लखनऊ सरकार ने बाकी गाँवों से राजा के हिस्से का राजस्व हासिल कर लिया। हालाँकि राजा के हाथ से गाँवों का राजस्व निकल गया, फिर भी उन पर एक तय सीमा तक उसका स्वामित्व बरकरार रहा, और तब उसने एक या उससे ज्यादा गाँवों की बिक्री अथवा (भुगतान से) जमींदारी का पूर्ण हक देकर पैसा उगाहना शुरू किया। इसने आंतरिक प्रबंधन और मुखियागीरी ही नहीं, बल्कि इलाके में परती (वेस्ट) और जागीरदारी (मैनोरियल) के सभी अधिकार भी दिये। इस प्रकार बनी पदवी बर्ट जमींदारी कहलायी और प्रचलित हो गई। ...इस राज्य में बहुत से गाँव मुसलमान सिपाहियों को जागीर में दिये गए थे जिन्होंने अफगान आक्रमणकारी को 'राज' से जीतने और अपन पास रखने में मदद की थी। ये जागीरदार सैन्य मदद मुहैया करने के अलावा छोटा सा सालाना नजराना छोड़ कोई राजस्व नहीं देते थे। स्वाभाविक है कि जमीन के मूल मालिक के किरायेदार होने के साथ इन जागीरदारों के परिवार गाँवों के संयुक्त मालिक हो गए... उदाहरण के लिए, बंगाल में मुगल सूबेदारों ने गाँव की संस्थाओं को खत्म करने और नई व्यवस्था लागू करने का प्रयास नहीं किया। अकबर की व्यवस्था हर प्रकार से इस तरह सुनियोजित थी कि जो जैसा है वैसा ही रहे, और राज्य उपज में नियमित हिस्सेदारी हासिल कर ले। वह हिस्सा जितना हिंदू शासक को भुगतान किया जाने वाला था उतना ही उन्हें। लेकिन जब राज्य ने राजस्व वसूली के लिए एजेंट नियुक्त करना शुरू किया तब गाँव की मूल व्यवस्था, जो पहले से ही ढह रही थी, ध्वस्त हुई और सिर्फ हालात के जोर से राजस्व एजेंट स्वामी बनने की स्थिति में पहुँच गए...जैसे कि बंगाल में जमींदार सामान्य तौर पर स्वामी हो गए। उसे राज्य के लिए भारी आमद जुटानी होती थी और परिणामस्वरूप उसे अपने अधीन गाँव के किसानों को काम पर लगाना पड़ता था। उसकी पहली चिंता थी राजस्व हासिल करना। इसके फलस्वरूप उसने परती जमीन (वेस्ट लैंड) के लिए अपनी पसंद के किसान चिह्नित किए और अगर उसे लगा कि खेती वाली जमीन का मूल किसान ठीक से प्रबंधन नहीं कर पा रहा है अथवा भुगतान नहीं किया, वह उसे किसी लिहाज के बगैर बाहर कर देता था। ऐसे में अचरज नहीं कि भूमि के प्रयोग में लाने की कानूनी अवधि विलुप्त होती गई गई और जमींदार भूस्वामी हो गया। (Quoting A. Lyall, Imp. Gazetteer for Berar, p. 96): मेटाइरी चलन से बाहर हो रही है। जैसे-जैसे देश धनी हो रहा है, धनी किसान

** उदाहरण के तौर पर एक सरल तथ्य के रूप में अपने दादा की मृत्यु के बाद पैदा हुए परिवार के पहले पुरुष सदस्य के तौर पर मैंने लोक-परलोक में भटकने वाली उनकी आत्मा, उप नाम और निस्संदेह अपना नाम पाया। मेरी दादी जो कि विनम्र, सुसंस्कृत ब्राह्मण विधवा थीं (जिनकी 1916 में मृत्यु हुई) मुझे मेरे किसी भी नाम से नहीं बुला पाती थीं जबकि मैं उनका प्रिय था जिसे उन्होंने दुलारा और अनुशासित भी किया। बचपन में हर साल दूर शहर से गाँव लौटने पर मैं सम्मान में उसके पैर छूता था। मेरे सिर से रीति रिवाजों के जरिये बुरी नजर (दृष्टा) का असर उतारा जाता था। फिर वह घर में मौजूद सभी लोगों के सामने मुझे अपने गोद में बैठाती थी और मेरे मुँह में इस आशीर्वाद के साथ कि मेरे मुँह में चीनी रखती कि मेरे शब्द मीठे होंगे। जो लोग इस आकर्षक, हास्यास्पद और अब भुला दिये गए रिवाज को देखते, वे परिणामों के मद्देनजर महसूस करते कि उसने पर्याप्त चीनी का उपयोग नहीं किया!

आधी उपज बतौर किराया देने पर सहमत नहीं होंगे और भागीदार बनाने की माँग करेंगे। किराये पर पैसा (Money rent) भी धीरे-धीरे चलन में आ रही है... अब कभी-कभार ही जमीन उन वर्गों के हाथ लगती है जो खेती नहीं करते और जो इसे दूसरों को किराये पर देते हैं। साहूकार अपने खेत पर रहने वाले किसानों को जमीन बेच सकते हैं और इसके लिए लीज देते हैं। पहले उन्हें मुश्किल से किरायेदार मिलते थे।" (B-P., Manual, pp. 56, 652–3, 635)।

इससे प्रदर्शित होता है कि कैसे कानूनी तौर पर सामंती और पूंजीपति भू-स्वामित्व का निर्माण हुआ। अंतिम विश्लेषण में कहना पड़ेगा कि 'सिर्फ' परिस्थितियों का जोर नहीं, हथियारों की ताकत का भी इस्तेमाल हुआ। शक्तिशाली सामंती राज्य ने न सिर्फ पुराने तरह का गाँव का स्वामित्व नष्ट कर दिया बल्कि नए तरह के स्वामित्व की अधिनियमित न कर या उसे सुरक्षा और नियमितता न देकर अपना आधार भी नष्ट कर लिया। पूँजीपति राज्य भी भूमि मालिक को राजस्व का भुगतान न करने पर भी बेदखल करेगा, लेकिन अधिक सम्मानजनक और अधिक लाभ के साथ।

जाहिर तौर पर राजवंश के बेमतलब बदलाव, बढ़ते छापे (विशेष रूप से मराठों के) और बढ़ते गंभीर अकाल का व्यवस्थित असर हमेशा सामंती जमींदार वर्ग की वृद्धि के रूप में होता है। उनके पास न केवल समय-समय पर प्राकृतिक आपदाओं से बचने के लिए आर्थिक शक्ति थी, बल्कि दास श्रमिकों द्वारा निजी खेती के लिए सर्वोत्तम भूमि हासिल करने का बल भी था। वैसे यह उत्पादन के साधनों में गुलामी का एकमात्र कार्य था। गृह दास प्रतिष्ठा और ठाट बाट के लिए थे। लेकिन सबसे कठिन भूमि जिन्हें किरायेदारों को बसने के लिए प्रेरित नहीं किया जा सकता था, उन पर जमीन के मालिक पैसे देकर अथवा गुलाम श्रमिकों से खेती कराते थे, जिन्हें पैसे से खरीदा गया था, लेकिन उन्हें जमीन के मालिक के अनाज के स्टॉक से कुछ भोजन भत्ता के अलावा आम तौर पर भूखंड आवंटन के जरिये भुगतान किया जाता था। ये अजीब प्रकार की सर्फ-गुलामी असामान्य बात थी। गुलामी की अलग-अलग तरीके से उत्पत्ति हुई थी। बहुत से आदिवासी अकाल की वजह से दास बन गए थे। इसी तरह, इनसे एक कदम दूर आदिवासी जातियाँ अथवा बेहद गरीब खेतिहर किसान थे, जो एक समय जो कर्ज लिये थे, उसे पीढ़ी दर पीढ़ी चुकाया नहीं जा सका। इनमें मालाबार की चेरुमन, अल्मोड़ा के निकट हिमालय की नीचे में जौनसार-बाबर के कोल्तास, गुजरात के हाली और उनकी जैसी जातियाँ शामिल हैं। प्राचीन स्मृतियों में अकाल-दासता और ऋण-दासता की प्रक्रिया रही है (Nārada 5.24–6. Ms. 8.415)। इस मकसद से मनुस्मृति के राजकुमार को आसानी से एक सामंती ताल्लुकदार या सामंती भूस्वामी में बदला जा सकता था। कभी-कभी, खेती के लिए दास लिये जाते थे और मालिक उन्हे पगार पर रखता था। हालाँकि बड़े पैमाने पर दासता से फायदा नहीं था। भगोड़ा गुलामों के खिलाफ कोई कानून नहीं था, भू-मालिक या कर-प्रसंवेदक द्वारा इस्तेमाल किए गए नग्न बल को छोड़कर कोई निवारण नहीं था। भगोड़ा दास अक्सर अभिजात सामंत वर्ग के किसी अन्य सदस्य की शरण में होता था। कुछ दासों ने दासता के चलते अपनी जाति खो दी, कुछ ने इसे संरक्षित रखा; दासता और अंतर-जातीय विवाह से कुछ नई जातियाँ उत्पन्न हुईं। बीते दिनों के अवशेषों को छोड़ कर यह अनंत विविधता अध्ययन के लायक नहीं है।

मानव निर्मित आपदा के खिलाफ सामंती भू-स्वामी के पास बहुत थोड़ी सुरक्षा थी। कोई आक्रमणकारी सहज रूप से उन्हें उनके संचित धन और लूट से वंचित कर सकता था। लेकिन आक्रमणकारी जो समय-समय पर नजराने का इच्छुक था, उसे उनके सामंती अधिकारों को मान्यता देनी पड़ती थी, जिससे सामंती भू-स्वामियों की संख्या में वृद्धि हुई और केंद्रीय सत्ता में ह्रास हुआ। ये ज़मींदार उन सभी को कर का भुगतान करते थे जो उनसे वसूली का सामर्थ्य रखता था। उन्होंने खुद के चारदीवारी वाले गढ़ी विकसित किए (DR. 1.106), और सशस्त्र संरक्षक रखे। धीरे-धीरे इस तरह का ताल्लुकदार कर वसूलने के लिए अधिक से अधिक जिम्मेदार होता गया। अकबर जैसे मजबूत शासक के वक्त नकदी की माँग की जाती थी, लेकिन अनाज की तय कीमत पर। अधीनस्थ लेकिन अर्धस्वतंत्र राजपूताना, दक्षिण और बंगाल के कुछ हिस्सों की रियासतों को छोड़ कर राज्य कर्मचारी या कर-प्रसंवेदक (जो खजाने में जमा करने के लिए तय अनाज को नकद में बदलते थे) कर वसूलते थे। बहरहाल, अबू फजल ने आइन-ए-अकबरी (अर्थशास्त्र, डूमस्डे बुक और इस अवधि का इतिहास) में लिखा है कि सामंती भू-स्वामियों की संरक्षक सेना (बुमी) में उसय समय कुल चालीस लाख सिपाही थे। वे अनिश्चित कारक थे, राज्य के लिए बेकार, भू-स्वामियों ने अपना दल भेजने से पहले हमेशा देखा कि कौन सा पक्ष जीतने वाला था (Mor. B. 34, 74)। सामंती भूस्वामियों के बीच इस तरह फैला राज्य तंत्र असहनीय रूप से महँगा हो गया। खुशहाल दिनों में ज़मींदार का मतलब था कि बहुत से किसानों की ओर से कर का भुगतान करने के लिए जिम्मेदार व्यक्ति। कभी-कभी उन्होंने गाँव के मुखिया, मुकद्दम या चौधरी बना लिये। ऐसे मामलों में भूमि पर आम तौर पर एक बिरादरी के लोग खेती करते हैं, जो जनजातियों के अधिकारों के विस्तार या सामंती परिवारों के विकास के जरिये साझा स्वामित्व को दिखाता है। कम से कम मुंडा समुदाय (Roy app. i, pp. x; vi ff) के 'अक्षुण्ण खुंट-कट्टी काल'

में मूल रूप से समान हिस्सेदारी के रूप में आदिवासी स्वामित्व था, बाद में जिसकी बड़े भूस्वामी, सामंती विजेता या उभरते जनजातीय प्रमुख को कर भुगतान की सामूहिक जिम्मेदारी थी। यू.पी. में पिछली सदी तक जमींदारी का अर्थ "भूमि के स्वामित्व की ऐसी प्रणाली थी जिसके तहत गाँव की सारी जमीन का साझा रख-रखाव और प्रबंधन होता था। किराये और जमीन से होने वाले अन्य लाभ सामूहिक कोष में जमा होते थे और सरकारी राजस्व (मालगुजारी) और गाँव के खर्च को घटा कर शेष राशि लोगों के शेयर या कानून अथवा गाँव में प्रचलित रिवाज के हिसाब से बाँट ली जाती थी" (Crooke 284)। यह आमतौर पर ज़मीन के स्वामित्व वाले उच्च वर्ग को दर्शाता है। गाँव के मूल सामुदायिक जीवन मूल से विकास के निचला चरण भाइया-कारा (Crooke 40) था, जहाँ एक संयुक्त परिवार के वंशज अपने कब्जे वाले क्षेत्र के अनुपात में साझे करों की जिम्मेदारी को वहन करते थे। बुंदेलखंड का भुज-बेरार (Crooke 43) साझेदारी की एक और व्यवस्था थी जहाँ "किसी व्यक्ति के परिवार की कार्य क्षमता उसके हिस्से का पैमाना था।" दक्षिण में स्वामित्व को मिरासदारी कार्यकाल के जरिये मान्यता प्राप्त थी, जो एक निश्चित लेकिन भारी-भरकम राजस्व के भुगतान की शर्त पर मालिकाना हक देता था। मालिकाना हक बेचा जा सकता था, विरासत में दिया जा सकता था, (कर्ज चुकता होने पर मालिकाना हक वापस होने की शर्त पर) गिरवी रख जा सकता था। इसके साथ एक अन्य प्रकार के स्वामित्व का भी चलन था जो कम समय या कम उपजाऊ या अस्पष्ट भूमि के लिए था, जिसमें फसल के बोने के मुताबिक राज्य या उसके सामंती एजेंट द्वारा आमतौर पर कम-बेसी पैमाने पर किराया समायोजित किया जाता था।

शीर्ष स्तर पर एक वंशानुगत सिद्धांत की कमी अस्थिरता के कारणों में एक थी। कोई नियमित ताल्लुकेदारी, ड्यूकॉम, या मारक्विएट्स नहीं थे। कभी-कभी महान दरबारी दास होता था। जब तक कि वह एक सामंती स्वामी न हो (जैसे विशेष प्रशासनिक उद्देश्यों के लिए केंद्र से काफी दूर स्थायी रूप से तैनात निजाम-उल-मुल्क) या अधीनस्थ राजा (ऐसे मामलों में उत्तराधिकार कुछ हद तक नियमित था), सम्राट उसका वारिस होता था, और उसने अक्सर इस हक का दावा भी किया। सैन्य कर्तव्य और उसके साथ आने वाले प्रांतीय राजस्व वसूली वंशानुगत नहीं थे, हालाँकि कभी-कभी किसी निश्चित क्षेत्र की आय पर अस्थायी सामंती अधिकारों के जरिये भुगतान होते थे। इस प्रकार सचिवालय और दरबार के उच्च अधिकारियों के बीच निरंतर संघर्ष की स्थिति थी, जो दरबार के पक्षकारों के सावधानीपूर्वक संतुलन से और जटिल बन गया था। उदाहरण के लिए राजपूतों और पठानों में ऐसी ही स्थिति थी। इनमें से कोई भी स्थायित्व के लिए नहीं बने थे। औरंगजेब के बाद मुगल जागीरें और पेशवाओं के समय से मराठा जगीरें वंशानुगत हो गईं लेकिन यह पहले मामले में सिर्फ केंद्रीय राज्य की कमजोरी को प्रकट करता है। मराठों के पास केंद्र को सीधे कर के भुगतान का एक अच्छा समझौता था।

सामंती शहरों की अस्थिर प्रकृति अच्छी तरह मालूम है, जो गतिशील सेना और दरबार पर आधारित उपभोक्ताओं के तुलनात्मक रूप से प्रतिबंधित समूह के लिए बने थे। औरंगजेब के समय औरंगाबाद की आबादी 400,000 पहुँची थी, जिसने कई वर्षों तक इस केंद्र से अपने साम्राज्य को प्रशासित किया। उसका जल प्रबंधन हालाँकि एक ब्रिटिश इंजीनियर के भूमिगत स्रोत का पता लगाने के प्रयासों से गंभीर रूप से क्षतिग्रस्त हो गया था, बचे हुए छोटे शहर के लिए पर्याप्त है। अपने सुनहरे दिनों में विजयनगर विश्व के सबसे आकर्षक शहरों में से एक था। महल के खंडहर बेहद अनाकर्षक हैं, जबकि मकान पर खेतों की मिट्टी पोती गई है। अखंड छवि वाले धार्मिक स्थल आगंतुकों को बताते हैं कि साधारण से अलग कभी यहाँ एक बस्ती हुआ करती थी। रेलवे भी बीजापुर को एक भूखमरी से त्रस्त जिले का महिमामंडित गाँव बनने से नहीं बचा पाया। आगरा हालाँकि मुगल काल में राजधानी थी, लेकिन दरबार के यहाँ से जाते ही आगरा एक छोटी सी बस्ती रह गई। कुछ शहर जो उसीन (usine) हस्त उत्पादन के उत्कृष्ट केन्द्र बन गए थे, वे नए औद्योगिक केंद्रों के रूप में विकसित नहीं हो सके। ब्रिटिश निर्माताओं ने उनका आश्चर्यजनक गति से खात्मा कर दिया। उदाहरण के लिए, ढाका (Dacca) शहर की आबादी करीब 150,000 थी, उस समय जिले में सालाना हाथ से लाखों कपड़े बनते थे और (ज्यादातर ब्रिटिश ईस्ट इंडिया कंपनी के माध्यम से) यूरोप और अमेरिका को लाखों निर्यात होते थे। 1837 तक कपड़े की आवाजाही पूरी तरह से विपरीत दिशा में पहुँच गई और ढाका की आबादी एक पीढ़ी के भीतर ही 20,000 तक सिमट गई। ईस्ट इंडिया कंपनी का मूल व्यापार केंद्र, सूरत नहीं, बल्कि बम्बई थी, जिसकी सड़कों के नाम अब भी गाँवों का भ्रम देते हैं, जिसने पहली कपड़ा मिलों का विकास किया। और इस तरह, सूरत की तस्वीर धुँधली हो गई।

"विभिन्न वर्गों के लुटेरे बेयड (beyds), लूटी और पिंडारियों के झुंड सेनाओं का पीछा करते हैं। ये उन देशों के सैनिकों की तुलना में अधिक विनाशकारी होते हैं जहाँ से ये गुजरते हैं। इन लुटेरों को कोई वेतन नहीं मिलता, पर ये लूट का आधा हिस्सा उस कोर कमांडर को देते हैं जिससे वे खुद को संलग्न करते हैं। ये किसी भी अन्य पेशे के मुकाबले लूट का जीवन पसंद करते हैं। भाले और तलवार से लैस ये कुल्हाड़ी, लोहे के कौवे और विनाश के उपकरण साथ लेकर चलते हैं। वे सेना द्वारा पहले ही नष्ट किए जा चुके गाँवों में प्रवेश करते हैं, जहाँ के निवासी खुद को निर्वासित कर चुके हों: वहाँ, यदि अनाज, फर्नीचर

और अन्य वस्तुओं की एक सामान्य लूट पर्याप्त विक्षुब्धकारी नहीं है तो पिंडारी ठीक समझ में आने वाली लकड़ी के साथ घरों को तालों, कब्जों और हर तरह के लौह कार्यों से वंचित कर देते हैं; फिर वे अनाज की तलाश में फर्श खोद देते हैं और गुप्त खजाना पाने की उम्मीद में दीवारें गिरा देते हैं, जिन चीजों को वे नहीं ले जा सकते, उन्हें आग लगा कर खत्म कर देते हैं: हालाँकि बमुश्किल ही कोई चीज है जो शिविर बाजार में बदली न जाती हो, जहाँ रसद की कुछ वस्तुओं के लिए विनिमय में जंग लगी कीलें ली जाती हैं। ...इन पिंडारियों, और शिविर के नि:शस्त्र अनुयायियों के विभिन्न वर्णन भारतीय सेनाओं को एक अद्भुत संख्या तक बढ़ा देते हैं। जब राघोबा की सेनाएँ मंत्रीस्तरीय सेनाओं की ओर बढ़ीं, संगम के बाद, वे सभी प्रकार के शिविर अनुयायियों समेत सौ हजार की संख्या तक पहुँच गए; मवेशियों की संख्या दो सौ हजार पार कर गई: मित्रराष्ट्र अब भी अधिक संख्या में थे... राघोबा का शिविर कई वर्ग मील की जगह घेरता था; उसके स्वयं के प्रभाग और प्रमुख जनरलों के प्रभागों के बाजार या बाजार स्थल में कई हजार तंबू थे, जहाँ हर व्यापार और सेवा उतनी ही नियमितता से मिलती थी जितनी एक शहर में। सुनार, सर्राफ, बैंकर, वस्त्र विक्रेता, दवा विक्रेता, हलवाई, बढ़ई, दर्जी, तंबू निर्माता, मक्का-ग्राइंडर, और नालबंदों को पूर्ण रोजगार मिलता था; यद्यपि चाँदी, लोहा और तांबा- कारों की पूरी कतार होती थी; लेकिन सबसे ज्यादा और सर्वाधिक निरंतर माँग रसोइयों, हलवाइयों और नालबंदों की प्रतीत होती थी।' (*FOM*. 1.344–5)।

1775 में रघुनाथ राव पेशवा के शिविर का यह वर्णन वस्तुत: बाद के किसी सामंती शिविर पर लागू होगा। अपनी महिलाओं, बच्चों, सेवकों, व्यापारियों और कारीगरों के साथ शिविर जब चलना बंद करता था तो एक शहर बन जाता था। लेकिन यह ऐसा शहर नहीं था जो समाज के उपयोग के लिए वस्तुओं का उत्पादन करता है, इसकी बजाय स्थानीय उपज को खाने के दौरान गाँवों को तबाह करने वाला था।

हालाँकि, दूसरी ओर, श्रमिकों की एक श्रेणी का विकास हुआ जिसने दासों की जगह ले ली, और जिनके अस्तित्व पर पूरी व्यवस्था वास्तव में निर्भर थी। यह दास नहीं बल्कि श्रमिक थे जिनके पास अपनी स्वयं की बहुत थोड़ी या बिल्कुल भी जमीन नहीं थी। वे फसल की कटाई के समय, और पूर्व मानसून की जुताई के लिए स्वयं आए। मौसम ने आदिम उपकरण नियोजित होने के कारण सभी आवश्यक श्रम शक्ति का ध्यान केंद्रित उपयोग किया (आज की तरह)। सामंती जमींदारों या कर-प्रसंवेदकों ने अपनी स्वयं की भूमि पर कार्य के लिए किरायेदार के हल और बैल को उपयुक्त बनाने के लिए ऐसे श्रमिकों के शोषण का तिरस्कार नहीं किया, लेकिन इसका मतलब अगले वर्ष विनाश और कम राजस्व था; शोषित श्रमिक भूख से मर जाते थे या भाग जाते थे। जहाँगीर के एक शुरुआती आदेश ने इस तरह के अतिक्रमण को दबाने की कोशिश की। औसतन दो से तीन गाँवों के लिए कर-संग्राहक एजेंटों के रूप में कोंकण के खोत राज्य को नियत नकद भुगतान की एवज में खेतिहर से कुल फसल का कम से कम एक तिहाई लेते थे। पेशवाओं के काल तक, उन्हें अपनी स्वयं की जागीर के लिए गाँवों से मुफ्त श्रमिक (बेगार वेथ) लेने का अधिकार था। यह जागीरें आम तौर पर पारिवारिक आकार की जमीनें या खेत होते थे और काम पूरा करने के लिए ग्रामीणों द्वारा सामूहिक रूप से दो या तीन दिन का श्रम पर्याप्त था। कई बार, प्रांतीय गवर्नर राज्य के लिए राजस्व उपजाने वाली भूमि पर खेती नहीं करने वाले छोटे किरायेदारों को स्वयं अपने हाथों से सार्वजनिक रूप से दंडित कर सकता था, जबकि वास्तविक श्रम शक्ति भूखी थी और पर्याप्त भूमि का अभाव था। इसलिए श्रमिकों को कार्यशील दिनों के लिए खाद्य-आपूर्ति के साथ नकद में या हिस्सेदारी के जरिये भुगतान किया जाता था। यह कभी भी उन्हें पूरे वर्ष के लिए संतुष्ट रखने के लिए पर्याप्त नहीं था, इसलिए अन्य कार्यों के जरिये कमी को पूरा करना पड़ता था। ग्रीयर्सन (Grierson) लिखते हैं:

'यदि हम आय के अन्य स्रोतों को पृथक कर दें, तो जिले की 70 प्रतिशत जमीनें अपने खेतिहरों को तृप्त नहीं करतीं। जिन लोगों के पास पर्याप्त कपड़े हैं और दिन दो बार भोजन अवश्य करते हैं, उनके पास खेती के अलावा आजीविका के अन्य स्रोत हैं... श्रमिक श्रेणी के सभी लोग और खेतिहर और कारीगर श्रेणी के 10 प्रतिशत लोग अपर्याप्त कपड़े, या अपर्याप्त भोजन, या दोनों से ग्रस्त माना जा सकता है। यह जिले की आबादी का 45 प्रतिशत हिस्सा या एक मोटी संख्या के रूप में 10 लाख लोग हैं... गरीब वर्ग सबसे समृद्ध इलाकों और मौसमों में भी सप्ताह में एक या दो बार से ज्यादा एक (पूर्ण) भोजन नहीं कर सकता... डोम के सिवा सभी जातियों के लोगों, यहाँ तक कि गरीबों के पास भी धातु की कम से कम तश्तरी और एक भाण्ड है। खाना बनाने और पानी रखने के बर्तन मिट्टी के हैं। खराब फसल के वर्षों में बेची जाने वाली पहली वस्तुओं में धातु के बर्तन होते हैं और चूँकि यह अक्सर बारंबार हो चुका है, इससे उनका उपयोग कम हो रहा है... गर्म मौसम में मवेशी झुलसी हुई साझा जमीन पर घास की सूखी जड़ पर ठोकरे मार कर दिन बिताते हैं, और शाम को जब उन्हें हाँक कर गोशाला ले जाया जाता है, तो उन्हें महज कुछ सूखा और बिना कतरा हुआ धान का भूसा दिया जाता है... श्रमिक दरबान, चपरासी और इसी तरह के अन्य कार्यों के लिए शहरों की ओर पलायन कर रहे थे, और बुनकर जूट मिलों में जा रहे थे। जोलाहा जाति के पुरुषों ने विशेष रूप से इस पेशे को अपनाया। हावड़ा की मिलें गया के जोलाहों से परिपूर्ण हैं।' (NDG. 95–126)।

19वीं सदी के अंत में गया जिले में वर्णित लोग विभिन्न पूर्ववर्ती सदियों के मुकाबले बदतर नहीं थे। ब्रिटिशों ने क्लेश को अतीत बनाते हुए स्थायी बसावट के जरिये भूमि कार्यकाल और करों को निर्धारित किया था। कि हावड़ा जूट मिलों, जिसका लाभ तब पूरी तरह

ब्रिटिश हिस्सेदारों को गया, को सस्ते श्रम की जरूरत के मद्देनजर अल्प प्रचारित ग्रीयर्सन के सतर्क सर्वेक्षण के साथ कुछ करना पड़ सकता था। उसने स्वयं अपने शेष दिन भारत के भाषाई सर्वेक्षण को संकलित करने में बिताये। ब्रिटेन का शासक वर्ग किपलिंग को पढ़ना पसंद करता था, जिसने उन्हें 'कानून के बिना कमतर जातियों' पर साम्राज्य स्थापित करने की प्रतिष्ठा दी।

10.6. इस काल का देर से विकास धार्मिक बाधाओं के पार करने वाले नए संप्रदायों का था, जो हिंदू और मुस्लिम किसानों द्वारा साझा की जाने वाली आम ग्रामीण जीवन का अनिवार्य परिणाम था। मार्को पोलो और इब्ने बतूता ने देखा कि बौद्ध, मुसलमान और इसाई श्रीलंका में ऐडम की चोटी पर एक अवशेष को श्रद्धांजलि देते हैं। असम और बंगाल में (*MEI*. 3.463, 3.512), कुछ देवता या संत पीर के रूप में पूज्य मानव पूजा ने संयुक्त तीर्थों का रूप लिया। इनमें से सबसे उल्लेखनीय सत्य पीर थे, जिनके पंथ के लिए 18वीं शताब्दी की शुरुआत से पहले कोई वास्तविक सबूत नहीं दिखता था, हालाँकि, संत के जीवन को तेजी से विकसित किया गया था और एक ब्राह्मण रामेश्वर भट्टाचार्य द्वारा सत्य पीरेर कथा (बंगला में, संपादक श्री नगेन्द्रनाथ गुप्ता, कलकत्ता विश्वविद्यालय 1930) जैसे हिंदू कविता के तौर पर लोकप्रिय किया गया। यह पंथ धार्मिक स्वीकृति, विशेषज्ञ ब्राह्मण पुजारी के लाभ, या निश्चित तारीख के बिना एक लोकप्रिय लोकतांत्रिक हिंदू संस्कार, सत्य-नारायण ('असली भागवान') के रूप में पूरे भारत में फैल गया। इसके अलावा, बगैर मुस्लिम निवासी वाले कई हिंदू गाँव अक्सर कुछ मुसलमानों को तब तक ताजिया स्थापित करने के लिए आमंत्रित किया करते थे, जब तक कि विदेशी प्रबंधन के तहत हिंदू-मुस्लिम तनाव नहीं बढ़ा। हम याद कर सकते हैं कि गुरु नानक (1469–1538) के शिक्षण ने मुसलमानों और हिंदुओं दोनों को आकर्षित किया, जैसा कि लगभग समकालीन मुस्लिम जुलाहे कबीर (1455–1517) की सरल कविता ने किया, जिनके पंथ में हिन्दू माता-पिता अभी भी अपने बच्चों को समर्पित करते हैं। इस्माइली खोजों (ईईएनटी 2.217 एफएफ) और हिंदू पड़ोसियों के बीच तुलनात्मक रूप से तनाव की कमी (सभी ब्रिटिश प्रयासों के बावजूद) कुछ हिंदू परंपराओं को अपनाने के कारण था। माटिया कुनबी (इइएनटी -2,150) की निम्न जाति को 'धर्म द्वारा आधा हिंदू एवं आधा मुसलमान' वर्णित किया गया है। अकबर ने हिचकिचाते हुए खुद को प्रमुख बनाकर 'एक प्रायोगिक राज्य पंथ के तौर पर' धर्मों के एक संश्लेषण की कोशिश की, लेकिन नए विचलन पर न तो ध्यान से विचार किया गया और न ही वह किसी भी शक्तिशाली वर्ग की जरूरतों पर आधारित था। जाहिर तौर पर कुरान के असहिष्णु धर्मविज्ञान पर स्थापित, मुस्लिम कट्टरता ने बहुत आगे बढ़ कर नए पंथ के द्वारा पहले इस एकीकरण को रखा था। बाद में, ब्रिटिश साम्राज्य नीति ने भारतीय धार्मिक समुदायों के बीच मतभेदों को प्रोत्साहित किया। ऐसे उपायों की नींव रखने वाले की कड़वी उत्पादक कमी काफी स्पष्ट है। औरंगजेब के विघटित होते साम्राज्य के लिए, किसी भी तरह से, हालाँकि अपमानजनक रूप से, राजस्व प्राप्त करना था; पुनर्जीवित जजिया कर और हिंदू विरोधी झुकाव एक वित्तीय आवश्यकता थी। ब्रिटिशों के साथ, नए राजनीतिक नियंत्रण के कम से कम एक हिस्से के लिए नई भारतीय पूँजीपति की आकाँक्षा को दबाने की आवश्यकता थी। ऐसा हुआ कि मुसलमानों की आबादी कुल आबादी की एक तिहाई हिस्सा थी, लेकिन कुल सम्पत्ति में उनकी नौवें हिस्से से भी कम भगीदारी थी, इसके अलावा, आधुनिक पूँजी (बैंकों, कारखानों, शेयर-निवेश) में बदले बिना, अर्द्ध-सामंती भूमि धारण में स्थिर थे। यही पिछले सामंती कार्यकाल से व्युत्पन्न मालिकाना है, जैसा कि अनावश्यक खेती भी थी; लेकिन वास्तविक नियंत्रण भू-मालिक पर परजीवी वंशानुगत ऋणदाता में निहित था, दलाल मध्यस्थों और भ्रष्ट संपत्ति प्रबंधकों का बाजार पर एकाधिकार था, जिससे पूँजीवादी कृषि में विकास प्रभावी रूप से अवरुद्ध हो गया। विदेशी शासकों द्वारा शोषण किए गए धार्मिक तनाव ने, धर्मशास्त्र की पहुँच से परे, वास्तविक आर्थिक तनाव को कवर किया।

जाति आर्थिक स्तर से संबंधित थी। ब्राह्मणों ने जमीन की उतनी ही मात्रा के लिए कम कर दिया। थोड़े में कहा जाये तो, इसे प्राचीन विशेषाधिकार के रूप में दावा किया गया था। जो ब्राह्मण यूपी में अशिक्षित हो सकता है, अपने खून को फैलाने, बच्चे को मारने, अपने परिवार की कोई बूढ़ी महिला को जला देने, या अनशन की धमकी दे सकता है; उसका पाप सामंती मालिक के सिर पर लगेगा। कई बार, यह कार्रवाई भूमि मालिकाना के लिए एक दावेदार के समर्थन में की गई थी (*DR* 1 *ap* XIV)। प्राचीन नगवा के वंशज (वर्तमान में काशी हिंदू विश्वविद्यालय की जमीन) गोविंदचन्द्र गहाडवाल (अध्याय III नोट 15) के अनुदानकर्ताओं ने कर-मुक्त खेती के अपने विशेषाधिकार को बनाये रखने और बढ़ाने के लिए चरम उपाय किए:

"... नगवा जैसे कुछ गाँवों के निवासी, जहाँ लगभग 2000 ब्राह्मण एक साथ रहते हैं और सभी अच्छे और आसान परिस्थितियों में हैं ताकि उन्हें अपने जुताव और कृषि को फायदा पहुँचाने में सक्षम बनाया जा सके। कथित गाँव में जमीन की सीमा लगभग 1500 बिगहा है, और यह उनके श्रम के लिए पर्याप्त नहीं है, इसलिए वे अपने सभी 20 अन्य गाँवों में पेकाष्ट (संविदा) रैय्यत के रूप में खेती की प्रक्रिया का विस्तार करते हैं, लेकिन उनमें से हर एक राजस्व

के भुगतान के संबंध में वे, खुद को हमेशा तैयार रखते हुए और रेजर के साथ तैयार (आत्म-विकृति के लिए), अपनी लंपट अनैतिकता दिखाते हैं। मैंने सुना है कि उनमें से 203 ने मीर शार्फ अली के सामने खुद का बलिदान किया था, जो अमील के एक पलंकीन थे, उस अवसर पर ऐसा हँगामा मचा, कि मीर को अपनी सुरक्षा से पीछे हटने में खुशी हुई, उसके कुछ समय बाद ही, राजा चेत सिंह ने उनमें से एक मुस्लिम जामदार को भेजा, जिसने उन्हें गंभीर रूप से दंडित किया।'' (DR. App. H, pp. xxiii-xxiv)।

जब इस अवधि के यूपी के ब्राह्मणों की गहन अज्ञानता, आम तौर पर पूर्ण निरक्षरता, पर विचार किया जाता है, तो इससे पता चलता है कि पतित जाति व्यवस्था ने यहाँ तक कि हिंदू पवित्रता के केंद्र, बनारस में भी समाज के लिए अपनी उपयोगिता बरकरार रखी थी। हालाँकि, ऐतिहासिक जड़ता के कारण, संस्था को केवल उत्पादक तंत्र-औद्योगिकीकरण के मौलिक परिवर्तन से ही समाप्त किया जा सकता था। क्षणिक आर्थिक दबाव थोड़ा कम किया जा सका। 19वीं सदी के अकाल के दौरान यह देखा गया कि बड़ी संख्या में भूखे लोगों ने संभवत: निम्न जाति के सदस्यों द्वारा पकाये गए खाना को लेने से मना कर दिया। एक चकित करने वाली संख्या में लोगों ने भुखमरी को चुना। जनगणना एजेंटों ने बताया कि उनमें से कुछ नई जातियों के विकास ने निषेध को तोड़ा था। कई लोगों ने, बिना किसी संदेह के, भूख के दबाव में नजर बचा कर सहभोज के नियमों को तोड़ दिया था, लेकिन इसके द्वारा जाति की संस्था नष्ट नहीं हुई थी। इसका कारण यह था कि काफी संख्या में लोग अपने पुराने गाँवों में पुराने उत्पादन के साथ वापस लौट आए थे, जहाँ समूह की एकता के संरक्षण के लिए जाति को एकमात्र तरीके के तौर पर जाना जाता था, जो कि जमींदारों और कर संग्राहकों के खिलाफ उनका एकमात्र सँरक्षण था। अंग्रजों ने जाति को अछूता छोड़ते हुए, सीधे कानूनी कार्रवाई (DR. 1 p.c. (परिशिष्ट) 135–6, 140–1) द्वारा कुछ हतोत्साहित प्रथाओं को समाप्त कर दिया। जमींदारों ने कानूनी हेरा-फेरी के द्वारा अपने स्वयं के रिश्तेदारों, ऊपरी जाति के किरायेदारों और ब्राह्मणों का पक्ष रखने में कामयाबी हासिल की: भूमि को सौंपा गया था, किराये का भुगतान न करने पर किरायेदार पर मुकदमा किया गया, लेकिन मामले पर दबाव नहीं दिया गया था; इस प्रकार, किरायेदार इसे अदालती फैसले में हासिल करता कि उसने जो भुगतान किया था वह उचित सहमत राशि थी, और इससे कम किराये में मालिकाना की गारंटी मिल जाती। अंत में, ब्रिटिश कलेक्टर के कार्यालय के नौकरशाहों का एक नया वर्ग अपने स्वयं के नामों में करों का भुगतान कराना शुरू कर दिया था और इसलिए कुछ अशिक्षित किसानों की जगह खुद को ही मालिक के रूप में पंजीकृत किया। इसे सम्पत्ति के स्थायी होल्डिंग्स द्वारा पूर्ण पंजीकरण और लगातार निरीक्षण के साथ समाप्त कर दिया गया। हालाँकि, ब्रिटिश-पूर्व के समय में, ऐसे व्यक्ति या कर देने वाले किसान के लिए यह आसान हो गया था कि वह उस भूमि के किसी भी हिस्से का मालिक बन जाये जिस पर उसने चौहद्दी बना कर, केवल अपने नाम पर करों का भुगतान कर दिया हो, बशर्ते वह तब तक उसे जबरदस्ती आदिवासी रिवाज या जाति भेदभाव, या जैसे, ग्रामीणों के खिलाफ कायम रख सके।

औरंगजेब के अंतर्गत, 17 वीं शताब्दी के मध्य में जब सामंती प्रणाली को तोड़ा गया तो उस समय बहुत से विदेशियों ने उसे देखा था।

''उन तीन देशों तुर्की, फारस और हिंदुस्तान ने जमीन से संबंधित और अन्य अचल संपत्ति के मामले में इस सिद्धांत के विचार को खारिज कर दिया है 'यह मेरा है, वह तुम्हारा है' (ce Mien et ce Tien); और निजी संपत्ति के अधिकारों के लिए उस सम्मान को खोकर, जो दुनिया में जो अच्छा और उपयोगी है उन सभी का आधार है... जल्द ही या बाद में इन त्रुटियों के प्राकृतिक परिणाम-अत्याचार, बर्बादी और दुःख का अनुभव करना चाहिए। मेरे प्रभु, हमें कितना खुश और आभारी महसूस करना चाहिए, कि दुनिया के हमारे हिस्से के राजा जमीन के एकमात्र मालिक नहीं हैं। ... जैसा कि जमीन शायद ही कभी खेत जैसा समतल होता है अन्यथा मजबूरी होती है, और कोई भी व्यक्ति गड्ढों को पाटने और पानी लाने के लिए नहर बनाने के लिए तैयार नहीं होता है, और ऐसा होता है कि पूरे देश में शायद ही खेती होती है और सिंचाई के अभाव में बहुत बड़ा हिस्सा अनुत्पादक पड़ा रहता है। एक गंभीर और सार्वभौमिक अज्ञानता समाज की ऐसी स्थिति का प्राकृतिक परिणाम है। ... निर्माण की अच्छाई से यह अनुमान नहीं लगाया जाना चाहिए कि श्रमिक सम्मान में रहता है या स्वतंत्रता की स्थिति में आता है। और कुछ भी नहीं, मात्र असल आवश्यकता या लाठी भाँजना ही उन्हें रोजगार दिलाता है। वह कभी भी अमीर नहीं बन सकता है, और यदि उसके पास भूख मिटाने का साधन है और शरीर पर ढँकने के लिए मोटा वस्त्र है तो वह उसे कोई तुच्छ मामला महसूस नहीं होता है। यदि पैसा मिलता है, तो यह उसकी जेब में नहीं जाता है, बल्कि वह केवल व्यापारी की संपत्ति में वृद्धि करने के लिए कार्य करता है, उसके बदले में, जो थोड़ा व्यग्र नहीं होता है कि कैसे कुछ अत्याचार और जबरन वसूली के खिलाफ उनके वरिष्ठों (सामंती सरदार) से रक्षा की जाये। ... वेकिया-नेविस, इसका मतलब यह है कि लोग जिनको (मोगोल) गुजर रहे हालत की जानकारी के लिए प्रांतों में भेजते हैं, अधिकारियों पर जाँच के लिए पकड़ बनाये रखते हैं, ऐसा नहीं होने पर, जैसा कि लगभग हमेशा होता, वे एक व्यवस्था करते हैं और सहमत होते हैं और, दूसरों की ही तरह, खाने के लिए लोभी हो जाते हैं। न तो कोई ड्यूक क्षेत्र का है, न तो मार्की है, और न तो कोई अमीर परिवार है जो अपनी आय

और संपत्ति के द्वारा गुजारा करता है। राजा, सभी वस्तुओं (दरबारियों के) का उत्तराधिकारी होता है, ऐसा इसलिए है कि उनके घर लंबे समय तक उनकी महिमा में नहीं रह सकते। ... एक ओमरा के बेटे या कम से कम पोते स्वयं पिता की मौत के बाद अक्सर कमजोर हो जाते हैं, और साधारण घुड़सवार सैनिक के रूप में कुछ ओमरा के अंतर्गत सेवा लेने के लिए बाध्य हो जाते हैं।"

Manucci (2.451–2) ने कर संग्रह का एक कंगाल आबादी के खिलाफ सशस्त्र सैन्य कार्रवाई और डकैती के रूप में वर्णन किया है, जिसमें किसी भी अधिकार के बिना विजय प्राप्त शत्रुओं की तरह व्यवहार किया जाता है। किसानों को किसी भी काम में माल ढुलाई और बेगारी के लिए दबाव दिया जाता है। कभी-कभी, जाट जैसे किसान (Manucci 2.319–21) समूह सभी कर संग्रह का विरोध करने के लिए हथियारों और नेतृत्व से युक्त दिखते हैं, जिन्हें विद्रोही कहा जाता है। वे सिकन्दरा में अकबर की कब्र लूटने और डगमगाते साम्राज्य के करीब सम्राट की हड्डियों को जलाने तक के लिए मजबूत थे। लुटेरों ने स्वाभाविक रूप से हर सड़क पर आक्रमण किया, हालाँकि कर-किसानों के मुकाबले कोई संकट नहीं था। वेनिसी एक अजीब अवलोकन के साथ समाप्त होता है (4.40 9) ''वहाँ हमारा इतालवी मुहावरा लागू होता है: 'बड़ी मछली छोटी मछली को खा जाती है'।'' वह शुद्ध रूप से मत्स्य-न्याय था जिसकी रोकथाम अर्थशास्त्र और मनुस्मृति द्वारा राज्य का मुख्य कर्तव्य माना जाता था।

कोल्बर्ट को यह पत्र (बर्नियर[8] 8 1.269–330; ट्रांस 200–238) किसी फ्रांसीसी पूंजीपति की किसी भी वास्तविक वंशानुगत अधिकार के बिना एक नष्ट सामंतवाद की प्रतिक्रियाओं को दर्शाता है, जिन्होंने डेसकार्टेस और गसेन्डी के दर्शन का अध्ययन किया था। उनके अपने प्रोटो-बुर्जआ थोड़े समय के लिए सामंती सरदारों के साथ मिलते थे। lit de justice अभी भी फ्रांस में एक यादगार स्मृति थी, लुई XIV औरंगजेब की ही तरह अपने रास्ते में चलते हुए प्रतीत होते हैं। लेकिन वर्ग के आधार और उत्पादन के संबंध बिल्कुल अलग थे। पूंजीपति वर्ग ने सबसे ज्यादा सराहना इस बात की की थी कि फ्रांस में व्यापारियों ने टोल भुगतान किया लेकिन मुनाफे पर कोई कर नहीं दिया। यह तथ्य कि कोलबर्ट वित्त का प्रबंधक बन सकता है, फ्रांस में उभरने वाले वर्ग की स्थिति को दर्शाता है। असुरक्षा ने भारतीय बंदरगाहों में समृद्ध व्यापारियों के उदय को नहीं रोका, जिसे बर्नियर ने अध्ययन नहीं किया था। सूरत के विजी वोरा (Mor.[9] C. 153–5) लाखों के एक अज्ञात भाग्य के साथ ''दुनिया के सबसे सम्पन्न व्यापारी'' के तौर पर प्रतिष्ठित थे। 1642 में, सूरत में ब्रिटिश कारकों ने उनके व्यापार के एकाधिकार से पीछा छुड़ाने की कोशिश की, लेकिन उसने चार साल बाद भी पकड़ बनाये रखा; वास्तव में, ब्रिटिश व्यापारियों को उन पर दीर्घकालिक लेन-देन के वित्तपोषण के लिए भरोसा करना पड़ता था, जो उसने स्वेच्छा से किया था। फिर भी, उन्हें 1638 में स्थानीय गवर्नर द्वारा जेल में रखा गया था - जिसे दिल्ली के अदालत में बुलाया गया था और अपने पद से हटा दिया गया था, संभवतः उन संरक्षकों के प्रभाव के द्वारा जिन्हें व्यापारी राजकुमार से उपहार प्राप्त हुए, क्योंकि कोई भी मुकदमे का कोई रिकॉर्ड कहीं भी नहीं है। फतेहचंद, जिनका परिवार जोधपुर से आया था और जिनके पास सामंती पदक्रम में आधिकारिक पद के बिना जगत सेठ की पदवी थी, जो किसी सशस्त्र सेना पर बिना नियंत्रण के पूरी तरह से बुलियन बाजार, विनिमय, और इस तरह बंगाल की वित्तीय शक्तियों पर हावी थे। 18 वीं शताब्दी के पहले छमाही में अंग्रेजों को उनके सहयोग के बिना कुछ भी नहीं मिला। दूसरी ओर, उन्होंने उनके साथ नियमित रूप से लाभप्रद लेन-देन किया जिससे कि उन्होंने उन्हें बारह प्रतिशत से कम ब्याज दर पर ऋण दिया। तब परिवहन की लागत प्रति 100 मील प्रति व्यक्ति अनुमानित 1/2 से 3/4 रुपये, साथ ही रक्षकों, टोल, अंतर्देशीय सीमा शुल्क और सम्राट या सामंती व्यापारी द्वारा लगाये गए अन्य शुल्क लगते थे। अनियंत्रित राज्य एकाधिकार को घोषित या विशेष करों के माध्यम से पूरा किया जा सकता है, जैसे कि 1633 में नील पर 33 प्रतिशत कर, जो कि उत्पादकों को 18 रुपये में राज्य एजेंटों को बेचने का प्रभाव था जबकि बाजार मूल्य 27 रुपये था। शोरा, जो कि तब भारत से निर्यात होता था, पर 1655 में राज्य का एकाधिकार था। मीर जुमला ने ढाका में अनाज व्यापारियों से 50,000 रुपये की माँग की, उनके दो नेताओं को 25,000 रुपये दे दिया, और उसके बाद शहर के बैंकरों से अन्य 300,000 प्राप्त हुए। चूँकि एक मजदूर का वेतन सूरत जैसे बंदरगाहों में महीने में दो रुपये या उससे कम था, इसलिए वहाँ स्थानीय निर्माता यूरोपीय कारकों के तहत केवल जरूरत से विकसित हुए। हिंदू व्यापारी जाति या राज्य के मामलों में प्रमुख पकड़ के कारण मुस्लिम वर्चस्व से निराश था। उनका मुस्लिम समकक्ष कुछ हद तक अधिक महत्वपूर्ण था, लेकिन एक सामंती स्वामी बनने की संभावना थी। राजसी मूल के, सक्षम जनरल, बहमनी राजा के प्रमुख मंत्री एवं राजनेता, महमूद गावन ने पूरी तरह अपने निजी भाग्य पर व्यापार द्वारा स्वयं एवं अपने परिवार का पोषण किया (Fer. 2.511–13); वे अपने जागीर की आय का इस्तेमाल अपने सैनिकों के भुगतान के लिए करते थे, और अधिशेष दान में खर्च करते थे। मीर जुमला और उनके बाद अन्य प्रांतीय गवर्नरों ने सीधे या एक या अधिक व्यापारियों के साथ व्यापार में

पार्टनरशिप के तौर पर भागीदरी के लिए अपनी स्थिति का दुरुपयोग किया। इस्फहान में एक तेल विक्रेता का बेटा गोलकुंडा में प्रमुख हीरा व्यापारी एवं खान मालिक, सामंत, बीजापुर में उच्च मंत्री बना, विश्वासघात करके बदले में औरंगजेब का जनरल बना। ऐसे नवाबों द्वारा विशेष एकाधिकार का दावा किया गया था, ड्यूटी फ्री (शाही सेवा के अनुसार) में लाये गए सामान अपने निजी लाभ के लिए पुन: बेच दिये जाते थे। व्यापारी पूँजीवाद पर सामंती विशेषाधिकार और गैर जिम्मेदारियों को लागू किए जाने से स्वाभाविक रूप से और अधिक अस्थिरता की स्थिति बनी। पुर्तगाली, डच, फ्रेंच और अंग्रेजी व्यापारियों को खुद को समुद्री डाकू, लुटेरों, और एक दूसरे के खिलाफ अपने स्वयं के संरक्षण के लिए हाथ मिलाना था। वे अनिवार्य रूप से महत्वाकांक्षी सामंतवादियों द्वारा उठाये गए स्थानीय षड्यंत्रों में भाग लेने लगे; तो भारतीयों के साथ कम बल्कि एक दूसरे के साथ लड़ने लगे। प्लासी के युद्ध (1757) में क्लाइव की जीत के बाद, जब ईस्ट इंडिया कंपनी ने बंगाल में सामंती अधिकार संभाला, तो टॉमस रो (पुर्तगाली के साथ जो हुआ, उन्होंने देखा) द्वारा स्थापित बिना सैन्य साहस के शांतिपूर्ण व्यापार की मूल नीति को अधिक लाभदायक व्यापार के पक्ष में छोड़ दिया गया था। सूदखोरी पर इस्लामी प्रतिबंध ने मुसलमानों को सबसे बड़ी आदिम वस्तु विनिमय-संचय करने से रोका। अंतत:, ब्रिटिश मॉडल में दीन-हीन पारसी पूँजीपति बन गए, उसके बाद हिंदू दलाल एवं ऋणदाता पूँजीपति बने।

केवल एक और टिप्पणी की ज़रूरत है: व्यापारी श्रमिक संघों द्वारा समर्थित नहीं थे, जो सदियों पहले गायब हो गए थे। ऋणदाता फले-फूले, लेकिन सामंतों को दिये जाने वाले उधार को वापस लेने में सक्षम नहीं थे। उनके स्वयं के संगठनों में हथियारों की कमी थी (और जाति द्वारा जानबूझकर छोड़ दिया) जैसे कि विदेशी रख सकते थे। शिवाजी ने दो बार मुगल सेना के हस्तक्षेप के बिना सूरत की समृद्ध व्यापार-बंदरगाह को लूट लिया था, लेकिन फिरौती देने में सक्षम होने के बावजूद ब्रिटिश कारखाने ने, जिसमें एक दीवार थी और कमजोर हथियारों से रक्षा की, जो अभी तक हमलावरों को बंद करने के लिए पर्याप्त था। क्योंकि अंततः उत्पादन कम हुआ, सामंती मशीनरी बल द्वारा अधिशेष-निष्कर्षण का स्वयं समर्थन नहीं कर सका; राजनीतिक, वित्तीय, प्रशासनिक, और सैन्य कार्य पूरी तरह से रुक गए थे। यह भारतीय चरित्र में बना रहा, हालाँकि, औरंगजेब द्वारा विवश किए जाने के दौरान प्रतिक्रिया ने धार्मिक आड़ लिया, जैसा मूल दमन किया था। जाट, मराठा, राजपूत के विद्रोह ने धीरे-धीरे अपने हिंदू धर्म पर बल दिया, तब तक मुस्लिम शासकों के साथ उनके अच्छे संबंध थे। इसी अवधि से सिख धर्म ने अपने अस्तित्व के लिए आखिरी गुरु गोविंद सिंह के अंतर्गत अपनी सैन्य सुविधाओं को ग्रहण किया। औरंगजेब के अपने सामंतों के विभिन्न विद्रोहों के साथ-साथ, अफगान बगावत यह दर्शाता है कि मूल कारण धार्मिक नहीं था। सामंतवाद का विनाश केवल ठगी जैसे बढ़ती हुई लूटमारी के कारण हुई, जो कि विशेषतावादी रूप से पर्याप्त था, जिसमें मानव बलिदान का एक तत्व शामिल था। इस प्रकार, भारत काफी पुराने संचय के बावजूद सामंतवाद की अपने विशेष ब्रांड के बाहर पूँजीपतियों को विकसित करने में असमर्थ था। प्रोत्साहन को बाहर से आना पड़ा।

10.7. यह इंग्लैंड में था, भारत में नहीं, कि पूँजीपति वर्ग भारतीय सोना, भारतीय व्यापार के असीमित लाभ और बाद में, भारतीय युद्ध से विकसित हुए। यह तब तक संभव नहीं होता जब तक कि प्राचीन संग्रह और वस्तु विनिमय पूँजी को आधुनिक पूँजी में बदलने के लिए पर्याप्त तकनीकी और राजनीतिक उन्नति हासिल नहीं की गई होती, जिसने मशीन और अन्य चीजों को आगे बढ़ाया। अमेरिका (भारत के सोने के लिए नए मार्ग की तलाश के दौरान खोजा गया) के सोने और चांदी से स्पेन के लाभ ने केवल प्रतिक्रिया (खोज) और मरणासन्न सामंतीवाद को मजबूत किया; पुर्तगाल ने अपने पूर्वी व्यापार से मुश्किल से बेहतर प्रदर्शन किया, क्योंकि उसके सभी प्रोत्साहन विजयनगर की टोकरी में थे। डच ने प्रगति की, लेकिन जमीन द्वारा स्पेन और फ्रांस का और समुद्र द्वारा इंग्लैंड का दबाव घातक था। फ्रांस में उसकी पूंजीपति क्रांति के साथ सौ साल तक देर हो चुकी थी। सिर्फ इंग्लैंड में आवश्यक शर्तें पूरी हुई थीं। जब भारत, पाकिस्तान, बर्मा, श्रीलंका, इंडोनेशिया, मलाया या बेल्जियम, कांगो जैसे पिछड़े देशों को पूँजी सहायता देने के सवाल की जाँच की जाती है, तो इन्हें यूरोप द्वारा, इसके मूल्य के बहुत नीचे के लिए भुगतान किए गए समान के रूप में, प्राप्त पर्याप्त पूँजी सहायता को ध्यान में रखा जाना चाहिए। भारत में ब्रिटिश द्वारा निवेश की गई पूँजी वास्तव में भारत के अपने संसाधनों से ली गई थी; "बंगाल के राजस्व ने बंगाल में [ईस्ट इंडिया कंपनी के] निवेश उपलब्ध कराने के साधन प्रदान किए" (*Hun* 304)।

यह उद्यमी विद्वानों द्वारा बताया गया है कि तुर्कों ने 16 वीं शताब्दी के दौरान भारत को जीतने का सपना देखा था; यह कहा गया है कि भारत का इतिहास पूरी तरह से अलग हो सकता था, तुर्की साम्राज्य ने अपने भूमध्य प्रांतों की तरह, लाल सागर में जहाज़ निर्माण की लकड़ी पर कब्जा कर लिया था। यह उसी प्रकार का ऐतिहासिक दर्शन है जो विश्व इतिहास में हो सकने वाले बदलावों पर अनुमान लगाता

है, कि क्या क्लियोपेट्रा की नाक एक इंच अधिक लंबी थी। तुर्क लाल सागर से नील की शाखा तक मिश्र की प्राचीन नहर को आसानी से साफ कर सके, जैसा कि डैरियस-1 ने किया था। यह पर्याप्त जनशक्ति के बावजूद नहीं किया गया था, जो सीधे अपनी प्रगति की रोकने का संकेत देता है। एक पूंजीपति-औपनिवेशिक विस्तार के लिए वर्ग आधार नहीं था। कोई तुर्की मार्को पोलो या मिशनरी के बारे में जानकारी नहीं है। इसी वजह से भारत पर फ़ारसी नादिर शाह के हमले (1739 ई.) ने कोई अवशेष नहीं छोड़ा। एक पूरबी सामंतवाद से दूसरे में परिवर्तन केवल सतह पर था। दूसरी तरफ, यह प्रक्रिया जो मगध के उदय के साथ शुरू हुई थी, लेकिन सामंतवाद से बाधित हुई, उसे ब्रिटिश ईस्ट इंडिया कंपनी ने उलटा दिया: राज्य के सबसे बड़े व्यापार बनने के बजाय, सबसे बड़े व्यापार संगठन ने राज्य पर कब्जा कर लिया।

सेना के स्तर पर, सामंती और पूंजीपति प्रणाली के बीच का अंतर बेहतर उपकरण, बेहतर वफादारी, दक्षता, अनुशासन और मनोबल से परिलक्षित होता है, जिसकी वजह तो ज्ञात है लेकिन शायद ही कभी उस पर बल दिया गया। अंग्रेजों ने भारत के संसाधनों से भुगतान करके भारतीय सेना द्वारा देश पर विजय प्राप्त की और कब्जा किया। 17वीं और 18वीं शताब्दी की भारतीय सामंती सेनाएँ अक्सर यूरोपीय ड्रिल-सर्जेंट और तोपखाने के विशेषज्ञों को किराए पर लेती थीं। महत्वपूर्ण अंतर यह था कि अंग्रेजों ने अपने लोगों का ठीक से पोषण किया और युद्ध और शांति में, नियमित रूप से अपने सैनिकों को भुगतान-लिपिकों के आकलन, या कमांडरों के रुकावट के बिना हर महीने नगद भुगतान किया। एक सामंती रईस बल्कि एक रत्न व्यापारी Frenchman Tavernier (Travels in India, trans. V. Ball. 2 vol. London 1889), ने लिखा है:

"हमारे सौ यूरोपीय सैनिकों को शायद ही इन 1000 भारतीय सैनिकों (औरंगजेब के अंगरक्षक के) को जीतने में कोई कठिनाई होगी; लेकिन दूसरी तरफ यह सच है, कि उन्हें खुद को उनकी तरह संयमी जीवन के लिए अभ्यस्त करने के लिए बहुत कठिनाई होती। घुड़सवार और पैदल सेना के सैनिक थोड़े से आटे को पानी और गुड़ के साथ गूँथ कर अपना पोषण करते हैं, जिनसे वे छोटे गोले बनाते हैं; और शाम को जब भी ज़रूरत होती है, वे खिचड़ी बनाते हैं, जो कि चावल और उपर्युक्त नाम के अनाज (सिक) को थोड़े से नमक के साथ पानी में पकाया जाता है। जब इसे खा लेते हैं, तो वे पहले पिघले हुए मक्खन में अपनी उँगलियों के छोरों को डुबो देते हैं, और ये सैनिक और गरीब दोनों लोगों का साधारण भोजन है। इसमें यह जोड़ा जाना चाहिए कि गर्मी से हमारे सैनिक मर जायेंगे, जो पूरे दिन सूरज में नहीं रह पायेंगे, जैसा कि ये भारतीय रहते हैं।" (1.390)... "11 सितंबर को सभी फ्रैंक बंदूकधारी यह चीखते हुए नवाब के तम्बू में गए (मीर जुमला, गांदीकोट की घेराबंदी के बाद) कि उन्हें उन्हें चार महीने की मजदूरी का भुगतान नहीं किया गया है, जैसा कि वादा किया गया था, और यदि उन्हें भुगतान नहीं किया गया तो वे कहीं और सेवा लेने जायेंगे, जिस पर नवाब ने उनको अगले दिन तक टाल दिया। 12 तारीख को, नवाब के तंबू की मरम्मत के लिए बंदूकधारी नहीं छोड़े गए, उन्होंने उन्हें तीन महीने का भुगतान करने का आदेश दिया और उन्हें महीने के अंत में चौथा वेतन देने के वादा किया गया। एक दूसरे के व्यवहार के मुकाबले उन्हें जल्द रकम नहीं मिली, और बाँदियों (नाचने वाली लड़कियाँ) ने इसके आधे से अधिक भाग को ले लिया।" (1.228–9)।

बाद में पेशवाओं के साथ, (नीचे के सामंतवाद के किसी भी शासक के साथ) एक जनरल की जीत की प्रतिक्रिया आगे की आपूर्ति को रोकना था ताकि वह ज्यादा शक्तिशाली न हो सके। रणजीत सिंह के बाद सिख शासकों ने अपने अनुयायियों को इतना निराश किया कि उन्होंने नियमित रूप से उस क्षेत्र को छोड़ दिया जो ब्रिटिशों द्वारा लड़ाई में जीत लिया गया था। ब्रिटिश नौसेना ने टफ़ैलगर के बाद भी अपने नाविकों को दबाव में रखा और उन्हें थोड़ा भुगतान किया, लेकिन यह भुगतान घरेलू बंदरगाह पहुँचने पर किया गया, और विकलांगों एवं सेवा में मारे गए लोगों के आश्रितों को मुआवजा दिया गया था; इसके अलावा, पुरस्कार राशि को एक निश्चित अनुपात में ईमानदारी से साझा किया गया था। ब्रिटिश ने मार्च के दौरान या बैरकों के वास्ते लिये गए सभी सामानों के लिए भी भुगतान किया। उनके साथ युद्ध सिर्फ एक और व्यापार प्रस्ताव था जिसका खर्च, मुनाफा और जोखिम का अनुमान नगदी में लगाया गया था। इसने और विवेकपूर्ण रिश्वतखोरी, एक भारतीय सामंती सरदार को दूसरे के खिलाफ लड़ाते हुए, ने क्लाइव को प्लासी की लड़ाई को अपने ही कम से कम दल के साथ जीतने में सक्षम बनाया। चार साल बाद (1761 ई.) एक अफगानी राजा अहमद शाह दुर्रानी के नेतृत्व में मराठा सेना का पानीपत की लड़ाई में सफाया कर दिया गया था। विजेता के सैनिकों ने युद्ध के बाद विद्रोह किया क्योंकि उन्हें कई सालों से भुगतान नहीं किया गया था। मराठों ने अपने पेंढारी अनियमितताओं के माध्यम से असहाय ग्रामीण इलाकों को लूटने के लिए प्रेरित किया। सामंती प्रमुखों के पास गंभीर अभियानों को चलाने के लिए पर्याप्त धन नहीं थे जो लूट और फिरौती में तत्काल नकदी लाभ नहीं उठाते थे। औरंगजेब ने अपने पिता के अधिकांश खजाने पर कब्जा कर लिया था, जो एक लंबे और शांतिपूर्ण शासन के द्वारा संचित हुआ था; लेकिन इसने युद्ध के पाँच साल बाद अपनी सेनाओं को कामय रखने एवं प्रशासनिक अधिकारियों को भुगतान करने में उन्हें मुश्किल में

डाल दिया। इसके अलावा, शाहजहाँ के इस शानदार खजाने में नकद, सिंहासन, गहने, हाथी, आदि के तौर पर 6 करोड़ रुपये से अधिक की राशि नहीं थी, जिसका मौजूदा व्यय के भुगतान के लिए कोई उपयोग नहीं किया जा रहा था। भारतीय सामंती समाज के दोषों ने खुद को तकनीकी विफलता में प्रकट किया। शिल्पकार का कौशल कहीं और से बेहतर बहुतायत में उपलब्ध था, जैसा कि टॉमस रो और अन्य विदेशियों ने साक्ष्य दिया है। लेकिन सत्तारूढ़ वर्ग यह देखने के लिए बहुत ही अक्षम थे कि उनका अपना लाभ अपने विकास में है। प्लास्टिक सर्जरी की शुरुआत भारत में शिविर के नाइयों से हुई, जो माथे की त्वचा से साध्य पैबन्द बना कर एक नई नाक बना सकते थे (Manucci 2.301); कुम्हार मिट्टी के बरतनों में हड्डियों को सेट करते थे, जो कि आधुनिक प्लास्टर सेटिंग के अग्रदूत थे। लेकिन विद्वान भारतीय डॉक्टरों ने अवीसेना और वागभट की किताबों का अध्ययन करने पर ध्यान दिया। सबसे विनाशकारी विफलता सैन्य तकनीक में स्वाभाविक रूप से थी, जिसका दोष खास तौर पर समकालीन समाज के दोषों में देखा जा सकता है। पूरे देश पर धब्बा लगाने वाले बड़े गढ़ों ने अक्सर राह पर प्रभुत्व जमाया, लेकिन उनका कार्य अपने ही लोगों से राजा (उनके खजाने और हरम के साथ) की रक्षा करना था। यह मराठा गढ़ों के बारे में भी सच है, हालाँकि शिवाजी एक लोकप्रिय विद्रोही के रूप में आगे बढ़े। उस समय मौजूद सबसे अच्छे सिद्धांत वाले अति दुर्गम, आपूर्ति में मुश्किल, और हावी होने में असमर्थ बहुत सारे क्षेत्रों के लिए, उनका एक फायदा यह था कि वे घेराबंदी का सामना करने के लिए इकट्ठा हो सकते थे। कमांडेंट को एक गुप्त कोड दिया जाता था, जिसे अपनी जिम्मेदारी छोड़ने से पहले उत्तराधिकारी द्वारा उनके कान में फुसफुसाये जाने की जरूरत होती थी। इसका कारण यह था कि सम्राट के कुछ महत्वाकाँक्षी बेटे द्वारा अक्सर शाही आज्ञा आगे बढ़ायी जा सकती थी। अगर कमांडेंट ने किला क्षेत्र को छोड़ दिया तो वह राजद्रोह के संदेह में आ जाता था। इन किलों की तुलना इंग्लैंड के नॉर्मन सामंती से नहीं हो सकती है, जिसने शासकों के लिए आबादी की निहित शत्रुता के सिवाय तत्काल ग्रामीण इलाकों को नियंत्रित किया।

फील्ड तोपखाना रणनीति वास्तव में भारत में विकसित की गई थी, लेकिन भारतीय जनरल उन्हें समझने में विफल रहे। बाबर के मास्टर गनर को प्रवीण माना जाता था, क्योंकि उनके तोप एक सुबह में एक दर्जन मार कर सकते थे; तोपखाने का इस्तेमाल पानीपत (1526) में इब्राहिम लोदी की सेना की दुष्कर भीड़ को आतंकित करने के लिए निश्चित वक्षभीत से किया गया था, जबकि वास्तविक विजय घुड़सवार सेना द्वारा किया गया था। तालीकोटा में (1565), विजयनगर के शूरवीरों ने छर्रों के स्थान पर भारी संख्या में तांबे के सिक्कों से युक्त गोलों को भरकर एक मूर्खतापूर्वक मोर्चा लिया। दूसरे डिस्चार्ज का कोई सवाल ही नहीं था, और समयोचित प्रति-परीक्षण द्वारा दिन का निर्वाह किया गया। 18वीं शताब्दी में, निजाम अली ने रात में तैयारी की स्थिति के लिए तोपखाने को वापस करके (तब हमेशा मुख्य भाग के आगे सेट होता) दो बार मराठों को झाँसा दिया; यह वापसी के लिए गलत था, और बाकी सेना की वापसी के लिए धारणा बढ़ गई। तब मराठा प्रभार बड़े पैमाने पर केंद्रित गोलीबारी की ओर बढ़ा। उसके बाद काउंटरचार्ज हुआ। भारत में वास्तविक फील्ड तोपखाने का विकास फ्रांसीसी, विशेष रूप से बुस्सी, सहायता से हुआ, जिसने जिंजी पर कब्जा करने के लिए पूरे प्रायद्वीप में अपने रास्ते को उड़ा दिया। तेजी से निपटने वाली बंदूकें और संयुक्त दाँव की तकनीक, जो अपरिष्कृत थी, को भारतीयों ने कोई तवज्जो नहीं दिया, हालाँकि विदेशी तोपखाने के विशेषज्ञों की नियुक्ति का प्रचलन था। फिर भी यह विधि थी जिसमे डमूरीज़ और केल्लेर्मन ने वाल्मी में प्रति-क्रांतिकारी पंक्तिबंद्ध सेनाओं के टुकड़े कर दिये। इसने गोइथ को महसूस कराया कि गोलाबारी द्वारा दुनिया के इतिहास का एक नया काल आरम्भ हुआ। यह स्वाभाविक रूप से मराठों के लिए नहीं था, जिनकी सेना अपनी बेमिसाल गतिशीलता के कारण भारत में फैल गई थी, जिसने पानीपत में सामंती प्रतिष्ठा के लिए बलिदान किया गया था। मराठे भारी तोपखाना फील्ड में निपटने के लिए बहुत अदक्ष थे, और नारी जाति के तौर पर बड़ी बाधा थी। यह प्रस्ताव कि दोनों को रास्ते में किसी किले में छोड़ दिया जाये, पेशावर के कमांडर सदाशिव राव भाउ द्वारा निजी अपमान और राजद्रोह के तौर पर लिया गया (हर दूसरे उचित सुझाव की तरह), जिस सामंती और ब्राह्मण मूर्खता वाले तुनकमिजाजी का साथ महत्वपूर्ण सहयोगी दलों ने छोड़ दिया। उन्होंने अफ़ग़ानों द्वारा जमुना को पार करना निर्विरोध छोड़ दिया क्योंकि वे इन जानकारियों पर विश्वास नहीं कर सकते थे कि पार किए जाने की कोशिश चतुर दुर्रानी द्वारा की जा रही थी। आपूर्ति विफल रही क्योंकि पेंढारी लुटेरे एक भरोसेमंद ब्राह्मण गोविंद पंत बुंदेला की कमान के अधीन थे, जिन्हें कभी भी गार्ड रखने की कोई वजह नहीं दिखी थी। अफगान स्काउट्स की एक टुकड़ी ने दोपहर के आराम के दौरान उन्हें और उनके पेंढारी कप्तान के टुकड़े-टुकड़े कर दिये, जिसके बाद मराठा सेना की आपूर्ति पूरी तरह से विफल हो गई। फिर भी पानीपत में आपदा के बाद, मराठों ने तालोगाओ में एक असंभव स्थिति में ब्रिटिशों को पकड़ने के लिए पर्याप्त ताकत और मनोबल हासिल कर लिया और 1779 की शुरुआत में उनको पराजित किया। ईस्ट इंडिया कंपनी द्वारा तत्काल अपमानित किए गए, पूरे ब्रिटिश दल को वडगाओ में आत्मसमर्पण के बाद जाने की इजाजत

दी गई। फिर भी भारतीय सैन्य प्रणाली में दरारें तब भी दिखाई दे रही थीं। तालेगाओ में, महा सिंधिया ने मुख्य कमांड आयोजित किया, लेकिन एक अन्य विभाजन नाना फडनवीस के एक विश्वसनीय ब्राह्मण के अंतर्गत समारोह पूर्वक किया गया, जो कि महादजी के समर्थन में नहीं बल्कि बड़े होल्कर दल पर नजर रखते हुए, दूसरी तरफ जाने की इच्छा के संदेह में था। इसके अलावा, हालाँकि, नाना की जासूसी प्रणाली एकदम सही थी, और हर ब्रिटिश योजना के तैयार होते ही वे उसके बारे में जान जाते थे। खड़ी डेक्कन घाटियाँ अरक्षित छोड़ दी गई थीं, और बेहद आसानी से विवश की गईं। किसी भी रक्षा से भोरघाट दर्रा अभेद्य हो जाता; लड़ाई की ज़रूरत कभी भी तालेगाओ नहीं पहुँची! इस सबक को कभी नहीं समझा गया, और अंग्रेजों ने भोर घाट को बहुत कम प्रयास के साथ तीन बार विवश किया ताकि वे राजमाची में किले पर कब्ज़ा करने का विचार न करें, जिसने पुराने व्यापार मार्ग पर प्रभुत्व कायम किया। प्रतिष्ठा बहाल करने के लिए, वॉरेन हेस्टिंग्स को कुछ असाधारण सैन्य कार्रवाई की आवश्यकता थी। यह ओर्मे द्वारा किया गया, जिसने महादजी के ग्वालियर किला को लेने के लिए रात के समय में आश्चर्यजनक चढ़ाई करके, एक भी शॉट फायर किए बिना, पूरे अज्ञात प्रायद्वीप में कूच किया। मराठों ने दर्रों को अरक्षित छोड़ना जारी रखा, और उनके द्वारा बनाये गए तोपखाने इस्तेमाल के बजाय दिखावे के लिए अधिक थे, जैसा कि ईस्ट स्ट्रीट, पूना में दिखने वाले दो सुंदर तोपों से स्पष्ट होता है। इसलिए ब्रिटिश पैदल सेना ने किर्की में आखिरी मराठा कैवलरी (हालाँकि घरेलू इलाके में, अप्रत्याशित दलदल में पकड़े गए!) हमले को नष्ट कर दिया, आधे दर्जन से अधिक ब्रिटिश अधिकारियों के अंतर्गत दो फील्ड टुकड़ियों और 600 भारतीय सैनिकों (इसके अलावा कई मराठे) ने कोरेगाँव में आखिरी पेशवा की सेनाओं को पीछे धकेल दिया। सिम्हगाद, जिसे एस्केलेड द्वारा कब्जे के दौरान रात के हमले में उसके सर्वश्रेष्ठ कप्तान शिवाजी को मार दिया गया, जिसे 1818 में बिना किसी नुकसान के ब्रिटिशों द्वारा निवेश किया गया और सिर्फ एक पर्वत के ऊपर चढ़ाई करके और उस किले पर बमबारी करके इसे ले लिया गया, जिसमें उस तरफ न तो पर्याप्त रक्षात्मक दीवार थी, न तो तोपखाने, और मोर्चाबंदी के लिए पर्याप्त मनोबल, बुद्धिमत्ता, और न तो आक्रमण के लिए नेतृत्व था। लेकिन फिर, कोई भी सामंती शासक जिसने ड्यूक ऑफ़ वेलिंगटन को भोर घाट के शीर्ष पर एक बैटरी और आधार शिविर स्थापित करने दिया वह पूना पर कब्जे की उम्मीद नहीं कर सकता था।

बंगाल में सामंती लूट की एक संक्षिप्त अवधि के बाद, ब्रिटिशों को पूंजीपति शोषण के तरीकों स्थापित करना था। यह विशुद्ध रूप से बहीखाता पद्धति और व्यय का प्रश्न था। उदाहरण के लिए, बनारस में, प्रबंधन ने सबसे पहले राजा को ऋणी छोड़ दिया, जो अपने ऋण और संग्रह के खर्च को पूरा करने के लिए पर्याप्त राजस्व एकत्र नहीं कर सके। ब्रिटिश ने बेहतर खाते रखे, अधिकांश भ्रष्टाचार और जबरन वसूली को दबा दिया, बहुत कम बल की आवश्यकता थी, इसलिए बकाया राशि को बढ़ाए बिना, अधिक लाभ प्राप्त किया:

"कई उदाहरणों में निवासियों को एक आम समन मिला था, जो एक अकेले चपरासी के द्वारा दिया गया था ... (जबकि पूर्व राज बलवंत सिंह) अपने अशांतिपूर्ण निवासियों को नियंत्रित करने के लिए घोड़े या पैदल सैना का लगातार उपयोग करते थे और अपने संग्रह की जानकारी के लिए अक्सर अपने क्षेत्र में स्वयं जाया करते थे।" (DR. 1.45)।

वही स्रोत हमें सूचित करता है कि एक एकल सेवक अब कर-संग्राहक को प्रतिष्ठा प्रदान करने के लिए पर्याप्त है। इसके अलावा, जब जिला अशांत हो गया था, तो एक कप्तान बाउजोनियर के अंतर्गत 100 सैनिकों के एक सामान्य कूच ने एक भी गोलीबारी के बिना आदेश को पुन: कायम किया। खर्च को और भी कम किया गया जब यह महसूस किया गया था कि टैक्स संग्रह के उद्देश्य के लिए ईस्ट इंडिया कंपनी द्वारा बनाए गए सामंती जमींदारों का मतलब था वसूली की गारंटी, एक वर्ग के लिए नए मालिकाना के अधिकारों ने उन्हें कभी नियंत्रित नहीं किया। 1820 की एक रिपोर्ट के अनुसार:

"यदि मौजूदा प्रणाली को बरकरार रखा जाता है, तो व्यापार बहुत बढ़ेगा, चाहे कोई भी व्यक्तिगत प्रयास किया जाये। ... भू-स्वामित्व को उचित स्तर पर रखा जाना चाहिए, और भावी आक्रामकता के खिलाफ उठायी गई सावधानी, हमारे पुलिस और न्यायिक प्रतिष्ठान के कम से कम एक-तिहाई को, देश की सुरक्षा और लाभ के साथ, समाप्त किया जा सकता है।" (Selections from revenue records. NWP Allahabad 1872)।

सवाल है "भूमि का मालिक कौन है?" इसका उत्तर नहीं दिया जा सकता क्योंकि भारतीय सामंतवाद और यूरोपीय पूंजीपति या नव-पूंजीपति मोड के तहत स्वामित्व का अर्थ पूरी तरह से अलग है। करों के भुगतान के लिए जिम्मेदार 'लम्बरदारों' को जल्द ही नए प्रकार के स्वामित्व अधिकारों का दावा करना संभव हो पाया था, हालाँकि वे केवल कम्यून के प्रतिनिधि थे। इसलिए, जवाब मूल रूप

से पूंजीपति संपत्ति विभिन्न परंपरागत बाहरी रूपों के तहत, भूमि में एक निश्चित प्रकार की गारंटी वाली संपत्ति के निर्माण में निहित है, यह एक प्रहार में पूरा नहीं हुआ था, लेकिन यह अपरिवर्तनीय तौर पर किया गया था। बाद में सामंती कर संग्रह, किसानों की लूट में बदल गया था, जो बिना किसी सुरक्षा के, प्राचीन परंपरा (*FOM*. 1.378–80) के पीछे अपने सांप्रदायिक एकता से उत्पन्न हो सके। नए राजस्व बंदोबस्त के परिणामस्वरूप मालिक वर्ग के प्रत्यक्ष मूल्यांकन और कराधान का अधिकार हुआ, जिनका कब्जा अन्य व्यक्तिगत संपत्ति के समान नियमों के अधीन था और व्यापार वस्तु के लिए वित्तीय लेनदेन द्वारा स्थानांतरित किया जा सकता था। अधिकारों को एक कुशल न्यायपालिका और एक कॉम्पैक्ट पुलिस बल द्वारा बनाए रखा गया था, दोनों को नियमित रूप से वेतन दिया जाता था, जो पूँजीवादी कानून की तरह सभी वर्गों के लोगों पर समान शक्तियों के साथ किसी भी सामंती श्रेष्ठता से स्वतंत्र थे।

ब्रिटिश विजय के कारण काफी हद तक अभाव को भारतीय पूँजीपति वर्ग के स्थिर विकास में ध्यान रखा जाना चाहिए। वे व्यापारी राजकुमार, वित्तपोषक, बाद के सामंती काल के मोनोपोलिस्ट नहीं थे जो नए भारतीय पूंजीपतियों में बदल गए थे। जैसे ही सामंती गवर्नरों, जिनकी छाया में वे अपने आकर्षक प्रथाओं को संचालित करते थे, को ब्रिटिशों द्वारा कपट से हटा दिया गया था, वे बड़े सफाई से हटा दिये गए। कुछ समय बाद, सबसे बड़े भारतीय व्यापारियों ने ईस्ट इंडिया कंपनी के मुनाफे को बाधित किया। उनके पास शक्तिशाली श्रमिकों की कोई मंडली नहीं थी, सशक्त बलों पर कोई राजनीतिक नियंत्रण नहीं था, उनके पीछे कोई जनमत नहीं था। ऐसा कोई भी कारण नहीं था कि उन्हें अब कंपनी के लालची एजेंटों के साथ हस्तक्षेप की अनुमति दी जाये, जिन्होंने नमक से लेकर जमीन के राजस्व तक हर मुनाफेदार सामंती एकाधिकार के साथ-साथ आयात और निर्यात का भी अधिग्रहण किया। इंग्लैंड में, ईस्ट इंडिया कंपनी और उसके व्यापारियों को औद्योगिक क्रांति के नए उद्योगपतियों और फाइनेंसरों ने स्थानांतरित कर दिया गया था। लेकिन यह जबरन बेदखली नहीं थी, जबकि निश्चय ही मशीन निर्माण के नए आधार पर नए प्रमुख भागीदारों के साथ एकीकरण था। भारत में, जिनके पास ईस्ट इंडिया कंपनी के साथ पहले समान व्यापार का लाभ था, उन पर पूरा ग्रहण लग गया; कई को अपेक्षाकृत महत्वहीन जमींदार बनना पड़ा। 1855 में संथालों के आखिरी महत्वपूर्ण जनजातीय विद्रोह को व्यापारियों और बसने वालों को जमीन पर पूर्ण स्वतंत्रता का फायदा उठाने की अनुमति देने के लिए कुचल दिया गया (हुण 231–260)। 1857 के विद्रोह में सामंतवाद के आखिरी उत्थान के बाद 19वीं शताब्दी के उत्तरार्ध में जिस नए वर्ग का उदय हुआ, उन्हें दलालों के बीच दबाया जा चुका था, जो कि अंततः भारत द्वारा आपूर्ति किए जाने वाले कच्चे माल और उपलब्ध कराये जाने वाले बाजार पर ज्यादातर इंग्लैंड में होने वाले मशीनी उत्पादन पर आधारित थे। भारतीय पूर्व-पूँजीवादी संचय तत्काल मशीनीकरण के लिए और एक उन्नत सर्वहारा के रूप में नहीं उभर सका, जैसा कि अंग्रेजों ने इंग्लैंड में किया। मशीनों, तकनीक, और पहले तकनीशियनों को आयात किया जाना था। यह खासतौर से भारत के पिछड़ेपन का कारण है, जहाँ परमाणु युग की बात करते हुए लोग अभी भी जनजातीय राज्य में रहने वाले साथी ग्रामीणों के साथ कोहनी रगड़ते हैं।

टिप्पणियाँ एवं संदर्भ

1. These characteristics are quoted from Marion Gibbs; Feudal Order ("A study of the origins and development of English feudal society"): 'Past & Present Series', no. 8, London 1947. The characteristics of feudalism were set forth in this form by M. Dobb in his Studies in the evolution of capitalism.
2. उद्धरण मुख्यत: The book of Ser Marco Polo (Trans. H. Yule, supplemented by that of Marsden for book IV); ed. G. B. Parks, New York 1927, की तीसरी पुस्तक (खास कर अध्याय 17 और 27) से हैं। केवल खंड 10.1 के आखिरी अवतरण के लिए मैंने Luigi Foscolo Benedetto, Firenze 1928 के महत्वपूर्ण संस्करण का उपयोग करते हुए पोलो के मूल II Milione के बीहड़ गद्य का सीधे अनुवाद किया है। अंग्रेजी संस्करण G. B. Ramusio's Navigazioni et Viaggi के जरिये Latin of Fra Francesco Pipino of Bologna संस्करण पर आधारित है, पिपिनो ने अपना शोध तभी शुरू कर दिया था जब पोलो अभी वेनिस में ही रह रहे थे। मायने बुनियादी रूप से नहीं बदले हैं, इसलिए उपलब्ध संस्करण उन लोगों की सुविधा के लिए उद्धृत किये गये हैं जो स्वयं और पढ़ना पसंद करेंगे। इसके अलावा, अनिवार्य अंतर भी पोलो के स्रोत (Benedetto, intr. p. clxix) से लिये गये हैं।
3. What follows in this section is an abstract of my Origins of feudalism in Kaśmīr (JBBRAS. 150th anniversary volume, Bombay 1956).
4. राजस्थानी में पृथ्वी राज रासो नागरी प्रचारिणी सभा ग्रंथमाला (बनारस, 1904) की संख्या 4 के रूप में प्रकाशित हुई थी। संभवत: कश्मीरी कवि जयनाका (1178 से 1200 के बीच H. B. Sārḍā, JRAS, 1913, 261) द्वारा लिखित संस्कृत पृथ्वी राज विजय का संपादन जोनराजा की टीकाओं

के साथ जी.एच. ओझा और सी. शर्मा गुलेरी (अजमेर 1941) द्वारा किया गया था। मौजूदा बहुप्रचारित आंचलिक भाषा, जिसने मूर्खता और व्याप्ततामें संस्कृत को अप्रचलित कर दिया है, के मुकाबले संस्कृत शिलालेखों और ज्ञात आँकड़ों के ज्यादा नजदीक लगता है। मूल, यदि बरामद की गयी है, तो राजस्थान पुरातत्व मंदिर, जयपुर द्वारा प्रकाशित राजस्थान श्रृंखला में दिखेगी।

5. Published by G. H. Ojhā in JASB. 23, 1927 (Num, Supplement XL, 14–18); reading śri Boppa in 8th century characters; perhaps Kāla Bhoja of Nāgḍā a.d. 734–753. But see EI. 30. p. 4, pp. 8–9.
6. Tod's Annals of Rājasthān (1st ed. London 1829; popular ed., 2 vol. London 1914) राजपूत परंपराओं, जो अधिकांशत: रासो से और तब जीवित प्रतिनिधियों से हैं, से अत्यंत सहानुभूतिपूर्ण बर्ताव करता है। त्रुटि सोच में है कि सैन्य पदानुक्रम इत्यादि ने सामंतवाद की स्थापना को तृप्त किया है।
7. विवरण BJ, MEI, DR, Grierson के सतर्क NDG और कई 'डिस्ट्रिक्ट सेटलमेंट रिपोर्ट्स' में मिलेगा जो स्वयं द्वारा अध्ययन की एक लंबी श्रृंखला के लायक हैं। महाराष्ट्र के मिरास कार्यकाल के लिए sec W. Chaplin: Report (of the commissioner in the Deccan; Bombay 1824), pp. 31–2; 56–73.।
8. Voyages de François Bernier, 2 vol. Amsterdam 1709–10. लेखक मोंटेपिलर की फैकल्टी के मेडिसीन के डॉक्टर थे, और ज्यादा महत्वपूर्ण यह है कि पियरे गसेंडी के शिष्य और आखिरी सहयोगी थे। औरंगजेब के राज्य (les états du Grand Mogol) पर उनका विमर्श उत्कृष्ट पूंजीपतिवादी पूर्वाग्रह से रंगा पड़ा है। लेकिन अचेतन सिद्धांतकारी के बावजूद बुनियादी तौर पर सही है। उनमें से कुछ ने मार्क्स और एंगेल्स को गुमराह किया, क्योंकि बंदरगाह नगरों में स्थितियाँ दिल्ली या आगरा के मुकाबले पूरी तरह भिन्न थीं, जिसे बर्नियर सम्राट के पाँच हजारी कमांडर आगा दानिशमंद खान का व्यक्तिगत फिजिशियन होने के नाते बहुत अच्छी तरह जानते थे। Travels in the Mogul empire, (a.d. 1656–1668, by A. Constable, revised by Vincent Smith (Oxford 1914) में मूल के स्वाद का अभाव है।
9. मुस्लिम प्रशासन में W. H. Moreland के अध्ययन विशेष रूप से संस्तुत किये जा सकते हैं: ए) The agrarian system of Moslem India (Cambridge, 1929) जिसमें शब्दावलियों के विभिन्न अर्थों, या विभिन्न शासनकाल की शब्दावलियों का विधिवत अध्ययन किया गया है और उनके मानकीकरण का सतर्क प्रयास किया गया है जो स्रोतों या अनुवादों से सामान्य पाठक के लिए संभव नहीं होगा। बी) India at the death of Akbar (London 1920). सी) From Akbar to Aurangzeb; 'A study in Indian economic history' (London 1923). मुगल काल के अंत में बंगाल की अर्थव्यवस्था के सामान्य विकास के लिए cf. Kālinīkinkar Datta: Studies in the history of the Bengal subah vol. I (Calcutta University, 1936); S. Bhaṭṭāchārya: The East Indian Company and the economy of Bengal from 1704 to 1740 (London 1954). पूना के लिए रेलमार्ग पर बॉम्बे से 42 मील पर बदलापुर गाँव की आर्थिक एवं सामाजिक स्थिति का अध्ययन प्रशंसनीय धैर्य के साथ N. G. Chāpekar द्वारा उनकी मराठी पुस्तक Badlāpūr (Poona, 1933) में किया गया है। वाह्य वस्तु उत्पादन द्वारा आगे विघटन की पड़ताल के लिए इसी गाँव पर युद्ध बाद की रिपोर्ट के जरिये इस कार्य का अनुगमन किया जाना चाहिए।

परिशिष्ट

इतिहास का निर्माण

1. मृद्भांड या बर्तन
2. उत्पादन
3. सिक्के
4. धर्म
5. सैन्य तकनीक
6. दरबारी जीवन और व्यक्ति चित्र

1. कुम्हार की चकिया

3. कुम्हार का चाक

2. चकिया का उपयोग

4. संघनन एवं विस्तारण

5. बनारसी कुम्हार

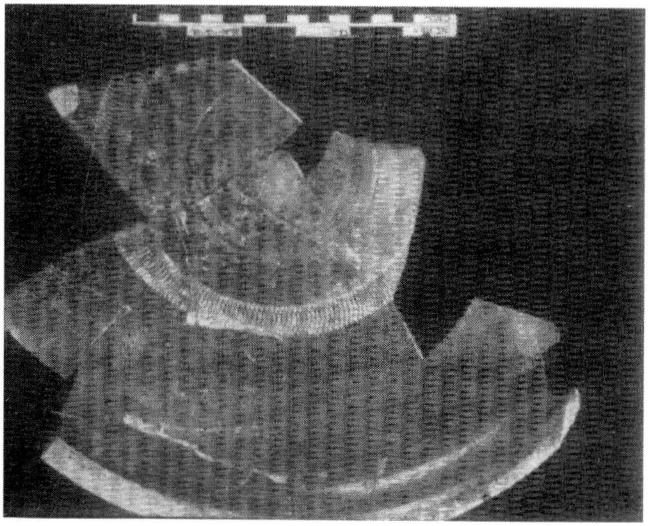

6. खुरदरा बर्तन, अरिकामेडू

7. सतवाहन जग

8. सिंधु "गिलगमेश"

9. सिंधु 'एनकिडू'

10. फ़ारसी चाक

11. सिंधु का टील्हे वाला बैल

12. पालकी वाला बैल, आलंदी

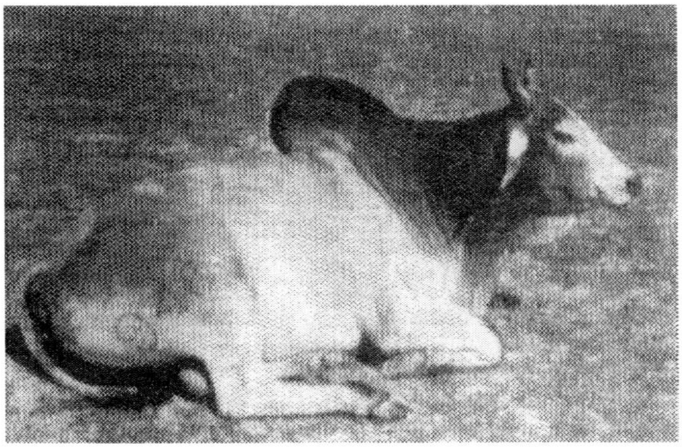

13. साँड़, बनारस

14. पानी में भैंस, पुणे

15. गंधारन हल

16. उत्तर कुषाण हलवाहा

17. हैरो से जुताई

18. कबीर की बुनाई

19. तनेर का चूने का गड्ढा

20. खाँड का निर्माण

21. गाँव की झोपड़ी, अंबनाथ

22. माण्ग की मलिन बस्ती का घर

23. बिहार में अकाल

24. गाय के गोबर से ईंधन (कंडे) बनाना

25. सिंद्री का उर्वरक कारखाना

26. भाखरा-नांगल हाइडिल चैनल

27 (क). आहत सिक्का

27 (ख). आहत सिक्का

28(क). पुष्करवती (PEUKELAOTIS)

28(ख). पुष्करवती (PEUKELAOTIS)

29(क). मिलिन्द (MENANDER)

29(ख). मिलिन्द (MENANDER)

30(क). अपोलोडोटस

30(ख). अपोलोडोटस

31(क). नहपान

31(ख). नहपान

32(क). सातकणि

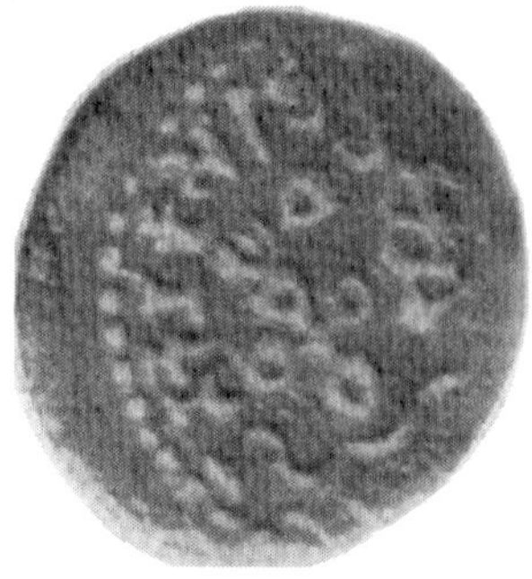
32(ख). सातकणि

33(क). यौधेय

33(ख). यौधेय

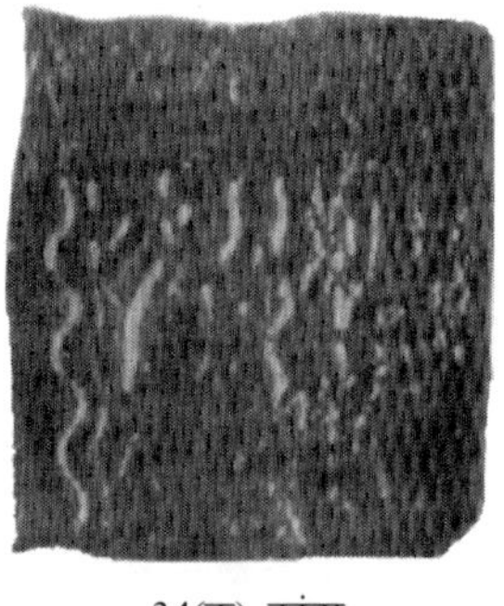
34(क). उदुंबर

34(ख). उदुंबर

35(क). चंद्रगुप्त-कुमारदेवी

35(ख). चंद्रगुप्त-कुमारदेवी

36(क). कुमारगुप्त

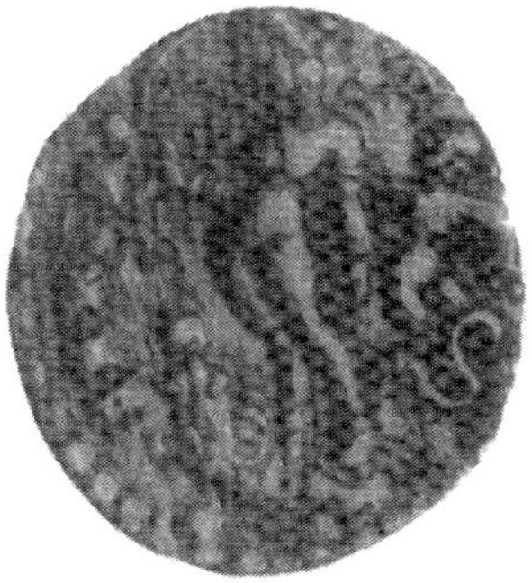

36(ख). कुमारगुप्त

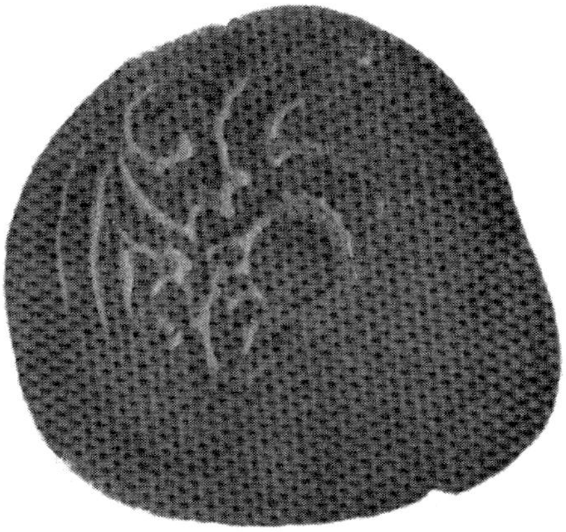

37(क). श्री-ह

37(ख). श्री-ह

38(क). सामंतदेव

38(ख). सामंतदेव

39(क). महमूद ग़ज़नी

39(ख). महमूद ग़ज़नी

40(क). अकबर (राम-सीता)

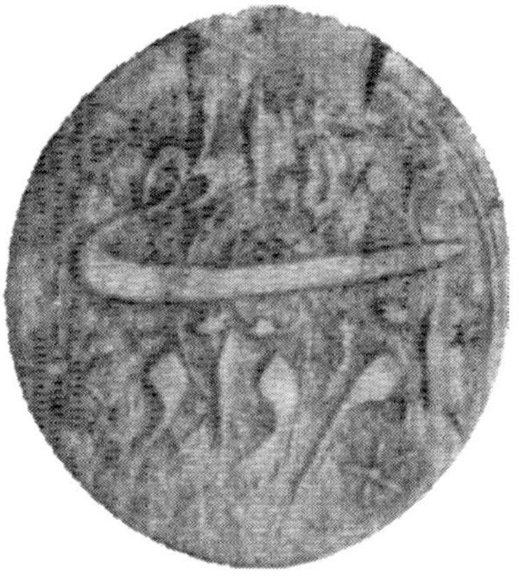

40(ख). अकबर (राम-सीता)

41(क). जहाँगीर

41(ख). जहाँगीर

42. एक ग्रहण के अवसर पर धार्मिक स्नान

43. साँची का मुख्य स्तूप (मूलतः ककिनाड-बोट नाम से ज्ञात) आधुनिक पुराविदों द्वारा पुनरुद्धार के बाद

44. मोहनजोदड़ो का महास्नानागार

45. यमी छवि, बेडसा

46. सती समाधि अम्बरनाथ

47. चैत्य प्रवेश, कार्ले

48. अनाथपिंडिक का दान

49. औरंगज़ेब की मस्ज़िद, बनारस

50. चैत्य राजधानी, कर्ले

51. विष्णु तीर्थ, मामल्लपुरम

52. असुर सैनिक, गंधार

53. अंत्येष्टि स्मारक, एक्सर में नौसेना युद्ध स्मारक

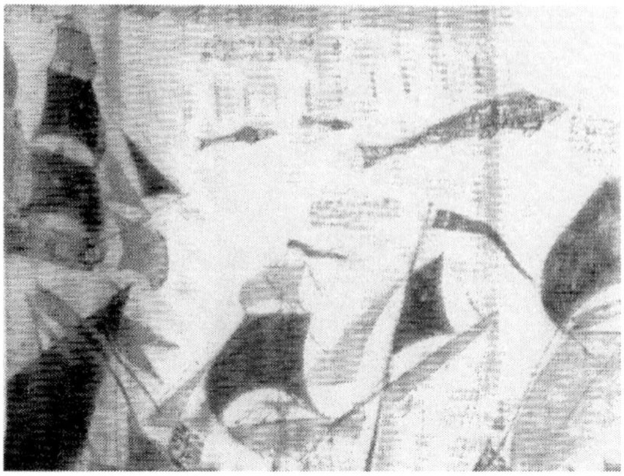

54. एक ब्रिटिश पराजय

55. बुआपुर में मुज़ले ऑफ कैनन

56. ग्वालियर क़िले में मानसिंह का महल

57. लोहोगढ़ क़िले का बाहरी रक्षा घेरा

58. दरबार में अपने पुत्र का स्वागत करता जहाँगीर

59. अज्ञात चोल जोड़े की मन्नत करती कांस्य प्रतिमाएँ

60. मथुरा में कनिष्क की प्रतिमा

61. विजयनगर की एक नक्काशी में शाही मनोविनोद

62. चिदंबरम मंदिर में दरबारी नर्तक एवं गायक

63. कृष्णदेव राय अपनी पटरानियों के साथ

64. राजेंद्र चोल

आभार ज्ञापन

इन चित्रों का पुनर्प्रकाशन निम्न संस्थानों की अनुमति से किया गया है, इनका सर्वाधिकार क्रमशः इनके ही पास है:

भारत कला भवन, बनारस (निदेशक): 36, 39, 40, 41।
ब्रिटिश म्यूज़ियम, लंदन (न्यासीगण): 10, 18, 28।
डेक्कन कॉलेज इंस्टीट्यूट, पुणे (डॉ. एच. डी. संकलिया): 7।
पुरात्व विभाग, भारत सरकार, नई दिल्ली: 6, 16, 44, 48, 50, 53, 59, 60, 63, 64।
लाहौर म्यूज़ियम: 15, 52।
सूचना एवं प्रसारण मंत्रालय, नई दिल्ली: 17, 25, 26, 43।
प्रिंस ऑफ वेल्स म्यूज़ियम, मुंबई (न्यासीगण): 27, 31–5, 37–8।
टाइम्स ऑफ इंडिया, मुंबई 23, 42।
विक्टोरिया एंड अल्बर्ट म्यूज़ियम, लंदन (न्यासीगण): 58।
निजी संग्रहों से: 56 (डब्ल्यू. एन. भट्ट, पुणे); 20, (एस. एस. कानिटकर, पुणे); 47, (बी. बी. सरकार, किर्की); 51, 61, 62 (श्रीमती विमला शाम लाल, मुंबई)।

चित्रों पर टिप्पणियाँ

समूह I: मिटटी के बर्तन (1–7)

1. कुम्हार की चकिया या डिस्क (sévaḷā); पत्थर, व्यास 22 सेमी। ऊपर का आधा हिस्सा हटा दिया गया है और उलट कर दाहिनी तरफ़ रखा हुआ है। घिसाई से बचाने के लिए इसके छेद (सॉकेट) को टिन या पतले स्टील के तार से रेखांकित किया गया है।
2. इस चकिया का उपयोग केवल स्त्रियों द्वारा किया जाता है। यह महिला श्रीमती बलसारे हैं; उनके पति ने पूना की मिट्टी के बर्तन बनाने की तकनीक के बारे में उदारतापूर्वक पूरी जानकारी दी। ढाली जा रही गीली मिट्टी को एक थापी से सहारा दिया जाता है; चिकनी मिट्टी पर ही धक्का देकर और ऊपर के आधे हिस्से पर बाएँ पैर के अंगूठे से दबाते हुए चकिया को घुमाया जाता है।
3. चाक (इसका उपयोग केवल पुरुषों द्वारा किया जाता है), पूना। बर्तन आकार में लगभग अधिक से अधिक उतने बड़े होते हैं जितने कि पूना की चिकनी मिट्टी से बनाए जा सकते हैं। किसी प्रकार के साँचे का उपयोग किए बिना भी इन बर्तनों की एकरूपता पर ग़ौर करने लायक है। चाक में लकड़ी के खाँचे होते हैं। चिकनी मिट्टी और नारियल की जटा का एक मिश्रण इन खाँचों और बाँस की छह में चार हालों पर कसा जाता है। अगर ढंग का बना हो तो यह कम से कम दस साल चलता है। समतल भूमि पर टिकी धुरी उठाए जाने या कहें एक से दूसरे स्थान पर ले जाए जाने लायक होती है। यह मजबूत लकड़ी (Acacia catechu) (इसे हिंदी में खदिर कहते हैं) की बनी होती है, इसकी पैनी कील कैल्सेडनी बियरिंग में लगी होती है जो चाक के लकड़े के बने केंद्र में फिट की गई होती है। चाक की गति जब धीमी पड़ने लगती है तब इसके किनारे पर बने एक छोटे से छेद में एक अलग डंडा लगा कर घुमा दिया जाता है और यह गति पकड़ लेता है।
4. बर्तनों का संघनन और विस्तारण पहले तो चाक पर ही किया जाता है; मूल आकार कुम्हार के सामने दिखाया गया है, और छायाचित्र के परिदृश्य के कारण अपेक्षाकृत बड़ा दिख रहा है। इसका हाल कतई नहीं छुआ जाता। महिलाओं द्वारा चकिया पर बनाई जाने वाली सभी चीज़ों के आरंभिक अनगढ़ आकर को, विस्तार दिए बिना ही, अंतिम रूप पुरुषों द्वारा दिया जाता है। चकिया पर बड़े जार (पिठोई) बनाने का काम तीन क्रमवार चरणों में किया जाता है, बीच के जोड़ों को थाप कर मिटा दिया जाता है। खुले बर्तन में राख लगी होती है, ताकि मिट्टी पाए में चिपकने न पाए। बर्तन के भीतर टेराकोटा की एक निहाई रखी जाती है, यहाँ तक कि कुम्हार भी पानी रखने के लिए एक पुराना टिन इस्तेमाल करता है, यद्यपि ऐसे टिन उन्हें व्यापार से बाहर कर रहे हैं।
5. बनारसी कुम्हार: उत्तम कोटि की चिकनी मिट्टी उन्हें चाक पर अच्छे और बड़े बर्तन (उत्तरी लाल बर्तन) बनाने में सक्षम करती है। यह ठोस होता है और इसीलिए पूना के बर्तनों से भारी भी।
6. पॉण्डिचेरी के निकट अरिकामेडू में आर. ई. श्री व्हीलर द्वारा किए गए उत्खनन से प्राप्त प्रसिद्ध 'खुरदरे' ढंग का काला चिकनाया हुआ बर्तन (पृष्ठ 51)। इस बुनियादी खोज ने ही बर्तनों की अनुक्रमणिका के लिए पहली बार एक निश्चित तिथि दी। आयातित रोमन बर्तन की पहचान आम तौर पर बनाने वाले के नाम से होती है, और इसलिए उस ठीक-ठीक तिथि अंकित होती है। यह 50 ई. के आसपास ही चलन से बाहर हो गया, इसके बाद जल्दी ही सतवाहन प्रतिकृतियाँ भी बंद हो गईं।
7. सतवाहन जग, नेवासा के डेक्कन कॉलेज उत्खनन से।

समूह II: उत्पादन (8–26)

8. सिंधु की मुद्रा पर 'गिल्गमेश'। मेसोपोटामिया में यह मूलरूप बेलनाकार मुहरों के सभी चरणों के निर्माण में समान है, दाढ़ी वाला, नग्न (केवल एक बेल्ट छोड़कर), सुमेरी नायक से मिलता-जुलता शेर को मारने वाला योद्धा। सिंधु का नमूना पेटीरहित है, तुलनात्मक रूप से अनीमिक (यद्यपि दूसरी, थोड़ी अनगढ़ मुद्रा इसी प्रकार की ज्ञात है) और फाँस लगे हुए पशु शेर हो सकते हैं। यह मुद्रा और अगला बिंदु मेसोपोटामिया और भारत के बीच परंपरा के एक समान स्तर के लिए (पृष्ठ 57) और व्यापार के लिए भी।

9. 'एनकिडू': साँड़-पुरुष महाकाव्य में गिल्गमेश का मित्र है, और मेसोपोटामिया की मुद्राओं में इसका चित्रण बार-बार किया गया है, लेकिन यहाँ सिंधु में निर्मित केवल एक मुद्रा में यह पाया गया है (पृष्ठ 58)।
10. फ़ारसी जल-चाक, एक गधे और काठियावाड़ जैसी नस्ल के छोटे टील्हे वाले एक बैल द्वारा खींचा जा रहा; एक ब्रिटिश संग्रहालय में इसका लघु रूप। इस फ़ारसी चाक के बारे में 7वीं शताब्दी में ही जानकारी थी (*Har*. 94, 104), लेकिन स्पष्ट ही पश्चिमी पंजाब के लोग इसके बारे में मेट्रोडोरस ऑफ कॉन्स्टैंटाइन से पहले ही जान चुके थे (मैकक्रिंडल, एंशिएंट इंडिया pp. 185)।
11. सिंधु का टील्हे वाला बैल। इस छायाचित्र से अधिक प्रभावशाली यह नक्काशी वाले नमूने में दिखता है। क्योंकि मुद्रा एक कोण पर दो तलों में है और इसीलिए चित्र में सिर पहले ही छोटा हो गया है।
12. कढ़ाई वाले कपड़े से सजा हुआ मंदिर का बैल; इसका मुख्य कार्य वार्षिक महोत्सव में आळंदी (पृष्ठ 47) से पंढरपुर तक ज्ञानेश्वर की पालकी खींचना और फिर वापस आळंदी ले जाना है। माना जाता है कि इस महोत्सव में हिस्सा लेने वाले लोगों की संख्या और इसकी महत्ता 18वीं शताब्दी अंतिम दौर में हैबत बाबा के समय से ही बढ़ी है, लेकिन इस पवित्र तीर्थस्थल पर पूजा-पाठ की परंपरा निश्चित ही इसके बहुत पहले से चली आ रही थी और यह मार्ग स्पष्ट नवपाषाणकालीन बस्तियों से होकर गुज़रता है। नवरात्र [अश्विन शुक्ल पक्ष (सितंबर-अक्टूबर) के नौ दिन) के दौरान यहाँ रँगी हुई सींगों और एक तरह की सजावट वाले बैलों का प्रदर्शन होता है। उस समय यहाँ के अधिकतर गाँवों में माला पहने और सजे-धजे बैलों का जुलूस निकाला जाता है, यह रिवाज संभवतः प्राचीन काल की बलि प्रथा से चला आ रहा है।
13. साँड़, बनारस 1940; शिव को समर्पित (पृष्ठ 207), इस पशु के पहलू पर एक अंक छाप दिया जाता है, ताकि उसे अन्य आवारा पशुओं से अलग समझा जाए।
14. पानी में विश्राम करती भैंस (पृष्ठ 138)। भारी, काली, सुस्त, मज़बूत, मामूली देखभाल में ही अधिक उपज देने वाली, जैसी दिखती है उससे अधिक साफ़, सीधी इतनी कि एक बच्चा भी सँभाल ले, लेकिन यह चीज़ों को बहुत संदेह की नज़र से देखती है और भड़क जाने पर बेहद ख़तरनाक, यहाँ तक कि शेर या रेल इंजन तक पर हमला कर दे, भैंस भारत के लिए उपयुक्त राष्ट्रीय प्रतीक होगी।
15. लाहौर संग्रहालय में मौजूद कुषाण काल की गांधार नक्काशी में जुताई का दृश्य। इस दृश्य में युवा गौतम के उस समय का ध्यानावस्था में पहली बार अवस्थित होने का दृश्य है जब उनके पिता एवं अन्य शाक्यगण जुताई कर रहे थे; जिस पेड़ के नीचे वह बैठे थे उसकी छाया चमत्कारपूर्ण ढंग से स्थिर है। इस प्रतिमा में एक परंपरा संरक्षित की गई है, जिससे यह सिद्ध होता है कि बुद्ध के पिता कोई राजा नहीं, बल्कि एक जनजातीय कुलीन थे जो अपने खेत स्वयं जोतते थे और साथ ही आयुध रखने का अधिकार उनके पास सुरक्षित था (*cf.*, pp. 213): खाद्य उत्पादन में बदलाव, लेकिन जाति में कोई परिवर्तन नहीं। बुद्ध और उन्हें सम्मान देने वाले देवता व्यवस्थित ढंग से विकृत कर दिए गए; हलवाहा और भारी हल (टील्हे वाले बैल के साथ) आज भी बिना किसी टीका-टिप्पणी के चलाए जा रहे हैं।
16. पेशावर संग्रहालय में सहरी-बहलोल से मिली एक बोधिसत्व प्रतिमा की पीठिका, संभवतः चौथी शताब्दी ई. की। दाहिनी तरफ़ दर्शाए गए हल और श्रमिक की तुलना इसके पहले वाले से करें।
17. खोंपा (हैरो) से जुताई (pp. 69–72)। ध्यान रहे बीज बोने वाले ड्रिल एक हाथ से चलाए जाने वाली नलिकाएँ हैं। यह भी कि बीजों की बुवाई काम अलग से स्त्रियाँ करती थीं।
18. कबीर (पृष्ठ 292) बुनाई करते और अपने शिष्यों को उपदेश देते हुए; ब्रिटिश म्यूज़ियम में एक लघु चित्र (मिनिएचर)।
19. बाल और खाल निकालने से पहले भैंस की खाल को भिगोने के लिए बना टैनर का गड्ढा। टैनर ढोर जाति के हैं और कारखानों से होने वाले उत्पादन के द्वारा अतिक्रमण कर लिए जाने से उन्हें गाँव से बाहर निकलना पड़ा। पूँजी के अभाव के कारण वे स्थायी हौज भी नहीं बना पाते, न तो आधुनिक तकनीक अपना पाते हैं और न अपनी सुरक्षा के लिए रबर के बूट और दास्ताने ही ले पाते हैं। यही वह वजह है जो उन्हें बिचौलियों की दया पर जीना पड़ता है, क्योंकि खाल का दाम उन्हें नकद देना पड़ता है। कुम्हार भी लगभग इसी स्थिति में हैं। ये दोनों ही कारखानों के उत्पादन के सामने समर्पण की स्थिति में आ गए हैं।
20. खाँड़ (जागरी या गुड़) का निर्माण। गन्ने का रस पहले एक बड़े से कड़ाहे में उबाला जाता है, फिर इसे पत्थर के बने गड्ढे (ज़मीन के भीतर) आंशिक रूप से रवादार होने दिया जाता है। थोड़ा लिसलिसा हो जाने के बाद इसे खुरच कर निकाला जाता है और रौंद कर साँचे में ढाल दिया जाता है (बाईं तरफ़ पृष्ठभूमि में)।

21. अंबरनाथ में गाँव में लकड़ी और फूस से बनी एक झोपड़ी; स्वच्छ और स्वास्थ्यप्रद।
22. पूना के माँग की मलिन बस्ती में मिट्टी और पुराने केरोसीन ड्रमों की टिन से बनी झोपड़ी। इस यहाँ भी जाति लोगों को मलिन बस्ती के दूसरे निवासियों से अधिक निकटता स्थापित करने से रोकती है, ग़रीबी के कारण ये बेहतर निर्माण नहीं कर पाते, क्योंकि मनुष्य स्वयं धरती पर एक किरायाविहीन अवैध निवासी है।
23. बिहार में 1951 के दौरान पड़े अकाल में राहत के तौर पर खाद्य सामग्री प्राप्त करने की प्रतीक्षा में एक स्त्री। अनुमान है कि 1943 में पश्चिम बंगाल में पड़े अकाल के दौरान ब्रिटिश शासन और युद्धकालीन परिस्थितियों के कारण 35 लाख लोग मर गए। लेकिन अब रेलवे और सरकारी प्रयास अकाल के सीधे प्रभाव को कम कर देते हैं, यद्यपि वे मूलभूत कारणों के उन्मूलन या द्वितीयक कारणों और इस आपदा को कम करने की दिशा में कुछ भी नहीं करते।
24. ईंधन के रूप में उपयोग के लिए पालतू पशुओं के गोबर से कंडे बना कर उन्हें सूखने के लिए छोड़ा गया है। खेतों की उर्वरता में कमी का यह एक बड़ा कारण बनता है जबकि जंगल पहले ही काटे चुके हैं।
25. सिंद्री का उर्वरक कारखाना, स्वतंत्रता के बाद भारत सरकार द्वारा बनाया गया। उत्पादन के अत्यंत आवश्यक इस प्रगति कार्य का प्रबंधन न तो कोई निजी उद्यम कर सका और न ही ब्रिटिश सरकार।
26. राज्य नियोजित राष्ट्रीय परियोजनाओं में एक और भाखारा-नांगल जल विद्युत परियोजना। बाढ़ पर नियंत्रण, सिंचाई के लिए पानी उपलब्ध कराने और घरेलू एवं औद्योगिक उपयोग के लिए बिजली उत्पादन हेतु ऐसी कई बहु-उद्देशीय परियोजनाओं की अभी बहुत आवश्यकता है। शासक वर्ग के लिए सबसे आकर्षक कार्य निवेश के लिए नए अवसर उपलब्ध कराना है।

समूह III: सिक्के (27–41)

(इनमें से 21–41 के बीच के लिए चुने गए नमूने अपने समय के मुख्य सिक्के नहीं हैं, बल्कि इन्हें इनकी अनूठी विशेषताओं के कारण चुना गया है। नियमित प्रचलन जानने के लिए पाठक भारतीय मुद्राशास्त्र संबंधी Rapson, Cunningham, V. A. Smith, J. Allan, R. B. Whitehead एवं अन्य की मानक कृतियाँ देख सकते हैं।)

27. पूर्वी खानदेश के संग्रह से मिली अशोक के बाद की छाप लगी चाँदी की मुद्रा (JNSI 8, 1946, pp. 63–6)। यही पुराना कार्षापण है।
28. पुष्करवती (प्यूकेलोटिस) का सिक्का। इसके पृष्ठ भाग पर यूनानी दंतकथा वाला टील्हेदार बैल: टॉरस; और खरोष्ठी, उपयोग के योग्य। अग्रभाग पर पुष्करवती की टायच (जनन एवं सुरक्षा की देवी), कमल का मुकुट धारण किए हुए, अपने दाएँ हाथ में एक कमल (नेलंबियम) पुष्प तथा बाएँ हाथ में कमल के बीजों का एक गट्टा लिए हुए (जैसे मंदिरों की कई प्रतिमाओं में अप्सराएँ उकेरी गई होती हैं) — दोनों जनन या उर्वरता की प्रतीक। खरोष्ठी आख्यान: पखलवदी-देवद एएमबीआई, यह प्रदर्शित करते हुए कि वह एक मातृदेवी हैं।
29. मेनैंडर (मिलिंद) (pp. 246–7)। यह मिलता-जुलता चाँदी का सिक्का है, पृष्ठ संख्या 173 पर निर्दिष्ट, अब (अगले की तरह) पूना के एक अधिवक्ता श्री एस. ए. जोगलेकर के संग्रह में। अग्रभाग में मेनैंडर का व्यक्ति चित्र (पोर्ट्रेट): BASILEOS SOTEROS MENANDROU; पृष्ठ भाग पर एथीन पोमिखोस: महाराजस त्रतारस मेनम्द्रस।
30. अपोलोडोटस प्रथम; पूना2 के पास पाया गया; अग्रभाग पर हाथी, BASILEOS APOLLODOTOU SOTEROS; पृष्ठ भाग पर टील्हे वाला बैल: महाराजस अपुलुदतस त्रतरस।
31. नहपान (पृष्ठ 247, 273): अग्रभाग पर यूनानी अक्षरों: rannio Naapanasa Kaaratasa के साथ राजा का व्यक्ति चित्र (पोर्ट्रेट)।
32. व्यक्ति चित्र वाला चाँदी का अनूठा सतवाहन सिक्का, इसके पूर्ववर्ती सातकाणि के आधार पर प्रारूपित, जो संभवतः गौतमीपुत्र का है (पृष्ठ 247, 273)।
33. यौधेय (पृष्ठ 248) जनजाति का सिक्का।
34. उदुंबर जनजाति का सिक्का (पृष्ठ 41)।
35. चंद्रगुप्त एवं लिच्छवि राजकुमारी कुमारदेवी के संयुक्त नाम वाली स्वर्णमुद्रा (पृष्ठ 152, 311)।
36. घोड़े पर बैठकर गैंडे का पीछा करते कुमारगुप्त प्रथम की स्वर्णमुद्रा।

37. श्री-ह; बंबई स्थित प्रिंस ऑफ वेल्स म्यूज़ियम में जमा चाँदी के 994 सिक्कों के एक कोष से (पृष्ठ 309)। अग्रभाग पर श्रीह; पृष्ठ भाग पर ससनियम प्रारूप की अग्निवेदी। सभी सिक्के एक ही जैसे लगते हैं, लेकिन भार के सांख्यिकीय विश्लेषण से पता चलता है कि ये सभी निश्चित रूप से अलग-अलग समय पर निर्मित किए गए हैं [वितरण ढलान – नकारात्मक, अनिम्नककुदल (platykurtic)] तथा इसका संचरण असमान काल के लिए होता था। भार मानक (3.51 ग्राम) एक कार्षापण का ही होता था, परंतु इसका असंगति-प्रसरण (0.0307) अत्यधिक था। इसमें कन्नौज के हर्ष के अधिकार का समर्थन करने वाला कोई प्रमाण नहीं है।
38. 10वीं सदी के आरंभ के सीमावर्ती क्षेत्र (ओहिंद, उंद) के सामंतदेव का चाँदी का सिक्का; अग्रभाग पर टील्हे वाला बैल, श्री सामंतदेव: पृष्ठभाग पर अश्वारोही योद्धा भि। इस समय तक, वह नायक जिसने अपनी युद्धरेखा से आगे बढ़कर शत्रु पर अकेले ही आक्रमण किया, ने संस्कृत में एक विशिष्ट पद प्राप्त कर लिया था, नासीर।
39. ग़ज़नी के महमूद (महमूद ग़ज़नवी) का दुर्लभ सिक्का (काल: 1030 ई.) अरबी एवं संस्कृत आख्यानों के साथ।
40. अकबर का चाँदी का सिक्का, राम और सीता को वनवास के लिए जाते दिखाता हुआ। यह उच्च हिंदू और मुस्लिम सामंतों कुलीनता के बीच का निकटतम समय था।
41. जहाँगीर का व्यक्ति चित्र वाला सिक्का।

समूह IV: धर्म (42–51)

42. सूर्यग्रहण के अवसर पर राक्षस राहु के मुख से सूर्य के मुक्त होने पर 1954 में कुरुक्षेत्र में स्नान करते लोग (पृष्ठ 251)। राहु को ही सूर्यग्रहण का कारण माना जाता है।
43. साँची: साँची का महान स्तूप। ऐसा प्रतीत होता है कि इस स्थान का मूल नाम कालिनाद-बोत रहा है। प्राचीन काल में इस स्तूप को बहुत विस्तार दिया गया, 19वीं शताब्दी के मध्य में इसे ख़ज़ाना खोजने वालों द्वारा बहुत नुकसान भी पहुँचाया गया और 20वीं शताब्दी में फिर से बनाया गया।
44. मोहनजोदड़ो में महान स्नानागर के ध्वंसावशेष (पृष्ठ 63–4)। सरोवर का आकार 29' × 41' है, और इसे दाहिनी ओर स्थित कमरे में मौजूद एक कुएँ के पानी से भरा जाता था। इसके उपयोग से जुड़े रीति-रिवाजों के लिए पुष्कर के तीन तरफ़ कमरे बने हुए थे। मेरी टिप्पणी 'उर्वशी ऐंड पुरूरवस', *JBBRAS*, 27 (1951), 1–30 के अंतिम पृष्ठ देखें।
45. बेडसा, विहार गुफा के भीतरी छोर पर लाल(?) रंग पुती यमाई की एक प्रतिमा (पृष्ठ 264), यह इससे सटी चैत्य गुफा में मौजूद सुंदर घंटा-सिरों से अतुलनीय रूप से अनगढ़ है, लेकिन इनकी पूजा अभी भी जारी है। उन ग्रामीणों, जिनकी ओर से बहुत दिनों तक उपेक्षित होने पर ये उन्हें सपने में डराती हैं, द्वारा इन्हें पूजा और बलि (आम तौर पर नारियल के रूप में) चढ़ाई जाती है। सपनों को छोड़कर अन्य समय पर इनकी नियमित पूजा नहीं देखी जाती, जैसा कि कारले में है।
46. अंबरनाथ में एक सती स्मारक (पृष्ठ 271); एक अन्यथा विस्मृत विधवा, जिसने अपने पति के शव के साथ आत्मदाह कर लिया था। संभवतः 17वीं शताब्दी की।
47. कार्ले, चैत्य गुफा का प्रवेश, अपेक्षाकृत विलक्षण सजावट, क्रम संख्या 50 (पृष्ठ 271) की तरह, एक भिक्षु के सभागार के लिए। जोड़ों का प्रारूपण दानदाताओं के नाम पर या उनके माता-पिता की स्मृति में किया गया है। यद्यपि इन्हें यक्ष कहा जाता है।
48. नकदी के बदले भूमि क्रय की प्राचीनतम ज्ञात घटना की भारहूत प्रतिमा: अनंतपिंडिका-सुदत्त (पृष्ठ 153, पृष्ठ 217) श्रावस्ती में राजकुमार जेता की वाटिका दान करते हुए, इन्होंने भूमि को उसी परिमाप में सिक्के बिछाकर ख़रीदा। सिक्के छाप लगे हुए थे और पुरुष की केश-सज्जा आज थोड़ी विचित्र लगेगी, लेकिन श्रमिक, बैलगाड़ियाँ तथा मदिरापात्र आज भी अपरिवर्तित रूप में हैं।
49. बनारस में बड़ी मसज़िद, इसी प्रयोजन के लिए औरंगज़ेब द्वारा ध्वस्त किए गए महादेव मंदिर के स्थान पर निर्मित; क्रम संख्या 40 के साथ धार्मिक मामलों में व्यक्त तनाव और आंतरिक संघर्ष के इस साक्ष्य के विपरीत। घाट बाँस के व्यापार का एक केंद्र है।
50. कार्ले, चैत्य गुफाओं में शीर्षस्थ।
51. मामल्लपुरम (महाबलीपुरम, मद्रास से दक्षिण दिशा में 36 मील दूर, समुद्र तट पर, पृष्ठ 324) चट्टान काट कर बनी कलाकृति के बाएँ हिस्से में स्थित समावेशी विष्णु तीर्थ। इस दृश्य में प्रतिस्पर्धी देवता शिव की उपस्थिति में एक तपस्वी भी दर्शाया गया है, और

विष्णु का यह तीर्थ उकेरने के क्रम में कम से कम चार आकृतियाँ (इनमें इसके अग्रभाग में स्थित एक वह प्रतिमा भी शामिल है जिसका सिर ध्वस्त हो गया है) क्षतिग्रस्त हो गई हैं, जिसका मूलभूत कथा में कोई कार्य नहीं है। अंतर्निहित स्मार्त-वैष्णव संघर्ष (पृष्ठ 260) को उच्च और निम्न स्तर से नीत सामंतवाद के बीच के संघर्ष के रूप में देखा जा सकता है, यद्यपि गुप्त काल के बाद से राजा इनमें किसी एक या दोनों देवताओं की पूजा कर सकते थे। महाबलीपुरम में विष्णु संबंधी एक अन्य (अत्यंत संदेहास्पद) व्याख्या के लिए, तुलना करें एल. बी. केनी, *ABORI.* 29, 213–26।

समूह V: सैन्य कला (52–51)

52. गांधारी प्रतिमा पर मायावी मार की राक्षस सेना। सबसे छोटे दर्जे के सैनिक रोमन शैली के कवच पहने हुए हैं, इसे ठीक-ठीक नहीं समझा जा सका, क्योंकि इनमें से एक कवच का शल्क ऊपर की ओर घूमा हुआ है। 'मार' शब्द की व्युत्पत्ति ईरानी भाषा के 'अहिमन' शब्द से हुई है।
53. किसी नौसैनिक युद्ध में वीरगति प्राप्त किए हुए नायक की स्मृति में अंत्येष्टि संबंधी दस्ता (वीरगल)। यह युद्ध 10वीं शताब्दी ई. से बाद का नहीं लगता; एक्सर में, बंबई के बोरीवली स्टेशन से दो मील से भी कम की दूरी पर।
54. सन् 1731 में ईस्ट आंग्रे के हाथों उनके द्वीप दुर्ग जंजीरा कुलाबा (बंबई के सामने अलीबाग के बाहर) इंडिया कंपनी के बेड़े की पराजय। श्री जी. एच. खरे की उदारता से मिले और अब भारत इतिहास संशोधक मंडल, पूना में मौजूद एक काग़ज़ के एक समकालीन सूचीपत्र (जल-रंग) के विवरण; नीचे मध्य में साखोजी बाबा द्वारा पकड़ा गया एक ब्रिटिश जहाज़ और ऊपर बाईं तरफ़ एक अन्य रवाना होते जहाज़ का हिस्सा। ऊपर दाईं ओर, तट से दूर मछली पकड़ने के जाल। दोनों तरफ़ के जहाज़ आकार, निर्माण, आयुधों और सामग्रियों के मामले में तुलनीय दिखते हैं। अंग्रेजों ने 1739–57 के बीच पेशवाओं से मिलकर आंग्रे को अंतिम रूप से हरा दिया। महत्त्वाकांक्षी समुद्र तटीय स्वामी (कान्होजी आंग्रे, जिनका इस कार्रवाई से पूर्व ही निधन हो गया था, मराठा बेड़े के उच्च नौसैनिक कप्तान थे, जिन्हें सरखेल की उपाधि मिली हुई थी) से ये दोनों ही डरते थे, क्योंकि इन्हें पूना और कोंकण के बीच के अधिकतर क़िले छोड़ने पड़े थे। इसके दुष्परिणामों में एक यह हुआ कि इसके बाद से जलयान (जहाज़) निर्माण एवं भारी परिवहन के व्यापार पर ईस्ट इंडिया कंपनी का एकाधिकार हो गया तथा भारतीय नौवहन केवल प्रागैतिहासिक प्रकारों तक सीमित हो कर रह गया।
55. बीजापुर की दीवारों पर मलिक-ए-मैदान तोप का मुँह। तोप के मुँह (2'4") को मानव-आकार से दर्शाया गया है, इसकी सुराख में भरे जाने वाले पत्थर के गोले अभी भी पाए जाते हैं। सन् 1549 ई. में इस तोप की ढलाई तुर्की इंजीनियर मुहम्मद बिन हसन रूमी के पर्यवेक्षण में अहमदनगर में तोप धातु (गन-मेटल) से की गई थी। तोप के मुँह की सजावट प्रतीकात्मक है, जिसमें एक हाथी (तोप के गोले) को एक राक्षस के मुँह पर आक्रमण करते हुए दिखाया गया है। उपयोग से अधिक दिखावे के लिए रखा गया इसका सपाट नाल सामंती काल की विफलता दर्शाता है, अपनी पहुँच के दायरे में उपलब्ध तकनीकों से अधिकतम प्राप्त न कर पाना। इनके प्रतिस्पर्धी विजयनगर साम्राज्य का तोपखाना निहायत कमज़ोर था, यद्यपि कृष्णदेव राय के बाद के हिंदू राजाओं ने अकूत संपदा जुटा रखी थी (क्रमांक 63)। यही अंतर अंतिम युद्ध (जनवरी 23, 1565 को, तगड़ी राक्सस में, जिसे 'तलीकोट का' भी कहा जाता है) में विजयनगर की सेना, राजधानी और साम्राज्य के विनाश के साथ विपत्ति का कारण बना। कहा जाता है कि इसमें दर्शाई गई तोप उन 600 चयनित तोपों में से सबसे बड़ी है जो छर्रों के बदले ताँबे के सिक्कों के बोरों से भरी गई थीं, विजयनगर के सर्वोत्तम सैन्य दस्तों के भारी आक्रमण को बेकार कर दिया था था और अपने मुस्लिम साथियों की विजय सुनिश्चित कर दी थी। इस तोप के शीर्ष पर इसके अभिरक्षक और कुछ स्थानीय लोगों द्वारा पूजा भी की जाने लगी।
56. ग्वालियर किला, 'क़िलों में रत्न'; राजा मान सिंह महल का दृश्य, 15वीं शताब्दी के अंत में निर्मित। पहाड़ की चोटी (जिसे तब गोपागिरि कहा जाता था) को छठवीं सदी के आरंभ में मिहिरगुल के नेतृत्व में हूणों (पृष्ठ 248) ने घेर लिया था और प्रथम गुप्त सम्राटों के समय तक व्यापार मार्गों संधि स्थल पर अपना प्रभुत्व जमाने के लिए किलाबंद भी कर लिया था। इस महल ने भारतीय संगीत के एक प्रसिद्ध घराने की स्थापना भी की।
57. लोहोगढ़ की बाहरी सुरक्षा व्यवस्था (IG. 16.170), भीतरी दीवार से मुख्य द्वार तथा कार्ले एवं भाजा (बाईं तरफ़) से पौना घाटी व समुद्रतट की ओर जाने वाले मार्ग (पृष्ठ 288) पर नजर रखने के लिए। बची हुई किलाबंदी बाहमनी काल से पहले की नहीं है।

समूह VI: दरबारी जीवन और व्यक्ति चित्र (58–64)

58. अपने प्रमुख सामंतों की उपस्थिति में अपने पुत्र का स्वागत करते हुए जहाँगीर। अपने मूल रंगों में यह मुग़ल पेंटिंग्स, जो अकबर और जहाँगीर के संरक्षण में अपने शिखर पर पहुँची, के व्यक्तिचित्रों के सर्वोत्तम उदाहरणों में से एक है। ये सामंत वंश परंपरा से आए हुए नहीं थे, बल्कि विभिन्न क्षेत्रों, आस्थाओं और दलों से बहुत सोच-समझकर चुने गए थे ताकि किसी मज़बूत गठबंधन को रोका जा सके। इसका आशय वास्तविक सामंती ज़मींदारों के हाथ में क्रमशः अधिक तक़त जुटते जाना था।
59. अज्ञात सामंत जोड़ा, चोल काल का, कलहस्ती के शिव मंदिर में जुड़े हुए मेमने के साथ काँसे की मनौती वाली लघु प्रतिमा, यह क्रमांक 47 में दिखाई गई कार्ले की दानकर्ता जोड़े द्वारा दर्शाई जा रही आस्था के विपरीत है।
60. कनिष्क; मथुरा के संग्रहालय में पीले बलुए पत्थर से बनी उत्कीर्ण सिरविहीन प्रतिमा। पुस्तकें विशिष्ट हैं, जैसे कि कुषाण उपाधि देवपुत्र, जो चीनी के 'स्वर्ग का पुत्र' (Son of Heaven) से नकल की गई है। जैसे कि सूर्यदेव की छवि, जब मानवरूपी (यथा – ग्वालियर के संग्रहालय में ऐसी तीन छवियाँ हैं और दिल्ली के संग्रहालय में एक छवि) समान रूप से ऐसे बूट और पोशाक पहने हुए हैं, जो कि कुषाण काल में शकद्वीप के मैजियन पुरोहितों के साथ आयातित पूजा पद्धति की मानी जाती हैं।
61. शाही विलास, विजयनगर में प्रतिमा: घुड़सवारी, शिकार, रणभूमि में युद्ध और हरम के दृश्य आदि।
62. चिदंबरम स्थित सुब्रह्मण्य मंदिर की त्रिकोणिका, इसमें गायकों और संगीतकारों के साथ दरबारी नृत्य नाटिका का दृश्य है।
63. विजयनगर के राजा कृष्ण देव राय (1509–29) अपनी दो प्रमुख पटरानियों के साथ; श्रीनिवास पेरूमळ' मंदिर में ताँबे की मनौती वाली उभारदार छवियाँ। उनकी प्रिय रानी चिन्ना-देवी या नागला-देवी (राजा की दाईं तरफ़) एक दरबारी भी थीं। राजा ने उनके नाम से विजयनगर से बनवासी होते हुए भटकल समुद्रपत्तन तक के मुख्य व्यापार मार्ग पर पहली चौकी के रूप में नागलापुरम शहर (आधुनिक होसपेट) की स्थापना की थी।
64. राजेंद्र चोल, तंजोर स्थित बृहदीश्वर मंदिर में स्थापित एक मनौती वाली कांस्य प्रतिमा बाद में की गई नकल।

Made in United States
North Haven, CT
04 November 2026

21728189R00166